Guido Grandt

# 2018

## Deutschland *nach* dem Crash

*Was Politiker* ***NICHT*** *erzählen*

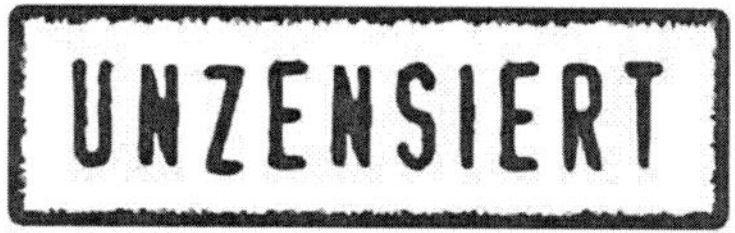

Guido Grandt

# 2018 - Deutschland *nach* dem Crash

**Guido Grandt**

# 2018
# Deutschland *nach* dem Crash

***Was Politiker NICHT erzählen!***

**UNZENSIERT und UNGEKÜRZT**

gugra media **Verlag**

1. Auflage Mai 2013


gugra-Media-Verlag
Inhaber: Guido Grandt
Friedrichstr. 4
D-72336 Balingen
Tel./Fax: 0049 7433/382883
E-Mail: gugra@gugra-media-verlag.de



Titelfoto: »Asphalt road and sky« byVitaly Krivosheev (fotolia)
Druck und Bindung: SDL digitaler Buchdruck, Berlin

ISBN 978-3-944651-00-2

Besuchen Sie uns im Internet:
*www.gugra-media-verlag.de*

*»Wenn Du nicht vergessen sein möchtest, wenn Du tot und verwest bist, dann schreibe entweder Dinge, die des Lesens wert sind, oder tue Dinge, die des Aufschreibens wert sind.«*
Benjamin Franklin (Politiker und einer der Gründerväter der Vereinigten Staaten von Amerika)

*»Dieses Buch ist mein Leben. Ich war sein Werk«.*
Jules Michelet (französischer Historiker)

Für Nataschenka:
*Ohne dich hätte ich das alles wieder mal nicht geschafft! Du hast mir in allen Dingen den Rücken frei gehalten. Danke für dein Verständnis für die vielen Tage und Nächte, in denen ich nur vor dem Laptop saß. Du bist mein Leben und meine Liebe!*

Für Angi:
*Jetzt ist das Küken flügge geworden! Von einem Moment zum anderen fliegst du in andere Regionen. Pass auf dich auf. Du bist wie meine Tochter für mich, und ich habe dich sehr lieb!*

Reinhard Fey schulde ich großen Respekt für seine vorzügliche Lektoratsarbeit und die unnachgiebige Geduld, mit der er sich durch diesen Text kämpfte.

Dank für fachlichen Rat in »Bankenfragen« an Thomas sowie in »Steuerangelegenheiten« an Stefan. Ich mach's wieder gut, versprochen!

# INHALTSVERZEICHNIS

# Vorwort[i]

*»Solange es kraft Gesetz und Sitte eine soziale Verdammnis gibt, die inmitten unserer Zivilisation künstlich Höllen schafft und der göttlichen Vorsehung ein menschliches Fatum[1] hinzufügt (...) solange auf Erden Unwissenheit und Elend herrschen, dürften Bücher wie dieses hier nicht überflüssig sein.«*
Victor Hugo (frz. Lyriker und Romancier)[ii]

*»Die Welt zu verstehen heißt, einen bestimmten Abstand zu ihr einzunehmen.«*
Karl Ove Knausgård (norw. Schriftsteller)[iii]

*»Die Geschichte ist ein einziger Kampf zwischen dem einen und dem anderen.«*
Roland Barthes (frz. Philosoph und Schriftsteller)[iv]

Nach dem Glauben der Maya endete am 21. Dezember 2012 das »Zeitalter des Jaguars«.[2] Die Welt, so wir wie sie kennen, sollte untergehen, um anschließend wieder neu geschaffen zu werden. Die kollektive Panik, die sich vielerorts ausbereitete, angefacht vom Feuer esoterisch-spiritueller Lehren und ihrer Adepten, ist jedoch längst verflogen, auch wenn die Hysterie am unbelehrbarsten ist. Heute wissen wir, dass die schon vor Jahrtausenden prophezeite Apokalypse nicht eingetreten ist. Wir müssen also noch auf das Ende der Welt warten. Mindestens fünf Milliarden Jahre lang. So lange dauert es nämlich, bis die Sonne ihre Vorräte an Wasserstoff verbraucht hat, sich auf ein Vielfaches ihrer Größe ausdehnt und alles Leben

[1] Fügung, Bestimmung, Schicksal
[2] Das im Jahr 3114 v. Chr. begonnen hat

auf der Erde – vorausgesetzt, ein solches gibt es noch – mit ihrer enormen Sonnenstrahlung unbarmherzig verbrennt.

Vielleicht aber meinten die präkolumbianschen Maya mit ihren Endzeitvisionen nicht den Untergang der Welt im herkömmlichen Sinn, sondern das Erreichen des »apokalyptischen Nullpunkts« des Spätkapitalismus in der gegenwärtigen Banken-, Finanz- und Wirtschaftskrise, wie der slowenische Philosoph und Kulturkritiker Slavoj Žižek anführt.[3] Damit würde auch ein anderes Datum in den Fokus der »Endzeit-Prophezeiungen« rücken: das Jahr 2018. Und damit verbunden der »Euro-Crash«! Wobei manche Experten den Untergang der europäischen Gemeinschaftswährung etwas früher, andere wiederum etwas später erwarten. Dies wäre im wahrsten Sinne des Wortes eine »Apokalypse«: nicht nur eine finanzwirtschaftliche, sondern vor allem die einer politischen Idee!

So schockte der Titel des Wirtschaftsmagazins *Focus Money* im August 2012 nicht nur die Bevölkerung und die Politik, sondern gleich den ganzen Mainstream: »In 18 Monaten ist der Euro kaputt«. Und der Untertitel tat sein Übriges dazu: »Die Wahrheit hinter den Kulissen der Schuldenkrise – Was ein prominentes Mitglied der Regierungspartei FOCUS MONEY über die Gemeinschaftswährung verrät«.[4] Der Chefredakteur erklärte an Eides statt, dass »alles, was Sie auf folgenden Seiten lesen, genau so ausgesprochen wurde«, und nahm damit Bezug auf ein »prominentes Mitglied der Regierungspartei«, das in »Sachen Euro auspackte. Hinterher wollte dieser es aber nicht mehr als Interview lesen.«

Kaum zu verdenken, versetzte der anonyme Politiker mit seinen Aussagen doch die Europagläubigkeit aller Parteien erheblich in Zweifel. Mit Ausnahme der Linken vielleicht. So sprach Mister Anonymus wahrhaftig Klartext: »In der Geschichte gab es selten Phasen mit mehr als 60 Jahren politischer Stabilität, so wie wir sie in Europa seit dem Zweiten Weltkrieg erleben. Wir werden gerade Zeugen eines Epochenumbruchs, so viel ist sicher. Wohin uns das führt, ist noch unklar«. Und weiter: »Ich bin mir sicher: Die europäische Währungsunion wird in ihrer heutigen Form nicht

---

[3] Vgl. »Wir Apokalyptiker« in: *Philosophie Magazin 6/2012, S. 86*

[4] Vgl. »In 18 Monaten ist der Euro kaputt« in: *Focus Money 32/2012*

fortbestehen. Dazu sind die Interessen und Stärken der einzelnen Mitgliedsländer zu unterschiedlich (...) Wie auch immer das im Detail ablaufen wird, eines scheint sicher: Innerhalb der nächsten 18 Monate wird die Währungsunion auseinanderbrechen.«[5] Gemäß dieser Prognose würde der Euro also spätestens im Februar 2014 »crashen«.

Hierfür gibt es noch andere Voraussagen und Berechnungen: Diplom-Mathematiker und Wirtschaftswissenschaftler Bernd-Thomas Ramb entwarf eine »Wahrscheinlichkeitskurve« für eine Währungsreform, basierend auf der demografischen Entwicklung Deutschlands. Demnach würde im Jahr 2017 diese Kurve 50 Prozent Wahrscheinlichkeit erreichen. 2018 dann wäre die Wahrscheinlichkeit für eine Währungsreform größer, als dass diese nicht käme, so Ramb.[6] Unser Nachbarland Schweiz sorgte jedenfalls schon mal vor: Im Oktober 2012 produzierte das Schweizer Fernsehen (SF) aus »arbeitsökonomischen Gründen« einen Bericht über den »Euro-Crash«, der für viel Verwunderung sorgte.[7]

Die düsteren Prophezeiungen eines Untergangs der europäischen Gemeinschaftswährung sind nicht mehr zu übersehen. Zeit also für jeden Bürger, über dieses Szenario nachzudenken. Denn ein »Euro-Crash« hat weit reichende, dramatische Konsequenzen – für jeden Einzelnen. Natürlich sprechen die Politiker landauf und landab nicht offen darüber. Schließlich stehen im Herbst 2013 Bundestagswahlen an, und jeder der es wagt, mit Offenheit und Ehrlichkeit die ohnehin schon vorherrschenden Bürgerängste zu schüren, würde, so die allgemein vorherrschende Meinung, unvermeidlich als Verlierer das Wahlfeld verlassen. Das scheint zumindest so sicher wie das Amen in der Kirche. Natürlich wissen die Volksvertreter sehr genau, dass die EU- und Euro-Stimmung auch hierzulande auf dem Tiefpunkt ist. Darauf werde ich an anderer Stelle noch genauer eingehen. Nicht umsonst wurde im Oktober 2012 der Europäischen Union eiligst der Friedensnobelpreis verliehen, um das negative Image aufzupolieren. Die Idee des »Gemeinsam sind wir stärker« der 500 Millionen Menschen in den

---

[5] Vgl. »In 18 Monaten ist der Euro kaputt« in: *Focus Money 32/2012*, S. 28, 33

[6] Vgl. »Wie wär's mal mit der Wahrheit?« in: *Focus Money Online 25/2012* (http://www.focus.de/finanzen/money-magazin/archiv/jahrgang_2012/ausgabe_25/)/Zugriff: 21.06.12

[7] Vgl. »SF übt den Euro-Crash« in: *m.sonntagonline.ch* (http://m.sonntagonline.ch/ipad/articleView.htm?article=bGluZTFfTkFUX2xpbmUxLTE0XzEwXzIwMTJfU29ubnRhZ19SZWRha3Rpb25fdjFfMTA0NTQyMA%3D%3D)/Zugriff: 25.10.12

27 EU-Staaten mit ihren 23 Sprachen, die löblicherweise zur Vermeidung von Krieg führen soll, wurde aus der längst verstaubten Schublade geholt. Endlich konnten sich die »Eurokratiken« wieder vor den maroden Euro stellen, tatkräftig unterstützt von der Jury des norwegischen Nobelkomitees, das sich wünschte, »(...) den Blick auf das zu lenken, was es als wichtigste Errungenschaft der EU sieht: den erfolgreichen Kampf für Frieden und Versöhnung und Demokratie sowie die Menschenrechte; die stabilisierende Rolle der EU bei der Verwandlung Europas von einem Kontinent der Kriege zu einem des Friedens«.[8] So gingen Bilder von glücklichen Europäern durch die Welt, die beispielsweise laut »Danke, Europa« (*Bild*) skandierten und die Union mit Lob überhäuften. Auch Bundeskanzlerin Angela Merkel zeigte sich überschwänglich, sprach davon, dass diese Auszeichnung für die EU »Ansporn und Verpflichtung« zugleich sei, »auch für mich ganz persönlich«. Bundespräsident Joachim Gauck schloss sich dem an: »Diese Auszeichnung verpflichtet uns alle, den Weg zu einem Europa fortzusetzen, das noch vereinter, noch gerechter, noch stärker und noch friedensstiftender ist.« Altkanzler Helmut Kohl, der stetige EU-Vorantreiber, wünschte gleich »Gottes reichen Segen auf unserem weiteren Weg zu einem geeinten Europa«.[9] Auch EU-Kommissionspräsident José Manuel Barroso durfte nicht fehlen, fotografiert mit lächelndem Gesicht und einem riesigen Blumenstrauß in den Händen. Ebenso EU-Ratspräsident Herman Van Rompuy, der von einer »größtmöglichen Anerkennung der tiefen politischen Motive, die hinter der Union sehen« sprach, während EU-Parlamentspräsident Martin Schulz die Union als »einzigartiges Projekt« rühmte, das »Krieg durch Frieden und Hass durch Solidarität ersetzt hat».[10] Die Friedensnobelauszeichnung war nicht nur ein »Glücksfall«, sondern ganz sicher auch politisch motiviert, um allen Zweiflern von Helsinki bis Athen, von London bis Rom und von Lissabon bis Berlin vorzuführen, wie schön und gut doch alles ist. So ist seit den fünfziger Jahren der Frieden in Westeuropa nicht mehr gefährdet – das scheint auch wirklich das einzig Stabile zu sein.

---

[8] Vgl. »Danke, Europa!« in: *Bild v. 13.10.12*

[9] Vgl. »Danke, Europa!« in: *Bild v. 13.10.12*

[10] Vgl. »Die Heilige Dreifaltigkeit der EU« in: *Handelsblatt v. 15.10.12*

Alles in Ordnung also in Europa, in der EU, mit dem Euro, könnte man meinen. Doch dies war und ist bis heute und gewiss auch in Zukunft nicht so. Der griechische Schriftsteller Nikos Dimou erinnerte beispielsweise: »Die EU hat nichts getan, um die europäische Idee zu fördern. Eine europäische Identität fehlt heute den meisten.« Und er fügt hinzu: »Gerade wurden neue Arbeitslosenzahlen veröffentlicht, mehr als 25 Prozent haben keinen Job (...) Uns hilft der Preis nicht. Und ich fürchte, die EU ist so ziemlich die letzte Organisation, der die Mehrheit der Griechen den Nobelpreis gegeben hätte.«[11]

Vielleicht sahen es Bundespräsident Gauck, der italienische Staatspräsident Giorgio Napolitano und der polnische Präsident Bronislaw Komorowski genauso: Nur wenige Wochen nach der Friedensnobelpreis-Verleihung wandten sie sich mit einer »Botschaft der Ermutigung« an ein »verunsichertes und verzagtes« Europa, dessen bester Weg zur Erhaltung von Stabilität und Wohlstand mit zielgerichteten Investitionen, nachhaltigem Wachstum und die Schaffung von Arbeitsplätzen zu erreichen wäre.[12] Damit scheinen die drei Staatsoberhäupter nicht nur ihrer Sorge über den Zustand der Eurozone Ausdruck zu verleihen, sondern wohl auch nicht mehr an die Euphorie um den Friedensnobelpreis für die EU zu glauben.

Tatsächlich entpuppt sich die »Erfolgsstory Europa«, die beispiellos sein sollte, der »Schlüssel zu unserer Zukunft«, wie sich der ehemalige Außenminister Hans-Dietrich Genscher einmal ausrückte[13], als stetig wiederholender Alptraum aus einem »Film Noir«. Ein solcher ist gekennzeichnet durch seine pessimistische Weltsicht, düstere Bildgestaltung und entfremdete, verbitterte Charaktere. Dies könnte, fast eins zu eins, auf die Europabühne samt ihren griesgrämigen Akteuren übertragen werden. Europa als ein »Film Noir« in einer tristen Welt, in der die Menschen täglich ums Überleben kämpfen und von der Hoffnung auf eine bessere Zukunft träumen ...

Von dieser Zukunft handelt das vorliegende Buch hauptsächlich. Dabei ist das Jahr 2018 sozusagen der »Nullpunkt« meines zeitgeschichtlichen Koordinatensystems, um von ihm aus rückwirkend sowohl die

---

[11] Vgl. »Europa: ‚Zu spät!'« in: *Der Spiegel 42/2012, S. 87*

[12] Vgl. »Eine ‚Botschaft der Ermutigung' für Europa« in: *Handelsblatt v. 20.11.12*

[13] Vgl. »Eine Währung, zwei Szenarien« in: *Handelsblatt v. 06.-08.07.12*

Vergangenheit als auch die Gegenwart zu taxieren. Oder – er je nach Belieben – auch umgekehrt. Allerdings erkannte schon der bedeutendste Ökonom des 20. Jahrhunderts, John Maynard Keynes (1883-1946), dass das Wissen um die Zukunft genauso ungewiss wie das künftige Wissen ist. Zukunftserwartungen wären deshalb »erratischen[14], unvorhersehbaren Stimmungen« unterworfen. Damit hat Keynes sicherlich Recht. Vorhersagen können nur so konkret sein, wie es die auf Zukunft gerichtete Informationen, Faktoren und Indikatoren auch »belegen«. Hinsichtlich eines bevorstehenden »Euro-Crashs« jedenfalls gibt es solche zuhauf. Sie sind erschreckend konkret und im Ablauf der Vergangenheit begründet. Karl Marx (1818-1883), Nationalökonom, Philosoph, Gesellschaftskritiker und Journalist, wusste, dass sich Geschichte wiederholen würde: das eine Mal als Tragödie, das andere Mal als Farce.[15] Wie ich noch aufzeigen werde, wird sich die Geschichte nicht als Farce, sondern leider als Tragödie wiederholen – und das nicht nur als griechische.

Während Mariano Rajoy, Ministerpräsident des wankenden Euro-Schwergewichts Spanien, noch im September 2012 damit rechnete, dass es bis spätestens 2018 gemeinsame Anleihen der Eurostaaten, so genannte Eurobonds[16], geben würde, sozusagen als Endprodukt einer Fiskalunion, scheint es fraglich, ob die Europäische Union bis dahin überhaupt noch durchhält. Auch Bundeskanzlerin Angela Merkels Forderung nach »mehr Europa« wird immer unrealistischer. Europa und die europäische Idee, die doch so viel mehr als eine gemeinsame Währung sein sollte, werden schließlich am bevorstehenden Währungsschnitt zerbrechen. Ein »Europa von morgen«, das in den Händen der Jugend liegen soll, wie es Merkel einmal postulierte[17], wird es jedenfalls so wie wir es kennen, nicht mehr geben.

Der »Euro-Crash«, der für viele Experten nicht mehr aufzuhalten ist, mutiert damit zur größten Bedrohung der europäischen Staaten seit Ende des Zweiten Weltkriegs. Diese dramatische »Enteuropäisierung einer Währung«

---

[14] umherirrend, verirrt

[15] Zitiert nach: John Casti: »Der plötzliche Kollaps von allem – Wie extreme Ereignisse unsere Zukunft zerstören können«, München 2012, S. 364

[16] Siehe dazu *Exkurs 1*

[17] Vgl. »Diskussion über Europas Zukunft – Pathos reicht nicht« in: *SpiegelOnline v. 22.09.12* (http://www.spiegel.de/politik/deutschland/europas-zukunft-kritik-an-merkels-krisenkurs-a-857401.html)/Zugriff: 24.09.12

wird nicht nur zu einer wirtschaftlichen, sondern auch politischen Destabilisierung einer ganzen Weltregion führen, mit ungeahnten globalen Auswirkungen. Genau darüber werden die Bürger im Unklaren gelassen, vielmehr mit Fachtermini wie ESM, Eurobonds, Bankenaufsicht oder Bankenunion ruhig gestellt, die zwar keiner richtig versteht, die aber Sicherheit der Währungszone versprechen und Stabilität des Euro garantieren sollen. Über die möglichen Folgen eines ökonomischen und/oder politischen Zusammenbruchs der Gemeinschaftswährung oder des Euroraums werden die Menschen nicht informiert. Im einvernehmlichen Schulterschluss mit der Politik tun die Mainstream-Medien ihr Übriges, solche Szenarien auch medial erst gar nicht aufkommen zu lassen oder gleich ganz unter den Teppich zu kehren.

Dabei hat bereits 2009 der deutsche Auslandsgeheimdienst BND (Bundesnachrichtendienst) der Regierung eine vertrauliche Studie zu den politischen Folgewirkungen der weltweiten Krise vorgelegt. Teile davon wurden an die Presse lanciert, um die »Öffentlichkeit auf mögliche weltpolitische Umwälzungen vorzubereiten«, wie es hieß.[18] Damals waren jedoch die Folgen der Weltwirtschaftskrise nicht so dramatisch wie heute. Die BND-Studie sagte massive Verschiebungen im globalen Machtgefüge voraus: den Aufstieg Chinas sowie den Abstieg Deutschlands und der Vereinigten Staaten aufgrund des (bislang) nicht absehbaren Zusammenbruchs der westlichen Volkswirtschaften. Der damalige BND-Präsident Ernst Uhrlau erklärte, dass eine lang anhaltende globale Krise (derzeit) nicht ausgeschlossen werden könne, und kalkulierte »Massenarbeitslosigkeit und Wanderungsbewegungen in einem bisher unbekannten Ausmaß« sowie stark eskalierenden Nationalismus und schwerste internationale Spannungen mit ein, die sogar Weltkriegspotenzial[19] beinhalteten.[20] Dabei blendeten die BND-Auszüge die

---

[18] Vgl. » ,Geostrategische Debatte' anlässlich der Weltwirtschaftskrise« in: *Neue Rheinische Zeitung v. 24.06.09* (http://www.nrhz.de/flyer/beitrag.php?id=13926)/Zugriff: 23.10.12

[19] Über einen möglichen Krieg in Europa aufgrund der Krise sprachen sich auch schon hochrangige Politiker aus. Siehe hierzu Kapitel *5.2.*

[20] Vgl. »,Geostrategische Debatte' anlässlich der Weltwirtschaftskrise« in: *Neue Rheinische Zeitung v. 24.06.09* (http://www.nrhz.de/flyer/beitrag.php?id=13926)/Zugriff: 23.10.12

Krisentendenzen innerhalb Deutschlands aus.[21] Doch genau diese sind es, die die Bürger hierzulande wohl am meisten interessieren.

Was also geschieht mit Deutschland, der Politik, der Wirtschaft, mit seiner Bevölkerung, mit jedem Einzelnen von uns *nach* einem Zusammenbruch der Gemeinschaftswährung? Unter welchen Bedingungen werden wir leben? Was bedeutet dies für unser Vermögen, unseren Privatbesitz, unsere Arbeit, unsere Kinder? Und was für Europa und unsere Nachbarstaaten?

Antworten auf diese Fragen, soweit möglich, und noch einige mehr sind Inhalt dieses Buchs. Im Gegensatz zu den meisten herkömmlichen Werken über Staatsbankrotte, Eurokrise und Vermögensrettung beleuchte ich erstmals das komplexe Szenario *nach* einem »Euro-Exit«, tauche tief ein in die vielschichtigen Turbulenzen, um den Wesenskern des »Crashs« herauszuarbeiten und das zukünftige »Innere« eines darauf folgenden Gesellschaftsystems zu analysieren. Dabei spinne ich einen »Ariadnefaden« aus den desillusionierenden Realitäten der Gegenwart in die der näheren Zukunft. Der griechischen Mythologie zufolge war der Ariadnefaden ein Geschenk der kretischen Prinzessin Ariadne an Theseus, einen der berühmtesten Helden der Sage, der den Minotaurus, den stierköpfigen Zeussohn, besiegte. Mit Hilfe des Ariadnefadens fand Theseus nicht nur den Weg ins Labyrinth zu dem gehörnten Göttersohn, sondern nach dessen Tod auch wieder hinaus. Genauso soll mein Buch verstanden werden: Ich möchte den Leser in das vergangene und gegenwärtige Labyrinth der Zeitgeschichte, sowie in die Zukunft – zum »Ungeheuer« des Euro-Crashs – und wieder zurückführen. Dabei werde ich nicht nur dem Vergangenen eine Resurrektion, eine geschichtliche Wiederaufstehung, einhauchen, sondern vor allem dem Zukünftigen Leben schenken nach dem Motto: Die Vergangenheit kennt keine Fantasie, wohl aber die Vorausschau. So bricht, bildlich gesprochen, in diesem Buch die Zukunft über die Gegenwart herein oder anders ausgedrückt: Die Ereignisse werfen ihren Schatten nicht voraus, sondern *zurück*. Die Prognosen sind freilich genereller Natur und gehen – zusammen mit den vorgezeichneten Szenarien – von dem schlechtesten, dem ungünstigsten anzunehmenden Fall (»Worst Case«) aus. Sie sind dennoch auf »Informationen gegründete Vermutungen, die in groben Zügen

---

[21] Auch das »außenpolitische Aggressionspotenzial Berlins« (*Neue Rheinische Zeitung*).

das nachzeichnen«[22], was ich als Autor als die wahrscheinliche Entwicklung bis 2018 und darüber hinaus ansehe. Gestützt auf vorhandene Fakten, Erkenntnisse, Pläne, Dokumente und Statistiken, Expertenwissen, Augenzeugenberichte aus der Vergangenheit sowie allgemeine Einschätzungen, Trends, Tendenzen und – wohl erstmals in diesem Zusammenhang – Fragen und exklusive Antworten an und von verschiedenen Bundesministerien und Dienststellen.

Damit zeige ich genau das auf, was die Politik, aus ihrer Sicht aus gutem Grund, bislang verschweigt, zumal in Zeiten des Wahlkampfes zur Bundestagswahl im Herbst 2013. Doch die Bürger hierzulande, durch die anhaltende Praxis der Medienpolitik noch immer versunken in romantische Vergangenheitsträume, haben das Recht auf freie Information. Gerade dann, wenn es nicht nur um öffentliches Interesse, sondern auch um ihre eigene Sicherheit und ihre Zukunft geht. Die Notfallpläne sind schon längst ausgearbeitet, liegen in den Schubladen der Ministerien, Ämter und Behörden, Banken und Industrieunternehmen. Verantwortliche aus Politik, Justiz, Militär und Wirtschaft wissen darüber Bescheid, schweigen sich zumeist aber tunlichst darüber aus. So wird es endlich Zeit, dass die Menschen die Wahrheit über die Zeit *nach* einem möglichen Euro-Crash erfahren. Auch wenn sie noch so unbequem erscheint. Frei verpflichtet der Geschichtsphilosophie des »Fortschritts im Bewusstsein der Freiheit« des deutschen Philosophen Georg Wilhelm Friedrich Hegel (1770-1831).

Natürlich wird man schnell versuchen, dieses wahrhaftig »unbequeme« Buch in die wohlbekannte »Verschwörungsecke« zu stellen. Deshalb habe ich versucht, jede Aussage zu belegen. Und da, wo journalistische Freiheit und eigene Meinung erlaubt sind, auch genutzt. Die über 1.000 Fußnoten im Text, das ausführliche Quellen- und Literaturverzeichnis, sowie das Verzeichnis der Studien, Pressemitteilungen, Amtsblätter, Drucksachen, Vorträge, Vorlesungen und Magisterarbeiten am Ende des Buchs dienen dem interessierten Leser, Forscher oder auch Skeptiker, dieser meiner Interpretation des »Euro-Crashs« daher nicht nur als eine Art Wegweiser

---

[22] So drückte sich Jorgen Randers aus, Autor des 2012 veröffentlichten aktuellen Berichts *2052 – Der neue Bericht an den Club of Rome – Eine globale Prognose für die nächsten 40 Jahre (S. 24).*

durch den unerschöpflich scheinenden Wust an Informationen, sondern auch als Gradmesser der Einschätzungen und Behauptungen.
Dennoch: Für einen Publizisten ist es nicht besonders populär, Weltuntergangsszenarien zu skizzieren. Und dann auch noch in Krisenzeiten. Außer vielleicht, er heißt wie der berühmteste Weltuntergangsprophet[23] aller Zeiten: Nostradamus[24] (1503-1566), der schon vor über 450 Jahren metaphorisch prophezeite: »Der hohe Kredit und der Überfluss an Gold und Silber wird die ruhmsüchtigen Menschen verblenden. Die Schuldhaftigkeit des Betruges wird jener erkennen, der seine große Schande miterleben wird. Die führenden Repräsentanten und ihre Vertreter werden Imitationen herstellen, es werden Propheten auftreten, die unsinnige Voraussagen erstellen werden. Das Füllhorn des Überflusses wird dem zum Opfer fallen, und die Ruhe wird Gewalt Platz machen«.[25]
Nostradamus hatte Recht mit seiner Einschätzung, dass Geld die Menschen verblendet. Dies liegt nicht nur in dessen eigentlichem Wert als Zahlungs- oder Tauschmittel begründet, sondern auch in seinem sakralen Ursprung. Das germanische Wort »gelt« bedeutet auch »Götteropfer«. Christina von Braun, Professorin für Kulturtheorie an der Berliner Humboldt-Universität, erklärt hierzu: »Hinter jedem Opfer steht aber letztlich ein Menschenopfer. Der Mensch als Opfer wurde symbolisch durch ein Tier und dieses wiederum durch eine Opfermünze ersetzt (...) Die Gemeinschaft konstituierte sich über ein gemeinsames Opfermahl, eine bekannte griechische Münzeinheit hieß obolós. Mit der Teilnahme und seiner Opfergabe fügte sich der Einzelne in die Gemeinschaft ein.«[26] Opfer bedeutet ökonomisch nichts anderes als »zu geben, ohne zu bekommen«, was auch der christlichen Morallehre entspricht: »Gib den anderen, ohne wiederzuverlangen.«[27] In dieser Hinsicht zahlten bereits viele Menschen in der Vergangenheit ihren »Obolus«. Auch in Zukunft wird es nicht anders sein. Nur werden sie dafür nichts mehr zurückzubekommen.

---

[23] Nostradamus war Astrologe, Arzt und Apotheker.
[24] Eigentlich Michel de Nostredame.
[25] Vgl. dazu: Jean-Charles de Fontbrune: »Nostradamus – Historiker und Prophet«, Wien 1991, S. 280 ff.
[26] Vgl. »Eine Anhäufung von Nullen« in: *Der Spiegel 26/2012, S. 130*
[27] Vgl. Birger P. Priddat: »Ökonomie der Gabe im Kontext einer Ökonomie des Glaubens. Auf der Spur Ricoeurs«, S. 1, 2

Neben Nostradamus erwies sich auch Carl Friedrich von Weizsäcker (1912-2007), Wissenschafts-Philosoph, Friedensforscher, Physiker und Bruder des ehemaligen Bundespräsidenten Richard von Weizsäcker[28], als zuverlässiger Prophet. Er sagte nicht nur den Niedergang des Sowjet-Kommunismus voraus, sondern skizzierte in seinem letzten großen Werk, seinen politischen Aufsätzen[29], schon in den 1990er Jahren[30] genau das, was nun einzutreten scheint (Auszüge)[31]:

- Mit dem Bankrott des Staates werden alle Sozialsysteme zusammenbrechen. Die Rentenzahlungen zuerst. Auslöser dafür ist eine globale Wirtschaftskrise ungeheurer Dimension, entfacht von Spekulanten.
- Die Löhne werden auf ein noch nie dagewesenes Minimum sinken.
- Die Arbeitslosenzahlen werden weltweit ungeahnte Dimensionen erreichen.
- Zirka 20 Jahre nach dem Untergang des Kommunismus[32] werden in Deutschland wieder Menschen hungern.
- Die Gefahr von Bürgerkriegen steigt weltweit dramatisch.
- Die ergebenen Handlanger des »Geld-Adels« sind korrupte Politiker.
- Schuld an einem neuen menschenverachtenden (politischen) System ist ein »unkontrollierbarer Kapitalismus«.

Wie genau von Weizsäcker damit (unter anderem) auch die Euro-Krise und ihre Folgen beschrieb, wird noch aufzuzeigen sein.

An dieser Stelle möchte ich bekennen, dass ich mich bei dieser umfassenden Betrachtung eines Währungscrashs und seiner Folgen den 99,9 Prozent der Menschen nahe fühle, die im Gegensatz zu den 0,1 Prozent der Superreichen, am schlimmsten davon betroffen sein werden, den »Unterdrückten und Besiegten«, wie sich der Historiker Jules Michelet (1798-1874) in seiner epochalen *Geschichte der Französischen Revolution* einmal ausdrückte, und deshalb auch die »Masse des Volkes ins Zentrum

---

[28] Richard von Weizsäcker war von 1984 bis 1994 deutscher Bundespräsident.
[29] *»Der bedrohte Frieden - heute«*
[30] Das Buch erschien 1994.
[31] Vgl. dazu: »Carl Friedrich von Weizsäcker heute. Ein Realist« in: *readers-edition.de v. 26.01.10* (http://www.readers-edition.de/2010/01/26/carl-friedrich-von-weizsaecker-heute-ein-realist/)/Zugriff: 25.10.12
[32] Der 1989 begann.

des (historischen) Geschehens«[33] gerückt habe. Der Mainstream ist, war und wird auch in Zukunft größtenteils nur Gruppeninteressen wiedergeben. Wenn man mehr und Wesentliches in Erfahrung bringen wolle, so Michelet weiter, müsse man die einfachen Leute befragen, denn die großen Ereignisse seien ins Bewusstsein des Volkes eingeschrieben.[34]

Manchmal ist es jedoch auch angesagt Statistiker und Visionäre zu befragen. Jorgen Randers, Professor an der BI Norwegian Business School, hat für das Jahr 2052 einen aktuellen Bericht veröffentlicht (*2052 – Der neue Bericht an den Club of Rome – Ein globale Prognose für die nächsten 40 Jahre,* München 2012), in dem globale Prognosen von dreißig führenden Wissenschaftlern, Ökonomen und Zukunftsforschern eingeflossen sind. Dieser Bericht zeigt auf, dass die Zukunft mit gewaltigen Herausforderungen aufwartet und die Jahrhundertaufgabe sein wird, jene auch zu meistern. Viele davon sind negativ. Bewahrheitet sich also letztlich doch »Murphys Gesetz«[35], nach dem alles, was schief gehen kann, früher oder später auch schief gehen wird?

Martin Schulz, Präsident des Europäischen Parlaments, beklagte sich – gewiss in einem anderen Zusammenhang – einmal: »Wir führen immer nur die Schuldendebatte und keine Zukunftsdebatte.«[36] In diesem Sinn will sich das vorliegende Buch als *ein* Anlass für eine Zukunftsdebatte verstehen, was *nach* einem möglichen Euro-Crash kommt. Vor allem, um nicht blinden Auges in die größtmögliche Katastrophe zu schlittern.

Carl Friedrich von Weizsäcker brachte es schon vor Jahrzehnten auf einen Nenner: »Vergangene und zukünftige Ereignisse haben eine verschiedene Seinsweise: Vergangene sind faktisch, zukünftige möglich. Wirklich im engsten Sinne sind beide nicht. Beide aber sind von höchster Bedeutung für uns. Die Vergangenheit hat den Rahmen von Tatsachen geschaffen, in den unsere Gegenwart unausweichlich gespannt ist (...).« Und weiter: »Die Zukunft aber wird einmal Gegenwart sein. An ihr haben wir also ein vitales Interesse. Wir versuchen, sie zu ergründen, sie zu beeinflussen. Ständig

---

[33] Vgl. Jules Michelet: »Geschichte der Französischen Revolution 1«, Frankfurt am Main 2009, S. 16
[34] Vgl. Jules Michelet: »Geschichte der Französischen Revolution 1«, Frankfurt am Main 2009, S. 21
[35] Benannt nach dem US-amerikanischen Ingenieur Edward A. Murphy jr. »Murphys Gesetz« ist eine Lebensweisheit, die eine Aussage über das menschliche Versagen beziehungsweise über die Fehlerquellen in komplexen Systemen macht: »Alles, was schiefgehen kann, wird auch schiefgehen« (»Whatever can go wrong, will go wrong« ).
[36] Vgl. »Eine marktgerechte Demokratie gibt es nicht« in *Cicero 6/2012, S. 67*

nimmt unsere Phantasie Zukünftiges vorweg. Sie behandelt Mögliches, als wäre es schon wirklich. Und in der Tat, einmal wird es wirklich sein«.[37]

Zum Schluss dieses Vorworts soll noch einmal der bereits erwähnte französische Historiker Jules Michelet zu Wort kommen: »Ich allein sprach, wenn kein anderer den Mund aufmachte mit Ausnahme der sehr verwirrenden Zeitungen (...) Ein ganzes Volk erwachte mit einem Male aus dem Nichts zum Sein, bis dahin stumm, fand es plötzlich eine Stimme«.[38]

Das vorliegende Buch soll eine solche Stimme sein.

**Guido Grandt im Mai 2013**

---

[37] Vgl. dazu: »Carl Friedrich von Weizsäcker heute. Ein Realist« in: *readers-edition.de v. 26.01.10* (http://www.readers-edition.de/2010/01/26/carl-friedrich-von-weizsaecker-heute-ein-realist/)/Zugriff: 25.10.12

[38] Vgl. Jules Michelet: »Geschichte der Französischen Revolution 1«, Frankfurt am Main 2009, S. 40, 41, 63, 64

# Wie Sie dieses Buch lesen sollten

Sämtliche Zitate und/oder anderen Textstellen bzw. Behauptungen etc. sind in den *Fußnoten* hinter- und belegt. Zudem finden sich in den Fußnoten Definitionen, Erklärungen, von Wörtern, Begriffen etc., die im Buchtext angeführt werden.

Speziell in Kapitel *4.2.* und im *6. Teil* werden in den jeweiligen Fußnoten die im Text aufgeführten Szenarien ausführlich mit Erkenntnissen, Studien, Aussagen, Plänen etc. erläutert und sollen damit die Realitätsnähe der einzelnen Szenarien belegen.

Die *Exkurse* dienen der Information und/oder Vertiefung allgemeiner volkswirtschaftlicher Begriffe etc., die gerade jetzt öffentlich in Politik, Wirtschaft und Medien diskutiert werden.

Im *2. Teil* beleuchte ich die aktuellen schweren Krisen in Zypern, Spanien und Griechenland als Beispiele für das, was andere EU-Länder, darunter auch Deutschland, noch zu erwarten haben. Sie zeichnen ein Bild »vor« dem endgültigen »Crash«.

Die *Crash-Augenzeugenberichte* aus vergangenen Krisenzeiten belegen wiederum einen Teil der prognostizierten Szenarien.

Im *8. Teil* erfährt der Leser die Antworten auf die vom Autor an das Bundespräsidialamt, das Bundeskanzleramt, die verschiedenen Bundesministerien, den Bundesnachrichtendienst (BND) und die European Gendarmerie Force (EGF) gestellten Fragen zu den wichtigsten im Buch behandelten Themen.

Die *Endnoten* hinter den jeweiligen Kapitelüberschriften verweisen auf das ausführliche *Quellenverzeichnis* am Ende des Buchs – aufgeteilt nach Kapiteln.

Das *Literaturverzeichnis* sowie das *Verzeichnis der Studien, Pressemitteilungen, Amtsblätter, Drucksachen, Vorträge, Vorlesungen, Magisterarbeiten etc.* zeigen die verwendeten Bücher und Materialien auf.

Mit dieser »Lese-Hilfe« können Sie einfach und gezielt durch das Buch navigieren.

# 1. Teil
# 2013 – die Euro-Apokalypse

*»Jede Wirtschaft beruht auf dem Kredit-System, das heißt auf der irrtümlichen Annahme, der andere werde gepumptes Geld zurückzahlen.«*
Kurt Tucholsky (deutscher Journalist und Schriftsteller)[v]

*»Diese Krise kam durch menschliche Taten und Tatenlosigkeit zustande und nicht durch Mutter Natur oder verrückt spielende Computermodelle.«*
Resümee aus dem US-Untersuchungsbericht zur Finanzkrise (Januar 2011)[vi]

*»Eigentlich ist es gut, dass die Menschen unser Banken- und Währungssystem nicht verstehen. Würden sie es nämlich, so hätten wir eine Revolution vor morgen früh.«*
Henry Ford (Gründer des Automobilherstellers *Ford Motor Company*)[vii]

## 1.1. »Raubtierkapitalismus« und die Gier nach Gewinnmaximierung – eine kleine Krisengeschichte von 2007 bis 2013[viii]

»Geld ist, was als Geld gilt.« Diese ökonomische Weisheit über den Status und die Geltung des Geldes scheint die Wirtschaftstheorie immer erst dann zu interessieren, wenn es zu großen Krisen kommt. Bis dahin beschäftigt sie sich zumeist mit den Ursachen der Höhe des Geldwerts, seinem Verhältnis zum Warenwert und seinen Veränderungen. Geld ist damit nicht nur ein Symbol als gesellschaftliches Ordnungs- und Orientierungsinstrument der kulturellen Tätigkeit, sondern vor auch das, was der griechische Philosoph Aristoteles (384-322 v. Chr.) schon vor über zwei Jahrtausenden im fünften

Buch seiner *Nikomachischen Ethik* aufführte: Geld ist der »Vertreter des Bedürfnisses«.[39] Diese unheilvolle Verquickung zwischen Geld- und Warenwert und Bedürfnissen führte 2007/2008 zur tiefsten und gefährlichsten Finanz- und Wirtschaftskrise seit 80 Jahren, die bis heute andauert. Auslöser war 2005 die US-amerikanische *Subprime*[40]-Branche. Ihr fielen nicht nur hunderte von Banken zum Opfer, sondern auch eine Heerschar leichtgläubiger Menschen. Begonnen hatte die Krise mit einem einfachen menschlichen Bedürfnis: dem Wunsch nach eigenen Wohnraum (Haus, Wohnung). Gierige Finanzberater nutzten das gnadenlos aus. Sie überzeugten auch jene Personen davon, ihren Traum verwirklichen zu können, die ihn sich eigentlich niemals hätten leisten können. Viele Faktoren, die schließlich zur Katastrophe führten, spielten dabei eine Rolle. Die Vereinigten Staaten waren der größte Kreditnehmer der Welt. Zur Finanzierung des Defizits in ihrer Gesamtzahlungsbilanz benötigten sie täglich mehr als 5 Milliarden Dollar. Hinzu kamen noch große Kapitalabflüsse wie Auslandsinvestitionen und Militärausgaben. Dies führte dazu, dass amerikanische Banken immer riskantere Kreditinstrumente einsetzten. So auch Darlehen an Hypothekennehmer mit geringer Bonität, deren hohes Kreditrating jedoch in den meisten Fällen nichts als pure Illusion war. Jeder bekam auf einmal die Möglichkeit, sich ein Haus zu kaufen. Und das zumeist ohne Eigenkapital. Der US-amerikanische Schriftsteller und Journalist Matt Taibbi spricht in diesem Zusammenhang vom »großen amerikanischen Hypothekenschwindel«.[41] So verschuldeten sich immer mehr hart arbeitende Privatleute im treuen Glauben durch ihre Bankberater bestärkt, ihre erworbenen Immobilien würden einen steigenden Wert besitzen. Dabei ignorierten gerade jene den alten Finanzierungsgrundsatz, nur demjenigen Kredit zu geben, der auch vertrauenswürdig ist. Sprich: dem man glaubt, dass er ihn auch zurückzahlen kann. Schließlich wird auf Kredit heute das gekauft, was man erst morgen, also in Zukunft, abbezahlt. All dies schien auf einmal

---

[39] Vgl. Annika Schlitte: »XXII. Deutscher Kongress für Philosophie (‚Welt der Gründe'), Sektion Wirtschaftsphilosophie/-ethik, Sektionsleitung: PD Dr. Tatjana Schönwalder-Kuntze: Die Symbolik des Geldes - Das philosophische Erkenntnisinteresse von Georg Simmels *Philosophie des Geldes*«, S. 1, 2, 7, 10

[40] Als *Subprime* werden Schuldner mit niedriger Bonität bezeichnet.

[41] Vgl. Matt Taibbi: »Kleptopia – Wie uns Finanzindustrie, Politik und Banken für dumm verkaufen«, München 2012, S. 110 ff.

ausgeblendet. Vor allem den Kreditvermittlern ging es in der Hauptsache nur um eines: um ihre eigenen Gewinne. Taibbi: »Beim großen Hypothekenschwindel ging es um Provisionen und komplexe Beziehungen (...) Auf der untersten Ebene, bei den Kreditvermittlern, ging es darum, den angehenden Hausbesitzer dazu zu bringen, sich ein so teures Haus wie möglich zum höchstmöglichen Zinssatz zu kaufen. Je höher die Zinsen, desto höher die Provision für den Vermittler. Die Hauskäufer wurden mit Darlehen in fast unbegrenzter Höhe gelockt.«[42]

Vor allem die Menschen aus der »Unterschicht«, Arbeitslose, Geringverdiener oder Alleinerziehende, hätten sich diese fragwürdigen Kredite gar nicht leisten können. Ab 2005 wurden auf diese Art und Weise jährlich rund 600 Milliarden Dollar an Krediten vergeben, die fatalerweise als »auf Subprime-Schulden basierende Wertpapiere« weltweit Eingang in die Bankbücher gefunden hatten. Diese Darlehen wurden von Insidern »NINJA-Kredite« genannt: »No Income, No Job, No Assets« (kein Einkommen, kein Job, kein Vermögen). »Es war ein genialer, fast unmöglich komplexer Schwindel im großen Maßstab«, führt Matt Taibbi weiter aus. »Am Ende der Kette standen die Broker und Kreditvermittler, die das Geld der Hausbesitzer abkassierten. Für die Wertpapierhändler waren die Hausbesitzer nur namenlose Kreditbewertungen (...) Für die Kreditvermittler und -geber war jeder Hauskäufer (...) ein großer Haufen Bargeld, der nur darauf wartete, dass jemand zugriff und das Geld unter die Leute brachte.«[43]

Im Jahr 2006 schaffte es der Markt nicht mehr, die jährlich 2 Millionen in den USA gebauten Häuser zu absorbieren. Zu groß war das Angebot, zu hoch die Preise. Als die Beträge der Kreditraten aufgrund erhöhter Zinsen stiegen und die Einkommen stagnierten, konnten auf einmal immer weniger Hauskäufer ihre Hypothekendarlehen bedienen – bis Mitte 2007 rund 1,5 Millionen. Die Immobilienpreise fielen in den Keller. Als sich dann auch noch herausstellte, dass viele Subprime-Hypotheken[44] in Wirklichkeit

---

[42] Vgl. Matt Taibbi: »Kleptopia – Wie uns Finanzindustrie, Politik und Banken für dumm verkaufen«, München 2012, S. 115, 116

[43] Vgl. Matt Taibbi: »Kleptopia – Wie uns Finanzindustrie, Politik und Banken für dumm verkaufen«, München 2012, S. 115

[44] Im Januar 2013 wird bekannt, dass Opfer von Zwangsversteigerungen nun mit Entschädigungen rechnen können: Zehn Finanzinstitute - darunter die Bank of America, die Citibank, JPMorgan und Wells Fargo - die einst

riskant und illiquide waren, platzte schließlich die Immobilienblase: Neben den immer weiter sinkenden Preisen stellten die Geldinstitute plötzlich fest, dass durch den Anlagewertverlust Ausfälle in unbekannter Höhe drohten. Daraufhin hörten sie auf, ihren Kunden und sich untereinander Geld zu leihen. »(...) Erstmals weltweit wahrnehmbar, als zwei von der amerikanischen Investmentbank Bear Stearns verwaltete Hedgefonds im Juni 2007 vor der Pleite standen«, erklärt der Wirtschaftskorrespondent Caspar Dohmen. Diese hatten in die riskanten Hauskredite investiert. »Überall mussten Banken ihre Bilanzen berichtigen, einst hoch gehandelte Papiere entpuppten sich als wertlos. Die riskanten Finanzderivate, die ihren Erfindern zuvor Rekordgewinne gebracht hatten, waren zu einem ‚finanziellen Massenvernichtungsmittel' mutiert, wie es Warren Buffett ausdrückte, selbst einer der größten globalen Investoren.«[45]
Das Sinken der Rohstoffpreise, der Bankrott der US-Investmentbank Lehmann Brothers, das schwindende Vertrauen in das entfesselte Finanzsystem samt seinen zwielichtigen Finanzprodukten, von denen sich nun viele als tickende Zeitbomben herausstellten, und die Illusion ihrer Akteure, die fest an ihre Unfehlbarkeit glaubten, mit Wetten auf künftige Kursentwicklungen den Zufall besiegen zu können, ließ die Aktienmärkte schließlich in eine bodenlose Tiefe stürzen. Durch die einbrechenden Börsen und kollabierenden Banken geriet die allgemeine Wirtschaft ins Wanken und führte zu einer weltweiten Rezession.[46] Das hässliche Gesicht des Kapitalismus zeigte sich: Reihenweise gingen Investmentbanken Pleite, weil sie sich durch egoistischen Größenwahn, ungezügeltes Profitstreben und fehlgeleitete Spekulationen verzockt und ärmere Kreditnehmer zum größten Teil angelogen, über den Tisch gezogen hatten. Unkontrollierter »Raubtierkapitalismus« als »ökonomische Heilslehre vom freien, grenzenlosen Markt«[47] nach dem Motto »Solange die Musik spielt, tanzen

---

die Zwangsversteigerungen als Hypotheken-Dienstleister veranlassten haben sich laut der Regulierungsbehörde OCC zu einer Zahlung von 8,5 Milliarden Dollar verpflichtet. Somit können bis zu 3,8 Millionen Kreditnehmer mit Ausgleichszahlungen rechnen. Vgl. dazu: »US-Banken zahlen Milliarden-Entschädigung« in: *tagesschau.de v. 07.01.13* (http://www.tagesschau.de/wirtschaft/us-banken-hauspfaendungen100.html)/Zugriff: 03.04.13

[45] Vgl. Caspar Dohmen: »Let's make Money – Was macht die Bank mit unserem Geld?«, Freiburg 2008, S. 29

[46] Eine *Rezession* ist durch ein abgeschwächtes, stagnierendes oder leicht negatives Wirtschaftswachstum gekennzeichnet und der Beginn einer Abschwungphase im Konjunkturzyklus.

[47] Vgl. Hans-Peter Martin & Harald Schumann: »Die Globalisierungsfalle – Der Angriff auf Demokratie und Wohlstand«, Hamburg 1997, S. 72

wir« hatte die Finanzmärkte ausufern lassen und unter anderem zu einer noch größeren Konzentration des Reichtums in immer weniger Händen geführt. »Die Kluft zwischen Arm und Reich hat sich im Zuge eines deregulierten Kapitalismus in den letzten 20 Jahren immer mehr vergrößert«, kritisiert Stéphane Hessel, Diplomat und Lyriker. »Die Entscheidungsmacht befindet sich in den Händen einiger weniger Politiker, die sich ihr Handeln von den Forderungen des Finanzmarktes diktieren lassen, und denen, die die Macht des Finanzmarktes innehaben, den Lehman Brothers und Goldman Sachs.«[48] Mehr als deutlich wurde den Menschen vor Augen geführt, dass eine auf Gewinn orientierte Wirtschaftsgemeinschaft nicht dem moralischen Gesetz folgen kann.[49]

Mit einem Mal hörte die Musik zu spielen auf – der Tanz um das goldene Kalb war vorbei. Zumindest vorerst. »Sehr vereinfacht gesagt, liegt die Ursache für die wiederholten Krisen im Westen im Triumph des Finanzkapitalismus, unterstützt und begünstigt durch seine neoliberalen Institutionen – die US-Notenbank, das US-Finanzministerium, den Internationalen Währungsfonds, die Europäische Zentralbank, das internationale Patentrecht – und verbunden mit der Regierungsübernahme durch eine Oligarchie aus Unternehmen und Finanzwirtschaft«, erklärt Carlos Joly, Vorsitzender des Climate Change Scientific Advisory Commitee of Natixis Asset Management.[50] Dem stimmt der britische Wirtschaftshistoriker und Ökonom Robert Skidelsky zu: »Banken verwandelten sich von Dienstleistungsunternehmen in Spielkasinos. Das war möglich, weil die Regulierer und die Politiker, die die Regulierer einsetzten, einhellig der sogenannten Effizienzmarkttheorie anhingen: dem Glauben, dass Finanzmärkte nicht auf Dauer falsche Preise für Anlagen zulassen und deshalb weniger Regulierung brauchen«. Und weiter: »Aber die Krise ist auch ein moralisches Versagen: das Versagen einer Ordnung, die auf Geld als dem einzigen Wert aufgebaut ist. Im Zentrum des

---

[48] Vgl. »Vater der Empörten« in: *Financial Times Deutschland v. 26.10.12*

[49] Vgl. dazu: Dr. Mikiko Tanaka: »XXII. Deutscher Kongress für Philosophie, 11.-15. September 2011, München, Sektion Wirtschaftsphilosophie und -ethik: Kategorischer Imperativ für Unternehmer? Kritik an Bowies Wirtschaftsethik«, S. 1

[50] Vgl. Jorgen Randers: »2052 – Der neue Bericht an den Club of Rome – Ein globale Prognose für die nächsten 40 Jahre«, München 2012, S. 36 ff. (»Ausblick 2-1: Die dunklen Jahrzehnte: Privileg und Polarisierung« von Carlos Joly

moralischen Versagens steht die Anbetung von Wirtschaftswachstum um seiner selbst willen statt als Weg zu einem ‚guten' Leben«.[51]

Allerdings wurden die unfehlbaren »Masters of the Universe«, die schon wieder anfingen, um das goldene Kalb des Mammons zu tanzen, nicht etwa für ihre Gier bestraft oder in die Pflicht genommen, nein – sie wurden von den Staaten gerettet: mit über 1,5 Billionen Euro (zirka 2 Billionen Dollar), damit der Zusammenbruch des Finanzsektors verhindert werden konnte.

Fast sklavisch folgten auch die Europäer dem neuen »entfesselten« Markt. »Geleitet vom festen Glauben an die Wohlstandsmehrung durch grenzenlose Wirtschaftsfreiheit, hoben die EG[52]-Regenten ab 1988 den europäischen Binnenmarkt aus der Taufe«, schrieben die Journalisten Hans-Peter Martin und Harald Schumann bereits 1997 in ihrem Buch *Die Globalisierungsfalle – Der Angriff auf Demokratie und Wohlstand.* »Im Zuge der Umsetzung dieses ‚größten Deregulierungsprogramms der Wirtschaftsgeschichte', wie der EG-Kommissar Peter Schmidhuber es formulierte, gaben auch Frankreich und Italien im Jahr 1990 den Geld- und Kapitalverkehr frei, Spanien und Portugal hielten noch bis 1992 durch.«[53]

Hinzu kamen die Folgen einer jahrzehntelangen Misswirtschaft der EU-Regierungen durch Missachtung der Regeln und Verfahren des Stabilitäts- und Wachstumspaktes und der des Verbots gegenseitiger Finanzhilfen. Inzwischen gibt dies selbst der Ex-Notenbank-Präsident Jean-Claude Trichet so zu.[54] Das alles zusammen kostete einen hohen Preis: den Wohlstand in Südeuropa und einigen Teilen der USA. Bald werden auch noch andere Länder im Zentrum Europas davon betroffen sein. Der in den letzten 200 Jahren in den westlichen Industrieländern erworbene Komfort wird in kurzer Zeit einer außer Rand und Band geratenen Wirtschaftsordnung, einem ökonomischen Totalitarismus geopfert, der keine Grenzen kennt. Der Not und Elend für Millionen Menschen bringt, politische Instabilität und vielleicht noch das schlimmste Übel der Menschheitsgeschichte: Krieg (siehe dazu Kapitel *5.2.*).

---

[51] Vgl. Robert Skidelsky: »Die Rückkehr des Meisters – Keynes für das 21. Jahrhundert«, München 2010, S. 245, 246

[52] *Europäische Gemeinschaften*, Vorläufer der *EU*.

[53] Vgl. Hans-Peter Martin & Harald Schumann: »Die Globalisierungsfalle – Der Angriff auf Demokratie und Wohlstand«, Hamburg 1997, S. 73

[54] Vgl. »Jean-Claude Trichet: ‚Der Euro ist bemerkenswert widerstandsfähig'« in: *Handelsblatt v. 06.-08.07.12*

»Demokratie braucht nicht so viel Gleichheit wie möglich, wohl aber so viel Gemeinsamkeit wie nötig«, sagt der US-amerikanische Philosoph Michael J. Sandel. »Der Markt kann diese nicht stiften, er fächert im Gegenteil die Lebensverhältnisse der Bürger immer mehr auf. Am Ende steht Segregation, die Apartheit von Reich und Arm, und damit die Agonie des demokratischen Gemeinwesens.«[55] Joseph Stiglitz, Träger des Nobelpreises für Wirtschaftswissenschaften, sieht dies genauso, denn eine fehlende soziale Gerechtigkeit werde Gefahren für die Demokratie bedeuten.[56] »Der Kapitalismus war niemals an Demokratie, sondern an Geschäften und Renditen interessiert«, ergänzt der Kulturtheoretiker Joseph Vogl.[57]

Im Oktober 1986 machte die damalige britische Premierministerin Margaret Thatcher den Weg für den »Raubtierkapitalismus« frei, als sie erklärte: »Lasst uns die Regeln wegwerfen, die den Erfolg bremsen.«[58] Diese neun Worte veränderten die Welt. In der Folge wurde ein Großteil der Regeln für den Handel an den Börsen in Großbritannien gestrichen. Thatcher löste damit ein »globales Wettrennen um die Deregulierung der Finanzmärkte aus« (Weik/Friedrich).[59] Die Liberalisierung sorgte für den Abbau staatlicher Eingriffe in Finanz- und Kapitalmärkten sowie von Handelsschranken. Mit verheerenden Auswirkungen vor allem auf kleine Schwellenländer. Die Wirtschaft gebärdete sich plötzlich wie ein wildes Tier, das jahrelang eingesperrt in einem Käfig dahinvegetiert hatte und nun in die Freiheit entlassen wurde. »Es ging um die Umstellung moderner, westlicher Gesellschaften auf sogenannte Eigentümergesellschaften seit den siebziger Jahren«, sagt Kulturtheoretiker Joseph Vogl. »Und dazu gehörte nicht nur die Liberalisierung der Finanzmärkte, sondern auch die Durchsetzung von Konkurrenz und Wettbewerb über das Fleisch der Gesellschaft hinweg (...) Die Liberalisierung der Finanzmärkte war nicht einfach nur ein ökonomisches Projekt, es ging vielmehr um den Umbau von Gesellschaften am Leitfaden der Ökonomie. Das ist ein politisches Programm.«[60]

---

[55] Vgl. »Sokrates in Harvard« in: *Der Spiegel 46/2012, S. 164*
[56] Vgl. »Es gibt Hoffnung« in: *Handelsblatt v. 02.-04.11.12*
[57] Vgl. »Welche Zukunft blüht dem Kapitalismus?« in: *Philosophie Magazin 6/2012, S. 14*
[58] Vgl. Matthias Weik & Marc Friedrich: »Der größte Raubzug der Geschichte«, Marburg 2012, S. 38, 39
[59] Vgl. Matthias Weik & Marc Friedrich: »Der größte Raubzug der Geschichte«, Marburg 2012, S. 39
[60] Vgl. »Welche Zukunft blüht dem Kapitalismus?« in: *Philosophie Magazin 6/2012, S. 16, 17*

US-Präsident Ronald Reagan folgte diesem »politischen Programm« der Finanzmarktliberalisierung genauso wie später Bill Clinton, der 1999 den so genannten Glass-Steagall Act aufhob. Dabei handelte es sich um ein Gesetz, welches die strikte Trennung von Geschäfts- und Investmentbanken beinhaltete. Jetzt konnten Spekulanten nicht mehr nur mit dem eigenen Vermögen, sondern auch mit dem Guthaben der Sparer zocken, also Eigenhandel betreiben mit dem Geld der anderen.

In Deutschland schaffte die Regierung Kohl 1990 die Börsenumsatzsteuer ab. Die rot-grüne Regierung unter Bundeskanzler Gerhard Schröder modernisierte im Jahr 2000 mit dem »Gesetz zur Senkung der Steuersätze und zur Reform der Unternehmensbesteuerung« den Finanzplatz Deutschland, um ausländisches Kapital anzuziehen. Damit wurden nicht nur Gewinne aus der Veräußerung von Beteiligungen an Kapitalgesellschaften für Kapitalgesellschaften steuerfrei gestellt[61], sondern auch Hedgefonds und hoch riskanten Derivaten die Tür weit aufgestoßen.

»Was auf den internationalen Finanzmärkten läuft, ist doch Betrug«, sagte der ehemalige deutsche Finanzminister Theo Waigel einmal.[62] Ex-Kanzler Helmut Schmidt meinte salopp: »Ich teile die Menschheit in drei Kategorien: wir normale Menschen, die irgendwann in ihrer Jugend mal Äpfel geklaut haben, die zweite hat eine kleine kriminelle Ader und die dritte besteht aus Investmentbankern.«[63] Und der ehemalige Generalsekretär der CDU, Heiner Geißler, warnte eindringlich: »Wenn es der Politik nicht gelingt, endlich die überfällige Reform der internationalen Finanzmärkte durchzusetzen, sind die westlichen Demokratien in der jetzigen Form nicht mehr zu retten.«[64]

Früh in der Geschichte der Menschheit mahnten große Gelehrte, die damals schon verstanden hatten, dass das Individuum aus rein egoistischen Gründen heraus danach strebt, seinen Nutzen zu maximieren. Einer der bekanntesten und einflussreichsten Philosophen der Geschichte, der Grieche Aristoteles (384-322 v. Chr.), sprach in diesem Zusammenhang von der »eigennützigen

---

[61] Der Soziologe und Wirtschaftswissenschaftler Hermannus Pfeiffer spricht in diesem Zusammenhang von einem »Steuerschenkungsgesetz«. Vgl. dazu: Hermannus Pfeiffer: »Der profitable Irrsinn – Was auf den Finanzmärkten geschieht und wer dabei gewinnt«, Berlin 2012, S. 34

[62] Vgl. »Was auf den Finanzmärkten läuft, ist Betrug« in: *Stern v. 30.09.11*

[63] Vgl. Matthias Weik & Marc Friedrich: »Der größte Raubzug der Geschichte«, Marburg 2012, S. 130

[64] Vgl. Matthias Weik & Marc Friedrich: »Der größte Raubzug der Geschichte«, Marburg 2012, S. 161

Gewinnmaximierung«.[65] Warnte nicht schon der hebräische Schriftprophet Jesaja (740-701 v. Chr.) während der Belagerung Jerusalems vor »Ausbeutung und Habsucht«? Und steht nicht in den Schriften des Alten Testaments, in den Fünf Büchern Mose, das »Gebot absoluter Ehrlichkeit« und dass Habgier, Neid und Selbstsucht verurteilt werden sollten? Gab nicht der persische Weise Zarathustra (628-551 v. Chr.) den Menschen seine »goldene Regel« mit an die Hand, die besagte: »Jenes Wesen allein ist gut, das nichts einem anderen antut, was für es selbst nicht gut wäre«? Der Mensch hätte zudem eine dreifache Pflicht, nämlich den Feind zum Freund, den Bösen gerecht und den Unwissenden gebildet zu machen. Und lehrte nicht Siddhartha Gautama, besser bekannt als Buddha (560-480 v. Chr.), dass die »Ursache des Leidens« in den »Begierden« liegt? Dass der Sinn des Lebens nicht in der »Anhäufung materieller Güter« zu finden sei, sondern »im Gegenteil, in der Überwindung des Wunsches nach Besitztümern und der Auflösung der Persönlichkeit im alles umfassenden Nichts«?[66] Aristoteles fand ähnliche Worte: Moralische Klugheit sei erforderlich, um im Einklang mit der menschlichen Natur zu leben. Ein Übermaß an Besitz erschwere dies.[67]

Doch all diese mahnenden und weisen Worte scheinen auf dem Weg von der Antike in das Zeitalter des »Raubtierkapitalismus« der Gegenwart verloren gegangen zu sein. Wer denkt angesichts der glitzernden Milliarden-Fassaden im Finanzkasino überhaupt noch daran, dass mehr als eine Milliarde Menschen auf der Welt gerade einmal mit 1 Dollar am Tag auskommen müssen?[68]

Die Selbstregulierung der Märkte, das freie Spiel von Angebot und Nachfrage, gekoppelt mit einem unbändigen, einem zügellosen Finanzkapitalismus erinnert erschreckenderweise an die Schattenseiten des Laissez-faire-Liberalismus[69] des 19. Jahrhunderts. Demzufolge sollte der Staat zugunsten der ökonomischen Entwicklung nicht in das wirtschaftliche

---

[65] Vgl. »Selbstbehauptung, Nutzwerte und Gewinnaussichten. Ursprünge und Motive philosophischer Ökonomik – Eine Einführung«, S. 5, Vortragsbeitrag von Wolf Dieter Enkelmann, XXII. Deutscher Kongress für Philosophie, 11.-15. September 2011, Institut für Wirtschaftsgestaltung, Sektion Wirtschaftsphilosophie/-Ethik

[66] Vgl. Horst Poller: »Die Philosophen und ihre Kerngedanken – Ein geschichtlicher Überblick«, München 2011, S. 19, 20, 30, 31

[67] Vgl. Vera Linß: »Die wichtigsten Wirtschaftsdenker«, Wiesbaden 2012, S. 13

[68] Vgl. Niall Ferguson: »Der Aufstieg des Geldes – Die Währung der Geschichte«, Berlin 2011, S. 8

[69] Auch Manchesterliberalismus genannt

Geschehen eingreifen, sondern die Aktivitäten des privaten Unternehmertums von allen Fesseln befreien. Das freie Spiel wirtschaftlicher Kräfte ohne staatliche Regulierung sollte die ökonomische Entwicklung und den Wohlstand der Bevölkerung am besten fördern. Einerseits bewirkte das Laissez-faire gerade diesen wirtschaftlichen Aufschwung, führte andererseits aber auch zu Wirtschaftskrisen und zur Ausbeutung und Verelendung der Arbeiter. Deshalb setzten Vertreter des späteren Neoliberalismus[70] wie der Ökonom Walter Eucken (1891-1950) oder der Soziologe und Wirtschaftswissenschaftler Alexander Rüstow (1885-1963) zwar ebenfalls auf eine freiheitliche marktwirtschaftliche Wirtschaftsordnung, lehnten aber staatliche Eingriffe in die Wirtschaft nicht grundsätzlich ab, sollten diese auf ein Minimum beschränkt bleiben. Die staatliche Wirtschaftspolitik des Neoliberalismus war eine Art »Ordnungspolitik«, darauf ausgerichtet, die marktwirtschaftlichen und wettbewerbspolitischen Rahmenbedingungen wie beispielsweise den freien Wettbewerb nicht nur zu erhalten, sondern auch zu sichern, um der völligen Selbstregulierung der Märkte entgegenzuwirken. Dadurch sollte grundsätzlich die Freiheit des Menschen im wirtschaftlichen Handeln gewährleistet bleiben, aber auch staatliche und private wirtschaftliche Machtkonzentration – die Bildung von Monopolen und Kartellen – verhindert werden. Zudem sollte jeder Marktteilnehmer für seine Handlungen haften. »Wer den Nutzen hat, muss auch den Schaden tragen«, lautete Euckens Haftungsprinzip.[71]

Fast alle Wirtschaftsordnungen der westlichen Industrienationen basieren heute auf diesen grundlegenden Prinzipien des Neoliberalismus. Auch die der sozialen Marktwirtschaft in Deutschland.

So mancher mag sich allerdings zu Recht fragen, wo diese wirtschaftspolitischen Ordnungsmaßnahmen geblieben sind, um die entfesselten Märkte des »Raubtierkapitalismus« in der seit 2007 anhaltenden Krise einzudämmen? Warum haben wir bis heute nicht verstanden, dass nicht alles, was vorteilhafte Ergebnisse bringt, sprich: Gewinn, auch grundsätzlich »gut« ist? Der US-amerikanische Ökonom

---

[70] Die deutsche Variante wird auch Ordoliberalismus genannt.

[71] Vgl. »Walter Eucken – Im Zweifel für den Wettbewerb« in: *Handelsblatt v. 19.-21.10.12*

Michael Novak meint, dass allein der demokratische Kapitalismus begriffen habe, wie tief die böse Natur in der menschlichen Seele verwurzelt sei und dass kein System in der Lage sei, diese tief verwurzelte »Sünde« auszureißen?[72] Scheitern wir also an der Einsicht des Wirtschaftswissenschaftlers George Stigler (1911-1991), der sagte: »Was das mit Verstand begabte Individuum vor allem will, ist nicht die Befriedigung der Bedürfnisse, die es hatte, sondern mehr und bessere Bedürfnisse.«[73] Opfern wir für diese Gier nach immer mehr und besseren Bedürfnissen somit all das, was wir bislang an ökonomischem Fortschritt erreicht haben? Unterliegen wir, vereinfacht ausgedrückt, »nur« dem abstrakten Naturprinzip der menschlichen Begierden?

In der Ökonomie[74] spiegeln sich die beiden ursprünglichen Denkrichtungen der westlichen Philosophie wieder: Nach der Idee des griechischen Philosophen Platon (427-347 v. Chr.) war der höchste Wert die »Gleichheit«, die später unter anderem im Sozialismus und Marxismus übernommen wurde. Nach Ansicht seines Schülers Aristoteles war dies jedoch die »Freiheit«, wie sie beispielsweise im Liberalismus und Individualismus vorzufinden ist, die nur dort existiert, wo sich der Mensch über das Wirtschaftliche erheben kann. Aristoteles stellte zudem immer die Frage nach dem menschlichen Glück in den Vordergrund und nicht das »Erarbeiten ökonomischer Gesetzmäßigkeiten«.[75] Tomás Sedláček, Chefökonom der größten tschechischen Bank und Mitglied des Nationalen Wirtschaftsrats in Prag, sagt dazu: »Letztlich geht es bei der gesamten Ökonomie um das Gute und das Böse oder Schlechte (...)«[76]

Die Frage nach Ethos, nach sittlichen Normen und Werten, scheint gerade jetzt in Zeiten schwerer Wirtschafts- und Finanzkrisen aktueller als je zuvor. Doch in der herkömmlichen Wirtschaftswissenschaft ist davon wenig zu hören.

---

[72] Vgl. Tomás Sedláček: »Die Ökonomie von Gut und Böse«, München 2012, S. 56

[73] Zitiert nach: Tomás Sedláček: »Die Ökonomie von Gut und Böse«, München 2012, S. 47

[74] Vom griechischen *oikonomia*, aus *oikos*, »Haushalt«, »Haus«, und *nomos*, »Gesetz«. Anfangs wurde sie als die »Wissenschaft der Haushaltführung« bezeichnet, später wurde sie Teilmenge der religiösen, theologischen ethischen und philosophischen Disziplinen (insbesondere der »Ethik«), bevor sie ein eigenständiges Gebiet wurde.

[75] Vgl. Vera Linß: »Die wichtigsten Wirtschaftsdenker«, Wiesbaden 2012, S. 12, 13

[76] Vgl. Tomás Sedláček: »Die Ökonomie von Gut und Böse«, München 2012, S. 17

Der britische Nationalökonom und liberale Politiker John Maynard Keynes (1883-1946) kritisierte schon in seinem 1936 veröffentlichten Standardwerk *Allgemeine Theorie der Beschäftigung, des Zinses und des Geldes*, dass die »orthodoxe Wirtschaftslehre« auf der falschen Fährte sei. Deshalb müsse sie »aus den alten Denkmustern ausbrechen«.[77] Brauchen wir also endlich so etwas wie ein »ökonomisches Ethos«? Sedláček: »Der moderne Mainstream, der behauptet, er sei aus der klassischen Smith-Ökonomie hervorgegangen, hat die Ethik vernachlässigt. In den klassischen Debatten war die Frage von Gut und Böse das vorherrschende Thema, doch heute gilt es schon fast als ketzerisch, überhaupt darüber zu reden.«[78] Muss also nicht nur die Politik, sondern auch die Volkswirtschaft umdenken? »Das Fach hat die intellektuelle Basis für die Deregulierungsbewegung geliefert«, erklärt dazu der US-amerikanische Wirtschaftswissenschaftler und Nobelpreisträger Joseph Stieglitz.[79] Tatsächlich scheinen die gesamtwirtschaftlichen Modelle und Dogmen geradezu »krisenfrei« zu sein. Sie behandeln lediglich »ausgeglichene« Volkswirtschaften, geprägt durch die Selbstheilungskräfte – die Selbstregulierung der Märkte. Diese hatte der schottische Moralphilosoph, Aufklärer und Begründer der klassischen Nationalökonomie, Adam Smith (1723-1790), in seinem Standardwerk *Wohlstand der Nationen* (1776), die »unsichtbare Hand« genannt. Doch darin gab es keinen Platz für Spekulationsblasen, irrationales Handeln, instabile und ineffiziente Finanzmärkte sowie die Entkoppelung der Realwirtschaft von der Finanzspekulation. Smiths Wirtschaftstheorie war zugleich eine Reflexion über Tugenden wie Menschlichkeit, Gerechtigkeit und Gemeinsinn.[80] Allerdings täuschte sich Smith in einem wesentlichen Punkt: Der eigennützige, auf seinen persönlichen wirtschaftlichen Vorteil bedachte Mensch dient mit seinem wirtschaftlichen Handeln eben *nicht* immer gleichzeitig *auch* dem Wohl aller anderen. Das zeigen die Auswüchse des »Raubtierkapitalismus«, die letztlich in eine Krise führten, die tiefer ist als die der »großen Depression (Great Depression)« von 1929 bis 1939, wie Ex-US-Notenbankchef Alan Greenspan meint. Der ehemalige

---

[77] Vgl. »Was nun, Herr Smith?« in: *Handelsblatt v. 13.-15.07.12, S. 53*

[78] Vgl. Tomás Sedláček: »Die Ökonomie von Gut und Böse«, München 2012, S. 20, 22

[79] Vgl. »Was nun, Herr Smith?« in: *Handelsblatt v. 13.-15.07.12*

[80] Vgl. Adam Smith: »Der Wohlstand der Nationen«, Frankfurt am Main 2009

Präsident der Europäischen Zentralbank (EZB), Jean-Claude Trichet, sieht in dieser Krise eine »globale« Krise: »Die Bonität aller großen Industriestaaten ist bedroht. Aber Europa ist das Epizentrum dieser Krise«.[81]
So offenbart das Wirtschaftsdesaser der letzten Jahre auch fundamentale Schwächen in der modernen Makroökonomie, wie die britische Ökonomin und Herausgeberin des Essay-Bands *What's the Use of Economics - Teaching the Dismal Science after the Crisis,* Diane Coyle, zu Recht bekundet. Denn wäre es nach den alten standardisierten Modellen und Disziplinen gegangen, hätte es eine solche Krise erst gar nicht geben dürfen.[82]
Vielleicht sollte sich die moderne Wirtschaftswissenschaft wieder an die »Augen-Metapher« des Philosophen Ludwig Wittgenstein (1889-1951) erinnern: Das Auge beobachtet zwar seine Umgebung, aber nicht sich selbst, um Objekte zu untersuchen. Wenn dies nicht möglich ist, so Tomás Sedláček in seinem internationalen Wirtschaftsbesteller *Die Ökonomie von Gut und Böse*, sollten wir wenigstens einen Spiegel benutzen.[83]

## 1.2. Euro-Lügen - vom Zerfall der politischen Moral[ix]

Der Nationalökonom John Maynard Keynes, von dem bereits die Rede war, erklärte einmal, dass die Geldpolitik durch geeignete Regulierungen das ökonomische Wohl der Bürger erhöhen, durch ihre Entscheidungen aber auch unnötiges Elend produzieren könnte. Diese Einsicht ist nicht nur zu einer Binsenweisheit seines Denkens geworden, sondern trifft auch heute noch zu. Noch nie nach Ende des Zweiten Weltkriegs wurden das ökonomische Wohl und die politische (Entscheidungs-)Freiheit der Bürger in Europa so aufs Spiel gesetzt wie seit Beginn der aktuellen Wirtschafts- und Finanzkrise. Fiskalpakt, ESM-Rettungsschirm, Aufkauf von Staatsanleihen der EU-Krisenländer durch die Europäische Zentralbank (EZB), Bankenunion, Sparerenteignungen – Politiker nicken wie

---

[81] Vgl. »Jean-Claude Trichet: ‚Der Euro ist bemerkenswert widerstandsfähig'« in: Handelsblatt v. 06.-08.07.12
[82] Vgl. »Als wäre nichts gewesen« in: *Handelsblatt v. 11.10.12*
[83] Vgl. Tomás Sedláček: »Die Ökonomie von Gut und Böse«, München 2012, S. 24

Marionetten alles ab. Und trotz dieser schwerwiegenden und langfristigen Schicksalsfragen bleibt das Volk bei den Entscheidungen zumeist außen vor. Demokratie sieht anders aus ...

So wurde und wird in der Eurokrise vertuscht, gelogen und betrogen, verschleiert und unterlassen. Kein Politiker klärt die Bürger über die wahren Sachverhalte auf. Zwar sah sich SPD-Kanzlerkandidat Peer Steinbrück dazu veranlasst, Bundeskanzlerin Angela Merkel aufzufordern, den Deutschen »endlich die Wahrheit« zu sagen[84], vergaß dabei aber zu erwähnen, dass weder er selbst noch andere Politiker, ob Christdemokraten, Sozialdemokraten, Liberale, Grüne oder Linke, dies bislang getan hatten. Im März 2013 - inmitten des Bundestagswahlkampfs - geht dann auch die »Selbstzerfleischung« los: Das Bundesfinanzministerium unter Wolfgang Schäuble (CDU) gibt zwar eine Mitverantwortung an der globalen Finanz- und Schuldenkrise zu, rechnet aber mit den damaligen Finanzministern Hans Eichel (SPD, 1999 - 2005) und Peer Steinbrück (SPD, 2005 -2009) ab. Auf die rasanten Finanzmarktentwicklungen und die Zunahme von komplexen Finanzprodukten sei nicht rechtzeitig reagiert, sowie die bestehenden Risiken systematisch unterschätzt worden. »Es wurde die Erkenntnis missachtet, dass auch die Finanzmärkte - wie alle Märkte - einen ordnenden Rahmen brauchen, um gesellschaftlichen Nutzen zu stiften«. Steinbrück kontert mit dem Vorwurf einer »laschen Regulierungspolitik« der schwarz-gelben Koalition. Und der finanzpolitische Sprecher der FDP, Volker Wissing, spricht über »Steinbrücks verlogene Geschichtsfälschung«.[85]

Doch es bleibt dabei: Was der Bürger von seinen gewählten Volksvertretern medial vorgesetzt bekommt, ist »Einheitsbrei«, nebulös und widersprüchlich. Der niederländische Schriftsteller Cees Nooteboom fragt zu Recht, ob die »Schwenks« in den politischen Entscheidungen Angela

---

[84] Vgl. »Steinbrück fordert Merkel zu mehr Ehrlichkeit in Eurokrise auf« in: *Welt.de v. 30.09.12* (http://www.welt.de/newsticker/dpa_nt/infoline_nt/schlaglichter_nt/article109545884/Steinbrueck-fordert-Merkel-zu-mehr-Ehrlichkeit-in-Euro-Krise-auf.html)/Zugriff: 30.09.12

[85] Vgl. »Eurokrise: Finanzministerium rechnet mit Ex-Chef Steinbrück ab« in: *wirtschaftswoche.de v. 02.03.13* (http://wiwo.de/politik/deutschland/eurokrise-finanzministerium-rechnet-mit-ex-chef-steinbrueck-ab/7861464.html)/Zugriff: 04.03.13

Merkels »kalkulierte Politik oder ein Schwimmen mit den meteorologischen Strömungen des politischen Augenblicks« seien.[86]
Schon längst haben die Bürger den Überblick verloren, können den widersprüchlichen und komplexen Euro-Debatten nicht mehr folgen. Ganz im Sinne der Politiker. Kein Geringerer als der ehemalige Euro-Gruppen-Chef Jean-Claude Juncker plauderte dahingehend schon vor Jahren aus dem sprichwörtlichen Nähkästchen: »Wir beschließen etwas, stellen das dann in den Raum und warten einige Zeit ab, was passiert. Wenn es kein großes Geschrei gibt und keine Aufstände, weil die meisten nicht begreifen, was da beschlossen wurde, machen wir weiter – Schritt für Schritt, bis es kein Zurück mehr gibt.«[87] Unglaubliche Worte aus dem Mund des Dienstältesten Regierungschefs in der Europäischen Union. Letztlich aber geht es um die Wahrheit über die Zukunft Europas, die so unbequem ist, dass sie möglichst »geheim« bleiben soll. Welcher Politiker würde es wagen, in diesem seit Jahren anhaltenden Krisen-Monopoly das wahre Motto auszusprechen, das bis jetzt vor allem die EU-Sorgenkinder wie Zypern, Griechenland, Spanien und Portugal - weitere stehen in der Warteschlange - mit ihren rigiden Sparreformen betrifft: »Wer nichts hat, dem wird noch mehr genommen«?
Für eine Art europäischen Superstaat wird auch der Wohlstand Deutschlands hingegeben (siehe dazu auch Kapitel *1.4. Deutschland am Abgrund*), wie es Roland Tichy von der *Wirtschaftswoche* formuliert:[88] »Nun sagen die Europa-Befürworter (...), das Grundgesetz müsse also für Europa aufgetaut und aufgeweicht werden (...) Offensichtlich sind die klügeren Köpfe unserer Politik bereit, die demokratische Staatlichkeit Deutschlands aufzulösen, um das Land in einen europäischen Superstaat zu überführen.«
Klartext spricht auch Heinrich Weiss, ehemaliger Präsident des Bundesverbands der Deutschen Industrie (BDI): »Auf Deutschland kommen gigantische Haftungsrisiken zu, die den über Jahrzehnte hinweg erarbeiteten Wohlstand gefährden. Sollte Deutschland als Zahler für die Sünder in Europa herangezogen werden, wird unter dieser Last die Wirtschaft

[86] Vgl. »So nah - so fremd« in: *Cicero 6/2012, S. 38*
[87] Vgl. »Eine neue Geheimpolitik in Sachen Europa« in: *Handelsblatt v. 04.09.12*
[88] Vgl. »Das sanfte Monster« in: *Wirtschaftswoche 27/2012, S. 3*

schrumpfen. Auch die heutigen Sozialsysteme werden nicht mehr finanzierbar sein.«[89] Darum geht es also in Wahrheit – und für uns.

Zum Glück haben die Menschen längst begriffen, dass sie sich vom Ethos des Politikers verabschieden müssen, der nur das langfristige Wohl des Volkes anstrebt. Vielmehr erweisen diese sich immer mehr als eine an eigenen ökonomischen Interessen und Machtzielen ausgerichtete Kaste, die skrupellos und doppelzüngig die Werkzeuge der Fiskalpolitik zur kurz- oder langfristigen Machtergreifung und Machterhaltung benutzt. Fast beliebig wird das öffentliche Wohl manipuliert, wie fiskalpolitische Entscheidungen auf EU-Ebene in den letzten Jahren gezeigt haben. Doch wer die Macht begehrt und Angst hat, sie zu verlieren, kann nicht wahrhaft regieren, erklärte schon der chinesische Philosoph Laotse (604-530 v. Chr.).[90] »Treue gegen sich selbst und Gütigkeit gegen andere: darin ist alles befasst. Weisheit macht frei von Zweifeln, Sittlichkeit macht frei von Leid. Entschlossenheit macht frei von Furcht«, wusste sein Landsmann Konfuzius (551-479 v. Chr.). Und: »Der oberste Grundsatz einer guten Regierung ist die Aufrichtigkeit, und ihr wirksamstes Mittel ist das gute Beispiel. Durch solche Selbstverantwortung muss sie die rechten Männer an sich ziehen und diese dann wirken lassen«.[91]

Wo sind sie geblieben, diese moralischen Werte, die doch so wichtig sind für eine harmonische Gemeinschaft? Für sozialen und demokratischen Frieden? Tatsächlich verkommen in einer Jauchegrube aus Macht, Rücksichtslosigkeit, Egoismus, Raffgier und Selbstgefälligkeit? Ein großer Politiker jedenfalls, der zur »moralischen Vollkommenheit« gelangen wollte, war einer der Gründerväter der Vereinigten Staaten von Amerika: Benjamin Franklin (1706-1790). In seinem Buch *Der Weg zum Reichtum – Geschichte meines Lebens* führte er eine »Tugend-Liste« samt Anwendungen auf.[92] Darunter auch Ehrlichkeit (»Lass Dir nie einen Betrug zuschulden kommen. Sei arglos und gerecht, und rede entsprechend«) und

---

[89] Vgl. »Heinrich Weiss: Ein Austritt muss möglich sein« in: *Handelsblatt v. 05.07.12*

[90] Vgl. Horst Poller: »Die Philosophen und ihre Kerngedanken – Ein geschichtlicher Überblick«, München 2011, S. 23

[91] Vgl. Horst Poller: »Die Philosophen und ihre Kerngedanken – Ein geschichtlicher Überblick«, München 2011, S. 26, 27

[92] 1. Mäßigkeit, 2. Schweigsamkeit, 3. Ordnung, 4. Entschlusskraft, 5. Sparsamkeit, 6. Fleiß, 7. Ehrlichkeit, 8. Gerechtigkeit, 9. Selbstbeherrschung, 10. Reinlichkeit, 11. Gleichmut, 12. Keuschheit, 13. Demut. Vgl. dazu: Benjamin Franklin: »Der Weg zum Reichtum – Geschichte meines Lebens«, Zürich 2006, S. 129 ff.

Gerechtigkeit (»Tue niemandem Böses. Erweise anderen die Wohltaten, zu denen du verpflichtet bist«).

Dass Werte wichtig sind, glauben in einer Umfrage 2011 auch die Menschen. 86 Prozent halten Ehrlichkeit für moralisch wertvoll, gefolgt von Verlässlichkeit (84 Prozent) und Rücksicht (82 Prozent). Doch nur noch 6 Prozent sind davon überzeugt, dass Politik oder Wirtschaft Werte vermitteln können.[93]

Gab nicht schon der große französische Philosoph Jean-Jacques Roussau (1712-1778) mit seinem *Gesellschaftsvertrag oder Grundsätze des politischen Rechts* ein ethisches Instrument für die Politik an die Hand? Sein vierbändiger, 1762 erschienener Schlüsseltext der europäischen Aufklärung und der Staatsphilosophie betrachtet den Staat als eine von seinen Bürgern in absoluter Freiheit getroffene Übereinkunft: Freiwillig ordnen die Einzelnen sich in ihrem Streben dem Gesamtwillen des Gemeinwesens unter. Doch entscheidend hierfür ist, dass die dazu nötige staatliche Gewalt die unveräußerliche Freiheit des Individuums nicht unrechtmäßig und über Gebühr beschneidet.[94]

Doch statt »ethischer Übereinkunft« mit dem Volk, beispielsweise bei den weit tragenden Euro-Entscheidungen, verschanzen sich die Politiker gemäß dem »Siloeffekt«, wie es der amerikanische Soziologe Richard Sennett bezeichnete: Jeder arbeitet für sich, Solidarität ist oft nur vorgespielt.

Damit haben sich Politiker die mühsam erworbene demokratische Kooperation und persönliche Kommunikation in der von sozialer Vielfalt geprägten Gesellschaft verspielt, sich geradezu vom Volk »entsolidarisiert«, ergeben in einer »priesterlicher Selbstherrlichkeit«. Immer weniger politischer Respekt, Vertrauens und Glaubwürdigkeit sind angesichts steigender sozialer und materieller Ungerechtigkeit sowie gesellschaftlicher Abschottung die Folge. Dies ruft eine unheilvolle »Wir gegen sie«-Haltung hervor, das den zwischenmenschlichen Zusammenhalt in sozialen Milieus stärkt – gegen die Politik. Der Gedanke, dass die Volksvertreter sich der Mängel ihrer Entscheidungen durchaus bewusst sind, verstärkt diesen Effekt

---

[93] Laut einer Umfrage 2011 für das Deutsche Institut für Gütesicherung und Kennzeichnung e. V. RAL (Reichs-Ausschuss für Lieferbedingungen)-Gütezeichen. Vgl. dazu: »Ines Imdahl: Geld oder Leben? Wie es um die Moral in Deutschland bestellt ist und warum ein Nobelpreis für Menschen vielleicht gar nicht verkehrt ist« in: *Handelsblatt v. 22.10.12*

[94] Vgl. Jean-Jacques Rousseau: »Der Gesellschaftsvertrag oder Grundsätze des politischen Rechts«, Köln 2012

noch. Damit haben die Politiker das Vertrauen in sie selbst und in den gemeinsamen europäischen Gedanken verloren: geopfert auf dem Altar falscher wirtschaftspolitischer Entscheidungen und Versprechungen. Demokratie allerdings funktioniert nur mit dem Vertrauen des Volkes. So sah es auch schon der chinesische Gelehrte Konfuzius, der meinte, dass der eigentliche und tatsächliche Träger der politischen Ordnung das Volk sei. Denn jede Regierung, die nicht dessen Vertrauen genieße, müsse früher oder später fallen.[95] Das *Erste Buch des Propheten Samuel* lehrte dies auch: »Den Schwachen hebt empor aus dem Staub und erhöht den Armen, der im Schmutz liegt; er gibt ihm einen Sitz bei den Edlen, einen Ehrenplatz weist er ihm zu.«[96]

Der *Souverän*, das Staatsvolk, ist »der wahren Humanität näher als die intellektuell Begüterten«, meinte der französische Historiker Jules Michelet (1798-1874), dessen Herz Zeit seines Lebens für die »Unterprivilegierten«, die »Elenden« und »Geringsten«[97] schlug. Denn das Urteilsvermögen eines »schlichten« Mannes dürfe nicht unterschätzt werden: »Merkt euch seine Urteile gut; manchmal irrt er in den Dingen, meistens kennt er sie nicht. In den Menschen aber täuscht er sich sehr selten.«[98] Wenn wir das Wort »Mensch« gegen »Politiker« austauschen, dann hat Michelet sicher Recht: Das Volk täuscht sich manchmal, viele Hintergründe kennt es nicht, aber in den Politikern täuscht es sich selten. Für Michelet waren die »Besten« jene, die »unten« standen, »in den dunklen Tiefen«. Für ihn hat es von der »ersten bis zur letzten Seite« nur einen »Helden« gegeben: das Volk, den »erste(n) Spieler«.[99]

So wenden sich die Bürger Europas immer weiter ab von dem »Leviathan«[100], dem (allmächtigen) Staat oder Herrscher, wie ihn einst im metaphorischen Sinn der englische Mathematiker, Staatstheoretiker und Philosoph Thomas Hobbes (1588-1679) bezeichnete. Die praktizierte Europolitik im Zickzackkurs wirkt sich ganz konkret auf das Wohlergehen, das Elend und die Stimmung der Bevölkerung aus. John Maynard Keynes'

---

[95] Vgl. Horst Poller: »Die Philosophen und ihre Kerngedanken – Ein geschichtlicher Überblick«, München 2011, S. 26

[96] *Erstes Buch Samuel, 2, 8*

[97] Michelet meint damit den »Dritten Stand« während der Französischen Revolution.

[98] Vgl. Jules Michelet: »Geschichte der Französischen Revolution 1«, Frankfurt am Main 2009, S. 34

[99] Vgl. Jules Michelet: »Geschichte der Französischen Revolution 1«, Frankfurt am Main 2009, S. 35, 58

[100] Leviathan ist auch ein Ungeheuer aus dem *Buch Hiob*.

wirtschaftstheoretische »Revolution« erweist sich damit vielleicht als überholt, aber keineswegs als falsch. Die »Verteilungskämpfe« in der Euro-Zone sind immer noch im vollem Gange und werden über kurz oder lang den Zusammenhalt der Gemeinschaft zerstören. So verkommt Geschichte zur »gewaltsamen Chemie der Moral« (Michelet).[101]

[101] Vgl. Jules Michelet: »Geschichte der Französischen Revolution 1«, Frankfurt am Main 2009, S. 18

# Exkurs 1:
# Fiskalpakt, Bankenaufsicht, Bankenunion ESM, EZB-Aufkauf von Staatsanleihen, Eurobonds[x]

- *Fiskalpakt*

Am 9. Dezember 2011 einigten sich die Staats- und Regierungschefs der EU-Staaten auf einen »fiskalpolitischen Pakt«, vereinfacht Fiskalpakt oder auch Fiskalvertrag genannt, der am 2. März 2012 unterzeichnet wurde. Dieser trat am 1. Januar 2013 in Kraft und gilt für alle EU-Mitgliedsländer. Nur Großbritannien und Tschechien machen nicht mit.[102] Nicht angeschlossen haben sich Großbritannien und die Tschechische Republik. Am 29. Juni 2012 wurde der Fiskalpakt im deutschen Bundestag und Bundesrat mit Zweidrittelmehrheit gebilligt. Der Fiskalpakt verpflichtet die Staaten, eine neue Haushaltsvorschrift mit den folgenden Bestandteilen einzuführen:[103]

- Die staatlichen Haushalte müssen mittelfristig ausgeglichen sein oder einen Überschuss aufweisen.

- Diese Regel („Schuldenbremse") muss spätestens ein Jahr nach Inkrafttreten des Vertrags in die einzelstaatlichen Rechtsordnungen der Mitgliedsstaaten (in die Verfassung oder auf vergleichbarer Ebene) aufgenommen worden sein. Sie muss einen Korrekturmechanismus enthalten, der im Fall von Abweichungen automatisch auszulösen ist. Erfüllt ein Staat diese Pflicht nicht korrekt, können andere Staaten oder die Kommission vor dem Europäischen Gerichtshof (EuGH) gegen ihn klagen. Der Vertrag sieht Strafzahlungen vor, wenn ein Staat ein Urteil des EuGH wegen Nichtumsetzung der Schuldenregel nicht befolgt.

---

[102] »Europäischer Fiskalpakt in Kraft getreten« in: *handelsblatt.com v. 01.01.13* (http://www.handelsblatt.com/politik/international/zum-neujahrstag-europaeischer-fiskalpakt-in-kraft-getreten/7575416.html)/Zugriff: 04.02.13

[103] Zitiert nach: »Zusatzthema zu Modul 6 Währungsunion: Der Fiskalvertrag« in: *Europaparlament Brüssel* (http://www.europarl.europa.eu/brussels/website/media/modul_06/Zusatzthemen/Pdf/Wirtschaftsunion.pdf) /Zugriff: 05.12.12

- Die Mitgliedsstaaten haben die Referenzwerte (3 Prozent des BNE (Bruttonationaleinkommen/Bruttosozialprodukt) als Obergrenze des Haushaltsdefizits, 60 Prozent des BNE als Obergrenze der Gesamtschulden) nach einem von der Kommission vorgeschlagenen Zeitplan zu erreichen.
- Mitgliedsstaaten, die sich in einem Defizitverfahren befinden, legen der Kommission und dem Rat ein Haushalts- und Wirtschaftspartnerschaftsprogramm zur Billigung vor, in dem die notwendigen Strukturreformen beschrieben sind, mit denen sie eine wirklich dauerhafte Korrektur ihres übermäßigen Defizits erreichen wollen. Die Durchführung des Programms und die entsprechende jährliche Haushaltsplanung werden von der Kommission und vom Rat überwacht.
- Sanktionsempfehlungen der Kommission im Rahmen eines Defizitverfahrens können vom Rat nur mit qualifizierter Mehrheit gestoppt werden.
- Die Mitgliedsstaaten müssen vorab über die von ihnen geplanten Emissionen von nationalen Anleihen berichten.
- Staaten können nur dann Hilfen aus dem Europäischen Stabilitätsmechanismus (ESM) beanspruchen, wenn sie den Fiskalvertrag bis zum 1. März 2013 ratifiziert und die Schuldenbremse eingeführt haben.

Die Staats- und Regierungschefs der Eurostaaten („Euro-Gipfel") treffen sich künftig mindestens zweimal jährlich. Sie ernennen einen Präsidenten für die Dauer von zweieinhalb Jahren (erster Präsident ist Herman Van Rompuy, der auch Präsident des Europäischen Rats ist). EU-Staaten ohne Euro, die den Fiskalvertrag ratifiziert haben, nehmen an den Beratungen der Euro-Gipfel teil.

- *Bankenaufsicht*

Im März 2013 einigten sich die EU-Finanzminister auf eine gemeinsame Bankenaufsicht für die Eurozone, die insgesamt 150 systemrelevante Banken kontrollieren soll, deren Bilanzsumme mehr als 30 Milliarden Euro oder ein Fünftel der Wirtschaftsleistung des jeweiligen Heimatlandes übersteigt. Die Aufsicht soll schrittweise bis März 2014 bei der EZB aufgebaut werden. Die deutsche Bundesbank äußerte jedoch Vorbehalte gegen die geplante Bankenaufsicht, weil »eine dauerhaft tragfähige

Rechtsgrundlage« fehle.[104] Der Großteil der rund 6000 Finanzinstitute soll weiterhin von den nationalen Aufsichtsbehörden kontrolliert werden.
Vorausgegangen waren jedoch einige Missstimmungen: Vorschläge einer gemeinsamen Europäischen Finanzaufsichtsbehörde sahen beispielsweise eine Zusammenlegung der Finanzaufsichtsagenturen der Banken EBA[105] in Frankfurt, der Versicherungen EIOPA[106] in Paris und der Finanzplätze ESMA[107] in London vor. Favorisiert wurde jedoch die Idee, die Bankenkontrolle der EZB zu übertragen. Allerdings nicht ohne massive juristische Einwände: Der vorliegende EU-Verordnungsentwurf scheint weder mit dem EU-Vertrag noch mit dem deutschen Grundgesetz vereinbar zu sein. Zu diesem Schluss kam nicht nur ein Gutachten der juristischen Dienste des Europäischen Rats sondern auch ein Rechtsgutachten des Deutschen Bundestags.[108] Als Ausweg sollte ein Passus im EU-Vertrag dienen, der es erlaubt, »besondere Aufgaben« bei der Aufsicht an die EZB zu übertragen.[109] Streit brach aus, denn Länder wie Schweden forderten eine Vertragsänderung, um sicherzustellen, dass »Nicht-Euro-Länder«, die sich freiwillig unter die Kontrolle der EZB begeben würden, ein gleichberechtigtes Mitspracherecht hätten. Eigentlich sieht der EU-Vertrag von Lissabon vor, dass Entscheidungen wie die einer Bankenaufsicht im EZB-Rat verabschiedet werden. Doch darin sitzen nur Mitgliedsstaaten, die den Euro eingeführt haben.
Die europäische Bankenaufsicht soll auch der erste Schritt zur Bankenunion sein, um die Finanzbranche sicherer zu machen.

- *Bankenunion*

Neben einer zentralen Aufsicht über die Geldinstitute sollen eine gemeinsame Einlagensicherung sowie ein Banken-Rettungsfonds eingeführt werden, der von den EU-Staaten gefüllt wird. Im Endeffekt bedeutet dies eine kollektive Haftung oder anders ausgedrückt eine Vergemeinschaftung

---

[104] Vgl. »Draghi stellt sich hinter die neue Bankenaufsicht« in: *Handelsblatt v. 18.12.12*
[105] *Europäische Bankenaufsichtsbehörde (European Banking Authority)* in Frankfurt.
[106] *Europäische Aufsichtsbehörde für das Versicherungswesen und die betriebliche Altersversorgung (European Insurance and Occupational Pensions Authority)*
[107] *Europäische Wertpapier- und Marktaufsichtsbehörde (European Securities and Markets Authority)*
[108] Vgl. »Juristische Bedenken gegen Euro-Bankenaufsicht wachsen« in: *Handelsblatt v. 19.-21.10.12*
[109] Artikel 127, Abs. 6. Vgl. dazu: »Bankenaufsicht in der Warteschleife« in: *Financial Times Deutschland v. 15.11.12*

von Risiken und der Bankschulden im Euro-Währungsraum, die schätzungsweise dreimal höher als die Staatsschulden sind. Damit würde der Sparer hierzulande die Hauptlast eines Sicherungsfonds für Bankeinlagen tragen, weil der deutsche Einlagesicherungsfonds[110] dann auch für Bankpleiten und für in Not geratene Kunden ausländischer Banken ausgeschöpft werden könnte. Bislang sträuben sich deutsche Politiker noch dagegen, denn eine Bankenunion würde direkt in eine »Schuldenunion« führen, wie sich FDP-Fraktionschef Rainer Brüderle ausdrückte.[111] Doch beim EU-Gipfel im Dezember 2012 erlitt Bundeskanzlerin Merkel dahingehend eine herbe Niederlage. Ihr gelang es nicht, mehr Einfluss bei der Bankenaufsicht und Bankenunion zu erreichen. So wird auch weiterhin der EZB-Rat entscheiden, in dem Deutschland wie jedes andere (auch kleinere) Land nur eine Stimme besitzt, statt eines – wie von Merkel geforderten – unabhängigen Gremiums, in dem sich das Stimmengewicht eines Landes nach dessen Größe und Bedeutung richtet. Damit könnten zukünftig, nach entsprechendem Mehrheitsbeschluss in den EZB-Gremien und gegen die Stimme Deutschlands, marode Kreditinstitute aus Spanien oder Irland mit hiesigen Steuergeldern gerettet werden. »Mehr Europa« heißt im Notfall »mehr Haftung« für die deutschen Steuerzahler, die für milliardenschwere Risiken europäischer Großbanken einstehen. So winkte der schwedische Finanzminister, dessen Land sich nicht im Euro-Währungsraum befindet, schnell betreffs eines Beitritts zur Bankenunion ab. Das Risiko wäre zu groß: »Wir glauben nicht, dass es ausreichend Schutzklauseln für die Steuerzahler gibt, damit sie nicht für die Fehler in Banken anderer Länder haften müssen«.[112]

Deutschland hat zudem Anfang 2013 ein Gesetzentwurf zur Bankenregulierung auf den Weg gebracht. Demnach sollen sich systemrelevante Pleitebanken besser auf Krisen vorbereiten und einen Notfall- und Sanierungspläne ausarbeiten. Große Banken sollen zukünftig das klassische Kundengeschäft von risikoreichen Geschäften wie Eigenhandel, Hochfrequenzhandel mit leistungsstarken Computern und

---

[110] Schätzungen gehen von rund 1,8 Billionen Euro an Spar- und Termineinlagen aus, annähernd so viel wie die Sparbeträge der EU-Krisenländer Italien, Spanien, Irland und Portugal zusammen. Vgl. dazu: »Deutsche Spareinlagen: Objekt der Begierde« in: *Handelsblatt v. 27.06.12*

[111] Vgl. »Deutsche Spareinlagen: Objekt der Begierde« in: *Handelsblatt v. 27.06.12*

[112] Vgl. »Euro: Große Schritte zurück« in: *Der Spiegel 51/2012, S. 87*

Kreditvergabe an Hedgefonds trennen. Damit sollen die Einlagen der Sparer von spekulativen Geschäften abgeschirmt werden. Bank- und Versicherungsmanager, die ihre Sorgfaltspflicht beim Risikomanagement vorsätzlich verletzen und damit die Unternehmen in die Krise stürzen, drohen nach dem Gesetzentwurf Haftstrafen von bis zu fünf Jahren oder Geldstrafen.[113] Auch der Hochfrequenzhandel soll reguliert und bestimmte Handelspraktiken verboten werden.[114]

- *ESM (Europäischer Stabilitätsmechanismus)*

Der ESM wurde als eine Art »Schutzschild« gegen die gegenwärtigen und eventuellen zukünftige Staatsschuldenkrise eingerichtet. Er löst den bisher gültigen Rettungsschirm EFSF (Europäische Finanzstabilisierungsfazilität) ab. Im Juni 2012 beschlossen die Staats- und Regierungschefs, dass der ESM Banken aus dem Euro-Raum auch direkt rekapitalisieren kann. Voraussetzung dafür ist allerdings die Schaffung einer europäischen Bankenaufsicht. Doch Bundeskanzlerin Angela Merkel und die Bundesbank bestehen darauf, dass der ESM nur für jene Banken haftet, die nach dem Start einer europäischen Bankenaufsicht in Schwierigkeiten geraten, und nicht etwa für Altlasten.[115]

Alle Grundsatzentscheidungen des ESM werden vom »Gouverneursrat« gefällt, der sich aus den Finanzministern der Euro-Zone zusammensetzt. Der Rettungsschirm ist mit einem Gesamtkapital von 780 Milliarden Euro ausgestattet, von denen 500 Milliarden ausgeliehen werden können. Bis 2014 sollen von den 17 Währungsländern 80 Milliarden Euro eingezahlt werden. Davon muss Deutschland den Löwenanteil von 21,7 Milliarden Euro aufbringen und haftet insgesamt mit rund 27 Prozent. Der Rest setzt sich aus Garantien zusammen. Die »Grundsicherung« soll insgesamt 32 Milliarden Euro betragen. Der Fonds kann bis zu 200 Milliarden Euro am Markt aufnehmen und verleihen.

Der ESM war und ist so wichtig für die Bundesregierung, dass sie seinetwegen sogar Bundespräsident Joachim Gauck unter Druck setzte: Im

---

[113] Vgl. »Großbanken sollen ihr Testament machen« in: *tagesschau.de v. 06.02.13* (http://www.tagesschau.de/wirtschaft/bankenregulierung102.html)/Zugriff: 03.04.13

[114] Vgl. »Ultraschneller Aktienhandel soll nun geregelt ablaufen« in: *tagesschau.de v. 28.02.13* (http://www.tageschau.de/wirtschaft/hochfrequenzhandel108.html)/Zugriff: 03.04.13

[115] Vgl. »Bankenunion soll auch für Altlasten geradestehen« in: *Financial Times Deutschland v. 21.11.12*

Juni 2012 forderte CDU-Fraktionschef Volker Kauder das Staatsoberhaupt öffentlich auf, die Ratifizierungsgesetze zum dauerhaften Rettungsschirm ESM und zum Fiskalpakt zu unterschreiben.[116] Selten drängte ein Parteipolitiker einen Bundespräsidenten zu einem solchen Akt, der eigentlich ein Affront gegen dessen Amt ist. Gauck ließ sich für sein Prüfungsrecht allerdings Zeit, denn es lagen dem Bundesverfassungsgericht bereits Verfassungsbeschwerden gegen den ESM vor. Diesen zufolge würde der Rettungsschirm zentrale Prinzipien demokratischer Kontrolle ausheben. Zukünftig könnte ein ESM-Organ haushaltsrelevante Entscheidungen ohne den Bundestag fällen, das »Budgetrecht« des Parlaments aushöhlen und dadurch die deutsche Souveränität verletzen. Sollte außerdem der Fall eintreten, dass Deutschland die ESM-Haftung einlösen müsste, würde sich der Staat so verschulden, dass er handlungsunfähig wird. Genau dies aber verbiete das Grundgesetz. Hinzu komme, dass die Eingriffe durch den ESM so tief greifend wären, dass dazu eine neue Verfassungsregelung notwendig sei.

Schließlich entschied das Bundesverfassungsgericht in Karlsruhe am 12. September 2012 im »Namen des Volkes«, eine »summarische Prüfung« habe ergeben, »dass die angegriffenen Gesetze die Verfassung mit hoher Wahrscheinlichkeit nicht verletzen«. Gleichwohl aber gebe es »Unsicherheiten« bei der Auslegung des ESM-Vertrags. So seien Vorbehalte erforderlich, um Haftungsbegrenzungen und eine ausreichende Beteiligung von Bundestag und Bundesrat sicherzustellen.[117] Damit wurden die Klagen gegen den ESM »als überwiegend unbegründet« zurückgewiesen. Verfassungsgerichtspräsident Andreas Voßkuhle betonte jedoch: »Niemand kann mit Sicherheit sagen, welche Maßnahmen für die Bundesrepublik Deutschland und die Zukunft unseres vereinten Europas in der derzeitigen Krise tatsächlich am besten sind.«[118] Das Gericht legte jedoch fest, dass die deutsche ESM-Haftungsgrenze auf 190 Milliarden Euro beschränkt bleiben müsse und nur mit Zustimmung des Bundestags erhöht werden könne.

---

[116] Vgl. »Gaucks schwierigste Stunde« in: *Financial Times Deutschland v. 22.06.12*

[117] Vgl. »ESM: Ja, aber ...« in: *Financial Times Deutschland v. 13.09.12*

[118] Vgl. »Richter retten Merkel« in *Handelsblatt v. 13.09.12*

So schienen es die Euro-Befürworter gerade noch einmal geschafft zu haben: Hätte das höchste deutsche Gericht den Rettungsschirm gekippt, wären die Träume von der Euro-Rettung ausgeträumt gewesen. »Ein guter Tag für Europa, ein guter Tag für den Euro«, gab EU-Parlamentspräsident Martin Schulz gleich nach dem Urteil zum Besten. Bundeskanzlerin Angela Merkel strahlte ebenfalls, denn »Deutschland sendet heute einmal mehr ein starkes Signal nach Europa und darüber hinaus. Das Gericht macht den Weg genau in dem Geiste frei, der uns und mich auch ganz persönlich immer geleitet hat.« Will heißen: Im Geiste ihrer eigenen Euro-Rettungspolitik, die schon fast einer »Staatsräson« gleicht und dem hiesigen Steuerzahler milliardenhohe Risiken aufbürdet. Nur Wolfgang Bosbach, der »ewige Rettungsskeptiker der CDU« (*Financial Times Deutschland*), wollte nicht so recht in die Lobgesänge aus ganz Europa einstimmen: »Noch haben wir ja Zeit, uns Nahrungsmittelvorräte zuzulegen«, sagte er vieldeutig.[119] Ahnte Bosbach vielleicht, was noch alles auf Deutschland zukommen könnte? Am Rande sei erwähnt, dass kurz nach der Entscheidung des Bundesverfassungsgerichts, auch Bundespräsident Gauck dem ESM mit seiner Unterschrift den Segen gab.

Aber wussten die deutschen Parlamentarier tatsächlich, was sie ihren Bürgern mit dem mehrheitlichen Ja für den Rettungsschirm zukünftig antaten? Hatten sie überhaupt eine Ahnung, was der ESM tatsächlich bedeutete? Schon einmal hatten einige von ihnen ihren Sachverstand missen lassen: bei der Abstimmung zur Aufstockung des Rettungsschirms EFSF[120], sozusagen dem Vorgänger des ESM, im Bundestag Ende September 2011.

Das ARD-Polit-Magazin *Panorama* befragte vor laufender Kamera die Politiker nach Einzelheiten über den EFSF. Natürlich sollte man davon ausgehen, dass sich die Volksvertreter vor einer Abstimmung ausreichend mit der Materie auseinandersetzen. Immerhin hatte Bundestagspräsident Norbert Lammert noch vor Beginn der Sitzung betont: »Wir entscheiden heute über ein Projekt, das nicht wenige für das wichtigste einzelne Gesetzgebungsverfahren dieser Legislaturperiode halten.«[121] Gefragt nach der genauen Höhe der deutschen Haftung im EFSF, die 211 Milliarden Euro

---

[119] Vgl. »ESM: Ja, aber ...« in: *Financial Times Deutschland v. 13.09.12*

[120] *Europäische Finanzstabilisierungsfazilität (European Financial Stability Facility)*

[121] Vgl. »Club der Unwissenden« in: *Focus Money 42/2012, S. 32*

beträgt, zeigten die Parlamentarier, dass sie wenig bis keine Ahnung hatten, über was sie da eigentlich abstimmten. Nachfolgend einige Auszüge aus ihren Antworten:[122]

- Aydan Özoguz (SPD): »Naja, wir haben im Moment, äh ..., nein, ich möchte dazu lieber nichts sagen.«
- Günter Gloser (SPD): »Kann ich jetzt momentan nicht genau sagen.«
- Kathrin Vogler (Die Linke): »Das hab' ich jetzt nicht auf dem Schirm.«
- Gabriele Fograscher (SPD): »Nee, kann ich Ihnen jetzt im Detail nicht sagen (...) Nee ... Milliarden?«
- Albert Rupprecht (CSU): »250? 240? Okay?«
- Frank Schwabe (SPD) »Über 200 Milliarden sind es, nicht?, mit denen wir dabei sind (...). 211?«

Auf die Frage, an welche Länder denn bereits schon Milliarden aus dem alten Rettungsschirm vergeben worden seien (Irland und Portugal), antworteten die Bundestagsabgeordneten:

- Detlef Seif (CDU): »Ich kann Ihnen das jetzt nicht genau auf den Euro sagen.«
- Norbert Geis (CSU) »Ich kann jetzt nicht genau sagen, ob da Kredite ausgezahlt worden sind schon vom EFSF.«
- Hans-Joachim Hacker (SPD) »Ja, mein ich, an Griechenland. Die haben an Italien und Portugal, meine ich, nicht gezahlt.«

Hinsichtlich der Frage, ob denn auch Banken mit dem EFSF-Rettungsschirm gerettet würden, was stimmt, antworteten:

- Carsten Sieling (SPD): »Das ist nicht vorgesehen.«
- Norbert Geis (CSU): »Kann, kann sein, dass Banken gerettet werden, wenn's notwendig ist. Das stimmt doch, ne, ja?«

Einige Parlamentarier haben die Antworten dann doch noch richtig gewusst. Gott sei Dank, ist man versucht zu sagen. Schließlich mussten sie nach bestem Wissen und Gewissen über etwas abstimmen, das einige wohl selbst nicht so genau begriffen hatten. Stellt sich die Frage, inwieweit die Bürger Politikern solche gewichtigen Entscheidungen anvertrauen sollten, die nicht

---

[122] Vgl. »Ahnungslose Abgeordnete: Rettungsschirm? ‚Irgendwie teuer?'« in: *Panorama Nr. 745 v. 29.09.11* (http://daserste.ndr.de/panorama/archiv/2011/panorama3575.pdf)/Zugriff: 23.11.12

nur ihre, sondern auch die Zukunft nachfolgender Generationen und des ganzen Landes über viele Jahre hinweg beeinflussen werden.
Ende November 2012 gab es nochmals Aufregung um den ESM: Ein irischer Abgeordneter hatte geklagt, dass der Rettungsschirm gegen EU-Verträge verstoße, weil diese automatische Ansprüche von Staaten gegen andere ausschließen. Das oberste irische Gericht hatte der Klage an den Europäischen Gerichtshof (EuGH) verwiesen. Dem Urteil der Luxemburger Richter nach verstößt der ESM jedoch nicht gegen die EU-Verträge. Sie waren der Ansicht, dass bei ESM-Krediten schließlich immer der Staat, der die Hilfe bekommt, auch haftet. Zudem seien die Hilfen an Bedingungen geknüpft.[123] Zum zweiten Mal innerhalb kürzester Zeit bestätigten zwei oberste Gerichte (Bundesverfassungsgericht und Europäischer Gerichtshof) die Euro-Politik. Nur die US-amerikanische Ratingagentur Moody's nicht: Ende 2012 senkte sie die Bonitätsnoten der beiden Rettungsfonds ESM und EFSF von der Bestnote »AAA« auf »AA1«. Mit weiterem negativen Ausblick, das heißt, eine weitere Absenkung der Bonität droht. Grund: Frankreich, die wichtigste (Finanz-)Stütze des ESM mit einem Anteil von 20,3 Prozent, besitzt ebenfalls eine schlechte Kreditwürdigkeit, was katastrophale Folgen für die Rettungsschirme bedeuten könnte: Nicht nur die Zinsen für neue Anleihen könnten steigen, sondern die Zweifel mehren sich, ob die verbliebenen fünf Euro-Staaten mit der Bestnote »AAA« die Rettung der Gemeinschaftswährung überhaupt noch allein stemmen können. Bereits im Januar 2012 hatte Standard & Poor's den EFSF herabgestuft.[124]

- *EZB-Aufkauf von Staatsanleihen*

Im September 2012 startete EZB-Chef Mario Draghi das umstrittene Aufkaufprogramm »Outright Monetary Transmission (OMT)« von Staatsanleihen hoch verschuldeter EU-Länder – und zwar in unbegrenzter Höhe. Vereinfacht ausgedrückt: Die EZB kauft Schuldscheine maroder Staaten an und leiht diesen dafür Kapital. Gegen Zinsen, versteht sich. Allerdings nur von solchen Ländern, die auch Hilfen des ESM beantragen und dafür Spar- und Reformauflagen hinnehmen. Zudem darf es sich nur

---

[123] Vgl. »Luxemburger Richter stützen ESM« in: *Financial Times Deutschland v. 28.11.12*
[124] Vgl. »Moody's stuft europäische Rettungsfonds herab« in: *Handelsblatt v. 03.12.12*

um Bonds mit einer Restlaufzeit von bis zu drei Jahren handeln. So jedenfalls hieß es zunächst. Doch Draghi bot die Anleihekäufe auch jenen Ländern an, die nur eine Kreditlinie aus dem erweiterten Kreditprogramm (ECCL) des EFSF beantragten, dessen Bedingungen weitaus lockerer sind. Das heißt: Wenn ein Mitgliedsland der EU-Kommission auch nur zusagt, die vereinbarten Etatziele einzuhalten, kann es für bis zu zwei Jahre einen Betrag von bis zu 10 Prozent seines Bruttoinlandsprodukts abrufen. Beispielsweise wären dies für Spanien rund 115 und für Italien 170 Milliarden Euro. Allerdings müssten Deutschland und die EZB dieser unsicheren Finanzierung noch zustimmen.

Dieses neue Anleihekaufprogramm nennt sich auf EZB-Deutsch »direkte monetäre Transaktionen«. Dennoch: Das Risiko für Zahlungsausfälle tragen die Euro-Staaten, sprich: letztlich der Steuerzahler. Diese EZB-Geschäftspraxis ist höchst umstritten. Manch einer spricht in diesem Zusammenhang von einem »Blanko-Scheck« für Schuldenstaaten und von einer »verdeckten und direkten Staatsfinanzierung« europäischer Krisenländer, die der Währungsbehörde laut Unionsvertrag verboten ist[125] und deren Unabhängigkeit gefährde. Denn die vorrangige Aufgabe der EZB sei es, sich um die Preisstabilität zu kümmern. Zudem würden die Deutschen für gewaltige Risiken haften, aber keinen Einfluss auf die Entscheidungen darüber haben.[126]

- *Eurobonds (auch Euro-Staatsanleihen genannt)*

Eurobonds sind gemeinsame Staatsanleihen aller Mitglieder der Euro-Zone, für die die Euroländer im Verhältnis zu ihrer Größe oder gar gesamtschuldnerisch haften. Allerdings hat das Bundesverfassungsgericht im September 2011 entschieden, dass eine gesamtschuldnerische Haftung nicht mit dem Grundgesetz vereinbar ist.[127] Bei einer gemeinsamen Anleihe (Eurobonds) würden die zahlungskräftigen Staaten wie Deutschland für die

---

[125] Der Vertrag über die Arbeitsweise der *EU* verbietet in Artikel 123 den »unmittelbaren Erwerb von Schuldtiteln« von Staaten durch die *EZB*. Vgl. dazu: »Schuldenkrise: Auf schiefer Bahn« in: *Der Spiegel* 40/2012, S. 81

[126] Vgl. »Die EZB setzt die Politik unter Druck« in: *Handelsblatt v. 07.-09.09.12*/»Hohe Risiken, aber wenig Kontrolle« in: *Financial Times Deutschland v. 12.09.12*

[127] Vgl. Hans-Werner Sinn: »Die Target-Falle – Gefahren für unser Geld und unsere Kinder«, München 2012, S. 346, 347

Schulden der Krisenstaaten haften. So könnten diese wieder leichter an Geld kommen. Dies würde auch der so genannten Nichtbeistands-Klausel (No-Bailout) in der EU widersprechen. Danach dürfen EU-Mitgliedsländer nicht für die Schulden anderer EU-Staaten haftbar gemacht werden. Eurobonds sind noch nicht eingeführt, werden aber heftig diskutiert. Doch auch hier wäre, wie beim ESM, Deutschland wieder der größte Zahlmeister in der Europäischen Union. Im April 2014 wurden Zahlen darüber bekannt: Demnach müsste der deutsche Steuerzahler von den 323 Milliarden Euro in zehn Jahren entstehenden Mehrkosten an Zinsen alleine 62 Prozent bezahlen; das sind rund 200 Milliarden Euro.[128]

[128] Vgl. »Deutschland müsste mit Eurobonds in 10 Jahren 200 Mrd. mehr an Zinsen zahlen und würde 62 % der Mehrkosten stemmen« in: *focus Money v. 12.04.13* (http://www.focus.de/finanzen/diverses/eu-deutschland-muesste-mit-eurobonds-in-10-jahren-200-mrd-mehr-an-zinsen-zahlen-und-wuerde-62-der-mehrkosten-stemmen_aid_959314.html)/Zugriff: 22.04.13

# 1.3. Die »EU-Titanic«: Das europäische Schiff sinkt[xi]

## 1.3.1. EU-Haushalt: Streit und leere Kassen

»Europa treibt mir die Tränen in die Augen«, erklärte einmal Giuseppe Guarino, Verfassungsrechtler und Ex-Finanzminister Italiens.[129] Nicht nur die meisten EU-Mitgliedsländer sind finanziell regelrecht »abgebrannt«, sondern auch die Europäische Union selbst. 2012 betrugen die Gesamtausgaben des EU-Haushalts rund 129 Milliarden Euro. Davon wurden 40,8 Prozent für Landwirtschaft, 45,9 Prozent für Wettbewerbsfähigkeit und Regionalhilfen, 6,4 Prozent für die EU als globalen Akteur, 5,6 Prozent für die Verwaltung und 1,3 Prozent für Freiheit, Sicherheit, Recht ausgegeben.[130] Schon im Juli 2012 appellierte Kommissions-Vorsitzender José Manuel Barroso in einem »Protestbrief« an die Zahlungsmoral der 27 EU-Staats- und Regierungschefs, forderte mehr Geld für den Haushalt 2013. Er sah sonst das geplante Wachstumspaket der EU gefährdet.[131] Hintergrund: Die Mitgliedsstaaten boten im EU-Rat lediglich eine Erhöhung des Budgets um 2,8 Prozent auf knapp 133 Milliarden Euro an. Barroso allerdings forderte 6,9 Prozent. Die fehlenden 5 Milliarden Euro wurden dringend gebraucht. Ohne diese kann die EU »die Verpflichtungen der Gemeinschaft nicht mehr erfüllen«, warnte Barroso eindringlich. Auszahlungen der Kommission würden weiter verzögert, denn schon im laufenden Jahr könnten die Rechnungen nicht mehr pünktlich beglichen werden. Eine Begrenzung des Haushaltes würde auch die laufenden EU-Projekte betreffen, beispielsweise die Förderung des Mittelstands, die Forschung und die Regionalförderung. Sonst müsste entschieden werden, »welche Rechnungen wir zahlen und welche wir verschieben«, so Barroso weiter.[132] Zudem sollten rund 120 Milliarden Euro des EU-Haushalts zur Bekämpfung der Arbeitslosigkeit und Ankurbelung

---

[129] Vgl. »Der Euro-Chaostheoretiker« in: *Financial Times Deutschland v. 06.12.12*

[130] Vgl. EU-Kommission (in: *Wirtschaftswoche 43/2012, S. 21*)

[131] Vgl. »Barroso appelliert an EU-Staaten: ‚Nicht am Wachstumspaket sparen'« in: *dradio.de v. 25.07.12* (www.dradio.de/nachrichten/201207251500/3)/Zugriff: 15.10.12/»Barroso will mehr Geld für EU-Haushalt« in: *Financial Times Deutschland v. 26.07.12*

[132] Vgl.»Streit um EU-Budget: Barroso schickt Protestbrief« in: *orf.at v. 25.07.12* (http.//orf.at/stories/2132686/)/Zugriff: 15.10.12

der Wirtschaft eingesetzt werden. Der EU-Kommissionsvorsitzende klagte in seinem Protestbrief offen: »Vor gerade drei Wochen haben wir auf dem Europäischen Rat beschlossen, dass wir weiter alles Nötige tun wollen, um Europa zurück auf den Weg von klugem, nachhaltigem und umfassendem Wachstum zu bringen«.[133] Verräterische Worte, vielleicht sogar ein Eingeständnis, dass die EU bis dahin »unklug«, nicht »nachhaltig« und ohne »umfassendes Wachstum« regiert wurde? Allerdings verhallte Barrosos Klage ungehört – die Mitgliedsstaaten weigerten sich im Sommer 2012, einer stärkeren Mittelausweitung für die EU nachzukommen. Weil die meisten von ihnen aufgrund von Sparbemühungen in der Euroschuldenkrise selbst in Zahlungsschwierigkeiten gerieten, wollten sie übermäßige Belastungen der nationalen Haushalte vermeiden. Deutschland ist mit rund 9 Milliarden Euro der größte Nettozahler, gefolgt von Frankreich (6,41 Mrd.) und Italien (5,93 Mrd.). Die größten Nettoempfänger sind Polen (10,98 Mrd.), Griechenland (4,62 Mrd.) und Ungarn (4,42 Mrd.).

Die EU-Staaten untergraben ihre selbst getroffenen Vereinbarungen, wenn sie die eigene Haushaltskasse nicht mehr ausreichend bedienen können. Denn diese sieht eine stärkere Aufstockung der EU-Mittel vor. Die Diskussion um das für das Jahr 2013 anstehende Wachstum des EU-Haushalts weitete sich zu einem regelrechten Streit zwischen Berlin und Brüssel aus. In Deutschland wurde jedoch nicht offen darüber gesprochen, sondern das Problem lediglich angedeutet. So meinte beispielsweise Bundesaußenminister Guido Westerwelle, wenn alle Staaten sparen müssten, dürfte der EU-Haushalt nicht »unverhältnismäßig« wachsen.[134]

Im Oktober waren die für den EU-Haushalt 2013 fehlenden 5 Milliarden Euro bereits auf 10 Milliarden angewachsen, wie Alain Lamassoure, Vorsitzender des Haushaltsausschusses im Europäischen Parlament, verkündete.[135] Die Klagen wurden gebetsmühlenartig wiederholt: So könnten beispielsweise weder der Europäische Sozialfonds noch das Europäische Studentenprogramm oder das EU-Forschungsrahmenprogramm

---

[133] Vgl. »Barroso sieht durch Haushaltsstreit Wachstum gefährdet« in: *wirtschaftsblatt.at v. 25.07.12* (http://www.wirtschaftsblatt.at/home/international/wirtschaftspolitik/barroso-sieht-durch-haushaltsstreit-wachstum-gefaehrdet-526820/index.do?_vl_pos=r.1.NT)/Zugriff: 15.10.12

[134] Vgl. »Krach zwischen Berlin und Brüssel um EU-Budget« in: *eu-info.de v. 25.07.12* (http://www.eu-info.de/dpa-europaticker/215354.html)/Zugriff: 15.10.12

[135] Vgl. »Der EU geht das Geld aus« in: *Financial Times Deutschland v. 04.10.12*/»In den Kassen der Europäischen Union fehlen Milliarden« in: *Handelsblatt v. 04.10.12*

bedient werden. Auch bei den Strukturfonds würde das Geld fehlen. Damit befand sich die EU in einer desaströsen Haushaltslage. Hinzu kamen neue Streitigkeiten unter den Mitgliedsstaaten, die schließlich im November 2012 eskalierten. Nettozahler wie Deutschland, Großbritannien, Finnland, Schweden und die Niederlande drückten auf die Sparbremse, während die osteuropäischen EU-Staaten befürchteten, künftig weniger Förderung zu erhalten. Die SPD-Haushaltsexpertin Jutta Haug, die im EU-Parlament sitzt, brachte es in diesen Tagen auf den Punkt: Weil die Rechnungen für EU-Projekte nicht beglichen werden konnten, »die im Namen der Staaten beschlossen wurden«, begehe der EU-Rat »Rechtsbruch (...) Beim Rat herrscht Misstrauen und Uneinigkeit«.[136] Ende 2012 schließlich wird ein EU-Haushaltsetat von 132,8 Milliarden Euro verabschiedet (plus 2,8 Prozent). Davon sind 8,4 Milliarden Euro für die Verwaltung vorgesehen.

Doch gestritten wurde in der EU nicht nur über den Haushalt 2013, sondern auch über die Gesamtausgaben von 2014 bis 2020. Immerhin geht es dabei um ein Volumen von rund 1.000 Milliarden (1 Billion) Euro. Anfang Februar 2013 einigen sich schließlich die EU-Staats- und Regierungschefs auf die Obergrenze des Sieben-Jahre-Haushalts bei 960 Milliarden Euro.[137] Allerdings präsentiert ihnen das Europaparlament, das den Plan verabschiedet muss, kurz darauf die Rechnung, denn dort er wird großer Mehrheit abgelehnt. Vor allem weil den Forderungen des Parlaments nach einer Haushaltsmodernisierung nicht nachgekommen worden ist. Die weiteren Verhandlungen zwischen den EU-Staaten und dem Parlament sollen bis im Sommer 2013 abgeschlossen sein. Wird keine Einigung erzielt, wird der bisherige Finanzrahmen fortgeschrieben.[138] Europa also weiter im Streit.

### 1.3.2. EU: Über Wertezerfall, Ungerechtigkeit und Sozialabbau

[136] Vgl. »EU-Abgeordnete brechen Haushaltsgespräche ab« in: *Handelsblatt v. 14.11.12/*»Kein Kompromiss in Sicht« in: *Handelsblatt v. 12.11.12*

[137] Vgl. »960 Milliarden Euro für sieben Jahre Europa« in: *tagesschau.de v. 08.02.13* (http://www.tagesschau.de/wirtschaft/eu-gipfel-haushalt116.html)/Zugriff: 03.04.13

[138] Vgl. »EU-Haushalt: Europaparlament lehnt Finanzrahmen ab« in: *faz.net v. 13.03.13* (http://www.faz.net/aktuell/politik/europaeische-union/eu-haushalt-europaparlament-lehnt-finanzrahmen-ab-12113125.html)/Zugriff: 04.04.13

Bundeskanzlerin Angela Merkel, die »mächtigste Frau der Welt«, verfolgt eisern ihre politischen Ziele, die nichts anderes als hausgemachte Interessenpolitik sind: die Rettung des Euro, die Fortsetzung des gemeinsamen Marktes, die Weiterentwicklung zu einer Fiskalunion – kurz: die radikale Reformierung Europas. Und damit mehr Weltbürgertum, »mehr Europa«. Ein Europa der Werte, der grenzenlosen Freiheit, der individuellen Menschenrechte und des supranationalen Denkens, wie es der deutsche Philosoph Robert Spaemann ausdrückte. Aber ist der Kampf um Werte, so Spaemann weiter, vielleicht nichts anderes als ein verschleierter Kampf um Macht, und wird Europa so nicht gar zu einer »ethischen Leerformel?«[139] Oder geht es nur noch um »Standortsicherung« wie Pascal Lamy, Generaldirektor der Welthandelsorganisation WTO und einst rechte Hand des »Euro-Schöpfers« und Ex-EU-Kommissionspräsidenten Jaques Delors, zum Besten gab? »In der heutigen Welt, in der technologische Revolutionen die Geschwindigkeit der Globalisierung diktieren, müssen wir ausreichend Einfluss haben, wenigstens unser System zu sichern«, sagte Lamy. »Es geht darum, dass unser System weiterhin als eine Möglichkeit besteht, nicht darum, es anderen aufzudrängen – die Zeiten dazu sind längst vorbei«.[140]

Auch Bundesfinanzminister Wolfgang Schäuble treibt Europa nach Wunsch seiner Chefin stetig voran: Um den »Währungskommissar« sozusagen als obersten Haushaltskontrolleur der Euro-Zone zu etablieren, der in den nationalen Parlamenten bereits beschlossene Haushaltspläne wieder ablehnen und Nachbesserungen verlangen kann, strebt Schäuble sogar eine umfassende Veränderung der EU-Verträge an. Doch dieser »Super-Kommissar« ist umstritten. Vor allem lehnt ihn Frankreichs Präsident Francois Hollande ab, der lieber eine »Euro-Regierung« favorisiert.[141]

Dabei ist Europa schon längst keine homogene Einheit, keine lineare Erfolgsstory mehr, weil es immer weniger kulturellen Zusammenhalt gibt. Dafür aber zunehmende nationale Identität, hervorgerufen durch verfehlte Politik, die die Euro-Zone immer weiter in reiche (Geber) und arme (Empfänger) Länder spaltet. Europa ist »ungerecht«. So jedenfalls sieht es der Philosoph Otfried Höffe: Wenn Gerechtigkeit «die Wechselseitigkeit

---

[139] Vgl. »Der Ruinenbaumeister« in: *Wirtschaftswoche Nr. 38/12, S. 24*
[140] Vgl. »Zu klein, zu kompliziert« in: *Wirtschaftswoche 29/12, S. 18*
[141] Vgl. »Franzosen lehnen Super-Schulden-Kommissar ab« in: *Bild v. 18.10.12*

von Rechten und Pflichten» meint, dann müsse die Frage erlaubt sein, ob sich Deutschland – das mit 27 Prozent für die Eskapaden der Europäischen Zentralbank haftet, im EZB-Rat aber nur über eine Stimme verfügt – nicht schon mehr Solidarität geleistet habe, als Europa gut tut.[142]

So verkommt die EU zu einem wirtschaftspolitischen »Experiment« der abendländischen Denktradition, das zum größten Teil gescheitert ist, nur noch zusammengehalten vom politischen Willen elitärer Führungsakteure wie Angela Merkel und Co. Denn ein Kernaspekt der europäischen Union, die Schaffung nachhaltigen Wachstums ohne große Ungleichgewichte, ist nichts als Illusion. Ein solches kann nur durch Strukturreformen erreicht werden, wie Altbundeskanzler Gerhard Schröder einst meinte und dabei auf seine *Agenda 2010* verwies. Die »meisten europäischen Volkswirtschaften sind international nicht wettbewerbsfähig«, so Schröder weiter. »Europa braucht eine mutige Reformagenda, um die Haushalte zu konsolidieren, die Wettbewerbsfähigkeit zu erhöhen und damit Arbeitsplätze zu schaffen«.[143] Verwaltung, Arbeitsmarkt, Sozialsysteme und Steuerpolitik müssten verändert werden, um im internationalen Vergleich mithalten zu können. Doch dies ist ein langwieriger Weg. Zudem zielen die bisherigen Strukturreformen und Sparprogramme der EU-Krisenländer Griechenland, Spanien und Portugal nicht auf eine Wettbewerbsfähigkeit hinsichtlich der Globalisierung ab, sondern, bei verschärfter Finanzlage, durch radikalen »Sozialabbau« auf die langsame Auflösung der Sozialsysteme. Das hat zur Folge, dass die Wirtschaftsleistung und der Konsum nicht wachsen, sondern schrumpfen. So führen die Reformen keineswegs dazu, die soziale Stabilität in Europa zu garantieren, sondern sie systematisch zu destabilisieren, zu zerstören und damit den gesellschaftlichen Zusammenhalt zu »sprengen«.

Wie ungerecht die Sparkurse sind zeigt, dass das portugiesische Verfassungsgericht im April 2013 Teile des Staatshaushalts für das laufende Jahr kippte. Das Gericht sprach sich in seinem Urteil gegen Kürzungen bei Renten, der Arbeitslosenhilfe, Beamtengehältern und Pensionen aus. Nicht jedoch gegen Steuererhöhungen. Dennoch musste Portugal für die nun fehlenden 1,3 Milliarden Euro, die ein Fünftel der vorgesehenen Einsparung

---

[142] Vgl. »Der Ruinenbaumeister« in: *Wirtschaftswoche Nr. 38/12, S. 28*

[143] Vgl. »Gerhard Schröder: Europa braucht mehr Integration« in: *Handelsblatt v. 22.-24.06.12*

ausmachen, einen Plan aufbringen, damit es seine Sparzusagen an die Troika aus EU-Kommission, EZB und IWF einhalten konnte, die ein Hilfspaket von 78 Milliarden Euro zur Verfügung stellten. Die Regierung warf dem Verfassungsgericht vor, das Land an den Rand des Abgrunds geführt zu haben. Dabei hatte die bisherige harte Sparkurs alles andere als Erfolge gebracht: Denn beim Abbau des Budgetdefizits versank das ärmste westeuropäische Land noch tiefer in der Rezession.[144]

Auch zu einer »Vollendung der europäischen Integration« wird es wohl nicht mehr kommen, von der Altbundeskanzler Gerhard Schröder und sein damaliger Außenminister und Vize-Kanzler Joschka Fischer einst träumten.[145] Denn auch diese braucht Zeit. Viel Zeit, die Europa nicht mehr hat. Vorher wird der heterogene Kontinent an der wirtschafts- und finanzpolitischen Unvernunft der Gemeinschaftswährung zerbrechen. Alle Ampeln hierfür stehen bereits auf Rot.

Dennoch fordert auch Bundeskanzlerin Angela Merkel die europäische Integration, für die sogar ein neues rechtliches Fundament der EU ausgearbeitet werden soll. Dazu soll, neben mehr Einfluss für das Europaparlament, auch ein härteres Vorgehen gegen die Mitgliedsländer gehören, die sich nicht an die vereinbarten Sparregeln halten.

Doch selbst innerhalb der CDU ist eine EU-Erweiterung strittig. So sprach sich Merkels Parteikollege und Bundestagspräsident Norbert Lammert im November 2012 gegen den geplanten Beitritt Kroatiens aus, der für den 1. Juli 2013 bereits zugesagt war. »Für die unmittelbar bevorstehende Zukunft halte ich die Europäische Union nicht für erweiterungsfähig«, legte Lammert noch einen drauf.[146] Vielleicht war bis zu ihm durchgesickert, dass die Ratingagentur Standard & Poor's Kroatien schon einen Monat später aufgrund schlechter Wachstumsaussichten und mangelnder Anstrengungen zur Haushaltssanierung auf »Ramsch-Status« herabstufen würde?[147] Fakt

---

[144] Vgl. »Portugal mit dem Rücken zur Wand« in: *kleinezeitung.at v. 07.04.13* (http://www.kleinezeitung.at/nachrichten/politik/eu/3285164/portugal-dem-ruecken-zur-wand.story)/Zugriff: 08.04.13/»Neue Front in Eurokrise: Portugal ist im 'Schockzustand'« in: *diepresse.com v. 07.04.13* (http://diepresse.com/home/wirtschaft/eurokrise/1385769/Neue-Front-in-Eurokrise_Portugal-ist-im-Schockzustand?_vl_backlink=/home/index.do)/Zugriff: 08.04.13

[145] Vgl. »Der Ruinenbaumeister« in: *Wirtschaftswoche Nr. 38/12, S. 26*

[146] Vgl. »Richtungsstreit um Europa« in: *Handelsblatt v. 06.11.12*

[147] Auch die Ratingagentur Fitch hatte Kroatiens Ausblick im November 2012 auf »negativ« herabgestuft. Vgl. »Kroatien fällt auf Ramsch-Status« in: *Handelsblatt v. 17.12.12*

ist, dass die Wirtschaftsleistung Kroatiens 2012 um 2 Prozent geschrumpft ist und über 21 Prozent der Bevölkerung von Armut bedroht sind.[148] Lammert zog sich jedenfalls den Unwillen der EU-Förderer zu, die trotz allem das »Ramsch-Land« integrieren wollen und auch die mahnenden Worte des Wirtschaftswissenschaftlers Joseph Stiglitz ignorieren: »Europa steht an einem kritischen Punkt. Die Alternative lautet: mehr Europa oder kein Europa. Alles dazwischen ist instabil.«[149]

Angela Merkel lässt sich in ihrer stringenten Politik von niemandem beirren. Die Kanzlerin, die auf dem letzten CDU-Parteitag im Dezember 2012 in Hannover ihre Regierung noch als die »erfolgreichste« seit der Wiedervereinigung lobte[150] und einst postulierte, dass Europa »seine Seele finden« müsse[151], scheint noch nicht verstanden zu haben, dass der europäische Kontinent diese Seele nicht mehr finden wird, weil er sie bereits verloren hat. Im Gegenteil: Merkel fühlt sich in ihrem Kurs bestätigt: Europa ließe sich nun mal nicht »mit einem Paukenschlag«, sondern »nur mit kleinen Schritten« retten.[152]

### 1.3.3. Gegen den Willen des Volkes? »Staatsräson« Eurorettung

»Dieser Euro steht symbolhaft für die wirtschaftliche, soziale und politische Einigung Europas«, betonte Bundeskanzlerin Angela Merkel bei ihrer Regierungserklärung zur Euro-Krise im Oktober 2012.[153] Rückendeckung erhielt sie vom ehemaligen Chef der EZB, Jean-Claude Trichet: »Wir haben in der Eurozone eine Krise der Banken und einiger Staaten, aber die Währung selbst ist sehr robust.«[154]

Vehement hält die Bundesregierung also am Euro fest. Ganz gewiss will sie, allen voran Angela Merkel, nicht als Totengräberin der

[148]Vgl. »Europas vergessene Krise« in: *Handelsblatt v. 09.01.13*/»Wohlstand in Europa: Armut in Deutschland ist größer als in Slowenien« in: *focus.de v. 27.03.13* (http://www.focus.de/finanzen/news/wohlstand-in-europa-armut-in-deutschland-ist-groesser-als-in-slowenien_aid_949511.html)/Zugriff: 02.04.13

[149] Vgl. »‚Sie kaufen die Regeln'« in: *Der Spiegel 40/2012, S. 84*

[150] Vgl. »Die Selbstzufriedene« in: *Handelsblatt v. 05.12.12*

[151] Vgl. »Der Ruinenbaumeister« in: *Wirtschaftswoche Nr. 38/12, S. 28*

[152] Vgl. »Das Versteckspiel einer Kanzlerin« in: *Handelsblatt v. 18.09.12*

[153] Vgl. »Regierungserklärung zu Euro-Krise« in: *Deutsche Welle v. 18.10.12* (http://www.dw.de/regierungserkl%C3%A4rung-zu-euro-krise/a-16313162)/Zugriff: 19.10.12

[154] Vgl. »Jean-Claude Trichet: ‚Der Euro ist bemerkenswert widerstandsfähig'« in: Handelsblatt v. 06.-08.07.12

Gemeinschaftswährung in die Geschichtsbücher eingehen und damit nebenbei auch noch die Lebensleistung Helmut Kohls zunichtemachen. Zusammen mit den anderen Euro-Föderalisten beteuert sie kollektiv und unermüdlich landauf und landab, wie viele Vorteile der Euro habe und nicht nur den wirtschaftlichen, sondern auch den friedlichen Bestand Europas sichern würde. Ganz so als ob »Merkel-Deutschland« morgen »Tusk-Polen« überfallen oder einen neuen Feldzug gegen »Hollande-Frankreich« beginnen würde.

Der Euro muss gehalten werden. Nicht weil er wirtschaftlich sinnvoll, sondern weil er politisch gewollt ist. So war es schon immer und so wird es auch bleiben. »Der Euro wird um jeden Preis gerettet; das wissen alle«, sagte dazu der Kolumnist Josef Joffe. »Gerettet wird aber keinesfalls die Wettbewerbsfähigkeit Europas, dessen Wachstumm seit 40 Jahren sachte, sachte fällt.«[155] Und sein Kollege Dirk Heilmann, Ressortchef beim *Handelsblatt*, ergänzt: »Der Euro wird mit allen Mitteln verteidigt, die Lage wird in verschraubten Gipfelkommuniqués verharmlost und die Risiken werden kleingeredet.«[156] Kleingeredet, das ist der richtige Ausdruck für die beharrliche Verherrlichung der Gemeinschaftswährung und ihrer immer größer werdenden Probleme. Dabei klingen die Worte der politisch Verantwortlichen nach wie beispielsweise die des damaligen Unionsfraktionschefs und jetzigen Bundesfinanzministers Wolfgang Schäuble im Dezember 1996: »Ihr könnt darauf vertrauen, dass der Euro eine stabile Währung sein wird. Das funktioniert.«[157] Oder die Otmar Issings, des ehemaligen Chefökonoms der EZB, im Januar 2000: »Der Euro ist eine außerordentlich stabile Währung, stabiler als zum Beispiel die Mark während der meisten Zeit ihrer 50-jährigen Existenz.«[158] Romano Prodi, Ex-EU-Kommissionspräsident stimmte im September 2001 in dieses Loblied ein: »Der Euro beruht auf derselben Art von Stabilität wie die Mark. Dafür haben wir mit dem Stabilitätspakt gesorgt.«[159] Auch der ehemalige Bundeskanzler Helmut Kohl jubelte im Dezember 2001: »Dieses Geld wird

---

[155] Vgl. »Wir sind alle Keynesianer« in: *Handelsblatt v. 21.-23.09.12*
[156] Vgl. »Eine Währung, zwei Szenarien« in: *Handelsblatt v. 06.-08.07.12*
[157] Vgl. Matthias Weik & Marc Friedrich: »Der größte Raubzug der Geschichte«, Marburg 2012, S. 271
[158] Vgl. Matthias Weik & Marc Friedrich: »Der größte Raubzug der Geschichte«, Marburg 2012, S. 271
[159] Vgl. Matthias Weik & Marc Friedrich: »Der größte Raubzug der Geschichte«, Marburg 2012, S. 271, 272

eine große Zukunft haben.«[160] Und sein Bundesfinanzminister Hans Eichel gab zum Besten: »Der Euro ist kein Teuro. Er ist genauso hart wie die D-Mark, auch im Verhältnis zum Dollar.«[161] Von der Opposition gab es kräftige Unterstützung, etwa von Altkanzler Helmut Schmidt, der in einem Interview sagte: »Es werden jeden Tag irgendwelche Zweifel gesät. Aber der Euro an sich ist nicht gefährdet.«[162] Er forderte dazu auf, dass »wir Deutschen nie und nimmer Ursache werden für Stillstand, für Verfall oder Zerfall des großen Projektes der Europäischen Union«[163], sowie zu »Entschlusskraft und Opferbereitschaft«, um den Euro zu retten.[164]

Jüngst stellte sich kein anderer als Bundespräsident Joachim Gauck hinter den Euro und die »Euro-Kanzlerin«, die »stellvertretend für andere benachbarte Nationen« für einen stabilen Euro kämpfe. Denn eine »gewisse Risikobereitschaft auch im monetären Bereich gehört mit zu einer guten Politik«. Vor allem dürfe man in der Euro-Krise nicht die Geduld verlieren, »nicht durchdrehen und nicht hysterisch werden«.[165] Hoffentlich meinte Gauck damit nicht die »Euro-Kritiker«. Denn wehe denen, die Merkels Euro-Politik kritisieren: Sofort wird ihnen ein Schreckgespenst aus fragwürdigen Argumenten und nationaler Nostalgie entgegengehalten mit dem Vorwurf, nichts als Furcht bei den Bürgern zu schüren und deren Sorgen unbegründet zu dramatisieren.

So sagte Altbundeskanzler Helmut Schmidt, dass ein Teil der öffentlichen Meinung hierzulande »leider Gottes von nationalegoistischer Sichtweise« geprägt sei.[166] »Es wird Deutschland auf Dauer nicht gut gehen, wenn es Europa auf Dauer schlecht geht. Renationalisierung und Fundamentalisierung sind gefährliche Reaktionen auf unsere Welt im

---

[160] Vgl. Matthias Weik & Marc Friedrich: »Der größte Raubzug der Geschichte«, Marburg 2012, S. 272

[161] Vgl. Matthias Weik & Marc Friedrich: »Der größte Raubzug der Geschichte«, Marburg 2012, S. 272

[162] Vgl. »17 waren zu viele« in: *Der Spiegel 37/12, S. 106, 107*

[163] Vgl. »Diskussion über Europas Zukunft – Pathos reicht nicht« in: *SpiegelOnline v. 22.09.12* (http://www.spiegel.de/politik/deutschland/europas-zukunft-kritik-an-merkels-krisenkurs-a-857401.html)/Zugriff: 24.09.12

[164] Vgl. »Eine Währung, zwei Szenarien« in: *Handelsblatt v. 06.-08.07.12*

[165] Vgl. »Alt-Kanzler Schmidt attackiert Merkel« in: *Handelsblatt.com v. 27.09.12* (http://www.handelsblatt.com/politik/deutschland/euro-krise-alt-kanzler-schmidt-attackiert-merkel/7190258.html)/Zugriff: 28.09.12

[166] Vgl. »Diskussion über Europas Zukunft – Pathos reicht nicht« in: *SpiegelOnline v. 22.09.12* (http://www.spiegel.de/politik/deutschland/europas-zukunft-kritik-an-merkels-krisenkurs-a-857401.html)/Zugriff: 24.09.12

Wandel«, unterstützt ihn dabei Bundesaußenminister Guido Westerwelle.[167] Kritik an der Währungsunion, die zu einer wahrhaftigen politischen »Schicksalsgemeinschaft« zusammengeschweißt werden soll, scheint unerwünscht, politisch nicht korrekt. Und das, obwohl alle Zeichen auf Sturm stehen.

Doch die Menschen glauben diesen Worten immer weniger. Eine Umfrage unter Anhängern aller Parteien kam zu dem Ergebnis, dass diese die Euro-Krise noch längst nicht als überwunden ansahen.[168]

Nur zu gut wissen Politiker um die zunehmende Euro-Skepsis der Bevölkerung. CSU-Chef Horst Seehofer räumte ein, dass die Deutschen keinen »europäischen Superstaat« wollen[169], genauso wenig, wie sie früher die D-Mark nicht opfern wollten. »Wenn Sie die Deutschen hätten abstimmen lassen, dann hätte die Mehrheit der Bürger für die Beibehaltung der Mark gestimmt«, bekannte dann der ehemalige bayrische Ministerpräsident und CSU-Ehrenvorsitzende Edmund Stoiber in einem Interview mit dem Nachrichtenmagazin *Der Spiegel*. »Deshalb gab es in der Politik eine Tendenz, dass jeder, der Einwände erhob, als Europagegner galt.«[170]

Das Ergebnis einer Studie des Bundesverbands deutscher Banken im Juli 2012 war eindeutig: Rund 56 Prozent der befragten Jugendlichen und jungen Erwachsenen glaubten, dass der Euro langfristig nicht erfolgreich sein würde. Jeder Zweite konnte sich die Zukunft auch ohne die Gemeinschaftswährung vorstellen.[171] Im selben Monat bekräftige eine Umfrage des *ARD-Deutschlandtrends* diese Euro- und EU-kritische Tendenz: 71 Prozent der Befragten wollten eine Volksabstimmung, bevor noch mehr Kompetenzen an Brüssel abgegeben werden sollten.[172] Das Forschungsinstitut Emnid führte im Auftrag der Bertelsmann Stiftung im

---

[167] Vgl. »Westerwelle: Europäische Integration trotz Eurokrise fortsetzen« in: *Die Welt.de v. 03.10.12* (http://www.welt.de/newsticker/news2/article109602966/Westerwelle-Europaeische-Integration-trotz-Eurokrise-fortsetzen.html)/Zugriff: 03.10.12

[168] Laut einer Umfrage des *Stern* im Oktober 2012: 99 Prozent der Wähler der *Piraten-Partei*, 97 Prozent der *Grünen*, 96 Prozent der Christdemokraten, 95 Prozent der Freien Liberalen, 94 Prozent der Sozialdemokraten und 91 Prozent der Linken Anhänger. Vgl. dazu: »Deutsche glauben nicht an ein Ende der Eurokrise« in: *stern.de v. 23.10.12* (http://www.stern.de/wirtschaft/news/stern-umfrage-deutsche-glauben-nicht-an-ein-ende-der-eurokrise-1914450.html)/Zugriff: 24.10.12

[169] Vgl. »Ihr seid das Volk« in: *Financial Times Deutschland v. 13.08.12*

[170] Vgl. »‚Erst belächelt, dann gescholten'« in: *Der Spiegel 40/2012, S. 29*

[171] Vgl. »Die Mehrheit der Jugendlichen gibt dem Euro keine Chance« in: *Handelsblatt v. 13.-15.07.12*

[172] Vgl. »Deutsche wollen über Europa abstimmen« in: *Financial Times Deutschland v. 06.07.12*

September 2012 ebenfalls eine Erhebung durch: Dabei meinten 65 Prozent der Deutschen, dass es ihnen heute mit der D-Mark »viel besser« oder »etwas besser« gehen würde.[173] 49 Prozent glaubten, ohne die EU wären sie besser dran. Nur noch 32 Prozent erklärten, ohne die Europäische Union schlechter dazu stehen. 48 Prozent waren der Überzeugung, dass es durch die EU-Mitgliedschaft in Deutschland unsicherer geworden sei – sprich: der soziale Frieden gefährdeter sei. So schlecht beurteilten die Deutschen die EU und den Euro noch nie.[174]

»Jeder weiß, dass der derzeit diskutierte Fiskalpakt, der von den Unterzeichnern eine Schuldenbremse verlangt und europäische Kontrollmechanismen für die Budgetdisziplin vorsieht, in etlichen Ländern abgelehnt werden würde, legte man ihn zur Ratifizierung den Bürgern und nicht den Parlamenten vor«, sagte Laurent Joffrin, Chefredakteur der führenden französischen Wochenzeitschrift *Nouvel Observateur* und Kenner der deutschen Politszene. »Wahrscheinlich geben die Antieuropäer bereits die Mehrheitsstimmung in diesen Zeiten der Krise wieder.«[175]

Mag man der »Volksseele« glauben, wünschen sich die Deutschen immer stärker die Abkehr von der Einheitswährung. Sie scheinen auf eine Beschleunigung des europäischen Einigungsprozesses zu pfeifen, lehnen eine gemeinsame Wirtschafts- und Finanzregierung ab und wollen auch keine »Vereinigten Staaten von Europa«.

Leserzuschriften im Nachrichtenmagazin *Focus* machen dies deutlich. Nachfolgend möchte ich einige davon zitieren:[176]

»Der Euro war und ist die verhängnisvollste Fehlleistung politischer Eliten der letzten 25 Jahre. Jetzt sind aber erst mal fähige Politikerinnen und Politiker gefragt, um sowohl die Auflösung dieser Währungsunion als auch die Rückkehr zu den Nationalwährungen einigermaßen geordnet und ohne größere Verwerfungen zu vollziehen (...)« (Dr. Jürgen P.)

»Wir sollten uns endlich von der Illusion lösen, dass der Euro und Europa eine unabänderliche Voraussetzung für das Wohl Deutschlands sind. Wir

---

[173] Vgl. »Griechenland bekommt mehr Zeit« in: *RP-Online v. 18.09.12 (*http://nachrichten.rp-online.de/wirtschaft/griechenland-bekommt-mehr-zeit-1.2997950)/Zugriff: 20.09.12

[174] Vgl. »Deutsche sehen Europa skeptisch« in: *Financial Times Deutschland v. 18.09.12*

[175] Vgl. »Sparen ruiniert uns alle« in: *ZeitOnline v. 30.09.12* (http://www.zeit.de/2012/39/Sparen-Europa-Zwang)/Zugriff: 30.09.12

[176] Vgl. *Focus 37/2012, S. 67*

sind das einzige Land in Europa, das in der Lage ist, als Global Player zu agieren (...) Raus aus dem Euro, eine ‚Reduzierung' Europas auf den geografischen Begriff und keine Schicksalsgemeinschaft, das ist der Weg (...)« (Walter L.)

»Die europatrunkenen Fanatiker, die uns in diese Gefahr gebracht haben, sind selbst heute, angesichts der vor der Tür stehenden Katastrophe, noch immer nicht zur Besinnung gekommen. Sie umtanzen johlend und stampfend ihren Euro-Fetisch und zertreten dabei die Sparguthaben und Altersvorsorgen der Deutschen«. (Michael P.)

Wie der Teufel das Weihwasser scheuen die »Euro-Fetischisten« hierzulande eine Volksbefragung. Deshalb wiegelte auch der »europäische Vordenker«[177], Bundesfinanzminister Schäuble, eine solche schnell ab, die über die Zukunft der Deutschen in der EU und den Euro entscheiden würde: »(...) eine solche Verfassungsänderung steht derzeit nicht an.« Und das, obwohl er noch einige Wochen zuvor einen Vorstoß für eine baldige Volksabstimmung über mehr Macht nach Brüssel gewagt und damit Angela Merkel verärgert hatte. »An diesem Punkt sind wir derzeit eindeutig noch nicht«, sagte diese lapidar dazu und drohte damit, dass die Grenzen bei der Euro-Rettung noch längst nicht erreicht seien. Eine Volksabstimmung sei jedoch ein »Schritt von übermorgen«.[178]

Inzwischen glaubt Schäuble sogar allen Ernstes: »(...) wenn wir (...) zu einer substanziellen Veränderung der staatlichen Qualität Europas kommen wollen, bin ich zuversichtlich, dass wir mit den besseren Argumenten die Mehrheit überzeugen.«[179] Aber das scheinen nur noch er und ein paar unverbesserliche »Eurokratiker« zu glauben. So viel also zu Artikel 20 des deutschen Grundgesetzes, in dem es unter anderem heißt: »Alle Staatsgewalt geht vom Volke aus.« Volksabstimmungen bleiben für die Politiker zu riskant, können sie doch zu anderen Ergebnissen führen als sie sich wünschen.

So werden sie weiter an der repräsentativen Demokratie festhalten, in der nicht die Bürger selbst über Sachfragen abstimmen, sondern die gewählten

---

[177] Vgl. »Volksabstimmung – im Prinzip ja« in: *Handelsblatt v. 26.06.12*

[178] Vgl. »Schäuble überrumpelt CDU« in: *Financial Times Deutschland v. 26.06.12*/»Volksabstimmung – im Prinzip ja« in: *Handelsblatt v. 26.06.12*

[179] Vgl. »Interview mit Wolfgang Schäuble: ‚Unsere Probleme werden kleiner'« in: *Focus 38/2012, S. 30*

Volksvertreter. Ein Referendum wäre dennoch möglich: rechtlich nicht bindend, politisch aber schon. Vorgelebt, freilich mit bindender Gesetzgebung, wird dies beispielsweise in der Schweiz: mit ausgeprägter direkter Demokratie, in der die Bürger durch Volksinitiativen und Referenden unmittelbar an den politischen Entscheidungsfindungen beteiligt sind.

Die eurokritische Stimme des Volkes hierzulande verhallt so also in den Gremien der nationalen und europäischen Parlamente. Vergessen sollten die Politiker jedoch einen der Sprüche des israelitischen Königs Salomon nicht: »Wer sein Ohr verschließt vor dem Schreien der Armen, wird selbst nicht erhört, wenn er um Hilfe ruft.«[180]

## 1.3.4. Euro: Die »erkaufte« Wiedervereinigung

Während jegliche Kritik am Euro also politisch und auch medial ausgeblendet wird, kommen dennoch immer mehr Bedenken gegen seine damalige Einführung auf. »Als der Vertrag von Maastricht 1992 unterzeichnet wurde, hatte die EU zwölf Mitgliedsstaaten«, sagte Helmut Schmidt. »Und diese zwölf haben den Fehler gemacht, jedermann in Europa zum Beitritt einzuladen, auch zur gemeinsamen Währung (...) Die Deutschen haben nicht richtig hingeschaut. Sie waren beschäftigt mit der Wiedervereinigung.«[181] Der Historiker und Kohl-Biograf Hans-Peter Schwarz gibt auch Politikern wie Mitterrand, Delors, Chirac und den Regierungen der damaligen »Weichwährungsländer« Mitschuld an der Einführung der Gemeinschaftswährung, die Kohl auf den »Weg gedrängt und ihn dafür gebauchpinselt haben«. Und weiter: »Sie verlangten nur nach Europäisierung der D-Mark.«[182]

Konkreter wird der ehemalige Präsident des Bundesverbands der Deutschen Industrie (BDI), Heinrich Weiss: »Bereits vor Abschluss des Maastricht-Vertrages habe ich auf die Gefahren einer verfrühten Gemeinschaftswährung hingewiesen. Als ich 1991 als BDI-Präsident mit meinem französischen Kollegen (...) das Thema besprach, wies dieser mich in aller Offenheit darauf hin, dass Deutschland hier den Preis für die

---

[180] Die Sprüche Salomos, 21, 13

[181] Vgl. »17 waren zu viele« in: *Der Spiegel 37/12, S. 106, 107*

[182] Vgl. »Er machte sich Illusionen« in: *Focus 36/2012, S. 37*

französische Zustimmung zur Wiedervereinigung zu bezahlen habe: ‚Wir möchten die Deutschen langfristig an der Finanzierung der riesigen ungedeckten Pensionslasten im französischen Staatshaushalt beteiligen.' Also verspätete Reparationszahlungen?«[183] Selbst der damalige Innenminister unter der Regierung Kohl, Wolfgang Schäuble, gab zu: »Die Preisgabe der D-Mark war eine der Konzessionen, die dazu beitrugen, den Weg zur deutschen Vereinigung zu ebnen.«[184] Und auch Altbundespräsident Richard von Weizsäcker sagte, der Euro sei »nichts anderes als der Preis für die Wiedervereinigung«.[185] Norbert Blüm, ehemaliger Bundesarbeitsminister, meinte, dass Deutschland für das neu gestaltete Europa ein Opfer bringen müsse, nämlich die D-Mark.[186]

Zu diesem Sachverhalt schrieb *Focus Money* in dem mutigen Artikel »Euro: Wie wär's mal mit der Wahrheit?« im Juni 2012: »Der ehemalige französische Präsident Francois Mitterand wollte die Wiedervereinigung Deutschlands zunächst verhindern. Aber noch mehr wollte er: die D-Mark loswerden. Also verlangte er für die Zustimmung der Wiedervereinigung von Kanzler Helmut Kohl die Einheitswährung.« Und weiter: »Jaques Attali, Mitterands außenpolitischer Berater, erklärte: ‚Um eine Balance zu erhalten, möchten wir über die deutsche Atombombe reden.' Darauf antworteten die Deutschen: ‚Sie wissen doch, wir besitzen gar keine Atombombe.' Woraufhin Attali sagte: ‚Ich meine die Deutsche Mark.' Kohl wollte partout die Wiedervereinigung. Also opferte er das Stärkste, was Deutschland hatte: die D-Mark.«[187]

Kurt Biedenkopf, Ex-Ministerpräsident von Sachsen, meinte dazu, Helmut Kohl wäre der Zeitplan der Währungsunion letztlich wichtiger gewesen als »die Stabilität, darum hat er auch sein politisches Schicksal mit dem Euro verbunden, was eine rationale Debatte verhinderte«.[188]

Während der damalige SPD-Kanzlerkandidat Gerhard Schröder noch davon sprach, dass eine überhastete Währungsunion eine »kränkelnde Frühgeburt«

---

[183] Vgl. »Heinrich Weiss: Ein Austritt muss möglich sein« in: *Handelsblatt v. 05.07.12*
[184] Vgl. »100 Antworten zum Euro« in: *Stern 49/2011, S. 138*
[185] Zitiert nach: Philipp Bagus: »Die Tragödie des Euro – Ein System zerstört sich selbst«, München 2011, S. 69
[186] Zitiert nach: Philipp Bagus: »Die Tragödie des Euro – Ein System zerstört sich selbst«, München 2011, S. 69
[187] Vgl. »Euro: Wie wär's mal mit der Wahrheit?« in: *Focus Money 25/2012 v. 13.06.12* (http://www.focus.de/finanzen/boerse/euro-wie-waers-mal-mit-der-wahrheit_aid_766365.html)/Zugriff: 21.06.12
[188] Vgl. »Mit aller Macht« in: *Focus 36/2012, S. 30*

sei, stand Bundesfinanzminister Theo Waigel seinem Chef eisern zur Seite. So postulierte er noch 1998: »Es macht keinen Sinn, über eine Verschiebung der Europäischen Währungsunion zu philosophieren. Ich habe keine Zweifel, dass die gemeinsame Währung so stark sein wird wie die D-Mark. Dafür sind alle Vorkehrungen getroffen.«[189] Wie die Zeitgeschichte zeigt, hat Kohl nicht nur die D-Mark geopfert, sondern mit der erkauften Wiedervereinigung auch die Bundestagswahlen gewonnen.

Der ehemalige Vorstandsvorsitzende von *Thyssen*, Dieter Spethmann, einer der wichtigsten Wirtschaftsführer während der Regierungszeit Kohls, machte dem Ex-Kanzler ebenfalls Vorwürfe: »Kohl kannte die vielen berechtigten Einwände gegen die Einführung des Euro. Aber er hat sie alle beiseite gewischt. Deshalb trägt er heute auch einen großen Teil der Verantwortung für die Eurokrise (...) Man hätte den Euro auf die wenigen Länder begrenzen müssen, die die Kriterien wirklich erfüllten.«[190] Im September 2012 sieht sich Bundesfinanzminister Wolfgang Schäuble bemüßigt, den Altkanzler gegen die Vorwürfe in Schutz zu nehmen. »Die Kritik ist nicht begründet«, sagte er. »Die Entscheidung, die D-Mark abzuschaffen, war nicht leicht, aber richtig.« Die Einführung des Euro sei eine der »bedeutendsten geschichtlichen Erfolge« Kohls gewesen.[191]

### 1.3.5. Die »kranke« Euro-Zone

Nach Angela Merkels Ansicht stehen der permanente Rettungsschirm ESM für »Solidarität« unter den Europäern und der Fiskalpakt für »Kontrolle«.[192] Läuft es mit dieser Solidarität im Europa-Haus allerdings mal nicht so, wie es sein soll, wird dies mit schönen Worten umschrieben. Wie von Bundesfinanzminister Wolfgang Schäuble der sich dahingehend in einem Interview mit dem Nachrichtenmagazin *Focus* auf die Feststellung hin äußerte, dass sich die EU-Mitgliedsländer gegen »Eingriffe aus Brüssel« sträuben würden, »wo sie nur können«: »Die Dinge entwickeln sich doch unter dem Druck der Krise in die richtige Richtung.«[193] Auch wenn

---

[189] Vgl. »Mit aller Macht« in: *Focus 36/2012, S. 31, 33*
[190] Vgl. »Mit aller Macht« in: *Focus 36/2012, S. 29*
[191] Vgl. »Schäuble nimmt Altkanzler Kohl in Schutz« in: *zeit.de v. 09.09.12* (http://www.zeit.de/politik/deutschland/2012-09/schaeuble-kohl-esm)/Zugriff: 10.09.12
[192] Vgl. »Das Versteckspiel einer Kanzlerin« in: *Handelsblatt v. 18.09.12*
[193] Vgl. »Interview mit Wolfgang Schäuble: ‚Unsere Probleme werden kleiner'« in: *Focus 38/2012, S. 30*

Schäuble damit die Schuldenbremse meinte, scheint seine Antwort zweideutig.

So ist seine Äußerung über die »richtige Richtung« nicht mehr als ein Wunschgedanke. Zu viele Baustellen innerhalb der EU sind nicht nur offen, sondern auch höchst umstritten: Die Bankenunion mit einer Vergemeinschaftung der Verbindlichkeiten, die nichts anderes als eine »Sozialisierung der Schulden« darstellt, die Übertragung der nationalen Haushaltspolitik auf europäische Institutionen, eine europäische Regierung und der Beitritt zu einer Art »europäischem Bundesstaat« gehören dazu. Bevor dies alles umgesetzt werden kann, muss hierzulande nicht nur das Grundgesetz geändert werden, sondern würde gar eine neue Verfassung nötig. »Souveränitätstransfer« und eine »transnationale Demokratie« gehen laut Artikel 146 GG nur in freier Entscheidung durch das deutsche Volk, sprich: durch eine Volksabstimmung. Aber eine solche will aus politischer Sicht niemand, wie ich bereits erläutert habe.

Spätestens nach den Bundestagswahlen im Herbst 2013 wird die alte oder neue Regierung, die »Gralshüterin« des Euro, den Wählern und Bürger klaren Wein einschenken müssen: Ohne Steuererhöhungen und Einsparungen von Sozialleistungen wird es nicht mehr gehen. Denn wer sonst außer dem Steuerzahler soll das alles berappen (siehe hierzu auch Kapitel *8.2.* und *8.3.*)?

Hinzu kommt, dass die »Institution« der Europäischen Union immer mehr von dem verschlingt, was immer knapper wird: den finanziellen Mitteln. Von 2014 bis 2020 soll der EU-Haushalt 1,1 Billionen Euro kosten. Die Brüsseler EU-Bürokratie zählt zwischenzeitlich 38.000 Angestellte, darunter 25.000 Beamte. Zusätzlich leisten sich die 27 Mitgliedsstaaten insgesamt 94.000 Diplomaten, also durchschnittlich rund 3.481 pro Land. Allein die Luxusresidenzen der EU-Botschafter kosteten 2012 stolze 83 Millionen Euro (beispielsweise die des russischen Botschafters 30.000 Euro - pro Monat!)[194]

---

[194] Vgl. »Luxus trotz Krise: EU-Diplomaten leben wie die Fürsten« in: deutsche-wirtschafts-nachrichten.de v. 22.01.13 (http://deutsche-wirtschafts-nachrichten.de/2013/01/22/luxus-trotz-krise-eu-diplomaten-leben-wie-die-fuersten/)/Zugriff: 23.01.13

Eine Riesenkrake, die allein Deutschland jährlich über 9 Milliarden Euro netto kostet, sich als Wertegemeinschaft versteht, und, so scheint es, nur noch aus reiner Selbsterhaltung besteht.

Auch an die eigenen Rechtsvorschriften hält sich das EU-Ungetüm schon längst nicht mehr, denn die Mitgliedsstaaten haben nicht nur laufend EU-Verträge verletzt, sondern auch »Recht gebrochen«, beispielsweise den Stabilitätspakt, die Nichtbeistandsklausel, das EZB-Staatsfinanzierungsverbot (*Financial Times Deutschland*).[195] »Die (EU-)Kommission ist eine obrigkeitliche, überbezahlte, arrogante und machtbesessene Bürokratie«, sagte der emeritierte Staatsrechtler Karl Schachtschneider. »Im Europäischen Rat üben die Staats- und Regierungschefs die Macht über die Völker Europas aus, die sie in den führerstaatlichen Parteienstaaten haben. Ihre Absprachen haben stärkere Verbindlichkeiten als Verfassungen und Gesetze. Die Parlamente sind ohnmächtig.«[196]

Zu vergessen ist auch nicht die Heerschar der Lobbyisten, die Brüssel belagert, um legal oder illegal bei politischen Entscheidungen ihre eigenen Interessen durchzusetzen. Bis zu 30.000 »Einflüsterer« sollen es sein, die sich in der EU-Hauptstadt tummeln. Viele Abgeordnete lassen sich gerne von ihnen beraten, erklärt Nina Katzemich von *Lobby Control.*[197]

Um den EU-Moloch nicht zu gefährden reden sich die Politiker die nun über fünf Jahre währende Krise einfach schön. Beziehungsweise nicht so schlecht – wie die Fakten es jeweils hergeben. Nachfolgend einige unkommentierte »Schlaglichter« aus den letzten Monaten des Jahres 2012, die die Probleme ausgewählter EU-Mitgliedsstaaten und den langsamen Zerfall der Euro-Zone mehr als tausend Worte beschreiben:

EU-Mitgliedsland Belgien:

- *»Belgiens Regierung vereinbart Sparhaushalt«*

EU-Mitgliedsland Deutschland:

---

[195] Vgl. »Auf Crashkurs« in: *Financial Times Deutschland v. 17.09.12*

[196] Vgl. »Sind wir besser geschützt dank der EU?« in: *Financial Times Deutschland v. 30.10.12*

[197] *Lobby Control* möchte darstellen, wie Unternehmen und Verbände ihre interessengeleitete Haltungen über die Parlamentarier bis hin zu politischen Entscheidungen beeinflussen können. Vgl. »Hauptstadt der Einflüsterer« in: *Financial Times Deutschland v. 05.09.12*

- *»Wirtschaftsweise halbieren Wachstumsprognose für 2013«*
- *»Inflation schnellt nach oben«*
- *»Von der Leyen warnt vor höherem Armutsrisiko«*

(Siehe auch Kapitel *1.4.)*

EU-Mitgliedsland Finnland:

- *»Finnland wankt«*
- *»Finnland rutscht in die Rezession«*

(Siehe hierzu auch Kapitel *3.1.3.*)

EU-Mitgliedsland Frankreich

- *»Euro-Retter sorgen sich um Frankreich«*
- *» Riskante Rettung in Frankreich«*
- *»Frankreich verliert Spitzenrating bei Moody's«*

EU-Mitgliedsland Griechenland:

- *»Arbeitslosigkeit in Griechenland auf Rekordniveau gestiegen«*
- *»23 Prozent der Griechen sind arm«*
- *»Griechischer Minister hetzt gegen Migranten«*

(Siehe hierzu auch Kapitel *2.2.*)

EU-Mitgliedsland Großbritannien (nicht Mitglied der Währungsunion):

- *»Briten müssen jetzt noch kräftiger sparen«*
- *»Britische Rezession verschärft sich«*
- *»Moody's stuft Großbritannien herab«*

(Siehe hierzu auch Kapitel *3.2.3.*)

EU-Mitgliedsland Irland:

- *»Iren hoffen auf Erlass ihrer Schulden«*
- *»Irlands Wirtschaft stagniert«*
- *»Eurokrise: Irland schnallt den Gürtel noch enger«*

EU-Mitgliedsland Island:

- *»Rutschgefahr«*

EU-Mitgliedsland Italien:

- *»Italiens Schuldenberg ist noch größer als gedacht«*
- *»Italien rutscht tiefer in Rezession«*
- *»Italiens Wahl-Chaos lässt die Eurokrise wieder auflodern«*

EU-Mitgliedsland Österreich:

- *»Österreichs Banken fehlt Geld«*

EU-Mitgliedsland Polen:

- *»Auch Polen hält EU-Vorgaben nicht ein«*

EU-Mitgliedsland Portugal:

- *»Portugal mit dem Rücken zur Wand«*
- *»Neue Front in Eurokrise: Portugal ist im 'Schockzustand'«*
- *»Portugals Finanzminister warnt vor ‚Diktatur der Schulden'«*

EU-Mitgliedsland Rumänien:

- *»Rumänien muss länger auf Hilfsgelder warten«*

EU-Mitgliedsland Schweden:

- *»Schweden kühlt deutlich ab«*

EU-Mitgliedsland Serbien:

- *»Zu Weihnachten droht Serbien die Pleite«*
- *»Serbien steht am Rande der Staatspleite«*

EU-Mitgliedsland Slowenien:

- *»Slowenien befürchtet Staatspleite«*
- *»Slowenien ist Kandidat Nummer 6 für den Rettungsschirm«*

EU-Mitgliedsland Spanien:

- *»Spanien ist schlimmer dran als Mali«*
- *»Bald ein Drittel der Spanier arbeitslos«*
- *»Spaniens Schulden um Rekordbetrag gestiegen«*

(Siehe auch Kapitel *2.1.*)

EU-Mitgliedsland Tschechien:
- »*Tschechien spart sich in die Rezession*«
- »*Tschechiens Glanz verblasst*«

EU-Mitgliedsland Ungarn:
- »*Ungarn hofft auf Milliardenhilfen von EU und IWF*«
- »*IWF soll Ungarn helfen*«

EU-Mitgliedsland Zypern:
- »*Neuer Gefahrenherd Zypern*«
- »*Zypern beantragt ESM-Hilfe*«
- »*Die Enteignung zyprischer Sparer ist fatal*«

Die Euro-Ökonomie scheint am Ende – die Krise eskaliert immer mehr. Bester Indikator hierfür ist die Abkehr von Unternehmen aus Europa. »Großkonzerne fliehen aus Südeuropa« titelte das *Wallstreet Journal* im Dezember 2012.[198] Der »Exodus« der Unternehmen, die Kapital aus den südlichen Euro-Ländern abziehen, geht weiter. Der Glaube an eine wachsende Bevölkerung, steigenden Wohlstand und intakte Staatshaushalte ist verschwunden. In weiten Teilen Europas sind diese Bedingungen nicht mehr erfüllt. »Und es wird in den nächsten fünf Jahren auch nicht besser«, prognostiziert Norbert Scheuch, Vorstand der Geschäftsführung des deutschen Zementpumpenherstellers Putzmeister GmbH.[199] Um rund 40 Prozent sind ausländische Direktinvestitionen in den EU-Krisenländern Portugal, Spanien, Griechenland und Italien seit 2007 zurückgegangen. Investitionen in Hellas werden für riskanter gehalten als in Syrien und jene in Ägypten für sicherer als in Spanien. Inzwischen lichtet sich die Karte der »sicheren Häfen« in Europa immer mehr. Dazu passt, dass die

---

[198] Vgl. »Großkonzerne fliehen aus Südeuropa« in: *wallstreetjournal.de v. 05.12.12* (http://www.wallstreetjournal.de/article/SB10001424127887324640104578160472953519176.html)/Zugriff: 06.12.12

[199] Vgl. »Großkonzerne fliehen aus Südeuropa« in: *wallstreetjournal.de v. 05.12.12* (http://www.wallstreetjournal.de/article/SB10001424127887324640104578160472953519176.html)/Zugriff: 06.12.12

Ratingagentur Standard & Poor's den europäischen Regierungen Ende 2012 einen nachlassenden Reformeifer vorwirft.[200]

Ungeachtet dessen informieren Politiker ihre Wähler nur halbherzig über die wahren Hintergründe. Auch die Medien bohren zu wenig nach, schweigen zu bestimmten Sachverhalten auf Geheiß der Politik (siehe Kapitel *4.2.22.*). Noch immer ist die Rede von einer »Euro«- und/oder »Finanzkrise«. Bewusst an die Öffentlichkeit lancierte Begriffe, die jedoch verschleiern, dass es bei der drohenden EU-Katastrophe in erster Linie um die Rettung der Banken geht. Daher ist die »Eurokrise« vor allem eine hausgemachte »Bankenkrise«! Von Oktober 2008 bis Oktober 2011 musste die EZB 4,5 Billionen Euro an staatlichen Beihilfen für marode Banken genehmigen. Das sind sage und schreibe 35 Prozent der gesamten EU-Wirtschaftsleistung! »Die verschärfte Rezession in den Krisenländern führt zu weiteren Kreditausfällen, was erneute Hilfen für die Banken erforderlich macht«, erklärt Hans Reckers, Geschäftsführer des Verbands Öffentlicher Banken. »Wir befinden uns in einem Teufelskreis, der noch nicht durchbrochen ist.«[201] Allein die Bankschulden von Spanien, Griechenland, Irland, Italien und Portugal betragen über 9 Billionen Euro, sind damit dreimal größer als die Staatsschulden dieser Länder. Zu Recht kommt Cornelius Welp von der *Wirtschaftswoche* zu dem Schluss: »Europas Staaten können kaum glaubhaft machen, dass sie ihre Banken vor einem Kollaps retten könnten – und die insgesamt elf Billionen Euro auf europäischen Kundenkonten sicher sind.«[202]

Die Schuldenquote der gesamten EU lag 2011 bei 82,5 Prozent des Bruttoinlandprodukts (BIP). Anders ausgedrückt: Die 27 EU-Staaten waren mit 10,4 Billionen Euro verschuldet.

Im Laufe des Jahres 2012 fielen die Wachstumsraten des BIP in den 17 Ländern des Eurowährungsraums um 0,5 Prozent und in der 27 Länder umfassenden EU-Zone um 0,3 Prozent.[203]

---

[200] Vgl. »Eurokrise: Ratingagentur S&P sieht nachlassenden Reformeifer« in: *boerse-go.de v. 05.12.12* (http://www.boerse-go.de/nachricht/Eurokrise-Ratingagentur-SP-sieht-nachlassenden-Reformeifer,a2982093,b79.html)/Zugriff: 08.12.12

[201] Vgl. »Auf zum letzten Gefecht« in: *Wirtschaftswoche 28/2012, S. 16 ff.*

[202] Vgl. »Auf zum letzten Gefecht« in: *Wirtschaftswoche 28/2012, S. 18*

[203] Vgl. »Schnellschätzung für das vierte Quartal 2012« in: *eurostatpressemitteilung v. 14. Februar 2013* (http://epp.eurostat.ec.europa.eu/cache/ITY_PUBLIC/2-14022013-AP/DE/2-14022013-AP-DE.PDF)/Zugriff: 01.04.13

Und noch immer wächst der Schuldenstand stärker, als Experten zunächst angenommen hatten. Für 2013 wurde sogar ein Höchststand von 94,5 Prozent des Bruttoinlandsprodukts vorhergesagt.[204] Auch die Wachstumsprognosen für 2013 sehen also schlecht aus. Die OECD[205] geht trotz jüngster Reformen sogar von einer leichten Schrumpfung der Euro-Zone aus.[206]

So scheint die EU langfristig zum (wirtschaftlichen) Scheitern verurteilt zu sein. Verlierer ist schon jetzt die Bevölkerung der Krisen-Länder, die unter der Geldnot der Staatskassen und dem harten, teilweise sogar »brutalen« Sparkurs leiden müssen. Die Zustände in Griechenland und Spanien sind zum Teil dramatisch (siehe Kapitel *2.1.* und *2.2.*).

Dafür sprechen auch diese Horror-Zahlen aus dem Herzen Europas: Im Jahr 2011 waren EU-weit 116 Millionen Menschen von Armut oder sozialer Ausgrenzung bedroht. Das entspricht fast einem Viertel der EU-Bevölkerung. Als armutsgefährdet gelten diejenigen, die über weniger als 60 Prozent des Durchschnittseinkommens verfügen. Davon leiden 40 Millionen unter gravierender materieller Armut, haben keinen Zugang zu Nahrungsmitteln in ausreichender Menge und Qualität. Auch 25,4 Millionen Kinder sind davon betroffen. Hinzu kommen über 4 Millionen Obdachlose, also Menschen ohne festen Wohnsitz – mit steigender Tendenz.[207] Die meisten Armen gibt es in Bulgarien, Rumänien, Spanien und Griechenland, in denen mehr als jeder Fünfte von Armut bedroht ist. Gefolgt von Italien, Lettland und Polen.[208] Alleine in Rumänien leben 14 Prozent der Bevölkerung, rund drei Millionen Menschen, in absoluter Armut. Die relative Armutsquote liegt bei 40 Prozent. Und in Bulgarien ist sogar rund die Hälfte der Menschen von Armut oder sozialer Ausgrenzung bedroht. Selbst im Norden des EU-Schwergewichts Italien macht sich eine bislang

---

[204] Vgl. »Wieder kein Aufschwung« in: *Financial Times Deutschland v. 08.11.12*

[205] Organisation für wirtschaftliche Zusammenarbeit und Entwicklung (Organisation for Economic Co-operation and Development)

[206] Vgl. »Die Weltwirtschaft lahmt« in: *Handelsblatt v. 28.11.12*

[207] Vgl. »Soziale Ausgrenzung: Kommission fordert Hilfsfonds gegen Armut« in: *european-circle.de v. 25.10.12* (http://www.european-circle.de/report/report/datum/2012/10/25/kommission-fordert-hilfsfonds-gegen-armut.html)/Zugriff: 03.12.12/»Jeder vierte Europäer von Armut und sozialer Ausgrenzung bedroht« in: *isw v. 10.02.12* (http://www.isw-muenchen.de/download/armut-eu-fs-20120210.html)/Zugriff: 03.12.12

[208] Vgl.»Wohlstand in Europa: Armut in Deutschland ist größer als in Slowenien« in: *focus.de v. 27.03.13* (http://www.focus.de/finanzen/news/wohlstand-in-europa-armut-in-deutschland-ist-groesser-als-in-slowenien_aid_949511.html)/Zugriff: 02.04.13

unbekannte Armut bemerkbar, denn auch hier ist die Mittelschicht zunehmend von Obdachlosigkeit gefährdet.[209] Damit herrscht in Europa die größte Armut seit 1945, verursacht und verschärft durch die Schuldenkrise und falsche Politik. »Die Armut frisst sich in die Mitte der Gesellschaft rein«, erklärt der Politologe und Armutsforscher Christoph Butterwege. »Das hat sicher damit zu tun, dass eine Politik gemacht wird, die die Oberschicht entlastet, zum Beispiel steuerlich (...) Um das Problem zu lösen, müsste eine andere Wirtschafts-, Steuer- und Sozialpolitik gemacht werden«.[210]

So verteilen mittlerweile zwei Drittel der nationalen Rot-Kreuz-Gesellschaften in fast 20 Ländern der EU Lebensmittelhilfen an Hungernde. Das habe es seit dem Ende des Zweiten Weltkriegs nicht gegeben, erklärt Yves Daccord, Generaldirektor des Internationalen Komitees des Roten Kreuzes (IKRK) im März 2013.[211] So leiden quer durch Europa breite Bevölkerungsschichten unter den schwerwiegenden Auswirkungen der tiefen Wirtschaftskrise. Insbesondere Kinder und Jugendliche, Alleinerziehende, Migranten und Flüchtlinge. Eine wahrhaft »stolze Leistung« der EU-Verantwortlichen!

Konsumgüter-Unternehmen rechnen ebenfalls mit einer weiteren Verarmung der Europäer und damit einhergehend mit einem Rückgang der Kaufkraft. Sie stellen sich auf die Schrumpfung privater Haushaltsbudgets und auf die verstärkte Nachfrage nach billigeren Waren ein, indem sie ihre Produktpaletten verändern: kleinere Packungen zu günstigeren Preisen. »Die Armut kehrt nach Europa zurück«, erklärt Jan Zijderveld, Europa-Chef von Unilever. Der drittgrößte Konsumgüterkonzern der Welt reduziert mit Erfolg die Packungsgrößen seiner Produkte in Ländern wie Spanien und

---

[209] Vgl. »Rotes Kreuz: Größte Armut in Europa seit Ende des 2. Weltkrieges« in: *pravdatv.com v. 12.03.13* (http://pravdatvcom.wordpress.com/2013/03/12/rotes-kreuz-groste-armut-in-europa-seit-ende-des-2-weltkrieges/)/Zugriff: 02.04.13//»Humanitäre Hilfe: Die Armut in Europa wächst« in: *dw.de v. 12.03.13* (http://www.dw.de/die-armut-in-europa-w%C3%A4chst/a-16666599)/Zugriff: 02.04.13

[210] Vgl. »Humanitäre Hilfe: Die Armut in Europa wächst« in: *dw.de v. 12.03.13* (http://www.dw.de/die-armut-in-europa-w%C3%A4chst/a-16666599)/Zugriff: 02.04.13

[211] Vgl. »Rotes Kreuz: Größte Armut in Europa seit Ende des 2. Weltkrieges« in: *pravdatv.com v. 12.03.13* (http://pravdatvcom.wordpress.com/2013/03/12/rotes-kreuz-groste-armut-in-europa-seit-ende-des-2-weltkrieges/)/Zugriff: 02.04.13/»Humanitäre Hilfe: Die Armut in Europa wächst« in: *dw.de v. 12.03.13* (http://www.dw.de/die-armut-in-europa-w%C3%A4chst/a-16666599)/Zugriff: 02.04.13

Griechenland. So werden unter anderem Kartoffelpüree und Mayonnaise in Kleinpackungen angeboten, die natürlich auch billiger sind.[212]

Doch nicht nur die Armut nimmt zu, sondern ebenso die »Verslumung« in den Städten. Trauriges Beispiel: Bairro de Filomena, einer der vielen Slums am Stadtrand der portugiesischen Hauptstadt Lissabon.

Auch das steigende Heer der Arbeitslosen sorgt für politischen Sprengstoff in der Euro-Zone und für Ohnmacht, Unmut und Wut bei den Betroffenen.

Ende Dezember 2012 erreichte die saisonbereinigte Arbeitslosenquote in den 27 Ländern der EU 10,7 Prozent. Im Februar 2013 stieg sie auf sogar 12 Prozent. Das entsprach rund 26,34 Millionen Menschen ohne Job.[213] EU-Arbeitskommissar Laszlo Andor sprach in diesem Zusammenhang von einer »Tragödie für Europa«.[214]

Obwohl Deutschland mit einer Gesamtarbeitslosenquote von 5,3 Prozent zu den EU-Ländern mit den niedrigsten Erwerbslosenrate gehört[215], sind über 45 Prozent bei den Langzeitarbeitslosen ein großes Problem, auch im europäischen Vergleich.

Besonders die Jugend ist davon betroffen. In der gesamten EU und nicht nur in den Krisenländern mit Ausnahme von Deutschland (7,9 Prozent) und Österreich (9,9 Prozent) wird eine zweistellige Arbeitslosenquote bei 15- bis 24-Jährigen verzeichnet[216]:

| | |
|---|---|
| Belgien | 19,6 |
| Dänemark | 15,0 |
| Griechenland | 59,4 |
| Spanien | 55,5 |
| Frankreich | 26,9 |
| Irland | 30,9 |
| Italien | 38,7 |
| Luxemburg | 18,5 |

---

[212] Vgl. »Unilever stellt sich auf eine neue Armut in Europa ein« in: *Financial Times Deutschland v. 27.08.12*

[213] Vgl. »Arbeitslosigkeit im Euro-Raum auf Rekordhoch« in: *manager-magazin.de v. 02.04.13* (http://www.manager-magazin.de/politik/artikel/0,2828,892025,00.html)/Zugriff: 02.04.13

[214] Vgl. »Europa sucht Arbeit« in: *Handelsblatt v. 03.04.13*

[215] »Dezember 2012: Arbeitslosenquote des Euroraums bei 11,7 %« in: *eurostat 19/2013 v. 01.02.2013* (http://epp.eurostat.ec.europa.eu/cache/ITY_PUBLIC/3-01022013-BP/DE/3-01022013-BP-DE.PDF)/ZUgriff: 04.02.13

[216] Vgl. »Jugendarbeitslosenquote (15-24 Jahre) im internationalen Vergleich (Abfrage vom 01.03.2013)« in: *Bundesarbeitsministerium für Arbeit, Soziales und Konsumentenschutz (Österreich)* (http://www.dnet.at/elis/Tabellen/arbeitsmarkt/aminter_ALQJugendinter_Monat.pdf )/Zugriff: 01.04.13

| | |
|---|---|
| Niederlande | 10,3 |
| Portugal | 38,6 |
| Finnland | 19,5 |
| Schweden | 23,5 |
| Großbritannien | 20,7 |
| Zypern | 28,4 |
| Tschechische Republik | 18,3 |
| Estland | 19,4 |
| Ungarn | 28,4 |
| Litauen | 25,7 |
| Lettland | 24,0 |
| Malta | 16,0 |
| Polen | 28,1 |
| Slowenien | 27,1 |
| Slowakische Republik | 35,9 |
| Bulgarien | 28,3 |
| Rumänien | 22,4 |

Besonders auffallend und erschreckend: Auch die EU-Mitgliedsländer, denen es nach allgemeiner Einschätzung der schlechtinformierten Bevölkerung »gut« gehen sollte, hat eine hohe Jugendarbeitslosigkeit zu verzeichnen, wie etwa Frankreich oder Italien. Im Osten der EU braut sich in Ungarn, Litauen, Lettland, Polen, Slowenien, Bulgarien, Rumänien und der Slowakischen Republik bereits neues Massenunglück zusammen. Auch die skandinavischen »Musterländer« wie Finnland und Schweden sind davon betroffen. Ganz zu schweigen von den Krisenländern wie Griechenland, Spanien, Irland, Portugal und Zypern.

Diese Zahlen dokumentieren, dass in den EU-Krisenländern ein Drittel bis weit über die Hälfte der jungen Menschen ohne Arbeit sind. Manch einer bezeichnet sie bereits als die »verlorene Generation«. Damit herrscht in Südeuropa die höchste nachgewiesene Arbeitslosenrate der Welt. Selbst im Nahen Osten und den von der »Arabellion« heimgesuchten nordafrikanischen Ländern ist es besser. Auch wenn sich die Konjunktur in den Krisenstaaten erholen sollte, werden die Arbeitslosenzahlen aller

Wahrscheinlichkeit nach nicht mehr auf das »Vorkrisenniveau« sinken. Das ergaben Berechnungen der Internationalen Arbeitsorganisation (ILO). Im Gegenteil: »Die Trendarbeitslosigkeit dürfte in den Euro-Krisenländern in der nahen Zukunft weiter steigen«, erklärt der Leiter der ILO-Prognoseabteilung, Ekkehard Ernst. »Die Finanzkrise belastet das Beschäftigungswachstum langfristig – sowohl was den Einbruch bei der Schaffung neuer Stellen während der Krisenjahre als auch die Erholung danach angeht.«[217] So wurden im März 2013 bereits im 14. Monat Stellen von den Industriebetrieben in der Euro-Zone gestrichen.[218] Das alles zusammengenommen gewiss kein Aushängeschild für das »Erfolgsmodell« Europa, sondern eine wirtschaftliche Bankrotterklärung, ein soziales Pulverfass, das kurz vor der Explosion steht!

Dies ist der EU-Kommission inzwischen auch bewusst geworden – zu spät, wie manch einer glaubt. So wartete sie im Dezember 2012 mit dem Vorstoß auf, dass zukünftig jeder EU-Mitgliedsstaat allen Menschen unter 25 Jahren eine Form von Beschäftigung garantieren soll: Binnen vier Monaten sollen jugendliche Arbeitslose einen neuen Job, eine Ausbildung oder Fortbildung erhalten. Illusorische Worte, die, so Experten, kaum umzusetzen sind angesichts der desaströsen Haushaltslage vieler Staaten. Denn die Jobgarantieren kosten Geld, das nicht da ist.[219] Und wo, bitteschön, sollen die Arbeitsplätze herkommen, wenn immer mehr Firmen dicht machen oder einen Beschäftigungsstopp einführen?

Begonnen hat der soziale europäische Abstieg mit der Euro-Krise 2008. Doch das scheint nur die halbe Wahrheit. Josef Joffe, Herausgeber der *Zeit*, blickt auf die Wirtschaftsdaten der letzten 40 Jahre der »EU-27« zurück: »Die ‚lange Reihe' der Daten kündet von einem sanften, wiewohl anhaltenden Abstieg. Das Wachstum der EU-27 sieht so aus: Siebziger: 3,13 Prozent; Achtziger: 2,46 Prozent; Neunziger: 2,14 Prozent; 2001 bis 2010: 1,38 Prozent (...) Die Tendenz zeigt seit 40 Jahren nach unten, und nichts deutet darauf hin, dass 2013 ff. das frühere Wachstum zurückholt.« Und weiter: »Seit 1970 ist der EU-Anteil am Weltprodukt um sage und schreibe

---

[217] Vgl. »Experten schreiben Krisenländer ab« in: *Financial Times Deutschland v. 05.12.12*

[218] Vgl. »Euro-Zone: Arbeitslosigkeit im Euro-Raum auf Rekordhoch« in: *manager-magazin.de v. 02.04.13* (http://www.manager-magazin.de/politik/artikel/0,2828,892025,00.html)/Zugriff: 02.04.13

[219] Vgl. »Ein Pakt für Europas Jugend« in: *Financial Times Deutschland v. 05.12.12*

zehn Punkte gefallen (...) Diese 500 Millionen Menschen (...) fallen zurück – im Wachstum wie im Anteil am Weltwirtschaftsprodukt (...) Es zeugt von einer schleichenden strukturellen Krise, vom kollektiven Versagen der EU-27, die Anpassung an die neue Welt zu bewältigen.«[220]

Die teilweise katastrophalen Zustände in der EU führten vielerorts nicht nur zu einem sozialen Zerfall, sondern auch zu politischem Radikalismus (siehe Kapitel *2.2.* und *8.3.*). Das Schöngeist-Gerede von einer Veränderung, die mit dem Verlust komme, trifft auf die Euro-Zone im negativen Sinne zu. Ebenso, dass die Bürger die Politik formen und nicht umgekehrt, ist aufgrund mangelnden Mitspracherechts ins Gegenteil verkehrt worden, wie ich bereits erläutert habe.

Der Präsident der Europäischen Kommission, José Manuel Barroso, und der Präsident des Europäischen Rats, Herman Van Rompuy, erklärten noch im Januar 2013, dass mit Beginn des neuen Jahres die Eurokrise endgültig vorbei sei. [221] Auch Bundesfinanzminister Wolfgang Schäuble sah Grund zur Hoffnung, dass das Schlimmste in der europäischen Staatsschuldenkrise ausgestanden sei.[222] Doch Bundeskanzlerin Angela Merkel sprach im gleichen Zeitraum davon, dass »noch eine schwere Zeit vor uns liegt«.[223] Es scheint fast so, als würde die rechte Hand nicht wissen, was die linke macht, jedenfalls betreffs der Kommunikation der Euro-Krise in der Öffentlichkeit. Auch die führenden deutschen Notenbanker wie Bundesbankpräsident Jens Weidmann oder EZB-Direktoriumsmitglied Jörg Asmussen warnten vor einem politischen Optimismus.[224]

Vielleicht wusste ja der ehemalige Papst Benedikt XVI mehr: In seiner Neujahrsansprache am 1. Januar 2013 rief er die Staaten Europas zu Solidarität auf. »Allein mögen vielleicht einige Länder schneller

[220] Vgl. »Europa droht ein verlorenes Jahrzehnt« in: *Handelsblatt v. 30.08.-02.09.12*

[221] Vgl. »José Manuel Barroso: Die Eurokrise sei vorbei« in: *shortnews.de v. 06.01.13* (http://www.shortnews.de/id/1002998/jose-manuel-barroso-die-eurokrise-sei-vorbei)/Zugriff: 07.01.13/»2013 – das wird teuer« in: *sueddeutsche.de v. 02.01.13* (http://www.sueddeutsche.de/geld/euro-krise-das-wird-teurer-1.1562697)/Zugriff: 07.01.13

[222] Vgl. »Grund zur Hoffnung, Schlimmste in Euro-Krise vorbei – Schäuble« in: *welt.de v. 07.01.13* (http://www.welt.de/newsticker/bloomberg/article112415860/Grund-zur-Hoffnung-Schlimmste-in-Euro-Krise-vorbei-Schaeuble.html)/Zugriff: 07.01.13

[223] Vgl. »2013 – das wird teuer« in: *sueddeutsche.de v. 02.01.13* (http://www.sueddeutsche.de/geld/euro-krise-das-wird-teurer-1.1562697)/Zugriff: 07.01.13

[224] Vgl. »Deutsche Notenbanker warnen vor Euro-Optimismus« in: *spiegel.de v. 30.12.12* (http://www.spiegel.de/wirtschaft/soziales/euro-krise-asmussen-und-weidmann-warnen-vor-ende-des-reformeifers-a-875157.html)/Zugriff: 07.01.13

vorwärtskommen, aber gemeinsam kommen alle gewiss noch weiter«, sagte Benedikt XVI. Die EU brauche »weitsichtige und qualifizierte Vertreter, um die schwierigen Entscheidungen zu treffen, die notwendig sind, um ihre Wirtschaft zu sanieren und solide Grundlagen für ihre Entwicklung zu schaffen«.[225] Vielleicht sollten die bisherigen EU-Verantwortlichen genauso zurücktreten, wie Benedikt XVI., der am 13. März 2013 durch Jorge Mario Kardinal Bergoglio alias Franziskus ersetzt wurde.

Die Worte der Politiker und Geistlichen verhallen angesichts des Lebens und des Alltags vieler Bürger inmitten der Euro-Krise, das zu einer stetigen Tragödie geworden ist. Der Gesundheitszustand der Bevölkerung hat sich vor allem in Krisenländern drastisch verschlechtert. So zeigt eine Studie der britischen Medizin-Fachzeitschrift *Lancet* im März 2013 geradezu gesundheitliche Katastrophen in Folge der rigiden Sparpolitik auf. 2012 nahmen HIV-Erkrankungen exponentiell zu, weil Drogensüchtige sich nach der Streichung von Hilfsprogrammen wieder vermehrt kontaminierte Spritzen untereinander aufteilten. Auch Krankheiten, die in Europa schon längst besiegt zu sein schienen, brachen wieder aus: Malaria, Dengue-Fieber und West-Nil-Fieber finden sich jetzt beispielsweise in Griechenland. Zudem gibt es in Spanien und Irland einen Mangel an Organspenden.[226]

Doch die Spitze dieser Katastrophe sind die vielen »Kollateral-Opfer« der EU-Krise, die durch alle Raster fallen - im traurigsten Sinn des Wortes: In Spanien stürzten sich säumige Schuldner aus den Fenstern; in Italien gab es zwischen 2008 und 2010 an die 300 Selbstmorde und Selbstmordversuche, die auf die Euro-Krise zurückzuführen waren; in Griechenland waren es zwischen Januar 2009 und September 2012 sogar 3.124. Die Selbstmorde sollen hier zum Vorjahr um 40 Prozent zugenommen haben. Auch die Selbstmorde in der Londoner City, dem Finanzzentrum Großbritanniens,

---

225 Vgl. »Papst mischt sich in Euro-Krise ein« in: *handelsblatt.com. v. 07.01.13* (http://www.handelsblatt.com/politik/international/mehr-solidaritaet-papst-mischt-sich-in-die-euro-krise-ein/7597502.html)/Zugriff: 07.01.13

226 Vgl. »Studie: Euro-Krise kostet Menschenleben« in: *spiegelonline v. 27.03.13* (http://www.spiegel.de/wirtschaft/soziales/lancet-euro-krise-hat-fatale-wirkung-auf-gesundheit-der-europaeer-a-891149.html)/Zugriff: 27.03.13/»Gefährliche Sparpolitik: Manchmal ist die Euro-Krise tödlich« in: *n24.de v. 27.03.13* (http://www.n24.de/news/newsitem_8699861.html)/Zugriff: 01.04.13/»Ärzte warnen: Euro-Krise kostet Menschenleben« in: *bild.de v. 27.03.13* (http://www.bild.de/politik/ausland/euro-krise/euro-krise-fordert-menschenleben-29681494.bild.html)/Zugriff: 27.03.13/»Krank durch die Euro-Krise: Suizid-Rate steigt: Wirtschaftsflaute fordert Todesopfer« in: *focus.de v. 27.03.13* (http://www.focus.de/finanzen/news/staatsverschuldung/krank-durch-die-euro-krise-suizid-rate-steigt-wirtschaftsflaute-fordert-todesopfer_aid_949598.html)/Zugriff: 29.03.13

häufen sich. Studien zufolge führt die Zunahme der Arbeitslosigkeit von einem Prozent zu einer Steigerung der Selbstmordrate von 0,8 Prozent.[227] Martin McKee von der European Observatory on Health Systems and Politics spricht Klartext: »Die Europäische Kommission ist per Abkommen dazu verpflichtet, die Auswirkungen ihrer Politik auf die Gesundheit zu prüfen«. Allerdings würden die Folgen der Sparprogramme geleugnet werden. Die Kommission und die EU-Staaten bedienten sich Verschleierungstaktiken wie die Tabak-Industrie.[228]

Im April 2013 rücken neben den bekannten Krisenländern, die bereits unter den Euro-Rettungsschirm geschlüpft sind, wie Irland, Spanien, Griechenland, Portugal und Zypern weitere Mitgliedsländer in den Focus: Neben Italien auch Frankreich, Belgien und Malta.[229] Länder mit einer hohen Schuldenlast und großem Haushaltsdefizit. Länder, die gefährlich wanken. Dennoch: Es ist zur »Staatsräson« geworden, die Europäische Währungsunion und damit den Euro am Leben zu erhalten und Banken und nicht etwa die immer mehr verfallenden Gesundheitssysteme zu retten. Dafür wird gelogen, betrogen und desinformiert. Koste es was es wolle. Auch Menschenleben.

## 1.4. Deutschland am Abgrund[xii]

Deutschland gilt aufgrund der größten und robustesten Wirtschaftskraft nicht nur als »Kernland« der europäischen Währungsunion, sondern von jeher auch als »Musterland«. Doch seine Aussichten verdüstern sich immer mehr. Schenkt man allerdings dem Kauderwelsch aus Polit-Deutsch, Halb-

---

[227] Vgl. »Krank durch die Euro-Krise: Suizid-Rate steigt: Wirtschaftsflaute fordert Todesopfer« in: *focus.de v. 27.03.13* (http://www.focus.de/finanzen/news/staatsverschuldung/krank-durch-die-euro-krise-suizid-rate-steigt-wirtschaftsflaute-fordert-todesopfer_aid_949598.html)/Zugriff: 29.03.13

[228] Vgl. »Studie: Euro-Krise kostet Menschenleben« in: *spiegelonline v. 27.03.13* (http://www.spiegel.de/wirtschaft/soziales/lancet-euro-krise-hat-fatale-wirkung-auf-gesundheit-der-europaeer-a-891149.html)/Zugriff: 27.03.13/»Krank durch die Euro-Krise: Suizid-Rate steigt: Wirtschaftsflaute fordert Todesopfer« in: *focus.de v. 27.03.13* (http://www.focus.de/finanzen/news/staatsverschuldung/krank-durch-die-euro-krise-suizid-rate-steigt-wirtschaftsflaute-fordert-todesopfer_aid_949598.html)/Zugriff: 29.03.13

[229] Vgl. »Euro-Krise spitzt sich zu: Schon bald können diese weitere Staaten wanken« in: *shortnews.de v. 07.04.13* (http://www.shortnews.de/id/1019466/euro-krise-spitzt-sich-zu-schon-bald-koennen-diese-weitere-staaten-wanken)/Zugriff: 08.04.13/»Das sind die nächsten Opfer der Euro-Krise« in: *t-online.de v. 07.04.13* (http://www.t-online.de/wirtschaft/schuldenkrise/id_62867546/euro-krise-frankreich-gehoert-zu-den-naechsten-opfern.html)/Zugriff: 08.04.13

und Unwahrheiten der Volksvertreter hierzulande Glauben, ist gerade das Gegenteil der Fall. Zeit also für einen kurzen »Faktencheck«.

»Schulden und Euro-Risiken schweben drohend über Deutschland« schreibt die *Wirtschaftswoche* bereits im September 2012.[230] Gemeint sind die 3,3 Billionen Euro angehäuften Staatsschulden, die sich aus EZB-Anleihen, Euro-Haftungsrisiken mit Target-Forderungen und öffentlichen Schulden zusammensetzen. Allein dafür werden 33 Milliarden Euro Zinsen fällig, doppelt so viel, wie beispielsweise für den Etat von Bildung und Forschung vorgesehen sind. Doch das ist noch nicht alles: Wenn auf diese Schulden noch alle durch das heutige Steuer- und Abgabenniveau nicht gedeckten Leistungsversprechen des Staats hinzugerechnet werden, insbesondere der Sozialversicherungen (Renten, Pflege, Krankenkassen), steigt die Gesamtschuldensumme fast astronomisch an: auf mehr als 7 Billionen Euro! Die Gläubiger, die dem deutschen Staat Geld geliehen haben, sind, so die Bundesbank, Versicherungen, Bausparkassen, Banken und Privatleute – auch aus dem Ausland. Der größte ausländische Kreditgeber ist der chinesische Staatsfonds. 2013 sollen nochmals 19 Milliarden Euro neue Schulden hinzukommen. Somit hat jeder Deutsche eine indirekte Staatschuld von rund 25.000 Euro.[231] Und das, obwohl die Staatskassen mit Steuergeldern prall gefüllt sind, sodass sogar der Haushalt 2012 ausgeglichen werden konnte.[232]

Kurios auch, dass trotz dieser Steuerrekordeinnahmen von rund 600 Milliarden Euro 2012 Jahr der Bundeshaushalt für 2013 mit über 17 Milliarden neuen Schulden belastet wird. Zudem fehlen 3,5 Milliarden Euro für eine Substanz erhaltende Sanierung der öffentlichen Infrastruktur. Wirtschaftsverbände warnen bereits vor einer »Gefährdung des Standorts Deutschland«.[233] Wie passt das alles zusammen? Sven Afhüppe, stellvertretender Chefredakteur des *Handelsblatts*, bringt es auf den Punkt: »(...) die möglichen Milliardenrisiken der Euro-Krise bildet der Bundeshaushalt überhaupt nicht ab.« Und weiter: »In dem Punkt ist der

---

[230] Vgl. »Staatsschulden: Wachstum fatal« in: *Wirtschaftswoche Nr. 38/2012, S. 8*

[231] Bürger aus den EU-Krisenländern haben deutlich weniger indirekte Staatsschulden pro Kopf: der Portugiese etwa 17.000 Euro und der Spanier zirka 16.000 Euro.

[232] Vgl. »Deutschland gleicht Haushalt schon 2012 aus« in: *Handelsblatt.com v. 02.02.12* (http://www.handelsblatt.com/politik/deutschland/trotz-eurokrise-deutschland-gleicht-haushalt-schon-2012-aus/7467950.html)/Zugriff: 06.12.12

[233] Vgl. »Die Wachstumsbremse« in: *Handelsblatt v. 04.12.12*

Haushaltsentwurf schon Makulatur, bevor er in Kraft getreten ist (...) Verdienstvoll wäre es, den Bürgern reinen Wein einzuschenken und klarzumachen, dass der Bundeshaushalt schon lange nicht mehr die Chancen und Risiken des Landes adäquat abbildet.«[234] Diesbezüglich warnte auch Stefan Homburg, Professor an der Universität Hannover: »Deutschland haftet bereits mit enormen Beträgen für andere Euro-Staaten und ist daher selbst gefährdet.«[235]

Dies war der Grund dafür, warum die US-amerikanische Ratingagentur Moody's den Ausblick für die Kreditwürdigkeit Deutschlands im Sommer 2012 von »stabil« auf »negativ« herabstufte. Natürlich war dies ein Schlag ins Gesicht der Bundesregierung, die nicht müde geworden war, die Mär von Deutschland als angeblich »sicherem Hafen« herunterzuleiern.[236]

Im letzten Quartal 2012 schrumpfte die deutsche Wirtschaft um 0,6 Prozent. Ein deutlicher Einbruch, den es seit Jahren nicht mehr gegeben hatte. Insgesamt betrug das Wirtschaftswachstum hierzulande gerade mal 0,7 Prozent. Die Bundesregierung bemühte sich jedoch um Schadensbegrenzung und teilte mit, dass sich die Perspektiven allmählich aufhellen würden. »Die Frühindikatoren deuten auf ein absehbares Ende der aktuellen Schwächephase hin«.[237] Doch auch dies sind - wie so oft - nur Lippenbekenntnisse. Denn auch die Industrieländerorganisation OECD[238] rechnet mit einer Verschlechterung der Konjunktur. Für 2013 erwartet sie nur noch ein Wachstum von 0,5 Prozent gegenüber 4 Prozent noch 2010.[239] Allerdings startete die deutsche Industrie schwächer ins letzte Quartal 2012, sodass das prognostizierte Wachstum »eher ein optimistisches Szenario« war, wie es in Regierungskreisen hieß.[240] Die fünf Wirtschaftsweisen korrigieren ihre Prognose dann auch Ende März 2013 von 0,8 Prozent Wachstum auf magere 0,3 Prozent. Dabei wird für die

---

[234] Vgl. »Bundeshaushalt: Was Schäuble nicht sagt« in: *Handelsblatt v. 12.09.12*

[235] Vgl. »Wer rettet eigentlich Deutschland, Herr Schäuble?« in: *Bild v. 26.06.12*

[236] Vgl. beispielsweise: »Moody's: Rating-Agentur verpasst Deutschland negativen Ausblick« in: *SpiegelOnline v. 23.07.12* (http://www.spiegel.de/wirtschaft/unternehmen/rating-agentur-moody-s-senkt-ausblick-fuer-deutschland-auf-negativ-a-846002-druck.html)/Zugriff: 24.11.12

[237] Vgl. »Deutsche Wirtschaft bricht ein« in: *sueddeutsche.de v. 14.02.13* (http://www.sueddeutsche.de/wirtschaft/konjunktur-deutsche-wirtschaft-bricht-ein-1.1599809)/Zugriff: 15.02.13

[238] *Organisation für wirtschaftliche Zusammenarbeit und Entwicklung (Organisation for Economic Co-operation and Development)*

[239] Vgl. »Trüber Ausblick für Deutschland« in: *Financial Times Deutschland v. 28.11.12*

[240] Vgl. »Die deutsche Wirtschaft schrumpft« in: *Handelsblatt v. 10.12.12*

Ausrüstungsinvestitionen sogar ein Rückgang um 3 Prozent vorausgesagt - gegenüber einem erwarteten Plus von 0,2 Prozent noch im November 2012 - sowie einem negativen Wachstum des Außenhandels von 0,3 Prozent.[241]
»Die Schuldenkrise in vielen Ländern dämpft die Nachfrage nach deutschen Produkten, speziell Maschinen und Anlagen«, meinte Joachim Scheide vom Kieler Institut für Weltwirtschaft. »Das beeinträchtigt die deutsche Konjunktur«.[242] Experten des Wirtschaftsministeriums erklärten: »Die Abwärtsrisiken für die Konjunktur überwiegen nach wie vor und bleiben beachtlich«.[243] Die zunehmende Rezession in Südeuropa macht der exportorientierten deutschen Wirtschaft schwer zu schaffen: Die Ausfuhren nach Spanien, Portugal und Griechenland gingen teils um mehr als 10 Prozent zurück, die nach Italien um über 12 Prozent. Bislang konnte dies durch höhere Exporte in Länder außerhalb der Euro-Zone und in Schwellenländer kompensiert werden. Fragt sich nur, wie lange noch. Denn im April 2013 stellt sich heraus, dass das Wahlchaos in Italien und die Krise in Zypern weltweit Investoren verunsichern und dadurch die deutschen Exporte noch mehr dämpft. Zu diesem Zeitpunkt fallen sie um fast 4 Prozent - zum drittenmal in den letzten vier Monaten. Die Importe gingen noch stärker als die Exporte zurück.[244]
Hierzulande jedenfalls schrecken Unternehmen vor größeren Investitionen in Anlagen und Maschinen zurück – zu gering ist die Gewinnerwartung. Vor allem sind es die deutschen Mittelständler, die unter der Konjunkturflaute leiden. Bereits im Herbst 2012 waren die Konjunkturprognosen der Unternehmer so düster wie zuletzt auf dem Höhepunkt der Wirtschaftskrise im Januar 2009. Jeder zweite Mittelständler rechnete für das nächste halbe Jahr mit einer Verschlechterung der wirtschaftlichen Lage in Deutschland. Grund dafür sind die bereits erwähnten Ausfälle bei den wichtigsten Auslandsmärkten in Südeuropa, vor allem Spanien, Italien und Frankreich. Hinzu kommen hohe Rohstoff- und Energiepreise, die geringe Stabilität des Finanzsektors,

---

[241] Vgl. »Wirtschaftsweise halbieren Wachstumsprognose für 2013« in: *wallstreetjournal.de v. 25.03.13* (http://www.wallstreetjournal.de/article/SB10001424127887324789504578382421275123146.html)/Zugriff: 27.03.13
[242] Vgl. »Wer rettet eigentlich Deutschland, Herr Schäuble?« in: *Bild v. 26.06.12*
[243] Vgl. »Rösler widerspricht Rezessionsgefahr« in: *Financial Times Deutschland v. 11.09.12*
[244] Vgl. »Euro-Krise drückt deutsche Exporte ins Minus« in: *reuters.com v. 09.04.13* (http://de.reuters.com/article/topNews/idDEBEE93802720130409)/Zugriff: 09.04.13

Marktverunsicherung und Verunsicherung der Verbraucher aufgrund der Krise sowie die Rezession in den Euro-Ländern.

Auch die rund 400 deutschen Reeder kämpfen mittlerweile um ihre Existenz, etwa 100 von ihnen sind pleite. Die Finanzierung der Branche über Bonds ist weitestgehend zum Erliegen gekommen. Die Autohersteller fliehen regelrecht aus Europa, stecken ihre Milliarden lieber in Fabriken auf dem amerikanischen Kontinent, denn dort wächst der Markt und die Kosten sind niedrig. In Europa hingegen müssen sie Einbußen von 9 Prozent verkraften. Für 2013 ist ein weiteres Minus von 3 Prozent zu erwarten. So verkündete Opel-Chef Thomas Sedran kurz vor Weihnachten 2012 seinen 3.000 Mitarbeitern, dass die Fertigung kompletter Fahrzeuge in Bochum 2016 auslaufen würde.[245] Opel macht dicht.

Die deutsche Industrie beklagt sich ebenfalls: Aufträge gehen zurück, die Kapazitätsauslastung sinkt weiter und damit auch die Produktion. Der Stahlriese ThyssenKrupp will nach einem Verlust von annähernd 5 Milliarden Euro im Geschäftsjahr 2011/2012 bis 2015 weitere 2000 Arbeitsplätze abbauen. Ende 2008 beschäftigte der Industriekonzern weltweit noch rund 197.000 Mitarbeiter; im Herbst letzten Jahres nur noch 152.000.[246] Selbst Deutschlands größte Fluggesellschaft, die Lufthansa, baut in Folge eines Sparkurses Stellen ab und/oder will hunderte ins Ausland verlagern.[247]

Die privaten Konsumausgaben legen kaum noch zu, das Geschäftsklima im Groß- und Einzelhandel und in der Logistikbranche kühlt stark ab, die Binnenwirtschaft spürt zusehends die Krisenangst. Ebenso Dienstleister, die sich nicht einfach von dem schwachen europäischen Umfeld distanzieren können. In der Baubranche sieht es nicht anders aus. Hinzu kommt die sinkende Arbeitsmarktdynamik, sprich: ein Anstieg der Arbeitslosigkeit, die momentan bei rund 3,1 Millionen[248] Erwerbslosen liegt und 2013 noch weiter ansteigen soll.[249] Bereits Ende November 2012 meldete das Institut der deutschen Wirtschaft (IW), dass 28 Prozent der deutschen Unternehmen

---

[245] Vgl. »Bochumer Opel-Werk macht dicht!« in: *Bild v. 11.12.12*

[246] Vgl. »ThyssenKrupp streicht die nächsten 2000 Jobs« in: *tagesschau.de v. 08.02.13* (http://www.tagesschau.de/wirtschaft/thyssenkrupp192.html)/Zugriff: 03.04.13

[247] Vgl. »Lufthansa schließt Standorte und bestellt Jets« in: *tageschau.de v. 20.02.13* (http://www.tageschau.de/wirtschaft/lufthansa656.html)/Zugriff: 03.04.13

[248] Stand März 2013 vgl. dazu: http://statistik.arbeitsagentur.de/

[249] Vgl. »Zahl der Arbeitslosen steigt« in: *Handelsblatt v. 19.12.12*

2013 einen Stellenabbau planen.[250] Die Entwicklung des Arbeitsmarktes ist gleichzeitig auch der Schlüsselfaktor für die deutsche Konjunktur.
Im April 2013 rechnet jedes zweite von repräsentativ 4000 befragten mittelständischen Unternehmen mit Staatspleiten im Euro-Raum, jedes fünfte gar mit einem Zerbrechen. Skepsis und mangelnder Mut zur Expansion drohen zudem das Wachstum Deutschlands weiter zu gefährden.[251]
Hinzu kommt ein »deutschlandspezifisches« Problem: das hinreichend bekannte »Ost-West-Problem« zwischen den alten und neuen Bundesländern. Die Wirtschaftsleistung – gemessen je Einwohner der neuen Länder – liegt gerade einmal bei rund 67 Prozent des Westniveaus. Es gab zwar eine politische, aber längst noch keine wirtschaftliche Einheit zwischen den ehemals beiden deutschen Staaten. Auch die Zahl der Erwerbstätigen sinkt, vor allem die von dringend benötigten Fachkräften. Und mit ihr die Produktivität. Von Aufschwung und Zukunft ist hier keine Rede mehr; eher von Tristesse oder vom »Stillstand Ost«, wie es das *Handelsblatt* treffend formulierte.[252] Um die Wirtschaftspolitik von neuen und alten Bundesländern auf ein gleiches Niveau zu bringen, wären bis 2030 mehr als 1 Billion Euro nötig. Geld, das keiner hat oder das in die Euro-Rettungsschirme gepumpt wird.
Auch viele deutsche Kommunen sind komplett überschuldet, de facto pleite: Ihre Verschuldung stieg in den letzten Jahren um fast 30 Prozent. Deshalb planen über 80 Prozent der Kommunen für 2013 Steuer- und Gebührenerhöhungen, etwa bei Kindertagesstätten und Ganztagsschulen, Friedhöfen, Parkgebühren, Hundesteuer und Eintrittspreisen (Schwimmbäder etc.).[253]
Deutschlandweit gesehen trifft auch eine steigende Teuerungsrate die knappen privaten Haushaltskassen schwer, die hauptsächlich auf die hohen Energiepreise zurückzuführen ist. So verteuerte sich Strom seit 1991 um rund 80 Prozent, der Gaspreis hat sich verdoppelt, die Heizkosten liegen doppelt bis dreifach so hoch. Seit 1995 verteuerten sich die Mieten um rund

---

[250] Vgl. »Fast jede 3. Firma will Jobs abbauen« in: *Bild v. 20.11.12*
[251] Vgl. »Mittelstand: 'Die Euro-Krise schlägt stärker durch'« in: *manager-magazin.de v. 18.04.13* (http://www.manager-magazin.de/politik/deutschland/0,2828,895100,00.html)/Zugriff: 18.04.13
[252] Vgl. »Stillstand Ost« in: *Handelsblatt v. 03.09.12*
[253] Vgl. »Griechenland im Kleinen« in: *Handelsblatt v. 02.-04.11.12*

24 Prozent. Inzwischen zahlt fast die Hälfte der Haushalte mit einem durchschnittlichen Monatseinkommen von 1.500 Euro bis zu 50 Prozent für Wohnkosten. Zudem wächst das Armutsrisiko in den 15 größten deutschen Städten, wie eine Studie des gewerkschaftsnahen Wirtschafts- und Sozialwissenschaftlichen Instituts (WSI) belegt, die im November 2012 vorgestellt wurde.[254] Demnach nimmt aufgrund einer »Verarmung der Stadt als Ganzes« die Entwicklung in Dortmund und Duisburg geradezu »dramatische Züge« an. Mit 25 Prozent weist Leipzig das höchste Armutsrisiko auf. Als armutsgefährdet gelten Menschen, die pro Monat nicht mehr als 848 Euro verdienen (bei einer Familie mit zwei Kindern unter 14 Jahren weniger als 1.781 Euro).

Apropos Armut: In Deutschland ist nach der Erhebung »Leben in Europa 2011« des Statistischen Bundesamts vom Oktober 2012 jeder fünfte Bundesbürger von Armut oder sozialer Ausgrenzung betroffen. Am häufigsten Frauen. Die Armutsquote liegt bei 19,9 Prozent und betrifft 16 Millionen Menschen.[255] 7,4 Prozent der Gesamtbevölkerung leben inzwischen in Hartz-IV-Haushalten.[256] Eine Studie des Deutschen Paritätischen Wohlfahrtsverbands kommt im Dezember 2012 auf eine Armutsgefährdungsquote von 15,1 Prozent (12,4 Millionen Menschen)[257], das Statistische Bundesamt in Wiesbaden im März 2013 auf 15,8 Prozent. Dabei liegen Länder wie Slowenien, die Slowakei, Tschechien oder Zypern noch vor Deutschland, obwohl ihre Wirtschaftskraft weitaus geringer ist.[258]

Die Opposition nutzte als dies als willkommene Steilvorlage und erklärte die »Alles-ist-gut-Rhetorik« der Bundesregierung als »zynisch und verlogen«. Bundesarbeitsministerin Ursula von der Leyen wehrte sich: Die Entwicklung sei nicht alarmierend. »Man sollte die Probleme weder dramatisieren noch kleinreden. Armut ist in einem reichen Land wie

---

[254] Vgl. »Armutsrisiko in Großstädten wächst« in: *Financial Times Deutschland v. 15.11.12*

[255] Vgl. dazu auch: »Aufrüttelnde Statistik: Armut trifft 16 Millionen Menschen in Deutschland« in: *focus.de v. 23.10.12* (http://www.focus.de/politik/deutschland/aufruettelnde-statistik-armut-trifft-16-millionen-menschen-in-deutschland_aid_844141.html)/Zugriff: 03.12.12

[256] Vgl. »Beirat des Wirtschaftsministeriums kritisiert Rentenpläne« in: *Handelsblatt v. 19.12.12*

[257] Vgl. Deutscher Paritätischer Wohlfahrtsverband Gesamtverband e. V.: »Positive Trends gestoppt, negative Trends beschleunigt. Bericht zur regionalen Armutsentwicklung in Deutschland 2012«/Archiv Grandt

[258] Vgl.»Wohlstand in Europa: Armut in Deutschland ist größer als in Slowenien« in: *focus.de v. 27.03.13* (http://www.focus.de/finanzen/news/wohlstand-in-europa-armut-in-deutschland-ist-groesser-als-in-slowenien_aid_949511.html)/Zugriff: 02.04.13

Deutschland relativ.«[259] Der Deutsche Paritätische Wohlfahrtsverband forderte ein Sofortprogramm zur Bekämpfung der wachsenden Armut: die Einführung eines gesetzlichen Mindestlohns und einer Mindestrente sowie die Anhebung der Hartz-IV-Regelsätze. Schwer vermittelbare Langzeitarbeitslose sollten durch ein öffentlich gefördertes Beschäftigungsprogramm eine Perspektive erhalten. Die Kosten für ein solches Armutsbekämpfungsprogramm würden bei 10 Milliarden Euro liegen. »(...) Armutsbekämpfung ist ohne Umverteilung schlechterdings nicht möglich«, sagte der Chef des Paritätischen Wohlfahrtsverbands, Ulrich Schneider.[260]

Von einem »Schlaraffenland« hierzulande kann also keine Rede mehr sein. Zustände wie in Griechenland, Spanien oder Portugal sind nicht mehr weit weg vom einstigen »EU-Musterland« Deutschland. Die Spaltung der Gesellschaft in Arm und Reich schreitet stetig voran. Vor allem die Mittelschicht schrumpft dramatisch: seit 1997 um 5,5 Millionen Menschen oder anders ausgedrückt von 65 auf 58 Prozent! »Immer weniger Menschen gelingt der Aufstieg aus den unteren Einkommen in die Mittelschicht«, so das Ergebnis einer Studie der Bertelsmann-Stiftung und des Deutschen Instituts für Wirtschaftsforschung (DIW), die im Dezember 2012 vorgestellt wurde.[261] »Noch nie war die Kluft zwischen Arm und Reich so groß, noch nie musste sich die Mittelschicht so bedroht fühlen«, sagte ver.di-Gewerkschaftsboss Frank Bsirske.[262] Während das private Vermögen am oberen Ende der sozialen Leiter stetig wächst, schrumpft die Mittelschicht aufgrund der negativen Strukturveränderungen. In Zahlen ausgedrückt: Das Nettovermögen der privaten Haushalte hat sich von 4,6 auf rund 10 Billionen Euro mehr als verdoppelt. 53 Prozent des gesamten deutschen Nettovermögens (beispielsweise Bargeld, Aktien, Immobilien) liegt in den Händen der oberen 10 Prozent der Bevölkerung. Die mittleren 40 Prozent besitzen 46 Prozent des Nettovermögens, und die unteren, also die ärmsten 50 Prozent der Bürger, halten gerade mal 1 Prozent daran. Sie besitzen fast

---

[259] Vgl. »Reicher Süden – armer Norden« in: *tagesschau.de v. v. 20.12.12* (http://www.tagesschau.de/inland/armutsbericht118.html)/Zugriff: 23.12.12

[260] Vgl. »Reicher Süden – armer Norden« in: *tagesschau.de v. v. 20.12.12* (http://www.tagesschau.de/inland/armutsbericht118.html)/Zugriff: 23.12.12

[261] Vgl. »Mittelschicht schrumpft deutlich« in: *Handelsblatt v. 14.-16.12.12*

[262] Vgl. »Soziale Konflikte können deutlich an Härte zunehmen« in: *Bild v. 17.1.2.12*

nichts. Die Reichen werden also immer reicher und die Armen immer ärmer. Auch die Einkommensunterschicht mit weniger als 60 Prozent des mittleren Einkommens wuchs in den letzten zehn Jahren. Nach dem 535-seitigen *Vierten Armuts- und Reichtumsbericht* des Bundesministeriums für Arbeit und Soziales vom September 2012 gefährden die Einkommensunterschiede den gesellschaftlichen Zusammenhalt, weil das Gerechtigkeitsempfinden der Bevölkerung verletzt wird.[263] Denn die unteren 40 Prozent der Vollzeitbeschäftigten verzeichneten reale Entgeltverluste, während »die Entwicklung am oberen Ende der Verteilung besonders günstig war«, so Berechnungen des Deutschen Instituts für Wirtschaftsforschung. Allerdings fühlte sich die Bundesregierung dafür nicht zuständig[264] - im Gegenteil: Bundeskanzlerin Angela Merkel erklärte während der anhaltenden Diskussion, dass »zehn Prozent der Wohlhabendsten« immerhin »55 Prozent der Steuereinnahmen« zahlten.[265]
In dieses Horror-Szenario gehören auch die im September 2012 veröffentlichten Zahlen aus Ursula von der Leyens Arbeitsministerium, die bis heute die Menschen schockieren: Demnach droht ab 2030 jedem dritten Arbeitnehmer (mit einem Verdienst unter monatlich 2.500 Euro brutto) »Altersarmut«! Davon sollen 2014 bereits 90.000 und 2030 volle 1,3 Millionen Rentner betroffen sein. Besonders Berufstätige, die in Branchen arbeiten, in denen geringe Stundenlöhne gezahlt werden, sollen später die Leidtragenden sein, beispielsweise Konditoren, Fleischer, Gärtner, Bäcker, Schreiner, Köche, Arbeitnehmer im Gastgewerbe und in der Schuhindustrie. Grund: Das gesetzliche Rentenniveau von momentan 51 Prozent sinkt bis 2030 auf 43 Prozent. Menschen, die 35 Jahre lang fleißig in die Rentenkasse eingezahlt, aber nicht privat vorgesorgt haben und monatlich weniger oder knapp über 2.500 Euro brutto verdienten, müssten sich mit einer Grundsicherung von gerade mal 688 Euro begnügen! Das ist wenig mehr, als momentan ein Hartz-IV-Empfänger erhält. Wer noch fünf Jahre länger malocht, bekommt einen mickrigen Hunderter drauf. Das würde nichts anderes heißen als rein in die Rente und dann direkt zum Sozialamt!

---

[263] Vgl. »Einkommen klaffen weit auseinander« in: *Financial Times Deutschland v. 19.09.12*
[264] Vgl. »Einkommen klaffen weit auseinander« in: *Financial Times Deutschland v. 19.09.12*
[265] Vgl. »Koalitionskrach wegen Reichensteuer« in: *Bild v. 21.09.12*

Schon heute sind 15,3 Prozent der über 65-Jährigen armutsgefährdet, weil ihr Einkommen unter 60 Prozent der mittleren Einkommen liegt.[266] Wenn man all das zusammennimmt, dann wird schnell klar, dass die heutige junge Generation von der viel gepriesenen gesetzlichen Rente nicht mehr viel haben wird.

Der Lösungsvorschlag der Bundesregierung für dieses äußerst beschämende Dilemma scheint denkbar simpel: Jeder soll für seinen Lebensabend zusätzlich noch selbst vorsorgen. So fragt man sich zu Recht, weshalb man ein ganzes Arbeitsleben lang überhaupt Geld in die Rentenkasse einzahlen muss, wenn am Schluss nur noch Hartz-IV-Sätze übrig bleiben? Auch die Tipps zur Privatvorsorge, beispielsweise die viel gepriesene »Riester-Rente«, haben sich nicht gerade als effektiv herausgestellt. Andere Konzepte (»Mindestrente«, »Solidarrente«, »Lebensleistungsrente«, »Grüne Garantierente«) werden höchstens diskutiert, und eine »Zuschussrente«, wie sie Arbeitsministerin Ursula von der Leyen 2012 forderte, ist höchst umstritten.

In diesem gesellschaftspolitischen »Vakuum« und weil Altersarmut bereits in weiten Teilen unter deutschen Rentnern herrscht, greifen immer mehr verzweifelte Ruheständler nach einem Minijob. Ende 2011 waren das immerhin mehr als 760.000 über 64 Jahre. 120.000 Minijobber sind sogar über 74. So weit sind wir also schon im Sozialstaat Deutschland. »Jetzt haben die Deutschen nicht nur Angst, dass der Euro zerbricht. Sondern auch, dass sie im Alter verarmen. Schönen Dank, Frau von der Leyen«, resümierte Andreas Hoffmann im *Stern*.[267] Die »Rentenpanik« scheint sich unter Arbeitnehmern immer mehr auszubreiten. 38 Prozent der Beschäftigten glauben nicht mehr daran, später von ihrer Rente leben zu können. Bei den 25- bis 35-Jährigen sind es 51 Prozent. Und bei den Besserverdienenden mit einem monatlichen Einkommen von 2.000 bis 3.000 Euro 34 Prozent.[268]

Das vom Arbeitsministerium prophezeite Renten-Horror-Szenario musste mitten im Vorwahlkampf für die Bundestagswahl 2013 von der

[266] Vgl. »Beirat des Wirtschaftsministeriums kritisiert Rentenpläne« in: *Handelsblatt v. 19.12.12*

[267] Vgl. »Panik als Kalkül« in: *Stern 37/2012, S. 32*

[268] Laut Umfrage des Deutschen Gewerkschaftsbunds (DGB) im November 2001. Vgl. dazu: »38 % haben Angst vor Altersarmut« in: *Bild v. 21.11.12*

Regierungskoalition schnell korrigiert werden. So veröffentlichte man im November 2012 flugs einen »Regierungsbericht«, der alles gerade rücken sollte. Demnach wurden für die nächsten vier Jahre – wie aus der Wundertüte gezaubert – über 11 Prozent mehr Rente im Osten und gut 8 Prozent mehr im Westen prognostiziert.[269] Verschwiegen wurde dabei, dass Renten immer mit Lohnsummenrisiken verbunden, also von der Entwicklung des Arbeitsmarktes und der Demografie abhängig sind. Ebenso von kurzfristigen (negativen) realwirtschaftlichen Effekten wie beispielsweise einem Staatsbankrott Griechenlands sowie von Verwerfungen an den Finanzmärkten. All dies kann nicht vorhergesagt werden und damit auch keine Anhebung der Rente. Wahltaktisches Geplänkel also, mehr nicht.

Ohnehin ist die Belastungsgrenze hierzulande schon längst erreicht, erklären Experten. Talfahrt, Abwärtstrend, Rückgang, Wachstumsbremse, Rezessionstrend, sozialer Abstieg, Altersarmut – das sind die Schlagwörter, mit denen Deutschland seit den Krisenjahren zu kämpfen hat. Das einstmals so »reiche« Deutschland muss zukünftig sogar um seinen Wohlfahrtsstatus bangen. Und das betrifft uns alle.

Das *Handelsblatt* veröffentlichte Ende Januar 2013 das Ergebnis des Länderindexes Familienunternehmen 2012 des Zentrums für Europäische Wirtschaftsforschung (ZEW), in dem die wichtigsten Standortfaktoren für Familienunternehmen analysiert wurden. Im Ranking von 1 bis 12 belegt Deutschland den zweitletzten, den 11. Platz. Ganz vorne: die Schweiz, gefolgt von Finnland, Dänemark, Großbritannien, Luxemburg, Schweden, den Niederlanden, den USA, Irland und Österreich. Nur in Frankreich fühlten sich die Familienunternehmen 2012 noch schlechter als hierzulande. »Die ökonomische Robustheit Deutschlands ist in vielen Fällen nur gefühlte Stärke«, sagt Brun-Haagen Hennerkes, Vorstand der Stiftung Familienunternehmen. Eine der größten Schwachstellen sei die steigende Steuerbelastung.[270]

Sollte der deutsche Staat seine EU-Verpflichtungen nicht mehr aufbringen können, droht der »Komplett-Crash«. Deutschland steht sogar vor einer

---

[269] Vgl. »Regierungsbericht: Renten steigen bis 2016 um bis zu 230 Euro« in: *Bild v. 27.11.12*

[270] Vgl. »Schlechte Noten für Deutschland« in: *Handelsblatt v. 22.01.13*

»doppelten Bedrohung«, wie Laurent Joffrin vom *Nouvel Observateur* meinte: »Erstens wird ihre Wirtschaft, die vom Export in den europäischen Raum abhängt, direkt von der europäischen Rezession bedroht. Indem sie von Sparunwilligen Austeritätspolitik[271] verlangt, bestraft sich die Bundesrepublik also selbst. Ein erfolgreiches Deutschland inmitten eines ruinierten Europas? Das wäre nicht möglich.«[272]

[271] Meint im ökonomischen Sinne die strenge Sparpolitik eines Staats.

[272] Vgl. »Sparen ruiniert uns alle« in: *ZeitOnline v. 30.09.12* (http://www.zeit.de/2012/39/Sparen-Europa-Zwang)/Zugriff: 30.09.12

# 2. Teil

# 2013 – Vor-Crash-Szenarien[xiii]

*»Die Währungsunion ist ein großer Irrtum, ein abenteuerliches, waghalsiges und verfehltes Ziel, das Europa nicht eint, sondern spaltet.«*
Ralf Dahrendorf (deutsch-britischer Soziologe, Politiker und Publizist)[xiv]

*»Wenn es der Politik nicht gelingt, endlich die überfällige Reform der internationalen Finanzmärkte durchzusetzen, sind die westlichen Demokratien in der jetzigen Form nicht mehr zu retten.«*
Heiner Geißler (ehemaliger CDU-Generalsekretär)[xv]

Es hört sich einfach gut, wenn nicht sogar fantastisch an, was die europäischen Staatenlenker im so genannten Vertrag von Lissabon am 13. Dezember 2007 unter portugiesischer Ratspräsidentschaft in Lissabon festgeschrieben haben. Dieser Grundlagenvertrag, der die bereits bestehenden Verträge[273] der Europäischen Union reformierte, ist ein völkerrechtlicher Vertrag zwischen den 27 EU-Mitgliedsstaaten, der am 1. Dezember 2009 in Kraft trat. Darin heißt es unter anderem[274]:

- »Ziel der Union ist es, den Frieden, ihre Werte und das Wohlergehen ihrer Völker zu fördern.[275]
- (Die Union ...) bekämpft soziale Ausgrenzung und Diskriminierungen und fördert soziale Gerechtigkeit und sozialen

[273] Beispielsweise den *Vertrag über die Europäische Union (EU-Vertrag)*, den *Vertrag zur Gründung der Europäischen Gemeinschaft (EG-Vertrag*, neuer Name: *Vertrag über die Arbeitsweise der Europäischen Union (AEU-Vertrag*) und so weiter.
[274] Vgl.: »Vertrag von Lissabon zur Änderung des Vertrags über die Europäische Union und des Vertrags zur Gründung der Europäischen Gemeinschaft, unterzeichnet in Lissabon am 13. Dezember 2007, Änderungen des Vertrags über die europäische Union und des Vertrags zur Europäischen Gemeinschaft« in: *Amtsblatt der Europäischen Union C 306, 17. Dezember 2007, S. 1 ff.*
[275] Artikel 2(1)

Schutz, die Gleichstellung von Frauen und Männern, die Solidarität zwischen den Generationen und den Schutz der Rechte des Kindes. Sie fördert den wirtschaftlichen, sozialen und territorialen Zusammenhalt und die Solidarität zwischen den Mitgliedsstaaten.[276]

- In ihren Beziehungen zur übrigen Welt schützt und fördert die Union ihre Werte und Interessen und trägt zum Schutz der Bürgerinnen und Bürger bei. Sie leistet einen Beitrag zu Frieden, Sicherheit, globaler nachhaltiger Entwicklung, Solidarität und gegenseitiger Achtung unter den Völkern, zu freiem und gerechtem Handel, zur Beseitigung der Armut und zum Schutz der Menschenrechte (...).«[277]

Doch nur wenige Jahre später scheinen sich diese völkerrechtlich verankerten Grundsätze in Luft aufgelöst zu haben, als hätten sie nie existiert. Schlimmer noch: Sie wurden vor allem in den südlichen EU-Krisenländern wie Griechenland, Spanien, Portugal oder Zypern missachtet. Geradezu mit den Füßen getreten. Die wie aus einem Goethe-Gedicht »schön klingenden« Worte des »Vertrags von Lissabon« hören sich heute auf dem Höhepunkt der größten Krise der letzten Jahrzehnte ganz anders an und werden gleichgesetzt mit Sparprogrammen, Reformen, Kürzungen, Steuererhöhungen, Abbau des Sozialsystems, Verarmung, hoher Arbeitslosigkeit, null Zukunftsperspektiven.

So beginnen beispielsweise die Lügen, denen sich bis heute auch der Großteil der Medien anschließt, mit der Erkenntnis, dass die EU-Finanzhilfen nach Griechenland oder Spanien flössen, und damit wird suggeriert, sie würden dort *der Bevölkerung* zu Gute kommen. Doch Pustekuchen: Verschwiegen wird, dass die Geldtranchen letztlich an die Gläubiger überwiesen werden, und das sind zumeist die Banken. »Die vielen Milliarden an Steuergeldern schützen vor allem wohlhabende Anleger vor Verlusten«, schreibt Harald Schumann dazu im *Tagesspiegel*.[278] Der »bedingungslose Freikauf der Gläubiger von überschuldeten Banken zulasten der Steuerzahler«, scheint ein Staatsgeheimnis zu sein. »Schon in mindestens 52 Fällen haben Europas

[276] Artikel 2(3)
[277] Artikel 5
[278] Vgl. »Eurokrise: Staatsgeheimnis Bankenrettung« in: *tagesspiegel.de v. 24.02.13* (http://www.tagesspiegel.de/wirtschaft/eurokrise-staatsgeheimnis-bankenrettung/7826402.html)/Zugriff: 24.02.13

Regierungen von Insolvenz bedrohte Banken mit Staatsgeld gestützt und deren Kreditgeber so vor Verlusten bewahrt«, sinniert Schumann weiter. »Doch wohin fließt dieses Geld? Wer sind die Gläubiger, die ausbezahlt werden, und warum müssen sie nirgendwo selbst die Verluste aus ihren Fehlinvestitionen tragen, so wie es sonst bei jedem anderen Pleiteunternehmen üblich ist?« Und weiter: »(...) ob bei der EU-Kommission in Brüssel oder der Europäischen Zentralbank (EZB) in Frankfurt: Als handele es sich um ein Staatsgeheimnis, verweigern alle Verantwortlichen die konkrete Auskunft«.

Mit Schweigen, Lügen oder Halbwahrheiten werden also ganze Nationen aufeinander gehetzt. Ein Beispiel hierfür ist auch die mediale Berichterstattung über eine Umfrage der europäischen Notenbanken, die besagt, dass die Südeuropäer im Durchschnitt über mehr Vermögen als die Deutschen besitzen würden. Die Bundesbank wolle anscheinend nicht, so Medienberichte, dass diese Vermögensstudie hierzulande veröffentlicht wird.[279] Denn welcher Deutsche hätte Verständnis dafür, weniger Vermögen als jene in den Krisenländern zu besitzen, für deren Hilfsmilliarden aber zu haften? Der Studie nach liegt das mittlere Vermögen deutscher Haushalte bei rund 51.400 Euro netto, das der Griechen bei 101.900 Euro, der Spanier bei 182.700 Euro und der Zyprioten bei 266.900 Euro.[280] Allerdings weist sie eklatante Widersprüche auf. Bei der Werteermittlung von Immobilien wurden teilweise Zahlen aus Vorkrisenjahren herangezogen. Ferner wurde nicht das Pro-Kopf, sondern das Haushaltseinkommen herangezogen. Während in Deutschland durchschnittlich nur zwei Personen in einem Haushalt leben, sieht das in den Krisenstaaten anders aus. Eine Studie der Schweizer Großbank Credit Suisse relativiert deshalb diese Zahlen: So liegt der Vermögensmittelwert in Deutschland (inklusive Immobilien) bei rund 32.200 Euro, in Griechenland bei 27.200 Euro und in Spanien bei 40.600 Euro. Italien kommt auf 94.300 Euro weil dort eine hohe Quote von Eigenheimbesitzern zu verzeichnen ist. Zudem verzeichnet das Land auch

---

[279] Vgl. »Bundesbank unterdrückt Bericht: Südeuropäer sind reicher als die Deutschen« in: *deutsche-wirtschafts-nachrichten v. 08.03.13* (http://deutsche-wirtschafts-nachrichten.de/2013/03/08/bundesbank-unterdrueckt-bericht-suedeuropaeer-sind-reicher-als-die-deutschen/)/Zugriff: 11.04.13

[280] Vgl. »Streit um Höhe der Vermögen - Achtung Deutschland: So reich sind die Südeuropäer wirklich« in: *FocusmoneyOnline v. 15.04.13* (http://www.focus.de/finanzen/news/staatsverschuldung/krisenstaaten-offenbar-reicher-als-gedacht-achtung-deutschland-so-reich-sind-die-suedeuropaeer-wirklich_aid_960873.html)/Zugriff: 15.04.13

2,4 Prozent Dollar-Millionäre, Deutschland hingegen nur 2,2 Prozent. Auch hinsichtlich »zweitreichster« Bürger punktet Italien: Mehr als jeder zweite (erwachsene) Italiener kommt auf ein Vermögen von 100.000 bis zu einer Million Dollar. In Deutschland hingegen nur jeder Dritte, in Spanien jeder Vierte.[281]

So scheint also schnell klar, wo der anscheinend durchschnittlich größere Reichtum der Südländer herkommt: Bei den Vermögenden und nicht etwa bei den normalen Bürgern.

Doch mit undifferenzierter Berichterstattung wird weiterhin Hetze zwischen Nord- und Südeuropa betrieben und das in einem solchen Ausmaß, dass die Deutschen glauben, die Bürger der EU-Krisenländer würden sich selbst auch noch wie Maden im Speck an den Milliarden-Überweisungen der Geberländer laben. Dabei sind es gerade die einfachen Menschen dort, die davon keinen Cent sehen. Im Gegenteil: Der griechische, spanische und portugiesische Staat, um drei Beispiele zu nennen, schnürt ihre soziale Agilität durch neue Sparprogramme immer mehr ein. Und zwar so sehr, dass es bereits in weiten Teilen zu einem sozialen Kollaps gekommen ist, wie ich nachfolgend erläutern werde.

So verlassen immer mehr und oft hoch qualifizierte Arbeitskräfte die krisengeschüttelten Länder Richtung Deutschland. Die Zuwanderung hierzulande nahm deutlich zu: plus 78 Prozent mehr Einwanderer aus Griechenland als noch ein Jahr zuvor, plus 53 Prozent aus Spanien und plus 53 Prozent aus Portugal.[282] Die künftige Elite dieser Länder flieht regelrecht in eine scheinbar bessere Zukunft. Diese Flucht des »Humankapitals« ist Vorbote eines »Crashs«. Selbst Bundespräsident Joachim Gauck musste einräumen, dass es in der Europäischen Union einmal eine »Wohlstandsdelle« geben könnte[283] (siehe hierzu auch Kapitel *8.1.*). Doch eine solche gibt es schon längst, wie die in diesem Buch zusammengetragenen Fakten belegen.

---

[281] Vgl. »Streit um Höhe der Vermögen - Achtung Deutschland: So reich sind die Südeuropäer wirklich« in: *FocusmoneyOnline v. 15.04.13* (http://www.focus.de/finanzen/news/staatsverschuldung/krisenstaaten-offenbar-reicher-als-gedacht-achtung-deutschland-so-reich-sind-die-suedeuropaeer-wirklich_aid_960873.html)/Zugriff: 15.04.13

[282] Verglichen wurde das 1. Halbjahr 2012 mit dem 1. Halbjahr 2011.

[283] Vgl. »Alt-Kanzler Schmidt attackiert Merkel« in: *Handelsblatt.com v. 27.09.12* (http://www.handelsblatt.com/politik/deutschland/euro-krise-alt-kanzler-schmidt-attackiert-merkel/7190258.html)/Zugriff: 28.09.12

Laurent Joffrin, Chefredakteur der französischen Wochenzeitschrift *Le Nouvel Observateur*, bringt es auf den Punkt. Er meint, dass die »logische, rationale, gerechtfertigte Haltung« der Regierungsvertreter »geradewegs in die Katastrophe« führe.[284] »Die in Europa praktizierte Sparpolitik wirkt zerstörerisch. Simultan – und oft brutal – umgesetzt, drosselt sie auf dem gesamten Kontinent die Nachfrage. Die wirtschaftliche Aktivität erliegt, die Zahl der Pleiten nimmt zu, die Gewinne schrumpfen, und währenddessen wächst die Arbeitslosigkeit (...) Die wirtschaftliche Paralyse reduziert wiederum die Einnahmen aus Steuern und Sozialabgaben. Und das in einem Maße, dass die Sparpolitik just die gegenteilige Wirkung erzielt als die angestrebte: Anstatt die Defizite zu verringern, vergrößert sie diese.« Eines scheint klar: Keine »nordeuropäische« Regierung würde diese radikalen Reformprogramme politisch überleben. Und das wissen sie auch.

Griechenland ist faktisch pleite, zum sechsten Mal in seiner Geschichte. Und Spanien hat in seiner Vergangenheit schon dreizehnmal seine Schulden nicht mehr bedienen können, wie die Ökonomen Carmen Reinhart und Kenneth Rogoff feststellten.[285] Zypern ist ein »Sonderfall«, weil dort erstmals versucht wurde und wird ein Exempel zu statuieren.

Alles zusammengenommen: Noch nie zuvor war es so schlimm wie heute. Deshalb sind diese »Vor-Crashs« die apokalyptischen Reiter, die dunklen Vorboten für den endgültigen und kompletten Zusammenbruch des Euro und damit der europäischen Währungszone.

## 2.1. Vor-Crash-Szenario I – Zypern: »EU-Experiment 'Sparer-Enteignung' und Millionen-Gefälligkeiten an Politiker«[xvi]

EU-Mini-Mitgliedsland Zypern, Insel im östlichen Mittelmeer mit nicht einmal 900.000 Einwohnern, wird im Frühjahr 2013 Austragungsort des bislang größten Enteignungs-Dramas seit Bestehen der Europäischen Union.

---

[284] Vgl. »Sparen ruiniert uns alle« in: *ZeitOnline v. 30.09.12* (http://www.zeit.de/2012/39/Sparen-Europa-Zwang)/Zugriff: 30.09.12

[285] Vgl. »100 Antworten zum Euro« in: *Stern 49/2011, S. 147*

Seit 1974 ist Zypern geteilt: In einen griechischen Südteil und einen türkischen Nordteil. 1983 wurde die von der internationalen Staatengemeinschaft nicht anerkannte Türkische Republik Nordzypern ausgerufen. Die Republik Zypern, die den Südteil der Insel umfasst, trat am 1. Mai 2004 der EU bei. Schließlich wurde zum 1. Januar 2008 die Währung des Zypern-Pfundes abgeschafft und der Euro eingeführt. Und damit begann die Katastrophe. Erst schleichend und dann immer schneller.

Im Juni 2012 stuft die Ratingagentur Fitch die Kreditwürdigkeit Zyperns auf »BB+« herab; also auf »Ramsch-Niveau«. Auch der Ausblick für die Kreditwürdigkeit des Landes wird auf »negativ« gesetzt. Schuld daran sind wieder einmal die Banken, denn sie müssen rund 4 Milliarden Euro wegen der Schuldenkrise in Griechenland abschreiben, mit denen sie eng verbunden sind. Und nicht nur sie: Die gesamte Wirtschaft ist mit der der Hellenen verflochten, auch wenn sie nur eine Leistung von 17,5 Milliarden Euro beträgt. Damit ist sie eine der kleinsten Volkswirtschaften der Euro-Zone. Hinzu kommt, dass die einstige »Steueroase« für internationale Unternehmen und Großinvestoren nach ihrem Aufblühen immer weiter schrumpfte. Trotz regen Tourismus wächst auf der Sonneninsel die Arbeitslosigkeit - und das auf Rekord-Niveau. Auch der Beamtenapparat ist aufgebläht. So existieren auf Zypern »sehr ernste makroökonomische Ungleichgewichte«, wie es in einem Bericht der Europäischen Kommission heißt.[286]

Im Juni 2012 sieht Regierung in Nikosia keinen anderen Ausweg, als bei der EU einen Antrag auf Finanzhilfen in Höhe von 17,5 Milliarden Euro zu stellen. Dies entspricht etwa der jährlichen Wirtschaftsleistung des drittkleinsten Mitgliedslandes. Und das obwohl vor der zyprischen Südküste große Erdgasfelder im Mittelmeer gefunden worden sind. Allerdings blockiert die Türkei deren Milliarden-Ausbeutung bevor der Streit um die Teilung der Insel nicht endgültig geklärt ist. Damit ist Zypern nach Griechenland, Portugal, Irland und Spanien das fünfte Mitgliedsland das Hilfe braucht. Das Rettungspaket wird jedoch auf 10 Milliarden Euro heruntergeschraubt.

---

[286] Vgl. »Zypern rettet Bank und erwartet die Euro-Retter« in: *tagesschau.de v. 02.07.12* (http://www.tagesschau.de/wirtschaft/zypern238.html)/Zugriff: 27.03.13

Schlechte Aussichten also für Zypern, das am 1. Juli 2012 auch noch die EU-Ratspräsidentschaft übernommen hat und Aktien der angeschlagenen Cyprus Popular Bank im Wert von 1,8 Milliarden Euro aufkaufte, um sie vor dem Bankrott zu retten.

Dieses »Pleite-Insel« soll nun unter ihrem Vorsitz die EU mit ihren rund 500 Millionen Bürgern aus der schwersten Krise ihres Bestehens führen und für Wachstum und mehr Arbeitsplätze sorgen? Wie soll das gehen, ist man versucht zu fragen. Vielleicht mit Hilfe Russlands? Denn Moskau hatte bereits Ende 2011 einen 2,5 Milliarden Euro Kredit an Nikosia vergeben. Im Juli 2012 wird über einen weiteren in Höhe von 5 Milliarden Euro verhandelt. Doch selbstlos sind die Russen nicht, schließlich legen vermögende Landsleute, anders ausgedrückt, Oligarchen, ihr Geld bei zyprischen Banken an, die dort nicht versteuert werden. Zudem investieren viele russische Unternehmen in die Mittelmeerinsel - ebenfalls zu einem sehr niedrigen Steuersatz und auch noch bei lascher Finanzaufsicht. Auch das vor der Küste gefundene Erdgas lockt russische Firmen wie Gazprom. Gute Gründe also, den Zyprioten unter die Arme zu greifen. Zudem ist Staatspräsident Dimitris Christofias mit seiner »eurokommunistischen Fortschrittspartei des werktätigen Volkes (AKEL)« der einzige kommunistische Regierungschef eines EU-Landes.

Im November 2012 gelangt ein geheimer BND-Bericht an die Presse. In ihm berichtet der deutsche Auslandsgeheimdienst, dass mit den zu erwartenden Hilfsmaßnahmen der EU vor allem Inhaber russischer Schwarzgeldkonten auf zyprischen Banken profitieren würden. Zwar würde Nikosia sich an alle Vereinbarungen zur Bekämpfung der Geldwäsche halten, aber die Umsetzung wäre mangelhaft.[287]

Wie dem auch sei: Zypern wächst bis Ende 2012 zu einem neuen Gefahrenherd innerhalb der EU heran. Es ist praktisch Zahlungsunfähig. Die übrigen Mitgliedsstaaten sind vorsichtig, fordern auch und gerade in Hinsicht von Geldwäsche von der zyprischen Regierung nicht nur volle Finanztransparenz sondern auch volle Kooperation in Steuerfragen. Ebenso eine Verknappung des aufgeblähten und maroden Bankensektors. Erstmals

---

[287] Vgl. »Russische Schwarzgeldkonten: BND warnt vor Rettungspaket für Zypern« in: *spiegelonline v. 03.11.12* (http://www.spiegel.de/wirtschaft/soziales/russisches-schwarzgeld-bnd-warnt-vor-rettungspaket-fuer-zypern-a-865151.html)/Zugriff: 27.03.13

wird auch die Frage gestellt, wer die Gläubiger eigentlich sind und vor allem, wie diese an den Kosten der Sanierung des Bankensystems beteiligt werden können. Der IWF fordert einen Schuldenerlass, bevor er sich an einem Hilfspaket beteiligt. Die Troika aus EU, EZB und IWF fordert rigide Reformen: Privatisierung von Staatsbetrieben, größere Kontrolle über die Geldgeschäfte der Banken und Steuererhöhungen. Letzteres würde vor allem wieder den kleinen Mann treffen. Bei einem Kurzbesuch Angela Merkels Anfang des Jahres fordert sie die zyprische Regierung zu Reformen auf. Vor allem aber solle Nikosia sich gegen Geldwäsche engagieren.[288]

Zu allen Problemen für die Insel kommt noch hinzu, dass die Ratingagentur Moody's im Januar 2013 die Kreditwürdigkeit Zyperns um gleich drei Noten auf »Caa3« senkt. Auch der Ausblick bleibt weiterhin »negativ«. Die Staatsschulden würden noch in diesem Jahr auf 150 Prozent des Bruttoinlandsprodukts steigen. Die Staatspleite oder ein erzwungener Teil-Schuldenschnitt würde vor der Tür stehen. Aussichten also, die keinen Anleger entzücken, sondern im Gegenteil, ihn zum schleunigen Reißaus bewegen.

Im Februar 2013 wird der linke Staatspräsident Dimitris Christofias von dem Konservativen Nikos Anastasiades abgelöst. Er übernimmt damit einen wahren »Höllenjob«. Denn alles kommt viel schlimmer. Zunächst jedoch gibt es Hoffnung. EU-Politiker, wie beispielsweise Währungskommissar Olli Rehn oder der ehemalige Chef der Eurogruppe, Jean-Claude Juncker, verkünden plötzlich lauthals, dass das kleine Zypern, mit einer Wirtschaftsleistung von gerade mal 0,2 Prozent der Euro-Zone, »systemrelevant« sei.[289] Um die Finanzstabilität der Insel und der Euro-Zone zu gewährleisten, müsse es unter allen Umständen gerettet werden.

---

[288] Vgl. »Merkel mahnt Reformen in Zypern an« in: *tagesschau.de v. 11.01.13* (http://www.tagesschau.de/ausland/zypern282.html)/Zugriff: 27.03.13

[289] Vgl. »Zypern nimmt den Sparern 5,8 Milliarden Euro« in: *welt.de v. 16.03.13* (http://www.welt.de/wirtschaft/article114502095/Zypern-nimmt-den-Sparern-5-8-Milliarden-Euro.html)/Zugriff: 18.03.13/»Tabubruch in Zypern alarmiert Ökonomen« in: *handelsblatt.com v. 18.03.13* (http://www.handelsblatt.com/politik/international/bank-run-befuerchtet-tabubruch-in-zypern-alarmiert-oekonomen/7943198.html)/Zugriff: 02.04.13/»Der frühere Chef der Eurogruppe Jean-Claude Juncker über Euro-Krise und Europas Einigung« in: *generalanzeiger-bonn.de v. 27.03.13* (http://www.general-anzeiger-bonn.de/news/politik/Der-fruehere-Chef-der-Eurogruppe-ueber-Euro-Krise-und-Europas-Einigung-article1014812.html)/Zugriff: 27.03.13

Um das Hilfspaket von 10 Milliarden Euro[290] für Zypern schnüren zu können kommen im März 2013 die Finanzminister der EU nach langer und zäher Verhandlung zu dem Schluss, dass erstmals Bankkunden auf einen Teil ihrer Einlagen verzichten sollen, um den maroden Finanzsektor zu stützen. Das ist ein bisher einmaliger Schritt, der nichts anderes als eine Enteignung darstellt. Konkret: Wer mehr als 100.000 Euro Bankguthaben aufweist, soll eine Abgabe von 9,9 Prozent leisten. Darunter sollen es 6,75 Prozent sein. Das trifft vor allem auch die Kleinsparer. So will Nikosia rund 5,8 Milliarden Euro von den Sparern enteignen, geradezu »ergaunern«. Wohlgemerkt vor allem auch von den Kleinanlegern, um die größeren Investoren nicht mit erhöhten Einbußen heranzuziehen und womöglich dauerhaft zu verschrecken, wie der ehemalige Eurogruppen-Chef Jean-Claude Juncker später zugab.[291]

Bevor die zyprische Regierung ihrem Volk jedoch diese Hiobsbotschaft verkündet, handelt sie mit Sofortmaßnahmen: Die Banken bleiben geschlossen, das Onlinebanking-System wird lahmgelegt, so dass elektronische Finanztransfers nicht mehr getätigt werden können, die Abhebung an Geldautomaten wird begrenzt beziehungsweise zunächst eingefroren.

Thomas Schmoll schreibt im *Stern*: »Angela Merkel und die Euroretter feiern sich für ihr Zypern-Paket. Dabei ist die Zwangsabgabe nicht nur ein Tabubruch, sondern eine Frechheit. Sie ruiniert das Vertrauen der Bankkunden«. Und weiter: »Ja, es ist eine Enteignung (...) Die Eurofinanzminister verkaufen es als einmaligen Solidaritätszuschlag. In Wahrheit ist es eine Zwangsabgabe zum Erhalt einer Währungsgemeinschaft, die Europa zusammenführen sollte und nun immer mehr spaltet«.[292] Damit trifft Schmoll den Nagel auf den Kopf. Denn während viele Reiche und Superreiche ihr Geld schon längst und noch rechtzeitig ins Ausland gescheffelt haben, wird der einfache Mann und die

---

[290] Für die Rettungskredite muss Zypern 2,5 Prozent Zinsen zahlen. Die Tilgung soll 2023 beginnen und über 12 Jahre laufen. Vgl. dazu: »Zypern: Finanzminister tritt ab« in: *Handelsblatt v. 03.04.13*

[291] Vgl. »Der frühere Chef der Eurogruppe Jean-Claude Juncker über Euro-Krise und Europas Einigung« in: *generalanzeiger-bonn.de v. 27.03.13* (http://www.general-anzeiger-bonn.de/news/politik/Der-fruehere-Chef-der-Eurogruppe-ueber-Euro-Krise-und-Europas-Einigung-article1014812.html)/Zugriff: 27.03.13

[292] Vgl. »Die Enteignung zyprischer Sparer ist fatal« in: *stern.de v. 17.03.13* (http://www.stern.de/politik/deutschland/eurokrise-die-enteignung-zyprischer-sparer-ist-fatal-1985058.html)/Zugriff: 18.03.13

einfache Frau in Zypern für Politikversäumnisse und ein aufgeblähtes ruinöses Bankensystem zur Kasse gebeten. »Europa hat (...) eine Einlagengarantie für Guthaben bis zu 100.000 Euro vereinbart. Das heißt: Erspartes bis zu diesem Betrag ist staatlich geschützt«, schreibt Schmoll weiter. »Für die Sparer in Zypern gilt das nicht mehr. Was ist die Garantie überhaupt noch wert, wenn ein Staat über Nacht beschließt, seine Bürger um ihr Geld zu bringen? Da klingt es wie Hohn, dass Bundesfinanzminister Wolfgang Schäuble die Enteignung als notwendige Entscheidung lobpreist, die das Vertrauen in die Eurozone stärke«.[293] Und weiter sagt Schäuble: »Zypern wird einen schweren Weg gehen - so oder so (...) das ist nicht die Folge europäischer Sturheit, sondern eines Geschäftsmodells, das nicht mehr funktioniert«.[294] Damit wird Europa auch für Anleger immer unattraktiver, die um zukünftig um ihr Geld bangen müssen.

Aufgebrachte Menschen demonstrieren in der Hauptstadt Nikosia gegen die Rettungspläne und gegen - ihrer Meinung nach - eine der Verantwortlichen: Bundeskanzlerin Angela Merkel. So steht beispielsweise auf einem Demo-Plakat: »Hitler und Merkel - derselbe Mist« oder: »Troika go home«.[295] Bundesfinanzminister Schäuble warnt das zyprische Parlament vor einer Ablehnung des Rettungspakets. Denn dann seien die nationalen Banken nicht mehr zahlungsfähig und Zypern würde in eine sehr schwierige Lage kommen.[296] Allerdings nennt es der deutsche Ökonom Thorsten Polleit bedenklich, dass die Zypern-Hilfe nicht der nationale Souverän, sondern ein »internationaler Regierungsverbund« getroffen hätte. Dieser hätte nicht die Interessen der »national Betroffenen« im Auge.[297]

---

[293] Vgl. »Die Enteignung zyprischer Sparer ist fatal« in: *stern.de v. 17.03.13* (http://www.stern.de/politik/deutschland/eurokrise-die-enteignung-zyprischer-sparer-ist-fatal-1985058.html)/Zugriff: 18.03.13

[294] Vgl. »Schäuble kündigt harte Zeiten für Zypern an« in: *spiegelonline v. 24.03.13* (http://www.spiegel.de/politik/ausland/euro-krise-schaeuble-kuendigt-haerte-gegen-zypern-an-a-890623.html)Zugriff: 25.03.13

[295] Vgl. »Wut-Demo in Zypern: Nichts geht mehr! Hunderttausende zittern jetzt um ihr Gehalt« in: *bild.de v. 26.03.13* (http://www.bild.de/politik/ausland/zypern-krise/zypern-chaos-29665396.bild.html)/Zugriff: 27.03.13

[296] Vgl. »Tabubruch in Zypern alarmiert Ökonomen« in: *handelsblatt.com v. 18.03.13* (http://www.handelsblatt.com/politik/international/bank-run-befuerchtet-tabubruch-in-zypern-alarmiert-oekonomen/7943198.html)/Zugriff: 02.04.13

[297] Vgl. »Tabubruch in Zypern alarmiert Ökonomen« in: *handelsblatt.com v. 18.03.13* (http://www.handelsblatt.com/politik/international/bank-run-befuerchtet-tabubruch-in-zypern-alarmiert-oekonomen/7943198.html)/Zugriff: 02.04.13

Wohl auch aus diesen Überlegungen heraus und massiver Proteste der Zyprioten und auch im übrigen Europa wegen, sowie die Ablehnung dieses Planes im nationalen Parlament, einigen sich Ende März 2013 die zyprische Regierung und die EU-Finanzminister auf einen etwas abgeänderten Rettungsplan, um das Land vor dem Staatsbankrott zu schützen. Denn auch die Russen wollen keine weiteren Kredite mehr vergeben. Der Finanzsektor, der achtmal größer als die Wirtschaftsleistung ist, soll bis 2018 halbiert werden. Zudem soll die zweitgrößte Bank des Landes, die Laiki (Popular) Bank zerschlagen werden. Ihre Einlagen, die rund 4,2 Milliarden Euro betragen, werden eingefroren und in eine »Bad Bank« übertragen, die zudem noch ihre 9 Milliarden Euro EZB-Schulden übernimmt. Ob diese Einlagen vollständig vernichtet sind ist scheinbar noch nicht abzusehen. Geldeinlagen von über 100.000 Euro sollen jedoch vorerst nicht ausgezahlt werden. In einem etwa sieben Jahre dauernden Verfahren soll ein Insolvenzverwalter durch den Verkauf von Immobilien und die Eintreibung fauler Kredite der Bad Bank einen Teil des Geldverlustes wiedererlangen und an die Anleger zurückbezahlen. Wer glaubt wird selig, ist man da versucht zu sagen.

Konten mit Beträgen bis zu 100.000 Euro, die gesetzlich von der Einlagensicherung geschützt sind, sollen auf die größte Bank, die Bank of Cyprus, übergehen. Diese soll verkleinert werden. Zu allem Übel werden reiche Bankkunden, Kontoinhaber, Aktionäre und Anleihegläubiger jedoch stärker geschröpft, als zunächst bekannt: Bei mehr als 100.000 Euro Bankeinlagen droht nun ein »Kapitalraub« von bis zu 60 Prozent! Konkret: 37,5 Prozent Zwangsabgabe und weitere 22,5 Prozent werden »zur Seite gelegt«, falls die Bank of Cyprus noch mehr Rettungsgelder benötigt. Dafür sollen die Sparer Aktien der Bank bekommen. Humanitäre (Hilfs-)Organisationen und Privatschulen werden um 27,5 Prozent ihrer Geldeinlagen über 100.000 Euro verlieren.[298]

Die Zwangsabgabe bei den anderen zyprischen Finanzinstituten soll bei über 100.000 Euro bei 4 Prozent liegen. Zudem werden sofort Kapitalverkehrskontrollen verhängt, die größere Überweisungen für

---

[298] »Euro-Krise: Zypern brummt auch Hilfsorganisationen Abgaben auf« in: *welt.de v. 22.04.13* (http://www.welt.de/wirtschaft/article115506202/Zypern-brummt-auch-Hilfsorganisationen-Abgabe-auf.html)/Zugriff: 23.04.13

zunächst sechs Monate blockieren um zu verhindern, dass Anleger ihr Geld massenhaft abziehen.

Zyperns Finanzminister Michalis Sarris, der nach nur vier Wochen Amtszeit seinen Hut nehmen wird, spricht davon, zwar keine Schlacht gewonnen aber »wirklich einen katastrophalen Austritt aus der Eurozone vermieden« zu haben.[299] Arbeitsminister Harris Georgiades von einem »einmaligen Akt der Korrektur des Bankensystems«.[300] Der russische Premierminister Dmitrij Medwedew hingegen bezeichnet diese Beschlüsse als eine »Plünderung« und vergleicht sie sogar mit der Enteignung jüdischer Vermögen durch die Nazis.[301] Im Gegenzug bietet die zypriotische Regierung russischen (und anderen) Unternehmern an, die wegen der Zwangsabgabe mehr als drei Millionen Euro verloren, eine »Entschädigung« an: Die Staatsbürgerschaft der Inselrepublik![302]

Während der ganzen Aufregung kursieren im April 2013 Gerüchte, dass auch auf die sicher geglaubten Bankguthaben der Genossenschaftsbanken eine Zwangsabgabe erhoben werden soll. Schnell dementiert das Finanzministerium diese Spekulationen und spricht stattdessen - welch Hohn angesichts der großflächigen Enteignung - davon, dass dank der vereinbarten Maßnahmen das zyprische Bankensystem »auf dem Weg der Stabilisierung und Gesundung« sei. Ferner fordert das Ministerium die Öffentlichkeit auf, »haltlosen Gerüchten, die nur den Zweck haben, dem Bankensystem in Zypern zu schaden, keinen Glauben zu schenken«.[303] Doch viele der bislang angelogenen Bürger vertrauen ihren Politikern nicht mehr.

Aufgrund dessen, dass die Banken fast zwei Wochen geschlossen blieben, brach der Konsum um 70 Prozent ein. Unternehmen konnten keine Gehälter mehr bezahlen, Suppenküchen wurden eröffnet, Geschäfte und Restaurants

---

[299] Vgl. »Zypern wendet Staatspleite im letzten Moment ab« in: *welt.de v. 25.03.13* (http://www.welt.de/wirtschaft/article114734019/Zypern-wendet-Staatspleite-im-letzten-Moment-ab.html)/Zugriff: 25.03.13/»Zypern: Finanzminister tritt ab« in: *Handelsblatt v. 03.04.13*

[300] Vgl. »Nach dem Zypern-Poker: Droht heut Banken-Sturm?« in: *Bild v. 26.03.13*

[301] Vgl. »Nach dem Zypern-Poker: Droht heut Banken-Sturm?« in: *Bild v. 26.03.13*

[302] Vgl. »Zypern lockt Reicht mit Staatsbürgerschaft« in: *abendzeitung-muenchen.de v. 15.04.13* (http://www.abendzeitung-muenchen.de/inhalt.euro-krise-zypern-lockt-reiche-mit-staatsbuergerschaft.38b9803c-750f-48f1-9d19-c213cd62e901.html)/Zugriff: 16.04.13

[303] Vgl. »Zypern dementiert weitere Zwangsabgabe« in: *stern.de v. 06.04.13* (http://www.stern.de/politik/ausland/eurokrise-zypern-dementiert-weitere-zwangsabgabe-1993672.html)/Zugriff: 07.04.13

waren verwaist. Apotheken akzeptieren den Medikamentenkauf nur noch gegen Barzahlung.

Bevor die Banken wieder eröffnen, wird ein Bank-Run befürchtet. So werden die Geldinstitute kurzerhand unter Polizeischutz gestellt. Fünf Milliarden Euro Bargeld werden für die Wiedereröffnung aus Reserven der EZB auf die »Pleite-Insel« eingeflogen und dort an die Bankfilialen verteilt. Doch letztlich kommt es nicht zu einem Bank-Run. Vielleicht auch aus Respekt vor den Sicherheitskräften oder weil nur beschränkt Geld abgehoben werden kann - jeder lediglich 300 Euro. Daueraufträge für Lohnzahlungen sind wieder erlaubt. Allerdings werden Auslandsüberweisungen und Kreditkartenzahlungen auf 5000 Euro pro Person und Bank beschränkt. Diese Einschränkungen sind nach Auskunft der EU-Kommission durchaus erlaubt und durch den EU-Vertrag gedeckt. Mitgliedsstaaten dürften den freien Kapitalverkehr beschränken, wenn dies zur Sicherheit oder aus Gründen der öffentlichen Ordnung notwendig sei. Ebenso aus Gründen des öffentlichen Interesses. So einfach geht das also - Staatssanktionen die dann auch noch zulässig sind. Ein hoch auf die Maastrichter Verträge!

Allerdings halten sich nicht alle daran. In diesen dramatischen Tagen auf Zypern, die den Europäern zeigt, welches Finanzdiktat samt Kapitalenteignung die EU ausüben kann, wird bekannt, dass hohe Beamte in der zyprischen Zentralbank und Politik, die von der bevorstehenden Schließung der Banken und ihrer Sparerenteignung wussten, vorher noch »Unmengen« Geld ins Ausland geschafft haben. 132 Unternehmen und Einzelpersonen sollen insgesamt bis zu 700 Millionen Euro vor Schließung der Banken von ihren Konten abgehoben haben, weil sie wohl Insider-Informationen über die zu erwartenden Beschlüsse der Euro-Zone hatten. Darunter neben Politikern auch Reedereien, Energie-Unternehmen, juristische Kanzleien und staatliche Unternehmen.[304] Brisant: Eine der aufgeführten Firmen gehört mit einem Schwiegersohn des zyprischen

---

[304] Vgl. »Bankenkrise in Zypern: Kapitalflüchtlinge bringen Präsident Anastasiades in Erklärungsnöte« in: *spiegelonline v. 01.04.13* (http://www.spiegel.de/wirtschaft/krieg-der-listen-in-zypern-praesident-anastasiades-unter-druck-a-891893.html)/Zugriff: 02.04.13/»Zyprische Firmen sollen 700 Millionen Euro abgezogen haben« in: *handelsblatt.com v. 01.04.13* (http://www.handelsblatt.com/politik/international/insider-warnungen-zyprische-firmen-sollen-700-millionen-euro-abgezogen-haben/8006524.html)/Zugriff: 02.04.13

Staatspräsidenten Nikos Anastasiades. Sie soll noch vorher Einlagen in Höhe von 21 Millionen Euro von der Laiki Bank abgehoben und teilweise nach London überwiesen haben. Der Staatspräsident spricht von Diffamierung und wehrt sich dagegen Informationen weitergegeben und seine Verwandten gewarnt zu haben. Die konservative Zeitung *Fileleftheros* kommentiert in jenen Tagen: »Während gewöhnliche Zyprer an Suppenküchen Schlange stehen und ihren Stolz überwinden, weil sie keine andere Wahl haben als Bettler zu werden, muss jeder, insbesondere die politische Führung des Landes, beweisen, dass er über jeden Zweifel erhaben ist«.[305]

Hinzu kommt, dass zyprische Medien auch noch eine pikante Liste veröffentlichen, die Namen von Politikern enthält, die Kredite in Millionenhöhe bekamen und diese nie zurückzahlen mussten. Auf gut deutsch: Die beiden größten Banken, die Laiki-Bank und die Bank of Cyprus haben Politikern zwischen 2007 und 2012 Millionenkredite erlassen! Oder diese mussten sie nur zum Teil zurückzahlen. Davon sollen Mitglieder sämtlicher zyprischer Parteien betroffen sein, außer der sozialdemokratischen EDEK und der sozial-ökologischen KKO. »So soll einer Gewerkschaft 193.000 Euro erlassen worden sein, von einem Abgeordneten der Regierungspartei DISY wurden 101.000 Euro eines Darlehens über 168.000 Euro nicht zurückgefordert«, zählt die *Zeit* einige Beispiele auf. »Einer Firma, die dem Bruder eines früheren Ministers der Mitte-Rechts-Partei DIKO gehört, sollen demnach 1,28 Millionen von insgesamt 1,59 Millionen geliehenen Euro erlassen worden sein«.[306] Ein Hotelunternehmen, das Verbindungen zur Zypriotischen Kommunistischen Partei (AKEL) sowie zu Gewerkschaften hat, soll die Bank of Cyprus im Mai 2012 einen Kredit von 2,8 Millionen Euro komplett erlassen haben.[307]

---

[305] Vgl. »Bankenkrise in Zypern: Kapitalflüchtlinge bringen Präsident Anastasiades in Erklärungsnöte« in: *spiegelonline v. 01.04.13* (http://www.spiegel.de/wirtschaft/krieg-der-listen-in-zypern-praesident-anastasiades-unter-druck-a-891893.html)/Zugriff: 02.04.13/»Schwere Vorwürfe gegen Zyperns Präsident Anastasiades: Rettete seine Familie ihr Geld ins Ausland?« in: *bild.de v. 01.04.13* (http://www.bild.de/politik/ausland/zypern-krise/vorwuerfe-gegen-anastasiades-familie-soll-geld-ins-ausland-gerettet-haben-29726732.bild.html)/Zugriff: 02.04.13

[306] Vgl. »Zyperns Banken sollen Politikern Millionen erlassen haben« in: *zeit.de v. 30.03.13* (http://www.zeit.de/wirtschaft/2013-03/zypern-banken-politiker-kredite-erlass)/Zugriff: 01.04.13

[307] Vgl. »Zypern-Präsident bekam von Bank 5,8 Millionen Dollar geschenkt« in: *deutsche-wirtschaftsnachrichten.de v. 31.03.13* (http://deutsche-wirtschafts-nachrichten.de/2013/03/31/zypern-praesident-bekamt-von-bank-58-millionen-dollar-geschenkt/)/Zugriff: 01.04.13

Mit am meisten von diesen »gelöschten Krediten« profitiert hat sich der ehemalige Staatspräsident George Vassiliou. Über eine von ihm beherrschte Firma soll er 5,8 Millionen Euro geschenkt bekommen haben. Denn der Kredit wurde im Frühjahr 2013 einfach gelöscht.[308]

Diese Banken also, die nun durch Zwangsabgaben, Kapitalkontrollen und wirtschaftlichen Einschneidungen durch das Volk gerettet werden müssen, haben Politikern Gefälligkeiten in Millionenhöhe erwiesen. Ein Skandal erster Güte.

Parlamentspräsident Ginnakis Omirou kündigt eine Untersuchung an, ebenso die Staatsanwaltschaft. Das alles hört sich ziemlich hilflos an. Genauso wie die Rettungspläne Präsident Nikos Anastasiades. Um an frisches Geld zu kommen kündigt er die Eröffnung eines Kasinos an. Zudem sollen Steuern auf Gewinne von Betrieben entfallen, die wieder auf der Insel investieren. Kreditzinssätze sollen erleichtert und Mieten reduziert werden. Zum Schutz der zyprischen Arbeitnehmer soll mit den Arbeitgebern eine informelle Beschäftigungsklausel vereinbart werden. So sollen 70 Prozent zyprische Bürger und höchstens 30 Prozent Ausländer beschäftigt werden. Dies würde vor allem die zirka 100.000 Nicht-EU-Ausländer aus Indien, Sri Lanka und den Philippinen treffen, die im Baugewerbe oder als Kindermädchen und Hausdiener auf Zypern arbeiten.[309]

Doch nun stellt sich heraus, dass Zypern weitaus mehr Geld benötigt, um den Staatsbankrott abzuwenden, nämlich 23 Milliarden Euro! Aus dem ESM-Rettungsschirm werden 9 Milliarden locker gemacht, der IWF legt noch 1 Milliarde drauf, doch die restlichen 13 Milliarden müssen die Zyprioten selbst stemmen. eine fast unlösbare Aufgabe.

Die guten Vorsätze der Regierung kommen ins Wanken. Jetzt sollen höhere Unternehmenssteuern und eine Abgabe von Kapitalgewinnen über drei Jahre hinweg 600 Millionen Euro einbringen. Durch den Verkauf von Goldbeständen sollen weitere 400 Millionen dazu kommen. Und durch die

---

[308] Vgl. »Zypern-Präsident bekam von Bank 5,8 Millionen Dollar geschenkt« in: *deutsche-wirtschaftsnachrichten.de v. 31.03.13* (http://deutsche-wirtschafts-nachrichten.de/2013/03/31/zypern-praesident-bekamt-von-bank-58-millionen-dollar-geschenkt/)/Zugriff: 01.04.13

[309] Vgl. »Neue Auswege aus der Bankenkrise: Zypern will Kasino eröffnen« in: *n-tv.de v. 31.03.13* (http://www.n-tv.de/wirtschaft/Zypern-will-Kasino-eroeffnen-article10389286.html)/Zugriff: 01.04.13

Abwicklung der Laiki-Bank und die Einbeziehung von Einlagen bei der Bank of Cyprus sollen weitere 10,6 Milliarden Euro hinzukommen.[310]

Anfang April 2014 werden Drohungen an Staatspräsident Anastasiades und Zentralbankchef Demetriades bekannt: »Wir warnen Euch und bluffen nicht«, heißt es in einem Schreiben von einer »Gruppe zur Rettung der Bankguthaben«, das an eine Zeitung gegeben wurde. »Wir fangen bei Euren Enkeln an, dann sind Eure Kinder dran und am Ende ihr selbst, damit ihr so leidet wie wir«. Unterzeichnet ist der Drohbrief mit »Geschworen bis in den Tod«.[311] Im selben Monat berichtet das staatliche Fernsehen, dass wichtige Beweise über die schwer angeschlagene Bank of Cyprus vernichtet worden sein sollen. Niemand werde seiner Verantwortung entgehen. Wer sich in der Bankenkrise strafbar gemacht oder Beweismaterial unterschlagen hätte, müsse mit Konsequenzen rechnen, erklärt die Generalstaatsanwaltschaft dazu.[312]

Zypern ist also am Ende, steht vor der Staatspleite.[313] Bankenchaos, Wirtschaftsdesaster, kriminelle Machenschaften. Alle wissen das. Aber keiner spricht es aus. Genauso wie zwei weitere EU-Mitgliedsländer: Griechenland und Spanien.

---

[310] Vgl. »Zypern muss Gold im Wert von 400 Mio. Euro verkaufen« in: *diepresse.com v. 10.04.13* (http://diepresse.com/home/wirtschaft/eurokrise/1387397/Zypern-muss-Gold-im-Wert-von-400-Mio-Euro-verkaufen)/Zugriff: 11.04.13

[311] Vgl. »Gruppe droht Zyperns Präsident Anastasiades mit dem Tod« in: *focus.de v. 05.04.13* (http://www.focus.de/finanzen/news/staatsverschuldung/wir-fangen-bei-euren-enkeln-an-gruppe-droht-zyperns-praesident-mit-dem-tod_aid_954219.html)/Zugriff: 05.04.13

[312] Vgl. »Zypern: Beweise im Banken-Skandal vernichtet?« in: *t.-online.de v. 04.04.13* (http://www.t-online.de/wirtschaft/schuldenkrise/id_62827070/zypern-beweise-im-banken-skandal-vernichtet-.html)/Zugriff: 08.04.13

[313] Im April 2014 sagte dies auch der Europaparlamentarier Jean-Paul Gauzes (EVP): Die Lage in Zypern sei nach wie vor schlecht, das Land stehe vor der Staatspleite. Vgl. dazu: »EU-Parlament rechnet mit Zypern-Hilfe ab« in: *diepresse.com v. 17.04.13* (http://diepresse.com/home/wirtschaft/eurokrise/1390368/EUParlament-rechnet-mit-ZypernHilfe-ab)/Zugriff. 18.04.13

# Exkurs 2: »Sparerenteignung als 'Testballon' für die marode Euro-Zone?«[xvii]

Am 21. Januar 2013 übernimmt der Niederländer Jeroen Dijsselbloem von seinem Vorgänger, dem Luxemburger Jean-Claude Juncker, den Vorsitz der Euro-Gruppe. Schon wenige Wochen später sorgt er für einen weltweiten Eklat. Als zum ersten Mal seit Beginn der Finanzkrise im Euro-Raum auch Aktionäre, Gläubiger und Kunden für die Rettung der Banken herhalten müssen, spricht Dijsselbloem von einem Modell für die Zukunft für den Umgang mit drohenden Bankenpleiten. Zudem dürfte eine direkte Rekapitalisierung maroder Banken durch den ESM-Rettungsschirm nicht zur Regellösung werden. Je mehr Instrumente zur Kostenbeteiligung von Eigentümern und Gläubigern der Banken es gebe, umso geringer sei der Hilfsbedarf. Banken sollten in der Lage sein, sich selbst zu retten.

Damit widersprach er den meisten Eurokraten, die angesichts der Krise alles klein- und schönredeten. So auch Bundesfinanzminister Wolfgang Schäuble, der nicht müde wurde, Zypern als Einzelfall zu bezeichnen.[314] Jetzt schien es so, als sei das Exempel, das die EU an Zypern statuierte, ein Test, wie weit die Euro-Gruppe tatsächlich gehen kann.

Dijsselbloems offene Worte sorgten auch für eine Talfahrt an den Börsen. Anleger befürchteten nun auch den Zugriff auf das Geld von Bankkunden in anderen EU-Ländern. Davon wären dann natürlich auch die deutschen Sparer betroffen. Selbst ein Ansturm auf die Finanzinstitute in der Eurozone rückte in den Fokus der Überlegungen und sorgte für Panik und heftige Kritik aus den politischen Lagern. Schnell reagierte der Niederländer und ließ mitteilen, dass Zypern ein »besonderer Fall mit außergewöhnlichen

---

[314] Vgl. »Euro-Gruppen-Chef droht Krisenländern mit Zypern-Methode« in: *spiegelonline v. 25.03.13* (http://www.spiegel.de/wirtschaft/soziales/euro-gruppen-chef-sieht-zypern-als-wendepunkt-der-euro-rettung-a-890863.html)/Zugriff: 02.04.13/»Zypern-Rettung kein Warnschuss? Dijsselbloem rudert zurück« in: *n-tv.de v. 25.03.13* (http://www.n-tv.de/wirtschaft/Dijsselbloem-rudert-zurueck-article10359831.html)/Zugriff: 29.03.13

Herausforderungen« sei.[315] Doch so richtig Abnehmen kann man ihm das Zurückrudern kaum. »Die Aussage von Jeroen Dijsselbloem war wohl kein Versprecher - sondern tatsächlich eher ein 'Testballon' der Eurogruppe«, meinte dann beispielsweise auch Wolfgang Duwe, Aktienstratege bei der Bremer Landesbank. »Inhaltlich sei ein solches Vorgehen künftig durchaus denkbar«.[316] Der deutsche Wirtschaftsweise Peter Bofinger legte nach: »Europas Bürger müssen nun um ihr Geld fürchten«.[317] Und Bart Oosterweld von der Rating-Agentur Moody's sagte, dass die europäischen Politiker mit ihrer Entscheidung den Beweis geliefert hätten, dass sie bereit seien, Kontoinhabern »finanzielle Schmerzen« zuzufügen. »Das Zypern-Paket ist negativ für alle Kontoinhaber in Europa«.[318]

Dennoch beeilte sich die Bundesregierung schnell zu erklären, dass Zypern ein »singulärer Fall« sei. Aus der zyprischen Lösung seien keine Rückschlüsse auf andere Länder zu ziehen. »Automatische Rückschlüsse von Land eins auf Land zwei funktionieren in Europa nicht, weil die Voraussetzungen sehr unterschiedlich sind«, meinte Regierungssprecher Steffen Seibert.[319] Doch damit wurden vor allem die (kleinen) Sparer nur eingelullt. »Es wurde ihnen vorgegaukelt, dass es sich um eine ganz und gar harmlose, aber eben notwendige Maßnahme handelt. Angela Merkels Aussage, dass die Aktion unvermeidbar gewesen sei, um die Verursacher der Krise zu treffen, ist ihr von der deutschen Öffentlichkeit dankbar abgekauft worden«, berichten dazu die *Deutschen Wirtschafts-Nachrichten*. »Dass die Opfer des nächtlichen Zugriffs die einfachen zypriotischen

---

[315] Vgl. »Euro-Gruppen-Chef droht Krisenländern mit Zypern-Methode« in: *spiegelonline v. 25.03.13* (http://www.spiegel.de/wirtschaft/soziales/euro-gruppen-chef-sieht-zypern-als-wendepunkt-der-euro-rettung-a-890863.html)/Zugriff: 02.04.13/»Warnung an die Banken - 'Zypern war ein Testballon'« in: *t-online.de v. 25.03.13* (http://www.t-online.de/wirtschaft/boerse/aktien/id_62722436/euro-krise-zypern-war-ein-testballon-.html)/Zugriff: 26.03.13

[316] Vgl. »Warnung an die Banken - 'Zypern war ein Testballon'« in: *t-online.de v. 25.03.13* (http://www.t-online.de/wirtschaft/boerse/aktien/id_62722436/euro-krise-zypern-war-ein-testballon-.html)/Zugriff: 26.03.13

[317] Vgl. »Der beste Schutz gegen Enteignungen« in: *abendblatt.de v. 25.03.13* (http://abendblatt.de/ratgeber/extra-journal/article114733822/Der-beste-Schutz-gegen-Enteignungen.html)/Zugriff: 01.04.13

[318] »Comeback der Euro-Krise: Die Angst der Sparer ist zurück: Diese 33 Tipps retten Ihr Geld« in: *focus-money v. 03.04.13* (http://www.focus.de/finanzen/boerse/finanzkrise/tid-30390/comeback-der-euro-krise-bei-den-sparern-ist-die-angst-zurueck-diese-33-tipps-retten-ihr-geld_aid_952131.html)/Zugriff: 05.04.13

[319] Vgl. »Bundesregierung sieht in Zypern-Lösung keine Blaupause« in: *reuters.com v. 27.03.13* (http://de.reuters.com/article/domesticNews/idDEBEE92Q03I20130327)/Zugriff: 27.03.13

Krankenschwestern, Rentner und kleinen Unternehmen sind, wurde in Europa nicht mehr zur Kenntnis genommen«.[320]

Doch schließlich stellte Klaas Knot, EZB-Mitglied und niederländischer Notenbankpräsident, den Sachverhalt richtig. Die Restrukturierung der europäischen Banken würde nach dem Vorbild Zyperns erfolgen. Dabei würden alle Bank-Guthaben, wenn nötig, enteignet. »Es gibt an den Aussagen von Dijsselbloem nichts auszusetzen. Der Inhalt seiner Bemerkung bezieht sich auf einen Weg, der schon länger in Europa diskutiert wird. Dieser Weg wird Teil des Prozesses sein, wie in Europa Banken liquidiert werden«, so Knot, laut dem *Het Financieele Dagblad*.[321] Damit scheint die Sparer-Enteignung in Zypern tatsächlich zur »Blaupause« geworden zu sein. Denn die Diskussionen in der EU-Kommission gehen weiter: Nach Großanlegern und Aktionären der Banken sollen, wenn nötig, alle Bankguthaben über einer bestimmten Grenze gekürzt werden. Diese liegt - momentan noch - bei 100.000 Euro. Doch sobald die Beiträge der großen Anleger nicht mehr ausreichen, werden die Staaten dem Bürger tief in die Tasche greifen. Voraussichtlich mit Steuern, denen sie nicht entfliehen können.[322] Und vor allem soll es viel schneller gehen als in Zypern. Zwangs-Beteiligungen sollen zukünftig über ein einziges Wochenende durchexerziert werden: Am Freitagabend soll das Konto mit der Zwangsabgabe belastet werden, so dass der Bankkunde erst am Montag die Katastrophe erkennen kann. Somit soll der gefürchtete Bank-Run verhindert werden.[323] Dieser Masterplan wird bereits besprochen. Ebenso eine Gebührenbeteiligung der Sparer für einen gemeinschaftlich finanzierten europäischen Fonds, der die Abwicklung der Banken und die Sicherung der

---

[320] Vgl. »EU-Gesetz: Zugriff auf Bank-Einlagen wird konkret« in: *deutsche-wirtschafts-nachrichten.de v. 11.04.13* (http://deutsche-wirtschafts-nachrichten.de/2013/04/11/eu-gesetz-zugriff-auf-bank-einlagen-wird-konkret/)/Zugriff: 11.04.13

[321] Vgl. »EZB bestätigt: Die Bank-Guthaben in Europa sind nicht sicher« in: *deutsche-wirtschafts-nachrichten v. 30.03.13* (http://deutsche-wirtschafts-nachrichten.de/2013/03/30/ezb-bestaetigt-die-bank-guthaben-in-europa-sind-nicht-sicher/)/Zugriff: 30.03.13

[322] »EU-Gesetz: Zugriff auf Bank-Einlagen wird konkret« in: *deutsche-wirtschafts-nachrichten.de v. 11.04.13* (http://deutsche-wirtschafts-nachrichten.de/2013/04/11/eu-gesetz-zugriff-auf-bank-einlagen-wird-konkret/)/Zugriff: 11.04.13

[323] Vgl. »EU bereitet Richtlinien für Blitz-Zugriff auf Banken-Konten vor« in: *deutsche-wirtschafts-nachrichten v. 09.04.13* (http://deutsche-wirtschafts-nachrichten.de/2013/04/09/eu-bereitet-richtlinie-zu-blitz-zugriff-auf-bank-konten-vor/)Zugriff: 11.04.13

Einlagen von Kleinsparern übernehmen könnte.[324] Allerdings wird dies nicht an die große Glocke gehängt, weil es vor allem hierzulande politischen nicht vermittelbar ist, Sparer zu belasten.

Weitläufig unbekannt ist auch - weil Politiker eigentlich das Gegenteil verbreiten - dass es eine EU-Richtlinie zur Einlagensicherung gibt, die jedoch einen 10-prozentigen »Selbstbehalt« für Sparer vorsieht! Das heißt nichts anderes, als dass sich jeder Bankkunde an der Sanierung seines Finanzinstituts mit 10 Prozent seiner Einlagen beteiligen müsste. Und dabei lag die Mindestbegrenzung ursprünglich bei gerademal 20.000 Euro! Alle Einlagen darüber sollten dann im Ernstfall mit 10 Prozent belastet werden können.[325]

Allerdings warnen Ökonomen gerade vor den Folgen dieses Tabubruchs einer Sonder- oder Zwangsabgabe (in Zypern). Dies könnte die Einleger in allen Krisenländern verschrecken, zum Räumen ihrer Konten veranlassen und eine Bankenkrise auslösen, die nur durch massive Interventionen der EZB zu beenden wäre, meint der Direktor des Instituts für Makroökonomie und Konjunkturforschung (IMK), Gustav Horn. Thorsten Polleit, Honorarprofessor an der Frankfurt School of Finance & Management erklärt: »Die Maßnahme muss bei allen, die Sparguthaben bei Euro-Banken halten, begründetes Misstrauen heraufbeschwören, vor allem deshalb, weil die Politik ganz offensichtlich bereit ist, geltendes Recht zu verletzen, um der Überschuldungskrise zu begegnen«. Die Zypern-Maßnahmen seien ein Warnschuss für jeden Investor. Die Krise würde aller Voraussicht nach auf weitere Schuldenschnitte, Geldentwertung oder einer Kombination von beidem hinauslaufen.[326] Und wohl auch auf die großangelegte Enteignung oder - wie es Hannes Swoboda, Vorsitzender der Sozialdemokraten im EU-Parlament formulierte - die »Angriffe gegen die Einlagen«[327] von Sparern,

---

[324] »Europa: Ran an die Bank« in: *zeit.de v. 11.04.13* (http://www.zeit.de/2013/15/europa-zypern-banken-euro-krise)/Zugriff: 11.04.13

[325] Vgl. »EU bereitet Richtlinien für Blitz-Zugriff auf Banken-Konten vor« in: *deutsche-wirtschafts-nachrichten v. 09.04.13* (http://deutsche-wirtschafts-nachrichten.de/2013/04/09/eu-bereitet-richtlinie-zu-blitz-zugriff-auf-bank-konten-vor/)Zugriff: 11.04.13

[326] Vgl. »Tabubruch in Zypern alarmiert Ökonomen« in: *handelsblatt.com v. 18.03.13* (http://www.handelsblatt.com/politik/international/bank-run-befuerchtet-tabubruch-in-zypern-alarmiert-oekonomen/7943198.html)/Zugriff: 02.04.13

[327] Vgl. »EU-Parlament rechnet mit Zypern-Hilfe ab« in: *diepresse.com v. 17.04.13* (http://diepresse.com/home/wirtschaft/eurokrise/1390368/EUParlament-rechnet-mit-ZypernHilfe-ab)/Zugriff. 18.04.13

wie der »Testballon« Zypern zeigt. Denn wenn Gläubiger von Banken herangezogen werden, dann ist das im Grunde genommen jeder Sparer. Denn der gibt der Bank Geld, die ihm dann wieder eine Rück- oder Auszahlung schuldet. Wenn also wieder einmal großspurig von Gläubigern gesprochen wird, die für die Bankenrettungen bluten sollen, dann ist auch der normale Sparer damit gemeint. Der kann sich somit in der gesamten Euro-Zone nicht mehr mit seinen Bankeinlagen sicher fühlen. Damit ist der Traum von sicheren Bank-Guthaben geplatzt. »Der einfache Bank-Kunde kann spätestens jetzt erkennen, dass er in dem Moment, in dem er sein Geld auf die Bank bringt, keinerlei Rechtsanspruch mehr besitzt, dass er das Geld wiederbekommt« (*Deutsche Wirtschafts-Nachrichten*).[328] Damit ist der »Tanz auf dem Vulkan keine Party an der Wall Street«, sondern jeder Sparer hat mit seiner Bank-Einlage ein Ticket zu einem »Spaziergang auf der Lava« gelöst.[329] Fakt ist, jeder von uns wird für die Bankenrettung und damit auch für die Eurorettung herhalten müssen. »Dabei ist es im Grunde einerlei, ob Banken schlussendlich über den Staat, also den Steuerzahler, 'gerettet' werden oder der Steuerzahler über sein Geschäfts- oder Privatkonto zur Ader gelassen wird«.[330]

---

[328] Vgl. »EU-Gesetz: Zugriff auf Bank-Einlagen wird konkret« in: *deutsche-wirtschafts-nachrichten.de v. 11.04.13* (http://deutsche-wirtschafts-nachrichten.de/2013/04/11/eu-gesetz-zugriff-auf-bank-einlagen-wird-konkret/)/Zugriff: 11.04.13

[329] Vgl. »EU-Gesetz: Zugriff auf Bank-Einlagen wird konkret« in: *deutsche-wirtschafts-nachrichten.de v. 11.04.13* (http://deutsche-wirtschafts-nachrichten.de/2013/04/11/eu-gesetz-zugriff-auf-bank-einlagen-wird-konkret/)/Zugriff: 11.04.13

[330] Vgl. »290 Billionen Euro Risiko: Sparer müssen Euro-Banken retten« in: *deutsche-wirtschafts-nachrichten v. 09.04.13* (http://deutsche-wirtschafts-nachrichten.de/2013/04/09/290-billionen-euro-risiko-sparer-muessen-euro-banken-retten/)/Zugriff: 11.04.13

## 2.2. Vor-Crash-Szenario II – Spanien: »Rentner, die im Müll nach Essen suchen, und Frauen, die ihre Haare verkaufen«[xviii]

Es waren Tage und Nächte des Zorns auf der Iberischen Halbinsel, die durch den Fluch eines regelrechten Bürgerkriegs heimgesucht wurde. Schockierende Bilder flimmerten über die Fernsehschirme, die, wie später auch jene aus Griechenland, ganz Europa schockierten und Politiker alarmierten: Massenprotestzüge tausender Bürger, Demonstranten, die von Spezialkräften der Polizei brutal zusammengeprügelt wurden, welche sich weiträumig auf dem Neptunplatz unweit des Parlaments aufgestellt hatte, das mit übermannshohen Gittern abgesperrt war. Rauchbomben, Molotowcocktails, Wasserwerfer, Schlagstöcke, Gummigeschosse. Protestler mit blutig geschlagenen Köpfen, verletzte Polizisten. Eine Frau hielt ein selbst beschriftetes Plakat in die Höhe: »They piss on us and we say it's raining!«[331] Eine andere Demonstrantin kniete, nur mit einem Slip bekleidet, vor einem Plakat auf dem Boden; das Foto ihres Protestes ging als Symbol für die – im sprichwörtlichen Sinne – »nackte« Verzweiflung der Spanier rund um die Welt. Keine Bilder aus Ägypten, Tunesien oder Syrien, sondern aus Madrid im September 2012. Der Druck der Straße wurde und wird immer größer, verschreckt Anleger, Märkte und Politiker in der ganzen Welt.

Hier hat die wirtschaftliche Katastrophe schon längst den Mittelstand erreicht, von der Unterschicht ganz zu schweigen. Stellenabbau, sinkende Löhne, höhere Steuern, weniger Sozialleistungen reißen immer größere Löcher in die Geldbörsen der Bürger oder treiben sie vollends ins soziale Elend. Sie müssen bitter für eine Krise bezahlen, die sie nicht zu verantworten haben: Eine geplatzte Immobilienblase, der Zusammenbruch des Bausektors und die internationale Finanzkrise trockneten die iberischen Kreditmärkte aus; verkehrten den einstigen Wirtschaftsboom genau ins Gegenteil, in die wirtschaftliche Katastrophe. »Keiner von uns hat über seine Verhältnisse gelebt, wenigstens waren wir uns dessen nicht bewusst«,

---

[331] Vgl. »Genug gespart« in: *Financial Times Deutschland v. 01.10.12*

erklärt Patricia Gabaldón von der Madrider Managementhochschule IE Business-School. »Wir haben ziemlich genau das gemacht, was die Politik uns gesagt hat: Wir haben an unserer Ausbildung gearbeitet, wir haben in Immobilien investiert, wir haben unsere Infrastruktur verbessert.«[332]

Vor allem aber muss der angeschlagene Bankensektor, der an den Folgen der Immobilienblase leidet, gerettet und konsolidiert werden. Es geht wieder einmal um eine »Bankensanierung«. Der Kapitalbedarf dafür liegt zwischen 70 und 80 Milliarden Euro. Im November 2012 korrigierte Wirtschaftsstaatssekretär Miguel Temboury diese Zahl auf 40 Milliarden nach unten.[333] Der gesamte Finanzbedarf Spaniens beläuft sich bis Ende 2013 auf 180 Milliarden Euro. Der bislang zugesagte Euro-Rettungsschirm kann jedoch nur rund 100 Milliarden Euro zur Verfügung stellen. Analysten bezweifeln, dass diese Summe ausreicht: Die verschärfte Rezession hat zur Folge, dass die spanischen Banken bei Unternehmen und Privatkunden immer mehr Kreditausfälle zu verzeichnen haben.

Spaniens konservative Regierung wollte zunächst vermeiden, in Brüssel einen Rettungsantrag zu stellen, um Hilfsgelder zu erhalten. Denn dann hätte sich das Land einem strengen EU-Spardiktat unterwerfen müssen, ähnlich den Griechen, die bis heute darunter leiden. Vielmehr hoffte Madrid auf eine zügige Einführung der europäischen Bankenunion, damit heimische Geldinstitute mit vergleichbar »harmlosen« EU-Direkthilfen gestützt werden könnten. Bis dahin hätte der ESM zusätzlich mit dem Kapital der Bankenhilfen die Märkte durch den Kauf spanischer Anleihen beruhigt. Doch dieser Plan ging nicht auf. Er war zu langfristig, die Einigung zu einer Bankenunion noch in weiter Ferne. So blieb Spanien nichts anderes übrig, als im November 2012 zunächst 40 Milliarden Euro an ESM-Krediten zu ordern. Zudem wurde überlegt, eine weitere Kreditlinie von 60 Milliarden zu beantragen. Allein Deutschlands Haftung liegt dabei bei 29 Milliarden Euro.

Die Iberer zahlten für den Not-Kredit aus dem EU-Topf einen hohen Preis: Die Gesamtverschuldung im Bezug aufs Bruttoinlandsprodukt stieg um 3,5 Prozent. Die viertgrößte (staatliche) Großbank *BFA-Bankia* muss bis 2015

---

[332] Vgl. »Spanien: ‚Ich meine: Es reicht!'« in: *Handelsblatt v. 05.-07.10.12*

[333] Vgl. »Rettung in Spanien wird billiger« in: *Handelsblatt v. 20.11.12*

rund 1.000 Filialen schließen, an die 6.000 Mitarbeiter entlassen, sowie ihre Bilanz um 60 Prozent kürzen.[334]

Nach der Zustimmung zum Milliardenkredit an Spanien sagte Bundesfinanzminister Wolfgang Schäuble: »Wegen der extremen Verunsicherung der Finanzmärkte ist Spanien nicht in der Lage, seine Banken alleine zu restrukturieren.« Damit gab er eine »Bankenkapitalisierung« zu.[335] Doch warum hatten die Spanier die Bilanzen ihrer Banken nicht von faulen Krediten bereinigt, die immerhin von 10 Milliarden Euro 2011 auf 164 Milliarden Euro 2012 angewachsen waren? Weshalb wurde ihnen nicht schon längst ein Kapitalschnitt verordnet? Schäuble scheint also nur die halbe Wahrheit preisgegeben zu haben.

Im Gegensatz zum deutschen Bundesfinanzminister wird Spaniens Ex-Regierungschef[336] Felipe Gonzáles konkreter: »Spanien muss mit aller Entschiedenheit die Korrektur der Fehler fortsetzen, die durch die in dem Jahrzehnt vor der Implosion des Finanzsystems begangenen Exzesse verursacht wurden.«[337] Auch Roberto Centeno, Professor an der Madrider Universidad Politécnica, findet deutliche Worte: »Wir können nicht so weiter machen und immer nur vertuschen. Wir müssen endlich mit unserem gesamten System der Vetternwirtschaft aufräumen, das wir beim Übergang zur Demokratie 1978 eingeführt haben.«[338]

Rund 84 Prozent der Spanier machen ihre Regierung für die tiefe Wirtschaftskrise verantwortlich.[339] Sie sind frustriert und wütend, wollen vor allem eines nicht: mit eisernen Sparprogrammen für die Rettung der Banken büßen, während die Verantwortlichen keineswegs zur Rechenschaft

---

[334] Zudem werden Beteiligungen im Wert von 50 Milliarden Euro abgestoßen und Immobilienrisiken von 57 Milliarden durch Wertberichtigungen und Übertragungen auf eine Bad Bank abgebaut. 25 Prozent des restlichen Kapitalbedarfs von 24,5 Milliarden Euro sollen durch Halter von Hybridinstrumenten gedeckt werden, allerdings mit einem gigantischen Verlust von bis zu 46 Prozent. Die restlichen 18 Milliarden Euro fließen aus dem ESM an die *BFA-Bankia*. Vgl. dazu: »Brüssel gibt erste Tranche für Spaniens Banken frei« in: *Handelsblatt v. 29.11.12*

[335] Vgl. »Schäuble: Märkte gefährden Spanien« in: *Handelsblatt v. 20.-22.07.12*

[336] Von 1982 bis 1996

[337] Vgl. »Felipe Gonzáles: ‚Deutschland muss Spanien unterstützen'« in: *Bild v. 18.08.12*

[338] Vgl. »Spanien bekämpft Euro-Krise mit deutschen Rezepten« in: *Wirtschaftswoche v. 06.09.12* (http://www.wiwo.de/politik/europa/ausbildung-spanien-bekaempft-euro-krise-mit-deutschen-rezepten/7101384.html)/Zugriff: 10.09.12

[339] Umfrage im Herbst 2012

gezogen werden. Das ist angesichts der teilweise katastrophalen sozialen Zustände im Land mehr als verständlich.
So fließt das Geld wieder einmal nicht zum Wohle des Volkes, sondern zur Rettung der Banken und deren »Exzesse« aus oftmals dubiosen, aber äußerst Gewinn bringenden Geschäften sowie der politischen Vetternwirtschaft. Hinzu kommt, dass durch die Neustrukturierungen des Bankensektors hunderttausende Kleinanleger ihr Erspartes verlieren, die einst mit hohen Renditeversprechungen angelockt wurden. Jetzt bekommen sie die Quittung für ihr Vertrauen in die gierigen Bankberater.
Vertrauen, das scheint es nicht mehr zu geben. Selbst die spanischen Banken misstrauen ihrer Regierung, legen ihre Milliarden lieber im Ausland an. Auch immer mehr Investoren und wohlhabende Privatkunden ziehen ihr Geld aus dem maroden Mittelmeerland ab: Immerhin waren das im Herbst 2012 rund 1,5 Billionen Euro. Zudem investieren die 35 spanischen Spitzenunternehmen verstärkt in anderen europäischen Ländern, den USA, Asien und dem kulturell und sprachlich verwandten Latein- und Südamerika. Allein 2011 erwirtschafteten die Konzerne rund 60 Prozent ihres Umsatzes fern der Heimat. Die Kapitalflucht ist voll im Gange und verschlimmert dadurch die wirtschaftlichen Verhältnisse noch mehr.
Derweil können viele Spanier ihre Kredite nicht mehr abzahlen, Finanzierungen platzen, auch die von Hypotheken für Häuser und Wohnungen. Doch wer nicht zahlt, fliegt raus. So einfach ist das. Per Zwangsräumung werden die Menschen auf die Straße gesetzt – Alte, Behinderte und Familien mit Kindern. 400.000 seit 2007. Rund 500 pro Tag. Spätfolgen einer geplatzten Immobilienblase. Immer mehr Selbstmorde erschüttern das Land. Der Unmut und die Wut darüber werden immer größer. Keiner versteht mehr, warum Banken Milliarden an Staatsgeldern für Immobilienverluste erhalten, während private Schuldner aus ihren Häusern und Wohnungen vertrieben werden und noch auf ihren Immobilienschulden sitzen bleiben. Unter dem Druck der Öffentlichkeit verabschiedete die Regierung schließlich eine Verordnung, die Zwangsräumungen bei sozialer Härte für zwei Jahre aussetzt, sowie die Schaffung eines Fonds für Sozialwohnungen. Denn solche gibt es genauso wenig wie etwa Kindergeld oder eine Art Hartz IV. Lediglich eine

maximale Arbeitslosenhilfe von zwei Jahren und eine minimale Sozialhilfe von 450 Euro pro Familie. Rund 22 Prozent der Bevölkerung, das sind über 10 Millionen Menschen, sind zwischenzeitlich unter die Armutsgrenze gerutscht, während die Teuerungsraten stetig steigen. Im Oktober 2012 rief das spanische Rote Kreuz erstmals zu einer öffentlichen Spendenkampagne auf, um Menschen in Not im *eigenen* Land zu helfen. Zuvor richteten sich die Spendenaktionen lediglich an Notleidende im Ausland. Auf diese Weise werden bereits drei Millionen verarmte Spanier mit Lebensmitteln versorgt. 2012 verteilte die nationale Hilfsorganisation des Roten Kreuzes 33 Millionen Kilogramm an Lebensmitteln. Über 21.000 Bürger wurden in ihrer Grundversorgung mit Wasser, Strom oder Mietzuschüssen unterstützt.[340]

Rund 6 Millionen Menschen sind arbeitslos, das entspricht 26 Prozent der erwerbstätigen Bevölkerung (Stand Ende Februar 2013).[341] Das ist die höchste Arbeitslosenquote seit Beginn der Erhebungen nach aktuellen Methoden.[342] Die Internationale Arbeitsorganisation (ILO) stellte fest, dass die Erwerbslosigkeit in Spanien schlimmer ist als im westafrikanischen Mali. Damit ist das beliebte Urlaubsland am Mittelmeer zu einem sozialen Brandherd verkommen.

Seit Beginn der Krise fielen in der viertgrößten Wirtschaft der Euro-Zone 70 Milliarden Euro Steuereinnahmen weg. Anders ausgedrückt: rund 7 Prozent des Bruttoinlandprodukts. Die Finanzierung der Volkswirtschaft gelingt nur noch durch eine drastische Reduzierung des Haushaltsdefizits, sprich: Wirtschaftsreformen zur Stärkung der Wettbewerbsfähigkeit, die zumeist aus sozialen Kürzungen und Steuererhöhungen bestehen. Die EU kann es sich nicht erlauben, Spanien fallen zu lassen, das als »Europas Wellenbrecher« gilt, wie es der spanische Wirtschaftsminister Luis de Guindos ausdrückte. Ein EU-Diplomat formulierte es noch drastischer: »Wenn diese Regierung zusammenbricht, dann ist alles aus!«[343]

---

[340] Vgl. »Rotes Kreuz: Größte Armut in Europa seit Ende des 2. Weltkrieges« in: *pravdatv.com v. 12.03.13* (http://pravdatvcom.wordpress.com/2013/03/12/rotes-kreuz-groste-armut-in-europa-seit-ende-des-2-weltkrieges/)/Zugriff: 02.04.13

[341] Vgl. »Euro-Zone: Arbeitslosigkeit im Euro-Raum auf Rekordhoch« in: *manager-magazin.de v. 02.04.13* (http://www.manager-magazin.de/politik/artikel/0,2828,892025,00.html)/Zugriff: 02.04.13

[342] Vgl. »Spanien rutscht immer tiefer in die Rezession« in: *rp-online.de v. 30.01.13* (http://www.rp-online.de/politik/eu/spanien-rutscht-immer-tiefer-in-die-rezession-1.3156161)/Zugriff: 02.02.13

[343] Vgl. »Reformen - nein danke!« in: *Wirtschaftswoche 40/12, S. 30*

Die Lage der Bevölkerung bleibt prekär und Ministerpräsident Mariano Rajoy hart mit seinem Sparkurs. Bis 2015 sollen 65 Milliarden Euro[344] gespart, das Haushaltsdefizit von 9,4 auf 2,8 Prozent gedrückt werden. Insgesamt will die Regierung 150 Milliarden Euro einsparen, und zwar durch noch mehr Steuererhöhungen und die Privatisierung des Gesundheitssektors.

Allerdings scheint dies unrealistisch: Aufgrund milliardenschwerer Staatshilfen für die Banken kletterte die Neuverschuldung im letzten Jahr auf 7,4 Prozent. Auch die Gesamtschulden sollen bis Ende 2013 auf 90,5 Prozent steigen trotz des bereits im Herbst 2012 verabschiedeten strengsten Sparhaushalts der jüngeren Geschichte Spaniens. Dazu gehören unter anderem eine Einschränkung der Frühverrentung, Kürzungen im Gesundheits- und Bildungssystem, die höhere Besteuerung von Lottogewinnen und das Einfrieren der Bezüge der Mitarbeiter im öffentlichen Dienst – zum dritten Mal in Folge. Seit Beginn der Krise wurden deren Zuwendungen um etwa 20 Prozent gekürzt. Auch das »profane« Volk leidet unter den massiven sozialen Einschränkungen und Steuererhöhungen. Die Mehrwertsteuer wurde von 18 auf 21 Prozent und der ermäßigte Satz von 8 auf 10 Prozent angehoben, ebenso Steuern auf Strom und Tabak. Dafür wurde das Arbeitslosengeld ab dem sechsten Monat gekürzt, ebenso die Pflegeversicherung und Steuervorteile beim Wohnungskauf gestrichen. Seit 2008 sind die Einkommen um etwa 16 Prozent gesunken. Entlassungen wurden erleichtert, wenn Unternehmen über mehrere Quartale hinweg sinkende Gewinne nachweisen können. Das wiederum bedeutet eine Verunsicherung der Arbeitnehmer, die abends mit der Sorge ins Bett gehen müssen, ob sie morgen nicht schon auf der Straße stehen. Die Einzelhandelsumsätze sind auf den niedrigsten Stand seit 1999 gesunken.

Doch wie für Griechenland stellt sich die Frage, wie die Wirtschaft wieder auf die Beine kommen soll, wenn durch die Sparpläne, beispielsweise die Erhöhung der Mehrwertsteuer mitten in der Rezession, der Konsum noch stärker belastet wird? Wie kann Arbeitslosengeld gekürzt werden, wenn jeder zweite Jugendliche erwerbslos ist? Dadurch werden die

---

[344] 2013: 40 Milliarden

Binnenwirtschaft und das dringend benötigte Wirtschaftswachstum noch weiter abgewürgt. Auch viele Ökonomen warnen vor den drastischen Sparreformen, die nicht zu besseren Haushaltslagen führen würden. So erwartet beispielsweise David Milleker, Chefökonom von Union Investment, dass Spaniens Wirtschaft 2013 noch weiter schrumpfen wird. Und Dennis Snower, Präsident des Instituts für Weltwirtschaft, in Kiel glaubt nicht, dass »die Reformmaßnahmen in Spanien ausreichen, um die Märkte endgültig zu beruhigen«. Das Land brauche »glaubwürdige, langfristige Fiskalregeln«.[345] Jaime Becerril von der US-amerikanischen Bank JP Morgan meint, dass Spanien »eine lange Zeit mit schwachem Wachstum und hoher Arbeitslosigkeit« bevorstehe, und bezweifelt, dass »mehr Sparpolitik kurzfristig helfen soll«.[346] Verschärfend kommt noch hinzu, dass die US-Ratingagentur Standard & Poor's im Oktober 2012 unter anderem auch wegen zunehmender sozialer Spannungen und »wachsender Dissonanzen«[347] zwischen der Zentralregierung und den Regionen die Kreditwürdigkeit Spaniens um zwei Stufen auf »BBB« herabsetzte. Die Ratingagentur Moody's schloss sich dem an und stufte Spanien auf »Baa3« herunter. Damit liegt das Land nur noch knapp über Ramschstatus.

Bundesfinanzminister Wolfgang Schäuble fühlte sich berufen, schnell eine Rechtfertigung dafür zu finden, schließlich glich dieser Akt einer Sabotage der EU-Finanzpolitik, an der auch er maßgeblich mitwirkte. Die Entscheidung basiere auf einem Missverständnis, ließ er aus dem fernen Berlin verlauten. Dies sei durch die »Schaffung unrealistischer oder unzutreffender Erwartungen« auf den Finanzmärkten geschürt worden.[348]

Immer mehr Spanier protestieren gegen das neue Sparprogramm, das vierte in einem halben Jahr. Sie haben die Nase voll vom Krisenmanagement ihrer Regierung, die die »Demokratie als Geisel« genommen hat[349], und fordern

---

[345] Vgl. »Spanien plant Rekord-Sparprogramm« in: *Financial Times Deutschland v. 28.-30.09.12*

[346] Vgl. »Spanien verabschiedet Sparbudget« in: *Handelsblatt v. 28.-30.09.12*

[347] Vgl. »Euro-Krise: Rating-Agentur straft Spanien ab« in: *SpiegelOnline v. 10.10.11* (http://www.spiegel.de/wirtschaft/soziales/euro-krise-rating-agentur-s-p-stuft-spanien-herab-a-860629.html)/Zugriff: 11.10.12

[348] Vgl. »Euro-Krise: IWF-Chefin warnt vor Überschuldung« in: *sueddeutsche.de v. 12.10.12* (http://www.sueddeutsche.de/wirtschaft/euro-krise-iwf-chefin-warnt-vor-ueberschuldung-1.1494006)/Zugriff: 22.11.12)

[349] Vgl. »Verletzte bei Proteste in Madrid« in: *Frankfurter Rundschau-Online v. 26.09.12* (http://www.fr-online.de/schuldenkrise/demonstration-gegen-sparkurs-verletzte-bei-protesten-in-madrid,1471908,18928652,view,asFirstTeaser.html)/Zugriff: 27.09.12

deren Rücktritt sowie eine Volksabstimmung über die weiteren Schritte zur Haushaltsrettung. Viele Demonstranten aus verschiedenen Landesteilen machten sich in der Vergangenheit sogar zu Fuß zu Massenprotesten auf den Weg nach Madrid, um ihren Unmut auszudrücken. Straßenbarrikaden wurden in Brand gesetzt, Polizisten attackiert. Einer der Protestler meinte, dass sich immer mehr Gruppen »linker Rebellen« bildeten, die den wirtschaftlichen Ungehorsam predigten und auf die »Revolution« warteten. »Irgendwann werden Bombenanschläge kommen!«[350]

Es droht sogar die Spaltung des Landes: Die wohlhabende und stärkste Region Spaniens, Katalonien mit seiner Hauptstadt Barcelona samt 7 Millionen Einwohnern, will nicht länger für die Schulden der Zentralregierung aufkommen müssen. Hintergrund ist, dass das stärker industrialisierte, exportorientierte und reiche Katalonien jährlich mindestens 12 Milliarden Euro mehr an Steuern zahlt, als es an Leistungen zurückerhält. Dabei ist die Region selbst hoch verschuldet und beantragte bereits Nothilfe in Madrid. Im September 2012 rief deshalb die Unabhängigkeitsbewegung Katalanische Nationalversammlung (ANC) zu einer Massenkundgebung unter dem Motto »Katalonien, ein neuer Staat Europas« in Barcelona auf, der fast 2 Millionen empörte Menschen folgten. Innerhalb der nächsten vier Jahre soll in Katalonien ein Unabhängigkeits-Referendum angesetzt werden, auch wenn die Separatisten bei den Regionalwahlen im November 2012 die absolute Mehrheit verfehlten. Die Madrider Zentralregierung drohte bereits mit der Anrufung des Verfassungsgerichts, um diese Volksbefragung zu unterbinden, denn nur sie besitzt das Verfassungsrecht, ein Referendum durchzuführen.

Die Unabhängigkeit Kataloniens wäre der »Super-GAU« für die schwer angeschlagene Zentralregierung in Madrid. Selbst Spaniens König Juan Carlos macht sich inzwischen ernsthafte Sorgen, denn auch die über 2 Millionen Einwohner im Baskenland wittern Morgenluft. Dort gewinnen die Separatisten immer mehr die Oberhand. Man wolle sich von dem »korrupten und neoliberalen Spanien« trennen, ließen Vertreter der nationalistischen Bildu-Partei verlauten[351]. Sie steht der baskischen

---

[350] Vgl. »Nächte des Zorns« in: *Financial Times Deutschland v. 02.10.12*

[351] Vgl. »Krise stärkt Nationalisten in Spanien« in: *Handelsblatt v. 23.10.12*

Untergrundorganisation ETA nahe, die für eine baskische Unabhängigkeit kämpft.

Schon längst hat der soziale Absturz des »kleinen Mannes« auf der Iberischen Halbinsel begonnen: Studenten und Akademiker betteln auf den Straßen, musizieren oder führen für ein bisschen Kleingeld Kunststücke vor. Die sprunghaft gestiegene Zahl der Kleinhändler kauft alles Gold auf, was die Menschen »auf der Straße« noch haben. Und das ist nicht mehr viel. Manche Frauen sind so arm und verzweifelt, dass sie ihr eigenes Haar an Echthaarhändler und Perückenhersteller verkaufen. Es muss mindestens 40 Zentimeter lang sein und bringt 30 bis 79 Euro pro 100 Gramm. Haare gegen Cash, um Rechnungen zu bezahlen, weil das Geld sonst nicht mal mehr zum Überleben reicht – mitten in Europa. Zustände wie in der Nachkriegszeit, als Frauen schon einmal ihre Zöpfe verkaufen mussten, um ihre Familien ernähren zu können. Andere Frauen suchen Fruchtbarkeitskliniken auf, um für rund 1.000 Euro ihre weiblichen Eizellen zu veräußern. Seit Ausbruch der Eurokrise, so eine Ärztin, ist die Zahl der Anbieterinnen stark gestiegen.[352] Doch wer zu oft spendet, dem droht schließlich die Unfruchtbarkeit. Die verarmten Männer stehen dem in nichts nach. Mittlerweile sind einige gezwungen, ihr Sperma zu verkaufen. Oder gleich ihr Blut. Wieder andere, vor allem Rentner, deren monatliche 400 Euro schon längst nicht mehr zum Leben reichen, durchwühlen Müll nach Essbarem. Die Stadtoberen von Madrid stellten dies sogar unter Strafe, um Auswüchse zu verhindern. »Müllwühlen«: 57 Euro Strafe! Unglaublich. Bauern hingegen engagieren private Sicherheitsdienste, um Haselnüsse, Mandeln und andere Nahrungsmittel vor den hungernden Menschen zu schützen. Sogar am helllichten Tag gibt es Diebstähle von Obst, Gemüse, Diesel und Wasserpumpen. Wer hat, der verteidigt seinen Besitz auf Biegen und Brechen.

Und während hungernde Spanier im Müll nach Essen wühlen müssen, Blut, Sperma und Eizellen verkaufen, um über die Runden zu kommen, stopfen sich die Regierenden die Taschen voll. So jedenfalls scheint es, betrachtet man die »Korruptionsaffäre« der spanischen Regierungspartei, die im

---

[352] Vgl. »Schuldenkrise in Spanien: Menschen in schwerer Bedrängnis« in: *Das Erste, Plusminus v. 10.10.12* (http://www.daserste.de/information/wirtschaft-boerse/plusminus/sendung/br/2012/10102012-schuldenkrise-spanien-100.html)/Zugriff: 11.10.12

Februar 2013 an die Öffentlichkeit dringt. Darin geht es um Schwarzgeldkonten und um eine parallele Buchhaltung. Mit verwickelt soll auch Ministerpräsident Mariano Rajoy sein, der jegliche Korruptionsvorwürfe gegen ihn als falsch erklärt. Doch es wird eng – für ihn und andere Politiker. Hintergrund: Aufgrund eines spanischen Amtshilfegesuchs hatten Schweizer Behörden auf einem Konto 22 Millionen Euro gefunden. Darüber verfügen konnte der langjährige Geschäftsführer und Schatzmeister der Volkspartei, Luis Bárcenas. Spanische Zeitungen berichten, dass Vorstandsmitglieder der konservativen Partei jahrelang »Zusatzgehälter« erhalten haben sollen – in Briefumschlägen. Hierzu wurden handschriftliche Eintragungen auf Kontoauszügen gefunden, die Zahlungen an die meisten Spitzenpolitiker der Volkspartei bestätigten. Eine Schriftanalyse ergab, dass es sich um die Handschrift Bárcenas handelt. So soll auch Regierungschef Mariano Rajoy zwischen 1998 und 2008 rund 350.000 Euro erhalten haben, »gespendet« von spanischen Bauunternehmern. Rajoy dementiert alles und droht Journalisten wegen ihrer Berichterstattung mit Klagen. Pech nur, dass zwei konservative Politiker die Informationen, die über sie in der parallelen Buchhaltung gefunden wurden, bald bestätigten.[353]

Während also einige spanische Spitzenpolitiker wohl auf der Gehaltsliste der Spender des Millionen-Kontos gestanden haben oder noch stehen, Korruption, Käuflichkeit und der moralische Verfall der politischen Klasse emsig weitergeht, ließ noch im August 2012 Innenminister Jorge Fernández Diaz einen Dorfbürgermeister, linke Politiker und Gewerkschafter verhaften, die bei einer Protestaktion zwei Supermärkte ausräumten, um Nahrungsmittel an Bedürftige zu verteilen. So also läuft das Spiel.

Übrigens: Als Ministerpräsident Mariano Rajoy im Februar 2013 zu einer Regierungskonsulation nach Berlin reiste, stärkte ihm Bundeskanzlerin Angela Merkel in der Korruptionsaffäre demonstrativ den Rücken. Sie lobte den Premier und sagte sogar voraus, dass seine Reformen »das finanziell klamme Land in der Euro-Krise wieder nach vorne bringen« würden.[354]

---

[353] Vgl. »Angela Merkel verteidigt Spaniens Premier« in: *rp-online.de v. 04.02.13* (http://www.rp-online.de/politik/eu/angela-merkel-verteidigt-spaniens-premier-1.3169246)/Zugriff: 05.02.13

[354] Vgl. »Angela Merkel verteidigt Spaniens Premier« in: *rp-online.de v. 04.02.13* (http://www.rp-online.de/politik/eu/angela-merkel-verteidigt-spaniens-premier-1.3169246)/Zugriff: 05.02.13

Doch weit gefehlt: Im selben Monat wurde bekannt, dass die Inlandsnachfrage stärker zurückgegangen war als erwartet.[355] Die Rezession hatte sich deutlich verschärft. Im 4. Quartal 2012 schrumpfte das Bruttoinlandsprodukt um weitere 0,7 Prozent im Vergleich zum Vorquartal. Damit erlitt die spanische Wirtschaftsleistung den stärksten Einbruch seit Beginn der Krise Mitte 2011.[356] Ministerpräsident Mariano Rajoy kündigte ein Konjunkturpaket an, das die Wirtschaft ankurbeln soll.[357] Im Februar und März 2013 gingen die Spanier erneut auf die Straßen. Ihre Proteste gegen Kürzungen bei den Sozialleistungen und die Rekordarbeitslosigkeit standen unter dem Motto »Nein zum finanziellen Staatsstreich«. Andere Plakate zeigten Aufschriften wie beispielsweise: »Gewalt ist, wenn man 600 Euro Gehalt bekommt« oder: »Man raubt deine Gesundheit«. Sie forderten eine radikale Wende in der bisherigen Politik der konservativen Regierung, der sie vorwarfen keine Lösung für die Krise und die Korruptionsskandale zu haben, in der selbst Mitglieder des spanischen Königshauses verwickelt sein sollen.[358]

Medien berichten, dass unter Rajoy die Staatsschulden um 400 Millionen Euro am Tag gestiegen seien! So haben Spaniens Staatsschulden trotz aller Repressalien 2012 nicht etwa abgenommen, sondern sind um - sage und schreibe - 150 Milliarden Euro oder - gegenüber von 2011 - um fast 15 Prozent[359] gestiegen! Nie zuvor in der spanischen Geschichte hätten die Verbindlichkeiten des Staates in einem Jahr so stark zugenommen. Damit liegen die Gesamtschulden Spaniens bei astronomischen 882 Milliarden Euro, was 84 Prozent des Bruttoinlandprodukts entspricht und weisen damit den höchsten Wert seit Einführung der Statistik im Jahr 1999 aus.

---

[355] Vgl. »Spanien rutscht immer tiefer in die Rezession« in: *rp-online.de v. 30.01.13* (http://www.rp-online.de/politik/eu/spanien-rutscht-immer-tiefer-in-die-rezession-1.3156161)/Zugriff: 02.02.13

[356] Vgl. »Spanien rutscht immer tiefer in die Rezession« in: *rp-online.de v. 30.01.13* (http://www.rp-online.de/politik/eu/spanien-rutscht-immer-tiefer-in-die-rezession-1.3156161)/Zugriff: 02.02.13

[357] Vgl. »Spanien rutscht tiefer in die Rezession« in: *tagesschau.de v. 30.01.13* (http://www.tagesschau.de/wirtschaft/spanien674.html)/Zugriff: 03.04.13

[358] Vgl. »Zehntausende Spanier demonstrieren gegen Sparpolitik« in: *tagesschau.de v. 24.02.13* (http://www.tagesschau.de/wirtschaft/spanien-protest102.html)/Zugriff: 03.04.13/»Tausende Spanier sagen 'Basta!'« in: tagesschau.de v. 10.03.13 (http://www.tagesschau.de/wirtschaft/spanien684.html)/Zugriff: 03.04.13

[359] Vgl. »In Spanien wächst nur der Schuldenberg« in: *tagesschau.de v. 15.03.13* (http://www.tagesschau.de/wirtshaft/spanien-schulden100.html)/Zugriff: 03.04.13

Die Zunahme der Staatsschulden sei auf das Defizit im Staatshaushalt zurückzuführen, das trotz der rigiden Sparmaßnahmen nicht zurückgegangen sei.[360] Doch damit hören die Hiobsbotschaften nicht auf. Im März 2013 wird bekannt, dass die Wirtschaftsleistung des Landes weiter einbricht und die spanische Notenbank im laufenden Jahr eine Rekord-Arbeitslosigkeit von 27,1 Prozent erwartet.[361] Trotz aller Leiden und Einbußen, Verzichte und finanzieller Mehrbelastung der einzelnen Bürger, trotz der Verarmung und Verelendung breiter Gesellschaftsschichten nehmen die Staatsschulden Spaniens also nicht zu, sondern ab! Die EU-Rettungspolitik und die spanische Regierung haben damit nicht nur komplett versagt, sondern, meiner Meinung nach, gegen die eigene Bevölkerung ein Verbrechen gegen die Menschlichkeit begangen.

## 2.3. Vor-Crash-Szenario III – Griechenland: »Leute kämpft, sie trinken euer Blut!«[xix]

Das grandiose Feuerwerk über der Akropolis zur Einführung des Euro am 1. Januar 2002 ist längst verblasste Erinnerung. Denn auch in Griechenland bestimmen in den letzten Monaten ganz andere Geschehnisse den bitteren Alltag, die, zeitgleich wie in Spanien, Resteuropa aufschrecken.
Athen, September 2012: Straßenschlachten zwischen Sicherheitskräften und hundertausenden Demonstranten, von denen einige das Parlament stürmen wollten. Zurückgedrängt von Polizisten mit Gasmasken, Schilden und Schlagstöcken, die mit äußerster Brutalität die »Domäne der Demokratie« verteidigten. Pflastersteine, Flaschen und Molotowcocktails gegen Tränengas, Blendgranaten und Pfefferspray. Brennende Autos und Rauchschwaden, Schreie und Tränen – auch hier Szenen wie aus einem Bürgerkrieg. »Ein Land in Flammen« schrieb die größte deutsche Boulevardzeitung einen Tag später.[362] Ansonsten gutwillige Ladenbesitzer,

---

[360] Vgl. »Spaniens Schulden um Rekordbetrag gestiegen« in: *manager-magazin.de v. 17.02.13* (http://www.manager-magazin.de/unternehmen/artikel/0,2828,883910,00.html)/Zugriff: 19.02.13
[361] Vgl. »Spaniens Notenbank erwartet Rekord-Arbeitslosigkeit« in: *welt.de v. 26.03.13* (http://www.welt.de/wirtschaft/article114787695/Spaniens-Notenbank-erwartet-Rekord-Arbeitslosigkeit.html)/Zugriff: 27.03.13
[362] Vgl. »Ein Land in Flammen« in: *Bild v. 27.09.12*

Apotheker, Lehrer und Automechaniker schrien ihre Wut über die erneuten Sparmaßnahmen und Rentenkürzungen hinaus, bezeichneten Politiker als Diebe und skandierten: »Leute kämpft, sie trinken euer Blut!«[363] Eine Mutter von vier Kindern klagte: »Die Steuererhöhungen und Lohnkürzungen bringen uns um. Wir können es nicht mehr ertragen. Wir können doch so nicht unsere Kinder großziehen.«[364] Gleichzeitig legte ein Generalstreik das Land weitgehend lahm. Arbeiter der Werft Hellenic Skaramagas versuchten das Verteidigungsministerium zu stürmen, um die Auszahlung ihrer seit sechs Monaten ausstehenden Löhne zu erzwingen. Aber auch sie wurden von Sicherheitskräften daran gehindert.

Einen Monat später, im Oktober 2012, hatte Bundeskanzlerin Angela Merkel das erste Mal während der Eurokrise einen Besuch in Athen angesagt. Sie wollte damit ihre Unterstützung für den harten griechischen Reformkurs ausdrücken und die Chancen für deutsche Investitionen diskutieren. Ein Solidaritätsbesuch sollte es werden – mitten hinein in die griechische Tragödie und Auge in Auge mit dem Chaos, das auch noch auf Deutschland zukommen kann.

Schon vorher verkündete das griechische Bündnis der radikalen Linken Syriza unter dem jungen, charismatischen und eloquenten Oppositionsführer Alexis Tsipras, dass die Stippvisite der deutschen Regierungschefin eine »weitere Demonstration der Unterwerfung Griechenlands unter die Interessen der Banker und des Kapitals« sei.[365] Tsipras will große Teile der griechischen Wirtschaft verstaatlichen und aus dem Euro austreten. Seine Worte fielen bei den Griechen auf fruchtbaren Boden: Eine überwiegende Mehrheit von 84 Prozent machte Merkel für die harten Sparauflagen, den wirtschaftlichen Niedergang und die horrende Arbeitslosigkeit (mit-)verantwortlich. So sank ihr Ansehen bei den Hellenen auf einen Tiefpunkt. An den Wänden der griechischen Zentralbank prangte ein rot-schwarzes Graffito, das vielen Menschen in dieser Zeit wohl aus den Herzen sprach:

---

[363] Vgl. »Krawalle überschatten Generalstreik« in: *20MinutenOnline v. 26.09.12* (http://www.20min.ch/ausland/news/story/15616491)/Zugriff: 26.09.12

[364] Vgl. »Griechen streiken gegen Einschnitte« in: *FrankfurterRundschauOnline v. 27.09.12* (http://www.fr-online.de/schuldenkrise/eurokrise-griechen-streiken-gegen-einschnitte,1471908,19079940.html)/Zugriff: 27.09.12

[365] Vgl. »Griechenland hofft und bangt« in: *Handelsblatt v. 09.10.12*

»Ihr Reichtum, unser Blut«.[366] Vergessen hatten die Griechen auch keinesfalls die Worte, die die »eiserne Kanzlerin« 2012 im Landtagswahlkampf in Nordrhein-Westfalen für sie gefunden hatte: »Ihr müsst sparen, ihr müsst redlich werden, ihr müsst euch ehrlich machen!«[367] CDU/CSU-Fraktionschef Volker Kauder legte noch nach und verkündete vor der Reise der Kanzlerin, dass diese »keine Geschenke« mitbringen würde.[368] Doch da täuschte er sich oder sagte die Unwahrheit, wie noch zu berichten sein wird.

So glich Athen bei Merkels Staatsbesuch auch eher der antiken Stadt Troja mit ihren Befestigungen, Wehrmauern und Wällen: Eine halbe Armee von 7.000 Polizisten, herangekarrt aus allen Teilen des Landes, riegelte ganze Innenstadtbereiche sowie das Regierungsviertel für den siebenstündigen Kanzlerbesuch ab. Kurioserweise wurden diesen Polizisten in den Wochen zuvor selbst die Bezüge gekürzt, und sie hatten dagegen demonstriert! Zudem wurden Scharfschützen, Wasserwerfer und Hubschrauber in Stellung gebracht. Die Fahrtroute der Kanzlerin vom Flughafen in die Stadt wurde komplett abgesperrt, ebenso die vier U-Bahn-Stationen in der Umgebung des griechischen Parlaments. Die eigenen Personenschützer der Kanzlerin wachten mit Argusaugen über ihr.

Empfangen wurde Merkel von den Demonstranten jedoch völlig unangemessen: mit Hitlerfotos, Naziflaggen, Spruchbändern und Plakaten, auf denen auf Deutsch Parolen standen wie: »Angela, weine nicht. Da ist nichts im Schrank, was zu holen wäre«, »Merkel raus, Griechenland ist nicht Deine Kolonie"[369], »Raus aus unserem Land, du Schlampe« und noch schlimmer: »Merkel, Hitlers Tochter«.[370]

Die Kanzlerin ließ sich von der aufgeheizten Stimmung nicht aus der Ruhe bringen und sagte dem konservativen griechischen Ministerpräsidenten Antonis Samaras eine Finanzhilfe für Reformen in Verwaltung und Gesundheitswesen in Höhe von 30 Millionen Euro zu. Auch fand sie dieses

---

[366] Vgl. »Merkels Bankhaus« in: *Financial Times Deutschland v. 28.09.12*

[367] Vgl. »Berliner Wendemanöver« in: *Financial Times Deutschland v. 09.10.12*

[368] Vgl. »Griechenland hofft und bangt« in: *Handelsblatt v. 09.10.12*

[369] Vgl. »Zwei Freunde ganz unter sich« in: *Financial Times Deutschland v. 10.10.12*

[370] Vgl. »Griechen wüten gegen Kanzlerin Merkel: ‚Raus aus unserem Land'« in: *Bild v. 10.10.12*

Mal versöhnliche Worte: »Ich wünsche mir, dass Griechenland in der Euro-Zone bleibt.«[371]

Trotz dieser Gesten konnte sie die Massenproteste nicht besänftigen. Während sie sich im griechischen Parlament zu Gesprächen mit Politikern und Wirtschaftsfunktionären zurückzog, wurden draußen Hakenkreuzfahnen verbrannt und weiter in Naziuniformen skandiert. Zehntausende Demonstranten zogen durch Athen, verwandelten die griechische Hauptstadt in einen brodelnden Kessel. Einige Straßen erinnerten geradezu an ein Schachtfeld. Protestierende versuchten, die Absperrgitter vor dem Parlament zu stürmen. Dasselbe Bild wie einen Monat zuvor: Gasmasken, Tränengas, Blendgranaten, Wasserwerfer, Schlagstöcke, Molotowcocktails, Knallkörper, Steine, Vermummte, Verletzte und Verhaftete. Merkel gelang es, unbeschadet und ohne Zwischenfälle aus dem Hexenkessel nach Berlin zurückzufliegen.

Weniger Glück hatte der deutsche Konsul Wolfgang Hoelscher-Obermaier im November 2012. Er musste unfreiwillig und unschuldig für das büßen, was Hans-Joachim Fuchtel, Staatssekretär im Bundesarbeitsministerium und Beauftragter der Bundeskanzlerin für die Deutsch-Griechische Versammlung, zuvor griechischen Journalisten an den Kopf geworfen hatte: *Ein* deutscher Beamter würde die gleiche Arbeit wie *drei* in Griechenland erledigen. Mit dieser unbedachten Äußerung brachte er nicht nur die Massen gegen sich selbst, sondern auch gegen alles Deutsche auf. So war Generalkonsul Hoelscher-Obermaier zur falschen Zeit am falschen Ort: Am 15. November hielt er sich am Rande eines Treffens deutscher und griechischer Bürgermeister in Thessaloniki auf. Die Stimmung war explosiv. Rund 250 Demonstranten hatten sich vor dem Gebäude versammelt. Anti-Nazi-Parolen wurden skandiert, über Lautsprecher Nazi-Lieder und Radioaufnahmen aus dem Zweiten Weltkrieg abgespielt. Dann stürmten die Protestierenden den Treffpunkt, wobei im anschließenden Handgemenge volle Kaffeebecher und Wasserflaschen auf den deutschen Generalkonsul geworfen wurden. Nur mit Mühe konnte die Polizei Hoelscher-Obermaier vor dem wütenden Mob schützen. Kurz darauf wurden drei der Angreifer wegen versuchter Körperverletzung, tätlicher

[371] Vgl. »Ein Zeichen der Solidarität« in: *Handelsblatt v. 10.10.12*

Beleidigung und Störung des öffentlichen Friedens verhaftet – sehr zum Unwillen der Bevölkerung. Wenige Tage später wurden sie jedoch von einem Gericht wieder freigesprochen.

Im März 2013 sollte es eine deutsch-griechische »National-Ikone« richten: Auf Bitten Angela Merkels reiste Otto Rehhagel mit einer deutschen Delegation nach Griechenland. »Rehakles« oder »König Otto«, wie der Fußballtrainer hier genannt wird, seit er 2004 die Hellenen zum Sieg der Fußball-Europameisterschaft geführt hatte, sollte nun für die deutsch-griechische Freundschaft werben.[372] Peinlicher geht es wohl nicht mehr...

Soweit ist die Bundesregierung also schon, um das Pulverfass Griechenland wieder zu »befrieden«. Es wird nicht viel nützen, denn das Land verkommt immer mehr zu einem Bürgerkriegsschauplatz.

Thales, Pythagoras, Heraklit, Sokrates, Platon und Aristoteles, um nur einige der klügsten hellenischen Köpfe aus der Antike zu nennen, würden sich schamvoll von dem abwenden, was sie heute hier vorfinden: Politiker gegen das Volk – das Volk gegen die Politiker. Die Worte eines anonym gebliebenen Atheners kommen wieder in Erinnerung, der in seiner *Athenaion Politeia* aus dem 5. Jahrhundert v. Chr. über jene schrieb, die »nicht aus dem Volke stammen«, die Politiker also, dass diese »ihre eigene Schurkerei in einer demokratischen Umgebung besser verstecken können als in einer oligarchischen«.[373] Vielleicht ist tatsächlich etwas dran an diesen Worten – die griechische Regierung betreffend. Doch sie verklingen ungehört hinter einem Sturm aus schmerzhaften Spar- und Reformprogrammen, die die Wiege der europäischen Zivilisation, der westlichen Philosophie und des wissenschaftlichen Fortschritts wie ein Odem aus der hellenischen Unterwelt überzieht. Ein Land in Not. Ein Volk unter der Knute eines schamlosen, unberechenbaren und gierigen »Leviathans«.

Da Griechenland keine neuen Schulden mehr an den Kapitalmärkten aufnehmen kann, ist es von der Europäischen Zentralbank, der Euro-Gruppe und dem Internationalen Währungsfonds abhängig. Im Mai 2010 wurde ein

---

[372] »Im Auftrag von Merkel: Rehhagel reist nach Griechenland« in: *hamburgerabendblatt.de v. 25.03.13* (http://www.abendblatt.de/politik/article114764009/Im-Auftrag-von-Merkel-Rehhagel-reist-nach-Griechenland.html)/Zugriff: 26.03.13

[373] Vgl. Luciano De Crescenzo: »Geschichte der griechischen Philosophie - Die Vorsokratiker«, Zürich 1990, S. 26

erstes Hilfspaket von 110 Milliarden Euro beschlossen, von dem etwa 77 Milliarden ausgezahlt wurden. Im Oktober 2011 einigten sich die Euro-Länder zusammen mit den Banken auf eine Entschuldung Athens: Sie mussten mehr als 50 Prozent ihrer Forderungen abschreiben. Griechenlands Verbindlichkeiten sanken damit um 100 Milliarden Euro. Im Februar 2012 wurde ein zweites Kreditpaket in Höhe von 130 Milliarden Euro verabschiedet. Voraussetzung dafür: Das Land sollte eine rigide Sparpolitik und Strukturreformen einhalten. Doch Athen benötigte weiteres Geld. Nach langem Hin und her einigten sich Ende November 2012 die Euro-Finanzminister und der IWF schließlich darauf, weitere 43,7 Milliarden Euro nach Hellas zu überweisen, die zwei Wochen später freigegeben wurden. Das bescherte Griechenland kurz darauf auch eine Heraufstufung der Ratingagentur Standard & Poor's von »CCC« auf »B-«. Der Ausblick wurde als »stabil« gewertet, weil die EU-Staaten entschlossen seien, Athen in der Euro-Zone zu halten, obwohl die drei größten Banken immer mehr Verluste melden. Allein die griechische Nationalbank machte in den ersten neun Monaten des Jahres 2012 stolze 2,45 Milliarden Euro Miese. Im selben Zeitraum 2011 waren es 1,35 Milliarden gewesen. Insgesamt 50 Milliarden Euro sollen die griechischen Banken für ihre Rekapitalisierung erhalten.

So wird also der größte Teil der Hilfsgelder nicht zum Nutzen der griechischen Bevölkerung eingesetzt, sondern zur Bankenrettung. Zu allem Übel dienen über 70 Prozent davon lediglich dazu, fällige Kredite und Zinsen zu bezahlen![374] Wieder einmal also verdienen sich die Banken eine goldene Nase, während das Volk – im wahrsten Sinne des Wortes – »ausblutet«, wie ich noch aufzeigen werde.

Auch der Bundestag winkte das Sparpaket durch. Damit erhielt das EU-Krisenland insgesamt 190 Milliarden Euro an Krediten und Garantien,[375] zusätzlich zwei Jahre mehr Zeit (statt 2014 nun bis 2016), seine Sparauflagen umzusetzen, die allerdings bis zu 20 Milliarden Euro mehr kosten werden.[376] So sollte die Verschuldung des Landes 2012 auf 167

---

[374] Im Jahr 2017 soll die Rückzahlung der Hilfskredite beginnen; dabei werden 62,4 Milliarden Euro an Zinsen und Tilgung fällig.

[375] Der deutsche Anteil an den Kreditgarantien beträgt 27 Prozent.

[376] Diese zusätzliche Finanzlücke soll voraussichtlich mit Mitteln des Euro-Rettungsfonds ESM geschlossen werden. Andere Hilfen werden ebenfalls diskutiert, beispielsweise ein neuer Schuldenschnitt, den die Bundesregierung und die öffentlichen Gläubiger jedoch kategorisch

Prozent des Bruttoinlandsprodukts (BIP) gedrückt werden, 2020 dann auf 120 Prozent. Es stellte sich jedoch schnell heraus, dass bereits 2013 die Verschuldung mit 181 Prozent einen Höchststand erreichen und 2020 um 20 Prozent höher ausfallen würde als geplant.[377]

Insgesamt beläuft sich die Gesamtverschuldung Griechenlands auf rund 345 Milliarden Euro und ist damit fünfmal größer als das Volumen der Staatsinsolvenz Argentiniens im Jahr 2003. Seit Beginn der Finanzkrise im Herbst 2008 ist das griechische Bruttoinlandsprodukt (BIP) um über 20 Prozent gesunken, die Importe sind um ein Drittel eingebrochen und die Investitionen haben sich halbiert. Allein die Banken haben während der Krise annähernd 80 Milliarden Euro Einlagen verloren. Kein anderes Land in der EU hat seit dem Ende des Zweiten Weltkriegs eine solche Depression durchgemacht. Der britische Princeton-Ökonom und Historiker Harold James vergleicht Griechenlands Wirtschaftskrise mit der Krise in den USA der 1930er-Jahre[378] oder der »Rezession in den post-sowjetischen Transformationsökonomien der 1990er Jahre«.[379]

---

ablehnen (auch andere EU-Staaten wie Finnland oder die Niederlande verweigern einen solchen (vgl. dazu: »Troika sieht Fortschritte in Athen« in: *Handelsblatt v. 13.11.12*). Hintergrund: Private Gläubiger hatten bereits 70 Prozent ihrer nominalen Forderungen abgeschrieben. Diskutiert wurde darüber, ob die 53 Milliarden Euro aus dem ersten Hilfsprogramm nicht abgeschrieben werden sollten, um die Tragfähigkeit der Schulden wieder herzustellen. Davon wäre allerdings nicht der Rettungsfonds betroffen, sondern die Euro-Länder. Möglich wäre ein solcher Schuldenschnitt nur mit einer Information des Haushaltsausschusses, theoretisch sogar ohne die Zustimmung des Bundestags, der im Mai 2010 zusammen mit dem Bundesrat eine Griechenland-Hilfe von 22,4 Milliarden Euro an Gewährleistungen im Eilverfahren durchgepeitscht hatte. Daraufhin verlieh die Kreditanstalt für Wiederaufbau (KfW) im Auftrag des Bundes 15,5 Milliarden Euro an die Hellenen. Würden diese (oder ein Teil davon) schließlich abgeschrieben, müsste der Bund diesen Schaden ersetzen. Auf gut Deutsch: Der deutsche Steuerzahler müsste wieder einmal dafür geradestehen, und zwar mit mindestens 8 Milliarden Euro. Ein 50-prozentiger Schnitt würde ihn sogar 23 Milliarden Euro kosten (vgl. dazu: »Deutschland will Griechen 44 Milliarden Euro überweisen« in: *Bild v. 14.11.12* / »Die Politik der teuren Schritte« in: *Handelsblatt v. 19.11.12*). Der IWF hingegen fordert vehement einen »Haircut« oder einen Rückkauf alter griechischer Staatsanleihen zum viel niedrigeren Marktwert durch Athen, dass Berlin seine Zinsgewinne nach Griechenland überweist, die EZB auf ihre Bonddepots-Gewinne verzichtet, Athen Zinszahlungen erlassen werden oder die umlaufende griechische Staatsschuld komplett entwertet wird. Im Dezember 2012 schließlich kaufte Athen mit Mitteln des ESFS von Privatinvestoren gehaltene Anleihen im Wert von rund 10 Milliarden Euro zurück, um seinen Schuldenstand zu senken (vgl. dazu: »Griechenland buhlt um Gunst der Investoren« in: *Financial Times Deutschland v. 03.12.12* / »Athen hofft auf Spekulanten« in: *Handelsblatt v. 03.12.12*).

[377] Laut EZB-Direktoriumsmitglied Jörg Asmussen. Vgl. dazu: »Euro-Staaten zwingen EZB zu Griechen-Hilfe« in: *Financial Times Deutschland v. 12.11.12*

[378] »Der Einbruch der Bankeinlagen sieht noch schlimmer aus als in den USA in der Großen Depression.« Vgl. »Vergleichbar mit den 30er-Jahren« in: *Financial Times Deutschland v. 22.10.12*

[379] Vgl. »Vergleichbar mit den 30er-Jahren« in: *Financial Times Deutschland v. 22.10.12*

Um zu verstehen, wie sehr das griechische Volk tatsächlich leidet, müssen wir noch einmal zurückblicken in den Spätherbst und Winteranfang 2012: Ministerpräsident Antonis Samaras bezeichnete damals seinen »Job« als den »schwierigsten der Welt«; er selbst führe den »Kampf« seines Lebens. »Wir sind nichts, Griechenland ist alles (...)«, verkündete er pathetisch. »Wenn wir scheitern, wartet auf uns das Chaos (...) Wir müssen die Zähne zusammenbeißen.« Er gab zu, dass sein Land »blutet (...) Die bisherigen Einschnitte gehen bereits bis auf die Knochen. Wir sind an der Grenze dessen, was wir unserer Bevölkerung zumuten können.«[380]
Schon damals gab der Volkszorn gegen die verhassten Reformen einen Vorgeschmack auf das, was Samaras wohl mit »Chaos« bezeichnete. Denn ein neues umstrittenes und schmerzhaftes Sparprogramm sollte 2014 und 2015 den Haushalt um 18,5 Milliarden[381] Euro entlasten und insgesamt 89 Strukturmaßnahmen durchsetzen.
Vor der Abstimmung über dieses Sparpaket im November 2012, das durchzusetzen notwendig war, damit die Troika aus IWF, EZB und EU-Kommission, die nächste Tranche von 31,5 Milliarden Euro aus dem zweiten Hilfspaket freigeben konnte, warnte Premier Samaras die politischen Reformgegner, dass es nun darum gehe, dass Griechenland »nicht ins Chaos« stürze.[382] Sollte das Reformpaket im Parlament scheitern, »verlieren wir in wenigen Monaten 80 Prozent unseres Lebensstandards, unsere Gesellschaft würde daran zerbrechen, unsere Wirtschaft zerstört, unsere Demokratie explodieren«.[383] Finanzminister Giannis Stournaras ergänzte düster, dass »wir« dann »hungern« müssten.[384] Schon im Sommer 2012 hatte dieser erklärt: »Entweder wir ergreifen die notwendigen Maßnahmen, oder wir kehren in zwei Monaten zur Drachme zurück.«[385]
Natürlich war der konservativen Regierung klar, dass wenn sie mit dem Sparprogramm scheiterte, auch ihre eigene letzte politische Stunde geschlagen hätte. Samaras erwies sich dabei als politischer »Wendehals«:

---

380 Vgl. »Antonis Samaras: ‚Wenn wir scheitern, wartet das Chaos'« in: *Handelsblatt v. 05.-07.10.12*
381 Zuvor waren es 11,5 dann 13,5 und dann 18,5 Milliarden Euro.
382 Vgl. »Regierungschef Samaras warnt die Griechen vor dem Chaos« in: *Handelsblatt v. 31.10.12*
383 Vgl. »Die nächste Zitterpartie für Samaras« in: *Handelsblatt v. 05.11.12*
384 Vgl. »Berliner Abfuhr für Griechen« in: *Financial Times Deutschland v. 25.10.12*
385 Vgl. »Athen dreht wieder Ehrenrunde« in: *derstandard.at v. 31.07.12* (http://derstandard.at/1343743498059/Athen-dreht-wieder-Ehrenrunde-Griechenland-Krise-Euro-Troika)/Zugriff: 10.12.12

Als Mitglied der »alten« Politgarde war er für das Desaster Griechenlands mitverantwortlich. Als die Vorgänger-Regierung unter Giorgos Papandreou 2010/2011 Reformen durchsetzen wollte, torpedierte Samaras diese. Nun wiederum setzt er solche selbst durch – gegen den Willen des Volkes. Dabei hatte er noch im Wahlkampf getönt, Sozialkürzungen zurückzunehmen, Bürokratie abzubauen und den Umbau der maroden Steuerverwaltung schneller umzusetzen. Griechenland hätte ein »enormes wirtschaftliches Potential« erklärte er sogar Mitte August einer großen deutschen Tageszeitung.[386] Worte, die allesamt als »Wahllügen« abgetan werden können, wie so oft in der Politik.

So stand vor der Abstimmung zum Sparpaket im November 2012 viel auf dem Spiel: die Zukunft des Landes, die Demokratie, die Zahlungsfähigkeit des Staats und Griechenlands Euro-Mitgliedschaft insgesamt. Doch vor allem würden die sozial schwachen Schichten der Gesellschaft leiden. Das ahnten die mehr als hunderttausend Menschen, als sie sich am Abend der Abstimmung vor dem griechischen Parlament versammelten, das von tausenden Polizisten bewacht wurde. Wieder kam es dabei zu schweren Ausschreitungen, die den Syntagma-Platz in eine Kampfzone verwandelten.

Die deutschen Medien reagierten mit Unverständnis, sprachen von »Krawallen« und fragten empört: »Hört das denn nie auf?«[387] Gleich so, als ob die Bürger und Gewerkschaften Griechenlands zu Unrecht gegen diese politische Willkür demonstrieren und dadurch nicht noch weiter in die Armut getrieben würden.

Doch aller Unmut, alle Proteste und Demonstrationen der Hellenen nützen schließlich nichts: Das griechische Parlament verabschiedete das neue Sparpaket. Dabei blieben die vollmundigen Verkündungen der drei Regierungsparteien, dass sie sich »jede Mühe« gegeben hätten, damit es »keine zusätzliche Belastung der schwächeren Schichten der Bevölkerung« geben würde, nichts als bloße Lippenbekenntnisse. Tatsächlich bedeuten die Reformen tiefe Einschnitte bei den Gehältern und den Renten ab 1.000 Euro von bis zu 15 Prozent, obwohl der griechische Rechnungshof bereits festgestellt hatte, dass die Rentenkürzung, die fünfte seit 2010,

---

[386] Vgl. »Antonis Samaras: ‚Ich verspreche, dass wir unsere Schulden zurückzahlen'« in: *Bild v. 23.08.12*

[387] Vgl. beispielsweise *Bild v. 08.11.12*, die titelte: »Krawalle in Athen – Hört das denn nie auf?«

verfassungswidrig sei. Doch für die Regierung ist dieses Urteil nicht bindend. So gehören die Ruheständler zu den Verlieren, die vom Staat mit am schlimmsten geschröpft werden – in den letzten 24 Monaten bereits dreimal. Sie verlieren jährlich etwa 2.000 Euro, bislang ein Fünftel ihres Einkommens. Seit 2013 werden Rentenbezieher vom Finanzministerium stichprobenartig überprüft. Auch den Pensionären werden die monatlichen Bezüge um bis zu 10 Prozent gekürzt, Urlaubs- und Weihnachtsgratifikationen gestrichen.

Dagegen steigen die Versicherungsbeiträge (wobei die Krankenversicherungsbeiträge bereits verdoppelt wurden) und genauso die Steuer auf Sparguthaben von 10 auf 15 Prozent. Die Preise der Verkehrsunternehmen werden um wenigstens 25 Prozent angehoben, ebenso schrittweise die Tarife der öffentlichen Elektrizitätsgesellschaft. Der Preisindex für selbst erzeugte Waren (BIP-Deflator) ist seit dem Jahr 2000 um 14 Prozent gestiegen, das Preisniveau der Waren und Dienstleistungen stieg im gleichen Zeitraum um 40 Prozent! Dagegen sind nach Berechnungen der OECD[388] die Realeinkommen seit 2010 um 25 Prozent gesunken.

Auch Einsparungen bei den Sozialleistungen werden festgelegt. Weitere Reformen werden diskutiert: So soll die Fünf-Tage-Woche abgeschafft, durch eine Sechs-Tage-Woche ersetzt und der 13-Stunden-Tag eingeführt werden. Kündigungsfristen und Abfindungen sollen empfindlich beschnitten und das Rentenalter von 65 auf 67 Jahre angehoben werden.

Auch die Kürzungen im öffentlichen Dienst gehen weiter: Richter, Polizisten, Krankenhausärzte verlieren nicht nur ihren bisherigen Anspruch auf Kinder-, Weihnachts-, Oster- und Urlaubsgeld sowie Prämien für die Erreichung von Zielvorgaben, sondern verdienen seit dem 1. Januar 2013 auch noch bis zu 30 Prozent weniger. Somit erhalten Gesetzeshüter im Monat gerade mal noch 610 Euro. Für diesen »Hungerlohn« wiederum sollen sie die Volksvertreter bei Protestaktionen und Streiks vor Demonstranten schützen. Ob diese Rechnung zukünftig aufgeht, ist die Frage. Bis 2015 sollen außerdem 150.000 Stellen der insgesamt 700.000

[388] Organisation für wirtschaftliche Zusammenarbeit und Entwicklung (Organisation for Economic Co-operation and Development)

Staatsbediensteten im öffentlichen Dienst gestrichen werden. Aus Protest gegen diese geplanten Massenentlassungen besetzten Gewerkschaftsmitglieder aus Kommunalbehörden zahlreiche Rathäuser und andere Kommunalgebäude sowie Kindergärten. Die Müllabfuhr blockierte Lastwagenfuhrparks. Doch alles umsonst. Immer mehr Firmen schließen. Allein 2012 gingen rund 700.000 Handwerks- und Handelsunternehmen Pleite.

Ende Februar 2013 stieg die Arbeitslosigkeit mit rund 1,3 Millionen Menschen auf ein Rekordhoch. Sie lag bei 26 Prozent.[389] Im Vergleich zum Vorjahr hatte sich die Quote um über 43 Prozent erhöht. Inzwischen sind fast 60 Prozent der Griechen zwischen 15 und 24 auf Arbeitssuche. Diese Horrorzahlen werden sich auch in Zukunft nicht ändern, sagt Savas Robolis, Uniprofessor für Volkswirtschaft und Direktor des Instituts der Arbeit des griechischen Gewerkschaftsverbands GSEE. Schon vor Jahren war er als Schwarzmaler kritisiert worden, weil er 25 Prozent Arbeitslosigkeit vorausgesagt hatte. Schließlich hatte er Recht behalten. Robolis schätzt, dass die Zahl der Erwerbslosen auf 29 Prozent und die reale Arbeitslosigkeit, mit allen Unter- und Minimalbeschäftigten, auf 35 Prozent steigen werden.[390] Im Februar 2013 beträgt sie bereits fast 27 Prozent.[391] Dabei erhalten Arbeitslose magere 360 Euro an finanzieller Unterstützung und das auch nur ein Jahr lang. Bereits 2012 wurde der Mindestlohn von 751 auf 586 Euro brutto gekürzt. Das Durchschnittsgehalt beträgt gerade mal 950 Euro im Monat. Doch hunderttausende Angestellte und Arbeiter warten manchmal Wochen oder Monate auf ihre Gehälter.

Die drastischen staatlichen Sparreformen erstrecken sich sogar auf den höchst sensiblen Gesundheitssektor. Und der betrifft jeden. Abgeschafft wurde die Kostenfreiheit für die telefonische Vermittlung eines Arzttermins im staatlichen Gesundheitswesen. Die Dienstleistung wurde kurzerhand privatisiert: Nun kostet ein Terminanruf zwischen 0,97 und 1,20 Euro.

---

[389] »Euro-Zone: Arbeitslosigkeit im Euro-Raum auf Rekordhoch« in: *manager-magazin.de v. 02.04.13* (http://www.manager-magazin.de/politik/artikel/0,2828,892025,00.html)/Zugriff: 02.04.13

[390] Vgl. »Ein Land macht dicht« in: *Financial Times Deutschland v. 09.11.12*

[391] »23 Prozent der Griechen sind arm« in: *tagesspiegel.de v. 11.02.13* (http://www.tagesspiegel.de/politik/euro-krise-23-prozent-der-griechen-sind-arm/7762414.html)/Zugriff: 11.02.13

Ein Großteil der hellenischen Krankenkassen steht kurz vor dem Kollaps mit der Folge, dass Millionen Versicherte ihre Medikamente in den Apotheken nur noch gegen Vorkasse erhalten. Doch für alte, arme und chronisch kranke Menschen ist dies oft nicht möglich, und so müssen sie auf lebensnotwendige Arzneimittel und Behandlungen verzichten. Eine Studie aus der Region Patras zeigte, dass sich dort bereits 70 Prozent der Kranken nicht mehr die Medikamente kaufen konnten, die ihnen verschrieben wurden.[392] Auch europäische Pharmaunternehmen, deren Rechnungen seit Längerem nicht mehr beglichen wurden, greifen zu härteren Maßnahmen: Beispielsweise rechnet der drittgrößte deutsche Arzneianbieter, der Merck-Konzern, sein Krebsmittel nicht mehr mit staatlichen Kliniken ab, sondern vergibt es nur noch auf Privatrezept[393]. Will heißen: Nur noch derjenige erhält es, der es auch bezahlen kann. Es klingt fast wie Hohn, wenn manch ein Pharmakonzern der Athener Regierung angeboten hat, die Medikamentenkosten trotz notorischer Zahlungsschwierigkeiten zu deckeln, wenn andere ihre Arzneimittellieferungen einschränkten.[394]

Die medizinische »Zweiklassen-Versorgung« schlägt sich inzwischen auch auf die ärztliche Ethik nieder. Außer dass in den öffentlichen Kliniken 10 Prozent der Ärzte und sonstiges Personal entlassen werden sollen, behandeln einige von ihnen ihre Patienten nur noch gegen Barzahlung, weil der Staat ihnen selbst hohe Beträge schuldet. Außerdem sind seit 2008 die Finanzmittel staatlicher Kliniken um 40 Prozent gesunken, während der Bedarf deutlich angestiegen ist. Dies führt zu gravierenden Versorgungsengpässen, weil Zulieferer nicht pünktlich oder gar nicht mehr bezahlt werden können und sich deshalb weigern, Material bereitzustellen. In den Krankenhäusern fehlt es an allem: Medikamenten, Verbandsmaterial, Gips, Grundnahrungsmitteln, sogar Toilettenpapier, Windeln und Säuglingsmilchpulver. Mittlerweile kommen auf eine Krankenschwester an die 40 Patienten. Vielerorts können selbst lebensnotwendige Operationen nicht mehr durchgeführt werden. Krebspatienten können sich eine teure Behandlung nicht mehr leisten; Chemotherapie, Chirurgie oder teure

---

[392] Vgl. »Kürzungen zerstören griechisches Gesundheitssystem« in: wsws.org v. 27.10.12 (http://www.wsws.org/de/2012/okt2012/gesu-o27.shtml)/Zugriff: 15.11.12

[393] Vgl. »Pharmabranche schluckt Griechen-Pille« in: *Financial Times Deutschland v. 06.11.12*

[394] Vgl. »Pharmakonzerne kommen Griechenland entgegen« in: *Handelsblatt v. 06.11.12*

Medikamente bleiben ihnen versagt. Und wenn eine Schwangere ihr Kind in einer Klinik zur Welt bringt, muss sie aufpassen, dass es ihr nicht so ergeht wie einer Leidensgenossin, die 2.300 Euro für die Entbindung ihrer Tochter bezahlen sollte. Als sie dem aus finanziellen Gründen nicht nachkommen konnte, wurde ihr das Kind noch im Krankenhaus weggenommen. Erst massive Proteste der Gruppe »Frauen gegen Schulden« führten dazu, dass die Mutter ihre Tochter wieder in die Arme schließen konnte. Der Klinikdirektor hingegen bestritt die diesbezüglichen Vorwürfe. Sicher blieb ihm das Flugblatt der Frauengruppe im Gedächtnis, auf dem stand: »Vor 2000 Jahren hat die Heilige Mutter gratis geboren.«[395] Da sich immer mehr Eltern notwendige Impfstoffe nicht mehr leisten können, ist ein großer Teil der Kinder zunehmend Infektionskrankheiten wie Meningitis oder Diphtherie ausgesetzt. Auch längst besiegte Krankheiten wie Malaria, Dengue-Fieber und West-Nil-Fieber brechen wieder aus. Menschen, die gar nicht krankenversichert sind, wie beispielsweise Langzeitarbeitslose sind auf Spenden angewiesen, wenn sie ärztliche Leistungen in Anspruch nehmen müssen. Schätzungen nach haben 25 bis 30 Prozent der Griechen keinen ausreichenden Zugang mehr zu medizinischer Versorgung.[396] Aufgrund von mangelnder Infrastruktur oder Geldnot ist ihnen diese verwehrt. Es ist fast so, als würden manche von ihnen zum Sterben auf die Straßen geschickt. Zudem stiegen die Neuinfektionen mit HIV seit 2011 um über 50 Prozent. Doch die Einsparungen im Gesundheitsbereich haben noch ganz andere Auswirkungen: Wegen unbezahlter Bescheide über die neue Immobiliensteuer in Höhe von 600 Euro wurde im Juli 2012 einer Sterbeklinik im Athener Stadtteil Kypseli einfach der Strom abgeschaltet. Obwohl Krankenhäuser und Hospize normalerweise von dieser Abgabe befreit sind. Im Juni 2012 wandte sich die griechische Ärztekammer an die Vereinten Nationen, um die desaströse Lage im Land zu erläutern.

Die Proteste der Bevölkerung gegen diese rigorose Unterversorgung und medizinischen Missstände wurden und werden immer lauter: So stürmten 40 wütende Rentner im September 2012 das Gesundheitsministerium in Athen. Es kam zu heftigen Tumulten. Gesundheitsminister Andreas Lykourentzos,

---

[395] Vgl. »Das 2300-Euro-Baby« in: *Der Spiegel 35/2012, S. 57*

[396] Vgl. »Kürzungen zerstören griechisches Gesundheitssystem« in: wsws.org v. 27.10.12 (http://www.wsws.org/de/2012/okt2012/gesu-o27.shtml)/Zugriff: 15.11.12

der sich weigerte, mit den Rentnern zu sprechen, bezeichnete diese zunächst als »Schufte«[397], ruderte später aber wieder zurück. Währenddessen sammelte Ex-US-Präsident Bill Clinton im Namen einer Initiative Geld für karitative Einrichtungen in Griechenland.

»Die neuen Maßnahmen sind unerträglich, ungerecht und verschlimmern die Krise nur«, kritisierte Kostas Tsikrikas, Chef der Gewerkschaft für den öffentlichen Dienst ADEDY. »Wir sind entschlossen, zu kämpfen, bis wir gewinnen«.[398] Fast 80 Prozent der Griechen sind mit der Arbeit der Regierung unzufrieden, denn dem kleinen Mann auf der Straße geht es bei diesem »staatlichen Diebstahl«, wie manch einer die Reformen bezeichnet, immer schlechter.

Das alles schien der so genannten Troika, bestehend aus Kontrolleuren der Europäischen Kommission, der Europäischen Zentralbank und des Internationalem Währungsfonds, völlig egal. Ganz Europa erwartete von ihnen, dass ihr Bericht so ausfiel, wie es sich die Staatenlenker wünschten: Griechenland musste auf jeden Fall gerettet werden, egal was es kostete (siehe auch *Exkurs 3*). Notfalls musste mit der so genannten Top-Down-Methode nachgeholfen werden. Dabei werden die Parameter eines Modells, in diesem Fall des Troika-Berichts, so lange geändert, bis am Ende das gewünschte Ergebnis herauskommt. Darin hatten die Troika-Experten Übung.[399] Monatelang prüften sie die Haushalts- und Schuldenlage und ob Griechenland die vorgeschriebenen Reformen umsetzte oder nicht. Schließlich kam der Troika-Bericht vom 10. November 2012 zu dem Schluss, dass die hellenische Regierung den vorherigen Reform-Rückstand teilweise wettmachen konnte und damit wichtige Bedingungen seiner internationalen Geldgeber erfüllte.[400] Im »Grundton«, so der damalige

---

[397] Vgl. »Griechischer Minister beschimpft Rentner als ,Schufte'« in: *Stern.de v. 04.09.12* (http://www.stern.de/panorama/grossefreiheit/eurokrise-griechischer-minister-beschimpft-rentner-als-schufte-1889234.html)/Zugriff: 05.09.12

[398] Vgl. »Griechen streiken gegen Einschnitte« in: *FrankfurterRundschauOnline v. 27.09.12* (http://www.fr-online.de/schuldenkrise/eurokrise-griechen-streiken-gegen-einschnitte,1471908,19079940.html)/Zugriff: 27.09.12

[399] Vgl. »Europa - Das blutende Herz« in: *Der Spiegel 37/2012, S. 23*

[400] Vgl. »Troika sieht Fortschritte in Athen« in: *Handelsblatt v. 13.11.12*

Eurogruppen-Chef Jean-Claude Juncker, sei der Troika-Bericht »positiv«.[401] Und das, obwohl Athen nur die Note »ausreichend« erhielt.[402]

Ein anderes Problem, das von außen als ein »notorisches« Problem der Griechen angesehen wird, ist die Steuerhinterziehung, die immer größere Dimensionen annimmt: In der Sommersaison 2012 überprüfte die Fahndungsbehörde SDOE aus Athen auf den 46 Inseln und in den wichtigsten Touristenzentren auf dem Festland über 4.000 Firmen, darunter Bars, Tavernen und Souvenirgeschäfte. Dabei wurden insgesamt rund 31.000 Steuerhinterziehungen festgestellt. Über 55 Prozent der Geschäfte arbeiteten, salopp gesagt, mit »Unregelmäßigkeiten«. Ministerpräsident Antonis Samaras sagte in einem Interview im August 2012: »Wenn es in einer Volkswirtschaft drunter und drüber geht, viel unnütze Bürokratie herrscht, dann sucht sich das Geld Wege in die Schattenwirtschaft. Wir setzen jetzt Steuer- und Arbeitsmarktreformen um, die mehr Gerechtigkeit und Wettbewerbsfähigkeit schaffen.«[403] Auch deutsche Steuerexperten unterstützen die griechische Steuerverwaltung mit Schulungen zu Themen wie Vollstreckung, Außenprüfung und Umgang mit Großunternehmen und reichen Bürgern. Die Steuerverwaltung soll radikal umgebaut werden. Ein Gesetzesentwurf zu einer Steuerreform sieht vor, Aktiengewinne mit 20 Prozent zu besteuern sowie den Steuersatz für Unternehmensgewinne von 20 auf 26 Prozent anzuheben. Dies wird dann im Januar 2013 auch so beschlossen.[404] Eine Reduzierung von bislang acht Steuerklassen auf drei soll zu Entlastungen bei Einkommensschwächeren führen. »Wenn jemand beim Hinterziehen von Steuern erwischt wird und Vermögen hat, dann muss er sich mit dem Fiskus arrangieren oder er geht ins Gefängnis«, betonte Finanzminister Ioannis Stournaras.[405]

Dagegen wiegen die Worte der Chefin des Internationalen Währungsfonds (IWF), Christine Lagarde, immer noch schwer, die schimpfte: »Ich habe

---

[401] Vgl. »Troika bescheinigt Griechenland Fortschritte« in: *SpiegelOnline v. 12.11.12* (http://www.spiegel.de/wirtschaft/soziales/troika-legt-bericht-zu-griechenland-vor-a-866682.html)/Zugriff: 11.12.12

[402] Vgl. »Positiver Troika-Bericht: Geldgeber lassen Griechen warten« in: *SpiegelOnline v. 12.11.12* (http://www.spiegel.de/wirtschaft/soziales/schuldenkrise-euro-gruppe-laesst-griechenland-zappeln-a-866773-druck.html)/Zugriff: 23.11.12

[403] Vgl. »Antonis Samaras: ‚Ich verspreche, dass wir unsere Schulden zurückzahlen'« in: *Bild v. 23.08.12*

[404] Vgl. »Griechisches Parlament beschließt Steuererhöhungen« in: *tagesschau.de v. 12.01.13* (http://www.tagesschau.de/wirtschaft/griechenland2716.html)/Zugriff: 03.04.13

[405] Vgl. »Athen verkauft das Tafelsilber« in: *Handelsblatt v. 17.12.12*

mehr Mitleid mit den Ärmsten in Afrika als mit den Menschen in Griechenland.« Die Hellenen sollten sich selbst helfen, indem sie alle ihre Steuern bezahlen.[406] Dabei protegiert die konservative Regierung die Besserbetuchten. Das jedenfalls behauptete Dimitris Charalambis, Politikprofessor an der Athener Universität: »Die Politiker – in diesem Fall vor allem aus der Nea Dimokratia von Premierminister Samaras – gewähren ihrer Klientel nach wie vor Steuerimmunität. Rund eine Million Verdienende sind von den Sparmaßnahmen kaum oder gar nicht betroffen. Diese Leute versorgen Haushalte mit geschätzt drei Millionen Personen. Das sind viele Wähler.«[407]

An anderer Stelle haben es Samaras' Steuerfahnder schwer: Auf der Insel Hydra etwa verfolgten wütende Bürger im August 2012 Finanzbeamte mit Steinen und Feuerwerkskörpern. Die Steuereintreiber mussten in eine Polizeistation fliehen, die daraufhin vom Mob belagert wurde. Sogar die Stromleitung wurde durchtrennt. Schließlich mussten Bereitschaftspolizisten aus der Hafenstadt Piräus die festgesetzten Steuerfahnder befreien. Die aufgebrachten Bürger verhinderten zudem das Anlegen eines Bootes, das einen Tavernenbesitzer und dessen Mutter abholen sollte, weil diese keine Quittungen ausgestellt hatten.

Bei der leidigen Steuerdiskussion vergaß der griechische Ministerpräsident zu erwähnen, dass auch der Staat selbst dem Privatsektor, Einrichtungen und Unternehmen annähernd 8 Milliarden Euro schuldet. Jahrelang nahmen staatliche Betriebe Dienstleistungen wie Reparaturen oder Mietgebäude in Anspruch und verteilten Aufträge, die sie dann nicht bezahlten. Eine etwas andere Art der »Steuerhinterziehung« also. Selbst die orthodoxe Kirche nimmt es mit dem Obolus nicht so genau: So soll Bischof Pateleimon von Attika 2,5 Millionen Euro Kirchenvermögen veruntreut haben, die, so seine Rechtfertigung, seine »Altersrücklage« gewesen seien. Und der Abt des Klosters Vatopedi in Athos tauschte den dubiosen Besitz eines Sees gleich gegen wertvolle staatliche Immobilien ein. Bis zu 100 Millionen Euro

---

[406] Vgl. »Euro: Wie wär's mal mit der Wahrheit« in: *Focus-Money 25/2012 v. 13.06.12* (http://www.focus.de/finanzen/boerse/euro-wie-waers-mal-mit-der-wahrheit_aid_766365.html)/Zugriff: 21.06.12

[407] Vgl. »Ich befürchte ein langsames Zusammenbrechen des Staates« in: *stern.de v. 17.11.12* (http://www.stern.de/politik/deutschland/eurokrise-und-folgen-ich-befuerchte-ein-langsames-zusammenbrechen-des-staates-1927441.html)/Zugriff: 21.11.12

kassierte das Kloster dafür. Daraufhin wurde der Abt Ende 2011 verhaftet und unter Hausarrest gestellt.

Auch das gehört zum hellenischen Alltag, und fast könnte man darüber lachen, wenn es nicht so traurig wäre: Die Korruption ist deutlich zurückgegangen, weil es sich die Menschen einfach nicht mehr leisten können, Beamte zu bestechen. Die durchschnittliche Bestechungssumme für öffentliche Dienstleistungen wie zum Beispiel die schnellere Ausstellung eines Führerscheins, die Aufnahme in ein staatliches Krankenhaus oder Baugenehmigungen, betrug 2009 beachtliche 1.671 Euro. Drei Jahre später stellte Transparency International fest, dass Griechenland das korrupteste Land der Europäischen Union sei, das von Vorjahresrang 80 im Jahr 2012 sogar auf Platz 94 abrutschte. Die Hellenen hätten die Korruption ihrer öffentlichen Verwaltung trotz Reformbemühungen nicht eindämmen können, so Transparency International. Im Gegenteil: Wirtschafts- und Verwaltungsexperten schätzten die Bestechungsanfälligkeit in griechischen Behörden und der Politik sogar noch höher ein als ein Jahr zuvor.[408]

Doch kritische Worte gegen die Eliten in Griechenland kommen zwar beim Volk, nicht aber bei Politikern und Wirtschaftsführern gut an. Das musste auch der Enthüllungsjournalist und Herausgeber des Magazins Hot Doc, Kostas Vaxevanis, am eigenen Leib erfahren. Er wurde von der Staatsanwaltschaft wegen seiner journalistischen Recherchen und Veröffentlichungen verfolgt und schließlich wegen der »Verletzung der Privatsphäre« verhaftet. Vaxevanis hatte es gewagt, die so genannte Lagarde-Liste zu veröffentlichen, die das französische Finanzministerium 2009 von einem HSBC[409]-Mitarbeiter gekauft hatte, der diese illegal zusammenstellte. Später war die Liste von der damaligen französischen Finanzministerin und heutigen IWF-Chefin Christine Lagarde an ihren griechischen Kollegen Giorgos Papakonstantinou übergeben worden. Vor einem Parlamentsausschuss, der aufgrund des Verdachts der Begünstigung und des Vertuschens eingerichtet worden war, betonte der Ex-Finanzminister jedoch, dass er nicht mehr wisse, wo der Datenträger

---

[408] Vgl. »Griechenland: Die gute Fee aus Deutschland« in: *Handelsblatt v. 18.10.12*/»Euro-Krise lässt die Korruption blühen« in: *Mitteldeutsche Zeitung v. 05.12.12* (http://www.mz-web.de/servlet/ContentServer?pagename=ksta/page&atype=ksArtikel&aid=1354687527259)/Zugriff: 11.12.12

[409] Die Hongkong and Shanghai Banking Corporation (HSBC*)* gehört mit 7.200 Filialen in über 80 Ländern und einer Bilanzsumme von über 2,5 Billionen US-Dollar (2011) zu den größten Banken der Welt.

abgeblieben sei. Auch sein Nachfolger, Finanzminister Evangelos Venizelos, ließ den brisanten Datensatz – im wahrsten Sinne des Wortes – in der Schublade seiner Sekretärin liegen, bis es ihm später, als er kein Minister mehr war, wieder einfiel und er ihn dann an die Behörden übergab.[410] Anscheinend wusste er vorher nicht, dass niemand außer ihm ein Exemplar davon besaß.

Die Lagarde-Liste ist politisch hoch brisant. Auf ihr sollen Namen von 2.059 griechischen Steuerhinterziehern gespeichert sein, die Konten bei der HSBC-Bank in Genf führ(t)en. Die angeblichen Steuersünder unterhielten wohl gute Kontakte in politische Kreise, die schließlich zur Verhaftung des Magazin-Herausgebers führten. Im Fall einer Verurteilung drohte ihm zwei Jahre Haft.

Ein Ex-Minister, dessen Name im Hot-Doc-Artikel ebenfalls erwähnt wurde, bestritt öffentlich, Geld bei der HSBC in Genf angelegt zu haben. Doch wenige Tage später veröffentlichte auch die linksliberale Zeitung Ta Nea auf zehn Seiten die Namen einer angeblich anderen Steuerhinterzieher-Liste, darunter prominente Politiker der konservativen Regierungspartei und diverse Wirtschaftsgrößen. Fast vorschnell erklärten die griechischen Behörden, es gäbe es keine Hinweise darauf, dass die auf der Liste erwähnten Personen gegen Gesetze verstoßen hätten. Ein ehemaliger sozialistischer Vize-Innenminister, dessen Namen auf der Liste auftauchte, beging Selbstmord. Die Anwälte des Hot-Doc-Herausgebers und eine Oppositionsabgeordnete spekulierten darüber, ob die Lagarde-Liste vielleicht für erpresserische Zwecke verwendet worden sei und deshalb von den Ministern geheim gehalten wurde.[411] Schließlich sprach ein Gericht Kostas Vaxevanis frei und gab den Fall zur Prüfung an das Parlament weiter. »Drei Regierungen haben alles daran gesetzt, dass diese Liste verschollen bleibt«, sagte der Journalist und Herausgeber daraufhin. »Es gab zwar wiederholt Gerüchte, aber niemand wagte, Namen zu nennen. Es ist absurd: Ein Großteil der Griechen wird durch die Sparmaßnahmen geschröpft, die Elite dagegen bunkert ihre Milliarden im Ausland. Das Problem ist (...), dass auf dieser Liste viele Freunde hoher Politiker stehen.

[410] Vgl. »Wirbel um griechische Steuer-CD« in: *Handelsblatt v. 29.10.12*/»Reichenliste spaltet Griechenland« in: *Financial Times Deutschland v. 02.11.12*

[411] Vgl. »Reichenliste spaltet Griechenland« in: *Financial Times Deutschland v. 02.11.12*

Jeder ist hier mit jedem verbandelt.« Und weiter: »In Griechenland ist (... (die Liste)) einfach verschwunden. Warum? Weil hier alle Komplizen sind: Politiker, Unternehmer, Journalisten. Hier werden Gesetze gezimmert, die im Nachhinein viel legalisieren.«[412]

Was Vaxevanis damit meint, zeigen folgende Beispiele: Im September 2012 wurde bekannt, dass der ehemalige und siebenmalige Minister Apostolos-Athanassios Tsochatzopoulos als Verteidigungsminister bei der Vergabe von Rüstungsaufträgen Schmiergelder kassiert haben soll, einen »mittleren zweistelligen Euro-Millionenbetrag«, wie es heißt.[413] Dafür kam er in Untersuchungshaft. Tsochatzopoulos gilt als politischer Ziehsohn des Sozialisten Andreas Papandreou, des Gründers der Pasok-Partei und Vaters von Ex-Premier Georgios Papandreou. Einst hatte der Sozialist Papandreou als Premierminister zum Besten gegeben, nachdem herausgekommen war, dass der Chef des staatlichen Stromanbieters 1,5 Millionen Drachmen eingesteckt hatte: »Wir sind uns ja alle einig, dass wir uns von Zeit zu Zeit kleine Geschenkchen machen dürfen. Aber bitte, keine allzu großen.«[414] Im Dezember 2012 kam die Familie Papandreou erneut in unliebsame Schlagzeilen: Die unabhängigen Athener Wochenzeitungen Proto Thema und To Vima berichteten, dass Margaret Papandreou, Witwe des oben erwähnten verstorbenen Ministerpräsidenten Andreas und Mutter des Ex-Premiers Giorgos, 550 Millionen Euro in der Schweiz gebunkert haben sollte. Sie beriefen sich dabei auf Nikos Lezzas, den Vizechef der Finanzpolizei, sowie einen Bericht der Staatsanwaltschaft, der griechischen Politikern vorgelegt worden war. Die Familie Papandreou wies den Vorwurf als »Lügen« und »Angriffe« zurück, obwohl als offizielle Inhaberin des 550-Millionen-Kontos offiziell eine Verwaltungsangestellte eingetragen sein soll![415]

Insgesamt wurden Korruptionsvorwürfe, Scheingeschäfte, Bestechlichkeit, Geldwäsche und Steuerhinterziehung gegen 36 zum Teil hochrangige

---

[412] Vgl. »Griechenland: ‚Hier sind alle Komplizen'« in: *Der Spiegel 45/2012, S. 83*

[413] Vgl. »Athens Elite unter Korruptionsverdacht« in: *Handelsblatt v. 25.09.12*

[414] Vgl. »Griechenland: ‚Durch und durch verdorben'« in: *Der Spiegel 42/2012, S. 102*

[415] Vgl. »Papandreous Mutter im Visier« in: *Financial Times Deutschland v. 04.12.12*

Politiker bekannt, die auf der »Liste der schmutzigen 36« standen[416], darunter anscheinend zwölf aus der konservativen Regierungspartei Nea Dimokratia und 15 aus der sozialistischen Pasok, die Ministerpräsident Samaras' Regierung mit trägt. Unter anderem sollen diese Leute während der Finanzkrise größere Beträge ins Ausland transferiert haben. Auch Parlamentspräsident Evangelos Meimarakis verstrickte sich in die Korruptionsaffäre und legte im September 2012 vorübergehend sein Amt nieder. Die meisten Volksvertreter bestritten die Anschuldigungen, sprachen von Verschwörung und Verleumdung. Einer von ihnen, der ehemalige Vize-Innenminister Leonidas Tsanis, erhängte sich einen Monat später.

Wie das politische Korruptionssystem in Griechenland funktioniert, scheint auch der amtierende Premier Samaras zu wissen: Der frühere Präfekt von Thessaloniki, der mit einem mafiösen Kredithai-Ring in Verbindung gebracht wurde, soll persönlich 1 Million Euro für öffentliche Baumaßnahmen verbucht haben, die jedoch nie ausgeführt wurden. Geschadet hatte es ihm jedenfalls nicht: Im Mai 2012 machte Samaras den Mann zu seinem Wahlkampfchef für Nordgriechenland. Viel tiefer kann die politische Elite eines Landes wohl kaum mehr sinken, die ihren Bürgern eine eiserne Sparpolitik verordnet und sich selbst ungeniert und schamlos am Milliarden-Euro-Topf labt.

Überhaupt denken Mitglieder der politischen Klasse eher an sich und ihre Familie als an das Volk. Vetternwirtschaft ist angesagt. So soll der Vizeparlamentspräsident und Abgeordnete der Regierungspartei Nea Demokratia, Giannis Tragakis, nicht nur seiner Tochter und seinem Sohn, sondern auch dem Schwiegersohn und dessen Schwester einen beamtenähnlichen Parlamentsposten verschafft haben. Der Chef einer rechtspopulistischen Partei und ehemaliges Mitglied der ND, Panos Kammenos, stellte seinen Cousin ein. Der Konservative Vyron Polydoras legte noch einen drauf: Er war lediglich einen Tag lang Parlamentspräsident, nutzte aber die Gunst der Stunde und verschaffte seiner Tochter schnell einen unbefristeten Job als seine Mitarbeiterin. Der Vize-Bürgermeister eines 14.000-Seelen-Dorfs in Thessalien bezog offiziell ein Monatsgehalt

---

[416] Vgl. »Korruptionsverdacht treibt Politiker in den Selbstmord« in: *stern.de v. 05.10.12* (http://www.stern.de/politik/ausland/griechenlands-liste-der-schmutzigen-36-korruptionsverdacht-treibt-politiker-in-den-selbstmord-1905441.html)/Zugriff: 03.12.12

von 1.500 Euro, bunkerte aber 2,8 Millionen Euro, wie die Finanzpolizei später feststellte.

Die griechischen Politiker sind sich eben selbst am nächsten und kümmern sich um ihre Familien, während das Gros des Volkes davon nur träumen kann. Die Bürger bezeichnen diese parteiübergreifende Vetternwirtschaft als »politischen Inzest«. Überhaupt sind die Kosten der Parlamentsposten in der Krise gestiegen: Lagen Sie 2005 noch bei rund 72 Millionen Euro, kletterten sie 2010 auf satte 102 Millionen Euro.

Finanzminister Yannis Stournaras sagte noch im Herbst 2012: »Griechenland ist ein armes Land mit sehr reichen Leuten«.[417] Wahrscheinlich spielte er auf das griechische Privatvermögen von 576 Milliarden Euro an. Doch die wirklich reichen Hellenen brachten ihr Vermögen schon längst außer Landes. Beispielsweise in die Schweiz: Geschätzte 170 Milliarden Euro Schwarzgeld sollen sie auf diversen eidgenössischen Konten bunkern. Daher bemühte sich Athen im September 2012 um ein Steuerabkommen mit der Alpenrepublik, um die dortigen griechischen Guthaben zu besteuern – allerdings mehr als halbherzig, wie hier und da vernommen wird, weiß man doch, dass auch Politiker ihre »Goldesel« dort geparkt haben (sollen). Unklar bleibt, wie viele reiche Griechen ihr Vermögen bereits nach Asien oder anderen Ländern transferierten. Andere wiederum kauften reihenweise Immobilien im Ausland, beispielsweise in Deutschland.

Auch die äußerst lukrative und traditionelle maritime Wirtschaft hat bislang nicht viel zu befürchten: Die griechischen Reeder, die mit ihren mehr als 3.000 Seeschiffen die größte Handelsflotte der Welt darstellen, zahlen kaum Steuern. Hinzu kommen die steuerbefreiten Einkünfte aus Schifffahrtsgeschäften einschließlich aller Gewinne aus Schiffsveräußerungen. Premier Samaras »appellierte« an die wohlhabenden Griechen, ihrem Land zu helfen. Doch ob bloßes Appellieren hilft, scheint fraglich. So verständigte er sich mit dem Vorstand des griechischen Reederverbands: »Ich habe ihnen gesagt: Wir machen sehr schwere Zeiten durch, ihr müsst helfen! Und sie werden tatsächlich helfen. Wir haben uns

---

[417] Vgl. »Griechenland: Rosenkränze von Chanel« in: *Der Spiegel 46/2012, S. 106*

auf eine jährliche Tonnagesteuer verständigt.«[418] Aber auch das scheinen pure Lippenbekenntnisse zu sein, gab es in der Vergangenheit doch insgesamt 57 verschiedene Steueramnestien für die griechischen Reeder. Obwohl Griechenland faktisch vor dem Bankrott steht, drückt sich gerade die Oberschicht davor, Steuern zu bezahlen. Das belegt eine Studie der University of Chicago und des Virginia Polytechnic Institute vom September 2012: Besonders Ärzte, Ingenieure und Rechtsanwälte sowie Abgeordnete des Parlaments hinterziehen Steuern. Das tatsächliche Einkommen von Selbstständigen liegt im Schnitt fast doppelt so hoch wie angemeldet. Das kostete den Staat allein 2009 rund 28 Milliarden Euro an entgangenen Steuern. Einen Gesetzesvorschlag, diese Berufsgruppen stärker zu kontrollieren, lehnte das Parlament jedoch 2011 ab. Verständlich, möchte man meinen, wenn die Abgeordneten doch selbst zu den Steuersündern gehören ... So sind die Steuererhöhungen, die im Januar 2013 verabschiedet wurden, wohl auch nur halbherzig: Sie sollen Besserverdienende stärker belasten und Familien entlasten. Wenn sich die Situation stabilisiert habe, so der stellvertretende Finanzminister Giorgos Mavraganis, würden die Steuern wieder gesenkt.[419] Will wohl heißen: dann alles wieder wie gehabt.

Unter dem Druck der Öffentlichkeit wurden dem Präsidenten, dem Regierungschef, den Ministern und dem Gouverneur der Zentralbank die Gehälter gekürzt. Ministerpräsident Samaras gab an, monatlich so viel wie ein durchschnittlicher Abgeordneter zu verdienen: 5.780 Euro.[420]

Der bekannte griechische Krimi-Autor Petros Markaris entwickelte in einem seiner Romane die Idee, dass ein selbst ernannter »nationaler Steuereintreiber« Reiche auffordert, endlich ihre Steuern zu zahlen. Tun sie das nicht, werden sie ermordet. Nach dem dritten Mord fließen plötzlich die Gelder in die Staatskasse. Sicher sehr sarkastisch gemeint, dessen Herz den kleinen Leuten auf der Straße gehört und der einen bald unregierbaren Staat befürchtet.[421]

---

[418] Vgl. »Antonis Samaras: ‚Wenn wir scheitern, wartet das Chaos'« in: *Handelsblatt v. 05.-07.10.12*

[419] Vgl. »Griechisches Parlament genehmigt Steuererhöhungen« in: *zeit.de v. 12.01.13* (http://www.zeit.de/wirtschaft/2013-01/griechenland-parlament-steuererhoehung)/Zugriff: 05.02.13

[420] Vgl. »Antonis Samaras: ‚Wenn wir scheitern, wartet das Chaos'« in: *Handelsblatt v. 05.-07.10.12*

[421] Vgl. »Euro-Krise aus der Perspektive der Armen« in: *derwesten.de v. 15.10.12* (http://waz.m.derwesten.de/dw/region/sauer-und-siegerland/euro-krise-aus-der-perspektive-der-armen-id7197208.html?service=mobile)/Zugriff: 18.10.12

So bleibt es bei den Zuständen wie immer: Die Kleinen werden »gehängt«, und die Großen lässt man laufen. Da, wo dem einfachen Bürger tief in die Tasche gegriffen wird, haben die oberen Zehntausend nicht viel zu befürchten.

Zu allem Überdruss kehren Griechenland jetzt auch noch große Unternehmen den Rücken, sprich: Sie fliehen ins Ausland. Der größte Konzern des Landes, Coca-Cola Hellenic, will seinen Sitz in die Schweiz und seinen Börsensitz nach London verlegen. Zuletzt hatte sich der Cola-Abfüller über steigende Steuern beschwert. Der »Exodus der Wirtschaft« hat begonnen, wie es *Der Spiegel* ausdrückte.[422]

Andere wiederum verdienen sich in diesen schweren Zeiten eine »goldene Nase«. Wie immer gilt: Da wo es etwas zu verlieren gibt, da gibt es auch etwas zu gewinnen. Dies hat sich auch der Hedgefonds Third Point des US-Investoren Dan Loeb zu Herzen genommen. Die Investoren zockten im großen Stil mit Griechenland-Anleihen: Sie kauften unzählige davon für 17 Cent pro Stück, die einst 1 Euro wert gewesen waren. Als Bundeskanzlerin Merkel im Sommer 2012 erklärte, dass kein Land die Währungsunion verlassen müsste, kletterten die Griechenland-Notierungen in die Höhe. Als Athen im Dezember 2012 mit frischem ESM-Hilfsgeld die eigenen Schuldscheine zurückkaufte, musste es schon 34 Cent pro Stück hinblättern. Die Hedgefonds-Manager von Third Point verdoppelten ihren Einsatz und strichen in der Folge satte 500 Millionen Euro ein!

Im September 2012 wurde bekannt, dass Griechenland eine zusätzliche Einnahmequelle prüfe: Reparationsforderungen an Deutschland wegen Gräueltaten und Zerstörungen während des Zweiten Weltkriegs. Doch Experten erklärten, dass solche schon längst bezahlt worden seien: 1953 in Form eines Investitionskredits von 200 Millionen DM und später noch einmal 115 Millionen DM zur Wiedergutmachung von Nazi-Verbrechen. Sie erinnerten auch an die 30.000 Tonnen deutsche Industriegüter, von denen nach Kriegsende 20.000 Tonnen so lange vor sich hin rosteten, bis sie schließlich an die Briten verkauft wurden. Die restlichen 10.000 Tonnen seien 1950 auf englische Schiffe verladen worden, aber nie in Griechenland

---

[422] Vgl. »Griechenlands größte Firma flieht in die Schweiz« in: *SpiegelOnline v. 11.10.12* (http://www.spiegel.de/wirtschaft/unternehmen/griechenland-abfueller-von-coca-cola-flieht-in-die-schweiz-a-860822.html)/Zugriff: 12.10.12

angekommen. So sprach im Zusammenhang mit den Reparationszahlungsforderungen der Athener Regierung Heinz Richter, Professor für moderne Geschichte, von einer »Ablenkung der Wut der Bürger nach außen«.[423] Doch die griechischen Politiker sparten nicht mit weiteren Vorschlägen zwecks Geldeintreibung: Die für die Privatisierung von Staatsvermögen zuständige Behörde Hellenic Republic Asset Development Fund, die bis 2020 insgesamt 50 Milliarden Euro einnehmen soll, gab im Herbst 2012 bekannt, 40 unbewohnte Inseln verpachten zu wollen. Der Erlös sollte den Schuldenberg des Landes minimieren.

Während also Wirtschaftsunternehmen aus dem EU-Krisenstaat das Weite suchen und die Regierung fieberhaft Geld auftreiben muss, werden die Zustände im Land immer schlimmer. Bilder, die es früher nicht gegeben hat, sind nun normal: Am helllichten Tag setzen sich Heroinsüchtige im Zentrum Athens ihre Schüsse. Seit Ausbruch der Krise 2009 hat sich die Zahl der Drogenabhängigen um 56 Prozent erhöht. Grund dafür ist unter anderem die Zusammenstreichung der Suchtprogramme im Zuge der Sparreformen. Und auch die unkontrollierte Prostitution ist in Athen geradezu explodiert, hat um astronomische 1.500 Prozent zugenommen. Und mit ihr auch die sexuell übertragenen Krankheiten (plus 580 Prozent), die hauptsächlich in Schichten der illegalen Immigranten grassieren; Hepatitis stieg um 360 Prozent. Insgesamt soll es rund 700 Bordelle in Athen geben, oft getarnt als »Wellness-Zentren« oder »Studios«.[424]

Laut Premier Samaras gibt es inzwischen 1,5 Millionen illegale Einwanderer und Flüchtlinge im Land bei einer griechischen Gesamtbevölkerung von 11 Millionen.[425] Die Ressentiments gegen (illegale) Ausländer, vor allem aus Afrika oder Asien, werden immer drastischer. Beispiel Athen, Sommer 2012: Mit großem Polizeiaufgebot wurden 1.100 Nicht-EU-Ausländer ohne Aufenthaltserlaubnis in Auffanglager außerhalb der Hauptstadt verfrachtet. Nikolaos Dendias, Minister für öffentliche Ordnung, verglich die unkontrollierte Zuwanderung mit einer »Invasion«, während das Land untergehe. Damit und wegen seines

---

[423] Vgl. »Das Geld der Anderen« in: *Financial Times Deutschland v. 11.09.12*

[424] Vgl. »Anstieg der Prostitution in Athen um 1500 Prozent« in: *griechenland-blog.gr v. 20.03.12* (http://www.griechenland-blog.gr/2012/anstieg-der-prostitution-in-athen-um-ueber-1500-prozent/7174/ )/Zugriff: 07.11.12

[425] Vgl. »Antonis Samaras: ‚Wenn wir scheitern, wartet das Chaos'« in: *Handelsblatt v. 05.-07.10.12*

rabiaten Vorgehens gegen Einwanderer und Demonstranten setzte er sich der Kritik der Medien aus. So kam an die Öffentlichkeit, dass festgenommene Aktivisten angeblich auf einer Athener Polizeiwache geschlagen und mit brennenden Zigaretten misshandelt worden seien. Das TV-Moderatoren-Duo von ERT Net, Kostas Arvanitis und Marilena Katsimi, dachte in den Morgenshows des Senders laut darüber nach, ob der Minister nicht zurücktreten müsse. Daraufhin wurden sie vom ERT-Direktor wegen »unannehmbarer Unterstellungen« suspendiert. Regierung und Justiz wollten sich kritische Töne in den Medien nicht länger gefallen lassen. Man kann dies auch als staatliche Zensur bezeichnen.

Es gibt noch eine brandgefährliche Entwicklung, die unter anderem auch den Extremisten und Rechtsradikalen in die Hände spielt. Zum Beispiel denen der Partei Chrysi Avgi[426], die im Parlament sogar mit einem abgeänderten Hitlergruß auftreten. Um angeblich die Wirtschaftskrise zu beheben, machten ihre Mitglieder und Anhänger in der Stadt Mesolongi im Herbst 2012 regelrecht »Jagd« auf Afrikaner und Asiaten. Dabei zerstörten sie Verkaufsstände von denen, die keine Genehmigung hatten. Die UNO-Menschenrechtskommission kam zu dem Schluss, die griechische Polizei sei nicht in der Lage gewesen, die Opfer von fremdenfeindlicher Gewalt »wirksam zu schützen«.[427] In einem Viertel in Athen forderten die Rechten eine wütende Menge dazu auf, »gegen die ausländischen Eindringlinge zu kämpfen«. Einer aus dem Mob rief sogar: »Wir werden euer Blut vergießen, ihr albanischen Schweine!«, während andere nationalistische Parolen an die Hauswände schmierten.[428] Nahezu 500 rassistisch motivierte Angriffe wurden allein in der ersten Jahreshälfte 2012 geschätzt.

Kommunisten und Sozialisten forderten die Regierung auf, Maßnahmen zu ergreifen, um diese »faschistischen Zwischenfälle« zu beenden. Selbst Premier Samaras, dessen Urgroßmutter, die Schriftstellerin Penelope Delta, sich einst beim Einmarsch der Nazis in Athen das Leben genommen hatte, zeigte sich bestürzt: »Die Gesellschaft als Ganzes ist bedroht durch die Populisten der extremen Linken und durch etwas, das es in unserem Land

---

[426] *Goldene Morgenröte*

[427] Vgl. »Faschisten im Visier von Hellas' Justiz« in: *Financial Times Deutschland v 20.09.12*

[428] Vgl. »Rechtsextreme Partei mischt Griechenland auf« in: *wallstreetjournal.de v. 17.10.12* (http://www.wallstreetjournal.de/article/SB10000872396390443675404578060563924216202.html)/Zugriff: 19.10.12

noch nie zuvor gegeben hat: den Aufstieg einer rechtsextremistischen, man könnte auch sagen faschistischen, Neonazi-Partei.«[429] Nach einer damaligen Umfrage übersprangen die Rechtsextremisten, die eine aggressiv ausländerfeindliche Politik verfolgen, erstmals die Zehn-Prozent-Marke, katapultieren sich damit von 6,9 auf stattliche 14 Prozent. Bei Wahlen wären sie somit sogar noch vor den Sozialdemokraten die drittstärkste Partei im Parlament. Einer weiteren Umfrage nach sagten 21 Prozent der Griechen, sie hätten eine vorteilhafte Meinung von der Chrysi Avgi. Mit Grund dafür ist wohl auch, dass die Rechtsextremen Lebensmittel an bedürftige Menschen verteilen und ärztliche Versorgung organisieren. Zudem werden sie in einigen Stadtteilen Athens als verlässlicherer Schutz angesehen als die Polizei. So bildeten sich Gruppen selbst ernannter Milizionäre, eigentlich »paramilitärische« Einheiten, die das Gesetz in die eigenen Hände nehmen wollen.

Schuld an dieser Radikalisierung, so Experten, seien die schwere Wirtschaftskrise, die hohe Arbeitslosigkeit und die Migrantenwelle aus Asien und Afrika. Über die Grenze zur Türkei fluten Flüchtlinge aus Afghanistan, Pakistan, afrikanischen Ländern und anderswo in das marode Mittelmeerland. Die Rechtsextremen unterstellen ihnen, zu stehlen, zu rauben, zu vergewaltigen, zu töten und den Griechen die immer dürftiger werdenden Arbeitsplätze wegzunehmen. Deshalb fordern sie massenhafte Abschiebungen, Immigranten aus Krankenhäusern und Schulen zu entfernen und Griechen, die die illegalen Einwanderer unterstützen, gerichtlich zu verfolgen. »Sie haben alles in unserer Gesellschaft zerstört«, sagte Ilias Panagiotaros, der für die „Goldene Dämmerung" im Parlament sitzt.[430]

Griechenland macht angesichts der Krise einen äußerst bedenklichen Rechtsruck. Das erkannte auch der griechische Premier.[431] Die soziale Ordnung steht vor dem Zusammenbruch, die Kriminalität nimmt drastisch zu und eine allgemeine Gesetzlosigkeit breitet sich aus. Davon profitieren

---

[429] Vgl. »Antonis Samaras: ‚Wenn wir scheitern, wartet das Chaos'« in: *Handelsblatt v. 05.-07.10.12*

[430] Vgl. »Rechtsextreme Partei mischt Griechenland auf« in: *wallstreetjournal.de v. 17.10.12* (http://www.wallstreetjournal.de/article/SB10000872396390443675404578060563924216202.html)/Zugriff: 19.10.12

[431] Vgl. »Rechtsextreme Partei mischt Griechenland auf« in: *wallstreetjournal.de v. 17.10.12* (http://www.wallstreetjournal.de/article/SB10000872396390443675404578060563924216202.html)/Zugriff: 19.10.12

die Rechts- aber auch Linksradikalen, die sich schon längst Straßenkämpfe gegeneinander liefern.

Das sollte vor allem uns Deutschen zu denken geben, sind wir doch durch unsere jüngere Vergangenheit vorbelastet. Auch die Weimarer Republik schaffte es angesichts der Weltwirtschaftskrise nicht, massiven Sozialabbau zu verhindern, und verhalf damit den Nationalsozialisten zum politischen Aufstieg. Wenige Jahre später stürzte Adolf Hitler die Welt in den bislang furchtbarsten Krieg, den die Menschheit je gesehen hat, mit Millionen von Toten.

Die größte griechische Gewerkschaftsverband GSEE warnte bereits im Herbst 2012 vor »katastrophalen Folgen« für die Gesellschaft, die Wirtschaft und die Arbeitnehmer. Einer Umfrage[432] der EU-Kommission nach fürchten sich 80 Prozent der Griechen im Alter vor einem Leben unter unwürdigen Umständen. Ende 2014 wird die Wirtschaftsleistung gegenüber dem Beginn der Krise um mehr als 25 Prozent geschrumpft sein. Der Lebensstandard ist um über ein Drittel gesunken. Die Armut wächst rapide, die Bevölkerung »verelendet« im wahrsten Sinne des Wortes. Armenspeisungen nehmen zu. Aus Hunger sind immer mehr Menschen gezwungen, Suppenküchen aufzusuchen, um eine warme Mahlzeit zu erhalten. Inzwischen auch Mitglieder der sogenannten »Mittelschicht«. Pro Tag versorgt die orthodoxe Kirche so rund 250.000 Hungrige. Denn viele können sich nicht einmal mehr eine Mahlzeit leisten. Als im Februar 2013 Bauern in Athen gratis Gemüse und Obst an Bedürftige verteilen, liefern sich rund 5000 Menschen stundenlange Rangeleien vor den Ständen, die am Landwirtschaftsministerium aufgebaut sind. Einige von ihnen stürmten sogar einen LKW. Fotos von Kindern, die in den Abfällen des Obstmarktes in Kypseli nach Essbarem wühlen, gingen um die Welt, ebenso Berichte von unterernährten Schülern, die im Unterricht vor Entkräftung in Ohnmacht fielen. Der Staat sah sich deswegen gezwungen, Lebensmittelcoupons an die am härtesten betroffenen Schüler zu verteilen. Damit nicht genug: Vor allem in Nordgriechenland drohten im Winter 2012/2013 Schulschließungen wegen Heizölmangels. Im Zuge der Sparmaßnahmen waren die Zuschüsse für Schulen so stark gekürzt worden, dass sich viele nicht einmal mehr das

---

[432] Im August 2012

Heizen leisten konnten. Das alles bedeutet einen in der EU-Geschichte beispiellosen Wohlstandsverlust.

Apropos Heizen: Im Zuge der Sparmaßnahmen erhöhte die Regierung auch die Heizölsteuer, glich sie der höheren Dieselölsteuer an. Somit stiegen die Preise für Heizöl seit 2011 um mehr als 50 Prozent! 1 Liter kostet damit rund 1,40 Euro (Stand Februar 2013). In vielen Mietshäusern wurden im Winter die Zentralheizungen gleich gar nicht mehr in Betrieb genommen. Da die meisten Menschen sich Heizöl nicht mehr leisten können, heizen sie nun mit Holz. Und das mit gravierenden Auswirkungen: Beißender Geruch und ein graubrauner Dunst verpesten nun die städtischen Ballungszentren. Der gesundheitsgefährdende Smog verursacht Brennen im Hals und tränende Augen. So warnte die griechische Ärztekammer bereits, dass dieses Phänomen »bedrohliche Dimensionen« angenommen habe und das Leben von Millionen Bürgern Gefahren aussetze. Insbesondere gelte dies für Kinder und chronisch Kranke. Hinzukommt, dass das Brennholz illegal geschlagen und verkauft wird. Den Großstädten droht damit eine Verödung der ohnehin spärlichen Grünanlagen.[433]

Not zeigt aber auch Solidarität: So erreichte im September 2012 ein »Soli-Lkw« die erwerbslosen Stahlarbeiterfamilien in Aspropyrgos bei Athen, beladen mit 5 Tonnen Lebens- und Waschmitteln, Baby- und Hygieneartikeln. Bei der Übergabe der deutschen Hilfsgüter überwanden die Stahlarbeiter ihre Scham mit Tränen in den Augen, wie Beteiligte berichteten.[434] Losgeschickt worden war der Lkw vom 10. Frauenpolitischen Ratschlag in Ludwigsburg, einem überparteilichen Forum von Frauen- und Friedensbewegung und Montagsdemonstrationen. Die Stahlarbeiter der Firma Helliniki Halyvourgia hatten monatelang gegen Entlassungen und Lohnkürzungen von bis zu 40 Prozent gestreikt. Sondereinheiten der Polizei versuchten den Protest gewaltsam zu beenden. Schließlich wurde den Streikenden jegliche Arbeitslosenunterstützung verweigert. Die Not der Familien ist groß.

---

[433] Vgl. »Griechische Ärzte schlagen Alarm wegen Brennholz-Smog« in: *spiegel.de v. 02.01.13* (http://www.spiegel.de/wirtschaft/soziales/euro-krise-griechische-aerzte-schlagen-alarm-wegen-luftverschmutzung-a-875429.html)/Zugriff: 05.02.13

[434] Vgl. »Was für ein bewegender Moment« in: *Frauenpolitischer Ratschlag* (http://frauenpolitischerratschlag.de/index.php?option=com_content&task=view&id=282&Itemid=1)/Zugriff: 11.10.12

Doch nicht alle können mit Care-Paketen aus dem Ausland rechnen. Manch einer weiß sich nicht mehr anders zu helfen, als dem sozialen Elend ein Ende zu bereiten. In den letzten drei Jahren stiegen die Selbstmorde und Selbstmordversuche im Griechenland um 40 Prozent. Allein im Sommer 2012 gab es 50 Selbstmorde und 350 Suizidversuche; die meisten Opfer gehörten dem Mittelstand an. Eines von ihnen, ein Athener Apotheker, schrieb in einem Abschiedsbrief: »Die Regierung hat meine Überlebensmöglichkeit zerstört. Meine Rente, die ich selbst über 35 Jahre eingezahlt habe, ist bedroht. Bevor ich anfange, im Müll zu suchen, setze ich meinem Leben ein Ende.«[435] Wieder einmal zeigt sich, dass die Realität schlimmer als jede Fiktion ist, auch wenn diese noch so nahe an der Wirklichkeit ist: Der Krimi »Zahltag« des Autors Petros Markaris, handelt unter anderem auch von einem Gruppenselbstmord vierer Rentnerinnen, die ihre Medikamente von den zusammengestrichenen Renten nicht mehr bezahlen konnten.

Damit fällt für viele Menschen, die ein Leben lang an ihren Staat geglaubt und hart für ihn gearbeitet hatten, der Vorhang eines zuletzt einsamen Kampfes gegen den sozialen Abstieg und die Verarmung. Sie sind die ersten Opfer eines »Krieges gegen das Volk«.[436]

Ein Bürgerkrieg in Griechenland ist, neben den sozialen Unruhen und der Radikalisierung durch Links- und Rechtsextreme, alles andere als utopisch. Selbst griechische Militärs wandten sich gegen politische Vertreter: Ende Oktober 2011 wurde der damalige Verteidigungsminister Panos Beglitis in Thesssaloniki bei einer offiziellen Feierstunde von Demonstranten nicht nur beschimpft, sondern auch angegriffen. Darunter sollen auch Mitglieder der Streitkräfte gewesen sein. Im Oktober 2012 enthüllte die Athener Sonntagszeitung To Vima brisante Details zu einem geplanten Militärputsch ein Jahr zuvor.[437] Zu jener Zeit brandeten längst die Proteste des Volkes gegen die immer drastischeren Sparprogramme der Regierung auf. So sei der damalige sozialistische Ministerpräsident, Giorgos Papandreou, von

---

[435] Vgl. »Der letzte Vorhang« in: *Der Spiegel 33/2012, S. 78, 79*

[436] So wetterten bereits 2010 griechische Oppositionsparteien.

[437] Vgl. »Wollte Griechenlands Militär putschen?« in: *tagesspiegel.de v. 01.10.12* (http://www.tagesspiegel.de/politik/eurokrise-wollte-griechenlands-militaer-putschen/7200170.html)/Zugriff: 01.10.12/»Griffen griechische Generäle nach der Macht?« in: *handelsblatt.com v. 30.09.12* (http://www.handelsblatt.com/politik/international/putschplaene-griffen-griechische-generaele-nach-der-macht/7199508.html)/Zugriff: 11.12.12

Teilen der Militärführung als »Verräter« angesehen worden. Mit seiner Zustimmung zu den IWF- und EU-Sparauflagen hätte er Griechenland zu einem »Protektorat ausländischer Mächte« gemacht.[438] Ultranationalistisch-patriotische Offiziere wollten die Nation vor drohenden Unruhen im Inneren bewahren sowie die Ehre Griechenlands wieder herstellen. Im Vorfeld soll ein pensionierter Offizier einen »namentlich nicht genannten Politiker aus dem rechtsnationalistischen Spektrum« kontaktiert haben, bei einer vom Militär gebildeten Übergangsregierung mitzumachen. Als der griechische Geheimdienst von den Putschplänen erfuhr, informierte er die Regierung.
Premier Samaras und auch das Verteidigungsministerium dementierten den To-Vima-Bericht schnell, allerdings klang das nicht sehr glaubwürdig. Tatsächlich hatte Verteidigungsminister Beglitis am 1. November 2011 überraschend die führenden Oberkommandierenden der drei Waffengattungen entlassen. Für diese Ablösungen gab es damals keine einleuchtende Erklärung. So soll, laut der französischen Zeitung *Libération,* der Sozialist Papendreou im selben Monat bei einem Gespräch mit Bundeskanzlerin Angela Merkel und dem damaligen französischen Staatspräsidenten Nikolas Sarkozy in Cannes die von ihm vorgeschlagene Volksabstimmung über das Sparprogramm mit der Gefahr eines drohenden Militärputsches abgelehnt haben. Am Rande sei erwähnt, dass im Jahr 1967 schon einmal das Militär geputscht hatte, um den zu erwartenden Wahlsieg des Linkssozialisten Andreas Papandreou zu verhindern. Die Militärdiktatur dauerte anschließend sieben Jahre.
Auch so kracht es in der aktuellen griechischen Regierung ein ums andere Mal: Oppositionsführer Alexis Tsipras von der radikalen Linken Syriza forderte bereits Ende 2012 für das Frühjahr 2013 vorgezogene Parlamentswahlen. Nach Umfragen lag seine Partei in der Wählergunst vorn. Wie bereits erwähnt will Tsipras die Kreditverträge Griechenlands mit der EU und dem IWF aufkündigen und den Schuldendienst »einseitig einstellen«.[439]

---

[438] Vgl. »Griffen griechische Generäle nach der Macht?« in: *handelsblatt.com v. 30.09.12* (http://www.handelsblatt.com/politik/international/putschplaene-griffen-griechische-generaele-nach-der-macht/7199508.html)/Zugriff: 11.12.12
[439] Vgl. »Radikal-Linker Tsipras greift nach der Macht« in: *Handelsblatt v. 04.12.12*

Ministerpräsident Samaras bekannte: »Ich kann es nicht bestreiten und will es auch nicht: Die griechische Demokratie steht vor ihrer vielleicht größten Herausforderung. Es geht um den sozialen Zusammenhalt unserer Gesellschaft (...) Es gibt keinen Weg zurück.«[440]

Der Athener Politikprofessor Dimitris Charalambis sieht Griechenlands Zukunft sogar noch düsterer. »Ich befürchte ein langsames Zusammenbrechen des Staates und eine Fäulnis des sozialen Systems«, sagte er. So hätte der Kampf Arm gegen Reich schon längst begonnen. Es wäre eine »Ghettobildung« zu beobachten. »Ganze Straßenzüge verarmen (...) Unsere Gesellschaft verroht. Wir hatten 3000 Selbstmorde in den vergangenen drei Jahren. Raubüberfälle und Messerstechereien sind den Zeitungen nur noch kleine Meldungen wert.« Und weiter: »Ich kann mir etwas noch Schlimmeres vorstellen. Die Bildung einer Terrororganisation, wie wir sie schon einmal hatten. Diese Terroristen genossen in der Bevölkerung viel Sympathie. Ich sage: Wenn hier der erste Molotow-Cocktail in einen Porsche Cayenne fliegt, dann wird es richtig gefährlich.«[441]

Gefährlich ist es schon längst - in Griechenland zu leben. Nicht nur aus vorangegangenen Gründen. Im Februar 2013 wird eine Studie des Marktforschungsinstituts Marc im Auftrag des griechischen Verbandes des Groß- und Einzelhandels veröffentlicht. Die nackten Zahlen schockieren nicht nur die Hellenen: Neun von zehn griechischen Privathaushalten erlitten seit Beginn der Krise 2010 rund 38 Prozent Einkommenseinbußen. In vier von zehn Haushalten ist mindestens ein Mitglied ohne Arbeit. 83 Prozent sparen bei den Heizkosten. Neun von zehn Familien geben weniger Geld für Kleidung, Schuhe, Reisen und Geschenke aus. 90 Prozent reduzieren Cafe-, Tavernen- und Kinobesuche. 40 Prozent der Haushalte sind mit dem Ausgleich ihrer Steuern, Strom-, Wasser- und Gasrechnungen im Rückstand. Für 2014 sehen 54 Prozent nicht mehr, wie sie ihren Zahlungsverpflichtungen nachkommen können. Viele können sich nicht

---

[440] Vgl. »Antonis Samaras: ‚Wenn wir scheitern, wartet das Chaos'« in: *Handelsblatt v. 05.-07.10.12*

[441] Vgl. »Ich befürchte ein langsames Zusammenbrechen des Staates« in: *stern.de v. 17.11.12* (http://www.stern.de/politik/deutschland/eurokrise-und-folgen-ich-befuerchte-ein-langsames-zusammenbrechen-des-staates-1927441.html)/Zugriff: 21.11.12

einmal mehr eine Mahlzeit leisten. Fast ein Viertel der Griechen leben inzwischen unter der Armutsschwelle![442]

Doch die Regierung hat einiges dagegen, dass ein »schlechtes« Bild nach außen dringt. So wird immer mehr Zensur als Mittel der Politik eingesetzt. Beispielsweise werden seit Anfang des Jahres 2013 gegen Androhung von Strafe verboten, im Fernsehen Bilder von »verwahrlosten Griechen zu zeigen.Der Medienaufsicht gemäß sollen es die Sender unterlassen, die Krisenfolgen anhand personifizierter Beispiele zu präsentieren. Dass dadurch für Medienkonsumenten ein real nicht existierendes Paralleluniversum, in dem lediglich die Parolen der Regierung vom angeblich nahenden Wirtschaftswachstum geschaffen wird, scheint dem Rundfunkrat nicht nur egal zu sein, sondern das dürfte eher beabsichtigt sein«.[443] So bekommt auch der englische *Guardian* Schwierigkeiten, als er ein Bild mit zahlreichen, um eine Tüte Orangen bettelnder, verarmter Griechen, zeigt. Damit würde die britische Zeitung zusammen mit anderen ausländischen Medien »das Bild des Landes im Ausland verzerren und somit dem Land Schaden zufügen«.[444] So werden den Griechen wohl auch zukünftig Berichte ihres eigenen Elends in den heimischen Medien vorenthalten. Wie zum Beispiel des Todes eines unversicherten Kindes in einem Krankenhaus, das nicht genügend finanzielle Mittel zur Verfügung hatte.[445]

Die hellenische Regierung zeigt sich fast wie in einer Diktatur: mit eisernen Reformen und Zensur. Kurz und bündig: Das griechische Volk wird von Sparreformen ans Kreuz des sozialen Elends genagelt. Eine Nation vor dem Chaos. Vor dem Crash. Vor dem endgültigen Aus.

---

[442] Vgl. »23 Prozent der Griechen sind arm« in: *tagesspiegel.de v. 11.02.13* (http://www.tagesspiegel.de/politik/euro-krise-23-prozent-der-griechen-sind-arm/7762414.html)/Zugriff: 11.02.13

[443] Vgl. »Die 'verbotene' Nachricht« in: *heise.de v. 11.02.13* (http://www.heise.de/tp/artikel/38/38543/1.html)/Zugriff: 31.03.13

[444] Vgl. »Die 'verbotene' Nachricht« in: *heise.de v. 11.02.13* (http://www.heise.de/tp/artikel/38/38543/1.html)/Zugriff: 31.03.13

[445] Vgl. »Die 'verbotene' Nachricht« in: *heise.de v. 11.02.13* (http://www.heise.de/tp/artikel/38/38543/1.html)/Zugriff: 31.03.13

# Exkurs 3: »Grexit« und »Drachmageddon« – was wäre wenn?[xx]

»There will not be a Staatsbankrott.« Mit diesem inzwischen legendären deutsch-englischen Satz antwortete Bundesfinanzminister Wolfgang Schäuble im Oktober 2012 bei einem Besuch in Singapur auf die Frage, ob Griechenland Pleite gehen würde.[446] Auf der anderen Seite der Erdkugel, genauer in Athen, verwahrte sich der griechische Ministerpräsident Antonis Samaras gegen negative medialen Schlagwörter wie »Grexit«[447] oder »Drachmageddon«[448]. Diese würden Anleger und Investoren verschrecken.[449]

Fürwahr: Wenn Griechenland fällt, dann fällt der Euro. Und wenn der Euro fällt, dann auch die EU. So – oder so ähnlich – ist die Meinung vieler Politiker aller Parteien-Couleur quer durch Europa. Aus diesem Grund vollführte auch die Bundesregierung eine Kehrtwende in ihrer eigenen Politik: Einst hieß es noch, wenn Griechenland, das schwächste Glied der »Euro-Kette« ausscheide, würde die Kette insgesamt stärker werden. Oder anders ausgedrückt: Wenn das kranke Glied vom Körper abgetrennt wird, kann Rest-Europa endlich gesunden. Doch im Sommer 2012 kamen Zweifel daran auf. Statt von einer »Ketten- oder Amputationstheorie« war nun von einem »Domino-Effekt« die Rede: Sollte Griechenland kippen, drohen anschließend auch andere Länder mitgerissen zu werden. Ähnlich wie vier Jahre zuvor bei der Pleite der US-Investment-Bank Lehman Brothers – damals stürzte gleich die ganze Weltwirtschaft in den Abgrund. Der Exit Griechenlands wird somit ein unkalkulierbares Risiko, das unter keinen Umständen eingegangen werden darf.

---

[446] Vgl. »There will not be a Staatsbankrott« in: *Financial Times Deutschland v. 15.10.12*
[447] freiwilliger oder erzwungener Austritt, der Exit, Griechenlands aus der Eurozone
[448] Abschaffung des Euro und Wiedereinführung der alten Landeswährung Drachme
[449] Vgl. »Antonis Samaras: ‚Wenn wir scheitern, wartet das Chaos'« in: *Handelsblatt v. 05.-07.10.12*

Angela Merkel betonte deshalb im September 2012 vor der Bundespressekonferenz: »Ich wünsche mir, dass Griechenland im Euro-Raum bleibt.«[450] Und legte nach: »Wir wollen, dass Griechenland Erfolg hat, weil es für uns alle doch besser ist (...) Es hilft nicht, wenn man sich gegen Maßnahmen auflehnt, die sowieso gemacht werden müssen.«[451] Doch ganz einig schien sich die Koalition darüber nicht zu sein, denn einen Monat zuvor erklärte CSU-Generalsekretär Alexander Dobrindt noch: »Ich sehe Griechenland 2013 außerhalb der Euro-Zone. An einem Austritt führt kein Weg vorbei.«[452] Vorgelegt hatte FDP-Wirtschaftsminister und Vize-Kanzler Philipp Rösler, der in einem Austritt Griechenlands »keinen Schrecken« mehr sah. Unter dem Druck Merkels ruderte er jedoch später wieder zurück.[453]

Zudem gibt es einen weiteren gewichtigen »Domino-Effekt«-Gegenspieler: Bundesfinanzminister Wolfgang Schäuble. Er machte zunächst allen klar, auch seinen Kollegen in der EU, dass der Austritt Griechenlands »vertretbar« wäre.[454] Allerdings mit einem innenpolitischen Hintergedanken: Auf diese Weise könnte die deutsche Bevölkerung vielleicht davon überzeugt werden, dass die Nächsten in der »Bedürftigen-Schlange«, Spanien und Italien, zukünftig mit Hilfsprogrammen finanziert werden müssten.

Der slowakische Parlamentspräsident Richard Sulik ging noch weiter, griff wegen der Griechenlandhilfe sogar die Prinzipien der EU an. »Im Vertrag zum bestehenden Rettungsschirm steht, dass nur Länder Darlehen bekommen dürfen, die in der Lage sind, sie zurückzuzahlen. Beim Schuldenstand Griechenlands ist das ausgeschlossen«, meinte Sulik. »Die Griechen dürfen kein Geld mehr bekommen (...) Ein slowakischer Rentner hat 400 Euro, ein griechischer 1200 Euro. Die Slowakei hat die niedrigsten Löhne in der Eurozone. Wir sind das ärmste Land. Das ist keine Solidarität

---

[450] Vgl. »Angela Merkel: Griechenland soll im Euro-Raum bleiben« in: *Focus.de v. 17.09.12* (http://www.focus.de/politik/deutschland/trotz-anhaltender-euro-krise-angela-merkel-griechenland-soll-im-euro-raum-bleiben_aid_821064.html)/Zugriff: 18.09.12

[451] Vgl. »Griechenland bekommt mehr Zeit« in: *RP-Online v. 18.09.12* (http://nachrichten.rp-online.de/wirtschaft/griechenland-bekommt-mehr-zeit-1.2997950)/Zugriff: 20.09.12

[452] Vgl. »Merkel versucht ein Machtwort« in: *Financial Times Deutschland v. 27.08.12*

[453] Vgl. »Merkel versucht ein Machtwort« in: *Financial Times Deutschland v. 27.08.12*/»Streit um den ‚Grexit'« in: *Financial Times Deutschland v. 24.07.12*

[454] Vgl. »Europa – Das blutende Herz« in: *Der Spiegel 37/2012, S. 25*

mehr, das ist pervers.« Und weiter: »Aber es wird schon wieder eine Regel gebrochen. Das hat die EU-Kommission zu verantworten.«[455]

Roland Tichy, Chefredakteur der *Wirtschaftswoche,* meinte dazu: »Zu hohe Schulden, reden sie uns ein, kann man dadurch bekämpfen, dass man mehr Schulden macht. Irgendwann werden unsere Kinder fragen, wie wir ernsthaft glauben konnten, den Euro dadurch zu retten, dass wir Griechenlands Schulden bezahlen und ihm helfen, noch mehr Schulden zu machen.« Tichy kam zu dem Schluss: »Lasst Griechenland pleitegehen (...) Gebt Griechenland die Chance, seine Schulden abzuschütteln, neu zu starten und seinen eigenen Weg zu finden, ohne die erdrückende Last einer Hartwährung, die für rational agierende Wirtschaften konstruiert wurde.«[456]

Auch Ifo-Chef Hans-Werner Sinn sah für Griechenland in der Euro-Zone keine Zukunft mehr: Im Euro würde das Land nicht wieder wettbewerbsfähig werden.[457] So wären auch die ökonomischen Probleme nicht lösbar, die entstehen würden, wenn Griechenland weiterhin in der Währungsunion verbleibe. Die Politik Angela Merkels sei keine Rettung, sondern eine »Konkursverschleppung«[458]. Sinn: »Im Moment erleben wir in Griechenland eine Katastrophe – und das ist keine Katastrophe durch Austritt, sondern durch Verbleib in der Euro-Zone.«[459] Stefan Keitel von der Schweizer Bank Crédit Suisse prophezeite: »Ich setze auf einen Ausstieg Griechenlands 2013 oder 2014.«[460] Damit sei die übrige EU von einem bankrotten Staat »befreit«. Willem Buiter, Chefvolkswirt der Citibank, erklärte, trotz ESM und EZB-Hilfen sei die Wahrscheinlichkeit, dass

---

[455] Vgl. »Richard Sulik über die perverse Eurorettung« in: *tagesanzeiger.ch v. 27.09.11* (http://de.ibtimes.com/articles/24689/20110927/richard-sulik-ber-die-perverse-eurorettung.htm)/Zugriff: 02.10.12

[456] Vgl. »Heilung durch Flucht« in: *Wirtschaftswoche 47/2012, S. 3*

[457] Vgl. »,Die Jugend wird auf dem Altar des Euros geopfert'« in: *Focus Money v. 26.09.12* (http://www.focus.de/finanzen/news/staatsverschuldung/ifo-chef-sinn-zur-euro-krise-die-jugend-wird-auf-dem-altar-des-euros-geopfert_aid_827423.html)/Zugriff: 27.09.12

[458] Vgl. »Sinn hält Austritt der Griechen für unvermeidbar« in: *Die Welt v. 06.10.12* (http://www.welt.de/wirtschaft/article109665255/Sinn-haelt-Austritt-der-Griechen-fuer-unvermeidbar.html)/Zugriff: 07.101.12

[459] Vgl. »In einer Sackgasse« in: *Der Spiegel 47/2012, S. 97*

[460] Vgl. »,Die Inflation wird kommen'« in: *Financial Times Deutschland v. 26.09.12*

Griechenland den Euro in den nächsten Monaten verlassen würde, auf 90 Prozent gestiegen.[461]

SPD-Kanzlerkandidat Peer Steinbrück hingegen warnte vor einem Austritt der Hellenen aus der EU: »Die politischen und ökonomischen Erschütterungen wären verheerend.«[462] Sicher jedenfalls ist, dass ein Exit Griechenlands Deutschland rund 137 Milliarden Euro (64 Milliarden Hilfszahlungen plus 73 Milliarden Einbußen) kosten würde. Athen selbst müsste 164 Milliarden Euro bis zum Jahr 2020 abschreiben.

»Der Austritt aus dem Euro ist keine Option für Griechenland – er wäre eine Katastrophe«, erklärte Ministerpräsident Antonis Samaras. »Die Vermögen unseres Landes und seiner Bürger wären über Nacht deutlich entwertet, unsere Schulden würden explodieren.«[463] Der ehemalige Regierungschef Lukas Papademos betonte, dass sich die Inflation beschleunigen würde, »die realen Einkommen würden einbrechen, das Bankensystem käme unter extremen Druck, der Zugang zu den Kapitalmärkten wäre verbaut, und die Sanierung des Haushalts wäre noch schwieriger, wenn auch zeitweise eine lockere Geldpolitik die Probleme überdecken könnte«. Und weiter: »Es gibt ökonomische Modelle, nach denen die Inflation von derzeit 1,5 Prozent auf 30 oder sogar 50 Prozent ansteigen könnte und das reale BIP[464] um weitere 20 Prozent sinken würde (...) Alles in allem: Die ökonomischen Folgen eines Ausstiegs wären eine Katastrophe. Und die sozialen Folgen, vor allem für die schwächeren Mitglieder der Gesellschaft, wären sehr tief gehend und lang andauernd.«[465]

Tatsächlich besteht bei einem »Grexit« die Gefahr, dass dort »die Demokratie ins Wanken« geriete, wie es Bundeskanzlerin Angela Merkel ausdrückte.[466] Auch der baden-württembergische SPD-Finanz- und Wirtschaftsminister Nils Schmid warnte vor »bürgerkriegsähnlichen Zuständen«, wenn die Hellenen aus dem Euro austräten, und vor

---

[461] Vgl. »Die Euro-Krise frisst sich weiter durch Europa« in: *Focus Money v. 20.09.12* (http://www.focus.de/finanzen/news/staatsverschuldung/tid-27417/beunruhigende-zahlen-die-euro-krise-frisst-sich-weiter-durch-europa_aid_823847.html)/Zugriff: 21.09.12

[462] Vgl. /»Steinbrück fordert Merkel zu mehr Ehrlichkeit in Eurokrise auf« in: *Welt.de v. 30.09.12* (http://www.welt.de/newsticker/dpa_nt/infoline_nt/schlaglichter_nt/article109545884/Steinbrueck-fordert-Merkel-zu-mehr-Ehrlichkeit-in-Euro-Krise-auf.html)/Zugriff: 30.09.12

[463] Vgl. »Antonis Samaras: ‚Wenn wir scheitern, wartet das Chaos'« in: *Handelsblatt v. 05.-07.10.12*

[464] Bruttoinlandsprodukt

[465] Vgl. »Lukas Papademos: Der Ausstieg wäre katastrophal« in: *Handelsblatt v. 12.06.12*

[466] Vgl. »Europa – Das blutende Herz« in: *Der Spiegel 37/2012, S. 25*

hunderttausenden Bürgerkriegsflüchtlingen.[467] Und Michael Burda, US-Ökonom und Professor an der Berliner Humboldt-Universität, beschwor ein »ökonomisches Chaos«, in das Griechenland vermutlich abgleiten würde.[468] In dieser Hinsicht haben die mahnenden Stimmen sicher Recht, wie ich bereits ausführlich beschrieben habe (siehe Kapitel *2.2.*).

Doch noch aus einem anderen Grund scheint der »Grexit« für die europäischen Politiker keine Option zu sein: Griechenland befindet sich in einer äußerst wichtigen geostrategischen Lage, sichert die Südostflanke der EU gegen Flüchtlingsströme ab und ist Mitglied der NATO[469], damit wichtigster Verbündeter im krisengeschüttelten östlichen Mittelmeer.

Das alles scheint die Menschen hierzulande jedoch nicht zu überzeugen. Eine Umfrage der britischen *Financial Times* im September 2012 ergab, dass gerade mal ein Viertel der Deutschen für den Verbleib Griechenlands in der Euro-Zone waren. Eine weitere Umfrage unter europäischen Wirtschaftseliten durch die Unternehmensberatung Roland Berger zeigte, dass 61 Prozent der Manager meinten, die Griechen würden die Euro-Zone verlassen.

US-amerikanische Unternehmensberater bereiten Banken und Großunternehmen konkret auf den griechischen Euro-Austritt vor. Außerdem beleuchten ihre Notfallpläne Szenarien vom Ausscheiden mehrerer Länder oder gar den kompletten Zusammenbruch der Euro-Zone. Auch deutsche Experten für Risikomanagement spielen für Kreditinstitute die Rückkehr zur Drachme durch. Die Umstellung dafür würde gerade mal ein Wochenende dauern. So ließen einige ausländische Konzerne in Griechenland Konten für die Drachme einrichten. Und Kreditkartenunternehmen erklärten bereits, einen schnellen Übergang zu einer neuen Währung gewährleisten zu können.

Europas Regierungen erwägen, beim »Grexit« ein Paket zur Stärkung der verbleibenden Währungsunion zu schnüren: Aufstockung der Hilfsprogramme für verschiedene marode Mitgliedsstaaten, Beantragung vorbeugender ESM-Kredite jener Länder, Aufkauf von deren Staatsanleihen

---

[467] Vgl. »Minister warnt vor Flüchtlingswelle aus Griechenland« in: *Bild v. 21.09.12*

[468] Vgl. »Ökonomen warnen vor Eskalation« in: *handelsblatt.com v. 20.10.12* (http://www.handelsblatt.com/politik/konjunktur/nachrichten/euro-krise-oekonomen-warnen-vor-eskalation-/7278544.html)/Zugriff: 23.10.12

[469] North Atlantic Treaty Organization (Organisation des Nordatlantikvertrags)

durch die EZB, einheitliche Beaufsichtigung und Umstrukturierung von Banken, Koordination und Überwachung der Haushaltspolitik.

Wirtschaftsprofessoren plädieren derweil für eine Parallelwährung: Trotz Einführung einer neuen Drachme solle der Euro nicht aufgegeben werden. Dadurch würde das Chaos einer vollständigen Währungsreform vermieden. Der Chefvolkswirt der Deutschen Bank, Thomas Mayer, sprach sich ebenfalls dafür aus.[470] Alle laufenden Zahlungen wie beispielsweise Löhne und Renten würden dabei in eine neue Währung umgestellt, die gegenüber dem Euro stark an Wert verlieren dürfte. Spareinlagen und Bargeldbestände blieben jedoch in Euro. Dadurch würde ein »Bank-Run« nicht nur in Griechenland, sondern auch in anderen Krisenländern wie Spanien und Portugal verhindert. Der Nachteil: Die griechischen Banken wären auf eine noch stärkere finanzielle Stützung als bisher angewiesen. Dagegen spricht sich Wirtschaftsprofessor Roland Vaubel von der Universität Mannheim aus: Jegliche Finanzhilfen für Griechenland müssten gestoppt werden.[471] Bei der Einführung einer Parallelwährung müsste die Bevölkerung gezwungen werden, alle bestehenden Verträge auf diese umzustellen.

Martin Schulz, Präsident des EU-Parlaments, forderte gar eine »Sonderzone« für die griechische Wirtschaft, kontrolliert von einer »Wachstumsagentur«, bestehend aus einheimischen und europäischen Beamten und gefördert von der EU.[472] Dadurch sollten potenzielle Investoren mehr Sicherheit erhalten. Allerdings müsste Athen auch bereit sein, zusammen mit anderen europäischen Institutionen das Land aufzubauen. Doch vielen Griechen missfiel dieser Vorschlag: Das Reizwort von der »Besatzungsmacht« kam auf, obwohl der EU-Parlamentspräsident dem vehement widersprach.

---

[470] Vgl. »Der schwierige Spagat zwischen Drachme und Euro« in: *Handelsblatt v. 30.07.12*

[471] Vgl. »Der schwierige Spagat zwischen Drachme und Euro« in: *Handelsblatt v. 30.07.12*

[472] Vgl. »Sonderwirtschaftszone für Griechenland« in: *Frankfurter Rundschau Online v. 03.09.12* (http://www.fr-online.de/wirtschaft/eurokrise-sonderwirtschaftszone-fuer-griechenland,1472780,17031470.html)/Zugriff: 04.09.12

# 3. TEIL

# 2013 – Crash-Countdown[xxi]

*»Wenn der Staat Pleite macht, geht natürlich nicht der Staat pleite, sondern seine Bürger!«*
Carl Fürstenberg (deutscher Bankier)[xxii]

*»Bis heute ist die extreme Fragilität des internationalen Finanzsystems, die wir vor allem nach dem Kollaps von Lehman Brothers gesehen haben, nicht ausreichend untersucht, geschweige denn hinreichend erklärt worden.«*
Jean-Claude Trichet (ehemaliger Präsident der Europäischen Zentralbank)[xxiii]

*»Aber man kann alles in nur einer Sekunde verlieren. Und dann erst beginnt das Leben: wie man damit umgeht. Denn der Maßstab für das, was du bist, ist, was du bereit bist aufzugeben."*
Richard Ford (US-amerikanischer Schriftsteller)[xxiv]

## 3.1. Warnungen vor dem Crash[xxv]

### 3.1.1. Der »Brandbrief« der Ökonomen

Der Sommer und der Herbst 2012 waren hierzulande nicht nur hitzig, sondern auch äußerst turbulent. Schuld daran waren Ökonomen um Ifo-Chef Hans-Werner Sinn. Das Ifo-Institut – Leibniz-Institut für Wirtschaftsforschung an der Universität München e. V. ist eines der größten Wirtschaftsforschungsinstitute Deutschlands; eine »ökonomische Denkfabrik«. In einem »offenen Brief« vom 5. Juli 2012 warnten deren

Wirtschaftswissenschaftler eindringlich vor einer Bankenunion und bezeichneten die bisherigen EU-Gipfelbeschlüsse zur Rettung des Euro als falsch. »Die Steuerzahler, Rentner und Sparer der bislang noch soliden Länder Europas dürfen für die Absicherung dieser Schulden nicht in Haftung genommen werden«, heißt es da beispielsweise.[473] Durch die Beschlüsse seien nicht der Euro, sondern ausländische Banken gerettet worden, so Hans-Werner Sinn.[474]

National und auch international regte sich sofort Widerstand gegen das Ökonomen-Pamphlet; dieses provozierte regelrecht einen Experten-Streit. »Der Brief bestärkt die deutsche Öffentlichkeit in dem Irrglauben, dass man den Euro behalten, aber zugleich alles in Richtung Bankenunion verneinen kann«, sagte der US-amerikanische Währungsexperte Barry Eichengreen. »So etwas trägt nicht dazu bei, die Krise zu lösen«.[475] Der Wirtschaftsdekan der London School of Economics and Political Science (LSE), Alan Manning, kritisierte, dass der Nutzen der Währungsunion für Deutschland unterschätzt werde.[476] Und sein Kollege, der Währungsökonom Paul de Grauwe, meinte: »Diese Gruppe von Ökonomen – sie sprechen als Deutsche.«[477] Wieder andere warfen den deutschen Volkswirten neben einem »latenten Nationalismus« auch »fehlenden Realitätsbezug« vor. Doch solche Äußerungen waren nicht nur wesensfremd, sondern auch bar jeglicher Logik, fast gar populistisch.

Aber auch Bundeskanzlerin Angela Merkel war in diesen Tagen erzürnt über die eurokritischen Ökonomen. So warnte die Regierung vor »Panikmache«, vor einer »massiven Verunsicherung und Verwirrung der Wähler« und sprach von »schlimmster Stammtischökonomie«. Finanzminister Wolfgang Schäuble antwortete einige Wochen später auf die Frage, ob er versprechen könne, dass der Euro die Krise überlebt: »Ja, das kann ich. Der Euro bleibt eine vertrauenswürdige Währung, wenn ich auch befürchte, dass die Verunsicherung noch eine Weile anhalten wird.«[478] Nach

---

[473] Vgl. »Schlimmste Stammtischökonomie« in: *Financial Times Deutschland v. 06.07.12*
[474] Vgl. »Euro-Krise spaltet Ökonomen« in: *Handelsblatt v. 06.-08.07.12*
[475] Vgl. »Deutscher Aufruf empört Starökonomen« in: *Financial Times Deutschland v. 10.07.12*
[476] Vgl. »Schlimmste Stammtischökonomie« in: *Financial Times Deutschland v. 06.07.12*
[477] Vgl. »Schlimmste Stammtischökonomie« in: *Financial Times Deutschland v. 06.07.12*
[478] Vgl. »Eurokrise: Deutschland soll austreten oder helfen« in: *RP Online v. 09.09.12* (http://www.rp-online.de/wirtschaft/finanzen/eurokrise-deutschland-soll-austreten-oder-helfen-1.2986629)/Zugriff: 10.09.12

einem möglichen Crash wird man ihn an seinen eigenen Worten messen müssen.

Ifo-Präsident Hans-Werner Sinn, den Ex-Bundeskanzler Gerhard Schröder einmal als »Professor Unsinn«[479] und das Nachrichtenmagazin *Der Spiegel* als »Professor Propaganda«[480], betitelt hatten, steckte jedoch den Unmut über den Protestaufruf, den »Brandbrief« *(Financial Times Deutschland)*[481], lässig weg. Genauso wie den ausgelösten Ökonomenstreit. Zumindest wurden jetzt die unterschiedlichsten Worst-Case-Szenarien diskutiert, die auch einen Ausstieg Deutschlands betreffen.

### 3.1.2. Über die Euro-Schuldenkrise und das Überleben der EU

George Soros, US-amerikanischer Großinvestor und Spekulant, der einst erfolgreich gegen das britische Pfund gewettet hatte, sorgte im Herbst 2012 für weitere Irritationen. Der damals 82-Jährige meinte, dass der Euro die EU »gefährden« würde. Deutschland solle die Konsequenzen ziehen und aus dem Euro ausscheiden. Es gäbe nur die Alternative »führen oder austreten«,[482] also entweder den Euro-Raum verlassen oder schwächeren Mitgliedsstaaten gegen die dramatische Verschuldung und Rezession helfen. Dadurch könnten sich beispielsweise Spanien und Italien leichter erholen, weil der Euro deutlich abgewertet würde.[483] Ohne deutsche Führungsrolle in der Krise würde Europa eine »Wirtschaftskatastrophe von unabsehbaren Ausmaßen« erleben.[484]

Sicher scheint: Kehrt Deutschland, das wirtschaftlich stärkste Land, das die Ressourcen aufbringen kann, den Euro zu retten, dem Währungsraum den Rücken, würde dies auch das unmittelbare Ende der Europäischen Union bedeuten. Österreich, Finnland, die Niederlande und Luxemburg könnten den Euro-Rettungsschirm nicht allein tragen und würden ebenfalls austreten. Die EU würde zusammenbrechen – mit unkalkulierbaren Kosten.

---

[479] Vgl. »Sinn lässt die Kritik am Ökonomenaufruf abperlen« in: *Handelsblatt v. 20.-22.07.12*

[480] Vgl. »Sinn lässt die Kritik am Ökonomenaufruf abperlen« in: *Handelsblatt v. 20.-22.07.12*

[481] Vgl. »Regierung stürzt in Sinn-Krise« in: *Financial Times Deutschland v. 06.07.12*

[482] Vgl. »George Soros: ‚Der Euro gefährdet die EU'« in: *Handelsblatt v. 11.09.12*

[483] Vgl. »Schuldenkrise: ‚Deutschland muss mit dem Euro-Austritt drohen'« in: *SpiegelOnline v. 11.09.12* (http://www.spiegel.de/wirtschaft/soziales/euro-krise-oekonom-schlaegt-parallelwaehrungen-vor-a-855184.html)/Zugriff: 12.09.12

[484] Vgl. »George Soros: ‚Der Euro gefährdet die EU'« in: *Handelsblatt v. 11.09.12*

Die Angst vor einem Crash war und ist allgegenwärtig. Schon im Oktober 2011 warnte George Soros zusammen mit 100 Politikern, Ökonomen, Unternehmern und Managern aus ganz Europa, in einem »offenen Brief« davor, dass das globale Finanzsystem durch einen »Euro-Crash« zerstört würde.[485] Unterschrieben hatten beispielsweise auch der Bundesvorsitzende von Bündnis 90/Die Grünen, Cem Özdemir, Ex-Bundesverteidigungsminister und -Vizekanzler Joschka Fischer (Bündnis 90/Die Grünen), der deutsch-französische Politiker und Mitglied des Europäischen Parlaments, Daniel Cohn-Bendit (Bündnis 90/Die Grünen) und Ex-Bundesfinanzminister Hans Eichel (SPD). Neben Politikern halten auch Ökonomen die Möglichkeit eines Auseinanderbrechens der Euro-Zone für immer wahrscheinlicher. Beispielsweise sagte der langjährige Leiter der Prognoseabteilung des Kieler Instituts für Weltwirtschaft, Joachim Scheide: »Wir steuern jetzt auf einen Punkt zu, wo die Kapitalflucht vielleicht nicht mehr aufzuhalten sein wird. Ich sehe nicht, dass sich die Regierungen Europas auf Lösungen verständigen können, die den Zusammenbruch noch aufhalten könnten (...) Ich fürchte in Kürze eine Zuspitzung, die auch Deutschland in den Strudel ziehen wird.«[486] Der Wirtschaftswissenschaftler Dirk Meyer, Inhaber des Lehrstuhls für Ordnungsökonomik an der Hamburger Helmut-Schmidt-Universität, gab zu bedenken: »Allerdings könnte sich eine Fortführung der EWU[487] in der jetzigen Verfassung und Zusammensetzung ihrer Mitglieder als eine Sackgasse mit hohen ökonomischen und politischen Kosten herausstellen.«[488] Der CSU-Politiker Edmund Stoiber meinte: »Der Euro ist im Moment nicht das Stabilitätselement für die europäische Integration, sondern das Gegenteil.«[489]

Der so genannte Sachverständigenrat, bestehend aus Regierungsberatern, warnte in einem im Sommer 2012 veröffentlichten Gutachten: »Die

---

[485] Vgl. »George Soros warnt Regierungen vor Zerstörung des Finanzsystems durch Euro-Crash« in: *International Business Times v. 12.10.11* (http://de.ibtimes.com/articles/24781/20111012/george-soros-warnt-die-euro-regierungen-vor-zerst-rung-des-finanzsystems-durch-euro-crash.htm)/Zugriff: 13.09.12

[486] Vgl. »Ökonomen bangen um Währungsunion« in: *wirtschaft.t-online.de v. 25.06.12* (http://wirtschaft.t-online.de/oekonomen-befuerchten-den-euro-crash/id_57472078/index)/Zugriff: 31.08.12

[487] Europäische Währungsunion

[488] Vgl. »Fahrplan eines Euroaustritts – technische Vorbereitung und Durchführung aus Sicht eines Austrittslandes« in: *ifo Schnelldienst 6/2012, S. 22*

[489] Vgl. »,Erst belächelt, dann gescholten'« in: *Der Spiegel 40/2012*

europäische Währungsunion befindet sich in einer systematischen Krise, die den Fortbestand der gemeinsamen Währung und die ökonomische Stabilität Deutschlands gleichermaßen gefährdet.«[490] Zudem sei die bisherige Euro-Rettungspolitik für die Eskalation der Krise mitverantwortlich.[491] Lars Feld, Mitglied im Sachverständigenrat, erklärte: »Die Krise in der Euro-Zone wird immer bedrohlicher.«[492] Auch die Anlageexperten der Deutschen Bank dachten ganz konkret über ein Auseinanderbrechen der Gemeinschaftswährung nach.[493] Commerzbank-Chefvolkswirt Jörg Krämer sah das Risiko, dass die Niedrigzinsen die Wirtschaft in den EU-Kernländern zu sehr anfachen und es später dann »vielleicht in Richtung des Jahres 2020« auch in Deutschland einen Crash geben könnte.[494] Die Euro-Zone sei eine »Fehlkonstruktion«, sagte Wirtschaftsprofessor Max Otte.[495] »Wir haben die Währungsunion angefangen mit Staaten, die völlig unterschiedliche Voraussetzungen mitgebracht haben. Das passt einfach nicht zusammen«, ergänzte Börsenhändler und Publizist Dirk Müller.[496] »Alle bisherigen Hilfsmaßnahmen waren nutzlos, und sie werden es weiterhin sein. Das geflossene Geld ist weg, die Eurorettung ein einziges Fiasko«, beklagte sich Ex-WestLB-Vorstand Ludwig Poullain. »Noch bevor es eine Rettungsaktion für Italien gibt, werden wir einen gewaltigen Knall, so etwas wie einen währungspolitischen Urknall erleben, mit dem das Eurokartenhaus in sich zusammenfällt.«[497]

Der amerikanische Star-Ökonom und Professor an der Stern School of Business der New York University, Nouriel Roubini, der das Platzen der Immobilien- und Bankenblase 2007/2008 exakt vorhergesagt hatte, wurde noch deutlicher: »Deutschland erkennt zunehmend, dass es höchstwahrscheinlich Tausende Milliarden von Euro kosten wird, für Wachstum, Wettbewerbsfähigkeit und eine tragbare Schuldensituation in der Peripherie der Euro-Zone zu sorgen.« Und weiter: »Europas

---

[490] Vgl. »Notfalls auch als Haftungsgemeinschaft« in: *Financial Times Deutschland v. 09.07.12*
[491] Vgl. »Das 3,3 Billionen-Risiko« in: *Handelsblatt v. 09.07.12*
[492] Vgl. »Euro-Zone steuert auf Rezession zu« in: *Financial Times Deutschland v. 25.07.12*
[493] Vgl. »Blick in den Abgrund« in: *Der Spiegel 26/2012, S. 22, 23*
[494] Vgl. »Schuldenfiasko: Heil durch die Krise« in: *Focus Money 49/2012, S. 32*
[495] Vgl. »Max Otte und Dirk Müller: ‚Erst die Schmerzen, dann das Geld'« in: *Handelsblatt v. 09.08.12*
[496] Vgl. »Max Otte und Dirk Müller: ‚Erst die Schmerzen, dann das Geld'« in: *Handelsblatt v. 09.08.12*
[497] Vgl. »Ex-WestLB Vorstand Poullain: Euro-Crash ist unvermeidlich« in: *deutsche-mittelstands-nachrichten.de v. 14.10.12* (http://www.stern.de/wirtschaft/news/euro-krise-frankreich-verliert-spitzenrating-bei-moodys-1928991.html)/Zugriff: 18.10.12

Schuldenkrise gefährdet das Überleben der Europäischen Union. Die EU wird aber nur überleben, wenn der Zusammenbruch des Euro nicht noch länger hinausgezögert wird. Die Europäer sollten den Crash der Gemeinschaftswährung in Kauf nehmen – selbst wenn er kostspielig wird.«[498] Ähnlich äußerte sich auch Heinrich Weiss, Ex-Präsident des BDI: »Ein Auseinanderbrechen der Euro-Zone wäre sicher für die deutsche Exportwirtschaft ein Schock und würde eine jahrelange Wirtschafts- und Bankenkrise auslösen. Aber es wäre das kleinere Übel, als unser Volk sehenden Auges in das Verderben laufen zu lassen und sich an den nächsten Generationen zu versündigen.«[499] Auch noch im Frühjahr 2013 klangen besorgte Stimmen auf. Eine davon war die der Ratingagentur Moody's. Sie warnte die EU-Regierungen vor einer Selbstüberschätzung bei der Bewältigung der Euro-Krise. Zuversicht wäre fehl am Platz.[500] Auch EU-Währungskommissar Olli Rehn und Wolfgang Franz, Vorsitzender der »Fünf Wirtschaftsweisen«, hielten Entwarnungen bei der Staatsschuldenkrise für verfrüht. »Die Euro-Zone ist (...) immer noch in der Krise«, meinte Franz. Es gebe noch erhebliche Unsicherheiten, vor allem politische, in Italien, Spanien, Zypern, Griechenland und Portugal. Und Clemens Fuest, künftiger Präsident des Zentrums für europäische Wirtschaftsordnung (ZEW) hielt die Gefahr eines Auseinanderbrechens der Euro-Zone für noch nicht gebannt.[501]

### 3.1.3. EU-Musterland Finnland: Das Ende der Erfolgsstory

Auch Äußerungen der finnischen Finanzministerin Jutta Urpilainen, deren Land als einziger skandinavischer Staat der Währungsunion angehört, sorgten für große Irritationen bei den Euro-Rettern. Sie erklärte, dass ihre

---

[498] Vgl. »Top-Ökonomen: Der Währungscrash ist unvermeidlich« in: *FTD.de v. 22.08.12* (http://www.ftd.de/politik/konjunktur/:top-oekonomen-der-waehrungscrash-ist-unvermeidlich/70079761.html)/Zugriff: 13.09.12

[499] Vgl. »Heinrich Weiss: Ein Austritt muss möglich sein« in: *Handelsblatt v. 05.07.12*

[500] Vgl. »Moody's warnt Europa vor Selbstüberschätzung« in: *handelsblatt.com v. 27.03.13* (http://www.handelsblatt.com/finanzen/boerse-maerkte/anleihen/zypern-rettung-moodys-warnt-europa-vor-selbstueberschaetzung/7992772.html)/Zugriff: 27.03.13

[501] Vgl. »Eurokrise: Mahnungen vor verfrühter Entwarnung« in: *reuter.com v. 10.02.13* (http://de.reuters.com/article/topNews/idDEBEE91900720130210)/Zugriff: 11.02.13

Regierung eher aus der Währungsunion austreten als für die Schulden anderer Euroländer haften wolle.

Finnland ist das Land in der Euro-Zone, das Sicherheiten für die Milliardenhilfe spanischer Banken und für die Griechenlandhilfe gefordert und auch erhalten hatte. Es sicherte seinen Beitrag zum Hilfspaket für den Fall eines hellenischen Staatsbankrotts mit einer Sonderregelung ab. »Es ist ganz einfach: Wenn wir die Sicherheiten nicht bekommen, können wir nicht in den Rettungsschirm einzahlen. Das steht so in unserem Regierungsprogramm«, erklärte Jutta Urpilainen und bewies damit nicht nur kluge, sondern auch vorausschauende Politik.[502] Urpilainen: »Wir sind auf alle Szenarien vorbereitet, auch auf einen Ausstieg aus dem Euro. Wir glauben daran, dass der Euro Finnland nutzt. Dennoch wird Finnland nicht um jeden Preis am Euro festhalten.«[503] Eisern lehnt die finnische Regierung auch eine Bankenunion mit gemeinsamer Haftung ab. Mit niedriger Staatsverschuldung und Top-Ratingnote galt das Nordland bislang als EU-Musterschüler. Doch im Herbst 2012 war die skandinavische Erfolgsstory zum Stocken gekommen, es drohte eine Rezession. Für 2013 erwarten Ökonomen ein langsameres Wirtschaftswachstum als bisher. Hinzu kommt eine Mehrwertsteuererhöhung von 23 auf 24 Prozent. Aussichten und Maßnahmen, die anecken. So erhalten auch die Euroskeptiker in Finnland Zulauf. Bei einer repräsentativen Umfrage im Oktober 2012 erklärten zwei Drittel der Bevölkerung, hinsichtlich der Belastbarkeit für das Land sei nun das Ende der Fahnenstange erreicht.[504]

### 3.1.4. Vom Verrat an der EU

Zu allem Ärger droht der Europäischen Union hinsichtlich ihrer Kreditwürdigkeit nun auch noch der Verlust der Bestnote »Triple-A (AAA)«: Im September 2012 senkte die amerikanische Ratingagentur Moody's den Ausblick auf die Top-Bonitätsbewertung der EU von »stabil« auf »negativ«. Grund dafür waren die schlechten Aussichten der wichtigen Beitragszahler Deutschland, Frankreich, Großbritannien und Niederlande.

---

[502] Vgl. »Schuldenkrise: ‚Wir brauchen ein Pfand'« in: *Der Spiegel 30/2012, S. 72*

[503] Vgl. »Finnland hängt ‚nicht um jeden Preis' am Euro« in: *faz.net v. 06.07.12* (http://www.faz.net/aktuell/wirtschaft/schuldenkrise-finnland-haengt-nicht-um-jeden-preis-am-euro-11812533.html)/Zugriff: 03.09.12

[504] Vgl. »Alle sprechen über Griechenland, aber kaum einer über Finnland« in: *Handelsblatt v. 10.10.12*

Diese vier Länder zusammen tragen rund 45 Prozent des gesamten EU-Budgets. Wenige Wochen später entzog Moody's auch Frankreich die Top-Bonität und stufte dessen Kreditwürdigkeit von »Triple-A (AAA)« auf »AA1« herab mit negativem Ausblick. Zu schlecht sind die wirtschaftlichen Wachstumsaussichten der »Grande Nation«. Hinzu kommen die Einbuße an Wettbewerbsfähigkeit und ein unsicherer finanzielle Ausblick. Geradezu ein Schock für die EU-Verantwortlichen, denn Frankreich gehört mit zu den »stärksten« Mitgliedsstaaten.

Roland Koch, ehemaliger hessischer Ministerpräsident und nun Vorstandsvorsitzender des Dienstleistungs- und Baukonzerns Bilfinger-Berger, warnte im August 2012 eindringlich vor einem Scheitern der gemeinsamen Euro-Währung: Wenn der Euro zerstört würde, dann würde das Zusammenwachsen Europas »auf Null« gestellt. Null wäre aber nicht 1990, sondern 1945.[505]

Um das Horror-Szenario eines Crashs der Gemeinschaftswährung und damit das Auseinanderbrechen der EU zu verhindern, pochen die Verantwortlichen in Brüssel nicht nur auf eine Fiskal- und Bankenunion, sondern vor allem auf eine politische Union. Der *Wettbewerbsbericht 2012* des *Weltwirtschaftsforums (WEF)* in Genf zeigte auf, dass die Schuldenkrise das Wettbewerbsgefälle zwischen den 17 Euroländern immer weiter vergrößert.[506] Deshalb nimmt Brüssel auch die Vergemeinschaftung, die »Sozialisierung« der Bankenschulden, Haftungen und Krisenhilfen im Währungsraum in Kauf, auch wenn dies unabsehbare Risiken bedeutet. Allerdings *noch* gegen den Widerstand einiger Mitgliedsländer. So bezichtigte Luis Garicano von der London School of Economics, Deutschland, die Niederlande und Finnland des »Verrats« an den Vereinbarungen des Eurogipfels im Juni 2012 wegen ihrer Stellung gegen eine Bankenunion und gegen eine Aufteilung der Altlasten. Gerade diese Altlasten der Bankenkrise müssten aufgeteilt werden, weil sie die mögliche Erholung in Spanien und Irland abwürgen würden und von den dortigen

---

[505] Vgl. »Bilfinger-Berger-Chef Roland Koch warnt vor Ende des Euro« in: *Süddeutsche.de v. 16.08.12* (http://www.sueddeutsche.de/politik/bilfinger-berger-chef-roland-koch-warnt-vor-ende-des-euro-1.1443206)/Zugriff: 17.09.12/vgl. »Der Ruinenbaumeister« in: *Wirtschaftswoche Nr. 38/12, S. 27*

[506] Vgl. »Euro-Krise verstärkt Wettbewerbsgefälle« in: *Hamburger Abendblatt v. 05.09.12* (http://www.abendblatt.de/wirtschaft/article2391584/Euro-Krise-verstaerkt-Wettbewerbsgefaelle.html)/Zugriff: 12.12.12

Steuerzahlern allein getragen werden müssten. Diese Kosten zu teilen, wäre fair, zweckmäßig und unverzichtbar, um aus dem Tief der Krise herauszukommen. Dies sei, so Garicano weiter, auf dem EU-Gipfel eindeutig vereinbart worden und dies müsste eingehalten werden. Die Abkehr der Geberländer von diesen Vereinbarungen würde das »für die Eurozone lebenswichtige Vertrauen in Gefahr bringen«.[507]

## 3.1.5. Euro-Zone – globaler Krisenherd

Der Verlust des Vertrauens betrifft nicht nur Europa, sondern die ganze Welt. Schon im Herbst 2012 warnte der Internationale Währungsfonds (IWF) vor den globalen Folgen, wenn sich die Lage dramatisch verschlechtern würde.[508] Die Euro-Zone sei für den IWF der »größte Krisenherd« für die Finanzmärkte, hieß es im halbjährlichen Finanzstabilitätsbericht.[509] »Europa ist das Epizentrum der Krise, wo dringend gehandelt werden muss«, sagte IWF-Chefin Christine Lagarde.[510] Der Chef der Weltbank (World Bank), Jim Yong Kim, sah mit einer globalen Rezession die Weltwirtschaft in Gefahr. Die europäische Schuldenkrise könne zu einem Wachstumseinbruch in den meisten Regionen der Erde führen.[511] Manmohan Singh, indischer Premierminister, meinte, die Euro-Krise stelle die »größte Unsicherheit« für die Weltwirtschaft dar, und die argentinische Präsidentin Cristina Fernández de Kirchner warf der EU vor, nicht zu »funktionieren«.[512] Auch das Asiatisch-Pazifische Wirtschaftsforum (APEC) äußerte sich über die Folgen der Eurokrise für die Weltwirtschaft besorgt, die sich »nachteilig« auf das Wachstum auswirke.[513] »Sollten sich die Bedingungen in der Euro-Zone

---

[507] Vgl. »INET-Rat zur Eurokrise zeigt sich schockiert über finanziellen ‚Verrat' in Europa« in: *derStandard.at v. 29.09.12* (http://derstandard.at/1348284476261/INET-Rat-zur-Eurokrise-zeigt-sich-schockiert-ueber-finanziellen-Verrat-in-Europa)/Zugriff: 30.09.12

[508] Vgl. »IWF hält Euro-Krise längst nicht für ausgestanden« in: *Focus.de v. 11.09.12* (http://www.focus.de/finanzen/news/staatsverschuldung/es-ist-noch-ein-weiter-weg-waehrungsfond-warnt-vor-langer-euro-krise_aid_817021.html)/Zugriff: 12.09.12

[509] Vgl. »Krisenherd Europa« in: *Handelsblatt v. 10.10.12*

[510] Vgl. »Wachsende Ungeduld mit Europa« in: *Handelsblatt v. 08.10.12*

[511] Vgl. »Weltbank-Chef Jim Yong Kim warnt vor globaler Rezession« in: *Focus.de v. 19.07.12* (http://www.focus.de/finanzen/news/euro-schuldenkrise-bedroht-die-welt-weltbank-chef-jim-yong-kim-warnt-vor-globaler-rezession_aid_784101.html)/Zugriff: 17.09.12

[512] Vgl. »Zu wenig zu spät« in: *Der Spiegel 26/2012, S. 20*

[513] Vgl. »APEC-Staaten besorgt über Folgen der Eurokrise« in: *n24.de v. 09.09.12* (http://www.n24.de/news/newsitem_8202253.html)/Zugriff: 10.09.12

weiter verschlechtern, könnte Asien größeren Schaden nehmen«, erklärte dazu Lee Jong-Wha, Wirtschaftsprofessor und leitender Berater des südkoreanischen Präsidenten.[514]

Chinas Ministerpräsident Wen Jiabao brachte seine Sorgen über die Euro-Krise beim Pekingbesuch Angela Merkels im August 2012 zum Ausdruck. Gleichzeitig betonte er aber auch, dass China Europa finanziell nicht hängen lassen wolle und zu weiteren Investitionen bereit sei, wenn die Bedingungen es zuließen.[515] So ist wohl die Illusion in Asien geplatzt, dass sich der Euro neben dem Dollar zu einer Art Leitwährung entwickeln könnte. Im März 2013 hörten sich die Töne aus Peking ganz anders an. Der chinesische Finanzminister Lou Jiwei zweifelte daran, dass Europa seine Schuldenkrise schnell in den Griff bekommen würde.[516]

Selbst die Türkei wendet sich von Europa ab: Während die EU immer weiter ins ökonomische Chaos schlittert, steigt das Wirtschaftswachstum am Bosporus. Dabei bleibt die Begeisterung für einen EU-Beitritt verständlicherweise auf der Strecke. Viel lieber bauen die Türken ihre Handelsbeziehungen zum Nahen Osten und Nordafrika aus. Und 40.000 der gut ausgebildeten Osmanen kehren jährlich aus der bisherigen deutschen »Heimat« wieder an den Bosporus zurück. Das sollte zu denken geben.

### 3.1.6. Vor dem »Fall«

Die Europäische Union und der Euro stehen kurz vor dem Fall, schenkt man allen Prognosen und Fakten Glauben. Auch wenn die notorischen Euro-Retter ihren Bürgern hierzulande und andernorts weiterhin scheinbare »Erfolgs-Prognosen« ins Ohr soufflieren, sollte nicht vergessen werden, dass die Geschichte sich wiederholen kann: Im Sommer 2007 legte die US-amerikanische Investment-Bank Lehman Brothers eine überraschend gut ausgefallene Quartalsbilanz vor. Die *Financial Times Deutschland* jubilierte damals: »Lehmann steckt Kredit-Krise weg«. Nicht ohne sich fünf Jahre später zu korrigieren: »So kann man sich täuschen«.[517] Alle hatten damals

---

[514] Vgl. »Lee Jong-Wha: Asien muss sich schützen« in: *Handelsblatt v. 25.07.12*

[515] Vgl. »Euro-Krise bereitet China große Sorgen« in: *Handelsblatt v. 30.08.-02.09.12*

[516] Vgl. »Chinas Finanzminister zweifelt an Lösung der Euro-Krise« in. *handelsblatt.com v. 24.03.13* (http://www.handelsblatt.com/politik/international/lou-jiwei-chinas-finanzminister-zweifelt-an-loesung-der-euro-krise/7979062.html)/Zugriff: 25.03.13

[517] Vgl. »Krise? Welche Krise?« in: *Financial Times Deutschland v. 17.09.12*

LB-Finanzvorstand O'Meara geglaubt, der zum Besten gab, dass das »Schlimmste bei den Korrekturen an den Finanzmärkten hinter uns liegt«.[518] Ein fataler Irrtum: Der Fall von Lehman Brothers löste die größte Finanzkrise der letzten Jahrzehnte aus. Bis heute ist sie nicht ausgestanden. Unter diesen Gesichtspunkten ist Angela Merkels Regierungsbilanz im September 2012 ein besserer Witz: »Europa wird gestärkt aus der Krise hervorgehen«, versprach sie optimistisch. »Wir machen den Euro stark und werden die Schwierigkeiten überwinden.« Allerdings gab sie auch zu, dass hinsichtlich der Krise »kein schnelles Ende« absehbar sei.[519]

Der deutsche Staatsrechtler Karl Albrecht Schachtschneider brachte das Dilemma am besten auf den Punkt: »Wir müssen davon ausgehen, dass die politische Klasse die Euro-Rettung bis zum bitteren Ende fortführen wird. Der Grund ist, dass man mit dem Euro und der Euro-Rettungspolitik im Grunde den europäischen Staat erzwingen will. Die politische Union wird gegen Vertrag und Verfassung aufgebaut.« Und weiter: »Diese Politik wird unvermeidlich in den wirtschaftlichen Niedergang aller Völker führen. Im Süden ist dies bereits deutlich spürbar: Die Rezession und Deflation – und irgendwann dann die Inflation. Das betrifft auch mehr und mehr Frankreich und wird auch bald Deutschland mit in den Abgrund ziehen.«[520] Schachtschneider behält mit Frankreich recht: Im Frühjahr 2013 wird die Grande Nation zum neuen »Sorgenkind« des Euro-Raums. So wird für 2014 bei der Neuverschuldung ein Defizit von 3,9 Prozent erwartet. Rasche Reformen seien deshalb nötig, »so schnell wie möglich«, wie EU-Kommissar Olli Rehn erklärte. Es sei von höchster Wichtigkeit für die Stabilität der gesamten Euro-Zone, dass das Land angemessene und überzeugende Maßnahmen ergreife.[521] Denn alle wissen: wenn EU-Schwergewicht Frankreich fällt, dann ist dies aller Voraussicht nach auch das Ende der gesamten europäischen Union.

---

[518] Vgl. »Krise? Welche Krise?« in: *Financial Times Deutschland v. 17.09.12*
[519] Vgl. »Regierungsbilanz Merkel: Euro-Krise im Griff« in: *NWZOnline v. 18.09.12* (http://www.nwzonline.de/politik/merkel-euro-krise-im-griff_a_1,0,987915863.html)/Zugriff: 18.09.12
[520] Vgl. »Der Euro zerstört alles« in: *mmnews.de v. 26.09. 12* (http://www.mmnews.de/index.php/wirtschaft/10922-der-euro-zerstoert-alles)/Zugriff: 29.11.12
[521] Vgl. »Schwache Wirtschaft: Euro-Retter sorgen sich um Frankreich« in: *spiegelonline v. 22.02.13* (http://www.spiegel.de/wirtschaft/soziales/frankreich-wird-zum-sorgenkind-in-der-euro-krise-a-885082.html)/Zugriff: 23.02.13

Doch es gibt noch einen anderen Grund, aus dem alles zusammenbrechen kann: Zunehmende Ressentiments der einzelnen Mitgliedsstaaten untereinander, Schuldzuweisungen und vor allem der Verlust des Vertrauens der Bürger in die Währung. Denn der »Testballon« Zypern hat gezeigt, wie schnell 60 Prozent des Ersparten verloren sein können. So werden Reiche und Kluge schnellstens ihre Schäfchen ins Trockene bringen; will heißen: ihr Kapital auf Konten in der Schweiz oder in Großbritannien. Diese Kapitalflucht vor allem aus den angeschlagenen Krisenländern wird die Situation noch mehr verschärfen. Und dann werden auch Kleinanleger und Sparer massenhaft ihr Geld von den Konten abheben wollen. Das wäre das Ende der Träume für Merkel, Barosso, Van Rompuy und Co. Also doch »Euro ade, willkommen Gulden, D-Mark und Drachme«, wie es der *Spiegel* einst salopp formulierte?[522]

## 3.2. Gründe für den Crash[xxvi]

### 3.2.1. Fortschreitende Europäisierung und Souveränitätsverlust

Die Litanei Angela Merkels, dass es Deutschland auf die Dauer nur gut gehe, wenn es auch Europa gut gehe,[523] hat sich als Lüge erwiesen. Milliardenschwere Euro-Rettungsfonds, Wachstumspakte, verschärfte EU-Regeln für die nationale Haushaltspolitik, unpopuläre Reformen und Sparprogramme gegen die nationalen Völker, das Anwerfen der EZB-Notenpresse, eine EU-Zukunftsgruppe, unzählige EU-Gipfel-Stelldicheins in Europas Metropolen – nichts hat es genützt. Die Finanzmärkte und ihre Investoren sind nicht zu bändigen, entwickeln unberechenbare Dynamiken, die mit den EU-Staatenlenkern als Dompteuren nicht in den Griff zu kriegen sind. Und wenn doch, dann nur zum eigenen Vorteil der Finanzmärkte und ihrer Agitatoren. Als der ESM vom Bundesverfassungsgericht durchgewinkt wurde und die EZB beschloss, Staatsanleihen notfalls und unter der Bedingung unbegrenzter Anleihen von EU-Krisenstaaten aufzukaufen, wurde genau das »abgeliefert, was sich die Finanzmärkte gewünscht haben:

[522] Vgl. »Blick in den Abgrund« in: *Der Spiegel 26/2012, S. 23*
[523] Vgl. »Der Ruinenbaumeister« in: *Wirtschaftswoche Nr. 38/12, S. 28*

Geld und die Legalisierung des Rettungsschirms«, sagte Finanzmarktexperte Robert Halver.[524] Statt marode Banken in eine geregelte Insolvenz zu entlassen, wurden diese auf Teufel komm raus und aus Angst vor einem Crash des gesamten Bankensystems mit Steuergeldern gerettet. Und ihre Risikopapiere in staatliche Portfolios übernommen!

Wenn »wir« auf die Gemeinschaftswährung verzichten, wird dies einen »erheblichen Verlust an Wohlstand und sozialer Sicherheit« bedeuten, sagte Bundesfinanzminister Wolfgang Schäuble einmal.[525] Heute jedoch sieht das ganz anders aus: Gerade in Euro-Krisenländern wie Spanien, Griechenland und Portugal tritt ein massiver sozialer Verlust auf. Schuld daran sind die Misswirtschaft der EU und der verschiedener Mitgliedsländer sowie die anhaltenden Euro-Turbulenzen. Obwohl viele Anstrengungen unternommen werden, dem entgegenzuwirken, sogar ganze Volkswirtschaften in der Währungsunion umgebaut werden sollen. Die unsäglichen Folgen davon werden Gemeinhaftung, Fremdsteuerung, fiskalpolitischer Missbrauch der EZB und Zentralismus sein. Eine solche Vision schwebte wohl auch den »drei Großen« der EU noch 20121 vor – Kommissionschef José Manuel Barroso, EZB-Chef Mario Draghi und dem ehemaligen Eurogruppen-Chef Jean-Claude Juncker. Eine »echte Wirtschafts- und Währungsunion« soll die »Konstruktionsfehler« des Euro beheben.[526] Das sieht auch der Wirtschaftsnobelpreisträger Joseph Stiglitz so: Ohne die Vergemeinschaftung der Schulden und die Gründung einer Bankenunion werde die Euro-Zone »auseinanderbrechen«.[527] Auf gut Deutsch: Nur eine vollständige europäische Integration durch eine politische Union, eine »Haftungsunion«, soll und könnte den Euro letztlich retten. Gewichtige Fürsprecher gab es schon in der Vergangenheit. Altbundeskanzler Helmut Kohl sprach sich bereits 1991 dafür aus: »Die jüngere Geschichte (...) lehrt uns, dass die Vorstellung, man könne eine Wirtschafts- und Währungsunion ohne politische Union auf Dauer erhalten, abwegig ist«.[528] Auch Ex-Bundeskanzler Gerhard Schröder forderte noch 2012: »Ich bin davon

---

[524] Vgl. »Die Euro-Krise frisst sich weiter durch Europa« in: *Focus Money v. 20.09.12* (http://www.focus.de/finanzen/news/staatsverschuldung/tid-27417/beunruhigende-zahlen-die-euro-krise-frisst-sich-weiter-durch-europa_aid_823847.html)/Zugriff: 21.09.12

[525] Vgl. »Der Ruinenbaumeister« in: *Wirtschaftswoche Nr. 38/12, S. 26*

[526] Vgl. »Brüssel macht Ernst mit Europa« in: *Financial Times Deutschland v. 27.06.12*

[527] Vgl. »Die Euro-Rettung war nur ein Sommermärchen« in: *Handelsblatt v. 26.09.12*

[528] Vgl. »Mehr Europa hilft nichts« in: *Financial Times Deutschland v. 01.08.12*

überzeugt, dass die aktuelle Krise die weiteren politischen Integrationsschritte in der Europäischen Union erzwingen wird (...) Nur ein vereintes Europa hat eine Chance im internationalen Wettbewerb (...) Deswegen bin ich ein überzeugter Anhänger der europäischen Integration, denn die Europäisierung ist eine konsequente politische Antwort auf die Globalisierung.«[529] Ex-EZB-Chef Jean-Claude Trichet schloss sich dem an: »Es ist eine der wichtigsten Lektionen der letzten 13 Jahre, dass wir mehr politische Union brauchen, vor allem um die vorgeschlagene wirtschaftliche und fiskalische Föderation per Ausnahme umzusetzen.«[530]

Doch der ehemalige Chefvolkswirt der EZB, Otmar Issing, widersprach dem: »Eine politische Union ist nicht die Lösung. Und alle Maßnahmen, die eine politische Union vorwegnehmen, sind nicht folgerichtig und gefährlich.«[531] Auch die *Wirtschaftswoche* warnte: »Eine politische Union würde Europas Gesicht dramatisch verändern. Ob bei Steuern, Sozialleistungen oder Bildung – in vielen Politikbereichen träten zentrale Einheitslösungen an die Stelle von Vielfalt.« Und weiter: »Koordination würde Wettbewerb ersetzen, zentrale Direktiven die Freiheit beschränken. Es dürfte dann nur noch eine Frage der Zeit sein, bis sich die Bürger endgültig von Europa abwenden.«[532]

Außerdem drohen durch die fortschreitende gemeinschaftliche »Europäisierung« der »nationalen« Haushaltspolitik (ESM, EZB-Anleihen, Fiskalpakt, geplante Bankenunion unter einheitlicher Aufsicht, gemeinsame Einlagensicherung und Abwicklung, Durchgriffsrechte der EU-Kommission in Form eines »Superkommissars«) Souveränitätsverluste demokratisch verfasster Nationalstaaten. Dabei ist Souveränität unteilbar und liegt entweder bei den einzelnen Ländern oder bei der Europäischen Union, wie schon die bundesdeutschen Verfassungsrichter feststellten. Souveränität heißt aber auch Freiheit, Eigenständigkeit, Selbstbestimmung und Unabhängigkeit.

»Bislang läuft die europäische Integration auf den großen Einheitsstaat zu. Die postnationale Zielsetzung führt zur großstaatlichen Diktatur (...) Die

---

[529] Vgl. »Gerhard Schröder: Europa braucht mehr Integration« in: *Handelsblatt v. 22.-24.06.12*

[530] Vgl. »Jean-Claude Trichet: ‚Der Euro ist bemerkenswert widerstandsfähig'« in: Handelsblatt v. 06.-08.07.12

[531] Vgl. »Mehr Europa hilft nichts« in: *Financial Times Deutschland v. 01.08.12*

[532] Vgl. »Auf dem Weg zu einem neuen Europa« in: *Wirtschaftswoche 27/2012, S. 25*

Union stärkt nicht die Freiheit der Menschen, sondern schadet ihr. Die politische Freiheit, deren Form die Demokratie ist, wird im Großstaat substanzlos«, bemerkte Karl Schachtschneider dazu, emeritierter Staatsrechtsprofessor und Mitbegründer der eurokritischen Wahlalternative 2013. »Nur kleine Einheiten können demokratisch und damit rechtstaatlich sein (...) Die Entscheidungsstrukturen der Union sind nicht demokratisch (...) Europa muss europäisch bleiben, also eine Republik der Republiken (...).«[533]

Der niederländische Schriftsteller Cees Nooteboom behauptete, dass »die Angst vor dem Verlust der Souveränität im Grunde die Ursache der Krise« sei, »weil, als es darauf ankam, sich niemand einer fremden Macht zu beugen bereit war, die das fiskalische und finanzielle Schicksal Europas auf einen Nenner bringen wollte«. Nooteboom weiter: »Denn wer wären sie, die nationalen Politiker, wenn sie nicht nur den Schein ihrer Macht, sondern auch die tatsächliche Verfügungsgewalt über die nationale Staatskasse an so etwas wie Brüssel übertragen würden?«[534]

Mit der Überstellung der Haushalts- und Steuerhoheit an die EU wäre das »Kernstück« der nationalen Souveränität aufgegeben: die Entscheidungen über die Finanzen. Damit würden die diffizilsten Spielräume der Politik »zentral« entschieden. Diese Umverteilung und Nivellierung bedeutet nichts anderes als eine »europäisierte Gleichmacherei«, vor allem zu Lasten Deutschlands. »EU-weit einheitliche Wirtschafts-, Finanz- oder Steuerpolitik bedeutet natürlich nicht, dass das deutsche Modell umgesetzt wird«, erklärte der Direktor des Freiburger Centrums für europäische Politik. »Wer dies glaubt, verkennt die Realitäten in Europa.«[535] Um ein konkretes Beispiel zu nennen: Wie würde sich eine einheitliche Rentenpolitik schließlich einigen – bei der Rente mit 60 wie in Frankreich, oder beim Altersruhestand mit 67 wie in Deutschland? »Die hohen deutschen Sozialstandards sind teuer«, sagte Thomas Wolf von *Focus Money*. »Doch genau deshalb können finanzielle Verpflichtungen gegenüber einem mächtigen Einheitsstaat rasch vom Ärgernis zur realen Bedrohung für den Wohlstand der Bundesbürger werden. Je mehr Geld nach Brüssel oder

---

533 Vgl. »Sind wir besser geschützt dank der EU?« in: *Financial Times Deutschland v. 30.10.12*

534 Vgl. »So nah – so fremd« in: *Cicero 6/2012, S. 38*

535 Vgl. »Die vereinheitlichten Staaten« in: *Focus Money 37/2012, S. 75*

in die klamme Peripherie fließt, desto eher müssen die Bürger hierzulande auf Sozialleistungen und Infrastruktur verzichten.«[536]

Auch wenn die Idee einer noch stärkeren europäischen Integration und damit auch die »Schuldensozialisierung« bestimmter ökonomischer Funktionen für den einen oder anderen sinnvoll wäre, würde dies das das Ende der Nationalstaaten bedeuten. Diese »Sippenhaft«, diese Vergemeinschaftung der Verbindlichkeiten, der Risikotransfer von privaten Gläubigern hin zu EZB und ESM und damit zu den Steuerzahlern, ist die Lunte am Pulverfass: »Sprich, der deutsche Steuerzahler soll für Schulden geradestehen, die andere Länder verursachten und die sie selbst nicht mehr zurückzahlen wollen.« (Peter Bloed, *Focus Money*)[537] Auch Hans-Werner Sinn, Präsident des Ifo-Instituts, sieht das so: »Streit und Zwietracht mit den Nachbarn sind vorprogrammiert. Noch unsere Kinder und Enkel werden darunter leiden.«[538] Und weiter: »Der im Euro-Raum eingeschlagene Weg zur Haftungsunion, die gegen die Wünsche der Bevölkerung durchgepeitscht wird, führt nicht zu einem Bundesstaat im eigentlichen Sinne des Wortes, also nicht zu einem Bündnis von Gleichen, die sich in freier Entscheidung zusammentun und sich gegenseitig Schutz versprechen.«[539] Die Mehrkosten einer solchen »Schuldensozialisierung« (beispielsweise in Form von Euro-Bonds, gemeinschaftlichen Staatsanleihen), die gegen jede ordnungspolitische Vernunft steht, würden sich nach vorsichtigen Schätzungen für den deutschen Steuerzahler auf etwa 50 Milliarden Euro pro Jahr belaufen, wenn die deutschen Außenstände auf Gemeinschaftsanleihen umgeschuldet würden. Konkret: Mehr als 600 Euro für jeden Bundesbürger. »Langfristig dürften die Belastungen noch höher ausfallen, da die Krisenländer durch die Euro-Bonds Anreize erhielten, mehr statt weniger Kredite aufzunehmen«, schrieb die *Wirtschaftswoche*. »Die Schuldenspirale drehte sich immer schneller, die Euro-Zone triebe auf den kollektiven Staatsbankrott zu.«[540] So sprach sich auch Bundeskanzlerin Angela Merkel noch im März 2011 rigoros gegen eine entsprechende »Schuldenunion« aus: »Mit der christlich-liberalen Koalition wird es keine

---

[536] Vgl. »Die vereinheitlichten Staaten« in: *Focus Money 37/2012, S. 76*

[537] Vgl. »Ab jetzt: 'Madame Yes'« in: *Focus Money 29/2012, S. 11*

[538] Vgl. »Ab jetzt: 'Madame Yes'« in: *Focus Money 29/2012, S. 11*

[539] Vgl. »Hans-Werner Sinn: Ein Bündnis der Ungleichen« in: *Handelsblatt v. 08.10.12*

[540] Vgl. »Auf dem Weg zu einem neuen Europa« in: *Wirtschaftswoche 27/2012, S. 23*

Vergemeinschaftung von Schulden geben. Die wird es nicht geben.«[541] Welchen Bestand diese Worte haben werden, ist noch nicht absehbar, sind sie doch Bestandteil eines »Machtpokers« zwischen den einzelnen Regierungen der Mitgliedsländer und Brüssel. »Häufige Gipfel[542] bedeuten, dass die nationalen Regierungen versuchen, das Heft in der Hand zu behalten«, weiß der Politologe Werner Weidenfeld: »Dagegen lehnt sich jetzt das Europäische Parlament auf. Die Kommission versucht ihr eigenes Spiel zu spielen.«[543]

Wie dem auch sei: Glaubt man den »Eurokraten«, scheint es letztlich nur noch die Wahl zwischen einer vollständigen Integration der nationalen Länder in die »Vereinigten Staaten von Europa«, also zwischen europäischem Bundesstaat und losem Staatenbündnis, oder dem endgültigen Zerfall der Euro-Zone zu geben. Ob es die nationalen Politiker angesichts der politischen Lage und der dramatischen sozialen Verschlechterungen in den EU-Krisenländern wagen werden, die Souveränität ihrer Staaten zugunsten eines EU-Molochs aufzugeben, bleibt fraglich. Bedenkliche Bestrebungen dazu gibt es jedenfalls. Und Warnungen davor auch. Mark Schieritz von der *Zeit* bringt es auf einen Nenner: »Wie steht es um Demokratie in einem Megastaat? Was ist von einem europäischen Länderfinanzausgleich zu halten, wo doch schon der deutsche kein Erfolgsmodell ist? Wie ist es um das Selbstverständnis eines Staates bestellt, der sich unter dem Druck der Finanzmärkte konstituiert? Und was sagt der Souverän dazu?« Und weiter: »Schon einmal ist der Versuch, dem Kontinent eine Verfassung zu geben, am Veto der – französischen – Bevölkerung gescheitert, und damals war die Währung noch nicht in der Krise. Dass die Deutschen bereit wären, für die Abschaffung des Grundgesetzes zu stimmen, wo sie nicht einmal die D-Mark hergeben wollten, ist eher unwahrscheinlich. Wenn die Alternative tatsächlich ‚Alles oder nichts' lautet, dann wird das Nichts zu einem realistischen Szenario.«[544]

---

[541] Vgl. Matthias Weik & Marc Friedrich: »Der größte Raubzug der Geschichte«, Marburg 2012, S. 258

[542] Gemeint sind EU-Gipfel.

[543] Vgl. »‚Es wird eine Katastrophendynamik inszeniert'« in: *Schwarzwälder Bote v. 11.08.12*

[544] Vgl. »Euro-Krise: Entweder – oder?« in: *Zeit.de v. 31.08.12* (http://www.zeit.de/2012/35/Euro-Krise-Vereinigte-Staaten-von-Europa)/Zugriff: 03.09.12

Und noch ein weiteres Problem kommt hinzu: Je härter die Sparmaßnahmen in den Krisenländern sind, je schlechter es den übrigen Mitgliedsstaaten geht, umso rauer wird auch der Umgangston untereinander. »Diese Ressentiments, die jetzt hochkommen, sind in höchstem Maße besorgniserregend und zeigen, wie fragil die europäische Konstruktion trotz der Erfolge der vergangenen Jahrzehnte geblieben ist«, erkannte bereits im Frühjahr 2013 der ehemalige Eurogruppen-Chef Jean-Claude Juncker. »Ich habe immer vermutet, dass unter der Oberfläche noch vieles brodelt, und habe immer gedacht: Noch sind nicht alle Feuer ausgetreten worden. Ich war dann dennoch überrascht, mit welcher Entladungskraft diese Ressentiments zur Oberfläche vordrangen«.[545] Damit hat Juncker recht. Denn Deutschland stand und steht für seine harte Haltung in der Eurorettungs-Politik als »Buhmann« da. »Die gebeutelten Menschen sind wütend auf Kanzlerin Angela Merkel und ihren Chef-Verhandler Schäuble, Hass schlägt ihnen entgegen, weil sie, angeblich getrieben von teutonischen Allmachtsphantasien, ihr Spardiktat in ganz Europa durchsetzen würden - ohne Rücksicht auf Verluste«, schreibt der *Spiegel*.[546] Darauf reagieren die Deutschen wiederum mit Unverständnis. Bei einer repräsentativen Umfrage erklären im März 2013 rund 56 Prozent, dass sie die heftigen Anfeindungen im Zusammenhang mit der Euro-Krise nicht nachvollziehen könnten.[547] Bundesfinanzminister Wolfgang Schäuble warf den anderen Ländern Neid vor. »Es ist immer so, es ist auch in Klassen so: Wenn man manchmal bessere Ergebnisse hat, sind die anderen, die mehr Schwierigkeiten haben, auch ein bisschen neidisch«, sagte er in einem ZDF-Interview.[548]

Das alles signalisiert nur eines im Europa-Haus: Zwietracht, statt Eintracht.

---

[545] Vgl. »Der frühere Chef der Eurogruppe Jean-Claude Juncker über Euro-Krise und Europas Einigung« in: *generalanzeiger-bonn.de v. 27.03.13* (http://www.general-anzeiger-bonn.de/news/politik/Der-fruehere-Chef-der-Eurogruppe-ueber-Euro-Krise-und-Europas-Einigung-article1014812.html)/Zugriff: 27.03.13

[546] Vgl. »Deutschland und die Euro-Krise: Wut auf die Retter« in: *spiegelonline.de v. 25.03.13* (http://forum.spiegel.de/f22/deutschland-und-die-euro-krise-wut-auf-die-retter-86300.html)/Zugriff: 26.02.13

[547] Vgl. »Euro-Krise: Deutschen-Hass im Ausland macht Bürger fassungslos« in: *focus.de v. 29.03.13* (http://www.focus.de/politik/deutschland/angela-merkel-mit-hitler-baertchen-und-nazi-vergleiche-deutschen-hass-im-ausland-macht-buerger-fassungslos_aid_950743.html)/Zugriff: 29.03.13

[548] Vgl. »Schäuble vermutet 'Neid' bei Kritikern Deutschlands« in: *welt.de v. 26.03.13* (http://www.welt.de/wirtschaft/article114765568/Schaeuble-vermutet-Neid-bei-Kritikern-Deutschlands.html)/Zugriff: 27.03.13

### 3.2.2. Europäische Union versus Europa der Regionen

Eine »Verbrüsselung«, wie vorangegangen beschrieben, lässt einen historischen Blick in die Zeit des Karolingers Karls des Großen (747/748-814) zu, in der der gallo-romanische und der germanische Reichsteil (übertragen auf heute: Frankreich und Deutschland) zum Sacrum Imperium Romanum Nationis Germanicæ vereinigt waren: zum übernationalen Gebilde des »Heiligen Römischen Reichs Deutscher Nation«. Auch wenn dies freilich kein Nationalstaat nach heutigen Maßstäben war, sondern aus selbstherrlichen Kleinstaaten bestand, verlief die politische Gewichtung ähnlich. Voltaire alias Francois Marie Arouet (1694-1778), Schriftsteller, Dichter und Denker der französischen Aufklärung, sagte dazu: »Dieses Korpus, das sich immer noch Heiliges Römisches Reich nennt, ist in keiner Weise heilig noch römisch noch *ein Reich.*«[549] Tatsächlich sind diese Worte frei anwendbar auf den heutigen Zustand der Europäischen Union. Das durch verschiedene Verträge und durch die Gemeinschaftswährung »vereinte« Europa entwickelt sich zunehmend zu einem »reichen« Nordteil und einem »armen« Südteil, zu Geber- und Nehmerländern. Vor allem aber zu einem Europa »der Regionen«. Überall sind separatistische, nationalistische Bestrebungen im Gange, die den Zusammenhalt der Union gefährden: in Spanien durch Katalonien und das Baskenland (siehe *Kapitel 2.1.*). Schottland plant für den Herbst 2014 ein Referendum zur Unabhängigkeit vom Vereinigten Königreich. In Nordirland flammt eine »neue« IRA (Irish Republican Army) auf, deren Ziel ebenfalls eine Abspaltung von Großbritannien ist und die eine Vereinigung mit Irland anstrebt. In Belgien gibt es ernst zu nehmende Bestrebungen des niederländischen Bevölkerungsteils von Flandern, sich von dem französischen Landesteil Wallonien abzutrennen. Und in Italien wollen die Südtiroler »los von Rom«.[550] Selbst in Griechenland, genauer im Ostteil der Insel Kreta in der Provinz Lasithi, formieren sich zunehmend, bislang aber

---

[549] Vgl. Hinrichs, Ernst/Krebs, Roland/van Runset, Ute (Hrsg.): „Pardon, mon cher Voltaire ..." Drei Essays zu Voltaire in Deutschland (Kleine Schriften zur Aufklärung. Band 5), Wolfenbüttel 1996, S. 57

[550] Vgl. »Europa: Die Stunde der Egoisten« in: *Der Spiegel 41/2012, S. 98 ff.*

nur symbolisch, Bestrebungen einer unabhängigen »Republik Lasithistan«.[551]

*Der Spiegel* resümiert dazu: »Doch jetzt, da die nationale Souveränität zusehends schwindet, beanspruchen viele Regionen in Europa einen eigenen Staat. So, wie sich in der Euro-Zone ein Nord-Süd-Konflikt auftut, verstärken sich innerhalb der Staaten oft gerade in reichen Regionen die Absetzbewegungen.«[552] Ex-BDI-Präsident Heinrich Weiss meinte: »Der Euro wurde gegen alle Erfahrungen als ein Hebel für die politische Einigung eingeführt. Inzwischen sehen wir, dass die dadurch entstandene Krise eher zur Spaltung als zur beschleunigten Einigung Europas führt.«[553]

### 3.2.3. Großbritannien: »Goodbye EU!«

Selbst Großbritannien, eines der größten EU-Nettozahler-Länder (jedoch nicht Mitglied der Währungsunion), wendet sich immer weiter von der gemeinsamen Union ab. Intern werden die Briten bereits als »Spalter« wahrgenommen.[554] Dabei ist Kritik am »EU-Moloch« Tradition auf der Insel. Schon Ex-Premierministerin Margaret Thatcher sprach sich 1988 klar gegen einen »Superstaat« aus, wie er in Brüssel entstehe.[555] Der jetzige konservative Premier David Cameron strebt bis spätestens 2017 sogar eine Volksabstimmung über den Verbleib in der EU an. »Eine Rein-oder-raus-Entscheidung«, bekräftigte er im Januar 2013.[556] Das bringt EU-Parlamentspräsident Martin Schulz auf die sprichwörtliche Palme: »England geht mit der Abstimmung einen völligen Irrweg«, sagt er. »Das, was der britische Premier Cameron jetzt macht, könnte Großbritannien schwer schaden (...) Weil kein Land in Europa mehr alleine im Wettbewerb mit China, Indien und anderen aufstrebenden Staaten bestehen kann.«[557]

Doch obwohl Camerons Meinung nach Brüssel »zu hohe Kosten, zu viel Bürokratie, zu viel Einmischung in Themen, die auf die nationalstaatliche

---

[551] Vgl. »Wut, Resignation und eine Republik Lasithistan« in: *tagesschau.de v. 20.02.13* (http://www.tagesschau.de/wirtschaft/streik-in-griechenland100.html)/Zugriff: 03.04.13

[552] Vgl. »Europa: Die Stunde der Egoisten« in: *Der Spiegel 41/2012, S. 99*

[553] Vgl. »Heinrich Weiss: Ein Austritt muss möglich sein« in: *Handelsblatt v. 05.07.12*

[554] Vgl. »‚Dann sollen sie doch gehen'« in: *Der Spiegel 42/2012, S. 24*

[555] Vgl. »London nimmt Abschied auf Raten« in: *Handelsblatt v. 20.11.12*

[556] Vgl. »Sagen die Engländer Bye-bye zu Europa«? in: *Bild v. 24.01.13*

[557] Vgl. »Interview mit EU-Parlamentspräsident Schulz: ‚England geht einen völligen Irrweg!'« in: *Bild v. 24.01.13*

Ebene gehören« fabriziert und den Menschen nicht länger »das Geld aus der Tasche ziehen« dürfe[558], will er sein eigenes Votum *für* die EU abgeben.[559] Cameron brüstete sich mit folgender Anekdote, die sich im Dezember 2011 bei den Verhandlungen zum Fiskalpakt abspielte: »Da saßen 25 Leute im Raum und drängten mich, zu unterschreiben. Ich habe trotzdem nein gesagt.«[560]

Einige gewichtige Parteifreunde Camerons wie etwa Sozialminister Iain Duncan Smith, Umweltminister Owen Paterson oder Bildungsminister Michael Gove befürworteten ein eindeutiges Ultimatum an Brüssel: »Gebt uns unsere Souveränität zurück – oder wir verlassen die EU.«[561] Auch der frühere Tory-Verteidigungsminister Liam Fox sagte: »Ein Leben außerhalb der EU macht mir keine Angst.«[562]

Die Conservative Party unter Premier Cameron sieht sich vor allem bei der Finanzpolitik eher auf der Seite des Londoner Finanzzentrums und lehnt alle Regulierungen durch Brüssel grundsätzlich ab, beispielsweise eine Bankenunion oder Finanztransaktionssteuer, selbst wenn diese Großbritannien nur indirekt betreffen. Zudem warf der britische Außenminister William Hague der EU vor, die »aktuellen Strukturen der Eurozone« seien »eindeutig nicht angemessen für ihren Zweck«.[563] Gleichzeitig warnte er vor der Europaskepsis, die auf der Insel »tiefer denn je« sei.[564] Tatsächlich belegt eine Umfrage des *Observer* im November 2011, dass 56 Prozent der Briten für einen Austritt aus der EU votieren würden und nur 30 Prozent dafür. 23 Prozent sahen die EU-Mitgliedschaft generell als »sehr schlecht« an, 22 Prozent als »schlecht«.[565] Auch quer durch die britische Parteienlandschaft wächst die EU-Skepsis unentwegt. Laut einer Umfrage im selben Monat sprachen sich 68 Prozent der

---

558 Vgl. »Großbritannien gegen den Rest Europas« in: Handelsblatt v. 20.11.12

559 Vgl. »Großbritannien wendet sich von Europa ab« in: *Financial Times Deutschland v. 17.10.12*

560 Vgl. »‚Dann sollen sie doch gehen'« in: *Der Spiegel 42/2012, S. 22*

561 Vgl. »Großbritannien wendet sich von Europa ab« in: *Financial Times Deutschland v. 17.10.12*

562 Vgl. »London nimmt Abschied auf Raten« in: *Handelsblatt v. 20.11.12*

563 Vgl. »Britischer Außenminister sieht EU-Reformbedarf« in: *handelsblatt.com v. 23.10.12* (http://www.handelsblatt.com/politik/international/euro-krise-britischer-aussenminister-sieht-eu-reformbedarf/7287068.html)/Zugriff: 24.10.12

564 Vgl. »London nimmt Abschied auf Raten« in: *Handelsblatt v. 20.11.12*

565 Vgl. »London nimmt Abschied auf Raten« in: *Handelsblatt v. 20.11.12*

Konservativen, 44 Prozent der Labour-Anhänger und 39 Prozent der Liberal-Demokraten für einen EU-Austritt aus.[566]

Unterdessen wird Premier Cameron nicht müde zu betonen, dass Großbritannien weder für die Banken der Euro-Zone bezahlen werde noch sich an weiterer Integration beteiligen werde.[567] Zudem will die Insel aus zahlreichen Abkommen mit europäischen Partnerländern aussteigen, beispielsweise der europaweiten Zusammenarbeit zwischen Justiz- und Polizeibehörden. Cameron verschärft zunehmend seinen kritischen Ton gegenüber den EU-Partnern, obwohl er sich zur Union bekennt. In einem TV-Interview mit der BBC im Januar 2013 fordert er mehr Freiheiten für sein Land und eine Stabilisierung des Euro.[568] Auf dem Wirtschaftsforum in Davos im selben Monat wird er mehr als deutlich: »Ganz Europa ist heute überholt in Sachen Innovation und Wettbewerbsfähigkeit«, sagte er. Und erteilte einer politischen Union gleich mal eine Absage: »Wenn wir sagen, Europa müsse eine politische Union werden, also mehr als ein einziges Land Europa, dann kann ich dem nicht zustimmen«. Er meinte auch, dass die anderen Mitgliedsstaaten ihre Souveränität, also die Fähigkeit eigene Entscheidungen zu treffen, nicht aufgeben wollten. »Wenn man diese Länder in eine zentralisierte Europäische Union hineinquetschen will, dann wäre das ein großer Fehler. Großbritannien möchte dann nicht dazugehören«. Daher werde sein Land der Euro-Zone wohl auch niemals beitreten. Cameron verlangte zudem tiefgreifende Reformen und einen neuen EU-Vertrag.[569]

Hintergrund seiner »Antipathie« des jetzigen EU-Gebildes ist, dass auch in Großbritannien Gewerkschaften und Bürger gegen die rigide Sparpolitik und die zahlreichen Löcher im Sozialsystem[570] der hoch verschuldeten Regierung auf die Straße gehen. Denn die britische Wirtschaft verweist 2012 ein Nullwachstum. Die Staatsverschuldung beläuft sich auf mehr als

---

[566] Vgl. »London nimmt Abschied auf Raten« in: *Handelsblatt v. 20.11.12*

[567] Vgl. »Großbritannien wendet sich von Europa ab« in: *Financial Times Deutschland v. 17.10.12*

[568] Vgl. »Cameron droht Europa mit Blockade« in: *spiegel.de v. 06.01.13* (http://www.spiegel.de/politik/ausland/britischer-premierminister-cameron-droht-der-eu-mit-blockade-a-876014.html)/Zugriff: 07.01.13

[569] Vgl. »Cameron legt nach« in: *tagesschau.de v. 23.01.13* (http://www.taggesschau.de/wirtschaft/cameron-rede108.html)/Zugriff: 03.04.13

[570] Wie beispielsweise die horrenden Mieten oder Senkung der Obergrenze für den Wohngeldzuschuss. Vgl. dazu: »Großbritannien: Hotel der Vergessenen« in: *Der Spiegel 49/2012, S. 102*

88 Prozent gemessen am jährlichen BIP.[571] Die US-Ratingagentur Moody's entzog deshalb dem Land im Februar 2013 die Bestnote für die Kreditwürdigkeit - stufte die Bonität von »Aaa« auf »Aa1« herab.[572]
Nicht nur das untere Drittel der Gesellschaft verarmt zusehends, sondern auch die einst gut situierte Mittelschicht. Die Sozialkürzungen betreffen vor allem Arbeitslose, Alte, Kranke, Familien mit geringem oder auch mittlerem Einkommen. 6,1 Millionen Briten leben in einem Haushalt, in dem trotz Arbeit Armut herrscht. Das ist ein Anstieg von einem Fünftel in den letzten zehn Jahren. Viele Menschen können sich schon eine geringe Erhöhung der ohnehin horrenden Mieten nicht mehr leisten. Oft müssen sie in kleinere Wohnungen ziehen oder Nahrungsmittel einsparen. In den letzten beiden Jahren nahm die Obdachlosigkeit um 26 Prozent zu. Die Einkommen der unteren Gesellschaftsschicht sollen bis zum Jahr 2020 um 15 Prozent sinken. »Die Ära von Charles Dickens kehrt zurück«, sagte eine Betroffene. »Die dreckigen, kalten, hungrigen Zeiten« (*Der Spiegel*).[573]
Neben Großbritannien schauen auch Dänemark und Schweden skeptischer auf das, was in Brüssel alles beschlossen wird. Statt den »Prozess der Schaffung einer immer engeren Union der Völker Europas weiterzuführen«, wie er in der Präambel des EU-Vertrags verankert ist[574], droht der Europäischen Union die sprichwörtliche Spaltung. Das befürchten inzwischen auch Krisenmanager in Brüssel, obwohl Politiker aller Parteien den Bürgern genau das Gegenteil erzählen.
Die viel gepriesene und viel erhoffte europäische »Vielfalt in Einheit« scheint in weiterer Ferne als jemals zuvor. So mahnte schon 1995 der deutsch-britische Soziologe, Politiker und liberale Vordenker Ralf Dahrendorf (1919-2009): »Die Währungsunion ist ein großer Irrtum, ein abenteuerliches, waghalsiges und verfehltes Ziel, das Europa nicht eint, sondern spaltet.«[575]

---

[571] Vgl. »Camerons Schulden- und Konjunkturproblem« in: *tagesschau.de v. 25.01.13* (http://www.tagesschau.de/wirtschaft/britischewirtschaft100.html)/Zugriff: 03.04.13
[572] Vgl. »Moody's stuft Großbritannien herab« in: *tagesschau.de v. 23.02.13* (http://www.tagesschau.de/wirtschaft/moodys-grossbritannien100.html)/Zugriff: 03.04.13
[573] Vgl. »Großbritannien: Hotel der Vergessenen« in: *Der Spiegel 49/2012, S. 102*
[574] Vgl. »‚Dann sollen sie doch gehen'« in: *Der Spiegel 42/2012, S. 24*
[575] Vgl. Matthias Weik & Marc Friedrich: »Der größte Raubzug der Geschichte«, Marburg 2012, S. 253

Vergessen sollten wir in diesem Zusammenhang auch nicht das gewalttätige Auseinanderbrechen der einstigen Staatengebilde des ehemaligen Jugoslawien und der Sowjetunion in einzelne, souveräne Nationalstaaten.

### 3.2.4. Die EU-Ruine

Europa ist krank. Die bisherigen Rettungsmaßnahmen für die Krisenländer haben sich letztlich nicht nur als erfolglos, sondern auf die Dauer auch als unverantwortlich teuer erwiesen. Der US-Ökonom Nouriel Roubini listete das ganze Dilemma auf: »(...) wirtschaftliche Divergenzen[576] und sich verschärfende Rezessionen; eine irreversible Balkanisierung des Bankensystems und der Finanzmärkte; untragbare Schuldenlasten für öffentliche und private Akteure; eine erdrückend hohe Belastung für das Wachstum und die Bilanzen von Ländern, die innere Abwertung und Deflation betreiben, um ihre Wettbewerbsfähigkeit wiederherzustellen; unbeständige und ungeduldige Märkte und Investoren; Ermüdungserscheinungen gegenüber Einsparungen in der Peripherie und gegenüber Finanzhilfen in den Kernländern; fehlende Voraussetzungen für ein optimales Währungsgebiet und ernste Schwierigkeiten, eine umfassende Fiskal-, Banken-, Wirtschafts- und politische Union zu erreichen (...).«[577]
Es ist »diese Art von erfolgloser Dauerrettung, welche die wirtschaftliche Stabilität Europas in den letzten Jahren gefährdet hat«, sagte der CSU-Bundestagsabgeordnete und »Euro-Rebell« Peter Gauweiler zu Recht.[578]
Zudem ist die eigentliche »Krankheit«, der Kernwiderspruch der ganzen Krise, noch immer nicht gelöst, wie ich bereits erläutert habe: der Widerspruch eines politischen Europas zwischen nationaler Souveränität und gemeinsamer Währung, also der Integration der Nationen, sowie die »Ununterscheidbarkeit« von Staats- und Bankschulden. »Wenn Staaten heute Staaten retten, dann retten Staaten in Wahrheit Banken, die Staaten retten, um Banken retten zu können«, meinte Dieter Schnaas von der *Wirtschaftswoche* hierzu. Und weiter: »Anders gesagt: Staaten und Banken

---

[576] Abweichungen, Differenzen, Ungleichheiten

[577] Vgl. »Top-Ökonomen: Der Währungscrash ist unvermeidlich« in: *ftd.de v. 22.08.12* (http://www.ftd.de/politik/konjunktur/:top-oekonomen-der-waehrungscrash-ist-unvermeidlich/70079761.html)/Zugriff: 13.09.12.

[578] Vgl. »,Der Zweck heiligt nicht die Mittel'« in: *Handelsblatt v. 28.06.12*

sind heute nur noch deshalb füreinander da, um sich wechselseitig den Ruin zu ersparen.«[579]

Diese Kernpunkte der Krise sind nach wie vor eine offene Baustelle. Zudem erweisen sich die politischen Entscheidungen als zu langsam oder zu engstirnig. Europa ist dadurch bereits in die Knie gegangen. Zum Aufstehen hat es nicht mehr die Kraft, das Fallen ist leichter. Es ist längst kein ökonomisches »Tal« mehr, in dem die EU steckt, sondern sie steht vor einem ökonomischen Abgrund!

Dieter Schnaas: »Doch was, wenn sich am Ende herausstellt, dass Europas Architekten in Wahrheit Ruinenbaumeister sind? Dass es sich bei ihnen zwar um glänzende Fassadenarbeiter, aber lausige Statiker handelt, die hinter der Kulisse der neuen politischen Union einen gigantischen Trümmerhaufen aufschütten?«[580] Schnaas wird Recht behalten: Das so lange und groß gebaute gemeinsame Haus der EU wird ohne Statik unter dem »Mehr Europa« in sich zusammenbrechen. Die nationalen Haushalte genesen nicht, sondern werden immer schwächer, schrumpfen. Die zurückgehenden Wirtschaftsleistungen, die sinkenden Einnahmen und die unterschiedlichen Zinsbelastungen machen eine Stabilisierung unmöglich. Zudem wird die stetig anwachsende Lawine der Gesamtverschuldung der Euro-Zone von heute rund 8.600 Milliarden Euro alles mitreißen und unter sich begraben. Restlos.

So sieht es wohl auch Dani Rodrik, Ökonom an der US-Universität Harvard, der in der Frage nach dem Überleben des Euro pessimistisch ist: »Wenn in westlichen Staaten die Wirtschaftspolitik von den ausländischen Gläubigern diktiert wird, gewinnt am Ende meist die Straße.«[581]

Hinzukommt, dass eine Koexistenz europäischer Zivilisationen nur möglich ist, wenn die jeweiligen Existenzen gesichert sind. Und das sind sie nicht. Europa soll wirtschaftlich und politisch noch mehr zusammenwachsen, dabei zerbricht es sozial. Das Sparprogrammprinzip »Wer nichts hat, dem wird noch mehr genommen« ist im wahrsten Sinne des Wortes selbstmörderisch für die Euro-Zone. Denn wie sollen die Krisenländer ihre von der EU-Kommission aufoktroyierten Sparvorgaben einhalten, wenn

---

[579] Vgl. »Der Ruinenbaumeister« in: *Wirtschaftswoche Nr. 38/12, S. 29*

[580] Vgl. »Der Ruinenbaumeister« in: *Wirtschaftswoche Nr. 38/12, S. 28*

[581] Vgl. »Aufstand gegen die Euro-Sparpolitik« in: *Financial Times Deutschland v. 27.09.12*

durch diese der Konsum abgewürgt, zumindest aber gedrosselt wird, die Wirtschaft immer mehr zusammenfällt?

Der Ökonom Hans-Werner Sinn meinte in Hinblick auf die hohe Jugendarbeitslosigkeit in den EU-Krisenländern: »Die junge Generation wird auf dem Altar des Euro geopfert (...) Das ist das Rezept, um Länder an den Rand des Bürgerkriegs zu bringen.«[582]

Der Chefredakteur der französischen Wochenzeitschrift *Le Nouvel Observateur*, Laurent Joffrin, erklärte: »Schon jetzt wenden sich die Völker mehr und mehr von einer Politik ab, von der sie meinen, dass sie ihnen von Brüssel oder Berlin aufgezwungen wird (...) Extreme Parteien sehen sich ermutigt (...) Vergleichbare Phänomene werden in zahlreichen Ländern der Europäischen Union beobachtet.« Und weiter: »Die Existenz des Euro wäre infrage gestellt, würde er für die Bevölkerung der Südländer zum Symbol der sozialen Opfer und Leiden; der Auftrieb nationalistischer Parteien würde dann jene politische Union gefährden, die mehrere europäische Generationen, namentlich Deutsche und Franzosen, mit so viel Mühe aufgebaut hatten.«[583]

Schon im Sommer 2012 hielten die deutschen Wirtschaftsweisen ein unkontrolliertes Auseinanderbrechen der Euro-Zone für eine reale Gefahr. Allein das Ausscheiden eines Landes könne zu einer Kettenreaktion führen. »Am Ende des Prozesses könnte sogar ein währungspolitisches Auseinanderbrechen von Deutschland und Frankreich stehen.«[584] Die Rettung des Euro ist zu kostspielig und zu schwierig geworden.

## 3.3. Vorbereitungen auf den Crash[xxvii]

Aus Angst vor einer »Euro-Schmelze« und um sich gegen einen Zerfall der Währungsunion abzusichern, kehren immer mehr Großunternehmen Europa den Rücken. Darunter das umsatzstärkste und börsengrößte – der britisch-

---

[582] Vgl. »‚Die Jugend wird auf dem Altar des Euros geopfert'« in: *Focus Money v. 26.09.12* (http://www.focus.de/finanzen/news/staatsverschuldung/ifo-chef-sinn-zur-euro-krise-die-jugend-wird-auf-dem-altar-des-euros-geopfert_aid_827423.html)/Zugriff: 27.09.12

[583] Vgl. »Sparen ruiniert uns alle« in: *ZeitOnline v. 30.09.12* (http://www.zeit.de/2012/39/Sparen-Europa-Zwang)/Zugriff: 30.09.12

[584] Vgl. »Das 3,3 Billionen-Risiko« in: *Handelsblatt v. 09.07.12*

niederländische Öl- und Gaskonzern Royal Dutch Shell. Schon im Spätsommer 2012 soll er fast seine gesamten Bargeldreserven des zweiten Quartals von rund 12 Milliarden Euro aus den südeuropäischen EU-Mitgliedsländern in US-Staatsanleihen angelegt oder zu amerikanischen Banken verlagert haben. Dies sorgte für große Irritationen. Auch der weltgrößte Mobilfunkkonzern Vodafone, der Reinigungshersteller Reckitt Benckiser, der Brauereikonzern Heineken, der Spirituosengigant Diageo und der britische Pharmariese Glaxo Smith Kline ziehen Geld aus dem Euro-Raum ab. Einige von ihnen wollen keinerlei Bargeld mehr in EU-Ländern liegen lassen, transferieren Tageseinnahmen von lokalen Banken zu sicheren Kreditinstituten.

Die Kapitalflucht aus dem Euro-Raum ist also voll im Gange. Zu diesem Schluss kam im Oktober 2012 auch der Internationale Währungsfonds (IWF) in seinem Finanzstabilitätsbericht: Weil Anleger den Zerfall der Währungsunion befürchteten, hätte bereits eine Kapitalflucht aus den Randstaaten der Euro-Zone eingesetzt. Die integrierten Märkte zersplitterten und würden das »grundlegende Fundament der Union« unterminieren.[585] Das *Handelsblatt* berichtete, dass Anleger immer mehr neues Kapital aus der Eurozone herausschafften[586], mit der Konsequenz, dass der Wert des Euro sinkt. Selbst die Finanzmärkte berücksichtigen bei der Preisbildung bereits ein »Auseinanderbrechen des Euroraums«, wie Jörg Asmussen, Direktoriumsmitglied der EZB, zugeben musste.[587] »Das Experiment Euro wird an den Finanzmärkten zunehmend als gescheitert angesehen«, fügte Philipp Vorndran hinzu, Chefstratege der Vermögensverwaltung Flossbach von Storch.[588]

So ist auch in der Bankenbranche die Flucht aus dem Euro ein offenes Geheimnis. Schon seit Monaten reduzieren Großbanken wie beispielsweise Goldman Sachs, JP Morgan Chase, Bank of America oder Morgan Stanley ihre »Euro-Abhängigkeit«. Andere wiederum trennen ihre Tochterbanken in

---

[585] Vgl. »IWF warnt vor Zerfall des globalen Finanzsystems« in: *Wallstreet Journal.de v. 10.10.12* (http://www.wallstreetjournal.de/article/SB10000872396390443982904578046912167912882.html?mod=WSJDE_latestheadlines)/Zugriff: 10.10.12

[586] Vgl. »Anleger verlassen die Euro-Zone« in: *Handelsblatt v. 09.10.12*

[587] Vgl. »Finanzmärkte spekulieren mit Euro-Crash« in: *Deutsche Handwerkszeitung v. 28.08.12* (http://www.deutsche-handwerks-zeitung.de/finanzmaerkte-spekulieren-mit-euro-crash/150/3091/177347/)/Zugriff: 31.08.12

[588] Vgl. »Euro-Krise: Gleichgewicht des Schreckens« in: *Der Spiegel 33/2012, S. 84 ff.*

den Krisenländern finanziell weitgehend von den Mutterkonzernen ab. Oder sie arbeiten daran, ihre Forderungen aus außerbörslichen Derivateverträgen in den Krisenländern in Euro (beziehungsweise der Währung, die nach einem Staatsbankrott bei Fälligkeit im eigenen Land gilt) ausbezahlt zu bekommen und nicht in einer abgewerteten Nachfolgewährung, wie etwa der griechischen Drachme oder der spanischen Pesete. Die Unternehmen bekommen fast nur noch von Banken des eigenen Landes Kredite; grenzüberschreitende Finanzgeschäfte gehen mit Absicherungsgeschäften der Kreditinstitute einher.

Der britische Notenbankchef Sir Mervyn King bestätigte bereits im Mai 2012, dass die englische Zentralbank und die Regierung von Premier David Cameron an einem aktuellen Notfallplan arbeiteten für den Fall, dass die Euro-Zone auseinanderbrechen sollte. Die Politik müsse endlich anerkennen, so King, dass Schulden nicht zurückgezahlt werden könnten und die entsprechenden Verluste realisieren werden soll. Dies sei zwar schmerzhaft, aber besser, als das Problem weiter vor sich herzuschieben.«[589]

Im August 2012 wettete Lord Jacob Rothschild, eines der Mitglieder der berühmten Bankendynastie, mit 200 Millionen Dollar über den Investmentfonds RIT Capital gegen den trudelnden Euro. Damit ist er nicht der Einzige: Der Hedgefonds-Manager John Paulson, der einst auf das Platzen der US-amerikanischen Immobilienblase gewettet und damit Milliarden verdient hatte, kündigte ebenfalls an, gegen den Euro zu wetten. Auch deutsche Versicherer und Verwalter großer Familienvermögen sollen in seinen (und andere) Hedgefonds investiert haben. Andere folgten Paulsons Beispiel. Der Anlegerkrieg gegen den Euro ist damit voll im Gange: Die offenen Finanzwetten (Short-Positionen) gegen die europäische Gemeinschaftswährung sind in den vergangenen Monaten stark gestiegen. Auch wenn die Investoren bislang verloren haben...

In der Versicherungsbranche gilt das Gleiche: Der Rückversicherungskonzern Münchner Rück, der zu den weltgrößten Geldanlegern gehört, rechnet mit zahlreichen Risiko-Szenarien, die von einer plötzlich steigenden Inflation, Staatspleiten, Euro-Austritten bis zu

---

[589] Vgl. »Offiziell: Bank of England bereitet mit Regierung Notfallplan für Euro-Crash vor« in: *deutsche-wirtschafts-nachrichten.de v.* (http://deutsche-wirtschafts-nachrichten.de/2012/05/16/offiziell-bank-of-england-bereitet-mit-regierung-notfallplan-fuer-euro-crash-vor/)/Zugriff: 31.08.12

einem Auseinanderbrechen der Euro-Zone reichen. »Wir bereiten unser Unternehmen auf alles vor«, sagte Vorstandsvorsitzender Torsten Jeworrek.[590] Zudem würden Kundenverträge auf ihre Währungsklauseln überprüft und Liquiditätspläne für den Ernstfall erarbeitet sowie das Engagement in den EU-Krisenländern begrenzt. Kapitalanlagen würden noch stärker gestreut, große Risiken im Tagesgeschäft vermieden. Die in viele Staatsanleihen investierten Summen würden nur noch Mini-Renditen erwirtschaften, wären zu riskant geworden und deshalb müsste nach Alternativen gesucht werden.

Auch die deutsche Wirtschaft stellt sich auf ein Katastrophenszenario ein: Firmen setzen Anwälte und Unternehmensberater darauf an oder holen bereits ausgearbeitete Notfallpläne aus der Schublade. Die Maßnahmenkataloge sehen auch unternehmensinterne Steuerung von Zahlungsströmungen vor, um Länderrisiken zu minimieren, oder passen die Wirksamkeit ihrer Verträge für eine »Nach-Euro-Zeit« an. »Manche Unternehmen versuchen, ihre flüssigen Mittel aus den Krisenländern so weit wie möglich abzuziehen, um der Gefahr zu entgehen, dass die Guthaben nach einem Euro-Austritt plötzlich etwa in Drachmen umgewandelt werden«, erklärte Rechtsanwalt Andreas Steck.[591] Zudem prüften Unternehmen, ob sie Kosten, die durch einen Währungs-Crash bedingt wären, steuerlich absetzen könnten. »Rund ein Drittel der Führungskräfte in deutschen Unternehmen hält es für wahrscheinlich, dass der Euro in einen Nord- und einen Süd-Euro zerfallen könnte«, meinte Unternehmensberater Alexander Roos.[592] Aus diesem Grund werden hohe Geldbeträge in wichtige Einkaufswährungen wie etwa den Dollar umgeschichtet. Laut einer Umfrage der Unternehmensberatung Roland Berger im September 2012 bereitete sich bereits jede dritte Firma in Europa auf den Zerfall der Euro-

[590] Vgl. »Münchner Rück bereitet sich auf Euro-Crash vor« in: *format.at v. 09.09.12* (http://www.format.at/articles/1236/935/341579/muenchner-rueck-euro-crash)/Zugriff: 10.09.12

[591] Vgl. »Deutsche Wirtschaft bereitet sich auf Euro-Crash vor« in: *Welt.de v. 09.06.12* (http://www.welt.de/wirtschaft/article106484085/Deutsche-Wirtschaft-bereitet-sich-auf-Euro-Crash-vor.html)/Zugriff: 31.08.12

[592] Vgl. »Die heimlichen Pläne für den Euro-Crash« in: *faz.net v. 25.08.12* (http://www.faz.net/aktuell/wirtschaft/europas-schuldenkrise/banken-und-konzerne-die-heimlichen-plaene-fuer-den-euro-crash-11867936.html)/Zugriff: 03.09.12

Zone vor.[593] So änderte auch der Reisekonzern TUI seine Allgemeinen Geschäftsbedingungen; in einer entsprechenden Klausel heißt es sinngemäß: »Tritt das Land des Vertragspartners aus dem Euroraum aus, gilt beim Rechnungsverkehr stets der am Tag des Austritts staatlich festgelegte Wechselkurs.«[594] Als Gerichtsstand wird explizit Deutschland festgeschrieben.

Großkonzerne und Unternehmen, Versicherer, Investoren und Banken wappnen sich also schon längst für den »Fall« der Euro-Zone und erhöhen damit das Risiko, dass genau dies geschieht.

Im *4.Teil* dieses Buchs beleuchte ich das Szenario dieses immer wahrscheinlicher werdenden Zusammenbruchs und die Folgen für Europa, Deutschland und jeden Einzelnen von uns. Alle dort (wie überall in diesem Buch) aufgeführten Fakten und Informationen beziehen sich auf Planspiele aus Politik, von Militär, Geheimdiensten, Wirtschaftsunternehmen, Versicherungen und Banken, die schon längst vorliegen oder sich an Sachverhalten aus Krisen und Hyperinflationen in der Vergangenheit sowie damaligen Augenzeugen orientieren. Das aufgezeigte Crash-Szenario hat nichts mit Sciencefiction zu tun, sondern mit bitterer Realität. Gerade deswegen wagt es kein deutscher Politiker, offen darüber zu sprechen.

---

[593] Vgl. »Umfrage zu Euro-Krise: Manager schreiben Griechenland ab« in: *sueddeutsche.de v. 03.09.12* (http://www.sueddeutsche.de/wirtschaft/umfrage-zur-euro-krise-manager-schreiben-griechenland-ab-1.1457251)/Zugriff: 02.10.12

[594] Vgl. »100 Antworten zum Euro« in: *Stern 49/2011, S. 145*/»Euro: Wie wär's mal mit der Wahrheit« in: *Focus Money 25/2012 v. 13.06.12* (http://www.focus.de/finanzen/boerse/euro-wie-waers-mal-mit-der-wahrheit_aid_766365.html)/Zugriff: 21.06.12

# Exkurs 4:

## Wirtschaftskrisen, Währungskrisen, Finanz(markt)krisen, Staatsbankrotte[xxviii]

Definitionen von Wirtschafts-, Währungs- und Finanz(markt)krisen sind außerordentlich vielgestaltig und begrifflich schwer zu fassen, weil sie zum Teil auch ineinander übergehen. Nachfolgend der Versuch einer begrifflichen Kurzbestimmung und »Trennung«.

**Wirtschaftskrisen**

Von einer Wirtschaftskrise wird gesprochen, wenn sich das Wachstum der Wirtschaft negativ entwickelt (dies kann negative Auswirkungen auf Volkswirtschaften und wirtschaftliche Variablen haben wie etwa die Beschäftigungslage, Kapitalströme, das Preisniveau und sogar die gesamte Weltwirtschaft).

Eine Wirtschaftskrise wird in drei Phasen unterteilt:

1. Stagnation (die Wirtschaft wächst nicht weiter, das Bruttoinlandsprodukt stagniert)
2. Rezession (wenn die Wirtschaft nach der Stagnation zurückgeht, das Bruttoinlandsprodukt also schrumpft)
3. Depression (ein lang anhaltender und tief greifender Abschwung)

Beispiele für globale, regionale oder mehrere Länder betreffende Wirtschaftskrisen:[595]

- die Panik von 1907 (betroffen: USA, Europa, Asien und Lateinamerika)
- die Krise von 1925/1926 (betroffen: Europa und Lateinamerika)
- die große Depression 1929-1938 (betroffen: alle Regionen weltweit)

---

[595] Vgl. Carmen M. Reinhardt & Kenneth S. Rogoff: »Dieses Mal ist alles anders – Acht Jahrhunderte Finanzkrisen«, München 2012, S. 360, 361

- die Schuldenkrisen der 1980er Jahre (betroffen: USA, Entwicklungsländer in Afrika, Lateinamerika, Asien)
- die Asienkrise von 1997/1998 (betroffen: Asien, Europa, Lateinamerika)
- die globale Kontraktion von 2008 (betroffen: alle Regionen weltweit)

Zusammengefasst: Bei einer Wirtschaftskrise schrumpft die Binnennachfrage, ausländische Investoren ziehen ihre Gelder ab, die Produktion bricht ein, was eine höhere Arbeitslosigkeit zur Folge hat.

**Währungskrisen**

Währungskrisen liegen vor, wenn

- die Devisenreserven der heimischen (nationalen) Zentralbank in kurzer Zeit erschöpft sind,
- ein festes Wechselkurssystem dadurch nicht mehr aufrechterhalten werden kann
- und es daher zu einer starken Abwertung der heimischen (nationalen) Währung kommt

oder wenn

- es zu keiner Abwertung kommt,
- die Zentralbank große Devisenreserven verkaufen muss, um den Wechselkurs zu verteidigen,
- und/oder die Leitzinssätze erhöht werden.

Seit 1980 kam es weltweit zu 208 Währungskrisen. Nachfolgend eine Auswahl[596]:

| **Land** | **Währungskrise(n)** |
|---|---|
| Ägypten | 1989-2001,<br>2003 |
| Algerien | 1988-1991,<br>1994-1995 |

[596] Tabelle vgl.: Benjamin Born/Teresa Buchen/Kai Carstensen/Christian Grimme/Michael Kleemann/Klaus Wohlrabe/Timo Wollmershäuser: »Austritt Griechenlands aus der Europäischen Währungsunion: historische Erfahrungen, makroökonomische Konsequenzen und organisatorische Umsetzung«, Ifo - Leibniz-Institut für Wirtschaftsforschung an der Universität München e. V., München, April 2012, S. 61, 62 (Quelle: Reinhart (2010).

| | |
|---|---|
| Angola | 1991-2005, 2009-2010 |
| Argentinien | 1974-1992, 2002 |
| Australien | 1982, 1985, 1997, 2000, 2008 |
| Belgien | 1982 |
| Bolivien | 1982-1985, 1987, 1989 |
| Brasilien | 1977-1995, 1999, 2001-2002, 2008 |
| Chile | 1969-1985, 1987, 1989, 2008 |
| China | 1984, 1986, 1989, 1994 |
| Costa Rica | 1981, 1991, 1995 |
| Dänemark | 2010 |
| Deutschland | 1984, 1997 |
| Dominikanische Republik | 1985, 1987-1988, 1990, 2002-2003 |
| Ecuador | 1982-1992, 1995-2000 |
| El Salvador | 1988 |
| Elfenbeinküste | 1994 |
| Finnland | 1992 |
| Ghana | 1983-1989, 1992-1997, 1999-2000, 2002, 2008, 2009 |
| Griechenland | 1980, 1983, 1985-1986, 1990, 1999-2001 |
| Guatemala | 1986, 1989-1990 |
| Honduras | 1990, 1993-1994, 1996 |
| Indien | 1984, 1988, 1991, 1993, 2008 |
| Indonesien | 1983, 1997-1998, 2000, 2008 |
| Irland | 1993, 1997 |
| Island | 1974-1986, |

| | |
|---|---|
| | 1988-1989, 2008 |
| Italien | 1992 |
| Kanada | 2008 |
| Kenia | 1981-1982, 1989, 1991-1993, 1999, 2008 |
| Kolumbien | 1980-1991, 1995, 1997-2000, 2002 |
| Korea | 1979-1980, 1997, 2008 |
| Malaysia | 1997 |
| Marokko | 1985 |
| Mauritius | 1981, |
| Mexiko | 1982-1987, 1989, 1994-1995, 1998, 2008 |
| Neuseeland | 1981, 1984, 1997, 2008 |
| Nicaragua | 1985-1986, 1991, 1993 |
| Nigeria | 1981, 1985-1990, 1992, 1999 |
| Norwegen | 1982, 1986, 2008 |
| Paraguay | 1984-1986, 1989, 1992-1993, 1998-1999, 2001-2002 |
| Philippinen | 1983-1984, 1990, 1997, 2000 |
| Polen | 1979-1982, 1984-1993, 1995-1997, 1999, 2008 |
| Portugal | 1981-1984 |
| Rumänien | 1983, 1990-2001, 2008, 2010 |
| Russland | 1981, 1983, 1987-1996, 1999, 2008 |
| Sambia | 1983-1986, 1988-1996, 1998, 2000, |

| | |
|---|---|
| | 2008 |
| Schweden | 1982, 1992, 2005, 2008 |
| Schweiz | 1984, 1999 |
| Singapur | 1997 |
| Spanien | 1982, 1993 |
| Sri Lanka | 1980, 1983, 1989 |
| Südafrika | 1981, 1984-1985, 1988, 1996, 1998, 2000-2001, 2008 |
| Taiwan | 1998 |
| Thailand | 1984, 1997, 2000 |
| Tunesien | 1986 |
| Türkei | 1977 – 2001, 2008 |
| UK | 1981 – 1983, 1993, 2008 |
| Ungarn | 1982, 1989, 1991, 1993, 1995-1997, 1999 |
| Uruguay | 1974-1997, 2001-2002 |
| USA | 2002-2003 |
| Venezuela | 1984, 1986, 1989 – 1996, 2002, 2004, 2010 |
| Zentralafrikanische Republik | 1994 |

Zusammengefasst: Bei einer Währungskrise wird das staatseigene Geld entwertet, eine Währungsreform wahrscheinlich. Zumeist gehen Währungskrisen mit anderen Finanzkrisen einher und lassen sich als gesamtwirtschaftliche Finanzkrise klassifizieren, weil sie die gesamte Volkswirtschaft betreffen.

**Finanz(markt)krisen**

Für Finanz(markt)krisen gibt es eine Vielzahl von Bezeichnungen wie beispielsweise Börsenkrach, Börsenpanik, Kursrutsch, Kreditklemme, Preis- oder Spekulationsblase. Von einer Finanz(markt)krise spricht man, wenn

- sich wichtige finanzielle Indikatoren schnell und erheblich verschlechtern (Devisenreserven, Wechselkurs, Zinssatz)
- und eine relevante Zahl von Marktteilnehmern eine plötzliche Risikoneubewertung vornimmt, bei der es zu einer Flucht aus realen und langfristigen Vermögenswerten in Geld kommt.

Seit dem Zweiten Weltkrieg gab es 18 durch Banken verursachte Finanzkrisen in entwickelten Ökonomien, die zu einem lang anhaltenden Rückgang der Wirtschaftsleistung führten, darunter schwere, systematische Krisen, die die »Big Five« genannt werden (»systematische« Finanzmarktrisiken bezeichnen solche, die das Finanzsystem selbst betreffen, während sich »traditionelle« Risiken auf jene innerhalb des Finanzsystems beziehen[597]).

| **Erstes Krisenjahr** | **Land** |
|---|---|
| 1977 | Spanien |
| 1987 | Norwegen |
| 1991 | Finnland |
| 1991 | Schweden |
| 1992 | Japan |

Zusammengefasst: Bei Finanz(markt)krisen kommt es innerhalb kurzer Zeit zu Verschlechterungen von Finanzmarktindikatoren wie Wertpapier- und Wechselkursen, Zinsen, Bonitätsbewertungen, die massive und andauernde wirtschaftliche Folgen nach sich ziehen können. Das Anlagevermögen eines Marktes (Aktien, Anleihen oder Immobilien) verliert durch drastische Preiseinbrüche an Wert, etwa nach einer »Spekulationsblase«.

**Bankenkrisen**

Seit 1980 kam es zu 124 systemischen Bankkrisen. Eine Bankenkrise ist gegeben, wenn ein großer Teil des Bankensystems eines Landes gegenüber seinen Einlegern zahlungsunfähig ist, diese ihre Einlagen abziehen oder

---

[597] Vgl. Simone Heinemann, Ruhr-Universität Bochum, Sektion Wirtschaftsphilosophie/-ethik: »Systematische Risiken auf Finanzmärkten und das Problem der Verantwortung«, S. 3, 4

vergebene Kredite nicht mehr zurückgezahlt werden können. Die Geldinstitute sind also nicht mehr flüssig und landen langfristig in der Insolvenz. Nationale Bankenkrisen können nicht nur einen »nationalen« Vertrauensverlust in die Geldinstitute auslösen, sondern auch einen in Nachbarländern. Nachfolgend zwei Beispiele für verheerende Bankenkrisen:

- 1931: Deutschland: Mit dem Zusammenbruch der Österreichischen Kreditanstalt begann die bisher schwerste Bankenkrise in Deutschland. Es folgten die Danatbank und die Dresdner Bank. Aus Misstrauen in die Wirtschaftsentwicklung, beispielsweise die starke Verschuldung der Wirtschaft gegenüber dem Ausland, wurden kurzfristige Kredite abberufen, während zeitgleich ein so genannter Bank Run[598] einsetzte. Zusammengefasst: Bei einer Bankenkrise müssen Banken (zumeist) hohe Abschreibungen auf ihre Staatskredite vornehmen, was die eigene Liquidität beeinträchtigt.
- 2007: USA, weltweit: Immer mehr Banken sind von der in den USA ausgelösten globalisierten Krise betroffen, die mit dem Zusammenbruch der Investmentbank Lehman Brothers begonnen hat (siehe auch *Kapitel 1.1.*).

**Staatsbankrotte**

Ein Staatsbankrott liegt vor, wenn ein Staat zahlungsunfähig ist, also seine eingegangenen Verpflichtungen zu Kapital- und/oder Zinszahlungen entweder ganz oder teilweise nicht mehr nachkommen kann:

- Verweigerung jeder Zins- und Tilgungszahlung
- vorläufige Einstellung von Zins- und/oder Tilgungszahlungen
- einseitige Herabsetzung der Zinsen und/oder Verschiebung von Tilgungszahlungen
- einseitige Umwandlung von Edelmetallschulden in Papierschulden

---

[598] Massenhafte Abhebung von Bankspareinlagen durch Bankkunden

In den letzten 200 Jahren gab es eine Reihe von Staatspleiten. Allein 90 von 1980 an. Insgesamt 237 Länder konnten ihre Gläubiger nicht fristgerecht bezahlen, beispielsweise[599]:

1557: Spanien
1811: Österreich
1813: Dänemark
1876: Osmanisches Reich
1918: Russisches Reich
1923: Deutsches Reich
1945: Deutsches Reich
1998: Russland
2002: Argentinien
2008: Island

Nachfolgend die »Top 12« der Staatspleiten seit 1800[600] (die Zahlen in Klammern zeigt den jeweiligen Prozentanteil der Krisenjahre des jeweiligen Landes):[601]

1. Griechenland: 5 x (50,6 %)
2. Russland: 5 x (39,1 %)
3. Ungarn:[602] 7 x (37,1 %)
4. Polen: 3 x (32,6 %)
5. Spanien: 8 x (23,7 %)
6. Rumänien: 3 x (23,3 %)
7. Österreich:[603] 7 x (17,4 %)
8. Türkei: 6 x (15,5 %)
9. Deutschland:[604] 7 x (13,0 %)
10. Portugal: 6 x (10,6 %)

599 Vgl. dazu: Michael Grandt: »Der Staatsbankrott kommt - Hintergründe, die man kennen muss«, Rottenburg 2010, S. 127

600 Oder seit der Unabhängigkeit des Landes und ohne aktuelle Krise

601 Vgl. dazu: »Ein Staatsbankrott ist halb so schlimm« in: *Frankfurter Allgemeine Sonntagszeitung v. 14.03.10, S. 35*

602 Mit Österreich-Ungarn

603 Mit Österreich-Ungarn

604 Mit Deutschem Reich und Vorläuferstaaten

| | | |
|---|---|---|
| 11. Niederlande: | 1 x | (6,3 %) |
| 12. Italien: | 1 x | (3,4 %) |

Zusammengefasst: Ein Staatsbankrott definiert sich als die förmliche Erklärung einer Regierung, fällige Forderungen nicht mehr oder nur noch teilweise erfüllen zu können, oder die faktische Einstellung fälliger Zahlungen. Erklärt ein Staat also seinen »Bankrott«, entledigt er sich dadurch seiner finanziellen Verbindlichkeiten. Die Folgen für die Volkswirtschaft können eine Banken-, Wirtschafts- und/oder Währungskrise sein.

# 4. Teil

# 2018 – der Crash

*»Ein Zerreißen des Euro bedroht die Welt, wie wir sie in den vergangenen Jahrzehnten kennen und vor allem lieben gelernt haben.«*
*DER SPIEGEL*[xxix]

*»Die Menschen in den reifen Volkswirtschaften vermelden keine Steigerung des Wohlergehens mehr. Ihr Pessimismus ist begründet. In Zukunft wird es ihnen schlechter gehen (...) In reifen Märkten wird es mehr Arme und mehr Ungerechtigkeit geben (...) Diese Minderheit (ein Fünftel der Weltbevölkerung) wird einen Sturz aus ehemaliger Herrlichkeit erleben aufgrund stagnierenden Produktivitätswachstums und steigender Spannung, die aus Ungerechtigkeit entsteht.«*
Jorgen Randers (Professor an der BI Norwegian Business School)[xxx]

*»In jeder Krise des Geldes – in der Inflation der zwanziger Jahre in Deutschland, der großen Depression von 1929 oder der Finanz- und Bankenkrise, die 2007 begann und uns noch immer im Würgegriff hält – müssen Menschen auf ganz existentielle Weise den Preis für den Verlust der Glaubwürdigkeit des Geldes zahlen: mit Arbeitslosigkeit, Entzug ihrer Behausung und sozialer Ausgrenzung.«*
Christina von Braun (Professorin für Kulturtheorie an der Berliner Humboldt-Universität)[xxxi]

## 4.1. Crash-Szenario – Stufe 1: Kollaps[xxxii]

### 4.1.1. Faktoren für den Euro-Kollaps

Verschiedene Faktoren, deren Brisanz hinreichend bekannt ist, werden um das Jahr 2018 den endgültigen »Euro-Kollaps« besiegeln[605] und damit nicht

[605] In Kapitel 4.1.2. werden diese Faktoren noch näher erläutert.

nur die marktwirtschaftliche Ordnung ausradieren, sondern die gesamte Gesellschaftsform der westlichen Demokratie gefährden[606]:

- *Keine Kapitalsicherung durch Anleihekäufer:* Über Jahre hinweg liehen sich die Banken der EU-Länder billiges, fast zinsloses Geld von der EZB: über 1 Billion Euro. Sie kauften also hoch verzinste Staatsanleihen der maroden Mitgliedsländer und hinterlegten diese als Sicherheit für ihre eigenen Kredite. Ein fatales Prozedere, denn damit fehlte die Kapitalsicherung. Doch gerade jene ist das Kernproblem ungedeckter Währungsordnungen. Zudem, so Kritiker, verstoßen die umstrittenen Anleihekäufe der Zentralbank gegen das vertragliche Verbot der Staatsfinanzierung durch die EZB. Auch wenn beispielsweise »Eurokraten« wie Altkanzler Helmut Schmidt Zentralbank-Chef Mario Draghi und dessen Vorgänger Jean-Claude Trichet für ihre Krisenpolitik noch hoch gelobt hatten – selbst als diese sich über manche Verträge »etwas hinweggesetzt« hatten.[607] Doch die ungedeckten Anleihekäufe werden zukünftig zu einem der Hebel des wirtschaftlichen Untergangs.
- *Eine zu große Geldmenge ist durch zu wenig Güter abgesichert:* Von 2000 bis 2010 stieg hierzulande die Wirtschaftsleistung um rund 10 Prozent, das von der EZB in die Wirtschaft gepumpte Geld jedoch um mehr als 80 Prozent. Auf EU-Ebene sieht es noch schlimmer aus: Während die Geldmenge um 160 Prozent zunahm, stieg der Wert der produzierten Waren lediglich um 11 Prozent.[608] So klafft die Lücke zwischen Gütermenge und Geldmenge astronomisch auseinander! Dieses ökonomische russische Roulette funktioniert jedoch nur so lange, wie frisches Geld nachgeschoben wird und das Vertrauen der Teilnehmer und Anleger gegeben ist.

---

[606] Ähnlich äußerte sich Bundesfinanzminister Schäuble im April 2013: »Würden wir noch einmal eine Krise bekommen wie 2008, dann stünde nicht nur die marktwirtschaftliche Ordnung auf dem Spiel, sondern unsere gesamte Gesellschaftsform der westlichen Demokratie«. Vgl. »Schäuble für deutsches Steuer-FBI« in: *handelsblatt.com v. 10.04.13* (http://www.handelsblatt.com/politik/deutschland/steuerhinterziehung-schaeuble-fuer-deutsches-steuer-fbi/8048496.html)/Zugriff: 11.04.13

[607] Vgl. »Altkanzler zu Euro-Krise: Schmidt empfiehlt ein bisschen Vertragsbruch« in: *SpiegelOnline v. 08.11.12* (http://www.spiegel.de/wirtschaft/soziales/euro-altkanzler-helmut-schmidt-verteidigt-regelverstoesse-a-866156.html)/Zugriff: 10.11.12

[608] Vgl. »Wie wär's mal mit der Wahrheit?« in: *Focus Money 25/2012* (http://www.focus.de/finanzen/boerse/euro-wie-waers-mal-mit-der-wahrheit_aid_766365.html)Zugriff: 04.02.13

Wenn die Märkte dieses Vertrauen entziehen, kommt es zur Katastrophe.

- *Die Derivaten-Blase platzt:* Derivate sind Finanzprodukte, Wetten und Versicherungen, die an sich keine Wertschöpfung besitzen, geschaffen im Zuge der Deregulierung der Märkte. Mit Derivaten werden beispielsweise Wechselkursschwankungen abgesichert oder Wetten auf Käufe von Immobilien und Hypotheken, Rohstoffen, Nahrungsmitteln, deren An- und Verkäufe noch gar nicht abgeschlossen sind. Sie werden gehandelt, in immer neuen Paketen gebündelt, können extrem profitabel aber auch immens riskant sein. Weltweit beläuft sich der Derivatehandel auf 700 Billionen Dollar. Alleine in Europa auf rund 290 Billionen Euro. Sie werden von Bankern und anderen Finanzmarktakteuren »over the counter« gehandelt, sind also in keiner Bankbilanz ausgewiesen. Der frühere französische Präsident Jacques Chirac sprach im Zusammenhang mit Derivaten von »finanziellem Aids« und der US-amerikanische Großinvestor Warren Buffet von »finanziellen Massenvernichtungswaffen«. Sie sind »im Grunde ein heimliches, gigantisches Kasino im Hinterzimmer des großen globalen Finanz-Kasino (*Deutsche Wirtschaft-Nachrichten*). Doch 2018 explodiert die Derivateblase geradezu und löst einen vollständigen Systemkollaps der Banken aus.[609]
- *Sparreformen verkehren sich ins Gegenteil:* Die Strukturreformen und Sparprogramme in den Krisenländern genügen nicht, um die Euro-Krise zu überwinden. Sie verstärken die dort bestehende Instabilität sogar noch, lenken vorhandene Ressourcen ins Unproduktive und sind mitverantwortlich für schlechte Arbeitsmärkte.
- *Die Euro-Rettungspolitik hat versagt:* Der slowakische Parlamentspräsident Richard Sulik bemängelte einst, dass durch die

[609] Bereits 2013 wurde das Platzen der Derivateblase diskutiert, die einen vollständigen Systemkollaps der Banken mit sich bringen würde. Denn seit der Finanzkrise 2008 haben es die europäischen Banken geradezu versäumt die Derivate zu entschärfen. Noch immer sind sie viel zu hoch im Risiko. Vgl. dazu: »290 Billionen Euro Risiko: Sparer müssen Euro-Banken retten« in: *deutsche-wirtschafts-nachrichten v. 09.04.13* (http://deutsche-wirtschafts-nachrichten.de/2013/04/09/290-billionen-euro-risiko-sparer-muessen-euro-banken-retten/)/Zugriff: 11.04.13

Transferunion den leistungsfähigen EU-Mitgliedern »genommen« und jenen, die nicht haushalten können, »gegeben« worden sei. Zudem reiche das Geld des EU-Schutzschirms nur für die Rettung kleinerer Länder, für große jedoch nicht.[610] Die bisherige Euro-Politik ist somit mit Schuld an der Eskalation dieser systematischen Krise, deren Überwindung durch nationale Kraftanstrengungen und Spardiktate schließlich scheitern wird. Hinzukommt, dass durch die Sparerenteignung in Zypern das Vertrauen der Bürger in ihre Regierungen über die Jahre hinweg geschwunden ist.

- *Target-Schulden:* Target[611] ist der Name eines internen Zahlungsverkehrssystems der EZB, über das die internationalen Zahlungen zwischen Banken in der Euro-Zone abgewickelt werden. Dabei handelt es sich um überbordende Geldüberweisungen vom Süden in den Norden des Euro-Raums. Target-Salden entstehen, weil die EZB es den Banken und den Kunden in den südlichen Ländern ermöglicht, sich mit immer schlechter werdenden Sicherheiten immer mehr Geld von ihren Notenbanken zu leihen, um damit in den nördlichen Ländern Güter zu kaufen, Schulden zu tilgen oder Investitionen zu tätigen. Bei der Deutschen Bundesbank haben sich Forderungen von über 700 Milliarden Euro gegenüber den Zentralbanken von Staaten wie Spanien, Griechenland oder Italien angehäuft. Mit rund 70 Prozent Target-Forderungen ist die Bundesbank der weitaus größte Nettogläubiger des EZB-Systems[612], obwohl sie nur 27 Prozent des EZB-Kapitals hält. Mit dem Zerbrechen des Euro muss die Bundesbank diese Forderungen abschreiben – sie übersteigen das Fünffache ihres Eigenkapitals.

### 4.1.2. Euro – aus und vorbei

[610] Vgl. »Richard Sulik über die perverse Eurorettung« in: *tagesanzeiger.ch v. 27.09.11* (http://de.ibtimes.com/articles/24689/20110927/richard-sulik-ber-die-perverse-eurorettung.htm)/Zugriff: 02.10.12

[611] *Target* bedeutet: *Transeuropäisches automatisiertes Realzeit-Brutto-Zahlungs-Express-Transfersystem (Trans-European Automated Real-time Gross Settlement Express Transfer System)*. Vgl. dazu: Hans-Werner Sinn: »Die Target-Falle – Gefahren für unser Geld und unsere Kinder«, München 2012, S. 189

[612] Die gesamten Target-Salden der EZB belaufen sich auf über 1000 Milliarden Euro.

2018 – die »Euro-Retter-Staaten« haben den Wettlauf gegen die Zeit verloren: Die Wirtschaft in den Krisenstaaten Südeuropas kommt trotz der Abermilliarden ESM-Hilfen, für die Deutschland mehrheitlich haftet, nicht in Schwung, Wachstum und Konjunktur liegen am Boden. Alle Sparmaßnahmen und Wirtschaftsreformen reichen nicht aus, eine tragbare Schuldensituation zu schaffen und für Wettbewerbsfähigkeit und Wachstums zu sorgen. Im Gegenteil: Die Sparzwänge führen in den EU-Krisenländern zu erheblichem Wohlstandsverlust und sozialen Unruhen. Das Szenario aus der Weimarer Republik scheint sich zu wiederholen: Auf die Weltwirtschaftskrise 1923 reagierte die damalige Regierung ebenfalls mit einem eisernen Sparkurs, der (zusammen mit der einsetzenden Kapitalflucht) die Nation in eine Katastrophe aus Hyperinflation, Depression, Massenarbeitslosigkeit und poltischen Radikalismus durch die Nationalsozialisten führte.[613]

Die von den Regierungen verordneten Reformen in den EU-Krisenländern stellen sogar die Notverordnungen der Weimarer Regierung Brüning weit in den Schatten. In diesen Tagen sprechen linke Europäer wieder von einem »sozialen Angriff« auf das Volk und zaubern Karl Marx' »Geschichte von den Klassenkämpfen« aus dem verstaubten Hut der Zeitgeschichte: »Nicht Vernunft und hehre Ideale bestimmen die Politik der herrschenden Klasse, sondern handfeste soziale Interessen (...) Der Finanzsektor hat sich, insbesondere während des Börsenbooms der 90er Jahre, von der realen Produktion abgehoben und ein unkontrollierbares Eigenleben entwickelt«, schrieb Peter Schwarz auf der World Socialist Web Site, die vom Internationalen Komitee der Vierten Internationale (IKVI) herausgegeben wird. »Es ist eine unersättliche Finanzaristokratie entstanden, die im Namen der ‚Rettung des Euro' einen hemmungslosen Raubzug gegen alle sozialen Errungenschaften führt, die sich die Arbeiterbewegung in den vergangenen 65 Jahren erkämpft hat. Politik und Medien liegen ihr dabei zu Füßen.«[614]

Außerdem sind die Löhne und Preise in einem deflationären Prozess nicht gesenkt, sondern lediglich die Löhne gekürzt und die Preise angehoben

[613] Auf dieses »deutsche Trauma« wird in den folgenden Kapiteln noch näher eingegangen.
[614] Vgl. »Die Eurokrise und die Lehren aus Weimar« in: *World Socialist Web Site v. 03.10.12* (http://www.wsws.org/de/2012/okt2012/pers-o03.shtml)/Zugriff: 04.10.12

worden. Dies hat die Wettbewerbsfähigkeit noch mehr gemindert statt wieder hergestellt oder gar gesteigert.

Weiterhin wurde mit der Ratifizierung des ESM im Jahr 2012 der Weg in die Inflation geradezu vorgezeichnet: In einem fast schon »historischen Experiment« hat die EZB die Zentralbank-Geldmenge immens vermehrt und damit faktisch eine »Kreditschöpfung aus dem Nichts« geschaffen. Eine solche spricht gegen jede Geldwertstabilität, zu deren Erhaltung sich die EZB eigentlich verpflichtet hat. Durch den Aufkauf kurzfristiger Anleihen von maroden Staaten und deren schlechten Banken in unbegrenzter Höhe explodieren die Zinsen und die durch keinerlei Sachwerte gedeckte Geldmenge geradezu. Hinzukommt, dass die einzelnen Geldinstitute die verzinslichen Termineinlagen von der Zentralbank nicht in dem Maße aufkaufen, wie das Geld in das Währungssystem hineinkommt.

Banken versuchen, durch die Vergabe von Krediten (mit Zinsen praktisch zum Nulltarif) die Konjunktur wieder anzukurbeln. Doch einige Güter werden knapp, während die Nachfrage danach unvermindert steigt und damit auch die Preise (siehe dazu Kapitel *4.2.*).

So schafft es die EZB mit den ihr zur Verfügung stehenden Instrumenten nicht, die in den Wirtschaftskreislauf gepumpte Geldmenge schnell wieder aus dem Markt herauszunehmen. Auch die einzelnen Staatsschuldner können ihren Verpflichtungen nicht mehr nachkommen. Damit die Gläubiger keine Verluste erleiden, wird immer mehr Geld gedruckt und in Umlauf gebracht. Für einen Schuldenschnitt der einzelnen Krisenländer ist es bereits zu spät. Hinzukommen die höheren Inflationserwartungen der Menschen. Die Vergangenheit hat gezeigt, dass gerade sie Einfluss darauf haben, wie hoch die Inflation am Ende tatsächlich ausfällt.

Schon in der Vergangenheit warnte Bundesbank-Präsident Jens Weidmann vor dieser Politik, wie sie die EZB betreibt. Er sah einen »potentiell gefährlichen Zusammenhang von Papiergeldschöpfung, Staatsfinanzierung und Inflation«, weil die die Stabilität des Euro gefährde.[615] Max Otte, Publizist und ordentlicher Professor für allgemeine Betriebswirtschaftslehre an der Fachhochschule Worms, schloss sich dem an: »Jetzt ist es wieder

---

[615] Vgl. »Die Angst vor der Inflation« in: *faz.net v. 23.09.12* (http://www.faz.net/aktuell/wirtschaft/europas-schuldenkrise/schuldenkrise-die-angst-vor-der-inflation-11899733.html)/Zugriff: 24.09.12/»Das Inflationsgespenst geht um in Europa« in: *Financial Times Deutschland v. 04.10.12*

möglich, durch politischen Entscheid Geld zu schaffen – eine Technik, die in den USA und England unter dem Namen ‚Quantitative Easing' schon seit Ausbruch der Finanzkrise praktiziert wird. Ist der Selbstbedienungsladen der Notenbank aber einmal für die Politik eröffnet, führt der Weg mit großer Wahrscheinlichkeit in den Abgrund.«[616] Thorsten Polleit, Chefvolkswirt der Degussa Goldhandel GmbH, sagte zu dieser »Kicking the can down the road«-Strategie (der »Ein-Problem-vor-sich-herschieben«-Strategie) der EZB, die die Wirtschaft immer wieder mit neuen Kreditspritzen in Bewegung hält: »Der Papiergeld-Boom wird in der Rezession-Depression enden. Mehren sich die Anzeichen der Krise, wird in der Öffentlichkeit (...) nach immer mehr Geld gerufen, um das Unausweichliche abzuwenden. Das ebnet den Weg zu einer hohen, mitunter sehr hohen Geldentwertung.«[617] Und auch die fünf Wirtschaftsweisen (Sachverständigenrat zur Begutachtung der gesamtwirtschaftlichen Entwicklung) warnten davor, dass die »Mitgliedsstaaten des Euro-Raums in eine Solvenzkrise abgleiten«.[618] Das sahen auch 57 Prozent der deutschen Profi-Investoren so: Sie glaubten, »dass das Anwerfen der Notenpresse zur Finanzierung maroder Staats- und Bankfinanzen früher oder später den Geldwert ruinieren wird« (*Financial Times Deutschland*).[619] Schon der französische Dichter und Philosoph der Aufklärung, Voltaire, erkannte: »Papiergeld kehrt früher oder später zu seinem inneren Wert zurück – null.«

Die Maßnahmen der Eurorettungs-Politik führen lediglich zu einer Risikoumverteilung: Durch die umfassenden Ankäufe fauler Staatsanleihen oder, anders ausgedrückt, die fortschreitende Verstaatlichung von nationalen Insolvenzrisiken übernimmt die EZB erhebliche Kreditrisiken, die alle EU-Mitgliedsländer gemeinsam tragen. Diese Kosten der verschleppten Staatsinsolvenzen bescheren der EZB nicht nur eine toxische Bilanz, sondern fordern sie, genauso wie den ESM, geradezu auf, immer wieder einzugreifen, bis »nichts mehr geht«. Die Kaufkraft des Euro, also sein

---

[616] Vgl. Adam Fergusson: »Das Ende des Geldes – Hyperinflation und ihre Folgen für die Menschen am Beispiel der Weimarer Republik«, München 2012 (Vorwort: »Das Ende des Geldes, 1921 bis 23 und heute« von Max Otte), S. 9

[617] Vgl. »Gefahr einer Geldentwertung« in: *Focus Money v. 13.06.12* (http://www.focus.de/finanzen/boerse/interview-gefahr-einer-geldentwertung_aid_766366.html)/Zugriff: 02.10.12

[618] Vgl. »Das 3,3 Billionen-Risiko« in: *Handelsblatt v. 09.07.12*

[619] Vgl. »Profis fürchten höhere Inflation« in: *Financial Times Deutschland v. 02.10.12*

Wert, sinkt, die Teuerungsrate steigt. Auch die Märkte verlieren ihr Vertrauen in den trudelnden Euro, verstärken den Abwärtstrend damit noch mehr. Hinzu kommen die hohen Liquiditätshilfen für die angeschlagenen Banken und die enorm ansteigende Kapitalflucht aus den maroden Regionen.

Die Staatsanleihenblase platzt endgültig - genauso wie die Derivatenblase -, erstere hervorgerufen durch politisch gewollte, stetige und ungehemmte EZB-Kreditvergabe von völlig ungedecktem Geld, das so in den Wirtschaftskreislauf hinein-, aber nicht mehr herausgelangt. Diese öffentliche »Falschmünzerei« führt zum endgültigen Zusammenbruch der Papierwährung. Die zunächst »schleichende Inflation«[620] wird zu einer »galoppierenden Inflation«, einer »Hyperinflation« (siehe *Exkurs 5*). Zusammen mit den massiven Verlusten aus Kreditrisiken der Kernstaaten stürzt die Tragfähigkeit ihrer Schuldenlast schließlich ein. Die EU-Währungsunion bricht auseinander. Vor allem Deutschland hat sich in der Vergangenheit »über-bürgt«: Die Handlungsfähigkeit des Staats ist durch den riesigen Schuldenberg dermaßen eingeschränkt, dass mit sämtlichen Konjunkturprogrammen nicht mehr ausreichend gegengesteuert werden kann. Der Bettelstab des deutschen Staates zerbricht: Die Bundesrepublik ist bankrott.

[620] Der geringe und lang anhaltende Anstieg des Preisniveaus (jährlich unter 5 Prozent) der Güter verbunden mit einem Rückgang des Geldes/der Kaufkraft

# Exkurs 5: Inflationsangst[xxxiii]

Als Inflation wird ein anhaltender Anstieg des allgemeinen Preisniveaus bezeichnet, bei dem die Kaufkraft sinkt. Druckt der Staat (die Zentralbank) bei gleich bleibender Gütermenge oder Handelsvolumen mehr Banknoten, steigt somit also das sich im Umlauf befindende Geldvolumen, wird das Geld entwertet und leistet einer Inflation Vorschub. Kurz: Inflation entsteht, wenn die Geldmenge (erheblich) schneller wächst als die Gütermenge. Je schneller die Geldmenge im Verhältnis zur Gütermenge ansteigt, umso höher ist schließlich auch die Inflationsrate. In Anbetracht dessen, wie europäische Politiker samt Zentralbank in dieser Hinsicht mit der »Geldwertstabilität« umgehen (siehe Kapitel 4.1.), lässt für die Zukunft Schlimmes erahnen.

Schon der österreichische Ökonom und Sozialphilosoph Friedrich August von Hayek (1899-1992) erkannte, dass eine Inflation zu verhindern kein »technisches«, sondern ein »politisches« Problem sei.[621] »Das Wichtigste ist, zu verstehen, dass Inflation kein Akt Gottes ist, dass sie keine Naturkatastrophe ist und keine Krankheit. Inflation ist eine politische Strategie«, bestätigte sein Landsmann Ludwig von Mises (1881-1973), Wirtschaftswissenschaftler und Liberalismus-Theoretiker.[622]

Die Menschen hierzulande haben viel zu verlieren: In den letzten Jahrzehnten häuften sie ein Geldvermögen von sage und schreibe 5 Billionen Euro an. Nun geht die Angst einer Inflation um, die ihr Erspartes in Windeseile und unerbittlich schmelzen lassen würde.[623] Dazu ein Beispiel: Bei einer Inflationsrate von 4 Prozent (heute beträgt sie etwa die

---

[621] Vgl. »Inflation – Gespenst oder Gefahr?« in: *Wirtschaftswoche 41/2012, S. 36*

[622] Vgl. »Inflation: Politische Strategie« in: *Focus Money 42/2012, S. 36*

[623] Der Präsident des Deutschen Sparkassenverbands, Georg Fahrenschon, beklagte bereits im Oktober 2012 die »kalte Enteignung« von Sparern und Lebensversicherungskunden, die das Kapital der Sparer langsam auffresse. Damals schon lag die Inflationsrate in der Eurozone bei 2,7 Prozent. Vgl.: »Euro-Krise: Enteignung der Sparer« in: *faz.net. v. 30.10.12* (http://www.faz.net/aktuell/wirtschaft/europas-schuldenkrise/euro-krise-enteignung-der-sparer-11944384.html)/Zugriff: 01.11.12

Hälfte) ist ein Vermögen von 100.000 Euro in zehn Jahren bei Nullverzinsung nur noch 68.000 Euro wert! Die Kaufkraft wird also schon bei niedriger Inflationsrate und in relativ kurzer Zeit immens gemindert. Zudem schmälert eine Inflation die Realeinkommen der Beschäftigten. Die großen Verlierer sind aber nicht nur die Sparer und die arbeitende Bevölkerung, sondern auch Rentner und Eltern mit Familienförderung, wie FDP-Fraktionschef Rainer Brüderle in seinem Grundsatzpapier »Programm zum Inflationsschutz« erklärte.[624] Parteikollege und Bundeswirtschaftsminister Philipp Rösler schloss sich dem an. Er erklärte, dass Inflation vor allem Ärmere treffe, deren Ersparnisse damit vernichtet würden.[625]

»Die Inflation trifft immer die breite Masse. Sie ist nicht auf Preissteigerungen vorbereitet«, sagte der Wirtschaftshistoriker Werner Abelshauser. »Die professionellen Anleger sind hingegen cleverer und haben ihr Geld frühzeitig in Sicherheit gebracht.«[626]

So gibt es bei einer Inflation nicht nur Verlierer, sondern auch Gewinner – und der größte ist der Staat, der so den Realwert seiner Verschuldung drastisch mindern kann. Auf einen Nenner gebracht: Je höher die Inflationsrate, desto schneller reduzieren sich die roten Zahlen im Staatshaushalt. Eine Preissteigerungsrate von 6 Prozent minimiert die Staatsschulden innerhalb von vier Jahren um 20 Prozent, bei einer höheren Inflationsrate natürlich umso mehr. Ein Beispiel hierfür sind die Kriegsschulden während der Weimarer Republik. Diese betrugen, entsprechend der Kaufkraft des Vorkriegsjahres 1913, rund 154 Milliarden Reichsmark. In der Hyperinflation 1923[627] entsprach dies lediglich noch einer Kaufkraft von 15,4 Pfennig. Somit hatten die Kriegsanleihen keinen Schrecken mehr für die Regierung.

Eine Inflation könnte also zur Entschuldung der Staatshaushalte in der Euro-Zone der letzte Ausweg werden und scheint längst nicht mehr ausgeschlossen. Das sieht auch Bert Flossbach, Gründer und Vorstand des Investmenthauses Flossbach von Storch, so: »Die Entschuldung der Staaten

---

[624] Vgl. »Warnung vor Inflation« in: *Handelsblatt v. 23.10.12*

[625] Vgl. »Rösler warnt vor Inflation wegen Euro-Krise« in: *zeit.de v. 17.01.13* (http://www.zeit.de/politik/deutschland/2013-01/roesler-jahreswirtschaftsbericht)/Zugriff: 18.01.13

[626] Vgl. »Steigen die Preise – oder steigen sie nicht?« in: *Wirtschaftswoche 41/2012, S. 37*

[627] Im Monat November

geht nur über Inflation, alles andere ist logisch ausgeschlossen. Die Frage ist nur noch, wann sie kommt.«[628] Andrew Bosomworth vom weltgrößten Anleihemanager Pimco stimmt dem zu: »Der leichteste Weg aus der Schuldenmisere ist Inflation.«[629]

Bereits im letzten Quartal des Jahres 2012 bereiteten die bundesdeutschen Medien die Öffentlichkeit auf eine drohende Inflation vor. So titelte beispielsweise das Nachrichtenmagazin *Der Spiegel*: »Vorsicht, Inflation! Die schleichende Enteignung der Deutschen«.[630] Und die *Wirtschaftswoche*: »Inflation – Gespenst oder Gefahr?«.[631] Einige Experten rechnen zunächst mit einer schleichenden Inflation von bis zu 6 Prozent. Andere wiederum erwarten Preissteigerungen im zweistelligen Bereich. »Die Wahrheit ist: Die Inflation ist kein Gespenst. Sie ist schon da. Verhalten noch, aber unübersehbar und tückisch (...) Die industrialisierte Welt steckt in einer schweren Schulden- und Wachstumskrise; die Notenbanken bekämpfen die Krankheit mit Geldinfusionen nie gekannten Ausmaßes; die Nebenwirkung ist eine langsame, aber gefährliche Entwertung des Geldes (...) Inflation findet schon jetzt an den Finanzmärkten statt, es ist eine Inflation der Vermögenswerte« (*Der Spiegel*).[632]

Die Bürger sind empört: »Die deutschen Sparer werden in perfider Form enteignet. Jungen Menschen wir es fast unmöglich gemacht, sich eine risikolose Altersversorgung aufzubauen, während der Großteil der politischen Eliten von seinen europäischen Visionen phantasiert«, schrieb beispielsweise Wolfgang F. in einem Leserbrief im *Spiegel*. »Merkel und Schäuble tragen eine erhebliche Mitverantwortung, etwa indem sie die EZB-Politik des Herrn Draghi auch noch öffentlich unterstützen (...)«. Josef F. schloss sich an: »Die zuständigen Politiker sollten zum Studium der Biografien von Jakob und Anton Fugger gezwungen werden, damit sie endlich kapieren, wie erbärmlich sie von Großbanken und Spekulanten vorgeführt werden.«[633]

---

[628] Vgl. »Das Endspiel hat begonnen« in: *Wirtschaftswoche 37/2012, S. 89*
[629] Vgl. »Das Endspiel hat begonnen« in: *Wirtschaftswoche 37/2012, S. 89*
[630] Vgl. »Vorsicht, Inflation! Die schleichende Enteignung der Deutschen« in: *Der Spiegel 41/2012, S. 73 ff.*
[631] Vgl. »Inflation – Gespenst oder Gefahr?« in: *Wirtschaftswoche 41/2012, S. 32 ff.*
[632] Vgl. »Vorsicht, Inflation! Die schleichende Enteignung der Deutschen« in: *Der Spiegel 41/2012, S. 76*
[633] Vgl. Leserbriefe in: *Der Spiegel 42/2012, S. 6*

So verwundert es nicht, dass bereits jeder vierte Deutsche versucht sein Vermögen zu retten, beispielsweise durch Investitionen in Sachwerte wie Gold und Silber oder Immobilien. Sie ahnen, dass Politiker das »Euro-Game« lediglich auf Zeit spielen, dieses am Ende aber von ihnen teuer bezahlt werden muss. Allerdings werden ihnen im Fall der Katastrophe ihre Vermögensrettungsaktionen nicht viel helfen, wie ich noch aufzeigen werde.
Das größte Schreckgespenst bleibt die Hyperinflation. Sie ist gegeben, wenn die monatliche Inflationsrate 50 Prozent (das ist eine jährliche Rate von etwa 13.000 Prozent) oder mehr beträgt. Nach dem Ersten Weltkrieg lag sie in Deutschland bei bis zu 1.000 Prozent und bei der Hyperinflation von 1923 bei 100 Millionen Prozent. Die jüngste Vergangenheit beschert dem südafrikanischen Land Simbabwe einen traurigen Rekord: Hier stieg die Geldentwertung 2008 auf 231 Millionen Prozent!
Bei einer Hyperinflation wächst die Preissteigerungsrate noch schneller als die nominelle Geldmenge, sodass die reale Geldmenge stark zurückgeht. Zusätzlich sinkt der Außenwert des Geldes rascher als der Binnenwert: Der Wechselkurs steigt deutlicher als das inländische Preisniveau. Daraus resultiert eine Unterbewertung der Währung; das Vertrauen der Finanzmärkte und der betroffenen Menschen in diese ist völlig und endgültig verloren.
Seit den 1920er Jahren gab es insgesamt sieben Hyperinflationen[634]:

| Land | Beginn | Ende | Inflationsrate (monatl. in Prozent) |
|---|---|---|---|
| Österreich | Okt. 1921 | Aug. 1922 | 47 % |
| Russland | Dez. 1921 | Jan. 1924 | 57 % |
| Deutschland | Aug. 1922 | Nov. 1923 | 322 % |
| Polen | Jan. 1923 | Jan. 1924 | 82 % |
| Ungarn (1) | Mrz. 1923 | Feb. 1924 | 46 % |
| Griechenland | Nov. 1943 | Nov. 1944 | 365 % |
| Ungarn (2) | Aug. 1945 | Jul. 1946 | 19.800 % |

[634] Vgl.: Philip Cagan: »The Monetary Dynamics of Hyperinflation« in: Milton Friedman: *Studies in the Quantity Theory of Money*, Chicago 1956, Tabelle 1

Seit 1945 kam es in folgenden Ländern zu einer Hyperinflation[635]:

| | |
|---|---|
| 1949/50 | China |
| 1985 | Bolivien |
| 1988 | Nicaragua |
| 1989 | Polen |
| 1989/90 | Brasilien |
| 1989/90 | Argentinien |
| 1990 | Peru |
| 1990er Jahre | Bosnien und Herzegowina |
| 1990-1994 | Zaire |
| 1992 | Russland |
| 1992-1994 | Georgien |
| 1994-1997 | Angola |
| 2006-2009 | Simbabwe |
| 2011-2012 | Weißrussland |

Der Mathematiker John Casti, der die Auswirkung extremer Ereignisse auf die Gesellschaft untersucht, erklärte in Bezug auf eine Hyperinflation in den USA, die jedoch auch auf den Euroraum übertragbar ist: »Eine Hyperinflation löscht den Dollar aus, sie löscht alles aus, was von der amerikanischen Mittelschicht noch übrig geblieben ist, und am Ende löscht sie die gesamte Wirtschaft aus. Wer das nicht glaubt, braucht nur einmal einen Blick auf die Weimarer Republik der 1920er-Jahre zu werfen (...).«[636] Damals schon meinte der deutsche Nationalökonom Adolf Weber (1876-1963) bezogen auf die Hyperinflation 1923: »Sie hat unserem Volkswohlstand viel schwerere Wunden zugefügt, als der verderbenbringende vierjährige Krieg.«[637] Der Historiker Golo Mann sagte: »Die Entwertung des deutschen Geldes war in ihrer Wirkung eine zweite

[635] Vgl.: Michael Grandt: »Der Staatsbankrott kommt – Hintergründe, die man kennen muss«, Rottenburg 2010, S. 113

[636] Vgl. John Casti: »Der plötzliche Kollaps von allem – Wie extreme Ereignisse unsere Zukunft zerstören können«, München 2012, S. 330

[637] Gemeint ist der Erste Weltkrieg (1914-1918).

Revolution (...).«[638] In *Inflation in Deutschland – Historie der Vermögensvernichtung 1914-1948* schrieb der Numismatiker[639] Richard Gaettens (1886-1965): »Diese Inflation war nicht die Folge des Krieges, sondern das unvermeidliche Ergebnis einer durch und durch verfehlten nationalen und internationalen Wirtschaftspolitik.«[640] Und im Schlusswort klagte Michael Ladwig an: »Inflationen sind das größte Verbrechen gegen eines der Grundrechte des Menschen, gegen das private Eigentum.«[641]

*Anmerkung 1: An dieser Stelle möchte ich noch einmal einige Gedanken aus dem Vorwort zitieren und ergänzen: Die (nachfolgenden) Prognosen sind freilich genereller Natur und gehen – zusammen mit den vorgezeichneten Szenarien – vom schlechtesten, dem ungünstigsten anzunehmenden Fall (Worst Case) aus. Sie sind dennoch auf »Informationen gegründete Vermutungen, die in groben Zügen das nachzeichnen«,[642] was ich als Autor als die wahrscheinliche Entwicklung bis 2018 und darüber hinaus ansehe, basierend auf vorhandene Fakten, Erkenntnissen, Expertenwissen, Statistiken, Plänen und Dokumenten sowie allgemeinen Einschätzungen, Trends und Tendenzen sowie Zeitzeugenberichten aus der Vergangenheit. Damit zeige ich genau das auf, was die Politik – aus gutem Grund – bislang verschweigt.*

*Anmerkung 2: Bei der nachfolgenden Beschreibung der Ereignisse im Jahr 2018 zitiere ich u. a. fiktive Personen der Zeitgeschichte oder fiktive TV- und/oder Rundfunksender, Zeitungen, Zeitschriften, Nachrichtenagenturen, mit Aussagen, die so oder so ähnlich von anderen Persönlichkeiten gemacht oder in Medien veröffentlicht wurden. Die genauen Quellen hierzu sind in den jeweiligen Fußnoten aufgeführt.*

---

638 Vgl. »Nationales Trauma« von Alexander Jung in: *Spiegel-Geschichte: »Geld! Von den Fuggern zur Finanzkrise: Eine Chronik des Kapitals«, S. 106-115*

639 »Numismatik«, auch Münzkunde genannt, ist die wissenschaftliche Beschäftigung mit Geld und seiner Geschichte.

640 Vgl. Richard Gaettens: »Inflation in Deutschland – Historie der Vermögensvernichtung 1914-1948«, Bochum 2012, S. 101, 102

641 Vgl. Richard Gaettens: »Inflation in Deutschland – Historie der Vermögensvernichtung 1914-1948«, Bochum 2012, S. 158 (Schlusswort von Michael Ladwig)

642 So drückte sich Jorgen Randers aus, Autor des 2012 veröffentlichten aktuellen Berichts *2052 – Der neue Bericht an den Club of Rome – Eine globale Prognose für die nächsten 40 Jahre*, München 2012, *S.* 24.

# 4.2. Crash-Szenario – Stufe 2: Überleben[xxxiv]

»Alle hielten eine stabile, prosperierende[643] Wirtschaft für eine selbstverständliche Hintergrundrealität, für einen Zustand der himmlischen wirtschaftlichen Glückseligkeit, der ewig bestehen bleiben würde«, schrieb John Casti in *Der plötzliche Kollaps von allem – Wie extreme Ereignisse unsere Zukunft zerstören können*. Doch die »wichtigste Hinterlassenschaft der Krise ist ein Verlust der wirtschaftlichen Kontrolle«.[644]

Ökonomische Not zerstört Demokratie, Hunger frisst gesellschaftliche Stabilität und soziale Balance. Diese Worte treffen im Jahr 2018, 73 Jahre nach dem Ende des Zweiten Weltkriegs, erneut die deutsche Bevölkerung. Härter und schlimmer als während der Wohlstandszeiten je angenommen worden ist. Der Crash führt zu einer fast flächendeckenden »Bevölkerungsenteignung«, zu einer weitgehenden sozialen Tragödie aus finanziellem, sozialem und politischem Chaos. Beim täglichen Kampf ums Überleben weichen menschliche Werte amimalischen Instinkten. Der Crash zerrüttet sämtliche gewohnten materiellen Grundlagen sowie die zivile Ordnung.

Nach der desaströsen Euro-Politik, die im Zusammenbruch des Währungsraums und den Staatsbankrotten der EU-Mitgliedsländer endete, kann auch die deutsche Regierung die Schrumpfung der Wirtschaft, die radikale Umschichtung der sozialen Struktur, die zur kulturellen Existenz gehört, und die Verelendung weiter Teile der Bevölkerung nicht mehr verhindern. »Die wahre Dramatik der vergangenen Jahre besteht darin, in welcher Weise die Schulden selbst zu einem Kollaps sozialer Milieus geführt haben«, sagte schon 2012 der Kulturtheoretiker Joseph Vogl. »Das ist in den Vereinigten Staaten gut zu sehen, also die systematische Verschuldung der Armen und Ärmsten; es wurde eine Konfiszierung des nackten Lebens betrieben, eine moderne Form der Schuldknechtschaft.«[645]

Der Kampf ums nackte Überleben holt auch Deutschland ein: Der Abstieg

---

[643] Sich günstig entwickelnde, gedeihende Wirtschaft

[644] Vgl. John Casti: »Der plötzliche Kollaps von allem – Wie extreme Ereignisse unsere Zukunft zerstören können«, München 2012, S. 322, 323

[645] Vgl. »Welche Zukunft blüht dem Kapitalismus?« in: *Philosophie Magazin 6/2012, S. 18*

von der Ersten in die Dritte Welt[646], vom EU-Begeisterungstaumel hinab in die ökonomische und politische Katastrophe, vollzieht sich. 2018 wird Deutschland vom Schreckgespenst der Hyperinflation heimgesucht. Der wirtschaftliche und soziale Abstieg, die Zerstörung des Eigentums und die Verelendung ganzer Volksschichten beginnen.

**2018:** *Live-Report aus Peking* – Ansprache des Staatspräsidenten der Volksrepublik China:[647]

»Die Europäer befinden sich inmitten der größten Katastrophe – der größten Katastrophe, die fast ausschließlich ökonomische Ursachen hat – in der Geschichte der modernen Welt. Dies ist wohl die letzte, die ultimative Krise des Kapitalismus. Die ihm unterliegenden Gesellschaftsordnungen werden diese Krise nicht überleben.«[648]

## 4.2.1. Hyperinflation – Trauma der Nation

*Anmerkung 3: Bei den nachfolgenden Szenarien gehe ich nicht auf das Leben der reichen Oberschicht ein, sondern beschreibe den Überlebenskampf der Mittel- und Unterschicht. Wie in jeder Krise gibt es viele Verlierer und wenige Gewinner. Schon während der zurückliegenden Hyperinflationen gab vermögende Eliten, die, je schlechter es dem Land und den Menschen ging, noch exzessiver ihrem Lebensstil nachgingen, so als gäbe es kein Morgen mehr. Auch 2018 wird es nicht anders sein.*[649]

---

[646] Vor der Wirtschaftskrise in Argentinien (1998-2002) gehörte auch dieses Land in der ersten Hälfte des 20. Jahrhunderts zu den reichsten der Welt.

[647] Fiktiv

[648] Fast die gleichen Worte gebrauchte während der Weltwirtschaftskrise in den 1930er Jahren der Wirtschaftswissenschaftler John Maynard Keynes anlässlich eines Vortrags: »Wir befinden uns heute inmitten der größten Katastrophe – der größten Katastrophe, die fast ausschließlich ökonomische Ursachen hat – in der Geschichte der modernen Welt. Ich habe gehört, dass man in Moskau denkt, dies sei die letzte, die ultimative Krise des Kapitalismus und dass unsere Gesellschaftsordnung diese Krise nicht überleben wird.« Vgl. dazu: Liaquat Ahamed: »Die Herren des Geldes – Wie vier Bankiers die Weltwirtschaftskrise auslösten und die Welt in den Bankrott trieben«, München 2010, S. 11

[649] Vgl. dazu beispielsweise: Adam Fergusson: »Das Ende des Geldes - Hyperinflation und ihre Folgen für die Menschen am Beispiel der Weimarer Republik«, München 2012///John Kenneth Galbraith: »Der Große Crash 1929 – Ursachen, Verlauf, Folgen«, München 2008

**2018:** *Iranische Tageszeitung* – Zitat des Staatspräsidenten der Islamischen Republik Iran:[650]

»Wer die Kapitalisten vernichten will, der muss ihre Währung zerstören.«[651]

Diese Worte treffen 100 Jahre später die kapitalistische Welt bis ins Mark. Das Schreckgespenst der Hyperinflation als Verkettung wirtschaftlicher, sozialer und politischer Umstände hat ganz Europa und auch Deutschland heimgesucht. Ganz plötzlich, wie aus dem Nichts und ohne Vorwarnung. Die Menschen haben keine Möglichkeit, sich darauf vorzubereiten oder irgendwelche Werte in Sicherheit zu bringen.

Von 2016 bis 2018 ist der Wert des Euro rapide gefallen. Die »trabende« Inflation[652] steigerte sich zu einer »galoppierenden«[653] und schließlich zur Hyperinflation[654]; der Geldwert entgleitet jeglicher Kontrolle der Zentralbank. Gründe neben den bereits in vorangegangen Kapiteln benannten sind zudem der enorme Wertverlust des Euro und der schlagartige Rückzug ausländischer Kapitalgeber vom deutschen Finanzmarkt, die im großen Stil deutsche Staatsanleihen abstoßen. Nachdem es für 1 US-Dollar zuerst noch 2.000 Euro gab, waren es wenig später 20.000 Euro, dann über 1 Million.[655] Schließlich fällt der Kurs des Euro gegenüber dem Dollar auf 2,5 Billionen zu 1.[656]

Adam Fergusson, ehemaliges Mitglied des Europäischen Parlaments, Sonderberater des britischen Außenministeriums, Journalist und Publizist, sagte schon Jahre vorher: »Der Zusammenbruch des anerkannten, traditionellen, vertrauensgeprägten Zahlungsmittels, der eigenen Währung also, die als Wertmaßstab aller Dinge dient, die den sozialen Status

[650] Fiktiv

[651] Diese Worte sprach einst der marxistische Theoretiker, kommunistische Politiker und Revolutionär Wladimir Iljitsch Lenin (1870-1924). Zitiert nach: Adam Fergusson: »Das Ende des Geldes – Hyperinflation und ihre Folgen für die Menschen am Beispiel der Weimarer Republik«, München 2012 S. 19

[652] Bis zu 50 Prozent Entwertung im Jahr.

[653] Mehr als 50 Prozent Entwertung im Jahr.

[654] Mehr als 50 Prozent im Monat.

[655] Das entsprach der Abwertung Dollar/Mark während der Hyperinflation von 1923. Vgl. dazu: »Nationales Trauma« von Alexander Jung in: *Spiegel-Geschichte: »Geld! Von den Fuggern zur Finanzkrise: Eine Chronik des Kapitals«, S. 106-115*

[656] Dies entsprach in etwa dem Kurs der Reichsmark zum Dollar am 3. Dezember 1923. Vgl. dazu: Michael Grandt: »Alptraum Hyperinflation – Ursachen, Auswirkungen und wie Sie sich schützen können« (Skript).

garantiert, von der die Gesellschaft abhängt und in der die Früchte der Arbeit bewahrt werden, löste eine enorme Gier, ein derart großes Unglück und einen solchen Hass aus – ein Gefühl, das zum großen Teil Ergebnis nackter Angst war –, wie sie keine Gesellschaft unbeschadet überstehen kann.«[657] Diejenigen, die eine Hyperinflation erlebt oder beobachtet hatten, sprachen von Angst, Gier, Unmoral, Demoralisierung und Schmach. Entbehrungen und Statusverlust führten zur Auflösung ethischer Standards (Fergusson).[658]

Schon vor dem Währungscrash 2018 war den meisten Menschen in der EU nicht bewusst, wie stark die Teuerungsraten bereits angestiegen waren. Von 1995 bis 2007, jenem Jahr, in dem die US-amerikanische Finanzkrise auch Europa überrollte, stiegen die Preise im Schnitt um 24 Prozent. Konkrete Inflationsraten (Auswahl; Angaben »zirka« und in »Prozent«)[659]:

| | |
|---|---|
| Italien | 36 % |
| Portugal | 45 % |
| Spanien | 52 % |
| Irland | 57 % |
| Griechenland | 60 % |
| Slowakei | 77 % |
| Slowenien | 100 % |
| Estland | 151 % |

Deutschland kam mit einer Inflationsrate von 9 Prozent relativ glimpflich davon. Doch 2018, nach dem Zerbrechen des Euro und der Währungsunion, sieht das ganz anders aus: Die Menschen werden wieder in die dunkelsten Zeiten ihrer Vergangenheit zurückversetzt.

Täglich heizt die Inflation die Preise an. Kostete beispielsweise 2013 ein Frühstücksei (Käfighaltung) noch 12 Cent, explodiert der Preis nun auf die

---

[657] Vgl. Adam Fergusson: »Das Ende des Geldes – Hyperinflation und ihre Folgen für die Menschen am Beispiel der Weimarer Republik«, München 2012 S. 17

[658] Vgl. Adam Fergusson: »Das Ende des Geldes – Hyperinflation und ihre Folgen für die Menschen am Beispiel der Weimarer Republik«, München 2012 S. 338

[659] Vgl. Hans-Werner Sinn: »Die Target-Falle – Gefahren für unser Geld und unsere Kinder«, München 2012, S. 106

gigantische Summe von 150 Milliarden Euro.[660] Auf gut Deutsch: Die Menschen können mit einer Schubkarre voll Geld nicht einmal mehr ein Ei kaufen.[661]

Das Existenzminimum steigt um das Vielfache an. Der Index der Lebenshaltungskosten nimmt um das 1.500-Fache zu, während die Löhne gerade mal um das 200-Fache angehoben werden. Selbst bestbezahlte Arbeiter und Angestellte können sich oft nicht einmal mehr die grundlegendsten Lebensnotwendigkeiten leisten.

Schon längst ist der Überweisungs-Zahlungsverkehr bei vielen Banken zusammengebrochen, sodass Unternehmen ihre Löhne an so genannten »Gehaltsschaltern« auszahlen. Der Euro verliert so schnell an Wert, dass sie vielerorts täglich ausgezahlt werden müssen. Immer mehr Geldscheine kommen in den Umlauf. Arbeiter und Angestellte drängen sich mit Reisetaschen, Rucksäcken oder Aktenmappen zu den Gehaltsschaltern, um ihr Geld abzuholen. Bereits bei der Auszahlung hat es 50 Prozent seines Wertes zum Wechselkurs des Dollars verloren.[662] Deshalb eilen die Menschen in die Geschäfte, um das Geld so schnell wie möglich in Waren zu investieren. Sie kaufen alles, was sie bekommen können, auch auf Vorrat. Doch irgendwann sind die Regale leer. Die Händler lehnen das immer wertloser werdende Bargeld ab und verlangen Waren zum Tausch.

Die großen »materiellen« Verlierer werden alle sein, die weder Gold[663], Silber, Diamanten, wertvolle Antiquitäten oder andere Sachwerte mit einem stabilen inhärenten Wert noch die stabilen Fremdwährungen gehortet haben.[664]

Doch zunächst zählen in der Katastrophe andere Werte: »Kostbar ist, was lebenserhaltend ist«, meint Adam Fergusson. »Wenn das Leben unsicher oder die Lebensbedingungen hart sind, verändern sich die Werte (...) In

---

[660] Zugrunde gelegt wurden die Preise während der Hyperinflation 1923. Kostete 1912 ein Frühstücksei noch 7 Pfennig, stieg der Preis im November 1923 auf 320 Milliarden Mark. Vgl. dazu: Richard Gaettens: »Inflation in Deutschland – Historie der Vermögensvernichtung 1914-1948«, Bochum 2012, S. 16

[661] So geschehen während der Hyperinflation 1923.

[662] Entspricht ungefähr den Erhebungen aus der Hyperinflation in den 1920er Jahren. Vgl. Adam Fergusson: »Das Ende des Geldes – Hyperinflation und ihre Folgen für die Menschen am Beispiel der Weimarer Republik«, München 2012, S. 178

[663] Trotz Verbots (siehe Kapitel *4.2.17.*).

[664] Vgl. dazu: Adam Fergusson: »Das Ende des Geldes – Hyperinflation und ihre Folgen für die Menschen am Beispiel der Weimarer Republik«, München 2012 S. 325/»Nationales Trauma« von Alexander Jung in: *Spiegel-Geschichte: »Geld! Von den Fuggern zur Finanzkrise: Eine Chronik des Kapitals«, S. 106-115*

einer Hyperinflation war ein Kilo Kartoffeln für einige mehr wert als das Familiensilber; eine Schweinehälfte mehr als ein Flügel. Eine Prostituierte in der Familie war besser als ein totes Kind; Diebstahl besser als der Hungertod; Wärme besser als Ehre; Kleidung wichtiger als Demokratie und Nahrung nötiger als Freiheit.«[665]

### 4.2.2. Deutschland im Ausnahmezustand – Notstandsgesetze und Krisenpolitik

Nach der Bundestagswahl 2017 regiert eine Koalition zur »Nationalen Rettung« aus CDU/CSU, FDP, SPD, Bündnis 90/Die Grünen. Doch sie hat es schwer: Das Wohlwollen und das Vertrauen der reaktionärsten Gesellschaftsschichten, auf die Politiker angewiesen sind, um ihre Reformen durchzusetzen, schwindet genauso schnell wie ihre Ersparnisse und Einkommen. Die einzige Oppositionspartei ist nunmehr Die Linke. Bei Umfragen Anfang 2018, direkt nach dem Crash und während der Hyperinflation, wird sie von den enttäuschten und wütenden Bürgern als stärkste Partei bewertet.

Immer mehr schwindet auch die einst viel gelobte nationale Einheit. Nachdem sich der Bürger seiner Vermögens- und Einkommenswerte beraubt sieht, während sich der Staat seiner Schulden entledigt, ist kaum jemand bereit, noch mehr Opfer zu bringen. Die soziale Gerechtigkeit liegt auf dem Müllhaufen der Zeitgeschichte. Aber genau diese Solidarität ist es, die in der Moderne der »stärkste Kitt einer demokratischen Gemeinschaft« ist, wie es einmal die Kulturtheoretikerin an der Berliner Humboldt-Universität, Christina von Braun, ausdrückte. »Das ist die Voraussetzung für Vertrauen und den Glauben an die Gemeinschaft. Damit ist soziale Gerechtigkeit auch die Basis eines Vertrauens ins Geld und in eine halbwegs krisenfeste Ökonomie.«[666] Doch Vertrauen in den Staat, in die Politik, in die Wirtschaft, in die Gesellschaft und damit auch der Glaube an die Gemeinschaft sind hoffnungslos zerstört. Hinweggefegt von Not und nacktem Überlebenskampf.

---

[665] Vgl. Adam Fergusson: »Das Ende des Geldes – Hyperinflation und ihre Folgen für die Menschen am Beispiel der Weimarer Republik«, München 2012 S. 366, 367

[666] Vgl. »Eine Anhäufung von Nullen« in: *Der Spiegel 26/2012, S. 128*

**2018:** *Zeitung für Berlin:*[667]

»Das Selbstvertrauen der Nation schwindet mit ihrem Wohlstand, und im Verlauf dieses Prozesses setzt die moralische Degenerierung des Landes und seiner Institutionen ein. In dem Maße, wie Sicherheit, Gemeinschaftsgefühl und Patriotismus schwinden, machen sich Pessimismus und Ratlosigkeit breit. Das soziale, politische und wirtschaftliche Geflecht löst sich zusammen mit ihren ethischen Werten auf, und die moralischen, materiellen und sozialen Verheerungen der Inflation untergraben den Zustand sowohl der Nation als auch ihrer Ethik und beschädigt sie auf unermessliche Weise.«[668]

Die Bundesregierung ist gezwungen die bereits im Juni 1968 von der ersten großen Koalition verabschiedeten *Notstandsgesetze* (*Siebzehntes Gesetz zur Ergänzung des Grundgesetzes*)[669] zu verkünden. Damals wurden von den insgesamt 145 Grundgesetzartikeln 28 aufgehoben, neu eingefügt oder geändert. Damit wurde ins *Grundgesetz* eine »Notstandsverfassung« eingefügt, die die Handlungsfähigkeit des Staates, die rechtstaatliche Ordnung in Krisensituationen wie etwa bei Krieg, Aufständen oder Naturkatastrophen sichern sollte.[670] Denn auch bei einem Zusammenbruch des Währungssystems besteht die Gefahr, dass das Rechtssystem kollabiert. So auch im Jahr 2018. Mit den *Notstandsgesetzen* sichert sich die Regierung weit reichende Handlungsfreiheiten gegenüber den Parlamenten, die weit über das bloße Mandat der Gesetzgebung hinaus gehen. Das Parlament

[667] Fiktiv

[668] In leicht abgeänderter Form beschrieb Adam Fergusson den Zustand der deutschen Nation während der Zeit der Hyperinflation in den 1920er Jahren. Vgl. dazu: Adam Fergusson: »Das Ende des Geldes – Hyperinflation und ihre Folgen für die Menschen am Beispiel der Weimarer Republik«, München 2012, S. 127

[669] Vgl. dazu: »Siebzehntes Gesetz zur Ergänzung des Grundgesetzes vom 24. Juni 1968, verkündet am 27. Juni 1968 (‚Notstandsgesetze')« (http://www.hdg.de/lemo/html/dokumente/KontinuitaetUndWandel_gesetzNotstandsgesetze/index.html)/Zugriff: 30.11.12

[670] Beispiel: Die Funktion des Bundestags und des Bundesrats werden von einem »Gemeinsamen Ausschuss« übernommen, wenn der Bundestag in einem Verteidigungsfall nicht mehr zusammenkommen kann. Dieser Ausschuss besteht zu zwei Dritteln aus Abgeordneten des Bundestags und zu einem Drittel aus Abgeordneten des Bundesrats. Die Handlungsfähigkeit des »Gemeinsamen Ausschusses« bezieht sich nicht auf das Grundgesetz; er kann keine Änderungen durchführen. Tritt eine Katastrophe länderübergreifend auf, kann die Bundesregierung den einzelnen Bundesländern Weisungen erteilen.

wiederum muss gegenüber der Regierung Rechte aufgeben und wird damit in seiner Handlungsfähigkeit beschränkt.[671]

Die Linke, Gewerkschaften, Studentenverbindungen und verschiedene Vereine für mehr Demokratie rufen zu einem Sternmarsch nach Berlin auf. Für sie erinnert der Erlass der *Notstandsgesetze* erschreckenderweise an das *Ermächtigungsgesetz* zur »Behebung der Not von Volk und Reich« aus dem Jahr 1933. Damals wurden die Rechte vom Reichstag auf die Regierung übertragen und mündeten schließlich direkt in der verheerenden Nazi-Diktatur.

Tatsächlich kann nun auch die Bundesregierung während des »Staatsnotstands« tief in die persönliche Freiheit der Bürger eingreifen, sprich: dessen Grundrechte einschränken. So geschieht es auch: Die Bundesregierung beschränkt durch ein *Gesetz zum Schutz der freiheitlich-demokratischen Grundordnung* zunächst das Briefgeheimnis sowie das Post- und Fernmeldegeheimnis, die eigentlich, laut *Grundgesetz, Artikel 10, Absatz 1* »unverletzlich sind«. Allerdings kann dies laut *Artikel 10, Absatz 2,* auch geändert werden: »Beschränkungen dürfen nur auf Grund eines Gesetzes angeordnet werden. Dient die Beschränkung dem Schutze der freiheitlichen demokratischen Grundordnung oder des Bestandes oder der Sicherung des Bundes oder eines Landes, so kann das Gesetz bestimmen, dass sie dem Betroffenen nicht mitgeteilt wird und dass an die Stelle des Rechtsweges die Nachprüfung durch von der Volksvertretung bestellte Organe und Hilfsorgane tritt.«[672] Das heißt, dass es gegen die Beschränkung der Grundrechte Brief-, Post- und Fernmeldegeheimnis keinen Rechtsweg gibt, sondern allein parlamentarische Kontrolle stattfindet.

Auch ein weiteres Grundrecht rückt in den Fokus der Regierung, das in *Artikel 11, Absatz 1, Grundgesetz* verankert ist, nämlich das Recht auf Freizügigkeit: »Alle Deutschen genießen Freizügigkeit im ganzen Bundesgebiet.«[673] Damit ist das Recht einer Person auf freie Wahl des

---

[671] Im August 2012 sorgte der damalige italienische Regierungschef Mario Monti für Irritationen, als er in der Euro-Krise mehr Handlungsfreiheit für die Regierungen gegenüber den Parlamenten forderte: »Wenn sie im Notfall nicht über das Mandat des Gesetzgebers hinausgingen, seien Europa und der Euro tatsächlich in Gefahr« (*Handelsblatt*). Vgl. »Euro-Krise: Ungeschriebenes Notstandsgesetz« in: *Handelsblatt v. 10.-12.08.12*

[672] Vgl. *Bundesministerium der Justiz, Grundgesetz, Artikel 10* (http://www.gesetze-im-internet.de/gg/art_10.html)

[673] Vgl. *Bundesministerium der Justiz, Grundgesetz, Artikel 11* (http://www.gesetze-im-internet.de/gg/art_11.html)

Wohn- und Aufenthaltsorts gemeint. Unter den Notstandsbedingungen schränkt die Bundesregierung auch dieses Grundrecht ein. Sie bezieht sich dabei auf *Artikel 11, Absatz 2, Grundgesetz*, in dem es in Bezug auf das Freizügigkeitsrecht heißt: »Dieses Recht darf nur durch Gesetz oder auf Grund eines Gesetzes und nur für die Fälle eingeschränkt werden, in denen eine ausreichende Lebensgrundlage nicht vorhanden ist und der Allgemeinheit daraus besondere Lasten entstehen würden oder in denen es zur Abwehr einer drohenden Gefahr für den Bestand oder die freiheitliche demokratische Grundordnung des Bundes oder eines Landes, zur Bekämpfung von Seuchengefahr, Naturkatastrophen oder besonders schweren Unglücksfällen, zum Schutze der Jugend vor Verwahrlosung oder um strafbaren Handlungen vorzubeugen, erforderlich ist.«[674] Die Regierung bezieht die »Freizügigkeitseinschränkung« auf die Betretensverbote für Unruhegebiete, um Aufständen entgegenzuwirken. Von nun an haben die Bürger nicht mehr das Recht, jeden Ort ihrer Wahl zu betreten, dort zu verbleiben oder diesen zu verlassen, ohne durch Staatsgewalt daran be- oder gehindert zu werden. Zudem werden politische Demonstrationszüge verboten[675] und auch das Bürgerrecht der Reisefreiheit eingeschränkt: Ab jetzt können die Menschen nicht mehr einfach nach Belieben das Land verlassen und wieder zurückkehren, sondern müssen Reisen anmelden.

### 4.2.3. Die Wirtschaftskatastrophe

Deutschlands Auslandsforderungen belaufen sich auf insgesamt rund 2,8 Billionen Euro. Hinzu kommen etwa 700 Milliarden Euro Bundesbankforderungen gegenüber der EZB sowie anderen nationalen Zentralbanken aus dem Target-Zahlungssystem. Doch die Schuldnerländer sind insolvent, und die Europäische Zentralbank hat mit dem Zusammenbruch der Währungszone aufgehört zu existieren. So muss die Bundesregierung rund 3,5 Billionen Euro Auslandsforderungen abschreiben. Zum Vergleich: Die deutsche Wiedervereinigung kostete zirka 1,9 Billionen Euro. Allerdings kann die Bundesbank nicht »Pleite« gehen,

---

[674] Vgl. *Bundesministerium der Justiz, Grundgesetz, Artikel 11* (http://www.gesetze-im-internet.de/gg/art_11.html)

[675] Dies wurde beispielsweise im Dezember 2010 bei den schweren Unruhen in London erwogen. Vgl. dazu: Michael Grandt/Gerhard Spannbauer/Udo Ulfkotte: »Europa vor dem Crash – Was Sie jetzt wissen müssen, um sich und Ihre Familie zu schützen«, Rottenburg 2011, S. 143

sondern ihre riesigen Verluste nur vortragen; sprich: Sie muss mit einem »negativen Eigenkapital« auskommen.

Nach dem Crash 2018 schrumpft die deutsche Wirtschaft im ersten Jahr um bis zu 10 Prozent.[676] Der internationale Handel bricht ein. Mit anderen Staaten müssen neue Handelsverträge abgeschlossen werden.[677] Gleichzeitig soll der Bankensektor gerettet werden, aber es gibt keinen Rettungsschirm für Deutschland wie einst den ESM, als es die EU noch gab.

**2018:** *BRD-Zeitung:*[678]

»Der deutsche Staat ist bankrott. Deshalb muss schnell Kapital her. Auf nationaler Ebene führte die Bundesregierung Verhandlungen mit der Industrie. Diese soll dazu bewegt werden, außerhalb der ehemaligen EU-Zone Kredite aufzunehmen, um diese dann dem Staat als Steuervorauszahlungen zur Verfügung zu stellen.[679] Die Gespräche drohen jedoch zu scheitern. Nun kommen in der Regierung Vorschläge auf, den gesamten Grundbesitz der Industrie, der Banken, der Handels- und Verkehrsbetriebe sowie der Landwirtschaft mit einer fünfprozentigen Hypothek zu belasten.[680] Eine Drohung, die Wirkung zeigt: Die Industrie hat zwischenzeitlich eingelenkt und ist bereit, die geforderten Verhandlungen in Washington, Moskau und Peking zu führen.«

Preise für Lebensmittel, Kleidung, Medikamente sowie die am dringendsten benötigten Gebrauchsgegenstände erhöhen sich dramatisch. Bekleidung, Schuhe und Elektrogeräte werden nur noch selten gekauft,[681] weil die

---

[676] Laut Bundesfinanzministerium. Vgl. dazu: »Blick in den Abgrund« in: *Der Spiegel 26/2012, S. 26*

[677] Die Studie »Global Economic Perspectives – Euro break-up – the consequences« der Schweizer UBS-Bank vom September 2011 geht davon aus, dass wenn Deutschland den Euroraum verlassen würde, u. a. auch der internationale Handel zusammenbräche. Vgl. dazu: UBS Investment Research: »Global Economic Perspectives – Euro break-up – the consequences«, 6. September 2011, S. 1 ff./Archiv Grandt

[678] Fiktiv

[679] So geschehen während der großen Krise in der Weimarer Republik 1921. Vgl. dazu: Richard Gaettens: »Inflation in Deutschland – Historie der Vermögensvernichtung 1914-1948«, Bochum 2012, S. 79, 80

[680] Dieser Vorschlag wurde 1923 unterbreitet und hätte der damaligen Reichsregierung 10 Milliarden Goldmark eingebracht. Vgl. dazu: Richard Gaettens: »Inflation in Deutschland – Historie der Vermögensvernichtung 1914-1948«, Bochum 2012, S. 89, 90

[681] 2011 gingen in Griechenland die Einzelhandelsumsätze von Bekleidung und Schuhe um 40 Prozent zurück, bei Elektrogeräten waren es 30 Prozent. Vgl. dazu: »Konjunktureinbruch: Griechen sparen sich Autos und

Menschen keinen oder nur noch wenig Verdienst haben und sich diese einfach nicht mehr leisten können. Die Umsätze im Einzelhandel gehen drastisch zurück. Zudem melden Hunderttausende Autobesitzer aufgrund der steigenden Spritpreise ihre Wagen ab, um zu sparen. Täglich werden es mehr.[682] Die durch die inflationäre Finanzpolitik der Regierung erzwungene Konsumzurückhaltung führt schließlich zu einer Unterauslastung der Produktionskapazitäten in den Industrie- und Wirtschaftsbetrieben. Die Unternehmen verfügen Einstellungsstopps, weil es für viele ihrer Produkte keinen Markt mehr gibt.

### 4.2.4. Horror Massenarbeitslosigkeit

**2018:** *Zeitung für Wirtschaftswissenschaft* – Offener Brief deutscher Ökonomen:[683]

»Das wichtigste Verteilungsinstrument in der kapitalistischen Wirtschaft ist die Beschäftigung. Gehen die Arbeitsplätze zurück, droht Massenarbeitslosigkeit, gerät das ganze wirtschaftliche und politische System ins Wanken.«

In Deutschland steigt die Zahl der Arbeitslosen[684] so dramatisch wie noch nie an – auf fast 10 Millionen[685].

Erinnerung an 2001 werden wach: Als damals die Internet-Blase platzte und der Terror-Anschlag auf das World Trade Center in New York die politische Stabilität ins Wanken brachte, kletterte die Arbeitslosigkeit hierzulande bis 2005 auf 12 Prozent an. Das entsprach damals schon 4,9 Millionen Erwerbslosen und damit der dritthöchsten Arbeitslosenquote in den EU-

Schuhe« in: *Financial Times Deutschland v. 28.12.11* (http://www.ftd.de/politik/europa/:konjunktureinbruch-griechen-sparen-sich-autos-und-schuhe/60147454.html)/Zugriff: 12.10.12

682 Während der Griechenlandkrise meldeten 170.000 Griechen im Jahr 2010 ihre Pkws ab, 2011 waren es mehr als 250.000. Vgl. »Konjunktureinbruch: Griechen sparen sich Autos und Schuhe« in: *Financial Times Deutschland v. 28.12.11* (http://www.ftd.de/politik/europa/:konjunktureinbruch-griechen-sparen-sich-autos-und-schuhe/60147454.html)/Zugriff: 12.10.12

683 Fiktiv

684 Auch die der Langzeitarbeitslosen.

685 Beispielsweise stieg die Arbeitslosenrate in der Argentinien-Krise (1998-2002) auf 27 Prozent. Vgl. dazu: »Am Ende zahlen die Bürger – Staatsinsolvenzen« in: *Das Parlament, Nr. 10/2012, 05.03.12* (http://www.das-parlament.de/2012/10/Thema/38054371.html)/Zugriff: 24.10.12

Ländern nach Polen und der Slowakei.[686] 2018 verdoppelt sich diese Zahl. Nur wer eine qualifizierte oder teilqualifizierte manuelle Arbeit übernehmen kann, hat überhaupt noch eine minimale Chance auf dem maroden Beschäftigungsmarkt. Dagegen gibt es keine Nachfrage mehr nach geistiger Arbeit. Es scheint gerade so als besitze der Intellekt keinen Marktwert mehr. Die Lohnhöhe derjenigen, die noch Arbeit haben, wird per Gesetz drastisch gekürzt, um, so heißt es, die Wettbewerbsfähigkeit zu erhöhen. So fallen die Durchschnittslöhne um annähernd 60 Prozent.[687] Gleichzeitig steigen die Beiträge zur Sozialversicherung um 7 Prozentpunkte. Die Gewerkschaften machen Druck, verlangen angesichts stetig steigender Preise nach höheren Löhnen. Doch sie können keine ihrer Forderungen durchsetzen. Im Gegenteil: Auch die Mindestlöhne werden abgeschafft. Nun liegt die Tarifhoheit komplett beim Staat.

In dieser dramatischen Zeit findet die Bundesregierung kein adäquates Wachstums- und Beschäftigungskonzept, um die Arbeitsmarktstrukturen zu verbessern und damit die Massenarbeitslosigkeit schnell und wirksam zu bekämpfen. Dies führt bei den Erwerbslosen zu immer mehr Mutlosigkeit, Enttäuschung und Wut.

### 4.2.5. Geißel Altersarmut

Durch die enormen Althaftungs- und Schuldenberge aus der EU-Zeit wurden massive Rentenansprüche angehäuft, die allerdings ungedeckt sind. So trifft der Crash vor allem Rentner hart. Die Altersarmut, vor der Arbeitsministerin von der Leyen einst warnte, ist nur ein Vorgeschmack dessen, was auf die Ruheständler sechs Jahre tatsächlich zukommt:

Zuerst werden die Einkünfte aller Rentner auf Grundlage der elektronisch übermittelten Rentenbezugsmitteilungen vor 2018 geprüft.[688] Diejenigen, die nach dem *Alterseinkünftegesetz* nicht nur erklärungs-, sondern auch steuerpflichtig sind, bis 2018 aber keine Steuererklärungen abgegeben haben, droht nun der komplette Rentenentzug. Bei allen anderen werden die

---

[686] Vgl. dazu: Hans-Werner Sinn: »Die Target-Falle – Gefahren für unser Geld und unsere Kinder«, München 2012, S. 60

[687] Ähnlich wie bei der »Großen Depression« 1929.

[688] Im Oktober 2012 geben die Finanzämter bekannt, die Einkünfte von Rentnern, die bislang keine Steuererklärungen für 2005 bis 2010 abgegeben haben, zu überprüfen. Vgl. dazu: »Fiskus durchleuchtet Rentner« in: *Financial Times Deutschland v. 16.10.12*

Minirenten drastisch gekürzt – und zwar um bis zu 40 Prozent! Um diesen Schritt durchführen zu können, nutzt die Bundesregierung die bereits im Jahr 2009 abgegebene »Rentengarantie«.[689]

Doch es gibt noch weitere Zwangsmaßnahmen der so genannten neuen Rentenreform, die von Gewerkschaften und der Opposition als pure »Rentenenteignung« bezeichnet werden: Die Renten werden nun auch noch besteuert.[690] Zudem beschlagnahmt die Bundesregierung die Einlagen der privaten Rentenkassen[691] und beschließt die Zwangsüberführung der privaten Altersvorsorge in das gesetzliche Rentensystem.[692]

**2018:** *Bundesländer Nachrichten:*[693]

»Jetzt ist das eingetreten, was die ehemalige CDU-Arbeitsministerin Ursula von der Leyen bereits 2012 prognostiziert hat: Unsere Rentner erhalten den Status von Sozialhilfeempfängern! Die Altersarmut ist so eklatant, dass der Bürgermeister einer schwäbischen Kreisstadt sagte, man könne mit dieser Rente ‚höchstens verhungernd verrecken'«.[694]

Doch all diese Maßnahmen nützen nichts, denn schließlich kann der marode Staat die Renten gar nicht mehr ausbezahlen. Die alten Menschen gehören mit zu den großen Verlierern des Crashs. Schon vor dem Euro-Zusammenbruch waren viele von ihnen auf ihr Erspartes angewiesen, das jetzt allerdings von der Hyperinflation komplett aufgefressen wird. So müssen sich die meisten Rentner mit gebrauchter Kleidung aus der Kleiderkammer eindecken. Gekocht wird nur noch einmal in der Woche, um Strom zu sparen. Die Portionen, die von den Armentafeln stammen, müssen

---

[689] Vgl. »Schuldenfiasko: Heil durch die Krise« in: *Focus Money 49/2012, S. 45*

[690] So geschehen (bei Frührentnern) im EU-Mitgliedsland Ungarn 2012.

[691] Wie beispielsweise in der Argentinien-Krise auch.

[692] Wie in Ungarn und Irland bereits geschehen. Vgl. dazu: Michael Grandt: »Vorsicht Lebensversicherung! Was Sie tun müssen, um Ihr Geld zu schützen«, Rottenburg 2012, S. 149

[693] Fiktiv

[694] Genauso formulierte es der Dorfbürgermeister von Alsógagy (Ungarn), Làszló Takacs, im Februar 2012, die Hungermärsche betreffend. Vgl. dazu: »Hungermärsche in Ungarn: reales Elend und realitätsferne Politik« in: *Pester Lloyi – Tageszeitung für Ungarn und Osteuropa v. 07.02.12* (http://www.pesterlloyd.net/2012_06/06hungermarsch/06hungermarsch.html)/Zugriff: 05.11.12

für vier Tage reichen. Abends essen sie gar nichts mehr.[695] Als später die große Hungersnot ausbricht, verschwinden die Armenspeisungen vollends. Immer mehr alte Menschen sind nun gezwungen, den Müll nach Essbarem zu durchwühlen. Die Bürgermeister der Städte in den Ballungsgebieten stellen dies schließlich unter Strafe, um Auswüchse zu verhindern.[696]

### 4.2.6. Gesellschaftliche Verarmung und Verelendung – das Ende des Wohlfahrtsstaates

**2018:** *Eilmeldung der Nachrichtenagenturen:*[697]

»Bei der heutigen Pressekonferenz im Berliner Reichstag zur ‚Stabilität der Nation' erklärte der Bundeskanzler, dass der ‚Wohlfahrtsstaat, wie wir ihn gewohnt sind, keine Zukunft mehr hat. Sozialhilfe muss durch Arbeit ersetzt werden. Statt *Welfare*[698] brauchen wir *Workfare*[699]'.[700] Worte des Regierungschefs, die auf einen radikalen Umbau der staatlichen Sozialsysteme schließen lassen.«

Aufgrund des Staatsbankrotts kann der deutsche »Wohlfahrts- und Sozialstaat« 2018 zuerst nur noch schleppend, dann gar nicht mehr finanziert werden. Nun büßen die Deutschen für ihre früher ausgegebenen Milliarden-Hilfen an die ehemaligen Krisenländer unter dem Haftungsdiktat der EU. Die Kassen hierzulande sind leer, die Sozialtransfers brechen komplett zusammen. Es können keinerlei öffentliche Leistungen mehr erbracht werden, die Hartz-IV-Bezüge für über 7 Millionen Bedürftige

---

[695] Dieses Szenario ist nicht fiktiv: *Der Spiegel* berichtete darüber, wie sich eine Rentnerin, die 40 Jahre lang gearbeitet hat und lediglich 468 Euro Rente plus 169 Euro Grundsicherung erhält, leben muss. Vgl. »Wie lebt es sich von 637 Euro Rente, Frau Apel?« in: *Der Spiegel 37/2012, S. 50*

[696] So geschehen 2012 in Spanien. Vgl. Kapitel *2.1.*

[697] Fiktiv

[698] Wohlfahrt, Fürsorge, Sozialhilfe.

[699] Staatliche Transferleistungen sind mit einer Verpflichtung zur Arbeitsaufnahme verknüpft.

[700] Diese Worte fand der ungarische Regierungschef Viktor Orban exakt so in einem Interview mit dem *Handelsblatt* im Oktober 2011. Vgl. dazu: »Viktor Orban: ‚Ich laufe nicht vor Konflikten davon'« in: *Handelsblatt v. 11.10.12*

werden gestrichen.[701] Ebenso die Arbeitslosenunterstützung. Die Bundesarbeitsministerin verkündet, dass es sich der Staat nicht mehr leisten könne, Zahlungen ohne Schaffung jeglicher Gegenwerte an Menschen auszuzahlen, die keinerlei Sozialprodukt erzeugen. Mit dieser radikalen Maßnahme kann die Wut der Menschen, die von den finanziellen Zuwendungen, den Sozialleistungen, leben, nicht mehr abgemildert werden. Auch der Beamtensold wird um 10, dann um 20 Prozent gesenkt. Schließlich kann der Staat die meisten seiner Angestellten im öffentlichen Dienst gar nicht mehr bezahlen. Zehntausende werden entlassen. Unter dem strikten Sparzwang ist Deutschland außerdem gezwungen, verschiedene Botschaften im Ausland zu schließen.[702]

Unter dem Druck der Straße und der Gewerkschaften muss der Bundeskanzler schließlich Farbe bekennen. Er erklärt, dass die getroffenen Regierungsentscheidungen zu einer »Wiedergenesung der deutschen Wirtschaft« führen würden. Allerdings nur, wenn die Bevölkerung »die sich daraus ergebenden Härten mit Geduld ertragen« würde.[703] Doch die Bürger glauben ihrer Regierung nicht mehr. Die »Härten«, von denen der Kanzler gesprochen hat, sind äußerst brutal: Deutschland verarmt und verelendet immer mehr, die Gesellschaft spaltet sich noch tiefer in Arm und Reich. Viel dramatischer als in den USA. Die Armutsrate steigt auf fast 50 Prozent.[704] Neben der »Unterschicht« trifft es nun vor allem auch die Mittelschicht, deren Angehörige zukünftig als »Neu-Arme« bezeichnet werden.[705] Sie alle müssen nun ums Überleben kämpfen. Nur Teile der so genannten Oberschicht konnten ihr Vermögen frühzeitig in Sachwerten oder

---

[701] 2011 erhielten rund 7,3 Millionen Deutsche Sozialleistungen zur Sicherung des Unterhalts. Vgl.: »Zahl der Hartz-IV-Empfänger sinkt deutlich« in: *spiegel.de v. 07.11.12* (http://www.spiegel.de/wirtschaft/soziales/zahl-der-hartz-iv-empfaenger-von-2006-bis-2011-deutlich-gesunken-a-865853-druck.html)/Zugriff: 03.12.12

[702] Im Oktober 2012 geschieht genau das in Slowenien: Unter Sparzwang schließt das EU-Mitgliedsland die Auslandsvertretungen in Helsinki, Lissabon, Stockholm und Düsseldorf. Dublin und New York sollen folgen. Vgl. dazu: »Slowenien schließt aus Geldnot Botschaften« in: *Financial Times Deutschland v. 16.10.12*

[703] Ähnlich äußerte sich Reichskanzler Heinrich Brüning, der letzte Kanzler der Weimarer Republik, betreffs der Weltwirtschaftskrise.

[704] Während der Argentinien-Krise (1998-2002) stieg die Armutsrate dort auf 57 Prozent. Vgl.: »Am Ende zahlen die Bürger – Staatsinsolvenzen« in: *Das Parlament, Nr. 10/2012, 05.03.12* (http://www.das-parlament.de/2012/10/Thema/38054371.html)/Zugriff: 24.10.12

[705] Während der Krise in Argentinien fiel ein Teil der mittleren Schichten, die noch in den 1990er Jahren ein relativ hohes Lebensniveau erreicht hatten und nun vom Kaufkraftverlust mit Macht getroffen wurden, unter die Armutsgrenze. Man sprach von ihnen als von den »Nuevos Pobres«, den »Neu-Armen«. Vgl.: »Argentinien Krise« in: *Wirtschaftsfacts.de* (http://wirtschaftsfacts.de/finanzkrisen-in-der-geschichte/argentinien-krise/)/Zugriff: 24.10.12

in harter ausländischer Währung auf Konten im Ausland anlegen. Diejenigen unter ihnen, die dies versäumt haben, versinken ebenfalls im Sumpf der Vermögenslosigkeit und des Elends, aus dem es so schnell kein Entkommen gibt. Das Heer der bettelnden Menschen, die die einstigen Flaniermeilen und Fußgängerzonen der Großstädte bevölkern, wächst täglich.

### 4.2.7. Die Ghettoisierung der Städte

Weil Millionen Menschen ihre Arbeit verloren haben, können die meisten ihre Hypothekenkredite nicht mehr bedienen oder die teure Miete nicht bezahlen, die inzwischen das 20.000-Fache der Vor-Crash-Zeit beträgt.[706] Zwangsenteignungen und Zwangsräumungen sind an der Tagesordnung.[707] Obdachlosigkeit wird zur neuen Zivilisationsgeißel. Die Hilfsorganisationen können die wohnungslosen Massen weder in karitativen Einrichtungen noch in Kirchen unterbringen.

So werden in vielen deutschen Städten frühere Arbeiterviertel zu neuen »Armenvierteln«. In diesen Ghettos errichten sich Bedürftige wahre Notfall-Behausungen aus Kisten, Eisenschrott, Ölfässern und Autowracks, in denen sie unterkommen müssen.[708] Der Zustand vieler Bewohner ähnelt dem der Menschen, die in den Slums in der – vormals Dritten – Welt leben. Der Spruch vom »Leben auf der Straße« ist jetzt sogar für viele Mittelstandsangehörige bittere Wirklichkeit geworden. Viele von ihnen suchen in Haus- und Industrieabfällen nach recycelbaren Materialien wie Altpapier und Karton, um diese dann zu verkaufen.[709]

### 4.2.8. Die große Hungersnot

---

[706] Dies entsprach dem Wert während der Hyperinflation in den 1920er Jahren beispielsweise in Wien. Vgl.: Adam Fergusson: »Das Ende des Geldes – Hyperinflation und ihre Folgen für die Menschen am Beispiel der Weimarer Republik«, München 2012, S. 232

[707] So bereits 2011/2012 geschehen. Vgl. Kapitel *2.1.*

[708] Ähnliche Zustände gab es bereits in den 1930er Jahren in Deutschland. Vgl. Liaquat Ahamed: »Die Herren des Geldes – Wie vier Bankiers die Weltwirtschaftskrise auslösten und die Welt in den Bankrott trieben«, München 2010, S. 9

[709] In der Argentinien-Krise wurden diese Menschen »Cartoneros« genannt. Vgl. dazu: »Recycling auf Argentinisch: Die ‚Cartoneros'« in: *Arte Journal v. 29.01.10* (http://www.arte.tv/de/argentinien-recycling-auf-argentinisch-die-cartoneros/3046882,CmC=3046940.html)/Zugriff: 24.10.12

**2018:** ***Sozial-News:***[710]

»In tiefgehenden Krisen lautet der erste Name des Elends immer ‚Hunger'. Dieser altbekannte Katastrophenzeuge sucht sich 2018 auch die klaglosen und stummen Opfer, an denen er einst vorübergegangen ist: die vormalige Mittel- und Oberschicht.«

Innerhalb kürzester Zeit steigen Fleisch-, Milch-, Gemüse- und Brotpreise um über 60 Prozent. Und das ist erst der Anfang. Schließlich sind Lebensmittel so teuer, dass die Mehrheit der deutschen Haushalte die Krise nur noch bewältigen kann, indem sie die Zahl der täglichen Mahlzeiten reduziert oder auf billigere und weit weniger gehaltvolle Nahrungsmittel zurückgreift. Diejenigen, die sich nicht einmal das leisten können, haben nur noch eines zum verzehren: Verzweiflung. Die Bundesregierung sieht sich gezwungen, Essens-Chipkarten auszugeben, die die gleiche Funktion erfüllen wie die Lebensmittelmarken im Ersten und Zweiten Weltkrieg und der Nachkriegszeit.

In Deutschland herrschen weitaus schlimmere Zustände als vor dem »Crash« in den Vereinigten Staaten. Das »Land der großen Freiheit und der unbegrenzten Möglichkeiten« galt für viele schon früher als »Land der Hungerleider«. Die schleichende Armut ließ dort den Anteil der hungernden Bevölkerung stetig anwachsen. So war im Jahr 2012 jeder siebte Amerikaner auf staatliche Unterstützung beim Lebensmitteleinkauf angewiesen. Das entsprach 46 Millionen Menschen, 70 Prozent mehr als noch vor Ausbruch der Finanzkrise und eine hohe Dunkelziffer noch gar nicht mit eingerechnet. Die Behörden gaben damals für das staatliche Essensmarken-Programm SNAP[711] elektronische Essens-Chipkarten, so genannte Food stamps (Lebensmittelmarken), an die Bedürftigen aus, die jeden Monat jedoch meistens schon nach zwei Wochen aufgebraucht waren. »Nur in der Großen Depression ging es den Menschen in diesem Land dreckiger«, sagte damals Joel Berg, Chef der New Yorker »Koalition gegen

---

[710] Fiktiv

[711] *Supplemental Nutrition Assistance Program*

Hunger«[712]. In einer Studie bezifferte das Center for American Progress die landesweiten Kosten des Hungers auf umrechnet rund 170 Milliarden Euro pro Jahr. Doch die Lebensmittelrationen reichten auch für diejenigen nicht aus, die dank ihrer Essens-Chipkarten Zugriff darauf hatten.

2018 bilden sich auch in Deutschland vor den Supermärkten lange Elendsschlangen. Viele Läden schließen aus Selbstschutz schon den größten Teil des Tages. Die meisten Verkäufer weigern sich, pro Kunde mehr als einen Artikel derselben Ware herauszugeben.[713]

Erst jetzt wird den Deutschen bewusst, dass sie nicht in einem Land aus Milch und Honig leben. In der kalten Jahreszeit wird viel Gemüse und Obst aus dem Ausland importiert, Kakao, Tee und Kaffee ebenso wie Reis. Und auch Milch und Fleisch wird zur Mangelware. Hintergrund: 70 Prozent der landwirtschaftlichen Nutzflächen und 53 Prozent der Getreideernten dienen nicht etwa zum Anbau von Lebensmitteln, sondern lediglich der Produktion von Futtermitteln für die etwa 25 Millionen Schweine und 15 Millionen Rinder. Zudem werden noch große Mengen an Futtermitteln wie Soja- und Rapsschrot, Maiskleber oder Ölkuchen eingeführt. Doch im Zuge der Krise kommen die Futtermitteleinfuhren ins Stocken und versiegen kurze Zeit später völlig. Der Preis für Getreide steigt drastisch, und dieses wird nicht mehr an das Vieh verfüttert. Dadurch sind die Masttierhalter gezwungen, ihre Bestände zu verkleinern. Dies löst auf den Märkten eine wahre »Fleischschwemme« aus. Allerdings nur kurzfristig, denn durch die so reduzierten Viehbestände bricht das Angebot an Milch- und Fleischerzeugnissen in der Folge drastisch ein.

Hinzu kommt, dass aufgrund von Engpässen in der Treibstoffversorgung die Bauern ihr Getreide nicht mehr ernten und einfahren können. So finden Getreideprodukte, Pflanzenöl und Futtermittel den Weg nicht mehr auf die heimischen Märkte. Flächendeckende Betriebsschließungen in der Lebensmittelindustrie sind die Folge. Auch Großhandels-Zentrallager können nicht mehr beliefert und daher Supermärkte nicht mehr aufgefüllt werden. Zudem stoppen vieler jener Lieferanten, die noch Waren haben,

---

[712] Vgl. dazu: »Hunger made in USA« in: *Welt.de v. 10.06.12* (http://www.welt.de/print/wams/wirtschaft/article106485755/Hunger-made-in-USA.html)/Zugriff: 15.10.12

[713] So war es auch bei der Hyperinflation 1923. Vgl.: Vgl. Adam Fergusson: »Das Ende des Geldes – Hyperinflation und ihre Folgen für die Menschen am Beispiel der Weimarer Republik«, München 2012, S. 102

ihre Lieferungen, weil sie zumeist kein Geld mehr für ihre Produkte erhalten.

Mitten in Deutschland werden die Lebensmittel knapp! Das führt zu Panikkäufen, leeren Regalen, noch schwindelerregenderen Preisen und weiteren Supermarktschließungen.

Diese Krisensituation, die zu erheblichen Versorgungsengpässen führt, zwingt die Bundesregierung, ihrer hoheitlichen Aufgabe nachzukommen, die eingelagerten staatlichen Nahrungsreserven zu verteilen. Die einzelnen Bundesländer stellen entsprechende Hilfeersuchen an die Bundesregierung, die das alleinige Verfügungsrecht über die Notfallvorräte an Reis, Hülsenfrüchten (Erbsen und Linsen), Kondensmilch und Vollmilchpulver besitzt. Die landwirtschaftlichen Erzeugnisse und Produkte der Lebensmittelindustrie, die keinen marktbedingten Schwankungen unterliegen, sind in mehr als 100 Lagerstätten im gesamten Bundesgebiet gebunkert. Bei den Lagern handelt es sich um privatwirtschaftliche Unternehmen, die einst durch öffentliche Ausschreibungen ermittelt wurden. Ihre Standorte befinden sich in den Ballungsräumen wie Berlin oder dem Ruhrgebiet. Sie werden geheim gehalten, um nicht das Ziel von Plünderungen zu werden. In der Nähe von Mühlen werden Getreidereserven an Weizen und Hafer (Brotgetreide) vorrätig gehalten, um die Mehl- und Brotversorgung aufrechtzuerhalten. Die Verteilung erfolgt über Gemeinschaftsverpflegungseinrichtungen. Transportverbände des Technischen Hilfswerks (THW), der Bundeswehr und dazu verpflichtete Speditionen fahren die Lebensmittel aus den Lagern zu den Verteilungsstationen in den einzelnen Städten und Kreisen. Diese Lebensmitteltransporte werden im Zuge der verschärften Krise von Polizeieinheiten und Bundeswehrtruppen eskortiert.

Doch die Notfallvorräte reichen keinesfalls für die mehr als 82 Millionen Einwohner aus. Nach wenigen Wochen sind sie aufgebraucht. Internethacker finden den Standort des letzten noch halb gefüllten Lebensmittellagers in Berlin heraus, das daraufhin von hungernden Banden restlos geplündert wird. Dann bricht die Nahrungs- und Wasserversorgung vollends zusammen. Eine Hungersnot bricht aus.

Die »Elendsrate«[714] der Menschen, die sich kein ausreichendes Essen mehr leisten können oder keines mehr finden, steigt rapide. Aus Not werden immer mehr Haustiere geschlachtet und verspeist, vor allem Hunde und Katzen.[715] Auch die Nachbarschaftshilfe läuft irgendwann ins Leere, weil einfach nicht genug da ist.

Viele sind auf private Essensspenden angewiesen. Wie nach der Weimarer Republik und dem Zweiten Weltkrieg nehmen in den Städten die Armentafeln und Suppenküchen mit ihren Tausenden ehrenamtlichen Helfern schnell zu. Doch auch sie können den Hunger nicht flächendeckend eindämmen. Aus den Elendsvierteln schwärmen jeden Abend ganze Heerscharen von Hungernden über die Straßen aus, um den Müll nach Lebensmittelresten zu durchwühlen.[716]

**2018:** *Berliner Mittelpost:*[717]

»Schockiert bekennt der Oberbürgermeister von Berlin: ‚Derartige Scharen von Menschen, die hungern und herumziehen, habe ich in meinem Leben noch nicht gesehen'.«[718]

Immer öfter sieht man neben verzweifelten Müttern[719] auch einst vermögende und nun arbeitslose Angestellte und Beamte, die auf Bahnhöfen oder Autobahnraststätten in Müllcontainern oder in den reicheren Stadtvierteln in privaten Abfalltonnen nach abgelaufenen

[714] In der Argentinien-Krise »tasa de indigencia« genannt.

[715] Vor allem Hunde wurden während der Krise in den 1920er Jahren geschlachtet. Vgl.: Vgl. Adam Fergusson: »Das Ende des Geldes – Hyperinflation und ihre Folgen für die Menschen am Beispiel der Weimarer Republik«, München 2012, S. 313

[716] In der Argentinien-Krise ist dies so geschehen. Vgl.: »Staatsbankrott: Das Beispiel Argentinien« in: *faz.net. v. 24.03.10* (http://www.faz.net/aktuell/wirtschaft/staatsbankrott-das-beispiel-argentinien-1955217.html)/Zugriff: 02.10.12

[717] Fiktiv

[718] Diese Worte sprach der Bochumer Bürgermeister Franz Geyer während der Hyperinflation in den 1920er Jahren. Vgl.: »Nationales Trauma« von Alexander Jung in: *Spiegel-Geschichte: »Geld! Von den Fuggern zur Finanzkrise: Eine Chronik des Kapitals«, S. 106-115*

[719] Vgl. Adam Fergusson: »Das Ende des Geldes – Hyperinflation und ihre Folgen für die Menschen am Beispiel der Weimarer Republik«, München 2012, S. 122

Nahrungsmitteln suchen. Vom Elend und von Schwäche gezeichnete ehemalige Staatsdiener brechen auf den Straßen einfach zusammen.[720] Touristen und Auslandsreporter schießen Fotos von den »neu-armen Germanen«. Einige von ihnen erscheinen auf Titelseiten von amerikanischen, britischen, chinesischen und russischen Zeitungen. Artikel und Bilder von ausgehungerten, in Mülltonnen wühlenden Deutschen, die einst einmal die »Herren der EU« waren, steigern die Auflage. Die Bundesregierung reagiert mit Zensur: Aufnahmen von hungernden, verwahrlosten Deutschen dürfen weder im Fernsehen gezeigt, noch in Zeitungen abgedruckt werden.[721]

Andere Hungernde wiederum, so genannte Tagelöhner[722], bieten sich über das Internet[723], aber auch auf Straßen und belebten Plätzen an, Dienstleistungen und Arbeiten aller Art zu verrichten. »Arbeit gegen Nahrung« heißt das Motto, um zu überleben.

Hungermärsche zum Reichstag nach Berlin werden organisiert. Als Vorbild dienen jene aus dem Februar 2012 in Ungarn, als hungernde Protestler zu Fuß und bei minus 20 Grad rund 200 Kilometer zum Regierungssitz in Budapest zurücklegten. Auf ihren Plakaten stand: »Arbeit und Brot!«[724] Oder »Skandal: Im 21. Jahrhundert leben in Ungarn Menschen in Elend und Hunger!«[725] Doch viele können sich an diesen Hungermärschen nicht beteiligen, weil sie zu schwach dazu sind. In der Not sind sie gezwungen, zu drastischeren Maßnahmen zu greifen: Frauen verkaufen ihr eigenes Haar für ausländische Perückenhersteller, andere ihre weiblichen Eizellen an Fruchtbarkeitskliniken. Männer veräußern vermehrt ihr Sperma oder ihr

---

[720] So geschehen während der Hyperinflation 1923 in Wien. Vgl. dazu: Adam Fergusson: »Das Ende des Geldes – Hyperinflation und ihre Folgen für die Menschen am Beispiel der Weimarer Republik«, München 2012, S. 61

[721] So geschehen 2013 in Griechenland (siehe Kapitel *2.3*)

[722] Während der Argentinien-Krise gab es eine Vielzahl dieser nicht registrierten Tagelöhner, der so genannten changueros.

[723] das später im Zuge des Bürgerkriegs abgeschaltet wird (siehe dazu die Kapitel 4.2.22. ff. über die *Eurobellion*)

[724] Vgl. dazu: »Hungermärsche in Ungarn: reales Elend und realitätsferne Politik« in: *Pester Lloyi – Tageszeitung für Ungarn und Osteuropa v. 07.02.12* (http://www.pesterlloyd.net/2012_06/06hungermarsch/06hungermarsch.html)/Zugriff: 05.11.12

[725] So äußerte sich József Füzesséri, der Bürgermeister von Szikszó (Ungarn): Es sei »skandalös (...) dass man im 21. Jahrhundert in Ungarn über im Elend und Hunger lebende Menschen sprechen« müsse. Vgl.: »Hungermärsche in Ungarn: reales Elend und realitätsferne Politik« in: *Pester Lloyi – Tageszeitung für Ungarn und Osteuropa v. 07.02.12* (http://www.pesterlloyd.net/2012_06/06hungermarsch/06hungermarsch.html)/Zugriff: 05.11.12

Blut.[726] Das bringt alles nicht viel ein, aber wenigstens etwas, um die nächsten Tage zu überstehen. Diejenigen, die noch etwas zum Tauschen haben, beschaffen sich einige wenige Grundnahrungsmittel bei »Schleichhändlern«, die Lebensmittel schon in guten Zeiten gehamstert und gehortet haben.

Insbesondere die Unterernährung bei Kindern nimmt in bestimmten Regionen dramatische Auswüchse an. So ist bereits jedes fünfte Kind davon betroffen,[727] ist in Bezug auf Größe und Gewicht unterentwickelt. Einige von ihnen weisen in den wenigen Schulen, die noch Unterricht anbieten, solch eklatante Entkräftungserscheinungen auf, dass sie während der Unterrichtsstunden einfach zusammenbrechen[728] oder in Ohnmacht fallen[729]. Immer mehr werden krank. Die Kindersterblichkeit steigt rapide.[730] Die verschiedenen Hilfs- und Rationierungsprogramme der Regierung, die die einstige Sozialpolitik ersetzen, sind völlig unzureichend und greifen viel zu kurz. Mit Schulspeisungen[731] versuchen Kirchen und Sozialverbände die Not wenigstens etwas zu lindern. Auch das Internationale Rote Kreuz greift ein und verteilt kostenlose Lebensmittel. Die Hilfsaktionen sind jedoch lediglich ein Tropfen auf den heißen Stein.

---

[726] Vgl. dazu Kapitel *2.1.*

[727] In Argentinien war jedes fünfte Kind unterernährt. Vgl. dazu: »Strukturelle Gewalt in den Nord-Süd-Beziehungen, Band 3: Argentinien: Tangotanz auf dem Vulkan – Interne und externe Ursachen der Schuldenkrise«, Südwind-Edition, Siegburg 2004, S. 1 (http://www.suedwind-institut.de/fileadmin/fuerSuedwind/Publikationen/1992-2005_Inhalt/2004-5_Inhalt_Argentinien_Tanz_auf_dem_Vulkan.pdf)/Zugriff: 24.10.12. In Asien stieg die Zahl der untergewichtigen Kinder bereits auf rund 1,2 Millionen; in Afrika auf 700.000. Vgl. dazu: Michael Grandt: »Der Staatsbankrott kommt – Hintergründe, die man kennen muss«, Rottenburg 2010, S. 87. Im EU-Mitgliedsland Ungarn wird vom Roten Kreuz geschätzt, dass 25.000 Kinder regelmäßig hungern und weitere 400.000 nicht angemessen ernährt werden können. Vgl. dazu: »Hungermärsche in Ungarn: reales Elend und realitätsferne Politik« in: *Pester Lloyi – Tageszeitung für Ungarn und Osteuropa v. 07.02.12* (http://www.pesterlloyd.net/2012_06/06hungermarsch/06hungermarsch.html)/Zugriff: 05.11.12

[728] So geschehen in Argentinien. Vgl. dazu: »Argentinien fällt in die Dritte Welt zurück« in: *Der Überblick – Zeitschrift für ökumenische Begegnung und internationale Zusammenarbeit 1/2003, S. 114* (http://www.der-ueberblick.de/ueberblick.archiv/one.ueberblick.article/ueberblickc1ab.html?entry=page.200301.114)/Zugriff: 24.10.12

[729] So geschehen in der Griechenland-Krise. Vgl. dazu auch Kapitel 2.2. und: »Unterernährte Kinder: Griechenland verteilt Lebensmittel an Schüler« in: *Focus Money v. 31.01.12* (http://www.focus.de/finanzen/news/staatsverschuldung/unterernaehrte-kinder-griechenland-verteilt-lebensmittel-an-schueler_aid_708783.html)/Zugriff: 24.10.12

[730] Eine Studie der Vereinten Nationen belegt, dass in einem Zeitraum zwischen 1990 und 2007 die Zahl der Hungernden weltweit auf 80 Millionen stieg. Allein 2008 erhöhte sie sich als unmittelbare Auswirkung der Finanz- und Weltwirtschaftskrise um weitere 40 Millionen. Schätzungen gehen von 121 bis 125 Millionen unterernährten Kindern aus. Jährlich sollen zwischen 200.000 und 400.000 Kinder sterben. Vgl. dazu: Michael Grandt: »Der Staatsbankrott kommt – Hintergründe, die man kennen muss«, Rottenburg 2010, S. 86

[731] In Argentinien wurden teilweise Schulspeisungen eingeführt, in Griechenland unter anderem an Schüler kostenlose Lebensmittelcoupons für Milch, Früchte und Kekse verteilt.

**2018:** ***Live-Statement*** **der Bundesministerin für Gesundheit über die Zustände in Deutschland:**[732]

»Die Entbehrung erstickt allmählich jedes Gefühl für Reinlichkeit, Anstand und Ordnung und lässt nur noch Raum für den Kampf gegen Hunger und Kälte.«[733]

In Hinblick auf die bevorstehende Wintertourismus-Saison in Bayern reagiert die Landesregierung rigoros: Die Lebensmittelvorräte in den Skigebieten werden schon jetzt »klassifiziert«. Das heißt: Während sich die ansässige Bevölkerung mit der unzureichenden heimischen Lebensmittelproduktion begnügen muss, werden die teuren Importnahrungsmittel nur noch Touristen zugeteilt. Vor den Hotels, in denen üblicherweise die Feriengäste aus Übersee und Russland logieren, kommt es zu ausländerfeindlichen Parolen.[734]

Jenen »reichen« Touristen, die sich hierzulande mit ihren starken Devisenwährungen einen billigen Urlaub und Vergnügungen aller Art leisten können, wird die Mitschuld an der wirtschaftlichen Katastrophe gegeben, während die Einheimischen täglich ums nackte Überleben kämpfen, vor allem Alte, Kranke, Schwache und Kinder.

Immer mehr hungernde Menschen gehen auf die Straßen und beteiligen sich an so genannten Nahrungsmittelaufständen, plündern Lebensmittelläden, Restaurants, Cafés und Hotels.[735]

---

[732] Fiktiv

[733] Tatsächlich fand diese Worte der Oberbürgermeister von Berlin-Pankow im Jahre 1922. Damals waren dort fast 25 Prozent der Schulabgänger in Bezug auf Größe und Gewicht unterentwickelt und 30 Prozent aus gesundheitlichen Gründen nicht arbeitsfähig. 15 Prozent (in Schöneberg) litten an Tuberkulose. Vgl. dazu: Adam Fergusson: »Das Ende des Geldes – Hyperinflation und ihre Folgen für die Menschen am Beispiel der Weimarer Republik«, München 2012, S. 178 ff.

[734] Tatsächlich so geschehen während der Hyperinflation in den 1920er Jahren. Vgl. Adam Fergusson: »Das Ende des Geldes – Hyperinflation und ihre Folgen für die Menschen am Beispiel der Weimarer Republik«, München 2012, S. 117, 180

[735] 1921 kam es in Wien zu einem solchen Aufstand. Vgl. dazu: Adam Fergusson: »Das Ende des Geldes – Hyperinflation und ihre Folgen für die Menschen am Beispiel der Weimarer Republik«, München 2012, S. 104 ff.

**2018:** ***Breaking News:***[736]

»In Berlin ist es zu einem denkwürdigen Vorfall gekommen, den die deutschen Medien verschweigen: Während eines Hunger-Protestes am heutigen Abend, bei dem Hunderttausende Bürger für Brot und Arbeit demonstrierten, rissen Protestierende berittene Polizisten von ihren Pferden. Zwei Straßenzüge weiter wurden die Tiere geschlachtet, das warme, noch blutende Fleisch von der Menge in Sicherheit gebracht und dann verzehrt.«[737]

### 4.2.9. Flucht aufs Land

Am besten geht es noch den Grundbesitzern auf dem Land und den Bauern. Die meisten können sehr gut von den Erträgen ihres Grund und Bodens leben. Einen Teil ihrer Ernteerträge verkaufen sie zu immer höheren Preisen, während sie sich mit ihren angebauten Nahrungsmitteln selbst versorgen. Allerdings weigern sie sich immer häufiger, Euro-Papiergeld als Zahlungsmittel anzunehmen.[738] So verfügen die Bauern über »echte Werte«, die sich sogar in einem »ländlichen Wohlstand« niederschlagen. Einige von ihnen zeigen ungeniert, was sie haben. »Sie hatten Geld wie Heu und schmissen damit um sich«, wird später ein Chronist dieser Zeit schreiben.[739]

**2018:** ***Schwarzwälder Botenschau:***[740]

»In der Stadt hungern – auf dem Land feiern, so das Vorurteil beim Großteil der Bevölkerung. Das sorgt für Neid und Hass.«

Schließlich schwärmen die hungernden Stadtbewohner aufs Land aus – dahin, wo es noch Nahrung gibt –, um sich diese zu holen. Notfalls auch mit

---

[736] Fiktiv

[737] So geschehen während der Hperinflation 1923 in Wien. Vgl. dazu: Adam Fergusson: »Das Ende des Geldes – Hyperinflation und ihre Folgen für die Menschen am Beispiel der Weimarer Republik«, München 2012, S. 61

[738] Vgl. Adam Fergusson: »Das Ende des Geldes – Hyperinflation und ihre Folgen für die Menschen am Beispiel der Weimarer Republik«, München 2012, S. 169 ff., 267

[739] Das schrieb einst der Schriftsteller Lion Feuchtwanger auf die Zeit der großen Krise in Deutschland bezogen. Vgl. »Nationales Trauma« von Alexander Jung in: *Spiegel-Geschichte: »Geld! Von den Fuggern zur Finanzkrise: Eine Chronik des Kapitals«, S. 106-115*

[740] Fiktiv

Gewalt. So werden Ernten und Bauernhöfe zunehmend von Plünderungen bedroht. Doch die wohlhabenden Landwirte verteidigen ihren Besitz bis aufs Blut. Sie engagieren private Sicherheitsdienste, die ihre Höfe, Äcker, Wiesen, Felder und Obstbäume vor den »Hungermeuten« schützen.[741]

**2018:** Rundfunk–Live-Reportage von einem Hof, der von einer hungernden Stadtbande geplündert wurde:[742]

»Die Tore des Bauernhofs stehen weit offen. Von den Mägden nicht die geringste Spur. Ein schwer verletztes, aber noch lebendes Schwein liegt im Hof in seinem Blut. Die anderen Schweine sind auf die Straße gelaufen. Der Kuhstall ist blutgetränkt. Eine Kuh ist geschlachtet worden, wo sie stand, und man hat ihr das Fleisch von den Knochen gerissen. Im Kornspeicher befinden sich das Korn- und das Futterlager in einem völligen Durcheinander. In der Wohnküche ist nichts heil geblieben.«[743]

Allerdings hat die Flucht aufs Land nicht nur ihre Schattenseiten: Immer mehr Städter entdecken das Landleben als wahres Paradies. Jeder möchte jetzt auf einem Stück Grund, das vielleicht sogar ihm selbst, Verwandten, Bekannten oder Freunden gehört, Lebensmittel für den Eigenbedarf anbauen. Eine massive Flucht aus den Städten setzt ein. Menschen die früher Angestellte, Beamte und Fabrikarbeiter waren, wollen auf kleinen Parzellen Gurken, Tomaten und Kartoffeln für ihr Überleben züchten.

### 4.2.10. Schwarzmarkthandel und Goldwährungsmenschen

Wenn Menschen nur noch wenig besitzen, dann erinnern sie sich wieder an die primitivste und älteste Form der Eigentumsübertragung, an den Tauschhandel (Naturaltausch). 2018 schießen in den Städten Schwarzmärkte wie Pilze aus dem Boden, die für die untersten Schichten der Gesellschaft

---

[741] So geschehen in Griechenland. Vgl.: Kapitel 2.2.

[742] Fiktiv

[743] Mit diesen Worten schilderte 1923 eine Bäuerin in der Nähe von Linz eine Hofplünderung. Vgl. Adam Fergusson: »Das Ende des Geldes – Hyperinflation und ihre Folgen für die Menschen am Beispiel der Weimarer Republik«, München 2012, S. 267 ff.

oft die einzige Versorgungsquelle darstellen. Aufgrund des Warenmangels und der ungebrochenen Nachfrage nach Produkten des täglichen Lebens verdingen sich viele Menschen als »Schieber«, wie die Schwarzmarkthändler genannt werden. Als »Tauschwährungen« werden vor allem Genussmittel wie Zigaretten, Alkohol, Kaffee und Tee gehandelt. Und natürlich alles andere, was wertvoll ist: Edelmetall, Schmuck oder ausländische Währungen (zum Beispiel US-Dollar oder Schweizer Franken). Allerdings sind die Preise des »Schleichhandels« unerhört hoch. Zudem macht sich die Unsitte des Kettenhandels breit. Dieser verteuert die Waren nicht nur, sondern mündet in »Luftgeschäften« mit fingierten Produkten, bei denen der Letzte in der Kette der Geneppte ist, weil er leer ausgeht.

Tauschringe entstehen, in denen Lebensmittel und Dienstleistungen untereinander (kostenlos) getauscht werden, um einen Ausgleich zu den fallenden Löhnen zu erhalten. Aufkäufer für Porzellan, Silber und Gold sowie Kunstgegenstände, Antiquitäten, Klaviere und wertvolle Möbel nutzen die Gunst der Stunde, um den großen Reibach zu machen.

Auch die so genannten Goldwährungsmenschen[744] beteiligen sich eifrig daran, die Not und die Hilflosigkeit der Menschen auszunutzen. Zumeist handelt es sich um vermögende Ausländer mit stabilen Währungen in den Heimatländern, die nun das bewegliche deutsche Kapital mit seinem unabhängigen Wert außer Landes bringen, wie beispielsweise teures Mobiliar oder Antiquitäten, Bilder, Porzellan, Teppiche. Doch nicht nur das: Die Goldwährungsmenschen erwerben zu günstigen Preisen Immobilien und Anteile an Fabriken aller Industriezweige, ganze Unternehmen und Geschäfte.

**2018:** *Bundesmedienblatt* – Zitat des Bundeswirtschaftsministers:[745]

»Der Ausverkauf Deutschlands hat – wie schon einmal während der Hyperinflation 1923 – begonnen.«[746]

[744] So wurden italienische, britische und amerikanische Besatzer während der Hyperinflation 1923 genannt, die im großen Stil und für wenig Geld Güter und Waren von Not leidenden Familien aufkauften. Vgl.: Adam Fergusson: »Das Ende des Geldes – Hyperinflation und ihre Folgen für die Menschen am Beispiel der Weimarer Republik«, München 2012, S. 59

[745] Fiktiv

Doch wehe dem, der nichts zum Tauschen hat: Viele Besitzlose werden kriminell, klauen Rohstoffe wie Metall und saugen und pumpen Benzin ab, wo sie nur können, um sich am Tauschhandel mit Naturalien beteiligen zu können.

## 4.2.11. »Not kennt kein Gebot« - steigende Kriminalität und Prostitution

**2018:** *BRD-Spiegel* – Zitat des Bundesinnenministers:[747]

»Die Panik lädt zur Missachtung der Gesetze ein.«[748]

Das Zitat des Ministers trifft die Zustände im Jahre 2018: Die Bereitschaft der Bürger zum Brechen der verbindlichen Rechtsnormen, der Gesetze sowie der gesellschaftlichen Regeln nimmt aufgrund der tiefen sozialen Ungleichheiten und der Massenarbeitslosigkeit täglich zu. Die Kriminalität steigt. Niemand will mehr verhungern, nur um beispielsweise nicht gegen das Gesetz gegen Lebensmittel-Hamsterei zu verstoßen. Diese Zeiten sind vorbei.

Selbst ehemals staatstreue Beamte, deren Sold nun genauso wenig wert ist, wie andere Löhne, fühlen sich von der Regierung und deren desaströser Politik verraten und betrogen. Nach dem Motto »Not kennt kein Gebot« nehmen Steuerhinterziehung, illegale Devisentransaktionen, Unterschlagung, Bestechung und Korruption in einem ungeahnten Ausmaß zu. Jeder ist sich selbst der Nächste, versucht egal wie seine grundlegenden Bedürfnisse zu befriedigen: Nahrung, Heim, Familie.

Das soziale Klima verschlechtert sich. Keiner traut dem anderen. Auch das Verhältnis zwischen Vorgesetzten und Mitarbeitern in den Unternehmen

---

746 Vgl. Adam Fergusson: »Das Ende des Geldes – Hyperinflation und ihre Folgen für die Menschen am Beispiel der Weimarer Republik«, München 2012, S. 101

747 Fiktiv

748 So lautete der Tagebucheintrag einer Zeitzeugin der Hyperinflation von 1923. Zitiert nach: Adam Fergusson: »Das Ende des Geldes – Hyperinflation und ihre Folgen für die Menschen am Beispiel der Weimarer Republik«, München 2012, S. 57

wird durch allgemeines Misstrauen vergiftet. Immer häufiger werden Angestellte dabei ertappt, wie sie Firmengelder veruntreuen, unter ihnen auch Bankmitarbeiter, die versuchen, Rechnungs- und Steuerprüfer zu täuschen.[749]

Aufgrund der Verarmung und Verelendung der Gesellschaftsschichten nimmt vor allem die Gewaltkriminalität zu: Mord, Totschlag, Raub und Vergewaltigung, ebenso die Jugendkriminalität.[750] Hauptsächlich arbeitslose Männer zwischen 18 und 24 Jahren treiben sich bandenmäßig an Straßenecken, Parks, Cafés, Bars und in Fußgängerzonen herum. Sie betteln, stehlen und rauben. Ihre Opfer sind jene, die in dieser Not (vermeintlich) noch etwas mehr haben als sie selbst.

Auch die Drogenkriminalität ufert aus. Die Anzahl der Süchtigen nimmt um fast 60 Prozent zu.[751] Überall sieht man Junkies auf den Straßen liegen oder sitzen, die sich ungeniert einen Schuss setzen oder eine Pille einwerfen, um das Elend um sich herum wenigstens für eine kurze Zeit zu vergessen. Allerdings wird das Aufwachen umso schlimmer.

Die unkontrollierte Prostitution steigt um 1.500 Prozent. Vor allem Hausfrauen und Studentinnen »versündigen« sich, um auf diese Weise etwas zum Lebensunterhalt zu verdienen.[752] Von Freiern werden sie abfällig »Not-Huren« genannt. Allein in Berlin soll es mehr als 500 Bordelle geben, die sich zumeist als »Wellness-Zentren« oder »Studios« tarnen. Safer Sex sind gute Vorsätze von gestern, die heute keine Rolle mehr spielen. Kondome sind fast teurer[753] als der eigentliche Verkehr. Hieß es früher noch »20 Minuten Sex für 20 Euro«[754] wird 2018 nur noch in Sachwerten oder Fremdwährungen bezahlt. Die Neuinfektionen bei HIV und herkömmlichen Geschlechtskrankheiten schnellen um über 50 Prozent in die Höhe.

---

[749] So geschehen während des großen Crashs 1929. Vgl. dazu: John Kenneth Galbraith: »Der Große Crash 1929 – Ursachen, Verlauf, Folgen«, München 2008, S. 172 ff.

[750] Der Leiter der Kriminologischen Zentralstelle in Wiesbaden, Rudolf Egg, äußert sich im Oktober 2012 dahingehend, dass auch Armut in bestimmten Regionen das Gewaltgeschehen beeinflusst. Vgl.: »Kriminalität: Junge Schläger« in: *Der Spiegel 43/2012, S. 16*

[751] Vgl. dazu auch Kapitel 2.2.

[752] Vgl. »Anstieg der Prostitution in Athen um 1500 Prozent« in: *griechenland-blog.gr v. 20.03.12* (http://www.griechenland-blog.gr/2012/anstieg-der-prostitution-in-athen-um-ueber-1500-prozent/7174/ )/Zugriff: 07.11.12, sowie Kapitel 2.2.

[753] In der Asienkrise 1997 und 1998 wurden die Verhütungsmittel aufgrund der steigenden Preise unerschwinglich. Vgl.: »Heute wie gestern« in: *tagesspiegel.de v. 02.10.08* (http://www.tagesspiegel.de/zeitung/heute-wie-gestern/1337374.html)/Zugriff: 18.12.12

[754] Vgl. »Deutschland ist das Bordell Europas« in: *Bild v. 18.12.12*

Auch nationale und internationale Zuhälterbanden haben schon längst das große Geschäft gewittert: Überwiegend aus Osteuropa, aus Ländern wie Weißrussland, der Ukraine oder Tschechien verschleppen sie junge Frauen über die Grenzen, machen sie mit Drogen gefügig und zwingen sie, in den zahlreichen »Flatrate-Bordellen« anzuschaffen. Arbeiteten 2012 hierzulande noch rund 400.000[755] Prostituierte, hat sich die Zahl nun vervierfacht.

## 4.2.12. Armen- und Reichen-Medizin

Der Gesundheitssektor steht vor dem Kollaps. Finanzmittel für die öffentlichen Kliniken sind schon längst zusammengestrichen, immer mehr Personal wird entlassen. Es fehlt grundsätzlich an allem: Medikamenten, Impfstoffen, Verbandmaterial, Windeln, sogar Grundnahrungsmitteln und Säuglingsmilchpulver. Lebensnotwendige Operationen können nur noch mit großen Schwierigkeiten durchgeführt werden. Da viele Krankenkassen bereits zusammengebrochen sind und die wenigen, die es noch gibt, dem Ansturm der Versicherten nicht mehr genügen, müssen die Menschen Arztbesuche und -behandlungen, Operationen, Rehabilitationsmaßnahmen und Kuren sowie Medikamente und Impfstoffe selbst bezahlen. Und zwar gegen Vorkasse. Über 70 Prozent[756] der Kranken, Alten, Allergiker und chronisch kranken Patienten können sich dies jedoch nicht leisten, sind gezwungen auf lebensnotwendige Behandlungen und Medikamente zu verzichten. Viele sind auf Spenden angewiesen, wenn sie ärztliche Leistungen benötigen. Einige Dorfbürgermeister geben aus privater Tasche bedürftigen kranken Einwohnern Geld, damit diese sich die notwendigsten Medikamente kaufen können.[757]

Infektionskrankheiten bei Kindern wie Meningitis oder Diphtherie nehmen zu, weil sich die Eltern die Impfstoffe nicht kaufen können, ebenso Krankheiten aller Art, vor allem Bluthochdruck, Diabetes und

[755] Die Gewerkschaft ver.di geht davon aus, dass mit der Prostitution in Deutschland jährlich 14,5 Milliarden Euro (Stand 2012) umgesetzt werden. Vgl.: »Deutschland ist das Bordell Europas« in: *Bild v. 18.12.12*

[756] Wie in Griechenland 2012. Vgl. dazu: »Kürzungen zerstören griechisches Gesundheitssystem« in: wsws.org v. 27.10.12 (http://www.wsws.org/de/2012/okt2012/gesu-o27.shtml)/Zugriff: 15.11.12

[757] Wie beispielsweise im Februar 2012 Làszló Takács, der Bürgermeister des ungarischen Dorfs Alsógagy. Vgl.: »Hungermärsche in Ungarn: reales Elend und realitätsferne Politik« in: *Pester Lloyi – Tageszeitung für Ungarn und Osteuropa v. 07.02.12* (http://www.pesterlloyd.net/2012_06/06hungermarsch/06hungermarsch.html)/Zugriff: 05.11.12

Herzkrankheiten,[758] aber auch Mangelkrankheiten und schwere Unterernährung. Selbst in Europa längst ausgerottete Krankheiten wie Dengue-Fieber, West-Nil-Fieber und Malaria treten wieder auf.[759] Krebspatienten trifft es mit am schlimmsten: Die meisten von ihnen müssen aus finanzieller Not nicht nur auf Chirurgie und Chemotherapie verzichten, sondern auch die teuren Krebsmedikamente gibt es nur noch auf Privatrezept. Die Zahl der illegalen Abtreibungen und Kindstötungen erhöht sich drastisch.[760] Die bereits schon früher vorhandene Zweiklassenmedizin für gesetzlich und privat Versicherte verkommt nun vollends zu einer »Armen-« und einer »Reichen«-Medizin. Dieser Zustand wird noch schlimmer, als die meisten Kliniken schließen müssen.[761]

**2018:** *Medienrundschau* – Statement des Bundesärztekammer-Präsidenten:[762]

»Armut, Not und Krankheit machen einsam: Fast jeden zweiten Deutschen befallen angesichts der wirtschaftlichen Katastrophe Depressionen aus Zukunftsängsten und aus Einsamkeit. Noch nie gab es hierzulande so viele Selbstmorde und Suizidversuche verzweifelter Menschen, die entweder alles verloren haben oder schwer krank sind.«

Aus Protest gegen die medizinischen Unterversorgung und die Missstände stürmen aufgebrachte Bürger das Gesundheitsministerium in Berlin. Die Sicherheitskräfte sind darauf nicht vorbereitet, sodass es auch innerhalb des

[758] Wie in Griechenland während der Finanzkrise 2012. Vgl.: »Solidarität in der Krise für die Zeit nach der Krise« in: *Neues Deutschland - Magazin, September 2012, S. 8*

[759] So geschehen in Griechenland 2012/2013. Vgl. dazu: »Studie: Euro-Krise kostet Menschenleben« in: *spiegelonline v. 27.03.13* (http://www.spiegel.de/wirtschaft/soziales/lancet-euro-krise-hat-fatale-wirkung-auf-gesundheit-der-europaeer-a-891149.html)/Zugriff: 27.03.13/»Gefährliche Sparpolitik: Manchmal ist die Euro-Krise tödlich« in: *n24.de v. 27.03.13* (http://www.n24.de/news/newsitem_8699861.html)/Zugriff: 01.04.13/»Ärzte warnen: Euro-Krise kostet Menschenleben« in: *bild.de v. 27.03.13* (http://www.bild.de/politik/ausland/euro-krise/euro-krise-fordert-menschenleben-29681494.bild.html)/Zugriff: 27.03.13/»Krank durch die Euro-Krise: Suizid-Rate steigt: Wirtschaftsflaute fordert Todesopfer« in: *focus.de v. 27.03.13* (http://www.focus.de/finanzen/news/staatsverschuldung/krank-durch-die-euro-krise-suizid-rate-steigt-wirtschaftsflaute-fordert-todesopfer_aid_949598.html)/Zugriff: 29.03.13

[760] Eine Beobachtung, die schon während der Asienkrise 1997 und 1998 gemacht wurde. Vgl. dazu: »Heute wie gestern« in: *tagesspiegel.de v. 02.10.08* (http://www.tagesspiegel.de/zeitung/heute-wie-gestern/1337374.html)/Zugriff: 18.12.12

[761] So geschehen während der Krise in Lettland 2009

[762] Fiktiv

Ministeriums zu heftigen Tumulten kommt.[763] Die Bundesgesundheitsministerin weigert sich, mit den Kranken und Bedürftigen zu sprechen. Schließlich wird das Ministerium von Einsatzkräften geräumt.

### 4.2.13. Blackout – wenn die Energieversorgung kollabiert

Wie alle anderen Industrienationen ist auch Deutschland abhängig von unterschiedlichen Energiequellen wie Gas, Öl, Fernwärme und Strom. Aufgrund der Energiepolitik-Wende im Jahr 2012, in deren Folge fast alle Kernkraftwerke abgeschaltet wurden, wird vor allem Strom nicht nur knapper, sondern auch immer teurer. Nach dem Crash verabschiedet die Regierung eine 50-prozentige Erhöhung der Energiesteuer. Strom wird damit zu einem Luxusgut.

Doch neben der Energieverteuerung gibt es noch ein anderes Problem: Längst warnten Experten davor, dass durch den Wegfall der Kapazitäten der Kernkraftwerke das deutsche Stromversorgungsnetz grundsätzlich an Stabilität einbüßen würde.[764] Schon vor 2018 lagen in den rund 930 deutschen Stromnetzen die Stromausfälle (Blackouts) offiziell bei rund 207.000 im Jahr.[765] Dabei handelte es sich um Ausfälle durch atmosphärische Einwirkungen, als Rückwirkungen aus anderen Netzen oder aufgrund anderer Störungen im Bereich der Netzbetreiber. Doch Journalisten fanden heraus, dass dies nur die Hälfte der Wahrheit war: In Wirklichkeit lagen die Blackouts fast doppelt so hoch![766] 2018 wird es nicht besser – im Gegenteil. Das vor fünf Jahren[767] vom Bundeswirtschaftsministerium eingeführte »Notpaket zur Sicherung der Stromversorgung«, reicht bei weitem nicht mehr aus, die Engpässe auszumerzen.

---

[763] Aufgebrachte Rentner stürmten während der Griechenland-Krise das Gesundheitsministerium in Athen. Vgl. dazu Kapitel 2.2.

[764] Vgl. »Erste Hilfe bei Blackouts« in: *Financial Times Deutschland v. 06.09.12*/»Berlin schnürt Paket gegen Stromnotstand« in: *Financial Times Deutschland v. 19.09.12*

[765] Offizielle Zahlen aus dem Jahr 2011

[766] Vgl.: »Zahl der Stromausfälle doppelt so hoch wie bekannt« in: *Bild* v. 27.09.12

[767] Tatsächlich wurde dies im September 2012 vorbereitet. Vgl. dazu: »Berlin schnürt Paket gegen Stromnotstand« in: *Financial Times Deutschland* v. 19.09.12

**2018:** ***BRD-Spiegel:***[768]

»Das Bundesministerium für Wirtschaft und Technologie verschweigt bis heute die Stromunterbrechungen durch höhere Gewalt, aufgrund staatlicher Anordnungen sowie die Beschädigungen von Netzwerkanlagen bei Tiefbauarbeiten und bei Verkehrsunfällen. So sind die vom Ministerium veröffentlichten Zahlen über Blackouts geschönt, um das wahre Ausmaß der Stromausfälle zu verschweigen. Tatsächlich liegen sie 2018 bei über 70 Prozent der offiziellen Stromversorgung!«

Die nicht durchdachte Energiepolitik aus den Vorjahren, die mit dem Abschalten der Kernkraftwerke einherging, sowie mangelnde und überteuerte Alternativen und zum Teil marode Netzwerkanlagen führen schließlich zur Katastrophe: Die Energieversorgung kollabiert. Von einer Stunde auf die andere können Millionen Haushalte nicht mehr mit Strom versorgt werden. Der »Big Blackout« wirkt sich flächendeckend auf die Infrastruktur aus: Elektrisches Licht fällt aus, ebenso Aufzüge, Elektro-, Öl- und Gas-Zentralheizungen, Lüftungen und Klimaanlagen. Gefrier- und Kühlschränke kühlen Lebensmittel nicht länger. Elektroherde und Mikrowellen, Kaffeeautomaten und Wasserkocher, Radios[769] und TV-Geräte[770] funktionieren nicht. Telefon-Festnetz, Mobilfunk und Internet stehen nicht mehr zur Verfügung. Ampeln und andere Signale fallen aus. Öffentliche Verkehrsmittel werden stark eingeschränkt. Kreditkartenterminals und Bankgeldautomaten, Supermarktkassen und Kühlanlagen ohne Notstromaggregate sind genauso funktionsunfähig wie Parkhausschranken, Skilifte und Seilbahnen. Pumpen für die Trinkwasseraufbereitung und Abwasserentsorgung fallen aus. Industrie- und Produktionsbetriebe werden lahm gelegt. An Tankstellen kann von den unterirdischen Tanks das Benzin nicht zu den Zapfsäulen gepumpt werden.

Der Stromausfall bringt plötzlich das ganze Leben zum Stillstand. Und das in einem eisigen Winter mit zweistelligen Minusgraden. Die wenigen, die einen Holz- oder Kohleofen und genügend Brennstoffe wie Briketts oder

---

[768] Fiktiv

[769] Ausnahme: Akku- oder batteriebetriebene Geräte.

[770] Mit Netzspannung.

Holzscheite gehortet haben, können sich glücklich schätzen, ebenso diejenigen Unternehmen und Privatpersonen, die sich schon zuvor mit Notstromaggregaten versorgt haben, um einer möglichen Stromkrise zu trotzen. Petroleum-, Taschen-, Stirn- und LED-Campinglampen, Streichhölzer, Kerzen, Feuerzeuge und batteriebetriebene Radios sind in den Supermärkten binnen eines Tages restlos ausverkauft.

Den meisten Deutschen setzt der strenge Winter hart zu. Selbst in den Wohnungen tragen sie dicke Kleidung und wärmen sich mit Decken. Ihre Mahlzeiten bereiten sie auf Campingkochern mit Gaskartuschen, Spirituskochern oder Holzkohle-Grills zu. Aus Unachtsamkeit und Fahrlässigkeit beim Gebrauch von Campingkochern, Grills und Kerzen kommt es zu tausenden kleineren und größeren Bränden. Die Feuerwehr ist völlig überlastet.

Aus Wut und Frust kommt es im Winter 2018 zu verschiedenen Sabotageakten auf Hochspannungsleitungen, Strommasten und Stromverteiler.

### 4.2.14. Finanzmärkte – Sturz vom Börsen-Olymp

**2018:** *Wirtschaftsfokus:*[771]

»Spekulanten, die sich einst im ‚Delirium der Milliarden' befunden hatten, wie sich schon der liberale Reichsaußenminister der Weimarer Republik, Walter Rathenau, ausgedrückt hat[772], sind nun gewaltsam aus ihren Profit-Träumen gerissen worden: Die Finanzmärkte spielen verrückt, sind um zweistellige Prozentpunkte eingebrochen, werden immer instabiler. Die Kursrisiken der Wertpapiere aus dem früheren Euroraum steigen ins Uferlose. Viele Börsianer befürchten eine Währungsreform sowie einen Bankencrash und eine damit verbundene Ansteckungsgefahr für weitere Geldinstitute und die Konjunktur.«

---

[771] Fiktiv

[772] Vgl. Adam Fergusson: »Das Ende des Geldes – Hyperinflation und ihre Folgen für die Menschen am Beispiel der Weimarer Republik«, München 2012, S. 79

Mit der Furcht vor dieser Ansteckungsgefahr schwindet das Vertrauen der ausländischen Gläubiger in die Zahlungsfähigkeit der nationalen deutschen Banken. Viele ziehen ihr Kapital ab. Dies führt zu einer drastischen Verknappung der Währungsreserven und Liquidität.
An den Börsen herrscht die nackte Panik. Jetzt gibt es nur noch ein Motto: Verkaufen! Jeder will alles verscherbeln, ob Aktien, Anleihen, Devisen oder Waren. Und zwar zu jedem Preis. Es soll das gerettet werden, was vielleicht noch zu retten ist.[773] So sind Abermillionen Anteile auf dem Markt. Weil die Frankfurter Wertpapierbörse unter einer Lawine von Verkaufsorders geradezu erstickt, muss sie zeitweise schließen. Allerdings gibt es bei weitem nicht genügend Käufer.
Die Verwirrung und Panik der Weltwirtschaft mit ihren addierten Bruttoinlandsprodukten[774] von rund 100 Billionen Dollar ist perfekt.[775] Viele von denen, die noch das Glück hatten, Anteile veräußern zu können, wenn auch nur für ein sprichwörtliches »Trinkgeld«[776], kommen mit ihren weiteren Notverkäufen zu spät: Die Kurse stürzen beinahe senkrecht ab. Schon kurz nach Handelsstart sind die ersten Investoren pleite. Bei der späteren Währungsreform (siehe dazu Kapitel *4.3.*), also bei der Umstellung auf die neuen nationalen Währungen in der früheren Euro-Zone, werden Aktien und Investmentfonds bis über 80 Prozent an Wert verlieren. Der Kursrutsch wird anhalten,[777] Stützungskäufe durch die Hochfinanz verpuffen. Viele Wohlhabende werden auf einen Schlag arme Leute.[778]

---

[773] Dies galt auch für die Weltfinanzkrise von 1929, die die Börsen weltweit in den Abgrund riss. Vgl. dazu: Michael Grandt: »Der Staatsbankrott kommt – Hintergründe, die man kennen muss«, Rottenburg 2010, S. 271 ff.

[774] Aller Länder.

[775] Ein solches Szenario stellte der Mathematiker John Casti für den Fall einer globalen Deflation auf. Vgl.: John Casti: »Der plötzliche Kollaps von allem – Wie extreme Ereignisse unsere Zukunft zerstören können«, München 2012, S. 314 ff.

[776] Beispielsweise ganze Aktienblöcke zum Angebotspreis am untersten Limit.

[777] Während der Argentinien-Krise verlor der Aktienmarkt in lokaler Währung 48 Prozent, in Dollar sogar 86 Prozent an Wert. Der Kursrutsch dauerte insgesamt 28 Monate. Vgl. dazu: .»Wie wär's mal mit der Wahrheit?« in: *Focus Money Online 25/2012* (http://www.focus.de/finanzen/money-magazin/archiv/jahrgang_2012/ausgabe_25/)/Zugriff: 21.06.12. Allerdings dauerte es 23,5 Jahre nach dem großen Crash 1929, bis sich der Dow Jones wieder auf seinen früheren Wert eingependelt hatte. Vgl. dazu: Casti, John: »Der plötzliche Kollaps von allem – Wie extreme Ereignisse unsere Zukunft zerstören können«, München 2012, S. 332

[778] Stellvertretend hierfür steht die Geschichte von William Boyd, der während des Crashs 1929 alles verlor: Er hatte sein gesamtes Geld in Zigarren-Aktien investiert und pro Stück 115 Dollar bezahlt. Als der Markt zusammenbrach, waren sie gerade noch 2 Dollar wert. Innerhalb weniger Stunden war sein gesamtes Vermögen, für das er ein ganzes Leben lang gespart hatte, vernichtet worden. Boyd war so verzweifelt, dass er aus dem Fenster seines Büros in der Wall Street sprang.

Als sich die Börse kurz erholt, weil sich das Handelsvolumen zu normalisieren scheint, steigen diejenigen Anleger sofort wieder ins Karussell ein, die ihr Geld noch rechtzeitig retten konnten. Sie wittern nun Profit an jeder Ecke und wollen die kommenden günstigen Geschäfte ausnutzen. Doch dies erweist sich als schwerwiegender Trugschluss: Die Spekulationsballons platzen. Hilflos müssen die Investoren mit ansehen, wie innerhalb kürzester Zeit die Werte ihrer Aktien auf weniger als ein Viertel, teilweise sogar noch drastischer abfallen.[779]

**2018:** *Börsenklappe:*[780]

»In den ersten Wochen fielen die Naiven und die Unschuldigen dem Crash zum Opfer. In der zweiten Woche waren es dann die Schlauen und die Wohlhabenden, die in dem Strudel untergingen. Was sein Ausmaß und die Plötzlichkeit betrifft, kann man diesen Zusammenbruch mit einem gesellschaftlichen Erdrutsch vergleichen (...) Jetzt zeigte die Größe der angebotenen Aktienblöcke, dass nun die großen Spekulanten verkauften, oder besser: verkaufen mussten.«[781]

Die deutschen Staatsanleihen stürzen an den Finanzmärkten so tief ab wie noch nie in ihrer Geschichte zuvor; sind de facto nichts mehr wert. Ihre Inhaber verlieren nahezu alles.[782] Die meisten Unternehmensanleihen, die nicht in einem Depot angelegt sind, erleiden Totalverluste, ebenso geschlossene Fonds. In der »Euro-Zeit« investierten Versicherungsgesellschaften massiv in Staatsanleihen der Krisenländer oder

---

[779] Beispielsweise so geschehen 1929. Vgl. dazu: John Kenneth Galbraith: »Der Große Crash 1929 – Ursachen, Verlauf, Folgen«, München 2008, S. 148

[780] Fiktiv

[781] Dies schrieb ein Zeitzeuge des großen Crashs von 1929: John Kenneth Galbraith, Wirtschaftswissenschaftler und ehemaliger US-Botschafter in Indien. Vgl. John Kenneth Galbraith: »Der Große Crash 1929 – Ursachen, Verlauf, Folgen«, München 2008, S. 152

[782] In der Argentinien-Krise wollten die Anleger ihr Recht auf eine 100-prozentige Erstattung durchboxen. Allerdings mussten 76 Prozent der privaten Gläubiger einen durchschnittlichen Abschlag von 50 Prozent auf ihre Forderungen in Kauf nehmen. Die übrigen 24 Prozent lehnten das »Angebot« ab. Schließlich wurde per Gesetz verordnet, dass keine weiteren Verhandlungen mehr geführt würden. Jeder, der das »Angebot« der Regierung nicht annähme, würde leer ausgehen. Vgl. dazu: Michael Grandt: »Der Staatsbankrott kommt – Hintergründe, die man kennen muss«, Rottenburg 2010, S. 133

waren direkt an ihren maroden Banken beteiligt. Das kostet sie nun 1,4 Billionen Euro. Lebensversicherungen sind fast nichts mehr wert.[783]

Im Jahr 2018 verwandelt sich für viele Spekulanten der Traum von Reichtum zu einem Alptraum aus Armut. Wie einst Luzifer, der Morgenstern, der aus dem Himmel stürzte, stürzen sie vom Olymp der Börsengewinne hinunter auf den Boden der Tatsachen. Manche sogar im sprichwörtlichen Sinn: Die Selbstmorde von Spekulanten und Investoren häufen sich.

## 4.2.15. Banken – im Visier der Pleitegeier

Die Lage der deutschen Banken verschlechtert sich rapide: Genauso wie die Versicherungsunternehmen engagierten sie sich ehemals mit riesigen Kapitalmengen in den EU-Krisenländern, die die offenen Forderungen jedoch nicht mehr zurückbezahlen können. Deren Volumen beträgt rund 20 Prozent des deutschen Bruttoinlandprodukts.

Einige Geldinstitute kollabieren, weil der deutsche Staat sie finanziell nicht mehr auffangen kann; sie sind zahlungsunfähig.[784] Dies hat direkte Auswirkungen auf die Bankkunden: Weder gibt es Geld aus den Bankautomaten noch werden Kredit- oder EC-Karten akzeptiert.[785] Bargeldabhebungen werden begrenzt, um einen Umtausch in Fremdwährungen wie US-Dollar oder Schweizer Franken zu verhindern.[786]

---

[783] Weil die Niedrigzinspolitik der EZB es den Versicherern immer schwerer macht, Kundengelder rentabel anzulegen, senkten die Lebensversicherer bereits Ende 2012 ihre Zinsen, sprich: sie kürzten die Überschussbeteiligungen. Vgl. dazu: »Allianz senkt Zins für Lebensversicherung« in: *Handelsblatt v. 06.12.12*///»Euro-Krise kommt bei Lebensversicherungen an« in: *reuters.com v. 05.12.12* (http://de.reuters.com/article/topNews/idDEBEE8B404320121205)/Zugriff: 06.12.12

[784] Während der großen Weltwirtschaftskrise 1929 mussten von 20.000 Banken in den USA 4.000 schließen. Beim Staatsbankrott in Russland (1998) waren 15 der 18 ehemals größten russischen Finanzinstitute zahlungsunfähig; das Eigenkapital des russischen Bankensystems hatte sich in etwa halbiert. Während der Finanzkrise 2008/2009 kollabierten dort rund 20 große Banken. Vgl. dazu: Michael Grandt: »Der Staatsbankrott kommt – Hintergründe, die man kennen muss«, Rottenburg 2010, S. 129 ff., 280

[785] Im Juni 2012 führte ein Computercrash wegen eines Softwarefehlers der britischen Natwest-Bank, einer Tochter der Royal Bank of Scotland (RBS), für chaotische Zustände: Die Bankkunden konnten tagelang kein Geld mehr abheben, keine Überweisungen mehr abschicken oder empfangen und damit auch nicht mehr einkaufen, tanken etc. Diese Bankenpanne gab einen kleinen Vorgeschmack auf das, was geschieht, wenn Banken geschlossen werden. Vgl. »Bankenpanne: Kein Geld, kein Einkauf, kein Benzin« in: *Handelsblatt v. 26.06.12*

[786] Während der Argentinien-Krise durften pro Woche und pro Person nur noch 250 Peso abgehoben werden, um den Umtausch der eigenen Währung in Dollar zu verhindern. Vgl. dazu: Michael Grandt: »Der Staatsbankrott kommt – Hintergründe, die man kennen muss«, Rottenburg 2010, S. 131. Ebenso 2013 in Zypern. Vgl. dazu Kapitel *2.1*.

Blogger und Finanzexperten, die zu »Bank Runs« aufrufen, damit die Menschen vor dem Zusammenbruch der Geldinstitute noch wenigstens ihre Einlagegelder abheben können, werden verhaftet. Rechtliche Grundlage dafür ist ein neues Gesetz, das solche »aufrührerischen« Aufrufe zum Straftatbestand erklärt. Die maximale Höchststrafe beträgt vier Jahre Gefängnis. Strafbefehle in fünfstelliger Höhe[787] werden aufgrund der Inflation erlassen oder an den täglich neuen Geldwert angepasst. Tatsächlich kommt es im Zuge der völligen Verunsicherung der Bürger zu den gefürchteten »Bank Runs«.[788] Vor jenen Kreditinstituten, die noch nicht geschlossen haben, bilden sich lange Menschenschlangen. Tausende Kunden wollen ihr Geld abheben um es noch in Sicherheit zu bringen.

Doch keine Bank kann ihre Kundschaft auf einen Schlag ausbezahlen. Auf jeden Euro »echtes« Geld, das von der Zentralbank ausgegeben wird, gibt es 3,50 Euro »fiktives« Buchgeld. Dieses existiert lediglich virtuell in den Computern.[789] Hinzu kommt das so genannte Teilreservesystem: Wenn ein Kunde Geld auf sein Girokonto einzahlt, muss das Kreditinstitut lediglich 1 Prozent davon als Mindestreserve bei der Bundesbank hinterlegen. Der Rest kann verliehen werden.[790]

Um zu verhindern, dass das Geschäftsbankensystem vollends durch »Bank Runs« zusammenbricht, werden die Geldhäuser vorläufig geschlossen und bewacht von Bundeswehr und Bundespolizei[791], um Ausschreitungen zu

---

[787] Im Dezember 2010 plante die niederländische Regierung, dass gezielte Aufrufe zur Schließung von Konten oder zum Geldabheben bei Banken zum Straftatbestand erklärt werden sollten, um so Bankencrashs zu verhindern und das heimische Finanzsystem vor »künftigen Schocks« zu schützen. Vgl.: »Calling for a run on a bank to be made illegal, say ministers« in: *dutchnews.nl v. 23.12.10* (http://www.dutchnews.nl/news/archives/2010/12/calling_for_a_run_on_a_bank_to.php)/Zugriff: 08.11.12

[788] Der erste (sichtbare) »Bank Run« der Finanzkrise ereignete sich im Herbst 2007 auf den britischen Inseln, als Kunden der Northern-Rock-Bank die Filialen stürmten. Vgl. dazu: »Vier Tage im September« in: *Financial Times Deutschland v. 14.09.12*

[789] Laut Hans-Werner Sinn, Präsident des Ifo Instituts für Wirtschaftsforschung. Vgl. dazu: Hans-Werner Sinn: »Kasino-Kapitalismus – Wie es zur Finanzkrise kam, und was jetzt zu tun ist«, Berlin 2010, S. 16

[790] Das bedeutet auch, dass die Banken lediglich 1 Prozent der Mindestreservebasis als Mindestreserve bei der jeweiligen nationalen Zentralbank hinterlegen müssen.

[791] 2008 hat unter führender Beteiligung der Commerzbank der »2. Celler Trialog« stattgefunden, ein Treffen der politischen, wirtschaftlichen und militärischen Eliten zur »Förderung zivil-militärischer Zusammenarbeit«, wenn die »Funktionsfähigkeit des Finanzsystems« bedroht ist. Gemeint war damit auch ein »Bank Run«. Vgl.: »Der schwarze Freitag: Antimilitaristischer Aktionstag gegen DHL und Commerzbank" in: *frankfurter-info.org (NO NATO '09 Aktionskomitee Rhein-Main)/Überparteilicher Informationsdienst für linke Kommunalpolitik in Frankfurt am Main v. 06.03.09* (http://www.frankfurter-info.org/Nachrichten/der-schwarze-freitag-antimilitaristischer)/Zugriff: 09.11.12

verhindern. So sieht es ein Notfallplan des Innenministeriums vor.[792] Auch wenn »schwerwiegende Gefahren für die Gesamtwirtschaft, insbesondere den geordneten Ablauf des allgemeinen Zahlungsverkehrs« zu erwarten sind, können Bankhäuser schon per »normaler« Rechtsordnung - hier: Paragraf 47 des *Kreditwesengesetzes* - geschlossen werden.[793]
Die Bundesregierung ordnet an, Bankguthaben teilweise einzufrieren, Konten über einen bestimmten Grenzwert in fest verzinsliche Sparbücher umzuwandeln[794] und die Rückgabetermine auf zehn Jahre zu strecken. Die Zugriffe auf Konten mit ausländischer Währung werden erst im Laufe von mehreren Monaten gestattet, bei hohen Summen sogar erst in Jahren.[795]
Auf Weisung des Bundesfinanzministeriums verhängt die unter seiner Rechts- und Fachaufsicht stehende Bundesanstalt für Finanzdienstleistungsaufsicht (BaFin)[796] über die Pleitebanken eine Zahlungssperre.[797]
Millionen private Bankkunden[798] pochen auf ihre Spareinlagen (Tages- und Festgeld, Sparbücher und Sparbücher), die vor dem Crash durch verschiedene Finanzinstrumente geschützt worden waren.[799] Beispielsweise

---

[792] Diesen »Notfallplan« gibt es beispielsweise für Österreich tatsächlich: Im Mai 2010 sickerte er am Rande einer Ministerratssitzung in Wien durch und beinhaltet neben der vorübergehenden Schließung aller Bankschalter auch einen Aufmarschplan der Exekutive zur Bewachung der Banken sowie die Sperrung der Bankautomaten. Dieser Plan soll schon 2008 zu Beginn der internationalen Finanzkrise beschlossen worden sein. Vgl. dazu: »Kurz notiert« in: *Preußische Allgemeine Zeitung v. 22.10.12*

[793] Dies geschah hierzulande einmal: 1973. Die Bundesregierung hat dies nach dem Zusammenbruch des Systems fester Wechselkurse praktiziert, um die Devisenbörsen kurzzeitig zu schließen. Vgl. dazu: »Comeback der Euro-Krise: Die Angst der Sparer ist zurück: Diese 33 Tipps retten Ihr Geld« in: *focus-money v. 03.04.13* (http://www.focus.de/finanzen/boerse/finanzkrise/tid-30390/comeback-der-euro-krise-bei-den-sparern-ist-die-angst-zurueck-diese-33-tipps-retten-ihr-geld_aid_952131.html)/Zugriff: 05.04.13

[794] Dies wurde so in Argentinien und teilweise auch in Zypern praktiziert.

[795] Auch dies wurde so während der Argentinien-Krise gehandhabt.

[796] Als »Finanzmarktaufsichtsbehörde« kontrolliert die BaFin alle Bereiche des Finanzwesens in Deutschland.

[797] Genau dies geschah bei der Pleite der isländischen Kaupthing-Bank im Oktober 2008. Vgl. dazu: »Auslandsbanken: Achtung, Risiko!« in: *Wirtschaftswoche 28/2012, S. 21*

[798] Sparkassen-, Raiffeisen- und Volksbanken sind von den gesetzlichen Einlagensicherungen ausgenommen, da sie eigene Sicherungssysteme bieten, die vom Gesetzgeber als gleichwertig angesehen werden. Vgl. dazu: »Wie sicher sind unsere Sparguthaben?« in: *bild.de v. 31.03.13* (http://www.bild.de/geld/wirtschaft/zypern-krise/nach-dem-zypern-banken-schock-kann-das-auch-bei-uns-passieren-29722390.bild.html)/Zugriff: 02.04.13. Doch 2018 versagen auch diese Sicherungssysteme, weil Sparkassen-, Raiffeisen- und Volksbanken selbst Pleite machen.

[799] Schon einmal zitterten deutsche Anleger wegen unzureichender Einlagensicherung um ihre Einlagen: Als 2008 35.000 Sparer ihr Geld der isländischen Kaupthing Bank anvertraut hatten, die de facto pleite ging. Erst nach langwierigen Verhandlungen bekam nur ein Teil der deutschen Sparer ihr Geld zurück. Vgl. dazu: »Comeback der Euro-Krise: Die Angst der Sparer ist zurück: Diese 33 Tipps retten Ihr Geld« in: *focus-money v. 03.04.13* (http://www.focus.de/finanzen/boerse/finanzkrise/tid-30390/comeback-der-euro-krise-bei-den-sparern-ist-die-angst-zurueck-diese-33-tipps-retten-ihr-geld_aid_952131.html)/Zugriff: 05.04.13

durch die europäische Einlagensicherung, die bei Zahlungsausfällen und Bankpleiten greifen sollte und eine Rückzahlung von 100.000 Euro pro Sparer garantierte. Doch ein Rechtsanspruch darauf gibt es schließlich nicht. Denn Einlagen auf der Bank sind kein von den Eigentumsrechten der zivilen Gesellschaften geschütztes Gut, sondern lediglich ein »Versprechen«, dass diese das Geld, das ihr gegeben wurde, auf Verlangen wieder an den Eigentümer zurückgibt.[800] Zudem gab es schon seit vielen Jahren eine EU-Richtlinie zur Einlagensicherung, die einen »Selbstbehalt« von 10 Prozent für Sparer vorsah. Die Mindestbegrenzung lag ursprünglich bei 20.000 Euro. Alle Einlagen darüber sollten in Krisenzeiten mit einer 10-prozentigen Abgabe belastet werden können.[801] Doch mit dem Zusammenbruch der EU existieren die europäischen Sicherungssysteme gar nicht mehr, die ohnehin nur für den Ausfall einzelner Institute eingerichtet worden waren und nicht etwa für einen umfassenden Systemkollaps. Die Kapazität nationaler Sicherheitsfonds wie die Entschädigungseinrichtung deutscher Banken (EdB) und der Einlagensicherungsfonds des Bundesverbands deutscher Banken (BdB) ist begrenzt und wird durch die offenen Forderungen geradezu gesprengt.[802] Der deutsche Staat, der nun eigentlich für die Spareinlagen haften müsste, ist selbst bankrott. Somit gehen die betroffenen Sparer leer aus, trotz der ehemals in der EU garantierten und hoch gepriesenen Einlagesicherungen. So hatte der Bundeskanzlerin Angela Merkel und ihr Finanzminister Wolfgang Schäuble noch fünf Jahre zuvor unter dem Eindruck der Sparerenteignung in Zypern getönt: »Die Spareinlagen sind in Deutschland und in allen europäischen Ländern sicher, weil die Vorstellung, dass irgendein europäisches Land zahlungsunfähig wird, unrealistisch ist. In Deutschland gibt es die Sicherungssysteme der Banken für den nirgendwo erkennbaren Fall, dass eine Bank ins Straucheln gerät, und in dem äußerst unwahrscheinlichen Fall, dass diese

---

[800] Vgl. »Schäuble: Spareinlagen sind sicher, wenn es keine Staatspleite in Europa gibt« in: *deutsche-wirtschafts-nachrichten.de v. 25.03.13* (http://deutsche-wirtschafts-nachrichten.de/2013/03/25/schaeuble-spareinlagen-sind-sicher-wenn-es-keine-staatspleite-in-europa-gibt/)/Zugriff: 26.03.13

[801] Vgl. »EU bereitet Richtlinien für Blitz-Zugriff auf Banken-Konten vor« in: *deutsche-wirtschafts-nachrichten v. 09.04.13* (http://deutsche-wirtschafts-nachrichten.de/2013/04/09/eu-bereitet-richtlinie-zu-blitz-zugriff-auf-bank-konten-vor/)Zugriff: 11.04.13

[802] Auch die EU-weit vorgeschriebenen gesetzlichen Einlagensicherungstöpfe sollen Guthaben von Girokonten, Tagesgeldern und Sparbüchern bis zur Höhe von 100.000 Euro nach maximal 20 Arbeitstagen wieder bereitstellen. Vgl. dazu: »Mit dem Schlimmsten rechnen« in: *Wirtschaftswoche 28/2012, S. 22*

Sicherungssysteme Probleme hätten, würde der Bundeshaushalt einspringen.«[803] Doch diese Garantie wurde nie gesetzlich verankert und bleibt somit lediglich ein Versprechen. Wird dieses »Schöngerede« ernsthaft hinterfragt, dann räumte Schäuble schon damals ein, dass es einen Zusammenhang zwischen den deutschen Spareinlagen und der Euro-Krise gab. Und er bekannte, dass wenn es schließlich zum Supergau kommen würde, der Bundeshaushalt einspringen würde. Doch dieser ist nicht etwa ein extern finanzierter, sicherer Fonds, sondern besteht aus Geldern der Steuerzahler. Das würde im Umkehrschluss heißen, dass wenn deutsche Sparguthaben gefährdet wären, diese mit den Steuergeldern der Deutschen gerettet würden. Damit beißt sich die Katze in den sprichwörtlichen Schwanz.[804] Die Einlagen wären alleine damit und sind es auch 2018, komplett verloren. Die Wut und der Hass der Bürger auf die Geldinstitute wachsen von Tag zu Tag.

**2018:** *Deutschland-Money:*[805]

»Die Deutschen glaubten an einen Sicherheitsmechanismus ihres Vermögens, den es in der bitteren Realität einer metaphorischen Kernschmelze des Euro jedoch niemals gab. So wurden auf einen Schlag fast 1,5 Billionen Euro auf Sparbüchern, Tages-, Festgeld- und Girokonten vernichtet!«

Inmitten dieses Desasters bleibt der Bundesregierung schließlich nichts anderes übrig, als die Banken zu verstaatlichen.[806]

## 4.2.16. Kontrolle des »Big Money«

[803] Vgl. »Schäuble: Spareinlagen sind sicher, wenn es keine Staatspleite in Europa gibt« in: *deutsche-wirtschafts-nachrichten.de v. 25.03.13* (http://deutsche-wirtschafts-nachrichten.de/2013/03/25/schaeuble-spareinlagen-sind-sicher-wenn-es-keine-staatspleite-in-europa-gibt/)/Zugriff: 26.03.13

[804] Vgl. dazu auch: »Comeback der Euro-Krise: Die Angst der Sparer ist zurück: Diese 33 Tipps retten Ihr Geld« in: *focus-money v. 03.04.13* (http://www.focus.de/finanzen/boerse/finanzkrise/tid-30390/comeback-der-euro-krise-bei-den-sparern-ist-die-angst-zurueck-diese-33-tipps-retten-ihr-geld_aid_952131.html)/Zugriff: 05.04.13

[805] Fiktiv

[806] Im Zuge der Euro-Krise hat beispielsweise die isländische Regierung genau das getan. Vgl.: »Kapitalverkehrskontrollen: Der Giftschrank der Euro-Retter« in: *manager-magazin.de v. 26.06.12* (http://www.manager-magazin.de/politik/weltwirtschaft/0,2828,840438,00.html)/Zugriff: 18.10.12

Schon während der Euro-Krise, also noch vor dem Crash, zogen ausländische Banken, große Unternehmen und andere Investoren beachtliche Kapitalsummen aus dem Euro-Raum und damit auch aus Deutschland ab. Vor allem Großindustrielle und Unternehmer versuchten im großen Stil den immer wertloseren Papiereuro in harte Dollar oder Franken einzutauschen.

Um eine weitere massive Kapitalflucht des »Big Money« aus dem deutschen Währungsgebiet in andere zu verhindern, richtet die Bundesregierung aus Gründen der öffentlichen Ordnung und der nationalen Sicherheit so genannte Kapitalverkehrskontrollen (Devisenkontrollen) ein: Überweisungen ins Ausland werden damit genehmigungspflichtig. Geldumtausch im Inland in eine ausländische Währung ist nicht mehr möglich. Auf internationale Kapitaltransfers werden nun Steuern erhoben sowie Strafzinsen auf ausländisches Kapital.[807] Verkäufe von Wertpapieren sind gar nicht mehr erlaubt. Die Abhebung hoher Summen ist verboten.[808]

## 4.2.17. Verbot – »Es ist alles Gold, was glänzt«

Der relative Wert der Edelmetalle, der seit Tausenden von Jahren unverändert besteht, wurde im alten Babylon festgelegt. Gold galt als Sinnbild der Sonne und Silber als das des Mondes. Ihr Wechselverhältnis setzten die babylonischen Priester auf 1 zu 13 1/3 fest, was den Umlaufzeiten der Himmelskörper entsprach. »Dieses Wertverhältnis wirkte während der ganzen Antike und noch weit ins Mittelalter und sogar in die Neuzeit hinein«, sagt Christina von Braun, Kulturtheoretikerin an der Berliner Humboldt-Universität. »Der Wert von Gold und Silber wurde also gewissermaßen vom Himmel geholt.«[809] Doch im Jahre 2018 holt die Bundesregierung das Gold nicht vom Himmel, sondern vom

---

[807] Im Sommer 2012 gibt es aufgrund der sich zuspitzenden Euro-Krise dazu verschiedene Überlegungen, u. a. in der Schweiz. Einige Maßnahmen wurden in verschiedenen Schwellen- und Entwicklungsländern durchgeführt, beispielsweise in Brasilien. Vgl. dazu: »Kapitalverkehrskontrollen: Der Giftschrank der Euro-Retter« in: *manager-magazin.de v. 26.06.12* (http://www.manager-magazin.de/politik/weltwirtschaft/0,2828,840438,00.html)/Zugriff: 18.10.12; »Wie der Staat die Anleger ausquetscht« in: *Handelsblatt.com v. 18.07.12* (http://www.handelsblatt.com/finanzen/boerse-maerkte/anlagestrategie/finanzielle-repression-wie-der-staat-die-anleger-ausquetscht/6891770.html)/Zugriff: 19.12.12

[808] So geschehen in der Krise in Zypern (siehe Kapitel 2.1) und in Spanien. Vgl.: »Der heimliche Rettungsschirm« in: *Handelsblatt v. 17.10.12*

[809] Vgl. »Eine Anhäufung von Nullen« in: *Der Spiegel 26/2012, S. 129*

»erdgebundenen« Bürger: Gerade in Krisenzeiten will sie so schnell wie möglich an das kostbare Edelmetall in Privatbesitz heran. Es ist die beste Waffe gegen eine inflationäre Geldpolitik der Notenbanken und eine krisensichere Anlage.[810] Vor allem aber kann das kostbare Edelmetall nicht Pleite gehen. Sagte doch schon John Pierpont Morgan (1837-1913), der Gründer der gleichnamigen US-Großbank JP Morgan: »Gold und Silber sind Geld, alles andere ist Kredit.«[811]

Zunächst erhalten Edelmetall-Besitzer bei den Pleitebanken keinen Zugriff mehr auf ihre Schätze. Dann spricht die Bundesregierung ein allgemeines »Goldverbot« aus. Diesen Schritt hatte der Staatsrechtslehrer Albrecht Schachtschneider bereits im September 2012 vorhergesehen: »Gold wird beschlagnahmt werden. Es wird ein Goldhandelsverbot geben.«[812] Unter dieses Verbot fallen Goldmünzen, Goldbarren, Feingold und legiertes Gold. Privatbesitzer werden aufgefordert, ihren Goldbesitz zu melden und innerhalb von zwei Wochen ihrer »Ablieferungspflicht« bei staatlichen Annahmestellen nachzukommen. So werden sie vom Staat gezwungen ihr Gold gegen eine finanzielle Entschädigung[813] einzutauschen. Wer dem nicht nachkommt, muss mit einer Inflationsangepassten Geldstrafe oder bis zu zehn Jahren Gefängnis rechnen.[814]

**2018:** ***Berliner Merkur:***[815]

[810] So stieg beispielsweise der Goldpreis seit Beginn der Krise bis Ende 2012 um 80 Prozent. Vgl. dazu: »Schuldenfiasko: Heil durch die Krise« in: *Focus Money 49/2012, S. 37*

[811] Vgl. Matthias Weik & Marc Friedrich: »Der größte Raubzug der Geschichte – Warum die Fleißigen immer ärmer und die Reichen immer reichen werden«, Marburg 2012, S. 17

[812] Vgl. »Der Euro zerstört alles« in: *mmnews.de v. 26.09.12* (http://www.mmnews.de/index.php/wirtschaft/10922-der-euro-zerstoert-alles)/Zugriff: 29.11.12

[813] Beispielsweise mussten die Deutschen im Ersten Weltkrieg der Regierung Goldgegenstände zur Kriegsfinanzierung überlassen. Dafür erhielten sie Gedenkschmuckstücke aus Eisen wie Trauringe mit Inschriften wie »Gold gab ich für Eisen«. Vgl. dazu: Adam Fergusson: »Das Ende des Geldes – Hyperinflation und ihre Folgen für die Menschen am Beispiel der Weimarer Republik«, München 2012 S. 50. In den USA zahlte die Notenbank 1933 den Festpreis von 20,67 Dollar pro Unze Gold. Vgl. dazu: »Wie der Staat die Anleger ausquetscht« in: *Handelsblatt.com v. 18.07.12* (http://www.handelsblatt.com/finanzen/boerse-maerkte/anlagestrategie/finanzielle-repression-wie-der-staat-die-anleger-ausquetscht/6891770.html)/Zugriff: 19.12.12

[814] In den USA wurde die Strafe bei Zuwiderhandlung auf 10.000 Dollar oder bis zu zehn Jahre Haft festgelegt. Vgl. dazu: »Wie der Staat die Anleger ausquetscht« in: *Handelsblatt.com v. 18.07.12* (http://www.handelsblatt.com/finanzen/boerse-maerkte/anlagestrategie/finanzielle-repression-wie-der-staat-die-anleger-ausquetscht/6891770.html)/Zugriff: 19.12.12

[815] Fiktiv

»Der große Goldklau: Es ist also wieder soweit – aufgrund völlig leerer Kassen greift der deutsche Staat jetzt auch nach dem Gold seiner Bürger. Genauso wie es von 1933 bis 1974 in den USA praktiziert wurde, nachdem US-Präsident Franklin D. Roosevelt das Gesetz über das Verbot privaten Goldbesitzes eingeführt hatte. [816] Ab Oktober 1936 setzten dies auch die Nationalsozialisten so um. In Frankreich wurden im gleichen Jahr Privatpersonen verpflichtet, ihren Goldbesitz dem Schatzamt zu melden und der französischen Notenbank zu verkaufen. 30 Jahre später, im April 1966, beschloss die britische Labour-Partei ein Goldverbot. Die Prägung von Medaillen und Gedenkmünzen für den Privatbesitz wurden untersagt. Jeder britische Bürger durfte nur noch vier Münzen für den Eigenbedarf besitzen, darüber hinaus keine weiteren erwerben. Das übrige Gold musste bei der Bank of England gegen die britische Währung ausgetauscht werden.«[817]

Trotz Goldverbots horten viele Besitzer nun »illegales« Gold, das nirgends registriert wurde. Irgendwann, das wissen sie aus der Vergangenheit, gibt es wieder Zeiten in denen das Verbot aufgehoben wird. Dann sind sie mit ihrem Gold die großen Gewinner. Denn nach wie vor gehört das Edelmetall - genauso wie Silber - zu den besten Krisenanlagen, bei der nicht primär Kursgewinne, sondern die Wertaufbewahrungsfunktion im Vordergrund stehen.

### 4.2.18. Zwangshypothek oder Enteignung – die Immobilienfalle

Während großer und tiefer Krisen wägen sich vor allem Immobilienbesitzer in relativer Sicherheit, weil ihr Grundbesitz nicht an Wert verliert. Doch dies ist mehr als trügerisch, denn Häuser und Wohnungen sind unbewegliche Güter, die dem Zugriff des Staates nicht ausweichen können ganz nach dem Motto »Ein Haus kann nicht weglaufen«.

---

[816] Schon früher in der Geschichte gab es solche Szenarien, beispielsweise durch John Law (1671-1729) oder John Law de Lauriston, wie er sich auch nannte, der sich zum französischen Finanzminister ernennen ließ. Vgl. dazu: Konrad, Kai A. & Zschäpitz, Holger: »Schulden ohne Sühne? Was Europas Krise uns Bürger kostet«, München 2012, S. 241

[817] Vgl. David Gerginov: »Die Geschichte des Goldverbotes« in: *gevestor.de v. 13.09.12* (http://www.gevestor.de/details/die-geschichte-des-goldverbotes-570226.html)/Zugriff: 29.11.12

2018 beschließt die Bundesregierung deshalb das *Gesetz über den Geldentwertungsausgleich bei bebauten Grundstücken.* Sechs Jahre vorher prophezeite der Staatsrechtslehrer Karl Albrecht Schachtschneider bereits, dass auch »die Grundstücksvermögen durch Zwangsanleihen belastet werden«.[818] Genauso kommt es: Das Finanzministerium stellt Beamte ab, um in den Grundbüchern nach Immobilienbesitzern zu suchen. Deren Besitz wird auf Grundlage des neu verabschiedeten Gesetzes mit einer Zusatzsteuer, der so genannten Hauszins- oder Gebäudeentschuldungssteuer[819], belegt und betrifft alle vor 2013 gebauten Wohnräume. Sie ist eine auf Wohneigentum erhobene Ertragssteuer, also nichts anderes als eine »Zwangshypothek«[820], die ins Grundbuch eingetragen wird und zwischen 20 und 50 Prozent der üblichen Mietpreise[821] aus der Euro-Zeit oder 10 Euro pro Quadratmeter[822] beträgt – alles multipliziert mit dem aktuellen Inflationskurs. Ein Viertel des Grundwerts wird gleich einbehalten. Wer diese staatlich verordnete Zwangshypothek nicht bezahlen kann, wird schließlich zum »Wohle der Allgemeinheit enteignet«.[823]

---

[818] Vgl. »Der Euro zerstört alles« in: *mmnews.de v. 26.09. 12* (http://www.mmnews.de/index.php/wirtschaft/10922-der-euro-zerstoert-alles)/Zugriff: 29.11.12

[819] Wie in der Weimarer Republik und im Nationalsozialismus bis 1943

[820] Auch im Zuge der Währungsreform 1948 wurden Immobilienbesitzer auf dem Gebiet der entstehenden Bundesrepublik mit einer Zwangshypothek belastet, die in den kommenden Jahren abbezahlt werden musste. Vgl. dazu: »Wie der Staat die Anleger ausquetscht« in: *Handelsblatt.com v. 18.07.12* (http://www.handelsblatt.com/finanzen/boerse-maerkte/anlagestrategie/finanzielle-repression-wie-der-staat-die-anleger-ausquetscht/6891770.html)/Zugriff: 19.12.12

[821] So geschehen während und nach der Währungsreform 1923. Vgl. u. a.: »Die Gordon Gekkos aus der Provinz« in: *Financial Times Deutschland v. 28.08.12*

[822] Im Zuge der Euro-Krise hat Griechenland Immobiliensteuern in Höhe von 10 Euro pro Quadratmeter erhoben. Vgl. dazu: »Wie der Staat die Anleger ausquetscht« in: *Handelsblatt.com v. 18.07.12* (http://www.handelsblatt.com/finanzen/boerse-maerkte/anlagestrategie/finanzielle-repression-wie-der-staat-die-anleger-ausquetscht/6891770.html)/Zugriff: 19.12.12

[823] In den USA wird diese staatliche Befugnis »Eminent Domain» genannt. Sie erlaubt es, »Besitz zum Wohl der Allgemeinheit zwangsweise zu enteignen«, beispielsweise Land für den Bau von Straßen. Oder, wie bereits im August 2012 im San Bernardino County, einem Landkreis östlich von Los Angeles, geplant, die Enteignung von Hypothekenbesitzern beziehungsweise den Ankauf von Hypotheken unter dem Buchwert. Grund dafür: Die Häuserpreise fielen rasant und minderten dadurch die Haupteinnahmequelle der Kommune, die Grundbesitzsteuer. Und das in einem solchen Ausmaß, dass die Kommune zahlungsunfähig wurde. So war im San Bernardino County die Hälfte der rund 300.000 mit Hypotheken belasteten Häuser bereits weniger wert als die darauf lastenden Kredite. Nach amerikanischem Gesetz können Immobilienbesitzer ihre Häuser aufgeben, um so ihre Schulden zu tilgen. Allerdings führt jedes leer stehende Gebäude nicht nur zu einem weiteren Verfall der Immobilienpreise, sondern auch zu schwindenden Steuereinnahmen der maroden Kommunen mit der Folge ihrer Insolvenz. Das Problem im San Bernardino County war jedoch, dass es sich bei den Hypothekenbesitzern, die enteignet werden sollten, überwiegend um Fonds und Banken handelte, die ihre Hypotheken in Anleihen verpackt hatten, so genannte Residential Mortgage Backed Securities (RMBS), die durch private Wohnimmobilien abgesichert waren. Wenn also die Hypothekenbesitzer enteignet oder ihre

**2018:** *Norddeutsche- Wirtschafts-Nachrichten:*[824]

»Die Folgen der hohen Steuerlasten für Immobilienbesitzer sind verheerend: Nur wenige von ihnen sind überhaupt noch in der Lage, Instandhaltungs- und Sanierungsarbeiten durchführen zu lassen. Viele Gebäude verrotten und verfallen. Dadurch erleiden die Immobilen einen extremen Substanzverlust, der sich zusätzlich negativ im Preis niederschlägt. Notverkäufe und Zwangsversteigerungen sind an der Tagesordnung. Immer mehr ehemalige Haus- und Wohnungsbesitzer sehen sich gezwungen, aus Not heraus in die Ghettos zu ziehen.«[825]

Dennoch gehören neben Gold, Silber und anderen Sachwerten, Immobilien zu den »Gewinnern im Verlust«.

## 4.2.19. »Volk(not)sport« - Steuerhinterziehung und Schwarzarbeit

Die Bereitschaft zur Solidarität mit dem Staat ist bei der noch arbeitenden Bevölkerung auf null gesunken. Ganz zu schweigen von allen anderen. Die Menschen sehen nicht mehr ein, dass sie nicht nur für die Fehler der Politiker und Banken aus der EU-Vergangenheit geradestehen müssen, sondern auch noch mit drastischen Sozialkürzungen, Steuererhöhungen und Sonderabgaben bestraft werden. Steuerhinterziehungen nehmen massiv zu trotz der Gefahr von Gefängnisstrafen oder unbegrenzten Strafzahlungen. Dadurch entstehen dem Staat noch mehr Probleme: Die Inflation entwertet die Steuereinnahmen, die die leeren Staatskassen jedoch dringend benötigen, weil sie auf Einkommen der letzten Periode erhoben werden. Ein Beispiel: Die Menschen zahlen ihre Einkommensteuer für das Jahr 2017 im Jahr 2018. Doch das Preisniveau ist in diesem Jahr ungleich höher als im

---

Immobilien unter dem Marktpreis verkauft würden, drohten Banken und Fonds hohe Verluste. Auch deutschen Banken, denn diese kauften bis 2007 zuhauf RMBS und verloren bei der anschließenden US-Immobilienkrise Milliarden. Davon betroffen könnten RMBS im Wert von umgerechnet rund 500 Milliarden Euro sein. Vgl. dazu: »Banken drohen neue Verluste« in: *Handelsblatt v. 03.08.12*

[824] Fiktiv

[825] Wie in der Argentinien-Krise. Siehe hierzu auch Kapitel 4.2.7.

Vorjahr. Dadurch verringert sich der reale Wert der Steuerzahlungen und verschlimmert das Budgetdefizit des Staates.[826] Hektisch erarbeitet das Finanzministerium Pläne, um die Steuern entsprechend dem Wertverlust des Euro anzuheben. Dafür werden verschiedene Multiplikatoren errechnet. Doch es ist offensichtlich, dass die Steuereinnahmen mit dem Tempo der Geldentwertung nicht mithalten können.[827]

Neben Steuerhinterziehung wird auch Schwarzarbeit zum »Volks(not)sport«; ohne sie kämen viele gar nicht mehr über die Runden. So entsteht ein unsichtbares Auffangnetz für den »kleinen Mann auf der Straße«, das die Folgen der Krise ein wenig erträglicher macht. Doch diese Schattenwirtschaft ist für den Staat dramatisch, steigt sie doch von 13 Prozent des Vor-Crash-Bruttoinlandprodukts[828] auf über 30 Prozent an![829] Um weitere Auswüchse dieser Schattenwirtschaft einzudämmen, startet die Bundesregierung eine groß angelegte Offensive, in der Dienstleistungsbetriebe und andere Firmen und Unternehmen genau geprüft werden.[830]

## 4.2.20. Die Morgendämmerung der Extremisten

**2018:** *ÖRP-News* – Ansprache des Bundesinnenministers:[831]

»Wenn eine Nation auseinanderbricht und ihre alten Werte durch neue Bedingungen infrage gestellt werden, treten stets Elemente auf die Bühne, die jedes noch so fragwürdige Mittel des Zusammenhalts zu nutzen wissen.

---

826 Vgl. Michael Grandt: »Der Staatsbankrott kommt! Hintergründe, die man kennen muss«, Rottenburg 2010, S. 114

827 Vor diesem Problem stand das deutsche Finanzministerium bereits 1923. Vgl. dazu: Adam Fergusson: »Das Ende des Geldes – Hyperinflation und ihre Folgen für die Menschen am Beispiel der Weimarer Republik«, München 2012, S. 215 f.

828 Reale Zahl (Oktober 2012); vgl.: »Der heimliche Rettungsschirm« in: *Handelsblatt v. 17.10.12*

829 In der Euro-Krise betrug die Schattenwirtschaft in Spanien und Portugal über 19 Prozent des BIP, in Italien über 21 Prozent und in Griechenland fast 26 Prozent (Stand: Oktober 2012). Vgl.: »Der heimliche Rettungsschirm« in: *Handelsblatt v. 17.10.12*

830 Genauso ist es während der Euro-Krise in Spanien geschehen. Vgl. dazu: »Teufelskreis aus Rezession und Sparkurs« in: *Handelsblatt v. 17.10.12* (http://www.handelsblatt.com/politik/international/euro-krise-teufelskreislauf-aus-rezession-und-sparkurs/7264676-2.html)/Zugriff: 23.12.12

831 Fiktiv

Eine Inflation ist die Verbündete des politischen Extremismus, die Antithese der Ordnung.«[832]

2018 steht die sich überstürzende negative Entwicklung der wirtschaftlichen Lage in Deutschland kurz vor der Explosion: Einige Millionen Menschen sind völlig mittellos, ohne Jobs und ohne Sozialhilfe. Hungrige Massen kämpfen täglich ums Überleben. In einer Heimat, die sie nicht mehr wiedererkennen, die sich vom einstigen »Schlaraffenland« in eine wahre Hölle verwandelt hat. Nur noch die ganz Alten, die den Ersten und/oder Zweiten Weltkrieg miterlebt haben, kennen diese Zustände. Doch für die verwöhnte Facebook- und Party-Jugend der Gegenwart ist die heile Welt im wahrsten Sinne des Wortes von heute auf morgen eingestürzt. Sie kommt am schwersten mit der neuen Situation klar und ist besonders anfällig für politische »Rattenfänger«.
So spielen rechts- und linksextremistische Organisationen und Parteien mit den Ängsten und Frustrationen der Menschen, heucheln Verständnis und versprechen Besserung. Vor allem aus den stetig wachsenden Reihen der »Sozialabsteiger«, die inzwischen aus allen Gesellschaftsschichten stammen, erhalten sie immer mehr Zustimmung und Zulauf. Die Rechten fördern durch Populismus und Aktionen das Klima der Ausländerfeindlichkeit. Fremde werden als »ungewollte Mitesser« der Gesellschaft bezeichnet (vgl. auch Kapitel 2.2.). Die Linken hingegen brandmarken die Reichen, die Oberschicht, die sie noch massiver besteuern lassen wollen. So entsteht ein gefährliches Klima der inneren Unruhe im Land. Die Rufe nach einem politischen Umsturz werden immer lauter.[833]

### 4.2.21. Die Entwaffnung der Privatbürger

Diese Rufe vernehmen auch die zunehmend besorgter werdenden Politiker und Sicherheitsbehörden im Land. Der Kanzler spricht davon, dass es völlig unverantwortlich sei, Panik und Ängste zu schüren und etwas

[832] Tatsächlich schrieb dies Adam Fergusson in seinem Buch »Das Ende des Geldes – Hyperinflation und ihre Folgen für die Menschen am Beispiel der Weimarer Republik«, München 2012, S. 128, 293
[833] Dieses Szenario gab es bereits in der Hyperinflation 1923. Es bescherte den Nationalsozialisten scharenweise neue Wähler. Vgl. dazu beispielsweise: »Die Angst ums Geld« in: *Welt am Sonntag v. 15.07.12*

vorherzusagen, was nicht der Realität entspräche. Doch er selbst weiß, dass dies nur vorgeschobene Worte sind.

Die Angst vor drohenden Bevölkerungsunruhen ist fast greifbar: in den Ministerien, im Bundestag und im Bundesrat. Vor allem machen den Politikern die 10 Millionen legalen, registrierten Waffen und die rund 20 bis 30 Millionen illegalen, unregistrierten Waffen große Sorgen, die sich in Privatbesitz befinden. Die Polizei führt verstärkt Razzien durch, um »wilde« Waffenlager ausfindig zu machen und den illegalen Waffenhandel auszutrocknen.

**2018:** *BRD-Journal* – Statement des Bundesvorsitzenden der Deutschen Polizeigewerkschaft:[834]

»In Zeiten bevorstehender sozialer und innerer Unruhen bedeutet es eine große Gefahr für den Staat, wenn die Zivilbevölkerung zehnmal mehr Waffen besitzt als Polizei und Bundeswehr zusammen. Deshalb muss die Politik alles dafür tun, um Waffen in Privatbesitz möglichst komplett zu enteignen.«

Um das Volk möglichst schnell zu entwaffnen, ändert die Bundesregierung das bestehende *Waffengesetz*: Ab sofort wird der private Waffenbesitz verboten. Dies gilt auch für die rund 2 Millionen Sportschützen und etwa 350.000 Jäger. Alle Waffenbesitzer müssen nun ihre Gewehre, Pistolen und Revolver bei einer regionalen Zentralstelle abgeben, zumeist den jeweiligen Landratsämtern. Wird dem nicht nachgekommen, drohen drastische Geldbußen und Gefängnisstrafen. Kontrolleure schwärmen aus, um unangemeldet und verdachtsunabhängig Haushalte zu überprüfen. Wer sich diesen Waffenkontrollen verweigert, muss mit behördlichen Sanktionen rechnen. Der grundgesetzliche garantierte Schutz der Unverletzlichkeit der Wohnung spielt in diesem Ausnahmezustand keine Rolle mehr.

**2018:** *Waffen-Klartext 50/2018:*[835]

[834] Fiktiv
[835] Fiktiv

»Hinter dem erlassenen Waffenbesitzverbot steckt wohl kaum die hehre Absicht der Politik, die eigene Bevölkerung vor sich selbst zu schützen, sondern eher die Regierung *vor* der Bevölkerung.«[836]

## 4.2.22. »Eurobellion (1)« – Maulkorb für die Medien

Im April 2009 wagte es die damalige SPD-Bundespräsidenten-Kandidatin Gesine Schwan, öffentlich über mögliche soziale Unruhen in der Wirtschafts- und Finanzkrise zu sprechen, die eine »Gefahr für die Demokratie« werden könnten. Das war ein klarer Affront gegen die Bundesregierung der großen Koalition aus CDU/CSU und SPD, die die Wirtschafts- und Finanzprobleme innerhalb der EU und in Deutschland noch immer verharmloste. Doch Schwan ließ sich davon nicht beirren. »Wir müssen verhindern, dass die von vielen empfundene Enttäuschung zu einer explosiven Stimmung führen könnte«, erklärte sie weiter. Sie rechne zwar nicht gleich mit »brennenden Barrikaden«, aber »wir haben in der gegenwärtigen Krise die Verantwortung, weder zu dramatisieren oder gar Ängste zu schüren noch die Realität auszublenden«.[837]

Bundeskanzlerin Angela Merkel hielt Schwans Äußerungen für »völlig unverantwortlich«. Damit würden Ängste geschürt und Panik verbreitet. Richtiggehend barsch wurde auch CSU-Generalsekretär Alexander Dobrindt: »Schwan wird zu einer Gefahr für den gesellschaftlichen Frieden

---

[836]Das seit dem Amoklauf in Newtown im Dezember 2012 wieder kontrovers diskutierte liberale Waffenrecht in den USA geht auf den Zweiten Verfassungszusatz, die so genannte *Bill of Rights*, von 1791 zurück. Die Bewaffnung der Bevölkerung sollte vor allem eines garantieren: dass sich die Bürger notfalls auch gewaltsam gegen ihre Regierung zur Wehr setzen können, wenn diese sich nicht mehr an die demokratische Verfassung gebunden fühlt. Damit wird das US-Waffenrecht zu einer wichtigen verfassungsrechtlich abgesicherten Tragsäule der Demokratie, einem festgeschriebenes Freiheitsrecht, einem Grundrecht. Zu einer – im wahrsten Sinne des Wortes – »Waffe« gegen eine undemokratische Regierung. Der Besitz von Waffen wird auch medial verteufelt und nicht etwa, wie in den USA, als hohes Rechtsgut angesehen. Für die Amerikaner ist die »Waffe im eigenen Haus ihr letzter, handfester Beweis für ihre Freiheit. Die Constitution von 1791 ist ihre Verfassung, und Amerika ist ihr Land« (*Financial Times Deutschland v. 08.08.12).*

[836] Eine Freiheit, ein Grundrecht in diesem Sinne, dass es für die deutschen Bürger noch nie gegeben hat und nun schon gar nicht mehr je geben wird.

[837] Vgl. »Warnungen vor sozialen Unruhen: ‚Eine Gefahr für die Demokratie'« in: *faz.net v. 24.04.09* (http://www.faz.net/aktuell/politik/inland/warnungen-vor-sozialen-unruhen-eine-gefahr-fuer-die-demokratie-1785826.html)/Zugriff: 14.11.12

in Deutschland«, sagte er. »Mit ihrem saudummen Dahergerede von sozialen Unruhen provoziert sie die Spaltung unserer Gesellschaft.«[838]

Auch Schwans eigene Partei stimmte in das wütende Geheul über das unliebsame Thema ein, das die große Koalition am liebsten unter den Tisch gekehrt hätte. »Es ist nicht gut, wenn wir davon reden, dass hier Unruhen ausbrechen könnten wie in Frankreich oder anderswo«, beklagte sich der damalige Vorsitzende der SPD-Bundestagsfraktion, Peter Struck. »Das untergräbt die Bemühungen der Bundesregierung, die ja gerade alles tut, um die tiefe Krise für die Menschen abzumildern.«[839] Bundesinnenminister Wolfgang Schäuble erklärte sogar, dass »niemand in materielle Existenzbedrohung kommen« würde.[840] Der FDP-Vorsitzende Rainer Brüderle bezeichnete die Stimmungsmache als »völlig verantwortungslos«; die Menschen könnten durch »schiefe historische Vergleiche« und das Beschwören von Unruhen verängstigt werden.[841] Und Heinrich Driftmann, Präsident des Deutschen Industrie- und Handelskammertags (DIHK), meinte, dass es »nun völlig verfehlt (sei), mit Kampfbegriffen wie sozialer Unruhe zu zündeln«.[842] Der Vorsitzende der Partei Die Linke, Oskar Lafontaine, allerdings unterstützte die von Gesine Schwan geäußerten Bedenken. »Diese Sorgen teilen wir«, sagte er.[843]

Der Hintergrund dieser politischen Schelte für eine weitgehend farblose und im Kampf um das Bundespräsidentenamt chancenlose[844] Gesine Schwan blieb der breiten Öffentlichkeit jedoch verschlossen. Denn Schwan hatte

---

[838] Vgl. »Soziale Unruhen: Merkel warnt vor Panikmache« in: *Focus Online v. 24.04.09* (http://www.focus.de/politik/deutschland/soziale-unruhen-merkel-warnt-vor-panikmache_aid_393010.html)/Zugriff: 09.11.12

[839] Vgl. »Warnungen vor sozialen Unruhen: ‚Eine Gefahr für die Demokratie'« in: *faz.net v. 24.04.09* (http://www.faz.net/aktuell/politik/inland/warnungen-vor-sozialen-unruhen-eine-gefahr-fuer-die-demokratie-1785826.html)/Zugriff: 14.11.12

[840] Vgl. »Warnungen vor sozialen Unruhen: ‚Eine Gefahr für die Demokratie'« in: *faz.net v. 24.04.09* (http://www.faz.net/aktuell/politik/inland/warnungen-vor-sozialen-unruhen-eine-gefahr-fuer-die-demokratie-1785826.html)/Zugriff: 14.11.12

[841] Vgl. »Warnungen vor sozialen Unruhen: ‚Eine Gefahr für die Demokratie'« in: *faz.net v. 24.04.09* (http://www.faz.net/aktuell/politik/inland/warnungen-vor-sozialen-unruhen-eine-gefahr-fuer-die-demokratie-1785826.html)/Zugriff: 14.11.12

[842] Vgl. »Warnungen vor sozialen Unruhen: ‚Eine Gefahr für die Demokratie'« in: *faz.net v. 24.04.09* (http://www.faz.net/aktuell/politik/inland/warnungen-vor-sozialen-unruhen-eine-gefahr-fuer-die-demokratie-1785826.html)/Zugriff: 14.11.12

[843] Vgl. »Warnungen vor sozialen Unruhen: ‚Eine Gefahr für die Demokratie'« in: *faz.net v. 24.04.09* (http://www.faz.net/aktuell/politik/inland/warnungen-vor-sozialen-unruhen-eine-gefahr-fuer-die-demokratie-1785826.html)/Zugriff: 14.11.12

[844] Sie scheiterte an Horst Köhler, der anschließend für eine zweite Amtszeit zum Bundespräsidenten gewählt wurde.

lediglich das ausgesprochen, was sieben Monate zuvor schon medial vertuscht werden sollte.
Rückblick: Am 8. Oktober 2008 lud Angela Merkel die Chefredakteure der bedeutenden deutschen Medien ins Kanzleramt. Vielleicht wurden sie auch »einbestellt«, das ist in der Nachschau nicht mehr richtig zu eruieren. Es geschah jedoch just zu jener Zeit, in die auch der Ausbruch der Finanzkrise fiel. Über dieses Treffen gab es allerdings später nicht viel zu lesen, eigentlich fast gar nichts. Einer der ganz wenigen Mutigen, Jakob Augstein, Journalist und Verleger, schnitt dieses »sonderbare Treffen« in einem Artikel in der *Süddeutschen Zeitung* an: »An einer Stelle liest man in dürren Worten, worum es an diesem Abend im Kanzleramt ging: Merkel bat die Journalisten, zurückhaltend über die Krise zu berichten und keine Panik zu schüren.«[845] Die Medien bekamen also von höchster Regierungsstelle zu hören, dass sie mit ihrer Berichterstattung »keine schlechte Stimmung« machen sollte, denn dazu wäre die Lage zu ernst.[846] »Sie haben sich daran gehalten, die Chefredakteure«, meinte Augstein weiter. »Noch im Februar 2009, vier Monate später, wunderte sich die *taz* über die Medien: ‚Sie halten die Bürger bei Laune, auf dass diese stillhalten' (...)«[847] Auf gut Deutsch: Die Kanzlerin verpasste der Presse einen Maulkorb, nicht ohne die Medienvertreter um ihr Vertrauen zu bitten, um die Bevölkerung über die wahren Verhältnisse in der Krise hinwegzutäuschen! Dies ist, gelinde ausgedrückt, ein Skandal.
Doch nicht alle sehen das so: Die Journalistin Susanne Schmidt, Tochter des ehemaligen Bundeskanzlers Helmut Schmidt, meinte beispielsweise im August 2012 in einem Interview im *Handelsblatt*: »Die Medien spielen in der Tat eine große Rolle. Hier sollte die Bundesregierung versuchen, ihren Einfluss mehr geltend zu machen.« Auf den Einwand hin, dass die Regierungschefin der Presse doch nicht vorschreiben könnte, wie sie berichten sollte, antwortete Schmidt: »Natürlich nicht. Aber es wäre schon

---

[845] Vgl. »Wozu noch Journalismus? (4) Das ist nicht Ihr Kanzleramt!« in: *sueddeutsche.de v. 22.07.10* (http://www.sueddeutsche.de/medien/serie-wozu-noch-journalismus-das-ist-nicht-ihr-kanzleramt-1.63398)/Zugriff: 14.11.12
[846] Vgl. »Wirtschaftskrise in Deutschland: Jetzt mal ehrlich« in: *ZeitOnline v. 26.04.09* (http://www.zeit.de/2009/06/Ratlosigkeit)/Zugriff: 09.11.12
[847] Vgl. »Wozu noch Journalismus? (4) Das ist nicht Ihr Kanzleramt!« in: *sueddeutsche.de v. 22.07.10* (http://www.sueddeutsche.de/medien/serie-wozu-noch-journalismus-das-ist-nicht-ihr-kanzleramt-1.63398)/Zugriff: 14.11.12

sinnvoll, wenn, sagen wir, Frau Merkel ab und zu einige Chefredakteure einladen und mit ihnen sprechen würde, vor allem wenn die Wellen hoch schlagen. Und ihnen sagen würde: ‚Nun macht mal langsam (...)'.«[848] Spielte Susanne Schmidt mit ihren Äußerungen vielleicht auf eine Neuauflage des regierungsverordneten Medienmaulkorbs vom Oktober 2009 an? Ist es also wieder mal an der Zeit, das Volk mit Lügen ruhig zu stellen?

Die Rahmenbedingungen für ein mediales »Opium für das Volk« gibt es schon längst, wie die Journalisten Hans-Peter Martin und Harald Schumann wissen: »Vielmehr macht der Ausdruck ‚tittytainment' Karriere, den der alte Haudegen Zbigniew Brzezinski ins Spiel bringt. Der gebürtige Pole war vier Jahre lang Nationaler Sicherheitsberater von US-Präsident Jimmy Carter (...) ‚Tittytainment', so Brzezinski, sei eine Kombination von ‚entertainment' und ‚tits', dem Slangwort für Busen.« Martin und Schumann weiter: »Brzezinski denkt dabei weniger an Sex als an die Milch, die aus der Brust einer stillenden Mutter strömt. Mit einer Mischung aus betäubender Unterhaltung und ausreichender Ernährung könne die frustrierte Bevölkerung der Welt schon bei Laune gehalten werden.« Und fürwahr: »Disney, McDonald's und MTV appellieren alle ans Leichte, Schnelle und Einfache.«[849] Schon der US-amerikanische Zukunftsdenker Nathan Gardels sagte, dass das »Trillern von Madonna und Michael Jackson« der »Muezzin der neuen Weltordnung« sei.[850]

Während also die Bevölkerung mit leichter und trister Unterhaltung im kollektiven Dämmerschlaf gehalten wurde und wird, steigerten sich die Reaktionen auf Gesine Schwans Mahnungen zu einer parteiübergreifenden Hysterie. Sprach sie doch das aus, was die Medien auf Bitte der Kanzlerin eigentlich hätten verschweigen sollen. Und das, obwohl Merkel einmal sagte, dass die freien Medien »sozusagen ein Teil des Lebenselixiers jeder Demokratie« seien.[851]

---

[848] Vgl. »Susanne Schmidt: ‚Der Fiskalpakt reicht nicht'« in: *Handelsblatt v. 24.-26.08.12*

[849] Vgl. Hans-Peter Martin & Harald Schumann: »Die Globalisierungsfalle – Der Angriff auf Demokratie und Wohlstand«, Hamburg 1997, S. 13, 28, 29

[850] Zitiert nach: Hans-Peter Martin & Harald Schumann: »Die Globalisierungsfalle – Der Angriff auf Demokratie und Wohlstand«, Hamburg 1997, S. 29

[851] »Wozu noch Journalismus? (4) Das ist nicht Ihr Kanzleramt!« in: *sueddeutsche.de v. 22.07.10* (http://www.sueddeutsche.de/medien/serie-wozu-noch-journalismus-das-ist-nicht-ihr-kanzleramt-1.63398)/Zugriff: 14.11.12

In diesem Zusammenhang erinnerte Jakob Augstein an den Journalisten Gay Talese, den Mitbegründer des »literarischen Journalismus«[852] und Dozent an der University of Southern California, der früher schon einmal gesagt hatte: »Sie lügen alle! Man darf ihnen nichts glauben! Niemals!« Journalisten sollten Politikern misstrauen und Politiker Journalisten fürchten. Denn es gäbe »zwischen den Medien und der Macht heute eine Verwandtschaft, die es früher nicht gab. Einen Mangel an Skeptizismus.« Zum Skeptizismus sollte aber auch noch Unabhängigkeit kommen, wie sie etwa der deutsche Journalist Kurt Kister bewies: Als ihm seinerzeit Gerhard Schröder, frischgebackener Bundeskanzler, in einem Berliner Restaurant gönnerhaft zurief, ihn doch mal in »seinem« neuen Kanzleramt zu besuchen, soll Kist entgegnet haben: »Das ist nicht *Ihr* Kanzleramt, Herr Bundeskanzler.«[853]

### 4.2.23. »Eurobellion (2)« – der zerstörte Sozialfrieden

Es gäre in den Wirtschafts-, Finanz- und Sozialsystemen Europas, erklärte Mohamed El-Erian, Vorstandsvorsitzender der Kapitalanlagegesellschaft Pimco, im Dezember 2012.[854] Es herrsche weder »Frieden noch Krieg«, und doch sei »Europas ökonomischer Frieden bedroht, weil die Regierungen keinen Weg gefunden hatten, Wachstum, Beschäftigung und Finanzstabilität gleichermaßen zu schaffen«. El-Erian weiter: »Einige meinten, genau wie auf Ägyptens Zermürbungskrieg am Ende ein tatsächlicher Krieg und dann ein Friedensvertrag folgte, brauche Europa eine große Krise, um voranzukommen. Doch ist dies eine gefährliche Vorstellung, die nicht nur massive Risiken birgt, sondern auch unzumutbare hohe menschliche Kosten.«[855] Andrew Haldane, Senior der Bank of England, sprach im selben Monat in der britischen *Daily Mail* darüber, dass die Verluste von

---

[852] New Journalism

[853] Vgl. »Wozu noch Journalismus? (4) Das ist nicht Ihr Kanzleramt!« in: *sueddeutsche.de v. 22.07.10* (http://www.sueddeutsche.de/medien/serie-wozu-noch-journalismus-das-ist-nicht-ihr-kanzleramt-1.63398)/Zugriff: 14.11.12

[854] Pacific Investment Management Company

[855] Vgl. Kommentar von Mohamed El-Erian: »Nicht Krieg, nicht Frieden« in: *Handelsblatt v. 11.12.12*

Einkommen und Ausgaben betreffend die Finanzkrise so verheerend wie ein »Weltkrieg« sei.[856]

Warnungen vor sozialen Unruhen und Bürgerkriegen im Zuge der Finanzkrise gibt es längst. 2010 kam eine Studie der US-amerikanischen Ratingagentur Moody's zu dem Schluss, dass sich Staaten mit schnell wachsenden Schulden auf einen Zeitraum rüsten müssten, in dem »der gesellschaftliche und politische Zusammenhalt auf die Probe gestellt wird«.[857] Steuererhöhungen und Ausgabenkürzungen könnten in einer Reihe von Industrie- und Entwicklungsländern soziale Unruhen auslösen. Ebenso der Verlust des Arbeitsplatzes, der oft zu psychischen Problemen und Demoralisierung führte, und eine wachsende Wahrnehmung von Ungerechtigkeit, wie die United Nations Work Agency im selben Jahr feststellte.[858]

Im Sommer 2012 warnte die Genfer Sonderorganisation der Vereinten Nationen für Arbeit, die International Labour Organisation (ILO), vor wachsenden Arbeitslosenzahlen in der Krise, die »enorme Risiken für soziale Unruhen bergen und das Vertrauen der Bürger in ihre Regierungen, das Finanzsystem und die europäischen Institutionen untergraben«.[859] Eine Studie, die Ökonomen der Schweizer Großbank UBS erstellten, wies daraufhin, dass der Zusammenbruch von Währungsunionen in der Vergangenheit meist in Bürgerkriegen endete.[860] »Natürlich erwartet die Bundesregierung hier schwere soziale Unruhen«, sagte auch Rainer Wendt, Bundesvorsitzender der Deutschen Polizeigewerkschaft. »Man weiß, was sich da zusammenbraut, aber man verdrängt das in der Öffentlichkeit lieber.«[861] ver.di-Gewerkschaftsboss Frank Bsirske warnte Ende 2012 eindringlich davor, dass die Zunahme der Kluft zwischen Arm und Reich

---

[856] Vgl. »'This is as bad as a world war': Bank of England boss's grim view of financial crisis which has left a debt 'that will be paid by our grandchildren'« in: *daily mail v. 03.12.12* (http://www.dailymail.co.uk/news/article-2242421/Andrew-Haldane-Bank-bosss-view-financial-crisis-left-debt-paid-grandchildren.html)/Zugriff: 05.12.12

[857] Vgl. John Casti: »Der plötzliche Kollaps von allem – Wie extreme Ereignisse unsere Zukunft zerstören können«, München 2012, S. 48

[858] Vgl. »Global employment crisis will stir social unrest, warns UN agency« in: *telegraph.co.uk v. 30.09.10* (http://www.telegraph.co.uk/finance/economics/8036438/Global-employment-crisis-will-stir-social-unrest-warns-UN-agency.html)/Zugriff: 09.11.12

[859] Vgl. »Soziale Unruhen in der Euro-Zone befürchtet« in: *Financial Times Deutschland v. 12.07.12*

[860] Vgl. »UBS Investment Research: Global Economic Perspectives – Euro break-up – the consequences«, 6. September 2011, S. 10, 15/Archiv Grandt

[861] Vgl.»Wie wär's mal mit der Wahrheit?« in: Focus Money Online 25/2012 (http://www.focus.de/finanzen/money-magazin/archiv/jahrgang_2012/ausgabe_25/)/Zugriff: 21.06.12

»gravierende Folgen« haben könnte: »Eine Gesellschaft, die so eine Spaltung aushalten muss, ist vor der Eskalation der Konflikte nicht gefeit.« Und weiter: »Wenn uns die Krise mit aller Härte trifft und nicht gegengesteuert wird, können soziale Konflikte auch in Deutschland deutlich an Härte zunehmen.«[862]

*Focus Money* ging auf eine Untersuchung des US-Geheimdienstes CIA[863] ein, der resümierte: »Millionen werden im Zuge der Krise arbeitslos und verarmen. Das birgt das Risiko schwerer sozialer Unruhen und sogar eines Bürgerkriegs.«[864] Auch für Altkanzler Helmut Schmidt schien dies nicht von der Hand zu weisen sein. »Wir stehen vielleicht vor einer Revolution in Europa«, sagte er im November 2012.[865] Und Bundesfinanzminister Wolfgang Schäuble entgegnete orakelhaft: »Sie können nicht erwarten, dass ein Regierungsmitglied nun gerade die Revolution vorbereitet. Selbst wenn er es tut, wird er es nicht sagen.[866] (...) Gesellschaften können schnell in Panik geraten, wenn sie keine Zukunftsperspektiven sehen.«[867]

Auch der US-amerikanische Mathematiker John Casti, der unter anderem am Santa Fe Institute und an der Technischen Universität Wien komplexe Systemtheorie und Komplexitätsforschung lehrt, die extreme Ereignisse in der Gesellschaft untersuchen, beschäftigte sich mit diesen Szenarien. »Wenn die Menschen das Vertrauen in die Fähigkeit ihrer Regierungen zur Lösung der Finanzkrise verlieren, dann (...) könnten Proteste und/oder Anschläge sich gegen diejenigen richten, die sie für ihr Elend verantwortlich machen«, schrieb Casti in seinem Buch *Der plötzliche Kollaps von allem – Wie extreme Ereignisse unsere Zukunft zerstören können.* »Zu dieser Gruppe werden mit Sicherheit Regierungsbeamte und Banker gehören, möglicherweise auch Immigranten, ethnische und religiöse Minderheiten,

---

[862] Vgl. »Soziale Konflikte können deutlich an Härte zunehmen« in: *Bild v. 17.12.12*

[863] Central Intelligence Agency

[864] Vgl.»Wie wär's mal mit der Wahrheit?« in: Focus Money Online 25/2012 (http://www.focus.de/finanzen/money-magazin/archiv/jahrgang_2012/ausgabe_25/)/Zugriff: 21.06.12

[865] Vgl. »Helmut Schmidt: Wir stehen vielleicht vor einer Revolution« in: *wirtschaft.t-online.de v. 09.11.12* (http://wirtschaft.t-online.de/helmut-schmidt-europa-wurschtelt-sich-durch-euro-krise-/id_60843082/index)/Zugriff: 10.11.12

[866] Vgl. »Altkanzler zu Euro-Krise: Schmidt empfiehlt ein bisschen Vertragsbruch« in: *SpiegelOnline v. 08.11.12* (http://www.spiegel.de/wirtschaft/soziales/euro-altkanzler-helmut-schmidt-verteidigt-regelverstoesse-a-866156.html)/Zugriff: 10.11.12

[867] Vgl. »Helmut Schmidt: Wir stehen vielleicht vor einer Revolution« in: *wirtschaft.t-online.de v. 09.11.12* (http://wirtschaft.t-online.de/helmut-schmidt-europa-wurschtelt-sich-durch-euro-krise-/id_60843082/index)/Zugriff: 10.11.12

Vermieter, sowie Manager und Unternehmer.«[868] Neben sozialen Unruhen[869] würde auch die zunehmende Kluft zwischen Arm und Reich angeprangert, also zwischen dem einen und den übrigen 99 Prozent. Casti sprach in diesem Zusammenhang von einem »wirtschaftlich motivierten globalen Gewaltausbruch« oder einer Art »gesellschaftliche(r) Pandemie«.[870]

Im April 2013 ergibt sogar eine Analyse der UN, durchgeführt von der Arbeitsorganisation Internationale Arbeitsorganisation (International Labour Organization (ILO)), dass das Risiko sozialer Unruhen in vielen EU-Ländern aufgrund der Finanzkrise gestiegen ist. Und das um 12 Prozent mehr als noch vor der Krise! Hauptgrund ist die Sparpolitik und der damit verbundene Anstieg der Arbeitslosigkeit.[871]

Doch auch die Deutschen leben in einer »Scheinstabilität«, sowohl wirtschaftlich als auch politisch. »Die Schwelle zum Bürgerkrieg wird dann überschritten, wenn die Leute begreifen, was mit ihnen passiert. Wenn sie erkennen, wer die Rechnung bezahlt für diese misslungene Politik und Anmaßung der Finanzindustrie«, sagte der ehemalige Leiter der Abteilung »Intelligence: Strategic Assessment & Analysis« des Europäischen Amtes für Betrugsbekämpfung Wolfgang Hetzer. Gerechtigkeit wäre zum »hohlen Pathos« verkommen. »Die Leute werden erkennen, dass die Aussage 'Leistung muss sich wieder lohnen' eine infame Täuschungsformel war und ist«. Und Hetzer weiter: »Zwischen Arbeit, Leistung und Erfolg haben Entkopplungsprozesse stattgefunden, die in einer sozial schädlichen Weise verdichtet und fortgeführt werden, bis vom Gemeinwohl nichts mehr übrig bleibt. Und dann könnten wir jederzeit die Schwelle zum Bürgerkrieg überschreiten. Es bedarf dann nur des berühmten kleinen Tropfens, der das Fass zum Überlaufen bringt (...)« In der deutschen Geschichte könne man

---

[868] Vgl. John Casti: »Der plötzliche Kollaps von allem – Wie extreme Ereignisse unsere Zukunft zerstören können«, München 2012, S. 48, 49

[869] Wegen wachsender Arbeitslosigkeit, sinkender Löhne, Preis- und Steuererhöhungen

[870] Vgl. John Casti: »Der plötzliche Kollaps von allem – Wie extreme Ereignisse unsere Zukunft zerstören können«, München 2012, S. 49

[871] Vgl. »UNO-Behörde warnt vor sozialen Unruhen in der EU« in: *diepresse.com v. 08.04.13* (http://diepresse.com/home/wirtschaft/eurokrise/1385566/UNOBehoerde-warnt-vor-sozialen-Unruhen-in-der-EU)/Zugriff: 08.04.13/»UN warnt: Europa könnten soziale Unruhen drohen« in: *augsburger-allgemeine.de v. 07.04.13* (http://www.augsburger-allgemeine.de/politik/UN-warnt-Europa-koennten-soziale-Unruhen-drohen-id24735896.html)/Zugriff: 09.04.13

sehr gut studieren, »wie sich eine Herde von Lämmern in ein Rudel reißender Wölfe verwandelt«.[872]

Viele Experten gehen in der verschärften Krise also von einem drohenden Bürgerkrieg aus. »Gleichwohl ist der Krieg noch immer das wahrscheinlichste Ventil, wenn soziale Konflikte unerträglich werden, und sei es in Form des Bürgerkriegs«, schrieben Hans-Peter Martin und Harald Schumann bereits 1997 in ihrem Besteller *Die Globalisierungsfalle – Der Angriff auf Demokratie und Wohlstand.* »Im Gegensatz zu den traditionellen Kriegen des 19. und des beginnenden 20. Jahrhunderts werden die meisten Kriege nunmehr nicht zwischen, sondern innerhalb von Staaten geführt (...) Nicht die Armut gefährdet die Demokratie, sondern die Angst davor.«[873]

## 4.2.24. »Eurobellion (3)« – Bürgerkrieg

Schon kurz nach dem Crash wird die politische Lage im Land zunehmend unstabiler. Die Unzufriedenheit mit der wirtschaftlichen Situation, Hyperinflation, hohe Arbeitslosigkeit, Mangel an Waren und Dienstleistungen, Verknappung von Lebensmitteln und Wasser sowie umstrittene politische Maßnahmen führen zunächst zu Streiks, Demonstrationen und Unruhen.

Nun wird auch in der Presse offen über die Möglichkeit eines Bürgerkriegs diskutiert. Die Bundesregierung hingegen leugnet dies weiterhin vehement.[874] Natürlich aus eigenem Kalkül – und weil sie vorgewarnt ist: Schon im Krisenjahr 2009 kam es innerhalb der EU zu bürgerkriegsähnlichen Szenarien. So konnte die Bereitschaftspolizei in Island nur mit Mühe den damaligen Premier Geir Haarde vor einem lynchwütigen Mob schützen. In Riga, der Hauptstadt Lettlands, flammten Straßenschlachten auf. Nicht nur Autos wurden angezündet, sondern auch Geschäfte geplündert. Als die Polizei Tränengas einsetzte, versuchten 1.000 wütende Demonstranten das Parlament zu stürmen. Sie drangen bis zum

---

[872] Vgl. »Euro-Krise: 'Lämmer verwandeln sich dann in reißende Wölfe'« in: *welt.de v. 10.04.13* (http://www.welt.de/politik/article115185760/Laemmer-verwandeln-sich-dann-in-reissende-Woelfe.html)/Zugriff: 11.04.13

[873] Vgl. Hans-Peter Martin & Harald Schumann: »Die Globalisierungsfalle – Der Angriff auf Demokratie und Wohlstand«, Hamburg 1997, S. 22, 42

[874] So geschehen im Sommer 1923 während der Hyperinflation. Vgl. dazu: Adam Fergusson: »Das Ende des Geldes – Hyperinflation und ihre Folgen für die Menschen am Beispiel der Weimarer Republik«, München 2012, S. 223

Haupttor vor und warfen die Scheiben des Regierungssitzes ein. Erst dann konnten sie von den Sicherheitskräften abgedrängt werden. Nicht zu vergessen die Bürgeraufstände und gewalttätigen Proteste in Griechenland, Spanien, Portugal und Italien in den Jahren 2011 und 2012. Damals titelte Deutschlands größte Boulevardzeitung: »Wut und Gewalt in ganz Europa«.[875] Gewerkschaftsvertreter sprachen von einer »sozialen Notlage« im Süden Europas und von »selbstmörderischen und unsozialen Regierung(en)«.[876] Die EU-Hauptstadt Brüssel richtete sogar eine »Beobachtungsstelle« für innere Unruhen ein. Bei ihr werden Erkenntnisse der nationalen Geheimdienste über die Unzufriedenheit der Bevölkerung zusammengeführt.

Einen Vorgeschmack auf das Chaos haben auch die deutschen Sicherheitsbehörden in den vergangenen Jahren schon bekommen. Sicherheitsexperten erinnern beispielsweise an die schweren Ausschreitungen beim Hamburger Straßenfest im August 2012, bei denen sich 400 Randalierer mit 1.600 Polizeibeamten regelrechte Straßenschlachten lieferten. Häuserwände wurden beschmiert, Barrikaden errichtet, Steine geworfen, Straßenfeste gesprengt, Autos angezündet, Banken sollten gestürmt werden. Hüben und drüben wurden Menschen verletzt, ein Anwohner, der einen Brand löschen wollte, sogar niedergestochen. Allein diese Chaos-Nacht kostete 350.000 Euro. Zwei Jahre zuvor hatte es dreimal so viele Verletzte und Festnahmen gegeben.

Auch bei den Castor-Transporten, die radioaktiven Müll von der französischen Wiederaufbereitungsanlage La Hague ins rund 1.000 Kilometer entfernte niedersächsische Zwischenlager Gorleben schafften, kam es regelmäßig zu Gewaltexzessen: Im November 2010 waren 20.000 Polizisten im Einsatz, die durch einen Stein- und Brandbombenhagel der Atomkraftgegner, der »Chaos-Horde«, gehen mussten. So jedenfalls formulierte es damals der stellvertretende Bundesvorsitzende der Deutschen Polizeigewerkschaft, Joachim Lenders.[877] Printmedien titelten: »Gewalt-

---

[875] Vgl. »Wut und Gewalt in ganz Europa« in: *Bild v. 15.11.12*

[876] Vgl. »Europas Bürger protestieren gegen Sparkurs« in: *stuttgarter-zeitung.de v. 14.11.10* (http://www.stuttgarter-zeitung.de/inhalt.eurokrise-europas-buerger-protestieren-gegen-sparkurs.29a8ff6a-4e54-4085-b24e-4088e9a9668a.html)/Zugriff: 21.11.12

[877] Vgl. »Nerven-Schlacht um Castor-Transport« in: *Bild v. 09.11.10*

Eskalation bei Protesten gegen Castor-Transport: Im Wendland ist Bürgerkrieg«.[878]

2018 sind einige Bundespolitiker noch immer unentschlossen, eine härtere Gangart gegen das eigene Volk einzuschlagen. Daraufhin führen ihnen Sicherheitsexperten noch einmal die bürgerkriegsähnlichen Eskalationen um das Verkehrs- und Städtebauprojekt »Stuttgart 21« vor acht Jahren vor Augen. Bei der Neuordnung des Eisenbahnknotens Stuttgarts sollte der Kopfbahnhof in einen Durchgangsbahnhof umgebaut und die Zulaufstrecken in Tunnel verlegt werden. Zu Lasten der Umwelt, wie tausende von Demonstranten meinten. Die massiven Proteste, vor allem die sporadischen »Freitagsdemos«, hielten im Herbst 2010 an, um die mit »Stuttgart 21« verbundenen Fällung von 300 Bäumen im Schlosspark zu verhindern. An einem Donnerstag schließlich eskalierten die gewalttätigen Auseinandersetzungen zwischen der Staatsmacht und den Demonstranten: Sechs Hundertschaften der Polizei aus Baden-Württemberg, Bayern, Rheinland-Pfalz, Hessen und Nordrhein-Westfalen sowie Bundespolizisten, ausgestattet in voller »Kampfmontur« mit Helmen, Schlagstöcken und Reizgassprays, jagten sieben- bis 20-jährige Schüler und andere, die an einem Schülerstreik gegen das Abholzen teilnahmen, regelrecht durch den Schlosspark. Weinende und schreiende Kinder und Jugendliche wurden mit NATO-Absperrgittern eingekesselt. Doch das war erst der Anfang der brutalen staatlichen Machtdarbietung gegen einen eigentlich friedlichen Bürgerprotest. Die Presse wurde nicht zugelassen, denn Zuschauer und Mitwisser waren höchst unerwünscht.

Demonstranten ketteten sich an den Bäumen im Schlosspark an, um sie vor der Fällung zu schützen, trommelten und beteten für sie oder ließen sich einfach zum Sitzstreik nieder. Mütter mit Kindern stellten sich den Beamten entgegen. Dann machten sich Spezialkräfte zum Sturm bereit, denn der Park musste für die Deutsche Bahn geräumt werden, die das Gelände für die Bauarbeiten an »Stuttgart 21« gemietet hatte. Polizisten auf Pferden galoppierten mitten durch die Menschenmenge, andere griffen Augenzeugenberichten nach auch Kinder und Jugendliche brutal an: »Der

---

[878] Vgl. »Gewalt-Eskalation bei Protesten gegen Castor-Transport: Im Wendland ist Bürgerkrieg« in: *Bild v. 08.11.10*

schwarze Block der Polizei schlägt die friedlich für ihre Bäume demonstrierenden Menschen wahllos zusammen (...) mehr als 100 Kinder wurden bereits verletzt! Mehrere haben gebrochene Nasen (...) Die Polizeibeamten setzen gegen die friedlichen Demonstranten Gummigeschosse ein (...) Es wird weiterhin Tränengas eingesetzt.«[879] Einem Achtjährigen wurde der Arm gebrochen, ein Mann verlor ein Auge, ein anderer erlitt ein Schädelbasisbruch. »Ein Beamter hat einer etwa 15-Jährigen mit voller Wucht ins Gesicht geschlagen«, berichtete später der Krimi-Autor Wolfgang Schorlau. Er selbst war mit einem Schlag auf den Hinterkopf traktiert worden.[880] Schlagstöcke, Reizgasspray und Wasserwerfer verursachten Prellungen, Platz- und Schürfwunden, Knochenbrüche und Augenverletzungen. Nach offiziellen Angaben wurden 130 Menschen verletzt. Andere sprachen von 400 bis 1.000. Die Krankenhäuser in der Umgebung waren völlig überlastet. Einige Verwundete wurden in einem provisorisch eingerichteten Camp für die Erstversorgung behandelt. »Kaum zu glauben, dass sich sowas in Deutschland abspielt«, äußerte sich eine Augenzeugin, und eine andere fügte hinzu: »Das ist Krieg gegen die Bevölkerung!«[881] Das Nachrichtenmagazin *Der Spiegel* titelte: »Bürgerkrieg im Schlossgarten«.[882] Während dieser massiven Gewaltdemonstration des Staates gegen protestierende Erwachsene, Jugendliche und Kinder amüsierte sich der Landeschef von Baden-Württemberg, Ministerpräsident Stefan Mappus, auf dem Bauerntag in Stuttgart und »trank entspannt mit den Landwirten Bier« *(Der Spiegel)*.[883]

---

[879] Vgl. »Stuttgart 21 – Polizei setzt Schlagstöcke, Reizgas und Wasserwerfer gegen Kinder und Jugendliche ein!« in: *giessener-zeitung.de v. 30.09.10* (http://www.giessener-zeitung.de/giessen/beitrag/38842/stuttgart-21-polizei-setzt-schlagstoecke-reizgas-und-wasserwerfer-gegen-kinder-und-jugendliche-ein/)/Zugriff: 09.11.12

[880] Vgl. »Bürgerkrieg im Schlossgarten« in: *SpiegelOnline v. 30.09.10* (http://www.spiegel.de/politik/deutschland/stuttgart-21-raeumung-buergerkrieg-im-schlossgarten-a-720581.html)/Zugriff: 09.11.12

[881] Vgl. »Stuttgart 21 - Polizei setzt Schlagstöcke, Reizgas und Wasserwerfer gegen Kinder und Jugendliche ein!« in: *giessener-zeitung.de v. 30.09.10* (http://www.giessener-zeitung.de/giessen/beitrag/38842/stuttgart-21-polizei-setzt-schlagstoecke-reizgas-und-wasserwerfer-gegen-kinder-und-jugendliche-ein/)/Zugriff: 09.11.12

[882] Vgl. »Bürgerkrieg im Schlossgarten« in: *SpiegelOnline v. 30.09.10* (http://www.spiegel.de/politik/deutschland/stuttgart-21-raeumung-buergerkrieg-im-schlossgarten-a-720581.html)/Zugriff: 09.11.12

[883] Vgl. »Bürgerkrieg im Schlossgarten« in: *SpiegelOnline v. 30.09.10* (http://www.spiegel.de/politik/deutschland/stuttgart-21-raeumung-buergerkrieg-im-schlossgarten-a-720581.html)/Zugriff: 09.11.12

Mitfühlende Worte fand Stuttgarts Oberbürgermeister Wolfgang Schuster: »Ich bedauere sehr, dass Menschen verletzt wurden und vor allem dass Kinder und Jugendliche zu Schaden gekommen sind.«[884] Das Landesinnenministerium jedoch gab den Kindern und Jugendlichen die Schuld an der Eskalation: Aus einer angemeldeten Schülerdemo heraus wäre die Polizei angegriffen worden. Man sei »entsetzt über die Aggression« gewesen. Die Teilnehmer hätten die »Einsatzmaßnahme gestört«. Dann seien die Beamten mit Pfefferspray besprüht und mit Pflastersteinen beworfen worden, sodass sie ihre »Deeskalationsstrategie« nicht fortführen konnten.[885] Der damalige baden-württembergische Innenminister, Heribert Rech, sagte wörtlich: »Wenn sich Mütter mit den Kindern der Polizei in den Weg stellen, dann müssen sie eben auch mit körperlicher Gewalt weggebracht werden.« Und Rainer Wendt, Chef der Deutschen Polizeigewerkschaft, sprach von einem »angemessenen und vernünftigen, aber auch energischen« Polizeieinsatz. »Die Bilder waren alles andere als schön, aber dafür ist die Polizei nicht hier.«[886]

Diesen Darstellungen der bürgerkriegsähnlichen Zustände um das Bauprojekt »Stuttgart 21« widersprachen jedoch die Demonstranten aufs energischste. Ein Sprecher des Deutschen Gewerkschaftsbundes (DGB) bezeichnete das harte Vorgehen der Einsatzkräfte als »Politik in Rambo-Manier«.[887] Selbst Bundeskanzlerin Angela Merkel zeigte sich später besorgt über die Gewalt bei den Protesten, mit der sich dann auch der Innenausschuss des Bundestags befasste.

Dieses Beispiel zeigt, dass die politisch Verantwortlichen den Krieg gegen die eigene Bevölkerung mit äußerster Härte führen (können). Egal ob gegen Erwachsene, Jugendliche oder sogar Kinder. Die Worte von Demokratie und Rechtsstaat werden dabei ausgeblendet.

---

[884] Vgl. »Polizei räumt ‚Stuttgart 21'-Areal: Auch Kinder verletzt« in: *Die Presse.com v. 30.09.10* (http://diepresse.com/home/panorama/welt/598593/Polizei-raeumt-Stuttgart-21Areal_Auch-Kinder-verletzt)/Zugriff: 09.11.12

[885] Vgl. »Polizei räumt ‚Stuttgart 21'-Areal: Auch Kinder verletzt« in: *Die Presse.com v. 30.09.10* (http://diepresse.com/home/panorama/welt/598593/Polizei-raeumt-Stuttgart-21Areal_Auch-Kinder-verletzt)/Zugriff: 09.11.12

[886] Vgl. »‚Stuttgart 21': Gegner erwarten 100.000 Demonstranten« in: *Die Presse.com. v. 01.10.10* (http://diepresse.com/home/panorama/welt/598788/Stuttgart-21Gegner-erwarten-100000-zu-Demo)/Zugriff: 09.11.10

[887] Vgl. »Polizei räumt ‚Stuttgart 21'-Areal: Auch Kinder verletzt« in: *Die Presse.com v. 30.09.10* (http://diepresse.com/home/panorama/welt/598593/Polizei-raeumt-Stuttgart-21Areal_Auch-Kinder-verletzt)/Zugriff: 09.11.12

Acht Jahre nach dieser staatlichen Gewalt- und Macht-Demonstration und inmitten der Hyperinflation kann die Bundesregierung 2018 den sozialen und gesellschaftlichen Frieden nicht mehr flächendeckend gewähren. Das Gemeinwesen, das friedlichen, demokratischen und rechtsstaatlichen Prinzipien verpflichtet ist, zerbröckelt immer mehr.

Gewerkschaften, die Links-Partei und Menschenrechtsorganisationen rufen zu Montagsdemos auf. Aufgrund der angespannten sozialen Lage verschärfen sich diese zu antikapitalistischen Massenprotesten, an denen sich in ganz Deutschland Hundertausende beteiligen. In den Städten der Ballungsräume werden vor die zentralen Plätze besetzt. Die Wut der Bürger auf Politik und Banken ist grenzenlos. Praktisch über Nacht sind sie von ihrem Vermögen enteignet worden. Selbst friedfertige Zeitgenossen beteiligen sich nun an den Massenkrawallen und skandieren: »Bestraft die Plünderer! Schande über euch!« Zu schweren Ausschreitungen kommt es vor allem gegen diejenigen, die, wenn auch nur kurzzeitig, ihre Macht eingebüßt haben: die Banker. Verachtung gegen ihre momentane Schwäche und Ärger über ihre frühere Arroganz machen sich Luft. Diejenigen, die vom wütenden Mob als »Bankster« erkannt werden, sind Freiwild, werden regelrecht durch die Straßen gejagt. Aus Angst vor solchen Übergriffen gehen die meisten Bankangestellten nicht mehr zur Arbeit und wenn doch, dann nur in unauffälliger Kleidung ohne Anzug und Krawatte.[888] Die »Wutbürger« beschmieren und belagern Geldhäuser, schlagen Fenster ein und stürmen sie schließlich. Jene Banken, die vor den gewalttätigen Protesten noch Türen und Fenster mit Stahlplatten verbarrikadieren konnten[889], haben Glück.

Großstreiks folgen, legen die ohnehin arg gebeutelte Infrastruktur vollends lahm. Das Land steht still. Chaos bricht aus. Der Umsturz der Grundlagen der Gesellschaft, das Auseinanderbrechen des friedlichen sozialen Zusammenlebens und der öffentlichen Ordnung sowie die Entladung des Zorns der so genannten Wutbürger, die sich von der Politik und den Banken

---

[888] So geschehen auf dem *G-20*-Gipfel in London im März 2009. Vgl. dazu: »Ausschreitungen: G-20-Gegner stürmen Londoner Bankfiliale« in: *tagesspiegel.de v. 01.04.09* (http://www.tagesspiegel.de/politik/international/ausschreitungen-g-20-gegner-stuermen-londoner-bankfiliale/1487128.html)/Zugriff: 19.10.12

[889] Während der Argentinien-Krise wurde dies so gemacht. Vgl. dazu: »Staatsbankrott: Das Beispiel Argentinien« in: *faz.net. v. 24.03.10* (http://www.faz.net/aktuell/wirtschaft/staatsbankrott-das-beispiel-argentinien-1955217.html)/Zugriff: 02.10.12

verraten, verkauft und »ausgeblutet« fühlen, führt schließlich zum offen Aufruhr: zum Bürgeraufstand.
So bewahrheitet sich die Befürchtung des Bestsellerautors Uwe Tellkamp (*Der Turm*) aus dem Jahr 2012 doch noch[890]: In verschiedenen Regionen herrschen bürgerkriegsähnliche Zustände. Hier werden vor allem erbitterte elementare Verteilungskämpfe um Nahrungsmittel ausgefochten, weil die Supermärkte längst leer gekauft sind. Marodierende Banden ziehen umher.

**2018:** *Military-Science:*[891]

»Die Widerständler fühlen sich rechtlich abgesichert. Sie berufen sich auf das so genannte Widerstandsrecht, das bereits 1968 mit der Notstandsgesetzgebung verabschiedet wurde. Dazu heißt es in Artikel 20 Grundgesetz, Absatz 3 und 4: ‚Die Gesetzgebung ist an die verfassungsmäßige Ordnung, die vollziehende Gewalt und die Rechtsprechung sind an Gesetz und Recht gebunden (...) Gegen jeden, der es unternimmt, diese Ordnung zu beseitigen, haben alle Deutschen das Recht zum Widerstand, wenn andere Abhilfe nicht möglich ist.'[892] Die Bürger sehen nun den Staat als denjenigen an, der mit seiner destruktiven (Sozial-)Politik und seinen rigiden Sparmaßnahmen die Verfassungsordnung zerstört. Um diese grundgesetzliche Ordnung wiederherzustellen, sehen sie sich sogar im Recht, Anschläge und Morde zu begehen. Allerdings verkennen sie dabei, dass die Notstandsgesetze die Regierung dazu ermächtigen, genau das zu tun, was sie tut!«

Deutschland ist nicht das einzige Ex-EU-Land, in dem sich das Volk gegen die Regierungen erhebt. In den ehemaligen Krisenstaaten Griechenland, Spanien und Portugal herrschten schon vor dem Crash bürgerkriegsähnliche Zustände. Auch in Frankreich und Italien wendet sich der geballte Volkszorn gegen die Politiker. Das Schlagwort von der »Eurobellion« geht

---

[890] Vgl. »Schriftsteller Tellkamp fürchtet ‚Bürgerkrieg' als Folge der Euro-Krise« in: *Berliner Umschau v. 12.10.12* (http://www.berlinerumschau.com/news.php?id=63347&title=Schriftsteller+Tellkamp+f%FCrchtet+%22B%FCrgerkrieg%22+als+Folge+der+Euro-Krise&storyid=1348129969584)/Zugriff: 20.09.12
[891] Fiktiv
[892] Vgl. *Bundesministerium der Justiz, Grundgesetz, Artikel 20* (http://www.gesetze-im-internet.de/gg/art_20.html)

um. Der Begriff lehnt sich an den der »Arabellion« an, mit der die politischen Revolutionen in den arabischen Ländern bezeichnet werden, die 2011 in Tunesien begonnen hatten und sich dann auf Ägypten, Libyen, Syrien und andere Länder ausweiteten.

Um eine ähnlich gelagerte »Facebook-Revolution« wie etwa in Ägypten zu verhindern, bei der über die sozialen Netzwerke Facebook und Twitter gezielte Menschenaufläufe, so genannten Flash-Mobs koordiniert wurden, lässt die Bundesregierung den freien Informationsaustausch über das Internet vorübergehend abschalten.

An den Aufständen beteiligen sich nun nicht mehr nur ein paar tausend gewaltorientierte Demonstranten, sondern das Gros der Bevölkerung. Millionen sind es bereits. Und es werden täglich mehr. Die bitter enttäuschten und von ihrem Besitz und Vermögen enteigneten Menschen versuchen den Berliner Reichstag zu stürmen, um die Regierung »zum Teufel zu jagen«. Es kommt zu schweren Auseinandersetzungen und Straßenschlachten rund um den Platz der Republik. Es gibt Tote und Verletzte auf beiden Seiten. Währenddessen gelingt es Hunderten von Demonstranten, in der Wilhelmstraße bis ins Finanzministerium vorzudringen. Dort liefern sie sich massive Auseinandersetzungen mit der Polizei.[893] Politiker werden mit Hubschraubern vom Dach ausgeflogen, um dem Volkszorn zu entgehen.[894]

Nur der Finanzminister schafft es nicht mehr rechtzeitig; er versucht mit der Dienstlimousine vor dem Mob zu fliehen, der wütend skandiert: »Dieb! Schäm dich!« Gewaltsam wird sein Fahrzeug gestoppt, der Minister mit Steinen und Stöcken angegriffen. Mit blutüberströmtem Gesicht kann er sich noch in ein nahe gelegenes Gebäude retten.[895]

Auch die Sympathien für das deutsche Staatsoberhaupt sind im Zuge der schweren Krise gegen null gesunken: So werden der Bundespräsident und

---

[893] Dies ist während der gewaltsamen Proteste Ende 2010 in London genauso geschehen. Vgl.: »Gewaltsame Proteste in London: Prinz Charles angegriffen« in: *n-tv.de v. 09.12.10* (http://www.n-tv.de/politik/Prinz-Charles-angegriffen-article2116546.html)/Zugriff: 09.11.12

[894] In der Argentinien-Krise wurde nach blutigen Aufständen und seinem Rücktritt Staatschef Fernando de la Rúa mit dem Hubschrauber vom Dach seines Präsidentenpalastes ausgeflogen. Vgl.: »Staatbankrott: Das Beispiel Argentinien« in: *faz.net v. 24.03.12* (http://www.faz.net/aktuell/wirtschaft/staatsbankrott-das-beispiel-argentinien-1955217.html)/Zugriff: 02.10.12

[895] Im Dezember 2010 wurde bei Ausschreitungen in Athen der ehemalige Verkehrsminister Kostis Hatzidakis blutig und krankenhausreif geprügelt. Vgl.: »Ex-Minister blutig geprügelt« in: *blick.ch v. 15.12.10* (http://www.blick.ch/news/ausland/ex-minister-blutig-gepruegelt-id65375.html)/Zugriff: 09.11.12

die First Lady am Spreeufer in ihrem Dienstfahrzeug auf dem Weg zum Schloss Bellevue mit Stöcken attackiert, bleiben aber unverletzt.[896] Die Regierung verhängt darüber eine Nachrichtensperre[897], ebenso über die gewalttätigen Ausschreitungen vor dem Reichstag, die Erstürmung des Finanzministeriums und den Angriff auf den Finanzminister.

Der Bundeskanzler ist nun bereit, mit aller Härte gegen das Volk vorzugehen. Zunächst stellt er die Bürgerrechte infrage: Die Bewegungs- und Reisefreiheit der Menschen im Land soll ab jetzt nicht nur überwacht, sondern auch beschränkt werden.[898] Politische Demonstrationszüge werden verboten. Um nicht genehmigte Massenveranstaltungen der »Wutbürger« künftig weg von der Straße, vor allem aber weg vom Parlament und den Ministerien zu halten, wird mithilfe der Medien absichtlich Angst vor vermeintlichen Terroranschlägen geschürt: Das Innenministerium gibt verstärkt »gefakte«, diffuse Terrorwarnungen heraus mit dem Hinweis, dass sich Bürger vor Menschenansammlungen fernhalten sollen.[899]

### 4.2.25. »Eurobellion (4)« – Staatliche Aufstandsbekämpfung

Der Bundesregierung kommt jetzt zugute, dass bereits im August 2012 der Zweite Senat des Bundesverfassungsgerichts in Karlsruhe den Einsatz der

---

[896] Bei gewaltsamen Protesten gegen die Verdreifachung von Studiengebühren griffen im Dezember 2010 in London Studenten den Wagen von Prinz Charles und seiner Frau an, die sich auf dem Weg zu einer Varieté-Vorstellung befanden. Dabei blieb das Prinzenpaar unverletzt. Vgl. dazu: »Gewaltsame Proteste in London: Prinz Charles angegriffen« in: *n-tv.de v. 09.12.10* (http://www.n-tv.de/politik/Prinz-Charles-angegriffen-article2116546.html)/Zugriff: 09.11.12

[897] Bei schweren Unruhen im Herbst 2005 und Winter 2011 in Frankreich ordnete die Regierung einen Berichtstopp an. Vgl. dazu: Michael Grandt/Gerhard Spannbauer/Udo Ulfkotte: »Europa vor dem Crash – Was Sie jetzt wissen müssen um sich und Ihre Familie zu schützen«, Rottenburg 2011, S. 144

[898] Beispielsweise forderte dies der Moskauer Polizeichef Wladimir Kolokolzew bei Konflikten und Massenschlägereien zwischen Russen und zugewanderten Kaukasiern im Jahr 2010. Vgl. dazu: Michael Grandt/Gerhard Spannbauer/Udo Ulfkotte: »Europa vor dem Crash – Was Sie jetzt wissen müssen um sich und Ihre Familie zu schützen«, Rottenburg 2011, S. 146

[899] Dies hat Methode, gehört fast schon zur »psychologischen Kriegsführung«: »Als die Bundesregierung wegen der Stuttgart-21-Demonstrationen im Spätherbst 2010 unter wachsenden Druck geriet, da verkündete Innenminister Thomas de Maizière (CDU), man habe Hinweise auf unmittelbar bevorstehende Terroranschläge. Vier Wochen lang hatten Zehntausende Polizisten Bahnhöfe, Flughäfen und U-Bahnen unter scharfer Beobachtung. Und die Menschen hielten sich aus Angst vor dem Terror von Ansammlungen zurück.« Und: »Auch in Frankreich nutzte man zeitgleich mit dem Wutstau in der Bevölkerung über die Erhöhung des Renteneintrittsalters und den wachsenden sozialen Protesten das Instrument der diffusen Terrorwarnung, ließ sogar mehrfach den Eiffelturm räumen. Die Briten, die in diesem Reigen nicht fehlen durften, warnten Ende 2010 ebenfalls vor Menschenansammlungen und angeblich bevorstehendem Terror.« Vgl.: Michael Grandt/Gerhard Spannbauer/Udo Ulfkotte: »Europa vor dem Crash – Was Sie jetzt wissen müssen um sich und Ihre Familie zu schützen«, Rottenburg 2011, S. 148

Bundeswehr im Inland, sprich: den Einsatz von »militärischen Kampfmitteln« erlaubt hat. Unter strengen Auflagen zwar und eigentlich »für den Schutz der Bevölkerung namentlich vor terroristischen Angriffen«[900], aber mit der Prämisse zur Abwehr eines »besonders schweren Unglückfalls«. Somit braucht die Regierung nicht einmal mehr über eine Änderung des Grundgesetzes abstimmen, weil die Politiker 2012 bereits so vorausschauend gewesen waren, mit inneren Unruhen zu rechnen. Bei einem »inneren Notstand«, einem »Staatsnotstand«, ist der Einsatz der Streitkräfte in Ausnahmefällen ohnehin schon erlaubt, nicht jedoch wegen Gefahren, die »aus oder von einer demonstrierenden Menschenmenge drohen«. Allerdings umgeht die Regierung diesen Passus und beruft sich darauf, dass der Einsatz der Bundeswehr zum Schutz der inneren Sicherheit in außergewöhnlichen Notfällen zulässig sei und ebenso zur »Bekämpfung organisierter und militärisch bewaffneter Aufständischer«[901] (siehe auch 8. Teil).

Dafür geübt hat das Militär schon längst: in der »Phantomstadt« Schnöggersburg auf dem Truppenübungsplatz Altmark in der Colbitz-Letzinger Heide, die für 100 Millionen Euro eigens für das Bundeswehrtraining im Häuserkampf gebaut wurde. Sie gehört zum 232 Quadratkilometer großen Gefechtsübungszentrum (GÜZ) der Bundeswehr und bietet die komplette Infrastruktur einer modernen Stadt: einen 1,5 Kilometer langen Fluss, ein Stück Autobahn, Straßen, U-Bahn, Altstadt, Bahnhof, Hochhaussiedlung und Industrieviertel – sogar ein Elendsviertel. 2012 begründete die Bundesregierung den Bau von Schnöggersburg mit »verteidigungspolitischen Richtlinien«. Dazu gehöre auch, »das zielgerichtete Zusammenwirken des Auswärtigen Dienstes, der Entwicklungszusammenarbeit, der Polizei, der Streitkräfte, des Zivil- und Katastrophenschutzes und der Nachrichtendienste auf allen Ebenen zu

---

[900] Vgl. »Pressemitteilung des Bundesverfassungsgericht - Pressestelle - Nr. 63/2012 v. 17. August 2012, Beschluss vom 3. Juli 2012: Plenarentscheidung des Bundesverfassungsgerichts zum Einsatz der Streitkräfte im Inneren (‚Luftsicherungsgesetz')« in: *bverfg.de v. 17.08.12* (http://www.bverfg.de/pressemitteiungen/bvg12-063)/Zugriff: 12.10.12

[901] In Eilfällen kann das auch die Bundesregierung insgesamt entscheiden, darf diese Aufgabe aber nicht an den Verteidigungsminister delegieren.

verstärken«.[902] Auch ausländische Soldaten dürfen dort den Umgang mit der Zivilbevölkerung im Stadtbereich üben. In der Übungs-Stadt sollen Soldaten auf den Ernstfall in Krisengebieten vorbereitet werden.[903] In prekären Situationen und wenn die polizeilichen Mittel nicht mehr ausreichen, kann auch auf eine in der Öffentlichkeit wenig bekannte Truppe zurückgegriffen werden: die so genannten Regionalen Sicherungs- und Unterstützungskräften (RSUKr). Die Bundeswehr stellte diese neuen »Heimatschutz«-Einheiten auf[904], die ausschließlich aus Reservisten bestehen. 27 Kompanien in 16 Bundesländern mit insgesamt 2.700 Mann sind den Landeskommandos der Streitkräfte unterstellt, die sie im Rahmen des Heimatschutzes unterstützen sollen: unter anderem bei der Absicherung militärischer Anlagen im Inland sowie bei einem »inneren Notstand«, wenn Gefahr für den Bestand der freiheitlich-demokratischen Grundordnung besteht. Ebenso dürfen die RSUKr-Einheiten, wie die Bundeswehr auch, im Rahmen der Amtshilfe zur »Bekämpfung organisierter und militärischer bewaffneter Aufständischer« oder »widerstrebender« Bevölkerungsteile eingesetzt werden.

In den *Verteidigungspolitischen Richtlinien* des Bundesverteidigungsministeriums liest sich das unter anderem so: »Aufgaben der Bundeswehr (...) Beiträge zum Heimatschutz, d. h. Verteidigungsaufgaben auf deutschem Hoheitsgebiet sowie Amtshilfe in Fällen von Naturkatastrophen und schweren Unglücksfällen, zum Schutz kritischer Infrastruktur und bei innerem Notstand (...) Zur Wahrnehmung von Aufgaben im Heimatschutz werden im Bedarfsfall alle verfügbaren Kräfte, einschließlich der Reservisten, herangezogen.«[905]

Rolf Gössner, Publizist und Vizepräsident der Internationalen Liga für Menschenrechte, sagte dazu: »Hier haben wir bereits ein Element der militärischen Aufstandsbekämpfung als Unterstützungshilfe für die

---

[902] Vgl. »Bundesministerium der Verteidigung – Der Bundesminister: Verteidigungspolitische Richtlinien - Nationale Interessen wahren – Internationale Verantwortung übernehmen – Sicherheit gemeinsam gestalten«, Berlin 27. Mai 2011, S. 6/Archiv Grandt

[903] »Krisenvorbereitung: Übungs-Stadt errichtet: Bundeswehr probt für den Bürgerkrieg« in: *deutsche-wirtschafts-nachrichten.de v. 21.04.13* (http://deutsche-wirtschafts-nachrichten.de/2013/04/21/uebungs-stadt-errichtet-bundeswehr-probt-fuer-den-buergerkrieg/)/Zugriff: 21.04.13

[904] Seit dem 1. April 2013

[905] Vgl. »Bundesministerium der Verteidigung – Der Bundesminister: Verteidigungspolitische Richtlinien – Nationale Interessen wahren – Internationale Verantwortung übernehmen – Sicherheit gemeinsam gestalten«, Berlin 27. Mai 2011, S. 11, 13/Archiv Grandt

Polizei.«[906] Genauso ist es. »Nach einer Generalklausel der Europäischen Union könnte der Amtshilfe-Einsatz auch beim politischen Generalstreik gegen Versorgungseinrichtungen, gewaltsamen Massenprotesten, sozialen Unruhen sowie Aktionen des zivilen Ungehorsams durch Streiks und/oder Straßenblockaden im Transport- und Energie- oder Gesundheitswesen möglich sein« *(taz)*.[907] So sieht es wohl auch Die Linke, die bereits im Herbst 2012 bei der Bundesregierung betreffs des Baus der »Kampfstadt« Schnöggersburg anfragte.[908] Aus den Antworten der Bundesregierung ging hervor, dass der Bundestag nicht »unmittelbar« in die Übungsszenarien eingebunden würde und der »Einsatz der Bundeswehr im Inland im Rahmen der verfassungsrechtlichen Vorgaben« erfolgte.[909]

Jörg Jankowsky vom Wehrbereichskommando Ost in Strausberg spricht da Klartext. Er meint, dass der Ernstfall auch »innerhalb Deutschlands« eintreten könnte. »Das Misstrauen der Politik gegenüber den Bürgern steigt. Offenbar soll die Bundeswehr in die Lage versetzt werden, bei Aufständen entsprechend reagieren zu können« (*Deutsche-Wirtschafts-Nachrichten*).[910] Um genau das geht es letztlich.

**2018:** *Die Zeit-Order:*[911]

»In diesen bürgerkriegsähnlichen Zeiten, die Deutschland nach dem Euro-Crash wie ein Krebsgeschwür befallen haben, erinnern manche Sicherheitspolitiker an das *Operating Concept 2016-2018 (TRADOC Pam 525-3-1)* der United States Army. Darin heißt es, dass sich die Armee in der nationalen Verteidigungsstrategie immer wieder auf veränderte Bedingungen und neue Bedrohungen für die nationale Sicherheit anpassen

---

[906] Zitiert nach Rolf Gössners Aufsatz »Neue Sicherheitsarchitektur für den alltägliche Ausnahmezustand?« Vgl. dazu: »Soldaten fürs aufsässige Volk« in: *taz.de v. 10.08.12* (http://www.taz.de/!99382/)/Zugriff: 12.10.12

[907] Vgl. »Soldaten fürs aufsässige Volk« in: *taz.de v. 10.08.12* (http://www.taz.de/!99382/)/Zugriff: 12.10.12

[908] Vgl. »Deutscher Bundestag, 17. Wahlperiode, Drucksache 17/10445 v. 08.08.12 – Kleine Anfrage der Abgeordneten Inge Höger, Wolfgang Gehrke, Heike Hänsel, Harald Koch und der Fraktion DIE LINKE: Geplanter Bau einer Kampfstadt im Gefechtsübungszentrum in der Colbitz-Letzlinger Heide«/Archiv Grandt

[909] Vgl. »Deutscher Bundestag, 17. Wahlperiode, Drucksache 17/10589 v. 03.09.12 – Antwort der Bundesregierung auf die Kleine Anfrage der Abgeordneten Inge Höger, Wolfgang Gehrke, Heike Hänsel, Harald Koch und der Fraktion DIE LINKE – Drucksache 17/10445«/Archiv Grandt

[910] »Krisenvorbereitung: Übungs-Stadt errichtet: Bundeswehr probt für den Bürgerkrieg« in: *deutsche-wirtschafts-nachrichten.de v. 21.04.13* (http://deutsche-wirtschafts-nachrichten.de/2013/04/21/uebungs-stadt-errichtet-bundeswehr-probt-fuer-den-buergerkrieg/)/Zugriff: 21.04.13

[911] Fiktiv

muss. Auch hinsichtlich einer langwierigen ‚Aufstandsbekämpfung'.[912] In ähnlicher Hinsicht veröffentliche im August 2012 die renommierte *Washington Times* das Essay: ‚The Civil War of 2016'.[913] Darin wurde auf einen Artikel im *Small Wars Journal*[914] eingegangen, der im Jahr 2016 ein fiktives Szenario schilderte, bei dem Extremisten die Kontrolle einer Stadt in South Carolina übernommen hatten. Die US-Armee sollte die Rebellion niederschlagen. Amerikanische Soldaten gingen auf heimischem Boden gegen aufständische Amerikaner vor. Dieses Szenario führte zu hitzigen Diskussionen in den USA.«

Hinsichtlich Konzepte zur militärischen Aufstandsbekämpfung müssen deutsche Politiker jedoch nicht über den großen Teich blicken. Im zweijährlichen Wechsel zwischen Deutschland und Frankreich wird schon seit 1962 die internationale Gefechtsübung »Colibri« mit deutschen, französischen und belgischen Fallschirmjägereinheiten durchgeführt. So waren etwa bei der »42. internationalen Gefechtsübung Colibri« im April 2009 insgesamt 600 Soldaten mit vier Transall-Transportflugzeugen und fünf Hubschraubern im Einsatz. Dabei wurden verschiedene Szenarien geübt, beispielsweise der Ausbruch von Unruhen zwischen »verschiedenen Ethnien« in einem grenznahen (fiktiven) Gebiet zwischen zwei Ländern, in dem es ein »soziales Ungleichgewicht« und wertvolle Ressourcen gab. Aus diesem Grund kämpften Politik und militante Gruppen gegeneinander. Die daraus resultierenden bürgerkriegsähnlichen Zustände führten zu einer UN-Resolution, nach der die »Division Spezielle Operationen (DSO)«[915] den

---

[912] Vgl. »The United States Army Operating Concept 2016-2018 (TRADOC Pam 525-3-1), Foreword from the Commanding General U.S. Army Training and Doctrine Command, Martin E. Dempsey«, S. iii, iv/Archiv Grandt

[913] Vgl. »The Civil War of 2016« in: *Washington Times v. 07.08.12* (http://www.washingtontimes.com/news/2012/aug/7/the-civil-war-of-2016/)/Zugriff: 09.11.12

[914] Vgl. »Full Spectrum Operations in the Homeland: A 'Vision' of the Future« von Army Colonel Kevin Benson von der Army's University of Foreign Military and Cultural Studies und Jennifer Weber, Bürgerkriegsexpertin der University of Kansas in: *smallwarsjournal.com v. 25.07.12* (http://smallwarsjournal.com/jrnl/art/full-spectrum-operations-in-the-homeland-a-%E2%80%9Cvision%E2%80%9D-of-the-future)/Zugriff: 23.12.12

[915] Die Spezialtruppe DSO bestand bei dieser Übung aus dem Zweibrücker Fallschirmjägerbataillon 263 (das zur Luftlandebrigade 26 gehört), dem französischen 1er Regiment de Chasseur parachutiste (1° RCP) aus Pamiers (französische Pyrenäen) und dem belgischen 1st Paratroop Bataillon aus dem flämischen Diest. Vgl. dazu: »Die 42. internationale Gefechtsübung Colibri beginnt bei der Luftlandebrigade 26 Saarland« in: *deutschesheer.de v. 17.04.09* (http://www.deutschesheer.de/portal/a/dso/!ut/p/c4/JYzBCsIwEET_aJNaiuitlhUvCl60XmRNQ7M1Tcp2qxc_3gT

Kampf gegen »irreguläre Kräfte«, also Gruppierungen, die keiner staatlichen Gewalt unterliegen, aufnehmen sollte.

Auf der Homepage der Luftlandebrigade 26, des deutschen Truppenteils der DSO[916], heißt es: »Die in der Verfassung begründete Verpflichtung der Bundesrepublik Deutschland, den Schutz und die Sicherheit deutscher Staatsbürger im Ausland zu gewährleisten, erfordert die Fähigkeit, Bedrohungen abzuwenden und die Evakuierung sowie Rettung aus bedrohten Lagen sicherzustellen. Den rund 3.500 Soldatinnen und Soldaten der Saarlandbrigade fällt diese Aufgabe zu. Zur Auftragserfüllung gliedert sich die Luftlandebrigade 26 in zwei Fallschirmjägerbataillone, ein Luftlandeunterstützungsbataillon, eine Luftlandepionierkompanie, eine Luftlandeaufklärungskompanie sowie eine Stabskompanie. Ihr Können stellt die Brigade regelmäßig unter Beweis. Seit ihrem Bestehen nehmen die Soldatinnen und Soldaten der Brigade immer wieder an nationalen und internationalen Übungen teil. Seit 1991 gehört die Brigade regelmäßig zu den ersten Kräften bei Auslandseinsätzen.«[917]

Offiziell hat die Luftlandebrigade 26[918] folgende Aufgaben:

- Evakuierungsoperationen: Bei militärischen Evakuierungsoperationen werden deutsche Staatsbürger sowie gegebenenfalls Bürger aus anderen

---

nwTAww6i7SgR8U49CMaBXN9Ua2j4_4KzlRzdHwJcs1ns7Q0DjmIwTG2BAxyutN4ATk89JXfNZZ8HEYCV72gkl7xkl MkyRxedmYU4NUKdaXex3ukr8VXzXl_pQNkVVHk_NWU3jWP8A6ZVK6Q!!/)/Zugriff: 09.11.12

[916] Die Luftlandebrigade 26 in Saarlouis ist eine der beiden Luftlandebrigaden der Bundeswehr und gliedert sich wie folgt: Fallschirmjägerbataillon 261 in Lebach, Fallschirmjägerbataillon 263 in Zweibrücken, Luftlandeunterstützungsbataillon 262 in Merzig, Luftlandeaufklärungskompanie 260 in Zweibrücken, Luftlandepionierkompanie 260 in Saarlouis, Stabskompanie in Saarlouis. Insgesamt leisten derzeit rund 3.500 Soldaten und Soldatinnen ihren Dienst in der Saarlandbrigade, die Teil der Division Spezielle Operationen mit Sitz in Stadtallendorf ist. Vgl. dazu: »Gliederung der Luftlandebrigade 26« (http://www.deutschesheer.de/portal/a/dso/!ut/p/c4/04_SB8K8xLLM9MSSzPy8xBz9CP3I5EyrpHK9jNTUoviU4ny9lMzUvOKS4pLUnJzUPL2kosx0IzO99JzM1JTUotK8dP2CbEdFAET4dYc!/)/Zugriff: 13.11.12

[917] Vgl. »DSO, Luftlandebrigade 26« (http://www.deutschesheer.de/portal/a/dso/!ut/p/c4/04_SB8K8xLLM9MSSzPy8xBz9CP3I5EyrpHK9jNTUoviU4ny9lMzUvOKS4pLUnJzUPL2kosx0IzP9gmxHRQB0Kn3f/)/Zugriff: 13.11.12

[918] Seit 1972 ist die 1958 in Esslingen aufgestellte Luftlandebrigade 26 in Saarlouis stationiert. 1991 verlieh ihr der Inspekteur des Heeres den Namenszusatz „Saarland“. Seit fast 40 Jahren findet sich die Masse der zur Brigade gehörenden Bataillone und Kompanien im Saarland. Das seit 1994 in Zweibrücken ansässige Fallschirmjägerbataillon 263 ist der einzige Verband, der nicht im Saarland beheimatet ist. Seit 1960 nehmen immer wieder Fallschirmjäger der Luftlandebrigade 26 weltweit an multinationalen Übungen und Einsätzen im Auftrag der NATO sowie der Vereinten Nationen teil. Dem anspruchsvollen Motto „einsatzbereit – jederzeit – weltweit“ folgend waren Soldaten der Brigade an allen wesentlichen Auslandseinsätzen der Bundeswehr beteiligt. Vgl. dazu: »Geschichte der Luftlandebrigade 26« (http://www.deutschesheer.de/portal/a/dso/!ut/p/c4/04_SB8K8xLLM9MSSzPy8xBz9CP3I5EyrpHK9jNTUoviU4ny9lMzUvOKS4pLUnJzUPL2kosx0IzO99NTi5IzM5IySVP2CbEdFABIAA4o!/)/Zugriff: 13.11.12

Nationen durch Soldaten der Bundeswehr aus Krisen- und Kriegsgebieten gerettet.

- Operationen gegen irreguläre Kräfte: Dies meint den Einsatz gegen einen nicht klar identifizierbaren Gegner wie zum Beispiel Terroristen oder Partisanen.

- Operationen in der Tiefe: Dabei handelt es sich um eine Form des indirekten Vorgehens, um dem Gegner die Handlungsinitiative zu entreißen und selbst Initiative zu gewinnen. Dazu werden eigene Soldaten hinter den feindlichen Linien abgesetzt.

- Schnelle Anfangsoperationen: Dieser Operationstyp umfasst die Befähigung, aus der Luft oder von See einsatzwichtige Infrastruktur wie Häfen oder Flugplätze rasch in die eigene Hand zu bekommen.

Im Jahr 2011 führte die Luftlandebrigade 26 ihren größten Einsatz durch: 600 Soldaten aus allen Brigadestandorten sorgten als Ausbildungs- und Schutzbataillon beziehungsweise in Beraterteams[919] zusammen mit afghanischen Sicherheitskräften für Sicherheit und Stabilität im Großraum Kunduz.

Im Jahr 2018 kommt die Luftlandebrigade 26, die »Speerspitze« der Bundeswehr, erneut zum Einsatz. Erstmals auf deutschem Boden und gegen deutsche Aufständische.

Tausende »Wutbürger« haben Teile des größten Ballungsraums in Deutschland besetzt: das Ruhrgebiet. Auf rund 7.000 Quadratkilometern leben hier über 10 Millionen Menschen, die unter anderem in der vom Strukturwandel schwer getroffenen Montan- und Schwerindustrie sowie in der Elektroindustrie und in verschiedenen Dienstleistungsbetrieben arbeiten. Durch den »Ruhrpott«, auch »Revier« genannt, verlaufen wichtige Versorgungslinien für das Land, die unter allen Umständen freigehalten werden müssen. Das ist der Auftrag der Luftlandetruppen.

Transall- und Hercules-Transportflugzeuge setzen 240 Fallschirmspringer in den so genannten Drop Zones ab, den Landezonen des Operationsgebietes in der Nähe von Bottrop, Lastenschirme zusätzliches Material. Transporthubschrauber bringen Militärfahrzeuge der Typen Wiesel, Wolf und Mungo sowie weitere 360 Fallschirmjäger. »In dieser Phase zeigten

---

[919] So genannte Operational Mentor and Liaision Teams

sich die hohen Anforderungen einer solchen Operation an Einheitsführer, Truppe und Logistik«,[920] verkündet der kommandierende Brigadegeneral stolz.

Problemlos nehmen die Fallschirmjäger einen aufständischen Checkpoint in Oberhausen ein. Die freigekämpften Räume werden gesichert und dann weiter in die Tiefe des Ruhrgebiets vorgedrungen. Die Luftlandepioniere sprengen Bomben auf der nun geöffneten Versorgungsstraße.[921] Nach zwei Tagen Kampf ist das »Revier« wieder fest in der Hand der Bundeswehr. Der Verteidigungsminister gratuliert den Truppen zur schnellen Lösung ihres Auftrags.

**2018:** *Live-Übertragung* – Ansprache des Bundesministers der Verteidigung:[922]

»Dem Bundesverteidigungsministerium stehen zur inländischen Aufstandsbekämpfung neben den regulären Bundeswehrtruppen nicht nur die ihr unterstellten Heimatschutz-Kompanien der Regionalen Sicherungs- und Unterstützungskräfte zur Verfügung, sondern auch Eliteeinheiten wie die Division Spezielle Operationen mit ihrer Luftlandebrigade 26 und anderen sowie das Kommando Spezialkräfte, das jederzeit weltweit

---

920 Im Zusammenhang mit der Gefechtsübung sprach Hauptmann Nils Grigoleit, Chef der deutschen Kompanie in der Drop Zone East, von einer »Realitätsnähe dieser Übung«. Vgl.: »Übung ‚Colibri': 600 Fallschirmjäger aus drei Nationen springen ins Gefecht« in: *deutschesheer.de v. 16.09.11* (http://www.deutschesheer.de/portal/a/dso/!ut/p/c4/NYzBCslwEET_aJMIxeLN0ougl15svcg2XZpompTtVi9-vKngDAwMbxh1U9kRX35E8SliUK3qrD_0b3BEfB-WBPiUlUKgBSJax946oQgPdLzTxsBCs9DU06-p63Y4ENgUSbbMW_E5R0ZJDHNiCRtZmTMBP6hOm7rShf7LfMpzU17aYl_Up6pR8zQdv-kvshs!/)/Zugriff: 09.11.12

921 Ein solches Szenario fand tatsächlich statt, allerdings nicht im Ruhrgebiet: Bei der 44. internationalen Gefechtsübung Colibri im September 2011 wurde eine NATO-Operation zum Schutz eines fiktiven und militärisch schwachen Staates geübt, in dem sich eine (ethnische) Minderheit zum »Aufstand« entschlossen hatte. Dabei wurde die genau die im Text beschriebene Vorgehensweise geübt. Brigadegenereal Eberhard Zorn, Kommandeur der Luftlandebrigade 26, zeigte sich geradezu begeistert von der Leistung seiner Soldaten: »Eine so komplexe und große Luftlandeoperation mit real darauf aufbauender Gefechtsübung zu planen, im Ablauf zu koordinieren und die Kampfaufträge zu erfüllen, das stellt eine außerordentliche Leistung auf allen Ebenen dar.« Auch die Franzosen, die an der Gefechtsübung teilnahmen, äußerten sich positiv: »Die Übung war ein voller Erfolg und die Zusammenarbeit fantastisch«, erklärte Lieutenant-Colonel Michael Salles. Vgl.: »Übung ‚Colibri': 600 Fallschirmjäger aus drei Nationen springen ins Gefecht« in: *deutschesheer.de v. 16.09.11* (http://www.deutschesheer.de/portal/a/dso/!ut/p/c4/NYzBCslwEET_aJMIxeLN0ougl15svcg2XZpompTtVi9-vKngDAwMbxh1U9kRX35E8SliUK3qrD_0b3BEfB-WBPiUlUKgBSJax946oQgPdLzTxsBCs9DU06-p63Y4ENgUSbbMW_E5R0ZJDHNiCRtZmTMBP6hOm7rShf7LfMpzU17aYl_Up6pR8zQdv-kvshs!/)/Zugriff: 09.11.12

922 Fiktiv

einsatzbereit ist.[923] Das KSK ist ein Spezialkräfteverband des Heeres mit besonderen Aufgaben von strategischem Interesse, die durch herkömmliche Einheiten zumeist nicht erfüllt werden können und somit ein wichtiges Instrument der nationalen Risikovorsorge. KSK-Einsätze[924] können Krisen und Konflikte vorbeugen und eindämmen.«[925]

Doch noch eine andere »Spezialeinheit«, die den meisten Bürgern völlig unbekannt ist, kann sich bei Bedarf in nationale Konflikte einbringen: die multinationale European Gendarmerie Force (EUROGENDFOR, kurz: EGF).[926] Diese militärische Polizeitruppe, ansässig im italienischen Vicenza, wurde im Dezember 2008 von den damaligen EU-Mitgliedsstaaten Frankreich, Italien, Portugal, Spanien und die Niederlande gegründet. Die Europäische Gendarmerie kann unter die Flagge der EU (die es 2018 jedoch nicht mehr gibt), aber auch denen der UN (United Nations)[927], der OSZE (Organization for Security and Co-operation in Europe)[928] und der NATO (North Atlantic Treaty Organisation)[929] gestellt werden.

Die EGF soll dem »Krisenmanagement« dienen. Was dies genau heißt, enthüllt das schriftliche Abkommen zwischen den genannten Staaten zu ihrer Gründung. Darin heißt es in »Artikel 4, Missionen und Aufgaben,

---

[923] Vgl. »KSK – einsatzbereit, jederzeit, weltweit« in: *deutschesheer.de* (http://www.deutschesheer.de/portal/a/dso/!ut/p/c4/04_SB8K8xLLM9MSSzPy8xBz9CP3I5EyrpHK9jNTUoviU4n y9lMzUvOKS4pLUnJzUPL3s4mz9gmxHRQDRpUfS/)/Zugriff: 13.11.12

[924] Darunter fallen: Retten und Befreien deutscher Staatsbürger und/oder anderer Personen aus Gefangenschaft, Geiselnahme oder terroristischer Bedrohung im Ausland (nationale Risikovorsorge); Festsetzen von Zielpersonen im Ausland, auch gegen deren Widerstand; Spezialaufklärung: Gewinnen von Schlüsselinformationen in Krisen- und Konfliktgebieten für die strategische und operative Führungsebene sowie deren gesicherte, verzugsarme und schwer aufklärbare Übermittlung; Military Assistance: Zusammenarbeit und Ausbildungsunterstützung bei Sicherheitskräften in Partnerstaaten; offensive Maßnahmen zur Abwehr terroristischer Bedrohung und Kampf gegen subversive Kräfte durch frühzeitige Aufklärung und Bekämpfung von Bedrohungspotenzialen vor dem Wirksamwerden; Schutz eigener Kräfte auf Distanz und Schutz von Personen in besonderer Lage; Sicherstellung von Material besonderer Bedeutung, auch unter Bedrohung; Kampfeinsätze, auch Kampf in der Tiefe, gegen Ziele strategischer und/oder operativer Bedeutung, einschließlich der Lähmung oder Zerstörung wichtiger Einrichtungen, Objekte und Führungssysteme; verdeckte Operationen im Aufgabenspektrum der Streitkräfte. Vgl.: »Auftrag des KSK« in: *deutsches heer.de* (http://www.deutschesheer.de/portal/a/dso/!ut/p/c4/04_SB8K8xLLM9MSSzPy8xBz9CP3I5EyrpHK9jNTUoviU4n y9lMzUvOKS4pLUnJzUPL3s4my9xNK0kqLEdP2CbEdFAEh042c!/)/Zugriff: 13.11.12

[925] Zum Beispiel ständige Bereitschaft zur Rettung von bedrohten beziehungsweise gefangenen deutschen Staatsbürgern im Ausland oder Festsetzung von Kriegsverbrechern in Krisengebieten

[926] Vgl. dazu die offizielle Homepage der EUROGENDFOR: http://www.eurogendfor.org

[927] Vereinte Nationen, auch UNO (United Nations Organization, deutsch: Organisation der Vereinten Nationen) genannt

[928] Organisation für Sicherheit und Zusammenarbeit in Europa

[929] Nordatlantische Vertrags-Organisation

Punkt 3.a. - 3.g.« unter anderem, dass die EGF eingesetzt werden kann, um (die örtliche) Polizei auszubilden, zu überwachen, zu beraten, zu betreuen, zu ersetzen, zu verstärken und auch um polizeiliche, kriminalpolizeiliche und geheimdienstliche Ermittlungen und Aufgaben wahrzunehmen. Dazu gehört neben dem Schutz von Personen und Eigentum auch die Aufrechterhaltung der Ordnung »im Falle von Störungen der öffentlichen Ordnung«.[930]

Diese paramilitärische Gendarmerie-Truppe besitzt militärische, polizeiliche und nachrichtendienstliche Befugnisse. Sie kann – nach einem entsprechend beschlossenen Mandat eines Krisenstabs – an verschiedenen Orten zur Bekämpfung von Unruhen, Aufständen und politischen Großdemonstrationen in Zusammenarbeit mit nationalen Polizei- und Armeeeinheiten eingesetzt werden. Auch gegen die eigene Bevölkerung.

So stellen sich den »Wut-Bürgern« hierzulande nicht nur mehr Polizei, Bundeswehr und Spezialverbände wie die Division Spezielle Operationen und das Kommando Spezialkräfte sowie »Heimatschutz (RSUKr)«-Einheiten entgegen, um die Aufstände mit Gewalt niederzuschlagen, sondern aufgrund eines Mandats der Vereinten Nationen, auch multinationale Truppen der EGF, der ehemaligen »Privatarmee der EU«.

Es ist alles so gekommen, wie es Staatsrechter Karl Albrecht Schachtschneider einst voraussah: »Das ganze führt in eine schwere politische Krise. Die Bevölkerung wird dann möglicherweise rebellieren. Und diese Rebellion wird mit allen Mitteln niedergeschlagen, und zwar auch durch ausländische Polizeikräfte. Dafür sind die Truppen bereits aufgebaut.«[931]

**2018:** *Berliner-Merkur:*[932]

»Schon im Jahr 2012 erklärte das Bundesverfassungsgericht zum Einsatz der Streitkräfte im Inneren[933], dass ‚im Schatten eines Arsenals militärischer

[930] Vgl. »Treaty between the Kingdom of Spain, the French Republic, the Italian Republic, the Kingdom of The Netherlands and the Portuguese Republic establishing the European Gendarmerie Force (EUROGENDFOR), Velsen, 18. October 2007«, S. 1-18/Archiv Grandt

[931] Vgl. »Der Euro zerstört alles« in: *mmnews.de v. 26.09. 12* (http://www.mmnews.de/index.php/wirtschaft/10922-der-euro-zerstoert-alles)/Zugriff: 29.11.12

[932] Fiktiv

Waffen', eine ‚freie Meinungsäußerung schwerlich gedeihen' könne.[934] Damit zeigten die obersten Verfassungsrichter Weitsicht: Angesichts der massiven Polizei- und Militärpräsenz in deutschen Städten, die mit äußerster Härte gegen Demonstranten, die nun Widerständler genannt werden, vorgehen, ganz egal ob Männer, Frauen, Kinder, Alte oder Kranke, scheint die grundsätzlich verankerte Meinungsfreiheit hierzulande nichts mehr wert zu sein. Inwiefern auch Artikel 20, Absatz 1 des Grundgesetzes nach dem Euro-Crash noch gültig ist, scheint mehr als fraglich. In ihm heißt es: ‚Die Bundesrepublik Deutschland ist ein demokratischer und sozialer Bundesstaat.' Sozial ist der deutsche Staat schon längst nicht mehr. Aber nun wird mit brachialer Regierungsgewalt auch noch die freie Meinung niedergeknüppelt, in den Staub der Straßen getreten. Wo und wie unterscheiden wir uns da noch von den Zuständen in einer totalitären Diktatur?«

### 4.2.26. »Eurobellion (5)« – Internierungslager für Wutbürger

Die Bundesregierung geht nun nicht nur mit den verschiedenen Sicherheitskräften gegen die »Wutbürger« vor, sondern will auch Exempel statuieren, um weitere Auswüchse der Revolution »im Namen des Volkes« zu verhindern. Die Polizei- und Militärpräsenz in den Städten, vereinzelt auch auf dem Land, wird massiv verstärkt, Verhaftungen von Widerständlern nehmen zu. Doch bald platzen die Gefängnisse aus allen Nähten. Hinter verschlossenen Plenartüren wird über Alternativen debattiert, um die hoffnungslos überfüllten Gefängnisse zu entlasten. Ein Vorschlag der konservativen Hardliner sind so genannte Internierungslager. Vorbild sollen jene sein, die es in den USA schon längst gibt[935]. Das bekannteste heißt Guantanamo Bay.

---

933 Zum so genannten Luftsicherungsgesetz

934 Vgl. »Pressemitteilung des Bundesverfassungsgerichts – Pressestelle – Nr. 63/2012 v. 17. August 2012, Beschluss vom 3. Juli 2012: Plenarentscheidung des Bundesverfassungsgerichts zum Einsatz der Streitkräfte im Inneren (‚Luftsicherungsgesetz')«, S. 5, in: *bverfg.de v. 17.08.12* (http://www.bverfg.de/pressemitteiungen/bvg12-063)/Zugriff: 12.10.12

935 »Es gibt offenbar in den USA ein Army's Civilian Inmate Labor Programm (Programm der Armee zur Zwangsarbeit von zivilen Insassen) mit Civilian prison camps (Lager für zivile Gefangene auf Militärgelände), wo

**2018:** *Deutsches Politmagazin:*[936]

»Aufgrund des bereits 2011 vom Senat mit 93 : 3 Stimmen verabschiedeten Abschnitts 1867 des National Defense Authorization Act[937] des US-Verteidigungshaushalts wird es innerhalb der USA möglich, Zonen einzurichten, in denen das Kriegsrecht gilt und in denen alle inhaftiert werden können, die terroristischer Aktivitäten verdächtigt werden. Auch wenn sie US-Bürger sind, können sie von nun an ohne Anklage und Gerichtsverfahren vom US-Militär weggesperrt werden. Damit werden sie all ihrer Rechte beraubt, was eindeutig gegen die Verfassung der Vereinigten Staaten verstößt.[938] Schon unter der Regierung des damaligen Präsidenten George W. Bush wurden den Bürgerrechte durch die nach 9/11 verabschiedeten Terrorgesetze[939], die als Vorwand für den ‚Krieg gegen den Terror'[940] dienten, stark eingeschränkt. Zudem sollen seit Ende 2008 in den USA rund 800 Internierungslager[941] vorbereitet worden sein, betrieben von der amerikanischen Bundesnotstandsbehörde FEMA[942] unter der Zuständigkeit des Heimatschutzministeriums DHS[943]. Unmittelbar nach Verhängung des Kriegsrechts oder der Ausrufung des Notstands können sie in Betrieb genommen werden. In den wichtigsten Regionen der USA wurden vorübergehend Standorte der Armee geschlossen und in Gefängnisse umgewandelt, in denen bis zu 20.000 Häftlinge untergebracht wurden. Auch auf anderen Militärbasen wurden so genannte zivile Sektionen oder nationale Notfall-Zentren eingerichtet. Das größte dieser

Internierungslager von der US-Bundesregierung gebaut und mit bewaffnetem Personal ausgestattet werden, welche aber noch keine Insassen haben. Offenbar wartet die US-Bundesregierung auf ein Ereignis um diese Internierungslager zu füllen.« Vgl.: »Internierungslager« in: *uni-protokolle.de* (http://www.uni-protokolle.de/Lexikon/Internierungslager.html)/Zugriff: 20.12.12/»American Concentration Camps« in: *apfn.org* (http://www.apfn.org/apfn/camps.htm)/Zugriff: 20.12.12

[936] Fiktiv

[937] NDA-Act

[938] Vgl. »National Defense Authorization Act: USA wird Polizeistaat« in: ibtimes.com v. 02.12.11 (http://de.ibtimes.com/articles/25021/20111202/national-defense-authorization-act-usa-wird-zum-polizeistaat.htm)/Zugriff: 20.12.12/»USA: Internierungslager werden vorbereitet« in: *linkezeitung.de v.19.12.11* (http://www.linkezeitung.de/cms/index.php?option=com_content&task=view&id=12454&Itemid=249)/Zugriff: 20.12.12

[939] Patriot Acts

[940] Den »Global War on Terrorism«

[941] Die Zahl ist unbestätigt.

[942] Federal Emergency Management Agency

[943] Department of Homeland Security

Lager, eine psychiatrische Anstalt, befindet sich außerhalb der Stadt Fairbanks in Alaska. Nach Vorlage des ‚Plans Rex 84'[944] und auf Rechtsgrundlage des National Emergency Center Establishment Act (HR 645) fanden zusammen mit der US Armee, dem Auslandsnachrichtendienst CIA[945] und der Bundespolizei FBI[946] verschiedene Übungen statt, die erste vom 5. bis zum 13. April 2008. Offenbar sind sie notwendig geworden, weil die US-Behörden bei einer Massenflucht über die mexikanisch-amerikanische Grenze die illegalen Einwanderer einfangen und in Internierungslager verfrachten wollten. Zudem sollte durch eine vorübergehende Unterbringung von Einzelpersonen und Familien im Falle einer Katastrophe medizinische und humanitäre Hilfe gewährleistet werden.[947] Tatsächlich jedoch wurde getestet, wie bei Bürgerunruhen oder einem Ausnahmezustand eine große Zahl amerikanischer Zivilisten – vor allem politische Aktivisten, ausländische Terroristen, Antikriegs- und Bürgerrechtsgruppen – interniert werden konnten. Die so im Rahmen eines nationalen Notstands verhafteten Personen und ihre Strafverfolgung würden nicht mehr unter die zivile Justiz, sondern unter die des US-Militärs fallen. Außerdem wurden 20.000 US-Nationalgardisten für Aufstände und Masseninhaftierungen ausgebildet.«

Als die Internierungslager-Diskussion im Bundestag an die Öffentlichkeit dringt, führt das zum Rücktritt einiger politischen Befürworter. Nach den grauenvollen Erfahrungen des Dritten Reichs, die in 50 Millionen Weltkriegstoten und in der Ermordung von 6 Millionen Juden, Roma und Sinti in den Konzentrationslagern gipfelten, soll niemals wieder ein wie auch immer geartetes »Massenlager« auf deutschem Boden stehen.

---

944 Readiness Exercise 1984

945 Central Intelligence Agency

946 Federal Bureau of Investigation

947 Dazu sollen von der FEMA auch 140 Millionen Essensrationen für den Notfall und eine unbekannte Zahl von Decken und Leichensäcken eingelagert worden sein. Vgl. »USA: Internierungslager werden vorbereitet« in: *linkezeitung.de v. 19.12.11* (http://www.linkezeitung.de/cms/index.php?option=com_content&task=view&id=12454&Itemid=249)/Zugriff: 23.12.12

## 4.2.27. »Eurobellion (6)« – Wiedereinführung der Todesstrafe

Weitläufig bekannt ist, dass die die Todesstrafe nicht nur hierzulande, sondern auch in Ländern der (früheren) EU abgeschafft worden ist. So heißt es in Artikel 1 und 2 der Charta der Grundrechte der Europäischen Union: »Die Würde des Menschen ist unantastbar. Sie ist zu achten und zu schützen. Jeder Mensch hat das Recht auf Leben. Niemand darf zur Todesstrafe verurteilt oder hingerichtet werden.«[948]

Zumeist nicht bekannt sind allerdings die Passagen die Todesstrafe betreffend, die früher Vertragsbestandteil der Europäischen Konvention zum Schutz der Menschenrechte und Grundfreiheiten[949] waren. Sie wurden von den »Unterzeichnerregierungen, Mitglieder des Europarats – in Anbetracht der Allgemeinen Erklärung der Menschenrechte« einst so abgesegnet und liegen mir schriftlich vor. Nachfolgend zitiere ich aus »Abschnitt I, Rechte und Freiheiten, Artikel 2, Recht auf Leben«:

»1. Das Recht jedes Menschen auf Leben wird gesetzlich geschützt. Niemand darf absichtlich getötet werden, außer durch Vollstreckung eines Todesurteils, das ein Gericht wegen eines Verbrechens verhängt hat, für das die Todesstrafe gesetzlich vorgesehen ist.

2. *Eine Tötung wird nicht als Verletzung dieses Artikels betrachtet, wenn sie durch eine Gewaltanwendung verursacht wird, die unbedingt erforderlich ist, um*[950] (a) jemanden gegen rechtswidrige Gewalt zu verteidigen; (b) jemanden rechtmäßig festzunehmen oder jemanden, dem die Freiheit rechtmäßig entzogen ist, an der Flucht zu hindern; (c) *einen Aufruhr oder Aufstand rechtmäßig niederzuschlagen.«*[951]

Das heißt nichts anderes, als dass die Todesstrafe in der (damaligen) EU zwar abgeschafft war, aber dennoch »Ausnahmen« zugelassen werden konnten, nämlich um – ich wiederhole – »einen Aufruhr oder Aufstand rechtmäßig niederzuschlagen«. Dieser Passus wurde erst Jahre später ersetzt

---

[948] Vgl. »Charta der Grundrechte der Europäischen Union (2010/C 83/02)« in: *Amtsblatt der Europäischen Union v. 30.03.2010 (C 83/389-392)*/Archiv Grandt

[949] Des internationalen Abkommens des Europarats

[950] Hervorhebung durch den Autor

[951] Vgl. »Europäische Konvention zum Schutz der Menschenrechte und Grundfreiheiten« o. J. in: Council of Europe Publishing/Archiv Grandt

und damit hinfällig: »Die Todesstrafe ist abgeschafft. Niemand darf zu dieser Strafe verurteilt oder hingerichtet werden.«[952]

Doch 2018, in Zeiten des Bürgerkriegs in Deutschland und den früheren EU-Mitgliedsstaaten, wird das Abkommen wieder auf die ursprüngliche Fassung abgeändert. Und das sogar auf rechtlicher Basis. Dazu heißt es in Artikel 2 des Protokolls Nr. 6 zur Europäischen Menschenrechtskommission (EMRK): »Ein Staat kann in seinem Recht die Todesstrafe für Taten vorsehen, die in Kriegszeiten oder bei unmittelbarer Kriegsgefahr begangen werden; diese Strafe darf nur in den Fällen, die im Recht vorgesehen sind, und in Übereinstimmung mit dessen Bestimmungen angewendet werden (...)«[953]

Die Bundesregierung verpflichtet sich jedoch zur Einhaltung der Mindestnormen der ehemals aufgestellten EU-Leitlinien zur Todesstrafe[954] für die Länder, die die Todesstrafe beibehalten haben. Diese liegen mir ebenfalls vor:

»1) Die Todesstrafe darf nur für schwerste Verbrechen verhängt werden, wobei ihr Anwendungsbereich nicht über vorsätzliche Verbrechen mit Todesfolge oder anderen äußerst schweren Folgen hinausgehen sollte. Die Todesstrafe sollte weder für gewaltfreie Handlungen wie Finanzstraftaten, Handlungen, die Ausdruck einer religiösen oder persönlichen Überzeugung sind, und sexuelle Beziehungen zwischen im beiderseitigen Einverständnis handelnden Erwachsenen noch als obligatorische Strafe verhängt werden.

2) Die Todesstrafe darf nur für ein Verbrechen verhängt werden, für das sie zum Zeitpunkt seiner Begehung angedroht war, wobei es dem Straftäter zugutekommen muss, wenn nach der Begehung des Verbrechens eine gesetzliche Bestimmung über die Verhängung einer milderen Strafe eingeführt wird.

3) Die Todesstrafe darf nicht verhängt werden gegen

- Personen, die zum Zeitpunkt der Begehung des Verbrechens noch keine 18 Jahre alt waren;

---

[952] Vgl. »Erläuterungen zur Charta der Grundrechte (2007/C 303/02)« in: *Amtsblatt der Europäischen Union v. 14.12.2007 (C 303/17)*/Archiv Grandt

[953] Vgl. »Erläuterungen zur Charta der Grundrechte (2007/C 303/02)« in: *Amtsblatt der Europäischen Union v. 14.12.2007 (C 303/18)*/Archiv Grandt

[954] Vgl. »EU-Leitlinien zur Todesstrafe: überarbeitete und aktualisierte Fassung« (http://www.consilium.europa.eu/uedocs/cmsUpload/10015.de08.pdf)/Zugriff: 17.10.12

- schwangere Frauen oder Mütter von Neugeborenen;
- geisteskranke Personen.

4) Die Todesstrafe darf nur verhängt werden, wenn die Schuld des Angeklagten in eindeutiger und überzeugender Weise, die keine andere Erklärung des Sachverhalts zulässt, nachgewiesen wurde.

5) Die Todesstrafe darf nur aufgrund eines von einem unabhängigen und unparteiischen zuständigen Gericht erlassenen rechtskräftigen Urteils im Anschluss an ein Gerichtsverfahren, einschließlich vor einem Sondergericht oder einer Sondergerichtsbarkeit, vollstreckt werden, das sämtliche Garantien für eine faire Verhandlung bietet, die mindestens denjenigen entsprechen, die in Artikel 14 des Internationalen Pakts über bürgerliche und politische Rechte enthalten sind, einschließlich des Rechts aller Personen, die eines mit der Todesstrafe bedrohten Verbrechens verdächtig sind oder eines solchen Verbrechens beschuldigt werden, auf angemessenen Rechtsbeistand in allen Verfahrensabschnitten sowie gegebenenfalls des Rechts auf Heranziehung eines konsularischen Vertreters.

6) Jeder zum Tode Verurteilte hat Anspruch auf Einlegung eines Rechtsmittels bei einem höherinstanzlichen Gericht, und es sollten Maßnahmen ergriffen werden, um sicherzustellen, dass derartige Rechtsmittel obligatorisch werden.

7) Jeder zum Tode Verurteilte hat gegebenenfalls Anspruch auf Vorlage einer Individualbeschwerde nach internationalen Verfahren; die Todesstrafe wird so lange nicht vollstreckt, wie die Beschwerde nach diesen Verfahren geprüft wird; ferner wird die Todesstrafe so lange nicht vollstreckt, wie damit verbundene Rechts- oder förmliche Verfahren auf internationaler oder nationaler Ebene anhängig sind.

8) Jeder zum Tode Verurteilte hat das Recht, um Begnadigung oder Umwandlung der Strafe zu bitten. Amnestie, Begnadigung oder Umwandlung der Todesstrafe kann in allen Fällen gewährt werden.

9) Die Todesstrafe darf nicht in Verletzung der internationalen Verpflichtungen eines Staates vollstreckt werden.

10) Die Dauer, die nach der Verurteilung zum Tode vergangen ist, kann als Kriterium herangezogen werden.

11) Bei der Vollstreckung der Todesstrafe ist darauf zu achten, dass so wenig Leiden wie möglich zugefügt wird. Die Vollstreckung darf nicht öffentlich oder auf eine andere entwürdigende Weise erfolgen.
12) Die Todesstrafe sollte nicht als politischer Racheakt unter Verletzung der Mindestnormen verhängt werden, z. B. gegen an einem Putschversuch beteiligte Personen.«

**2018:** *USA- Street- Journal:*[955]

»Die dunklen Schatten des Dritten Reichs schweben über der zusammengebrochenen Euro-Zone und empören die übrige westliche Welt: Denn nun dürfen in Deutschland und in verschiedenen anderen Ex-EU-Ländern wieder völlig legal Polizei, Militär oder Heimatschutz Bürger erschießen oder zur Todesstrafe verurteilen, wenn sie Teil eines Aufstands oder Aufruhrs sind.«

Deutsche Politiker hingegen scheuen sich davor, die wieder eingeführte Todesstrafe auch zu verhängen. So soll sie lediglich als Abschreckung für alle Eventualitäten dienen. Vorerst.

## 4.3. Crash-Szenario – Stufe 3: Währungsreform[xxxv]

### 4.3.1. Geheimsitzung und Grundgesetzänderung

Auf dem Höhepunkt der Hyperinflation plant die Bundesregierung eine radikale Währungsreform.[956] Nur so kann sich der Staat von seinem enormen Schuldenberg befreien, den er im Zuge seiner zurückliegenden desaströsen EU-Politik anhäufte, und geordnete Verhältnisse schaffen,[957] die

[955] Fiktiv

[956] Eine Währung ist das durch Gesetz erlassene Geld eines bestimmten zeitlich und räumlich begrenzten (Währungs-)Gebiets. Eine Währungsreform ist eine grundlegende Neuordnung des Geldwesens einer Volkswirtschaft, typischerweise mit dem Ziel, eine Hyperinflation zu beenden.

[957] Wie bei der Hyperinflation 1923 auch (von der Reichsmark zur Rentenmark) sowie 1948 (von der Reichsmark zur Deutschen Mark (DM)), 1990 (von der Ost-Mark zur DM) und 1999/2002[957] (von der DM zum Euro). Bei der Einführung des Euro handelte es sich jedoch nicht um eine eigentliche Währungsreform, sondern um eine Währungsumstellung.

zerrüttete Finanzwirtschaft regeln und die Wiederaufrichtung der Volkswirtschaft angehen.

Vorausgegangen ist eine Grundgesetzänderung durch eine geheime Sondersitzung des Bundestags, in dem die wieder erlangte Währungssouveränität in einem »nationalen Währungsgesetz«[958] verabschiedet wurde. Gleichzeitig war durch das Euro-Beendigungsgesetz der Euro als gesetzliches Zahlungsmittel auf dem Gebiet der Bundesrepublik aufgehoben und die Einführung der Neuen Mark als neues gesetzliches Zahlungsmittel, die Umstellung aller Sparguthaben, Kreditvereinbarungen und anderer Verträge mit inländischem Gerichtsstand beschlossen worden. Die im Bundesrat dafür erforderliche Zustimmung war einstimmig, der Bundespräsident zeichnete die Beschlüsse gegen, die später nach Bekanntmachung durch die Regierung im *Bundesanzeiger*[959] veröffentlicht werden.[960] Zunächst jedoch wird die Währungsreform streng geheim gehalten, um eine Kapitalflucht von Unternehmen und Privathaushalten aus Deutschland unter allen Umständen zu verhindern.

## 4.3.2. Bei Nacht und Nebel

Freitag, 23 Uhr deutsche Ortszeit (nach Börsenschluss in New York): Die Bundesregierung verkündet der völlig überraschten Bevölkerung den »Euro-Exit« und die Umstellung auf eine neue nationale Währung: die Neue Mark (NM). Exakt in diesen Minuten wird die Währungsumstellung bereits vollzogen. Geübt dafür hat der Staat schon 2013, als eine neue Euro-Banknoten-Generation eingeführt wurde, um Geldfälschern das Handwerk schwerer zu machen.[961]

In TV-Sondersendungen versuchen Regierungsmitglieder das Vorgehen zu verteidigen. »Die Zeit des wirtschaftlichen Chaos muss für Deutschland zu Ende sein«, erklärt der Bundeskanzler. »Mit der Beseitigung des alten

---

[958] Die alliierten Westmächte, die dieses Gesetz bei der Währungsreform 1948 einführten, nannten es »Gesetz zur Neuordnung des Geldwesens«.

[959] Der *Bundesanzeiger* ist neben dem *Bundesgesetzblatt* ein Verkündungs- und Bekanntmachungsorgan der deutschen Bundesbehörden, das vom Bundesministerium der Justiz herausgegeben wird.

[960] Vgl. zu den Gesetzesänderungen: Artikel. 23, Absatz. 1 i. V. mit Artikel 79 Absatz 2 Grundgesetz und Artikel 73 Nr. 4 i. V. mit Artikel 88 Grundgesetz

[961] Von Mai 2013 an führte die EZB neue Banknoten ein, die die Unterschrift des EZB-Präsidenten Mario Draghi tragen und die alten Euro-Scheine schrittweise ersetzen sollen. In 17 Euro-Währungsländern bezahlen mehr als 332 Millionen Menschen mit dem Euro. Vgl. dazu: »EZB überarbeitet Euro-Noten« in: *Handelsblatt v. 12.11.12*

Geldes, das die Wirtschaft vergiftet hat, beginnt Deutschlands wirtschaftliche Gesundung.«[962]

### 4.3.3. »Tag X« - Währungsumstellung und Enteignung des Privatvermögens

Um die Währungsreform so reibungslos wie möglich zu bewältigen, verordnet die Regierung für den darauf folgenden Montag einen Bankfeiertag. Dieser wird als der »Tag X«, der Beginn der Umstellung, bezeichnet. Auch die darauf folgenden zwei Wochen bleiben alle Bankschalter geschlossen, um die Salden sämtlicher Spar- und Girokonten zu erfassen. Zudem werden Abhebesperren für Beträge über 500 Euro verhängt, der Online-Kapitalverkehr unterbunden, Guthaben eingefroren. Euros können nicht mehr in Fremdwährungen eingetauscht werden. Danach beginnt die Umwandlung der elektronischen Währungsbestände auf in- und ausländischen Konten. Einlagen in höheren Fremdwährungen werden an die niedrigere neue Nationalwährung «angepasst». Zug um Zug werden die IT-Buchungssysteme, die Konten und die Bankbilanzen auf die Neue Mark umgestellt.

Die Euro-Konten der deutschen Geschäftsbanken werden bei der Bundesbank eingefroren und dann zum Kurs 1 : 1 umgewandelt, ebenso ausstehende Kredite der Bundesbank an die Geschäftsbanken. Auf einem inoffiziellen virtuellen Devisenmarkt entstehen Schwarzmarktkurse zwischen dem Euro und der physisch noch nicht existierenden, aber erwarteten Neuwährung.

**2018:** *Bank-Bote:*[963]

»Die Einführungskosten einer neuen Landeswährung (etwa für die Umrüstung der Geldautomaten, Umstellung der Kassensysteme, Preisauszeichnung im Einzelhandel, Schulungen von Bankmitarbeitern)

[962] Diese Worte sind keinesfalls fiktiv, sondern wurden so bei der Währungsreform (von der Reichsmark zur DM) am 20. Juni 1948 von Jack Bennet verkündet, dem ranghöchsten Finanzberater von US-General Lucius D. Clay, dem Militärgouverneur der amerikanischen Besatzungszone. Vgl. dazu: Werner Meyer: »Währungsreform – Das neue Geld ist da«, Augsburg 2005, S. 9

[963] Fiktiv

belaufen sich auf etwa 1 Prozent des Bruttoinlandsprodukts. Das entspricht rund 20 Milliarden Euro.[964] Das Volumen der Neue-Mark-Erstausstattung plus Reserve beträgt rund 4 Milliarden in Banknoten und 17 Milliarden in Münzen mit einem Gewicht von rund 79.000 Tonnen.«[965]

Da die Währungsreform praktisch »über Nacht« vonstattengehen muss, ist es logistisch nicht möglich, die neue Bargeldwährung zügig bereitzustellen. Bis die neuen Banknoten fälschungssicher entworfen, gedruckt, ausgeliefert und verteilt werden, vergehen Monate.[966] Bis dahin werden bei der Bargeldumstellung[967] der Banken die Euro-Noten mit fälschungssicherer magnetischer Tinte gestempelt (umgewidmet), die auch von Geldautomaten erkannt wird.[968] Die so umgewidmeten Euros dienen sofort als Neuwährung (faktisch sind sie eine Übergangswährung) und zur Kontrolle des Kapitalverkehrs. Nur noch die umgewidmeten Euro-Noten werden als Zahlungsmittel akzeptiert, bis die Ausgabe der Neuen Mark stattfindet. Geschäfte können während der Stempelungsperiode weiterhin Euro-Noten annehmen, dürfen aber nur noch gestempelte Banknoten als Wechselgeld herausgeben. Den Bürgern wird eine Abgabefrist für das Euro-»Altgeld«

---

[964] Vgl. »Fahrplan eines Euroaustritts – technische Vorbereitung und Durchführung aus Sicht eines Austrittslandes« in: *ifo Schnelldienst 6/2012, S. 27*

[965] Das entsprach ziemlich genau auch der Erstausstattung des Euro. Vgl. dazu: »Fahrplan eines Euroaustritts – technische Vorbereitung und Durchführung aus Sicht eines Austrittslandes« in: *ifo Schnelldienst 6/2012, S. 26.* Insgesamt wurden bei der Euro-Einführung von Finnland bis zu den Kanarischen Inseln 8 Milliarden neue Banknoten und 38 Milliarden Münzen an Banken, Einzelhandelsgeschäfte und Verkaufsautomaten transferiert. Eingezogen wurden 6 Milliarden nationale Banknoten und 29 Milliarden Münzen. Dabei koordinierte die EZB den Druck von insgesamt 15 Milliarden Banknoten im Wert von 633 Milliarden Euro und die Prägung von 52 Milliarden Münzen im Wert von 16 Milliarden Euro. Vgl. dazu: David Marsh: »Der Euro – Die geheime Geschichte der neuen Weltwährung«, Hamburg 2009, S. 292

[966] Der Zeitbedarf dafür beträgt zwischen 18 und 36 Monate. Die »Latenzfrist« für die Umstellung der DM auf den Euro dauerte von Anfang 1999 bis Ende 2001. Vgl. dazu: »Fahrplan eines Euroaustritts – technische Vorbereitung und Durchführung aus Sicht eines Austrittslandes« in: *ifo Schnelldienst 6/2012, S. 25*

[967] Dies betrifft die Banknoten, die an Bankschaltern oder Geldautomaten erhältlich sind.

[968] Zum Vergleich: Bei der Gründung der tschechischen und slowakischen Nationalstaaten zum 1. Januar 1993 wurde zunächst der Verbleib in einer gemeinsamen Währungsunion vereinbart. Nach der Aufspaltung in zwei Nationalstaaten wurden die alten Banknoten (tschechische und slowakische Kronen) durch das Aufkleben von Wertmarken, die mit Briefmarken verglichen werden konnten, in die neue Währung umgewandelt. Die Wertmarken waren zuvor unter strengster Geheimhaltung von einer Privatfirma in Großbritannien gedruckt worden. Der Verteilung der so umgewidmeten Banknoten wurde durch Polizei und Militär unterstützt. Die maximal umtauschbare Bargeldmenge war auf umgerechnet 136 US-Dollar begrenzt worden, um den Umtausch zu vereinfachen. Vgl. dazu: Born, Benjamin/Buchen,Teresa/Carstensen, Kai/Grimme, Christian/Kleemann, Michael/Wohlrabe, Klaus/Wollmershäuser, Timo: »Austritt Griechenlands aus der Europäischen Währungsunion: historische Erfahrungen, makroökonomische Konsequenzen und organisatorische Umsetzung«, Ifo – Leibniz-Institut für Wirtschaftsforschung an der Universität München e. V., München, April 2012, S. 49 ff.

bekannt gegeben, damit auch ihre privat gehorteten Barreserven umgewidmet werden können. Nach diesem Termin verfällt der Anspruch auf Umtausch in die neue Währung.

Das neue Währungsgesetz sieht vor, dass in allen Verträgen inklusive solchen über Schulden, Löhne, Renten und Mieten mit inländischem Gerichtsstand der Euro durch Neue Mark ersetzt wird. Verträge mit einem Gerichtsstand außerhalb Deutschlands, die eine Euro-Forderung beinhalten, können eingeklagt werden.

Alle Geldvermögen, auch auf den Sparkonten, werden 10 : 1 abgewertet (»beschnitten«). Beispiel: 100.000 Euro werden durch 10.000 Neue Mark ersetzt. Wertpapierdepots werden übernommen und ebenfalls nach diesem Schlüssel umgestellt. Doch damit nicht genug: Nach der Abwertung der Geldvermögen und Sparkonten darf jeweils nur über die Hälfte des Betrags verfügt werden. Die andere Hälfte wird zunächst auf einem Festgeldkonto eingefroren. Später werden 70 Prozent davon ersatzlos gestrichen, weitere 10 Prozent müssen langfristig (mindestens sechs Jahre) auf einem Anlagekonto deponiert werden. Die übrig gebliebenen 20 Prozent der Sparkonten werden danach freigegeben.

Beispielrechnung: 1.000 Euro Altguthaben ergeben 100 Neue Mark (NM) Neuguthaben. Davon sind 50 NM sofort verfügbar. Von den eingefrorenen 50 NM werden 35 NM gestrichen; 5 NM sind bis 2024 gesperrt und 10 NM verfügbar. Somit wird das »Spargeld« nicht 10 : 1 abgewertet, sondern von 1.000 Euro bleiben gerade mal 65 Neue Mark übrig.[969]

Das Betriebskapital von Unternehmen wird um 10 Prozent gekürzt und dann noch 10 : 1 abgewertet.[970] Verbindlichkeiten (auch Privatschulden) hingegen bleiben bei 1 : 1 (100.000 Euro Schulden entsprechen 100.000 Neuen Mark Schulden), ebenso Mieten, Pachtzinsen, Verbindlichkeiten aus Lohn- und Gehaltsforderungen, Preise, Löhne und Gehälter, Renten, Pensionen und andere staatliche Transferleistungen. Versicherungs- und Bausparsummen implodieren nach der Abwertung 10 : 1, die laufenden Beiträge bleiben aber bei 1 : 1.

---

[969] Dies wurde während der Währungsreform 1948 so praktiziert. Vgl. dazu: Michael Grandt: »Der Staatsbankrott kommt – Hintergründe, die man kennen muss«, Rottenburg 2010, S. 287

[970] Damit die Unternehmen nicht Pleite gehen, vergibt die Kreditanstalt für Wiederaufbau (KfW) zinsgünstige Darlehen.

Zu allem Übel steigen die Lebenshaltungskosten sowie die Preise in Gastronomie und Handel (für verschiedene Bedarfsartikel) um 15 bis 20 Prozent. »Geschäfte, die die Einführung der Neuen Mark dazu nutzten, unberechtigte und ungerechtfertigte Preiserhöhungen vorzunehmen, haben dem Projekt der neuen Währung langfristig enormen Schaden zugefügt. Der Verdacht, dass mit den Preisen etwas nicht stimmt, ist nicht gewichen«, wird später der Finanzminister bei einem geheim gehaltenen Treffen mit dem Wirtschaftsminister sagen.[971]

**2018:** *Süddeutsche Zeitung:*

»Auch diese Währungsreform ist ohne jede Berücksichtigung der Größenanordnungen der Vermögen und ohne jegliche Rücksichtnahme auf die soziale Lage der Betroffenen erfolgt. Das ohnedies schon so schreiende Unrecht der Währungszusammenführung ist dadurch nochmals vergrößert und erbarmungslos vertieft worden. Es stimmt eben nicht: ‚Ob arm oder reich, jeden trifft es gleich' – der ohnehin schon Arme stürzt dabei vollends in den wirtschaftlichen und sozialen Abgrund.«[972]

Die Verlierer der Währungsreform sind also die Bürger, der große Gewinner der Staat. Dieser wertet Schatzbriefe und Schuldverschreibungen ebenfalls im Verhältnis 10 : 1 ab, beschneidet damit die Staatsschulden und kann auf einen Schlag einen möglichst großen Teil der „Schrottwährung" Euro loswerden. Weil damit das Geldquantum schrumpft, wird das »Unverhältnis« zwischen Geldmenge zum (absichernden) Wert von Waren und Dienstleistungen künstlich angeglichen.

Endlich findet die Neugeldausgabe an den dafür vorgesehenen Ausgabestellen statt. Die Neue Mark wird allein gültiges Zahlungsmittel. Der Erstausstattungsbetrag beträgt 500 NM pro Person. Auf Antrag erhalten

---

[971] Fast genauso äußerte sich der Ministerpräsident und Finanzminister Luxemburgs sowie ehemalige Präsident der Euro-Gruppe, Jean-Claude Juncker, bei der Einführung des Euro: »Geschäfte, die die Einführung des Euro dazu nutzten, unberechtigte und ungerechtfertigte Preiserhöhungen vorzunehmen, haben dem Projekt der Einheitswährung langfristig enormen Schaden zugefügt. Der Verdacht, dass mit den Preisen etwas nicht stimmt, ist seit der ‚Teuro-Episode' nicht gewichen (...)« Vgl.: David Marsh: »Der Euro – Die geheime Geschichte der neuen Weltwährung«, Hamburg 2009, S. 293

[972] Tatsächlich hat dies die *Süddeutsche Zeitung* so am 2. Oktober 1948 geschrieben (von mir in Auszügen wiedergegeben). Vgl. dazu: Werner Meyer: »Währungsreform – Das neue Geld ist da«, Augsburg 2005, S. 12

Unternehmen, Personenvereinigungen, Gewerbetreibende und Angehörige freier Berufe 500 NM je Arbeitnehmer. Die Bundesbank erhöht die Zinsen, um die Bürger wieder zum Sparen zu animieren, obwohl gerade diese es sind, die fast alles verloren haben. Die Gold- und Silberpreise explodieren. Von einer Währungsreform profitiert letztlich also nur der Staat. Ansonsten findet eine stille Enteignung des privaten Geldvermögens statt, eine Umbuchung von Privatvermögen zum Staat[973], dessen Schulden auch noch schrumpfen. Sozusagen über Nacht verlieren die Menschen den größten Teil ihres monetären Vermögens.

**2018:** *Wirtschafts-Media:*[974]

»Die Währungsreform ist vollbracht. Allerdings nicht ohne ökonomische Gefahren: Nach der Einführung der Neuen Mark wurde ihr Kurs gegenüber den anderen europäischen Währungen um bis zu 30 Prozent aufgewertet. Dadurch büßten Produkte Made in Germany im Ausland ihre Wettbewerbsfähigkeit ein, weil sie sich unverhältnismäßig verteuerten. Vor allem Maschinen und Autos, die nun wie angeklebt in den Fabriken stehen. Die Exporte brechen ein, während die Importe billiger werden. Nun ist die Bundesregierung gefragt, mit entsprechenden Maßnahmen die Ausfuhren wieder attraktiv zu machen, um im internationalen Wettbewerb bestehen zu können.«

### 4.3.4. Die »kleptokratische Aristokratie« – Steuerkontrollen und Steuererhöhungen

Obwohl sich der deutsche Staat durch den Währungsschnitt so gut wie entschuldet hat, verkommt er zur »kleptokratischen Aristokratie«. Denn in den Staatskassen herrscht Ebbe, und deshalb werden weitere Opfer von den Bürgern gefordert.

---

[973] So formulierte es der *Handelsblatt*-Korrespondent Ingo Narat. Vgl.: »Schulden: Der Staat wird uns enteignen« in: *Handelsblatt v. 30.07.12*

[974] Fiktiv

**2018:** Live-Statement des Bundesfinanzministers zur bevorstehenden Währungsreform:[975]

»Nach der Währungsreform müssen wir bis zur höchsten Tragfähigkeit gehen! Man muss sich klar darüber sein, dass der Weg zur Abwicklung dieser Aufgabe nur freigemacht werden kann, wenn am Anfang eine entschlossene Tat der Bundesregierung steht! Eine Tat, welche den eisernen Willen aller Bürger bekundet, trotz des schweren Falls den Weg nach oben wieder zu finden! Eine Tat, welche zugleich die feste Bürgschaft dafür bietet, dass der Gedanke der sozialen Gerechtigkeit voll zur Wirkung kommt! Eine solche Tat sind verschiedene Steuererhöhungen und Vermögensabgaben.«[976]

So kündigt der Bundesfinanzminister nicht nur »enorme Steuererhöhungen«[977] an, sondern führt sie, nach den einhellig vom Bundestag verabschiedeten neuen Steuergesetzen und dem so genannten Stabilität-Paket,[978] auch schnell ein. Dies, so sagt er weiter, sei der einzige Weg für das Land, die Sparziele zu erreichen. »Es gibt keine Verschleppungstaktik. Nach mehr Zeit zu fragen, würde uns in eine Diktatur der Schulden und in den Niedergang führen.[979] Es geht um das Überleben unseres Landes.«[980] Alle Ministerien müssen Vorschläge für Ausgabenkürzungen um je 10 Prozent vorlegen.[981]

---

[975] Fiktiv

[976] Fast dieselben Worte gebrauchte (als historisches Vorbild) einst der Zentrumspolitiker und Finanzminister Matthias Erzberger unmittelbar nach dem Ersten Weltkrieg. Vgl. dazu: Gabor Steingart: »Weltkrieg um Wohlstand – Wie Macht und Reichtum neu verteilt werden«, München 2007, S. 309 ff.

[977] Und das, obwohl Politiker wie Bundesfinanzminister Wolfgang Schäuble einst noch erklärten, dass eine Erhöhung der Steuern nicht der »Königsweg« sei. FDP-Fraktionschef Rainer Brüderle ergänzte damals, dass beispielsweise eine Vermögensabgabe ein »Angriff auf das Eigentum der Menschen« sei, der die Grundprinzipien der sozialen Marktwirtschaft infrage stelle und an »Sozialismus« erinnere. Vgl. dazu: »Zwangsanleihen & Vermögenssteuer: Angriff auf unsere Ersparnisse« in: *Welt am Sonntag v. 15.07.12*

[978] So geschehen beispielsweise nach den Neuwahlen während der Island-Krise im Frühjahr 2009.

[979] Dies sagte der portugiesische Finanzminister Vitor Gaspar im Oktober 2012. Vgl. dazu: »Euro-Krise: Portugals Finanzminister warnt vor ‚Diktatur der Schulden'« in: *ftd.de v. 15.10.12* (http://www.ftd.de/politik/europa/:euro-krise-portugals-finanzminister-warnt-vor-diktatur-der-schulden/70104711.html)/Zugriff: 18.10.12

[980] Dies sagte der irische Finanzminister Brian Joseph Lenihan während der Irland-Krise. Vgl. dazu: *Handelsblatt v. 02.12.09*

[981] So geschehen nach den Neuwahlen während der Island-Krise im Frühjahr 2009.

**2018:** *Wirtschafts-Media:*[982]

»Der einstige idealistische Gedanke des Verfassungs- und Steuerrechtlers Paul Kirchhof, Steuern seien der ‚Preis der Freiheit'[983], damit ein Staatswesen überhaupt erst entstehen könne, ist zu einem Zwangsabgabensystem eines absolutistisch agierenden Staates verkommen. Der ‚nehmende' Staat ist schon längst zum Synonym für die Unzufriedenheit seiner Bürger geworden.«

Durch das Stabilitätspaket und die neuen Abgabengesetze soll auch eine größere Steuertransparenz bei Geldgeschäften geschaffen werden. Jetzt profitiert die Bundesregierung von dem bereits existierenden effizienten Kontrollsystem für steuerpflichtiges Kapital, das 2008 mit der Vergabe der bundeseinheitlichen persönlichen »Identifikationsnummer« (ID) seinen Anfang nahm.[984] Dazu gehören auch Doppelbesteuerungsabkommen mit verschiedenen Ländern und Verschärfungen der Geldwäscherichtlinien, die einst von der EU erneuert worden waren. Auch die Kapitalverkehrskontrollen werden ausgeweitet: Vor dem Crash durften bei einem Grenzübertritt noch 10.000 Euro mitgeführt werden, jetzt keine »müde (Neue) Mark« mehr. So werden illegale Bargeldtransfers – vor allem ins Land hinein – erheblich erschwert, denn aufgrund einer relativ stabilen Neuen Mark ist mit spekulativen Kapitalzuflüssen aus dem Ausland zu rechnen.

Zudem erhält das Bundeszentralamt für Steuern im Kampf gegen Steuervermeidung mehr Befugnisse. Es wird zu einem regelrechten deutschen »Steuer-FBI« ausgebaut, das auch effektiver gegen internationale Steuerhinterziehung vorgeht.[985] Die Steuerfahndung wird also als bundesweite Ermittlertruppe eingesetzt; die Strafsachstellen werden personell gestärkt, sodass das »Entdeckungsrisiko« von Steuerbetrug

[982] Fiktiv

[983] Vgl. »Der Umverteilungsstaat ist am Ende, und das ist gut« in: *Handelsblatt v. 15.07.12*

[984] So müssen es beispielsweise Anleger angeben, wenn sie ein Konto im Ausland besitzen. Ebenso lassen sich aufgrund der »Freistellungsauftragspflicht« Geldschenkungen besser nachvollziehen.

[985] Vgl. »Schäuble für deutsches Steuer-FBI« in: *handelsblatt.com v. 10.04.13* (http://www.handelsblatt.com/politik/deutschland/steuerhinterziehung-schaeuble-fuer-deutsches-steuer-fbi/8048496.html)/Zugriff: 11.04.13

signifikant steigt. Auch das Bankgeheimnis wird rigoros gelockert, nicht nur in Deutschland, sondern auch in Resteuropa.[986]

Finanzinstitute, die Beihilfe zu Steuerbetrug leisten, müssen nun nicht mehr nur mit Strafzahlungen rechnen, sondern auch mit dem Entzug der Banklizenz. Verstöße gegen das Steuerrecht verjähren nun nicht mehr automatisch nach zehn Jahren, sondern die Frist beginnt erst mit Abgabe einer »korrigierten« Steuererklärung an das Finanzamt. Zudem wird durch einen automatischen Informationsaustausch innerhalb der EU der Umsatzsteuerbetrug eingedämmt.[987]

Steuerhinterziehung wird unter noch schwerere Strafen gestellt. Durch das ebenfalls schon von der EU beschlossene »Beitreibungsgesetz« können Steuerfahnder grenzübergreifend agieren und ermitteln. Wie effektiv sie sind, haben sie bereits im November 2012 gezeigt, als die erste bundesweit angelegte Steuer-Razzia gegen deutsche Millionäre durchgeführt wurde. Hintergrund war der Ankauf von Steuer-CDs mit Daten Tausender Steuersünder mit Konten in der Schweiz, Luxemburg und Liechtenstein.

Doch für die Bekämpfung von Kapitalmarktverbrechen lässt sich die Bundesregierung noch mehr einfallen: So fördert sie durch finanzielle Anreize »Whistleblower«, also Tippgeber, die bei offiziellen Stellen über Missstände bei ihrem Arbeitgeber auspacken, diese auf gut Deutsch »verpfeifen«. Die Belohnungen hierfür liegen bei 10 bis 30 Prozent der Strafe, die für ein Vergehen von den Behörden verhängt wird, wenn dieses mehr als 1 Million Neue Mark beträgt.[988] Damit wird die »Denunzianten-Prämie« ein lohnendes Geschäft für »Finanz-Verräter«, die jedoch durch die Verabschiedung eines entsprechenden Gesetzes Rechtsgültigkeit besitzt. So heißt es unter anderem: »Im Einklang mit nationalem Recht können finanzielle Anreize für Personen, die besonders wichtige Informationen über mögliche Verstöße (...) bereitstellen (...), gewährt werden, vorausgesetzt,

---

[986] 2013 hat dies - neben anderen Ländern - auch eine weitere Oase der Bankgeheimnisse angekündigt: Luxemburg. Vgl.: »Schäuble für deutsches Steuer-FBI« in: *handelsblatt.com v. 10.04.13* (http://www.handelsblatt.com/politik/deutschland/steuerhinterziehung-schaeuble-fuer-deutsches-steuer-fbi/8048496.html)/Zugriff: 11.04.13

[987] Dies entspricht der so genannten Braunschweiger Erklärung, mit der die SPD im Januar 2013 ihren Fünf-Punkte-Plan im Kampf gegen Steuerbetrug vorlegte. Vgl.: »SPD startet Kampf gegen Steuersünder« in: *Handelsblatt v. 15.01.13*

[988] Dies wird in den USA bereits so praktiziert. So gehen 51 Prozent aller Verfahren bei Kapitalmarktdelikten, überwiegend beim Insiderhandel, auf »Whistleblower« zurück. Vgl. dazu: »Verrat soll sich künftig auszahlen« in: *Handelsblatt v. 26.-28.10.12*///»Prämie für Denunzianten?« in: *Handelsblatt v. 30.10.12*

dass die Informationen neu sind und zur Verhängung einer Verwaltungsmaßnahme oder einer verwaltungs- oder strafrechtlichen Sanktion führen.«[989]

Wirtschaftsbosse sind empört, werfen den Politikern vor, haltloses Denunziantentum zu fördern. Die Bundesregierung jedoch verweist auf die vergangenen Skandale um Zinsmanipulationen, Insiderhandel und Verfehlungen im Eigenhandel. Sie hätten gezeigt, dass eine bloße Finanzaufsicht und firmeneigene Lösungen zur Aufdeckung von Missständen nicht ausreichen.

**2018:** ***BRD-Money:***[990]

»Um den Finanzierungsbedarf der Bundesregierung zu decken, die öffentlichen Finanzen zu sanieren und die restlichen Staatsschulden abzubauen, wurde eine Reihe von Steuern, Abgaben und Zuschlägen erhoben.«

Kurz nach der Währungsreform empfängt die Bürger also ein wahrer »Steuerblues«. Doch zum Tanzen ist niemandem zu Mute. Eher zum Weinen. Nicht nur die Mehrwertsteuer wird aus »solidarischem Patriotismus« von 19 auf 33 Prozent[991] angehoben (der ermäßigte Steuersatz beispielsweise für Lebensmittel wird von 7 auf 15 Prozent), sondern auch die Tabak-, Getränke-, Strom- und Mineralölsteuern. Die Erhöhung dieser Verbrauchs- oder Konsumsteuern ist Gift für die Binnennachfrage und für eine wirtschaftliche Erholung. Das ist natürlich auch der Bundesregierung bekannt, aber aufgrund leerer Staatskassen bleibt ihr nichts anderes übrig. Die Zwangshypotheken, die bereits während der Zeit der Hyperinflation auf

---

[989] Diese Passage findet sich genauso in einem Vorschlag der EU-Kommission für neue Regeln zur Bekämpfung von Kapitalmarktverbrechen vom Oktober 2012. Vgl. dazu: »Verrat soll sich künftig auszahlen« in: *Handelsblatt v. 26.-28.10.12*

[990] Fiktiv

[991] Um richtig viel Geld in die leeren Staatskassen zu spülen, muss die Mehrwertsteuer um 10 bis 15 Prozentpunkte erhöht werden (beispielsweise um den Konkurs Griechenlands mit 80 Milliarden Euro auszugleichen), wie Kai Carstens, Konjunkturchef des Ifo-Instituts errechnete. Vgl. dazu: »Steuern: Künftig 33 statt 19 Prozent« in: *Focus Money 37/2012, S. 40*

Immobilienbesitz erhoben worden waren, bleiben bestehen. Auch die Grundsteuer wird zu Lasten von Eigentümern und Mietern reformiert.[992]
Auf teure Fahrzeuge, Edelsteine und Lederwaren wird eine Luxussteuer erhoben.[993] Das Gesundheitsministerium erlaubt das Rauchen in Speiselokalen wieder. Die Gastronomen müssen für eine reservierte »Raucherfläche« jedoch Gebühren an die Behörden bezahlen.[994]
Auch die Vermögenden werden noch mehr zur Kasse gebeten; privater Reichtum soll für nachhaltige Finanzierung öffentlicher Aufgaben herangezogen werden.[995] Zunächst werden die »Reichen« verpflichtet, 10 Prozent ihres Vermögens in deutsche Staatsanleihen zu investieren.[996] Nach dem Vorbild der Franzosen wird dann die so genannte Reichensteuer erhoben, die der sozialistische Präsidenten Francois Hollande bereits 2012 im Nachbarland eingeführt hatte:[997] Wer hierzulande mehr als 250.000 Neue Mark verdient, muss 10 Prozent an den Fiskus abgeben.[998] Diejenigen, die

---

[992] Dies wurde in weiten Teilen der Politik schon im September 2012 diskutiert. Vgl. dazu: »Der gierige Staat – Steuerzahler im Zugriff des Fiskus« in: *Der Steuerzahler Baden Württemberg 09/2012, S. 3*

[993] Griechenland hat im Zuge der Krise diese Luxussteuern schon längst eingeführt. Vgl. dazu: »Wie der Staat abkassieren kann« in: *Welt am Sonntag v. 15.07.12*

[994] So geschehen in Griechenland. Vgl.: »Konjunktureinbruch: Griechen sparen sich Autos und Schuhe« in: *Financial Times Deutschland v. 28.12.11* (http://www.ftd.de/politik/europa/:konjunktureinbruch-griechen-sparen-sich-autos-und-schuhe/60147454.html)/Zugriff: 12.10.12

[995] Genau dies prüfte (über die Progression in der Einkommensteuer hinaus) im November 2012 die Bundesregierung. Vgl. dazu: »Kanzlerin greift in den Streit um Reichtum ein« in: *Handelsblatt v. 21.-23.11.12*

[996] Ein solches Gedankenexperiment (allerdings Italien betreffend) führte Jürgen Rocholl durch, Präsident der European School of Management and Technology (ESMT) in Berlin. Vgl. dazu: »Euro-Krise: Die Reichen im Süden zur Kasse bitten« in: *Handelsblatt v. 12.07.12*. Auch das Deutsche Institut für Wirtschaftsforschung (DIW) hat im Juli 2012 in einer Studie eine einmalige Abgabe für reiche Bundesbürger vorgeschlagen. Vgl. dazu: »Schäuble lehnt Reichenabgabe für Deutschland ab« in: *Handelsblatt v. 12.07.12*

[997] Bei einem Jahreseinkommen von mehr als 1 Million Euro wird ein Spitzensteuersatz von 75 Prozent erhoben (gegenüber 46,8 Prozent vorher). Die Reichensteuer ist auf zwei Jahre befristet. Vgl.: »Frankreich beschließt befristete Reichensteuer« in: *SpiegelOnline v. 20.10.12* (http://www.spiegel.de/wirtschaft/soziales/frankreich-beschliesst-reichensteuer-a-862477.html)/Zugriff: 21.12.12///Zwar führte die Einführung der »Reichensteuer« in Frankreich zu einer Kapitalabfluss von über 70 Milliarden Euro (vgl. dazu: »Reichensteuer 'kostete' Frankreich bis zu 70 Mrd. Euro« in: *diepresse.com v. 09.04.13* (http://diepresse.com/home/wirtschaft/international/1386850/Reichensteuer-kostete-Frankreich-bis-zu-70-Mrd-Euro)/Zugriff: 10.04.13) doch dies kann durch die verstärkten Kapitalverkehrskontrollen 2018 in Deutschland nicht vorkommen.

[998] Geplant war die Besteuerung der Vermögenden schon nach der Bundestagswahl 2013. Als wohlhabend galten damals jene, die monatlich mehr als 6.000 Euro brutto verdienten oder mindestens 250.000 Euro (Ehepaare 500.000 Euro) Immobilien- oder sonstiges Vermögen wie Sparguthaben, Lebensversicherungen, Edelmetall (Gold und Silber), Kunst oder Oldtimer besaßen. Vgl. dazu: »Sigmar Gabriel und das Alte Testament« in: *Focus Money 38/2012, S. 3*/»Euro-Krise: Düstere Aussichten für die Steuerzahler« in *Der Steuerzahler 09/2012, S. 204 ff.* Die SPD will nach der Bundestagswahl 2013 von Millionären künftig jährlich 1 Prozent Vermögensteuer erheben. Vgl. dazu: »Unternehmen fürchten die Vermögensteuer« in: *Handelsblatt v. 27.11.12.* Jürgen Trittin, Fraktionsvorsitzender von Bündnis 90/Die Grünen, äußerte sich im Herbst 2012 dahingehend, dass er nach der Bundestagswahl 2013 eine Vermögensteuer sogar rückwirkend einführen möchte. Vgl. dazu: »Deutscher Steuerwahn: Geld retten« in: *Focus Money 44/2012, S. 60.* Diese soll jedoch

darunter liegen, müssen eine »einmalige« Sonderabgabe für die Staatsfinanzierung und Staatsrettung in Höhe von 5 Prozent auf alle Geld- und Immobilienvermögen entrichten, ähnlich dem Solidaritätszuschlag.[999] In diesem Zusammenhang kann »einmalig« auch bedeuten, dass die Zahlungshöhe *einmal* verbindlich festgelegt, die Abgabe jedoch auf 10 bis 15 Jahre gestreckt wird.[1000] Damit würde es sich nicht mehr um eine eigentliche »Reichen- oder Millionärssteuer« handeln, sondern um eine Besteuerung der »stillen Leistungsträger«, des oberen Mittelstands also, zu dem beispielsweise auch Facharbeiter gehören.[1001] Der Spitzensteuersatz auf Einkommen über 100.000 Neue Mark wird von 42 auf 49 Prozent[1002] und kurz darauf auf 53 Prozent[1003] angehoben.

**2018:** *Deutsche Steuerbote:*[1004]

»Joachim Wieland, Rechtsprofessor an der Uni Speyer, erklärte bereits im August 2012, dass das Grundgesetz Vermögensabgaben mit einem ‚außerordentlichen Finanzbedarf' rechtfertigt, jedoch nicht mit dem ‚allgemeinen staatlichen Finanzbedarf'. So ziehen 2018 einige wenige vor das Bundesverfassungsgericht, weil sie die Abgabe für ungerecht halten. Doch wie schon bei der Entscheidung zum ESM im Jahr 2012 blitzen die

---

zeitlich auf zehn Jahre befristet sein. Vgl. dazu: »Unternehmen fürchten die Vermögensteuer« in: *Handelsblatt v. 27.11.12*

999 Eine solche war 2012 in Frankreich im Gespräch; konkret: eine zusätzliche Abgabe für die Griechenland-Bürgschaften. Vgl. »Irrationales Verhältnis« in: *Wirtschaftswoche 38/2012, S. 36.* In der Weimarer Republik wurde diese Sonderabgabe »Reichsnotopfer« benannt und sollte 45 Milliarden Mark in die Staatskasse spülen. Vgl. dazu: Richard Gaettens: »Inflation in Deutschland – Historie der Vermögensvernichtung 1914-1948«, Bochum 2012, S. 16, 23, 24

1000 Eine Studie der Hans-Böckler-Stiftung vom August 2012 besagt in Bezug auf die aktuelle Euro-Krise genau dies. Vgl. dazu: »Krise erlaubt Vermögensabgabe« in: *Financial Times Deutschland v. 22.08.12.* Das beste Beispiel hierfür ist der Solidaritätszuschlag, vorwiegend mit den Kosten der deutschen Einheit begründet, der am 1. Juli 1991 eingeführt und bis zum 30. Juni 1992 erhoben, 1993 und 1994 ausgesetzt, 1995 wieder eingeführt wurde und bis heute besteht.

1001 In der Tat unterbreitete die SPD schon im September 2012 diese Idee, Privatpersonen und Unternehmen sollten auf ihren Besitz jedes Jahr eine Abgabe in Höhe von 1 Prozent bezahlen. Vgl. dazu: »Finanzpolitik: Jagd auf Reiche« in: *Der Spiegel 39/2012, S. 92*

1002 Bereits im Oktober 2012 plante die SPD die Anhebung auf diesen Spitzensteuersatz, wenn sie die Bundestagswahl 2013 gewinnen sollte. Vgl. dazu: »Steuer- und Abgabenlast: Der teure Herr Steinbrück« in: *Handelsblatt v. 15.10.12*

1003 Dieses Szenario zeichnete die *Frankfurter Rundschau*, wenn es Deutschland so wie den Griechen gehen sollte und die Linkspartei Neuwahlen gewonnen hätte. Vgl. dazu: »Sparen wie die Griechen« in: *fr-online.de v. 16.06.11* (http://www.fr-online.de/schuldenkrise/euro-krise---szenario-sparen-wie-die-griechen,1471908,8564578.html)/Zugriff: 27.09.12

1004 Fiktiv

Kläger ab. Wieland: ‚Ich komme in meiner Studie zu dem Schluss, dass die Verfassung solche Eingriffe (eine Vermögensabgabe) prinzipiell erlaubt: Eine einmalige Situation rechtfertigt einmalige Maßnahmen.'«[1005]

Die Kapitalsteuer auf Kapitalerträge wie Zinsen und Erbschaftssteuern wird erhöht[1006], ebenso die Finanzmarkttransaktionssteuer[1007] auf Aktien und Derivate. Dies trifft auch die »kleinen« privaten Fondskäufer und Sparer: In einem Zeitraum von 40 Jahren und bei einer monatlichen Sparrate von 100 Neuen Mark ergibt dies für einen von ihnen eine zusätzliche Steuerlast von bis zu 4.000 Neuen Mark. Damit werden die Überschüsse aus rund zwölf Jahren von den Steuern aufgefressen.[1008] Profispekulanten weichen auf andere, internationale Börsenplätze aus, die diese Steuer nicht erheben.

Doch der kleine Sparer wird ebenfalls, beziehungsweise noch mehr, zur Kasse gebeten: Eine sogenannte »Sparersteuer« wird für alle Kontobesitzer eingeführt. Und zwar nicht im Promillebereich, sondern in Höhe von 8,5 Prozent.[1009]

Damit der Staat schnell an Geld kommen kann, können sich (wohlhabende) Bürger für eine hohe Summe von allen künftigen Steuern freikaufen. Ob sich die Regierung jedoch auch tatsächlich an diese »Steuerfreikäufe« halten wird scheint angesichts der gesamtwirtschaftlichen Lage mehr als fraglich. Neben der Grundsteuer erhöhen die völlig bankrotten Kommunen ihre

---

[1005] Vgl. »Krise erlaubt Vermögensabgabe« in: *Financial Times Deutschland v. 22.08.12*

[1006] Im August 2012 forderte dies u. a. SPD-Chef Sigmar Gabriel. Er hatte zu mehr »sozialem Patriotismus« aufgerufen und sich der von Gewerkschaften, Sozialverbänden und Globalisierungsgegnern getragenen Initiative »Um-fair-teilen« angeschlossen. Vgl. dazu: »Gabriel hängt sich an Bündnis zur Besteuerung der Reichen« in: *Financial Times Deutschland v. 06.08.12*, »Streit über Reichensteuer« in: *Handelsblatt v. 06.08.12* und »Reichensteuer: Eine Kampagne mit Realitätsverlust« in: *Handelsblatt v. 06.08.12*

[1007] Die geplante Finanztransaktionssteuer in Deutschland beträgt 0,1 Prozent auf Aktien und 0,01 Prozent auf Derivate. Damit könnten in Deutschland rund 2 Milliarden Euro im Jahr mehr eingenommen werden. Vgl. dazu: »Transaktionssteuer: Fiskus verärgert Finanzanleger« in: *Focus Money 37/2012* (http://www.focus.de/finanzen/steuern/transaktionssteuer-fiskus-veraergert-finanzanleger_aid_813170.html)/Zugriff: 23.12.12/»Solidität gegen Solidarität« in: *Wirtschaftswoche 43/2012, S. 23*

[1008] Dieses »Planspiel« wurde im September 2012 durchgespielt, allerdings in Euro. Vgl. dazu: »Euro-Krise: Düstere Aussichten für die Steuerzahler« in *Der Steuerzahler 09/2012, S. 204 ff.*

[1009] Dies wurde bereits 1992 in Italien unter der Regierung Giuliana Amato - und zwar rückwirkend - beschlossen: mit einer Abgabe von 6 Promille für alle Kontobesitzer. 2013 wird für Spanien und Portugal eine 8,5-prozentige Sparersteuer errechnet, die alleine in Spanien 129 Milliarden Euro und in Portugal 8,5 Milliarden Euro erbringen könnte. Vgl. dazu: »Comeback der Euro-Krise: Die Angst der Sparer ist zurück: Diese 33 Tipps retten Ihr Geld« in: *focus-money v. 03.04.13* (http://www.focus.de/finanzen/boerse/finanzkrise/tid-30390/comeback-der-euro-krise-bei-den-sparern-ist-die-angst-zurueck-diese-33-tipps-retten-ihr-geld_aid_952131.html)/Zugriff: 05.04.13

Gewerbesteuerhebesätze.[1010] Für viele Unternehmen verursacht sie die Hauptlast der Besteuerung. Um noch mehr Geld eintreiben zu können, berät der Bundestag 2018 über weitere Steuern[1011]:

- Mobilfunkantennensteuer (die für jeden Sendemast jährlich vom Betreiber zu bezahlen ist)
- Kulturförderabgabe (auch »Bettensteuer« oder »Matratzenmaut« genannt, auf Hotelübernachtungen)
- Jagdsteuer
- Zweitwohnungssteuer
- Sonnenbanksteuer (auch »Solariumsteuer« genannt)
- Blaulichtsteuer (für Polizei- und Feuerwehreinsätze)
- Vergnügungssteuer (für Prostituierte, auch »Sexsteuer« genannt)
- Kleintiersteuer (beispielsweise auf Meerschweinchen, Zwergkaninchen, Wellensittiche und Papageien)
- Pferdesteuer (für Pferdebesitzer)

Durch die steuerlichen Mehrbelastungen und Umverteilungen für jene, die noch Vermögen besitzen, besteht die Gefahr, dass deren Leistungsbereitschaft sinkt und das Unternehmertum »einschläft«.

### 4.3.5. »Bye-bye Germany« – das große Auswandern

Aufgrund der steigenden Steuerlast denken viele Privatpersonen und Unternehmer über Wohnsitz- und Betriebsverlagerungen nach, also darüber, ihren Aufenthalt und/oder ihre Produktionsstätten ins Ausland zu verlegen. Vor allem die gut Betuchten, die nicht einsehen wollen, dass die obersten 20 Prozent aller Einkommen über 70 Prozent der Einkommensteuer finanzieren und die untersten 20 Prozent gerade mal 0,3 Prozent. »Salopp formuliert ist die einzig sichere Variante, um der Vermögensteuer komplett zu entgehen:

---

[1010] Im Juli 2012 meldet die *Wirtschaftswoche*, dass die Kommunen in diesem Jahr zum dritten Mal hintereinander ihre Hebesätze zur Grund- und Gewerbesteuer erhöht hätten. Vgl. dazu: »Kommunen kassieren immer mehr ab« in: *Wirtschaftswoche 29/2012, S. 13*

[1011] Die meisten der nachfolgend genannten Steuerarten sind bereits in verschiedenen Bundesländern oder Gemeinden und Städten eingeführt worden. Jochen Wieland, Professor für Finanz- und Steuerrecht an der Universität Speyer erklärte dazu: »Die Länder und Kommunen haben nach dem Grundgesetz ein Steuerfindungsrecht. Das bedeutet, dass sie neue Steuern erfinden dürfen, soweit sie einen örtlichen Bezug haben und es keine gleichartige Bundessteuer gibt.« So können Kommunen diese örtlichen Verbrauchs- und Aufwandssteuern durch eine Satzung einführen und erheben. Der Rahmen dafür wird im Kommunalabgabengesetz geregelt. Vgl. dazu: »Not kennt viele Steuern« in: *Financial Times Deutschland v. 18.07.12.*

alles verkaufen, Geld in den Rucksack packen und ab ins Ausland gehen«, sagte schon 2012 der Wirtschaftsprüfer und Steuerberater Carl-Josef Husken.[1012] Hoch im Kurs stehen die skandinavischen Länder Schweden, Norwegen und Finnland, aber auch die Schweiz.[1013] So zählen die deutschen Behörden dreimal mehr Auswanderer als jemals zuvor.[1014] Ein neues Problem für den Staat, der so Gefahr läuft, große Teile der Mittelschicht zu verlieren, die eigentlich Arbeitsplätze schafft und Steuern zahlt.

[1012] Vgl. »Deutscher Steuerwahn: Geld retten« in: *Focus Money 44/2012, S. 61*

[1013] Vgl. hierzu auch Kapitel *6.3.*

[1014] Wie während der Zeit nach der Hyperinflation in den 1920er Jahren (bezogen auf das Vorjahr). Vgl. »Nationales Trauma« von Alexander Jung in: *Spiegel-Geschichte: »Geld! Von den Fuggern zur Finanzkrise: Eine Chronik des Kapitals«, S. 106-115*

# 5. Teil

# Deutschland und das »zerrissene« Europa[xxxvi]

*»Heute dürfen wir keine Zweifel daran haben, dass Europa in Gefahr ist.«*
Jacek Rostowski (polnischer Finanzminister, im September 2009 in einer Rede im EU-Parlament über ein Scheitern der EU und eine mögliche Kriegsgefahr)[xxxvii]

*»Endlose Geldströme finanzieren den Krieg.«*
Marcus Tullius Cicero (römischer Politiker, Philosoph und Schriftsteller)[xxxviii]

Historische Auflösungen von Währungsunionen, wie die in der Europäischen Union 2018, sind in der Geschichte nicht neu. Allein in den letzten knappen 100 Jahren war dies bereits siebenmal der Fall: [1015]

| Währungsunion | Zeitpunkt der Auflösung | Gründe |
|---|---|---|
| Österreich-Ungarn | 1919-1927 | Kriegsniederlage, Gründung neuer Staaten |
| Russland | 1918-1920 | Gründung neuer Staaten |
| Sowjetunion | 1992-1994 | Politische Unruhen, Gründung neuer |

[1015] Vgl.: Benjamin Born/Teresa Buchen/Kai Carstensen/Christian Grimme/Michael Kleemann/Klaus Wohlrabe/Timo Wollmershäuser: »Austritt Griechenlands aus der Europäischen Währungsunion: historische Erfahrungen, makroökonomische Konsequenzen und organisatorische Umsetzung«, Ifo-Leibniz-Institut für Wirtschaftsforschung an der Universität München e. V., München 2012, S. 6 (Quelle: Bordo und Jonung (1999))

| | | |
|---|---|---|
| | | Staaten |
| Jugoslawien | 1991-1994 | Politische Unruhen, Bürgerkrieg, Gründung neuer Staaten |
| Tschechoslowakei | 1993 | Politische Divergenzen, Gründung neuer Staaten |
| Lateinische Währungsunion (Belgien, Italien, Frankreich, Schweiz, Griechenland)[1016] | 1914-1927 | Erster Weltkrieg, unterschiedliche Geldpolitik |
| Skandinavische Währungsunion | 1914-1924 | Erster Weltkrieg, unterschiedliche Geldpolitik |

## 5.1. Der Untergang der EU und die Auswirkungen

Die Staatsräson vieler Regierungschefs, die europäische Währungseinheit zu erhalten, koste es was es wolle, ist aufgrund des finanziellen Missmanagements 2018 gescheitert. Die Kluft zwischen Einnahmen und Ausgaben ist so dramatisch angewachsen, dass die EU und die einzelnen Mitgliedsstaaten die Schulden nicht mehr bedienen können. Doch keines der Eurozonen-Länder kann einseitig handeln, sondern muss sich an die einheitlichen Regeln der EZB halten, die verzweifelt versucht den Zusammenbruch zu verhindern. Das Werkzeug dazu ist jedoch seit Jahren wirkungslos: Darlehen der reicheren (nördlichen) Mitglieder an die verschuldeten (südlichen) Länder. Doch das Problem der Euro-Zone ist längst nicht mehr mit Geld zu lösen. »Wesentlich strengere Regulationsmechanismen, um die Finanzen von Beitrittskandidaten in Ordnung zu bringen, oder sogar eine Verlangsamung des ganzen Beitrittsprozesses für neue Mitglieder wären auf kurze Sicht schmerzhaft

---

[1016] Vgl. »Lateinische Münzunion« in: *universal-lexikon.deacademic.com* (http://universal_lexikon.deacademic.com/264984/Lateinische_M%C3%BCnzunion)/Zugriff: 04.02.13

und wenig populär gewesen«, schreibt der Systemstheorie-Komplexitätsforscher John Casti. »Aber solche Maßnahmen hätten sicher geholfen, der derzeitigen Krise vorzubeugen. Die Politik des 'je schneller, desto besser' zur Aufnahme neuer Mitgliedsstaaten wurde gewählt, weil man die EU so schnell wie möglich vergrößern wollte, vermutlich damit sie 'zu groß ist, um zu scheitern'«. Und Casti weiter: »Selbst die Politik der schnellen Erweiterung hätte vielleicht funktioniert, wenn sie von der Erkenntnis begleitet gewesen wäre, dass eine einheitliche Finanzpolitik für alle zwar vom Prinzip gut aussieht, in der Praxis aber fast immer elend scheitert.« Denn verschiedene Kulturen würden unterschiedliche Heransgehensweisen erfordern: »die Vorstellung, eine Finanzpolitik, die in einem Land wie Deutschland funktioniert, könne oder solle ebenso auf ein Land wie Griechenland oder Portugal angewandt werden, ist eine Einladung zur Katastrophe« (Casti).[1017]

Diese vorhergesagte Katastrophe tritt nun ein: Der Eurowährungsflucht folgt ein Abwertungskampf, der den europäischen Binnenmarkt vollends in den Abgrund reißt, denn die Investoren geraten in Panik. Das Finanzsystem kollabiert: Aus Angst um ihr erspartes Geld plündern Kunden Konten und Sparbücher. Die meisten börsennotierten Banken »crashen«. Dies wiederum führt zu einem Flächenbrand: Die nationalen Wirtschaften brechen zusammen und mit ihnen auch die Europäische Union. Tausende Unternehmen gehen Pleite. Millionen Verträge und Beteiligungen aus Geschäftsbeziehungen und Handelsverflechtungen müssen neu gestaltet werden, ebenso die der noch existierenden grenzüberschreitend tätigen Großbanken. Krisenländer wie Griechenland, Italien, Spanien und Portugal sind im Staatsbankrott und verkünden die Einstellung ihrer Schuldenzahlungen. Damit kommt es zum bisher größten Zahlungsausfall von souveränen Staaten. Die EZB, die in den vergangenen Jahren über 200 Milliarden Euro[1018] an faulen Staatskrediten aus diesen Ländern aufkaufte, wird aufgelöst. Ihr Goldbestand wird im Verhältnis der zu den ursprünglichen Beiträgen an die Mitgliedsstaaten zurückgegeben. Trotzdem müssen Regierungen neue Milliarden-Kredite aufnehmen, reduzieren zudem

---

[1017] John Casti: »Der plötzliche Kollaps von alle - Wie extreme Ereignisse unsere Zukunft zerstören können«, München 2012, S.171

[1018] Stand Sommer 2012

ihr militärisches Auslandsengagement, also ihre Auslandseinsätze, auf ein Minimum, um Geld zu sparen.[1019] Manche erhöhen drastisch die Steuern, andere enteignen die Bürger mit einer Hyperinflation und schmälern so die Staatsschulden. Die früheren Mitgliedsländer der EU kehren zu ihren einstigen nationalen Währungen zurück, die allerdings erheblich von ihrer früheren Kaufkraft verloren haben. Immer mehr Menschen wollen den von Bürgerkrieg, Hungersnot und Arbeitslosigkeit bedrohten und kollabierten Euro-Ländern den Rücken kehren: die Armen, um dem Chaos zu entfliehen und woanders vielleicht Arbeit und eine Zukunft zu finden, die Reichen, um ihr Vermögen zu retten.

Auch das Vereinigte Königreich von Großbritannien rückt in den Fokus der Wirtschaftsflüchtlinge.[1020] Investoren wollen riesige Summen Bargeld (in stabilen ausländischen Währungen) in das Land bringen. Dadurch würde innerhalb kurzer Zeit die heimische Währung, das britische Pfund, stark im Kurs steigen und Großbritannien eine schmerzliche Rezession bescheren. Deshalb (und aufgrund des ungebrochenen Ansturms von mittellosen Immigranten) hat die Insel ihre Grenzen längst dicht gemacht. Nachdem auf Anordnung des Außenministeriums britische Staatsbürger und Botschaftsangehörige aus den Krisenherden auf dem Festland ausgeflogen worden sind, wird zunächst auch der Luftverkehr komplett eingestellt. Bereits Jahre zuvor[1021] befürchtete die Regierung im Fall eines Euro-Zusammenbruchs einen regelmäßigen »Run« auf die Insel. Allerdings kommen auch auf die Briten schwere Zeiten zu, denn einst legten einheimische Banken rund 170 Milliarden Pfund in den EU-Währungsländern an.[1022] Mit deren Staatsbankrott lösten sich diese Investitionen praktisch über Nacht in Luft auf und brachten viele britische Geldinstitute an den Rand des Kollapses. Nun muss London Pläne für eine massive Bankenrettung ausarbeiten, bevor auch der Inselstaat im Chaos

---

[1019] Dies geschah schon im Jahr 2009 durch Länder wie Polen und Großbritannien. Vgl. dazu: »Metamorphose der Geopolitik« in: *IP (Internationale Politik, Zeitschrift der Deutschen Gesellschaft für Auswärtige Politik e. V. 6/2009* (https://zeitschrift-ip.dgap.org/de/article/metamorphose-der-geopolitik)/Zugriff: 23.10.12

[1020] Die Glücklichen und Klugen haben schon vor Jahren Immobilien in London gekauft oder ihr Geld auf eine dortige Bank transferiert.

[1021] Konkret: November 2011. Vgl. dazu: »UK prepares emergency measures for euro collapse to prevent an influx of people and money« in: *dailymail.uk v. 28.11.11* (http://www.dailymail.co.uk/news/article-2079184/UK-prepares-emergency-measures-euro-collapse.html#ixzz295kzbxpU)/Zugriff: 12.10.12

[1022] In Portugal, Irland, Italien, Griechenland, Spanien und anderen Ländern

versinkt. Und dies bedeutet für die britische Bevölkerung noch mehr Sparreformen und Sozialkürzungen.

Auch die Regierungen in der »gecrashten« Euro-Zone reagieren auf die Welle von Wirtschaftsflüchtlingen und die massive Kapitalflucht: Sie setzen kurzerhand das Schengen-Abkommen[1023] außer Kraft, das einst für die Länder im Schengenraum[1024] Reisefreiheit garantierte ohne stationäre Zollkontrollen des Personenverkehrs an den Binnengrenzen und ohne Zollformalitäten. Grenz- und Kapitalverkehrskontrollen werden wieder eingeführt, um illegale Waren- und Geldein- und -ausfuhren zu reglementieren – vor allem aber, um die Kapitalflucht zu verhindern.

Die ehemaligen EU-Länder lösen die einheitlichen Umweltschutzbestimmungen wieder durch nationale Vorschriften ab.

Aufgrund ökonomischer Domino-Effekte hat der Euro-Crash auch schwere Auswirkungen auf die globale Realwirtschaft: Sie rasselt in eine schwere globale Rezession, die zu heftigen, teils dramatischen Turbulenzen an den weltweiten Börsen führt. Der Zusammenbruch stürzt Europa nicht nur geradewegs ins Chaos mit schweren ökonomischen Konsequenzen in den europäischen Volkswirtschaften, tiefen sozialen Spannungen und politischen Instabilitäten[1025], sondern löst auch eine neue Weltwirtschaftskrise aus. Der weltweite wirtschaftliche Schaden der Totalerosion der Euro-Zone beträgt über 17 Billionen Euro.[1026]

Die Vereinten Nationen starten für die ehemalige Euro-Zone ein Wiederaufbauprogramm. Oberste Priorität ist dabei die Bekämpfung der Hungersnot.[1027]

---

[1023] So benannt nach dem Ort Schengen im Großherzogtum Luxemburg, wo das erste Abkommen 1985 unterzeichnet wurde.

[1024] Belgien/Dänemark/Deutschland/Estland/Finnland/Frankreich/Griechenland/Island/ Italien/Lettland/Litauen/Luxemburg/Malta/Niederlande/Norwegen/Österreich/Polen/ Portugal/Schweden/Schweiz/Slowakei/Slowenien/Spanien/Tschechien/Ungarn

[1025] Laut einer Studie der Bertelsmann-Stiftung. Dies wäre so bedrohlich, dass die internationale Staatengemeinschaft dies verhindern sollte. Vgl. dazu: »Euro-Crash kostet weltweit 17 Billionen Euro« in: *20 Minuten Online v. 17.10.12* (http://www.20min.ch/finance/news/story/30589888)/Zugriff: 18.10.12

[1026] Bis zum Jahr 2020. Das errechnete bereits im Oktober 2012 die Bertelsmann Stiftung in einer Studie, in der die Wachstumsverluste für über 40 wichtige Industrie- und Schwellenländer bis zum Jahr 2020 analysiert wurden. Vgl. »Euro-Crash kostet weltweit 17 Billionen Euro« in: *20 Minuten Online v. 17.10.12* (http://www.20min.ch/finance/news/story/30589888)/Zugriff: 18.10.12

[1027] Dieses Szenario wurde bei einem eventuellen Austritt Griechenlands aus der Euro-Zone durchgespielt. Demnach hätte dann allerdings die EU ein Wiederaufbauprogramm gestartet. Vgl. dazu: »Griechenland und die Euro-Zone: Austritt: Eine teure Option« in: *Handelsblatt v. 21.08.12*

## 5.2. Die Gefahr eines neuen Krieges

Eine internationale Schuldenkonferenz zur Umstrukturierung der Schulden der insolventen Staaten wird einberufen. Die deutschen Auslandsforderungen belaufen sich mittlerweile auf 3,3 Billionen (ehemalige) Euro, doch die Schuldnerstaaten sind nicht in der Lage, diese zu bedienen. Unter den ehemaligen EU-Finanzministern bricht Streit darüber aus, welches Land welche alten Euro-Schulden (umgerechnet in die neuen Landeswährungen) zu bezahlen habe. Die Gefahr eines neuen Krieges droht. Der polnische Finanzminister Jacek Rostowski warnte bei einer Rede im Europaparlament schon im September 2011 eindringlich, dass das Auseinanderbrechen der Euro-Zone und der Zerfall der Europäischen Union mittel- bis langfristig zu einem Krieg führen könnten. »Wir dürfen nicht zulassen, dass es dazu kommt.«[1028] Auch der Vorstandsvorsitzende einer großen polnischen Bank hatte deswegen große Bedenken, wie Finanzminister Rostowski vor dem EU-Parlament vortrug: »Er sagte, nach derartigen wirtschaftlichen und politischen Turbulenzen kommt es selten so, dass man zehn Jahre später noch eine Kriegskatastrophe verhindern kann. Ich denke ernst daran eine (US-)Greencard[1029] für mein Kind zu erwerben.«[1030] Nach seiner Rede wurde Rostowski, der es gewagt hatte, die unbequeme Wahrheit auszusprechen, politisch schwer angegangen: Er wurde nicht nur zum Rücktritt aufgefordert, sondern vom polnischen Vizeparlamentspräsidenten, Jerzy Wenderlich, sogar beleidigt: »Ein solcher Mensch verdient es nicht einmal, ein Sparschwein in seinen Händen zu

---

[1028] Vgl. »Polnischer Finanzminister warnt eindringlich vor Auseinanderbrechen der Eurozone« in: *finanznachrichten.de v. 14.09.11* (http://www.finanznachrichten.de/nachrichten-2011-09/21349536-polnischer-finanzminister-warnt-eindringlich-vor-auseinanderbrechen-der-eurozone-009.htm)/Zugriff: 23.10.12, »Euro oder Krieg in zehn Jahren« in: *Wienerzeitung.at v. 22.09.11* (http://www.wienerzeitung.at/nachrichten/wirtschaft/international/396814_Euro-oder-Krieg-in-zehn-Jahren.html)/Zugriff: 23.10.12

[1029] Arbeitsbewilligung für die USA

[1030] Vgl. »Euro oder Krieg in zehn Jahren« in: *Wienerzeitung.at v. 22.09.11* (http://www.wienerzeitung.at/nachrichten/wirtschaft/international/396814_Euro-oder-Krieg-in-zehn-Jahren.html)/Zugriff: 23.10.12, »Polnischer Finanzminister warnt eindringlich vor Auseinanderbrechen der Eurozone« in: *finanznachrichten.de v. 14.09.11* (http://www.finanznachrichten.de/nachrichten-2011-09/21349536-polnischer-finanzminister-warnt-eindringlich-vor-auseinanderbrechen-der-eurozone-009.htm)/Zugriff: 23.10.12

halten, geschweige denn den Staatshaushalt.«[1031] Unterstützung bekam der Finanzminister hingegen von Premier Donald Tusk. »Minister Rostowski hat in Straßburg sehr klar gesagt, was beim Fehlen eines Beschlusses droht, der über die Zukunft der Eurozone entscheiden wird«, sagte der polnische Regierungschef. Die Worte Rostowskis sollten als eine dramatische Warnung an all jene Politiker betrachtet werden, »die seit mehreren Monaten, anstatt Entscheidungen zu treffen, in Unfähigkeit versunken sind«. Und er fügte hinzu: »Wenn es keine schnellen Entscheidungen und kein rasches Handeln gibt, gehen wir tatsächlich in eine sehr gefährliche Richtung.«[1032] Auch US-Hedgefondsmanager Kyle Bass prophezeite im Januar 2013 für die Zukunft Krieg in Europa. Gründe sah er in der hohen Verschuldung der Finanzmärkte sowie in den sozialen Spannungen.[1033]

Der ehemalige Eurogruppen-Chef Jean-Claude Juncker sprach Anfang 2013 davon, wie schnell es gehen könne, den Frieden aufs Spiel zu setzen. Und weiter: »Ich sehe uns nicht am Vorabend des dritten Weltkrieges. Ich mache nur darauf aufmerksam, dass man in Europa nie denken sollte, Frieden sei eine Selbstverständlichkeit. Vor 15 Jahren noch wurde im Kosovo gemordet und vergewaltigt. Das ist mitten in Europa passiert«.[1034] Auch diese Worte waren mehr als zweideutig.

Tatsächlich wurden in der Vergangenheit Staaten ihre Schuldenlast immer wieder durch Kriege los. »Die Eroberung fremder Territorien, die mit Raub und Ausbeutung der Einheimischen einherging, war den Banken die liebste Form der Tilgung«, schrieb der Wirtschaftsjournalist Gabor Steingart in seinem Besteller *Weltkrieg um Wohlstand – Wie Macht und Reichtum neu verteilt werden.* »Die Rückzahlung erfolgte nach Ende des Feldzugs aus dem Fundus der Unterworfenen. Das war ein schnelles und aus Sicht der Kreditgeber blitzsauberes Geschäft. Großbritanniens König Georg III.

---

[1031] Vgl. »Polnischer Finanzminister unter Beschuss« in: *oe24.at v. 15.09.11* (http://www.oe24.at/welt/Nach-EU-Rede-Polnischer-Finanzminister-unter-Beschuss/40433689)/Zugriff: 23.10.12

[1032] Vgl. »Polnischer Finanzminister unter Beschuss« in: *oe24.at v. 15.09.11* (http://www.oe24.at/welt/Nach-EU-Rede-Polnischer-Finanzminister-unter-Beschuss/40433689)/Zugriff: 23.10.12

[1033] Vgl. »Krieg durch Eurokrise in Europa?« in: *shortnews.de v. 08.01.13* (http://www.shortnews.de/id/1003416/krieg-durch-eurokrise-in-europa)/Zugriff: 05.02.13

[1034] Vgl. »Der frühere Chef der Eurogruppe Jean-Claude Juncker über Euro-Krise und Europas Einigung« in: *generalanzeiger-bonn.de v. 27.03.13* (http://www.general-anzeiger-bonn.de/news/politik/Der-fruehere-Chef-der-Eurogruppe-ueber-Euro-Krise-und-Europas-Einigung-article1014812.html)/Zugriff: 27.03.13

sprach in großer Offenheit von den ‚Kreditkriegen', die es im Interesse solider Staatsfinanzen zu führen galt.«[1035]

Der Komplexitätsforscher John Casti bestätigte dies: »Wenn die wirtschaftliche Lage sich weltweit verschlechtert, könnten manche begrenzten Zwischenfälle die Staatsgrenzen überspringen und zu viel weiter verbreiteten, lang anhaltenden Ereignissen werden. Bewaffnete Aufstände, Militärputsche und sogar zwischenstaatliche Kriege um den Zugang zu Ressourcen sind nicht auszuschließen.«[1036]

## 5.3. Schweiz – die »eingemauerte« Rettungsinsel

Die neutrale Schweiz wird ebenfalls in den unheilvollen Strudel des Euro-Crashs hineingezogen. Schon vor Jahren warnte deren Armee-Chef André Blattmann den schweizerischen Nationalrat: »Auch in Europa können Situationen entstehen, die wir uns heute gar nicht vorstellen können.«[1037] Er hielt sogar einen Armeeeinsatz wegen großer Migrationsströme und Unruhen für denkbar.[1038] Genauso kommt es 2018: Nach dem Zusammenbruch der Euro-Zone versuchen Flüchtlingsströme in das Land zu gelangen. Das Gewaltpotenzial verschärft sich dramatisch und gefährdet damit die innere und äußere Sicherheit des Landes.[1039] Die Eidgenossen machen ihre Grenzen dicht. Allein mit polizeilichen Mitteln kann der Zustrom nicht mehr bewältigt werden. Die Armee muss helfen. Bereits im Herbst 2012 wurde dahingehend mit 2000 Soldaten die Militärübung »Stabile Duo« durchgeführt.[1040] Zudem zahlt es sich jetzt auch aus, dass das

---

[1035] Vgl. Gabor Steingart: »Weltkrieg um Wohlstand – Wie Macht und Reichtum neu verteilt werden«, München 2007, S. 303, 304

[1036] Vgl. John Casti: »Der plötzliche Kollaps von allem – Wie extreme Ereignisse unsere Zukunft zerstören können«, München 2012, S. 49

[1037] Vgl. »Denkbar wäre ein Pikett-WK« in: *tagesanzeiger.ch v. 10.03.12* (http://www.tagesanzeiger.newsnet.ch/schweiz/standard/Denkbar-waere-ein-PikettWK/story/12132572/print.html?comments=1)/Zugriff: 23.10.12

[1038] Vgl. »Armeechef Blattmanns kuriose Karte« in: *tagesanzeiger.ch v. 15.03.10* (http://www.tagesanzeiger.ch/schweiz/standard/Armeechef-Blattmanns-kuriose-Karte/story/14410180)/Zugriff: 23.10.12

[1039] Das wurde im Oktober 2012 vom Schweizer Verteidigungsdepartement so angenommen. Vgl. dazu: »Armee rüstet sich für Unruhen in Europa« in: *SonntagOnline v. 06.10.12* (http://www.sonntagonline.ch/ressort/aktuell/2550/)/Zugriff: 10.10.12

[1040] Vgl. »Euro-Krise: 'Lämmer verwandeln sich dann in reißende Wölfe'« in: *welt.de v. 10.04.13* (http://www.welt.de/politik/article115185760/Laemmer-verwandeln-sich-dann-in-reissende-Woelfe.html)/Zugriff: 11.04.13

Verteidigungsdepartement schon vor Jahren die Armee auf 100.000 Soldaten und Kampf-Jets für rund 5 Milliarden Franken aufgestockte, um das Land gegen Unruhen, Demonstrationen und vor allem Flüchtlinge aus den Nachbarländern zu verteidigen. Zusätzlich kontrollieren und beschützen vier Militärpolizei-Bataillone mit insgesamt 1.600 Mann die strategisch wichtigen Punkte in allen vier Landesteilen.[1041] Die kleine Schweiz ist zu einer großen Festung geworden.

Neben den Problemen mit den gewaltigen Flüchtlingsströmen aus allen Ländern Europas gibt es auch wirtschaftliche, vor allem den Außenhandel betreffend. Die Nachfrage nach Schweizer Waren, die zumeist in die (früheren) EU-Länder geliefert wurden, bricht massiv ein. Der Export geht um weit mehr als 10 Prozent zurück und stellt die Eidgenossen vor große Probleme, denn die Ausfuhren machen rund 60 Prozent der gesamten Wirtschaftsleistung aus. Das Bruttoinlandsprodukt sinkt um über 4 Prozent. Die Arbeitslosigkeit steigt um 2 Prozent. Die Investitionsbereitschaft Schweizer Unternehmer nimmt rapide ab.[1042] Hinzukommt, dass aufgrund der neuen, aber schwachen nationalen Währungen im Euro-Raum immer mehr Anleger in den »sicheren« Schweizer Franken investieren. Die umlaufende Geldmenge nimmt um 80 Prozent zu![1043] Die Schweizer Nationalbank (SNB) kauft auf dem Devisenmarkt für Hunderte Milliarden Fremdwährungen auf. Mit der Abschöpfung der Überschussliquidität soll eine Inflation vermieden werden.[1044]

---

[1041] Diese Pläne wurden bereits im Oktober 2012 diskutiert. Vgl. dazu: »Armee rüstet sich für Unruhen in Europa« in: *SonntagOnline v. 06.10.12* (http://www.sonntagonline.ch/ressort/aktuell/2550/)/Zugriff: 10.10.12/ »Die Schweizer Armee probt den Ernstfall« in: *20minutenOnline v. 07.10.12* (http://www.20min.ch/schweiz/news/story/15754025)/Zugriff: 10.10.12

[1042] Ein solches Szenario hat der Schweizer Think Tank BAK Basel zusammengestellt. Vgl. dazu: »Schweiz droht bei Euro-Crash jahrelange Rezession« in: *Deutsche Mittelstands Nachrichten v. 16.07.12* (http://www.deutsche-mittelstands-nachrichten.de/2012/07/45827/)/Zugriff: 31.08.12

[1043] Exakt diese Geldmengenzunahme (M2 (Bargeldumlauf, Sicht- und Spareinlagen)) gab es von 2008 bis Ende 2012 in der Schweiz, während die Geldmenge in der Eurozone lediglich um 20 Prozent zunahm. Vgl. dazu: »Eurokrise: Eidgenossen kämpfen um ihre Währung« in: *finanzen.net v. 19.12.12* (http://www.finanzen.net/nachricht/anleihen/Eurokrise-Eidgenossen-kaempfen-um-ihre-Waehrung-2190329)/Zugriff: 22.12.12

[1044] In diesem Zusammenhang sah bereits im Dezember 2012 die Situation in der Schweiz folgendermaßen aus: »Um ihren 2011 eingeführten Euromindestkurs zu verteidigen, interveniert die Schweizer Nationalbank SNB am Devisenmarkt: Sie verkauft Franken und kauft Euro. So schwollen die Devisenreserven auf mehr als 400 Milliarden Franken an. Umgerechnet 50 Prozent davon sind Euro. Diese Gelder muss die SNB möglichst sicher und gewinnbringend anlegen. Die Ratingagentur S & P behauptete in einer Analyse, dass die Nationalbank die Milliarden in der ersten Jahreshälfte 2012 vorwiegend in Anleihen von Ländern wie Deutschland, Frankreich, Finnland oder den Niederlanden steckte. Damit hätte sie fast die Hälfte des öffentlichen Finanzbedarfs dieser

Doch der ausufernde Fremdkapitalzustrom führt auch dazu, dass der Franken gegenüber den anderen Währungen stark aufwertet und damit die Schweizer Erzeugnisse in den Nachbarländern noch teurer werden, zum Teil um bis zu 50 Prozent. Die Schweizer Nationalbank sieht keine andere Möglichkeit mehr, als den Kurs zwischen dem Franken und den neuen europäischen Währungen auf 1,20 zu stabilisieren. Um zu verhindern, dass ausländische Kapitalanleger ihr »Fluchtgeld« vermehrt in Franken anlegen und diesen noch stärker aufwerten, wird nicht nur das Prozedere der Kontoeröffnung für Ausländer verschärft, sondern es werden auch Kapitalverkehrskontrollen in Form von »Negativzinsen«[1045] eingeführt. Damit wird für ausländische Geldanlagen in Franken pro Quartal eine Kommission von 10 Prozent fällig. Investoren verlieren jährlich zirka 40 Prozent ihrer Anlage.[1046] Das soll abschrecken.

Doch die Schweizer Nationalbank befindet sich in weiteren Schwierigkeiten: Vor dem Crash kaufte sie für 80 Milliarden Euro Staatsanleihen der als stabil geltenden EU-Ländern wie Deutschland, Österreich, die Niederlande, Finnland und Frankreich auf.[1047] Damit wollte sie die Staatshaushalte der Nachbarländer stützen, um die eigene Exportindustrie zu schützen. Der Plan ist gescheitert. Jetzt steht die Schweizer Nationalbank vor einem Milliarden-Euro-Scherbenhaufen, der nichts mehr wert ist.

Länder gedeckt und dort für niedrige Zinsen gesorgt. Die SNB widersprach dieser Darstellung und wies darauf hin, dass sie im fraglichen Zeitraum auch ihre Einlagen bei anderen Notenbanken und Institutionen deutlich erhöht habe.« Vgl. dazu: »Eurokrise: Eidgenossen kämpfen um ihre Währung« in: *finanzen.net v. 19.12.12* (http://www.finanzen.net/nachricht/anleihen/Eurokrise-Eidgenossen-kaempfen-um-ihre-Waehrung-2190329)/Zugriff: 22.12.12

[1045] Negativzinsen sind Zinsen, mit denen ein Guthaben belastet wird. Eigentlich sind es »Minuszinsen«, die auf Guthaben erhoben werden können und vom Gläubiger gezahlt oder aber vor der Rückzahlung des Guthabens abgezogen werden.

[1046] Das Instrument der Negativzinsen, in genau dieser Höhe, hat die Schweiz beispielsweise schon in den 1970er Jahren eingesetzt. Vgl. dazu: »Kapitalverkehrskontrollen: Der Giftschrank der Euro-Retter« in: *manager-magazin.de v. 26.06.12* (http://www.manager-magazin.de/politik/weltwirtschaft/0,2828,840438,00.html)/Zugriff: 18.10.12

[1047] Tatsächlich meldete die Ratingagentur Standard & Poor's im September 2012 dieses Szenario, das die Schweizer Nationalbank jedoch dementierte. Vgl. dazu: »Die armen Schweizer – Kommentar von Ulrike Herrmann« in: *taz.de v. 18.11.12* (http://www.taz.de/!105667/)/Zugriff: 21.11.12

# 6. Teil

# Crash-Zeitzeugenberichte

Im 4. und 5. Teil dieses Buches habe ich versucht, möglichst detailliert und realistisch die Worst-Case-Szenarien des Euro-Crashs und die Folgen samt Währungsreform für Deutschland und die Europäische Union darzustellen. Dabei war mein Anspruch, die Fiktion der Handlung so gut wie möglich zu *belegen.*[1048] Ob dies letztlich gelungen ist, möge der Leser entscheiden. Natürlich habe ich dabei auch auf Wirtschafts- und Finanzkatastrophen aus der Vergangenheit zurückgegriffen wie beispielsweise die Hyperinflation von 1923 in der Weimarer Republik, den großen (Börsen-)Crash 1929 in den USA, der schließlich die ganze Welt in den Abgrund stürzte, oder andere zurückliegende Finanz-, Währungs- und/oder Bankenkrisen in den verschiedenen globalen Regionen oder in einzelnen Ländern. Unerlässlich dabei waren Zeitzeugen, die die jeweiligen Krisen hautnah miterlebt hatten. Nachfolgend möchte ich drei von ihnen zu Wort kommen lassen, deren Augenzeugenberichte auf ihre Weise wiederum die prognostizierten Szenarien des Euro-Crashs untermauern.

## 6.1. Zeitzeugenbericht Staatsbankrott Argentinien 2001: »Anarchie und Armut« [xxxix]

Marc Friedrich hielt sich 2001 in Buenos Aires auf und erlebte hautnah den Staatsbankrott in Argentinien. Seine Erlebnisse erzählt er in dem Besteller *Der größte Raubzug der Geschichte – Warum die Fleißigen immer ärmer und die Reichen immer reicher werden.*[1049] Er und sein Co-Autor Matthias

---

[1048] Siehe hierzu die Fußnoten samt Erläuterungen und Quellenangaben in den einzelnen Kapiteln.

[1049] Vgl. Matthias Weik & Marc Friedrich: »Der größte Raubzug der Geschichte – Warum die Fleißigen immer ärmer und die Reichen immer reicher werden«, Marburg 2012, S. 219 ff.

Weik haben darin auch exakt die Entwicklungen in Zypern vorhergesagt. Nachfolgend einige Auszüge aus dem Buch:[1050]

*Ich wurde Zeuge eines Staatsbankrotts. Dieses Erlebnis veränderte mein ganzes Leben. An nichts, woran ich zuvor geglaubt habe, konnte ich mehr glauben.*
*Zu meinem Entsetzen sehe ich zehn Jahre später in Europa erschreckende Parallelen zu meinen damaligen Erlebnissen.*
*Genauso wie die Mitgliedsländer der EU hatte auch Argentinien damals seine Zinspolitik aufgegeben und den Peso an den Dollar gekoppelt. Jahrelang lebten auch die Argentinier enorm über ihre Verhältnisse. Durch die Bindung an den Dollar hatte Argentinien eine negative Handelsbilanz und eine daraus resultierende stark steigende Staatsverschuldung vorzuweisen. Die Inflation war absurd hoch. Im Laufe der Zeit verteuerten sich alle Güter immens.*
*Beispielsweise kostete ein Joghurt bei meiner Ankunft ca. zwei Dollar. Was an sich schon teuer war. Nur drei Monate später waren es schon 2,50 Dollar und wiederum einen Monat später schon 3,20 Dollar. Telefonieren war purer Luxus (...) Argentinien hatte zeitweise die höchsten Telefongebühren der Welt. Die Inflation war enorm. Die Preise stiegen täglich (...)*
*Aufgrund der zunehmenden Kapitalflucht sah sich die Regierung gezwungen, sämtliche Bankguthaben einzufrieren und die Banken teilweise zu schließen. Als ich an jenem Morgen aufwachte, waren alle Banken geschlossen, und die Bankautomaten funktionierten nicht mehr. Die Leute waren außer sich.*
*Es durften nur noch 250 Peso pro Konto und Woche abgehoben werden. Die Währung wurde über Nacht abgewertet, und alle Dollarguthaben wurden in Pesos umgewandelt. Jeder Bürger war über Nacht ärmer geworden. Viele aus der Ober- und Mittelschicht verloren viel bis zu teilweise fast alles. Die Wut war enorm und absolut verständlich. Der Staat hatte seine eigenen Bürger in einer Nacht- und Nebelaktion beraubt.*

[1050] Mit freundlicher Genehmigung des Autors und des Tectum Verlags

*Die Folge waren starke soziale Unruhen und Plünderungen. Die Kriminalität stieg immens. Der Peso verlor weiter drastisch an Wert, und die Immobilienpreise fielen stark (bis zu 90 Prozent). Die Lage spitzte sich dramatisch weiter zu. Es gab viele Tote und Verletzte bei Demonstrationen, und schließlich musste Präsident De la Rúa filmreif im Helikopter vor dem wütenden Mob aus dem Präsidentenpalast flüchten. Anschließend wurde ein trauriger Rekord aufgestellt: Es gab innerhalb von zehn Tagen fünf verschiedene Präsidenten.*

*Auf den Straßen herrschte pure Anarchie. Die Stadt war nicht mehr sicher. Die Menschen hatten viel oder sogar alles verloren. Die, die nun nichts mehr zu verlieren hatten, ließen ihrer Not, Wut und Verzweiflung freien Lauf. Geschäfte brannten oder wurden geplündert, Menschen überfallen und in Häuser eingebrochen. Die Kriminalität war allgegenwärtig. Die Polizei war maßlos überfordert und beging teilweise selber kriminelle Handlungen.*

*Ich selber wurde zweimal überfallen und dabei sogar mit einer Waffe bedroht. Auch Handgeld an Polizisten zu bezahlen war gang und gäbe. Ich wollte nur noch raus aus Argentinien und war froh, als ich es geschafft hatte. Den Glauben an den Kapitalismus, an Papierwerte sowie an ungedecktes Geld hatte ich in Argentinien zurückgelassen (...)*

*Es war der bislang größte Staatsbankrott eines souveränen Staates in der neueren Zeit.*

*Staatsanleihen im Wert von über 140 Milliarden Dollar wurden wertlos; ein großer Teil davon kam von Privatgläubigern, auch aus Europa und vor allem aus Deutschland. Die deutschen Bankberater empfahlen ihren Kunden die hochverzinsten Papiere mit dem Hinweis: »Ein Staat, der kann doch gar nicht pleitegehen.« Pustekuchen! Kann er doch!*

*Der Peso verlor 75 Prozent an Wert, Immobilien bis zu 90 Prozent!*

*Die Banken wurden immer wieder geschlossen. Die komplette Mittelschicht war von heute auf morgen verarmt. Die Armutsrate stieg auf unglaubliche 57 Prozent, und die Arbeitslosenquote überstieg die 20 Prozent-Marke.*

*Das BIP[1051] verlor (offiziell) 2001 4,1 Prozent und 2002 knappe 11 Prozent. Die Inflation war bei 26 Prozent!*

[1051] Bruttoinlandsprodukt

*Innerhalb weniger Tage bildeten sich neue wirtschaftliche Strukturen. Tauschhandel und Regionalwährungen halfen vielen Argentiniern, die Misere zu überstehen.*
*Übrigens: Die deutschen Gläubiger warten bis heute auf ihr Geld. Und der nächste argentinische Staatsbankrott ist so sicher wie das Amen in der Kirche!*

## 6.2. Zeitzeugenbericht Hyperinflation Ukraine 1991: »Der totale Ausverkauf«[xl]

Die ehemalige Bankangestellte Irina S. hat die Auflösung der Sowjetunion und die Unabhängigkeit der Ukraine am 1. Dezember 1991 in ihrer Heimatstadt Odessa am Schwarzen Meer miterlebt und ebenso den wirtschaftlich-politischen Transformationsprozess des Landes von einer Sowjetrepublik hin zu einem unabhängigen und »demokratischen« Staat mit der daraus resultierenden Inflation von 1991 und den darauf folgenden Jahren. Nachfolgend ihre diesbezüglichen Erinnerungen:[1052]

*Der Zerfall der Sowjetunion und die damit verbundene Unabhängigkeit verschiedener Länder zerstörten die Handelsbeziehungen zwischen den ehemaligen Sowjetrepubliken. Nachdem die Wirtschaft der Ukraine bereits 1990 die erste größere Rezession der Nachkriegszeit erlebte, beschleunigte sich nach der Unabhängigkeit 1991 die wirtschaftliche Talfahrt und führte zu einer über Jahre anhaltenden Inflation der Übergangswährung Kupon, die nach und nach den Rubel ersetzte. Dabei wurden Abhebungen von Rubel von unseren Sparbüchern, Bankeinlagen, Renten und Löhnen beschränkt. Unsere Guthaben blieben bis 2012 eingefroren. Dann haben sie uns jedoch nur 1000 Hrywnja – die jetzt gültige Währung – ausbezahlt.*
*1991 und 1992 betrug die jährliche Inflationsrate rund 5.600 Prozent und stieg 1993 monatlich um 70 bis 90 Prozent an. Im Januar desselben Jahres wurde in den Medien angekündigt, dass die sich noch im Umlauf befindlichen 50-Rubel-Scheine nicht mehr gültig waren. Diejenigen, die*

[1052] Mit freundlicher Genehmigung von Irina S.

*solche noch besaßen, eilten zu den Banken und hofften, sie noch umtauschen zu können. Jedoch vergeblich.*

*Aufgrund der stetig steigenden Preise kauften wohlhabende Bürger alles, was möglich war, um das immer wertloser werdende Geld so schnell wie möglich loszuwerden. Schließlich waren die Geschäfte leer, die Fabrikproduktionen blieben stehen, die Arbeitslosigkeit nahm zu. Ab 1994 stiegen die Pleiten von Unternehmen. Es gab keine Lohnzahlungen mehr, die Beschäftigten hatten also umsonst gearbeitet. Industrie und Wirtschaft brachen immer mehr zusammen.*

*Nun sah sich der Staat gezwungen, uns Bürgern eine Art »Gutscheine« auf Gebrauchsgegenstände wie Fernseher, Kühlschränke, Waschmaschinen, Autos und Traktoren mit dem Versprechen zu verkaufen, dass die Ware in zwei Jahren geliefert werden würde. Allerdings kamen diese Lieferungen nie bei uns an. Als wir die »Gutscheine« wieder eintauschten – dies war bis 2007 möglich – erhielten wir wieder die ursprünglichen Geldbeträge. Doch aufgrund der Inflation waren diese nichts mehr wert.*

*Im August 1996 verkündete Präsident Leonid Kutschma per Erlass eine Währungsreform, bei der schließlich die Hrywnja eingeführt wurde. Sämtliche Bank- und Sparguthaben wurden 1 : 100.000 umgerechnet. Damit verloren wir alle unsere Ersparnisse.*

## 6.3. Zeitzeugenbericht Hyperinflation Deutschland 1923: »Eine Zigarette für 50.000.000.000 Mark«[xli]

Der Konrektor und Kantor August Heinrich von der Ohe (1869-1954), geboren in einem kleinen Ort im Raum Uelzen, schrieb Tagebuch über die Schicksalsjahre 1921 bis 1924. Aus der Niederschrift dieses Augenzeugen lässt sich die Auswirkung des Währungsverfalls auf das tägliche Leben der Bürger damals authentisch entnehmen. Nachfolgend zitiere ich aus von der Ohes Tagebuch, der noch Glück hatte, einen Job zu haben.[1053]

[1053] Mit freundlicher Genehmigung des Projekts »Kollektives Gedächtnis« (http://www.kollektives-gedaechtnis.de/) des BegegnungsCentrums „Haus im Park" der Körber-Stiftung in Bergedorf und der Gesamtschule Bergedorf

***3. Oktober 1921:***

*Man spricht viel von Staatsbankrott. Die Papiere gehen rasend in die Höhe. Die Schifffahrtsaktien stehen über 300, Lüneburger Wachskreide über 1.000.*

***24. Oktober 1921:***

*Seit dem 1. Oktober 10.000 Mark verbraucht. Mein Wintermantel kostet 790 Mark, Gertruds 245 Mark.*

***29. Oktober 1921:***

*Jetzt geht man wieder mit einer neuen Gehaltserhöhung um, die auch unbedingt nötig ist. Der Roggen kostet jetzt 220 Mark. Vom 1. Oktober an habe ich 8.000 Mark ausgegeben.*

***1. November 1921:***

*(Gespräch mit einem Musiklehrer) Er meinte, wenn wir doch nur erst bankrott machten, dann könnten wir doch von vorne anfangen. Aber so wüsste man nicht, was man tun sollte. Wenn er etwas Geld habe, kaufe er sich Bilder oder sonst etwas. Ich riet ihm, Aktien zu kaufen. Er meinte, das sei auch unsicher.*

***10. November 1921:***

*In der Mühle ist kein Roggenschrot mehr zu bekommen. Nur gegen Tausch von Roggen. Die Bauern verkaufen keinen Roggen. Mais kostet 300 Mark, Kartoffeln kosten 105, der Dollar kostet 300 Mark.*

***5/6. Dezember 1921:***

*Ein Pfund Butter kostet 44 Mark. Ein Liter Milch in Lüneburg 5 Mark, bei uns 3 Mark, ein Zentner Kartoffeln 100 Mark, ein Zentner Roggen 300 Mark; Buchweizen, weil schlecht gewachsen, 500 Mark; Maisschrot bei 160 Mark, ein Ei 4*

*Mark. Wir haben ein neues Gehaltsgesetz bekommen. Nach demselben erhalte ich Grundgehalt 2.600 Mark; Orts- und Teuerungszulage 8.400 Mark, Kinderzulage 5.600 Mark und doch kann man nicht damit auskommen. Wenn wir nicht unsere Wirtschaft hätten, würde es uns schlecht gehen.*

***9. Dezember 1921:***
*In Deutschland am l. Dezember großer Börsenkrach. Die Wertpapiere waren hoch getrieben worden, und anschließend stürzten die Kurse teilweise um 1.000 Prozent.*

***1. Januar 1922:***
*Ich bekomme jetzt 40.000 Mark Gehalt, mit dem Schützengelde 50.000 Mark. Gramisch 50.000 Mark, weil er mehr Kinder hat. Aber er muss für seinen Sohn jährlich 10.000 Mark Pension bezahlen.* ***Was für Zahlen sind das!***

***4. Januar 1922:***
*Eisenbahn und Post erhöhten ihre Tarife. Ein Brief kostet jetzt 2 Mark, eine Postkarte 1,50.*

***2. April 1922:***
*Kartoffeln kosten 200 Mark der Zentner, Butter 75 Mark das Pfund. Eine Gehaltsaufbesserung haben wir auch bekommen, jedoch längst nicht genug. Für mich sind es 13.000 Mark.*

***10. Juli 1922:***
*Wir haben noch eine Kuh gekauft für 18.000 Mark.*

***18. Juli 1922:***
*Um 10 Uhr kam ein Händler und bot drei Anzugstoffe für 4.200 Mark an. Ich habe l .000 Mark abgehandelt, bot erst 3.000, nachher 3.200 Mark; dafür habe ich sie bekommen.*

***29. Juli 1922:***

*Um 6 Uhr zur Auktion nach Scharnebecksmühle. Roggen, der Morgen 10.000 Mark, Hafer 6.000 bis 8.000 Mark.*

***31. Juli 1922:***

*Der Dollar steht auf 615 Mark. Man befürchtet Schlimmeres. Eine ungeheure Teuerung.*

***1. August 1922:***

*Kronsbeeren kosten 9 Mark, Stroh kostet 800 Mark, Heu 1.200 Mark der Zentner.*

***4. August 1922:***

*Der Dollar steht auf etwa 800 Mark. Es ist eine krisenhafte Zeit.*

***18. August 1922:***

*Der Roggen soll 2.000 Mark kosten. Molkereibutter 150 Mark, Bauernbutter 120 Mark. Der Dollar steht auf 1.040 Mark. Eine ungeheure Preissteigerung im ganzen Land.*

***27. August 1922:***

*Die Mark fiel: l Dollar gleich 2.400 Mark. Nun steht die Katastrophe vor der Tür. Die Preise stiegen in wenigen Tagen schwindelhaft, 1 Meter Zeug kostet 6.000 Mark, ein Anzug 30.000 Mark. Die Geschäfte wurden gestürmt, denn jeder wollte noch kaufen. Butter kostet 200 Mark, ein Liter Milch 30 Mark. Ein Zentner Weizen kostet schon 3.000 Mark.*

***19. September 1922:***

*Käthe kaufte einen Wintermantel in Celle für 5.800 Mark, einen Kochtopf für 500 Mark, einige Teller je 300 Mark.*

***29. September 1922:***

*Eine Wäscheleine gekauft für 200 Mark, eine Grabschaufel für 250 Mark.*

***15. Oktober 1922:***

*Der Roggen kostete in der Erntezeit l .000 Mark, jetzt 5.000 Mark. Am l. Oktober bekam ich ein Gehalt einschl. Nachzahlung für Sept. von 79.000 Mark. Der Dollar stand 3.600 Mark.*

***19. Oktober 1922:***

*Ein Zentner Kartoffeln kostet jetzt 550 Mark. Unsere zweite Kuh hat Anneli bekommen. Sie würde jetzt 60.000 Mark kosten. Ich habe sie im Juni für 18.000 Mark gekauft. Ein Bleistift kostet 24 Mark. Ich habe 5,2 Ztr. Gerste gekauft für 17.000 Mark.*

***30. Oktober 1922:***

*Die Preise sind ungeheuer gestiegen. Roggen 14.000 Mark, Gerstenschrot 9.000 Mark, ein Ztr. Stroh 2.000 Mark. Einen Ackerwagen vom Schied-Vorwerk gekauft für 125.000 Mark. Für einen Schinken sind 9.000 Mark zu zahlen.*

***2. Dezember 1922:***

*Ich kaufte in Celle ein Paar Stiefel für 7.980 Mark. Das Stroh kostet 500 Mark je Zentner.*

***14. Dezember 1922:***

*Ich habe ein Rind für 215.000 Mark gekauft. – Das Jahr und das Geld sind am Ende.*

***Heute beginnt das Jahr 1923:***

*Was wird dieses Jahr uns noch alles bringen?*

***6. Januar 1923:***

*Eine zweite Kuh von Imker Rabe für 400.000 Mark gekauft.*

***8. Januar 1923:***

*Gehalt vom 1. Januar mit Nachzahlung für Dezember beträgt 310.000 Mark.*

***18. Januar 1923:***

*Der Dollar ist auf 25.000 Mark gestiegen.*

***26. Januar 1923:***

*Ein Schwein von 226 Pfund verkauft, das Pfund für 1.300 Mark; nächste Woche 1.500 Mark.*

***3.Februar:***

*Der Dollar stand annähernd auf 50.000 Mark. Roggen kostet 60.000 Mark der Zentner; Schwein 3.000 Mark das Pfund. Unsere Kuh will ich verkaufen. Es sind 1 1/4 Millionen geboten, 1 1/2 will ich haben. Unseren alten Wagen verkauft für 200.000 Mark. Einen gebrauchten Pflug für 35.000 Mark gekauft. Ein Pfund markenfreies Brot kostet 700 Mark. Ich war mehrfach in Geldnöten, habe mich aber glücklich herausgewunden. Neu gekauft: 1 Wagen 125.000 Mark, ein Rind 215.000 Mark, eine Kuh 400.000 Mark und drei Ferkel 90.000 Mark. Dafür habe ich 425.000 Mark aufgenommen; aus dem Gehalt kamen 440.000 Mark dazu.*

***31. März 1923:***

*Unser Gehalt schon ausbezahlt. Ich bekam für das Vierteljahr April bis Juli 1.086.336 Mark. Davon gehen 99.091 Mark Steuern ab. Monatlich bekomme ich: Grundgehalt 25.900 Mark, Ortszuschlag 2.700 Mark, Teuerungszuzahlung 269.412 Mark, Frauenbeihilfe 12.000 Mark, Kinderbeihilfe 52.100 Mark, zusammen monatlich 362.112 Mark.*

***3. April 1923:***

*Wir haben für 370.000 Mark eingekauft, u. a. Schuhe für Heinrich und Siegfried.*

***16. April 1923:***

*Zwei Zentner Heu und 2 1/2 Ztr. Stroh für zusammen 67.500 Mark gekauft. Früher würde man das Ganze für 10 Mark gekauft haben.*

***26. April 1923:***

*Heute sind Käthe und ich nach Celle gewesen, haben gekauft einen Mantel für Käthe, 92.000 Mark, einen Sommerhut für 38.000 Mark. Turnschuhe für Siegfried und für Gertrud je 9.500 Mark. Nahrungsmittel für 23.000 Mark, Tabak 3.000 Mark.*

***5. Mai 1923:***

*Vor Ostern sind alle zum Zahnarzt gewesen. Es kostete 75.000 Mark. Ein Forkenstiel kostet 5.500 Mark. Der Dollar steht wieder auf 42.000 Mark.*

***6. Mai 1923:***

*Aus Hannover war Frau Philipps hier und holte Eier und Butter, die wir für sie gekauft hatten. Sie hat an dem Tage etwa 26.000 Mark verdient, soviel billiger ist es hier wie in Hannover. Die Kartoffeln sollen auf 5.000 Mark stehen, im Herbst 700 Mark je Zentner.*

***10. Mai 1923:***

*Sanders wollen jetzt bauen. 50 Millionen, 18 davon bekommen sie vom Kreis.*

***11. Juni 1923:***

*Unser Kalb von 200 Pfund für l .200.000 Mark verkauft. Noch nie in meinem Leben bin ich mit so viel Geld über die Straße gegangen. Aber es hat keinen Wert; denn ich kaufte mir gleich 6 Ztr. Mais und Gerste, die in Friedenszeiten etwa 50 Mark gekostet hätten, und bezahlte dafür 570.000 Mark. Damit war ich das halbe Geld wieder los.*

***12. Juli 1923:***

*Zur Sparkasse und l Million Mark abgehoben.*

***13. Juli 1923:***

*Sense gekauft für 70.000 Mark. Ein Ztr. alte Kartoffeln kostet 120.000 Mark. Wir kauften in Celle Nahrungsmittel und Kleidung für eine Million Mark.*

***19. Juli 1923:***

*Ich bekam die Rechnung für 108 Ztr. Torf im Betrage von 2.542.000 Mark. Pro Ztr. je 20.000 Mark und 3.000 Mark Fuhrlohn für jeden Ztr. Im vorigen Jahr kostete der Ztr. noch 36 Mark.*

***21. Juli 1923:***

*Einen Vorlegelöffel bei Ritter gekauft für l Million Mark.*

***24. Juli 1923:***

*Auf der Fahrt nach Stralsund in Rostock eine Tasse Kaffee für 5.500 Mark getrunken.*

***29. Juli 1923:***

*Die Reise hat 416 000 Mark gekostet. Der Dollar stieg auf 1 Million Mark.*

***1. August 1923:***

*Der Dollar steht auf 1.200.000 Mark, d. h. die Mark ist fast nichts mehr wert. Heute habe ich die ersten 5 Millionen Scheine gesehen. Neue Kartoffeln kosten 6.000 Mark das Pfund. Anzugstoffe kosten 3 Millionen Mark das Meter. Die Läden schließen früher. Sie werden bestürmt. Alles flieht vor der Mark.*

***8. August 1923:***
*Der Dollar steht auf 3.600. 000 Mark. Es ist krisenhaft.*

***21. August 1923:***
*Die Teuerung steigt ungeheuer. Kühe kosten 350 Millionen Mark. Gehalt empfangen. Nachzahlung 27 Millionen Mark; die höchste bis jetzt und doch zu klein und wird in einigen Tagen von einer höheren abgelöst werden. Der Dollar steigt wieder gewaltig. Man sagt, er stehe auf 8 Millionen Mark.*

***27. August 1923:***
*Ungeheure Steuern sind beschlossen. Die Einkommensteuer wurde um das 400fache erhöht, Ruhrsteuer das 800fache. Die Landwirtschaft bezahlt die Landsteuer. Sie beträgt für jeden 200 Mark des Wehrbeitrages gleich 1 1/2 Goldmark monatlich.*

***29. August 1923:***
*Gertrud hat 10 Pfund Kronsbeeren verkauft, das Pfund für 150.000 Mark, gleich 1 1/2 Mio. Dafür hat sie ein Haarband gekauft und 1/4 Mio. über gehabt. Heute habe ich für das Haarschneiden 300.000 Mark bezahlt.*

***4. September 1923:***
*220 Millionen Nachzahlung bekommen. Was für Zahlen und wie wenig steckt dahinter! Die Kinder verdienen mit Kronsbeerenpflücken drei bis vier Millionen täglich. Ein Pfund kostet 300.000 Mark. Es geht über Stock und Stein. Der Zusammenbruch kommt.*

***8. September 1923:***
*Roggen und Hafer gekauft, den Ztr. für 50 Mio. Mark. Der Dollar stand gestern auf 53 Mio.*

***9. September 1923:***
*Heute Gehaltsnachzahlung von 156. Mio. Mark bekommen. Das ist nicht viel, denn ein Ztr. Roggen kostet 50 Mio. also drei Ztr. nach alter Währung 24 Mark. Die Anzüge kosten jetzt 800 Mio. bis zu 4 Milliarden; Stiefel 180 Mio. Die Sorge, womit wir uns kleiden, kommt.*

***13. September 1923:***
*Der Dollar steigt bis 120 Millionen.*

***14. September 1923:***
*Eintritt für ein Schülerkonzert 250.000 Mark. Zwei Ztr. Roggen gekauft, je Ztr. 120 Mio.*

***16. September 1923:***
*Butter 28 Mio. Mark, Milch 1 Mio. Ein Fuder Grummet (Heu) 200 Mio. Mark.*

***19. September 1923:***
*Gehaltszahlung für drei Septemberwochen 461.706.000 Mark. Acht Tage vorher 148.221.000. Für die letzte Woche bekam ich 1.968.000.000. Vierzöllige Drahtnägel kosteten 1/2 Mio.*

***26. September 1923:***
*Auf der Post Geld für Zeitungen des Monats Oktober bezahlt, und zwar 27 Mio. Mark. Für G. Geburtstagsgeschenke: Schürze, Pantoffeln, Nagelbürste u. Spitzen für 100 Mio.*

***9. Oktober 1923:***
*Die endgültige Wertlosigkeit der Mark ist abzusehen.*

*Nachmittags Schweine geholt; das Pfund 30 Mio. Mark. Die beiden Schweine wiegen 41 Pfd.*

***10. Oktober 1923:***

*Siegfried ist im Zirkus gewesen. Die Karte kostete 10 Mio. Mark. Diese hat ihm ein Mitschüler geschenkt. Man denke: Kinder schenken sich 10 Millionen. Der Dollar soll auf drei Milliarden stehen. Das wird wohl der Tod des Ministeriums Stresemann sein.*

***22. Oktober 1923:***

*Der Dollar ist auf 40 Milliarden gestiegen. Heute Abend bezahlte ich meine Zeitung für November mit 1 Milliarde 222 Millionen! Ein Manchester-Anzug soll 110 Milliarden, bei Dageférdes sogar 150 Milliarden kosten. Die Brotkarten haben aufgehört. Das ist die letzte Erinnerung an den großen Krieg.*

***28. Oktober 1923:***

*Die Maurer bekommen 3 Milliarden Mark die Stunde. Sanders müssen aufhören zu bauen, weil es zu teuer ist. Sie haben ein Rind verkauft, 4 Ztr. je 200 Milliarden Mark.*

***31. Oktober 1923:***

*Ein Dollar jetzt = 64 Milliarden. Ich habe 3 Nachzahlungen im Betrage von 611 Milliarden bekommen. Mit Millionen Scheinen kann man nichts mehr anfangen. Früher haben wir immer bei den russischen Millionen Scheinen gelacht. Jetzt haben wir Milliarden Scheine. Eine Milliarde hat einen Wert von 6 Pfennigen.*

***14. November 1923:***

*In der Politik wird mit allen Mitteln um die Macht gekämpft.* ***Der Dollar ist 800 Milliarden Mark*** *wert. Wir haben 1/2 Dollar in wertbeständigem Geld ausgezahlt bekommen.*

***19. November 1923:***

*10 Millionen Scheine werden als Makulatur verkauft. Millionen Scheine werden aus dem Verkehr gezogen. Milliarden sind Kleingeld. Billionen sind Umgangsgeld. Heute habe ich mir 50 Zigarren gekauft, das Stück für 50 Milliarden = 2 Billiarden 500 Milliarden. Man glaubt es nicht! Heute nahm ich für 4 Schinken 43,2 Millionen auf.*

***23. November 1923:***

*Heute kam der Bote und brachte Gehälter. Ich bekam 33 Billionen, davon 16 in Rentenmark. Eine Rentenmark = 1 Billion. Die neuen Preise haben die Vorkriegspreise meistens überschritten. So kostet der Roggen z. B. 13 Goldmark; vor dem Kriege 8 Mark.*

***5. Dezember 1923:***

*Die Rentenmark kommt jetzt in den Verkehr. Man hört sehr verschiedene Meinungen über sie.* ***Eine Zigarette kostet 50.000.000.000 Mark.*** *Eine Rolle Kautabak = 240 Bio. = 24 Pf. Ich kaufte einen Kalender für 500 Bio. Mark = 50 Pfennig.*

***18. Dezember 1923:***

***Wir bekommen jetzt wieder Gehalt in Goldmark. Ich bekomme mtl. 227,50 Goldmark.***

***29. Mai 1924:***

*Vom 1. Juni ab gibt es eine Gehaltserhöhung. Wir bekommen jetzt 80 % des Vorkriegsgehalts. Ich erhalte jährlich 3.600 Mark, außerdem 120 Mark Frauenzulage und für die Kinder 456 Mark; außerdem gibt es Ortszulage, gegenwärtig Wohngeld genannt. Leider ist alles 40 % teurer, so dass wir nur etwa 50 % der Friedensgehälter haben.*

***2. Juli 1924:***

*Für 44 Zentner Briketts an Kohlmeyer 74,80 Mark bezahlt.*

***2. September 1924:***

*Mein Gehalt für den Monat September beträgt nach Abgang aller Abzüge 289 Mark.*

***28. September 1924:***

*Zum 1. Oktober bekam ich 319 Mark nach den Abzügen. Trotz der persönlichen finanziellen Verluste sind wir froh, wieder ein normales Leben führen zu können.* ***Wir hoffen alle, dass es nun auch mit der Wirtschaft bergauf geht.***

# 7. Teil

# Gibt es einen anderen Ausweg?[xlii]

*»Erst die Zukunft wird zeigen, ob die Entscheidung, das Haus aufs Spiel zu setzen, um die Garage zu retten, richtig war.«*
Nouriel Roubini (Stern School of Business, New York University)[xliii]

*»Nicht an Schicksalsschlägen oder Katastrophen gehen Kulturen zugrunde, sondern an ihrem eigenen Versagen.«*
Arnold Toynbee (britischer Wirtschaftshistoriker)[xliv]

Es ist fünf vor zwölf! Vielleicht aber auch schon später auf der ablaufenden »Euro-Uhr«. Bis heute hat es die Wirtschafts- und Finanzpolitik der einzelnen europäischen Regierungen und der EU-Kommission nicht geschafft, die sehr reale Gefahr eines Euro-Crashs zu vermindern. Geschweige denn zu *verhindern.* Alle bisherigen Versuche sind ein sprichwörtlicher Tropfen auf den heißen Stein, der allenfalls genügt, die über die wahren Sachverhalte zumeist uninformierte Bevölkerung zu beruhigen.

Zwar schwimmt die »EU-Titanic« mit Höchstgeschwindigkeit in die Katastrophe, aber dennoch können beherzte und ehrliche Politiker (und auch Wirtschaftslenker) das Steuer noch einmal herumreißen, um die alles vernichtenden Kollisionen mit dem gigantischen »Schulden(eis)berg« und den »abgebrannten Wirtschaftsinseln« zu verhindern. Auch wenn diese Hindernisse im »Ozean der EU-Ökonomie« stetig wachsen, können sie umschifft werden. Sollten doch alle Taue reißen, dann müssen genügend Rettungsboote vorhanden sein, um die Bevölkerung rechtzeitig vom sinkenden Schiff zu bringen.

Noch aber sind die Kapitäne, die Regierungschefs der EU-Mitgliedsländer, an Bord und halten das Steuer in der Hand. Die Lösung, den Crash zu verhindern, kann letztlich jedoch nur eine neue Wirtschafts- und

Finanzpolitik sein. Niemand weiß genau, wie die neue (Wirtschafts-)Struktur aussehen wird, erklärt der Mathematiker John Casti. »Nur eines ist sicher: Sie wird ganz anders sein als die alte.«[1054] Nachfolgend lasse ich verschiedene Politiker, Ökonomen und Finanzexperten zu Wort kommen, die, jeder für sich, Vorschläge zur Rettung des Euro und zur Stabilisierung der Euro-Zone unterbreitet haben – wenn auch zumeist und/oder hauptsächlich zu Lasten der größten Geberländer und der Steuerzahler.

- Eine »ganz neue Architektur für die Währungsunion«, eine »Neuordnung«, wollen die Spitzenvertreter der EU, Europaratspräsident Herman Van Rompuy, EU-Kommissionspräsident José Manuel Barroso, Ex-Euro-Gruppen-Chef Jean-Claude Juncker und EZB-Präsident Mario Draghi. Dazu gehört nicht nur »mehr Demokratie«, sondern gleich ein eigenes Parlament für die Euro-Zone, bestehend aus nationalen Parlamentariern und Europa-Abgeordneten, das künftig die Fiskal- und Wirtschaftspolitik kontrolliert. Kernstück ist für das Reform-Quartett die Haushaltspolitik: Die Regierungen sollen den anderen EU-Mitgliedsstaaten ihre Haushaltsentwürfe vorab in Brüssel zur Genehmigung vorlegen. Droht ein überhöhtes Defizit, könnte die EU-Kommission ihr Veto einlegen und auch, wenn keine Sparmaßnahmen zum Abbau einer überhöhten Staatsverschuldung vorgesehen sind. Dann sollen die Regierungen ihren jeweiligen Budgetentwurf korrigieren, bevor er in die jeweils nationalen parlamentarischen Beratungen gegeben wird. Allerdings entscheiden die Euro-Staaten souverän, wo gekürzt und aufgestockt wird. Zur Neuordnung gehört auch eine Bankenunion, bei der zunächst die nationalen Einlagesicherungen zu einem europäischen Fonds zusammengelegt werden, aufgestockt durch eine Bankenabgabe. Dieses Kapital könnte dann auch in Not geratenen Banken helfen. Zudem sollte der Eurorettungsschirm ESM solche Banken direkt finanzieren können. Damit würden Rettungsanträge und die

---

[1054] Vgl. John Casti: »Der plötzliche Kollaps von allem – Wie extreme Ereignisse unsere Zukunft zerstören können«, München 2012, S. 335

Erfüllung zusätzlicher Auflagen entfallen.[1055] Außerdem fordert Barroso, mit der Bankenunion die Transparenz zu verbessern, den Bankensektor »rechenschaftspflichtig« zu machen und die Steuergelder zu schützen. Dazu gehört ein »einheitliches Regelwerk für Finanzdienstleistungen«. Die EZB soll dabei das »Herzstück« des neuen Bankenaufsichtsmechanismus der Euro-Zone werden. Die Euro-Staaten sollen ihre Wirtschafts- und Sozialpolitik zusammenlegen, ihre Schulden gemeinsam abbauen und der Fiskalpakt in den EU-Vertrag integriert werden. Der neue Euro-Etat soll so umfangreich sein, dass er Wirtschaftskrisen in großen Mitgliedsstaaten mit finanziellen Hilfen abfedern kann. Barroso will zudem ein gemeinsames, in Brüssel angesiedeltes Finanzministerium.[1056]

- Der französische Staatspräsident Francois Hollande möchte den Euro mittels »solidarischer Integration« retten. Gemeint ist eine »vertiefte« politische Union. Nicht jedoch, ohne vorher die Schulden zu vergemeinschaften.[1057]
- EU-Ratspräsident Herman Van Rompuy fordert eine Reformverpflichtung der 17 Mitgliedsländer der Währungsunion zu »individuellen Verträgen mit der europäischen Ebene«. Ein solcher Reformvertrag müsste aber vom deutschen Bundestag abgesegnet werden. Konkret: Die Euro-Zone soll die Reformen in ihren Mitgliedsstaaten mit »begrenzten, befristeten, flexiblen und gezielten finanziellen Anreizen« unterstützen. Unter anderem sollen »Mechanismen für fiskalische Solidarität« geschafft werden. Dafür nötig wäre ein spezieller Euro-Zonen-Haushalt, der zum Ausgleich wirtschaftlicher Ungleichgewichte und finanzieller Notlagen dient.[1058]

---

[1055] Vgl. »Zu wenig zu spät« in: *Der Spiegel 26/2012, S. 21,* »Ein Parlament für den Euro« in: *Handelsblatt v. 06.09.12*

[1056] Vgl. »Finanzstabilität sichern/Kommentar von EU-Präsident José Manuel Barroso« in: *Handelsblatt v. 05.09.12,* »Barroso will Euro-Zone reformieren« in: *Handelsblatt v. 29.11.12*

[1057] Vgl. »So wird der Euro gerettet« in: *Stern 37/2012, S. 37*

[1058] Vgl. »Euro-Staaten sollen sich binden« in: *Handelsblatt v. 04.10.12,* »EU will gute Haushaltsführung belohnen« in: *Financial Times Deutschland v. 04.10.12*

- Jean-Claude Trichet, Ex-EZB-Präsident, sieht die Zeit für einen »Quantensprung« bei der wirtschaftlichen Führung in der Euro-Zone gekommen. Abgesehen vom ESM führt er drei weitere »Krisenbekämpfungsinstrumente« an: 1. einen verstärkten Stabilitäts- und Wachstumspakt; 2. eine Überwachung der Wettbewerbsfähigkeitsindikatoren und der Ungleichgewichte innerhalb der Währungsunion, 3. eine Bankenunion (mit der Möglichkeit einer direkten Rekapitalisierung und einem Einlagensicherungsfonds). Zusätzlich spricht sich Trichet für eine wirtschaftliche und fiskalische Föderation aus.[1059]
- Jörg Asmussen, Mitglied im Direktorium der EZB, favorisiert eine »echte« Finanzmarktunion mit einheitlichen Regeln für eine Bankenabwicklung. Nur so könne sichergestellt werden, dass Steuerzahler nicht für Fehler des privaten Sektors einstehen müssten. Marode Banken sollen über den ESM abgewickelt werden.[1060]
- Václav Klaus, Präsident der Tschechischen Republik, findet wohl die deutlichsten Worte zur Euro-Rettung: Europa müsse sich grundsätzlich und systematisch verändern, sagt er, und zwar mit einem politischen Prozess, »nicht aber (der) Verabschiedung eines Papiers, das von einer Gruppe von EU-Bürokraten hinter verschlossenen Türen vorbereitet wurde. Die Änderung muss aus einer politischen Debatte in jedem einzelnen Mitgliedsland herauskommen.« Klaus weiter: »Man kann nicht alles retten und festhalten. Manches muss in diesem Prozess zerstört oder zurückgelassen werden, insbesondere falsche Vorstellungen. Das heißt auch, dass sogar einige Staaten fallen gelassen werden sollen.« Der tschechische Präsident sieht acht Maßnahmen für radikale, systematische Änderungen: 1. Europa muss sich von der unproduktiven und viel zu paternalistischen[1061] sozialen Marktwirtschaft befreien. 2. Wirtschaftswachstum sollte nicht durch populistische Staatsintervention beschleunigt oder gar »geschaffen« werden. 3. Vorbereitung eines radikalen Reduzierungsplans für die

---

[1059] Vgl. »Jean-Claude Trichet: ‚Der Euro ist bemerkenswert widerstandsfähig'« in: *Handelsblatt v. 06.-08.07.12*

[1060] Vgl. »Asmussen fordert eine ‚echte Finanzmarktunion'« in: *Handelsblatt v. 20.12.12*

[1061] Wenn eine Handlung gegen den Willen, aber auf das Wohl eines anderen gerichtet ist

Ausgaben der Staatshaushalte und »aufhören, mit Steuererhöhungen zu flirten«. 4. »Europa sollte die schleichende, aber ständig wachsende grüne Gesetzgebung zum Stopp bringen.« 5. »Europa sollte die exzessive Zentralisierung, Harmonisierung und Standardisierung des europäischen Kontinents aufhalten und die radikale Dezentralisierung, Deregulierung und Desubventionierung unserer Wirtschaft und Gesellschaft angehen.« 6. EU-Mitgliedsstaaten, die »Opfer« der Währungsunion geworden sind, sollten austreten und zu eigenen Währungen zurückkehren können. 7. »Europa sollte Pläne wie die Fiskalunion vergessen, ganz zu schweigen von antidemokratischen Ambitionen, den gesamten Kontinent politisch zu einigen.« 8. Europa sollte zur Demokratie zurückkehren, »die ausschließlich auf der Ebene der Staaten existieren kann und nicht auf der Ebene des ganzen Kontinents«.[1062]

- Die finnische Finanzministerin Jutta Urpilainen, nennt drei Elemente, um sich gegen die Krise zu stellen: 1. Es müssen »glaubhafte« Pläne zum Schuldenabbau gemacht werden. 2. Zusammen mit dem Internationalen Währungsfonds (IWF) muss eine »Brandmauer« gebildet werden, um »Liquiditätskrisen« abzuwenden. 3. Es sollte mehr für das Wachstum getan werden. »Wachstum und neue Arbeitsplätze sind der einzige Weg zu einer neuen Wohlstands-Ära in Europa«, sagte Urpilainen. »Wir müssen vor allem dafür sorgen, dass junge Leute Jobs finden – und an die Zukunft der Europäischen Union glauben.«[1063]
- Bundeskanzlerin Angela Merkel will – das ist hinlänglich bekannt – den Euro retten und den Zerfall der Eurozone vermeiden. Um jeden Preis. Dafür soll den reformunwilligen EU-Mitgliedsländer Haushaltsdisziplin gelehrt werden.[1064]
- Bundeswirtschaftsminister Philipp Rösler erkennt in der EU eine Wertegemeinschaft und fordert ein »klares Bekenntnis zu finanzpolitischer Solidarität«. Ebenso müssten »durch strukturelle

[1062] Vgl. »Es ist Zeit umzukehren/Kommentar des tschechischen Präsidenten Václav Klaus« in: *Handelsblatt v. 27.-29.07.12*

[1063] Vgl. »Runter mit den Schulden!/Kommentar der finnischen Finanzministerin Jutta Urpilainen« in: *Handelsblatt v. 20.08.12*

[1064] Vgl. »So wird der Euro gerettet« in: *Stern 37/2012, S. 37*

Reformen überall in Europa die eigene wirtschaftliche Leistungs- und Wettbewerbsfähigkeit gesteigert werden«. Dem Grundsatz »Privat vor Staat« soll wieder stärker Geltung verschafft, das »Erwirtschaften vor das Verteilen« gestellt werden«.[1065]

- Auch Bundesfinanzminister Wolfgang Schäuble scheint die Lösung für die Krise zu kennen. Er plädiert für mehr Verlagerung von Kompetenzen in wichtigen Politbereichen nach Brüssel, zudem für eine Weiterentwicklung der EU-Kommission zu »einer Regierung«, die Stärkung des EU-Parlaments und die Direktwahl eines EU-Präsidenten. Schäuble weiter: »Im Optimalfall gäbe es einen europäischen Finanzminister. Der hätte ein Vetorecht gegen einen nationalen Haushalt und müsste die Höhe der Neuverschuldung genehmigen. Wofür die Länder das bewilligte Geld ausgeben würden (...) bliebe ihnen innerhalb der genehmigten Obergrenze überlassen.« Für diese notwendige und erweiterte politische Integration der EU-Mitgliedsstaaten müsste in wenigen Jahren über ein neues Grundgesetz abgestimmt werden.[1066] Im *Handelsblatt* erläutert Schäuble fünf Grundsätze, um zukünftige Krisen zu verhindern: 1. Herstellung von Transparenz auf den Märkten und bei Produkten. »Kein Produkt, kein Markt und kein Akteur sollen unbeaufsichtigt bleiben (...)« 2. Wer Gewinnchancen hat, muss auch die damit verbundenen Risiken tragen. Dazu gehören auch strafrechtliche Sanktionen. 3. Verursacher von Krisen sollen an den Kosten beteiligt werden. 4. Das Finanzsystem soll »krisenfester« gemacht werden. »Das geschieht dadurch, dass für die 29 global systemrelevanten Banken besonders hohe Eigenkapitalanforderungen gelten (...)« 5. »Wir wollen eine durchsetzungsstarke Finanzaufsicht haben (...) Die zentrale Bankenaufsicht ist Voraussetzung dafür, dass der Euro-

---

[1065] Vgl. »Gefragt ist eiserner Reformwille/Kommentar von Bundeswirtschaftsminister Philipp Rösler« in: *Handelsblatt v. 04.09.12*

[1066] Vgl. »Finanzministerium warnt vor Euro-Crash« in: *wirtschaft.t-online.de v. 24.06.12* (http://wirtschaft.t-online.de/finanzministerium-warnt-vor-euro-crash/id_57449386/index)/Zugriff: 31.08.12

Rettungsschirm ESM Banken künftig direkt rekapitalisieren kann (...)«[1067]

- Ähnlich wie Schäuble äußerten sich auch US-Investor George Soros und 100 weitere Politiker, Ökonomen, Unternehmer und Manager aus ganz Europa in einem offenen Brief, der bereits im Oktober 2011 in großen europäischen Zeitungen veröffentlicht wurde: Es soll ein europäisches Finanzministerium geschaffen werden, das die Einnahmen und Ausgaben aller Euro-Länder verwaltet. Zudem soll die Regulierung der Banken vorwärts gebracht und eine Wachstums-Strategie für die Politik entwickelt werden.[1068]
- Der deutsche Sachverständigenrat, bestehend aus den Regierungsberatern Christoph Schmidt, Lars Feld, Peter Bofinger, Wolfgang Franz und Claudia Buch, plädiert[1069] für einen gemeinschaftlich garantieren »Schuldentilgungsfonds« mit einem Volumen von etwa 2,5 Billionen Euro. In ihn sollen die Schulden von den EU-Mitgliedsländern fließen (von Deutschland 500 Milliarden Euro), die oberhalb der Maastricht-Marke von 60 Prozent der Wirtschaftsleistung liegen, mit dem Ziel, die Altschulden im Laufe von 25 Jahren zu tilgen. Dafür sollen die Staaten sich zu jährlichen Tilgungszahlungen verpflichten; Sicherheiten hinterlegen und Sondersteuern für die Schuldentilgung erheben – vorausgesetzt, der Fiskalvertrag wäre ratifiziert und die strikten Konditionen erfüllt. Ebenso seien eine »grenzüberschreitende Bankenaufsicht sowie Regelungen zur Abwicklung von Banken« notwendig. Allerdings sollte eine Bankenunion nicht übereilt eingeführt werden.[1070]
- Marcel Fratzscher, Chef des Deutschen Instituts für Wirtschaftsforschung (DIW), meint, dass nur mit einer politischen,

---

[1067] Vgl. »Wolfgang Schäuble: ‚Verursacher von Krisen müssen Kosten tragen'« in: *Handelsblatt v. 06.09.12*

[1068] Vgl. »George Soros warnt Regierungen vor Zerstörung des Finanzsystems durch Euro-Crash« in: *ibtimes.com. v.12.10.11* (http://de.ibtimes.com/articles/24781/20111012/george-soros-warnt-die-euro-regierungen-vor-zerst-rung-des-finanzsystems-durch-euro-crash.htm)/Zugriff: 15.11.12

[1069] Mit einem Sondergutachten im Juli 2012

[1070] Vgl. »Das 3,3 Billionen-Risiko« in: *Handelsblatt v. 09.07.12,* »Notfalls auch als Haftungsgemeinschaft« in: *Financial Times Deutschland v. 09.07.12,* »Euro-Crash könnte Deutschland 3,5 Billionen kosten« in: *boerse-go.de v. 31.08.12* (http://www.boerse-go.de/nachricht/Euro-Crash-koennte-Deutschland-bis-zu-35-Billionen-kosten,a2911389.html)/Zugriff: 31.08.12

fiskalischen und Bankenunion der Euro-Währungsraum krisenfest gemacht werden kann.[1071]

- Dirk Meyer, Inhaber des Lehrstuhls für Ordnungsökonomie an der Helmut-Schmidt-Universität in Hamburg, legt einen Austritt Deutschlands aus der EU nahe, der damit die »notwendige Krise zur weiteren konstruktiven Zukunft eines integrierten Europas« sei. Auch wenn dann die »politische Währung Euro« gescheitert wäre, um das »Projekt Europa« zu retten: »Insbesondere die Gründung einer Nordeuropäischen (NEWU) und einer Südeuropäischen Währungsunion (SEWU) innerhalb der EU böte (...) Chancen einer langfristig gedeihlichen und zukunftssicheren Entwicklung auf der Basis relativ homogener Währungsräume.«[1072] Meyer empfiehlt zum Euro eine Ergänzung durch eine nationale Parallelwährung, um die unterschiedliche Wettbewerbsfähigkeit der Euro-Länder abzudämpfen. Diese hätte dann im Fall einer drohenden Euro-Inflation eine Wertsicherungsfunktion.[1073]

- Thorsten Polleit, Chefsvolkswirt der Degussa Goldhandel GmbH, sieht einen Ausweg in einem »Währungswettbewerb«, bei dem die Zahlkraftgesetze ausgehoben werden und der Euro das Privileg verliert, gesetzliches Zahlungsmittel zu sein. »Jeder kann das Geld nachfragen, das er als das beste erachtet, und jeder darf Geld anbieten«, sagt Polleit. Egal ob Euro, US-Dollar, Gold oder Silber, das wertstabilste Geld soll sich dabei durchsetzen. Dabei entscheidet der »Geldnachfrager«. Mit diesem »Mehr« an Wahlmöglichkeiten beim Geld würde der »Missbrauch mit der staatlichen Notenpresse am effektivsten« verhindert.[1074]

- Niall Ferguson, Professor für Finanz- und Wirtschaftsgeschichte an der Harvard University, und Nouriel Roubini, Ökonom an der Stern

---

[1071] Vgl. »Weitet die Euro-Zone aus!« in: *Financial Times Deutschland v. 10.08.12*

[1072] Vgl. Dirk Meyer: »Fahrplan eines Euroaustritts – technische Vorbereitung und Durchführung aus Sicht eines Austrittslandes« in: *ifo Schnelldienst 6/2012, S. 27*/Archiv Grandt

[1073] Vgl. »Schuldenkrise: Deutschland muss mit dem Euro-Austritt drohen« in: *SpiegelOnline v. 11.09.12* (http://www.spiegel.de/wirtschaft/soziales/euro-krise-oekonom-schlaegt-parallelwaehrungen-vor-a-855184.html)/Zugriff: 12.09.12

[1074] Vgl. »Gefahr einer Geldentwertung« in: *Focus Money Online 25/2012* (http://www.focus.de/finanzen/boerse/interview-gefahr-einer-geldentwertung_aid_766366.html)/Zugriff: 02.10.12

School of Business der New York University, empfehlen unter anderem ein EU-weites »Einlagensicherungs-System«, finanziert durch angemessene Bankabgaben auf alle Bankverbindlichkeiten. Bevor Steuergelder genutzt würden, müssten zuerst nicht abgesicherte Bankengläubiger herangezogen und die Größe der Banken begrenzt werden. Außerdem: beschleunigte Strukturreformen, um das Produktivitätswachstum zu steigern, Lohnerhöhungen in den Kernländern, damit Einkommen und Konsum zunehmen, Umsetzung des europäischen Schuldentilgungspakts, um das überhöhte Kreditrisiko Deutschlands auszuräumen.[1075]

- Thomas Mayer, ehemaliger Chefsvolkswirt der Deutschen Bank, plädiert für eine »Verbindung von Souveränität und Haftung auf nationaler Ebene«, um für die Währungsunion eine »belastbare Grundlage« zu schaffen. »Daraus folgt, dass im Falle von Liquiditätskrisen Staaten und Banken auf europäischer Ebene durchaus geholfen werden kann, wenn sie alle Anstrengungen unternehmen, sich selbst zu helfen.« Und weiter: »Es folgt aber auch, dass Hilfe zeitlich und quantitativ begrenzt sein muss und für überschuldete Staaten oder Banken angemessene Insolvenzverfahren geschaffen werden müssen.«[1076]

- Christopher Probyn, Chefvolkswirt von State Street Global Advisors, sieht für das Jahr 2017 eine Bankenunion voraus, »in der zumindest die großen Banken zentral überwacht werden. Zudem wird sich die Währungsunion auf eine politische und fiskalische Union hin entwickeln.«[1077]

- Für eine gemeinsame Bankenunion mit einer zentralisierten Aufsicht und einen gemeinsamen Schuldentilgungsfonds sprechen sich auch 17 renommierte europäische Wirtschaftswissenschaftler aus. Ferner plädieren sie für verbindliche Regeln beim Schuldenabbau und

---

[1075] Vgl. »Top-Ökonomen Roubini und Ferguson zur Schuldenkrise: Bei Euro-Kollaps droht neues 1933« in: *ftd v. 12.06.12* (http://www.ftd.de/politik/europa/:top-oekonomen-roubini-und-ferguson-zur-schuldenkrise-bei-euro-kollaps-droht-neues-1933/70049387.html)/Zugriff: 13.09.12

[1076] Vgl. »Schuldenabbau beginnt zu Hause/Kommentar von Thomas Mayer« in: *Handelsblatt v. 21.08.12*

[1077] Vgl. »Die Euro-Zone kann nicht da stehen bleiben, wo sie ist« in: *Financial Times Deutschland v. 04.10.12*

automatische Sanktionsmechanismen. Sie wurden von der US-Denkfabrik Institute for New Economic Thinking (Inet) zusammengerufen und legten im Juli 2012 ein gemeinsames Arbeitspapier vor.[1078]

- Der Chefsvolkwirt der EZB und Präsident des Center for Financial Studies an der Goethe-Universität in Frankfurt am Main, Otmar Issing, fordert zunächst eine Reformierung der Bankensysteme. »Eine Währungsunion souveräner Staaten funktioniert nur, wenn das Grundprinzip lautet: keine Rettungen. Das bedeutet, jedes Land ist für seine Politik selbst verantwortlich. Finanzhilfe muss an strenge Bedingungen geknüpft werden (...) So könnte eine Währungsunion ohne politische Union langfristig funktionieren.«[1079]
- Charles Dumas vom Londoner Wirtschaftsforschungsinstitut Lombard Street Research meint, dass Deutschland zur D-Mark, die aufwertet wäre, zurückkehren sollte. Die Gewinne würden sinken, die Produktivität wachsen und das Realeinkommen steigen. Wenn die Deutschen ihre »überschüssigen Ersparnisse« nicht den »verschwenderischen« EU-Krisenländern[1080] leihen müssten, hätten sie einen höheren Lebensstandard.[1081]
- Richard Gnodde, Europa-Co-Chef der Großbank Goldman Sachs, fordert eine stärkere Fiskalunion in der Euro-Zone.[1082]
- Der Publizist und Börsenmakler Dirk Müller sieht eine Alternative in einem Austritt von Deutschland, Österreich, den Niederlanden und Finnland aus der Euro-Zone. »Daraus könnte eine homogene Währungsunion werden mit gemeinsamer Fiskal- und Steuerpolitik. Dann hätten wir einen Nord-Euro oder eine Guldenmark (...)«[1083]

---

[1078] Vgl. »Top-Ökonomen fordern Bekenntnis zum Euro« in: *Handelsblatt v. 25.07.12,* »Europäische Wirtschaftsexperten legen Masterplan vor« in: *Financial Times Deutschland v. 25.07.12*
[1079] Vgl. »Mehr Europa hilft nichts« in: *Financial Times Deutschland v. 01.08.12*
[1080] Dumas spricht von »Ausländern«.
[1081] Vgl. »Euro-Krise: Der deutsche Exit ist eine Option« in: *ftd.de v. 02.10.12* (http://www.ftd.de/politik/konjunktur/:euro-krise-der-deutsche-exit-ist-eine-option/70098826.html)/Zugriff: 04.10.12
[1082] Vgl. »Richard Gnodde: Wollen wir den Euro oder nicht?« in: *Handelsblatt v. 27.06.12*
[1083] Vgl. »Max Otte und Dirk Müller: ‚Erst die Schmerzen, dann das Geld'« in: *Handelsblatt v. 09.08.12*

- Max Otte, Publizist und Leiter des Instituts für Vermögensentwicklung GmbH (IFVE), ergänzt: »Einen Nord-Euro wird es nicht ohne Frankreich geben, aus politischen Gründen; da würden die Franzosen, die uns schließlich den Euro eingebrockt haben, nicht mitspielen.«[1084]

- Hans-Werner Sinn, Präsident des ifo Instituts und Ordinarius an der Ludwig-Maximilians-Universität in München, kommt zu einem ähnlichen Schluss. Er macht den Vorschlag einer »offenen Währungsunion mit assoziierten Mitgliedern, die früher Vollmitglied waren, nun temporär eine eigene Währung führen und die Option haben, später wieder voll mitzumachen«. Dafür müssten sie allerdings Reformauflagen erfüllen. Sinn fordert ein einheitliches System der Bankenregulierung, »das ein Zusammenwachsen des Bankensystems ermöglicht und ruinösen Regulierungswettbewerb unterbindet. Das darf nicht in eine Transferunion münden, sondern muss in ein System harter Budgetbeschränkungen eingebettet sein, in dem die Märkte statt der EZB die Risikoprämien festlegen«. Denn es ist »nur fair, wenn die Anleger das Risiko selber tragen.« Auch Umschuldungen innerhalb der EU-Krisenländer sollen nicht zu Lasten der Steuerzahler, sondern der Gläubiger gehen. »Ein Großteil des Geldes ist ohnehin verloren, und je früher den Gläubigern der Verlust angelastet wird, desto eher kann man das Problem überwinden.«[1085] Sinn warnt: »Je länger man mit radikaleren Maßnahmen wartet, desto mehr privaten Anlegern gelingt es, ihre toxischen Papiere noch vor dem Schnitt an die staatlichen Rettungseinrichtungen zu verkaufen und sich aus dem Staub zu machen, desto teurer wird also die Sache für die Steuerzahler und Rentner der Bundesrepublik Deutschland (...) Die Anleger gewinnen Zeit, die Steuerzahler und Rentner verlieren sie.«[1086]

- Susanne Schmidt, Wirtschaftsjournalistin und Tochter von Altkanzler Helmut Schmidt, meint, dass der Europäische

---

[1084] Vgl. »Max Otte und Dirk Müller: ‚Erst die Schmerzen, dann das Geld'« in: *Handelsblatt v. 09.08.12*

[1085] Vgl. »Die offene Währungsunion« in: *Wirtschaftswoche 29/2012, S. 39*

[1086] Vgl. »Deutschland muss nur Nein sagen« in: *Handelsblatt v. 13.12.12*

Stabilitätsmechanismus ESM weiter ausgebaut und vergrößert werden sollte. Im Bankenwesen bedürfe es eines »gemeinsamen Marktes mit einer einzigen, gemeinschaftlichen, professionellen, europäischen Aufsicht. Ein gemeinschaftlicher Bankenfonds (zum Beispiel für die notwendige Rekapitalisierung vieler europäischer Banken, Notkredite, Abwicklungs- und Aufspaltungskosten) ist dafür unerlässlich.«[1087]

- Dieter Schnaas von der *Wirtschaftswoche* fordert eine starke europäische Bankenaufsicht und Bankenregulierung, »die Europa eine Haftungsunion mit Zentralregierung erspart. Dazu muss sich die Politik einerseits ihrer Abhängigkeit von den Banken entledigen, Selbstbescheidung üben – und die Insolvenz von Einzelstaaten ermöglichen, ohne den Zusammenbruch des Banksystems zu riskieren.« Und weiter: »Auf der anderen Seite muss sie den Banken wieder die Möglichkeit einräumen, für eingegangene Risiken haften zu dürfen. Trennbanksystem, eine hohe Eigenkapitaldeckung bei der Ausgabe von Staatsanleihen, eine drastische Erhöhung der Mindestreserve (...) Hauptsache, so Oxford-Ökonom Clemens Fuest, die Spekulation mit Steuergeld hört auf.«[1088]
- Der Staatsrechtslehrer Karl Albrecht Schachtschneider hat noch einen anderen Vorschlag, um ein »despotisches Europa« in der Zukunft zu verhindern: »Die einzige Chance dagegen ist, dass sich die Menschen in Europa politisch gruppieren und anders wählen. Noch sind die Parlamente halbwegs funktionsfähig. Dann könnten die Parlamente aufgrund anderer Besetzung andere Politik machen. So könnte man zurückfinden zu einem europäischen Europa, einem Europa der Völker, der Republiken, die bestmöglich zusammenarbeiten.«[1089]

---

[1087] Vgl. »Susanne Schmidt: ‚Der Fiskalpakt reicht nicht'« in: *Handelsblatt v. 24.-26.08.12*

[1088] Vgl. »Die Ruinenbaumeister« in: *Wirtschaftswoche 38/2012, S. 29*

[1089] Vgl. »Der Euro zerstört alles« in: *mmnews.de v. 26.09. 12* (http://www.mmnews.de/index.php/wirtschaft/10922-der-euro-zerstoert-alles)/Zugriff: 29.11.12

# 8. Teil

# Von Berlin bis Pullach – Fragen und Antworten[xlv]

*»Noch sitzt ihr da oben, ihr feigen Gestalten.*
*Vom Feinde bezahlt, doch dem Volke zum Spott!*
*Doch einst wird wieder Gerechtigkeit walten,*
*dann richtet das Volk, dann gnade euch Gott!«*
Carl Theodor Körner (dt. Dichter und Dramatiker)[xlvi]

## 8.1. Vorspann - »Katz und Maus«

Im Zuge der Recherchen für dieses Buch habe ich folgende bundesdeutsche Ministerien mit Fragen zu dessen Thematik angeschrieben:[1090]

- Bundespräsidialamt (Bundespräsident Joachim Gauck)
- Presse- und Informationsamt der Bundesregierung (Bundeskanzlerin Angela Merkel)
- Bundesministerium der Finanzen (Bundesfinanzminister Wolfgang Schäuble)
- Bundesministerium für Wirtschaft und Technologie (Bundeswirtschaftsminister Philipp Rösler)
- Bundesministerium des Innern (Bundesinnenminister Hans-Peter Friedrich)
- Bundesministerium der Verteidigung (Bundesverteidigungsminister Thomas de Maizière)
- Auswärtiges Amt (Bundesaußenminister Guido Westerwelle)

---

[1090] Mit E-Mails v. 03.11.12 und 19.12.12

Außerdem:[1091]

- Bundesnachrichtendienst (BND; deutscher Auslandsnachrichtendienst)
- European Gendarmerie Force (EGF; europäische Gendarmerietruppe)

Bevor ich die einzelnen Fragen und Antworten dokumentiere, möchte ich in diesem Zusammenhang noch auf einige Aspekte eingehen.

Steffen Schulze (stellvertretender Sprecher des Bundespräsidenten, Bundespräsidialamt) antwortete auf meinen Fragenkatalog:[1092] »Sie haben sich mit E-Mail vom 3. November 2012 an das Bundespräsidialamt gewandt und einen umfassenden Fragenkatalog mit der Bitte um Beantwortung vorgelegt. Das an Bundespräsident Joachim Gauck gerichtete Schreiben ist im Referat Wirtschaft, Finanzen, Arbeit und Soziales, Umwelt und Verkehr des Bundespräsidialamtes aufmerksam gelesen worden.
Sie haben uns mitgeteilt, dass Sie derzeit Recherche betreiben in der Absicht, beim Gevestor Verlag, Bonn, im Frühjahr 2013 ein Buch mit dem Titel *„2018 - Deutschland nach dem Crash"* zu veröffentlichen. Für Ihre Recherchearbeit haben meine Kollegen hinsichtlich Ihres Fragekatalogs versucht, dort hilfreich zu sein, wo die Arbeit im Bundespräsidialamt Berührungspunkte zu den von Ihnen genannten Themenkomplexen aufweist.
Erlauben Sie uns in Erinnerung zu rufen, dass der Bundespräsident nach unserem Grundgesetz nicht über das Recht verfügt, Gesetze zu initiieren, bestehende gesetzliche Regelungen zu ändern oder in deren Ausführung einzugreifen. Damit kann er auch nicht den allein dazu befugten gesetzgebenden und ausführenden Organen Anweisungen erteilen. Aufgrund seiner verfassungsrechtlichen Neutralitätsverpflichtung bezieht der Bundespräsident zu konkreten Forderungen nach gesetzlichen

---

[1091] Mit E-Mails v. 19.12.12. BND und EUROGENDFOR wurden nur Fragen zu ihren Zuständigkeitsbereichen gestellt.
[1092] E-Mail v. 17.12.12

Regelungen und zu laufenden Gesetzgebungsverfahren grundsätzlich keine Stellung.
Daher kann ich Ihnen nur anheimstellen, die von Ihnen vorgetragenen konkreten Fragen 5, 6, 7, 8, 11, 13 bis 15, und 18 bis 22 zur Euro-Rettungspolitik, zur Steuerpolitik, zu Fragen der finanziellen Haftung und Risiken sowie zur öffentlichen Sicherheit für eine sachgerechte Beantwortung an die Bundesregierung bzw. an die zuständigen Bundesministerien zu richten – hier das Bundesministerium der Finanzen, das Bundesministerium des Innern und das Bundesministerium der Verteidigung. Ihre Frage 9 betrifft die Europäische Zentralbank, deren Unabhängigkeit der Bundespräsident strikt achtet und zu deren Politik er keine Stellung bezieht. Bitte haben Sie ferner Verständnis dafür, dass der Bundespräsident in den Grenzen seines Amtes Äußerungen von in- und ausländischen Politikern bzw. Personen des öffentlichen Lebens – wie in den Fragen 1 bis 3 und 12 – nicht unmittelbar kommentiert.
Darüber hinaus verstehen wir den Impetus Ihrer Anfrage, welche die Besorgnis um die Stabilität der Europäischen Wirtschafts- und Währungsunion und die möglichen Folgen aus der Schulden- und Bankenkrise aufgreift. Den Bundespräsidenten erreichen zu diesem Thema zahlreiche Zuschriften. Er kennt das Unbehagen vieler Bürgerinnen und Bürger – auch über Entwicklungen in den Ländern der Währungsunion, die durch zu hohe Schulden und zu geringe wirtschaftliche Wettbewerbsfähigkeit gekennzeichnet sind. Er weiß um die Bedeutung und die Vorteile der Wirtschafts- und Währungsunion und setzt sich dafür ein, dass alle Verantwortlichen gezielt daran arbeiten, Europa gestärkt aus der Schulden- und Finanzkrise zu führen.
Der Bundespräsident hat in den vergangenen Monaten gleich in mehreren Interviews, z. B. gegenüber Deutschlandradio am 30. September und ‚WamS' am 11. November, zu diesem Thema Stellung bezogen. In einer Gesprächsrunde im ZDF am 27. September mahnte er, in der Krise nicht die Geduld und den Glauben an die Handlungsfähigkeit zu verlieren. Er führte aus, dass zur Bewältigung der Krise eine gewisse Bereitschaft zum Risiko durchaus notwendig sei. Dabei könne Solidarität in Europa letztlich über die in der Krise erlittenen Einbußen in den betroffenen Ländern hinaus auch zu

finanziellen Belastungen und wirtschaftlichen Beeinträchtigungen in Gesamteuropa führen. Eine solche ‚Wohlstandsdelle' könne nicht ausgeschlossen werden, gleichwohl überwiege das Hauptinteresse, Europa als freien, demokratischen und lebenswerten Raum zu wahren.
Bei einer Rede vor führenden Vertretern aus Politik und Wirtschaft am 15. November in Berlin erklärte der Bundespräsident, dass Bankenrettung durchaus im Einzelfall geboten sein könne, um Schaden nicht nur von der Bank, sondern auch von der Allgemeinheit abzuwenden. Banken müssten jedoch wieder genuinen geschäftlichen Verantwortungen gerecht werden und für die Konsequenzen ihres Handelns haften. Die derzeitige Gewissheit, im Notfall gerettet zu werden, verschiebe die Risikohaltung der Banken in einer Weise, die weder dem Markt entspreche noch den Wünschen der Steuerzahler. Mit Blick auf die Gefahr von politischen Radikalismus mahnte er, das letzte Wort in der Krise nicht den Angstmachern zu überlassen'. Verantwortung in Wirtschaft, Politik und Gesellschaft erfordere Haltung und das Handeln aller: Nicht nur der Führungskräfte in Wirtschaft und Politik, sondern auch der Kunden und Bürger. ‚Wirtschaft und Gesellschaft, das sind nicht immer nur die anderen. Wo dies verinnerlicht wird, erfahren wir: Verantwortlicher Kapitalismus ist möglich.' Die besagten Interviews und die Rede des Bundespräsidenten finden Sie auf unserer Internetseite www.bundespraesident.de.«

Auf mein Schreiben an das Bundesministerium der Verteidigung antwortete Hauptfeldwebel Peter Wolfsdorf:[1093] »Vielen Dank für Ihre Zeilen an Herrn Bundesminister der Verteidigung, Dr. Thomas de Maizière. Sie werden sicher verstehen, dass wegen der Vielzahl der im Ministerium täglich eingehenden Anfragen nicht alle Fragen dort selbst beantwortet werden können. So wurde mir Ihre Frage mit dem Auftrag einer Beantwortung übergeben. Leider ist es uns nicht möglich, die von Ihnen gestellten Fragen sachgerecht zu beantworten. Bitte wenden Sie sich mit Ihren Fragen an das Bundesministerium des Innern respektive an das Bundeskanzleramt. Sicherlich wird man dort Ihre Fragen sachkompetent beantworten.«

[1093] E-Mail v. 05.11.12

Und Hauptmann Waldemar Boczek vom Streitkräfteamt in Sankt Augustin bei Bonn ergänzte:[1094] »Der Antwort meines Kameraden ist nichts hinzuzufügen. Die von Ihnen gestellten Fragen können wir Ihnen nicht beantworten, da wir jeweils nur die ausführenden Organe sind. Die Entscheidungslage, die Sie wissen möchten, obliegt den bereits genannten Ministerien.«
Damit wollte ich es nicht bewenden lassen und erhielt nach weiterem Mailverkehr schließlich Antwort von Hauptmann Boczek vom Streitkräfteamt – nicht ohne diesen Zusatz: »Sollten Sie bei der Veröffentlichung Textpassagen kürzen oder verändern und dadurch die Aussagen in einem völlig anderen Sinn erscheinen lassen, behalten wir es uns vor, rechtliche Schritte einzuleiten.«[1095] Selbstredend, dass ich Antworten auf Anfragen nie »sinnentstellend« wiedergebe.

Jens Teschke, Pressesprecher und Leiter des Referats Presse des Bundesministeriums des Innern, antwortete auf mein Schreiben: »Vielen Dank für Ihre Anfrage. Allerdings kann ich in Ihren Fragen keine Zuständigkeit für das Bundesministerium des Innern entdecken. Ich setze daher auf Ihr Verständnis, dass wir Ihre Fragen nicht beantworten werden und können.«[1096] Daraufhin schrieb ich zurück: »Ihre Antwort kann ich nicht nachvollziehen. Die Fragen beziehen sich größtenteils gerade auf die Zuständigkeit des Bundesministeriums des Innern (z. B. was die innere Sicherheit bei möglichen Aufständen angeht, die Planspiele betr. Aufstandsbekämpfung etc.).« Gleichzeitig bat ich noch einmal um die Beantwortung meiner Fragen.[1097] Diese blieb jedoch aus.

Weder das Auswärtige Amt[1098] unter Guido Westerwelle noch Philipp Röslers Bundesministerium für Wirtschaft und Technologie[1099] sahen sich im Wahljahr 2013 in der Lage, Antworten auf meine kritischen Fragen zu finden. Sie stehen bis zum Zeitpunkt des Manuskriptschlusses noch aus,

---

[1094] E-Mail v. 04.12.12
[1095] E-Mail v. 11.12.12
[1096] E-Mail v. 17.12.12
[1097] E-Mail v. 19.12.12
[1098] Fragen des Autors mit E-Mail v. 03.11.12
[1099] Fragen des Autors mit E-Mail v. 19.12.12

ebenso die der European Gendarmerie Force (EGF)[1100] und des Bundesnachrichtendienstes (BND)[1101]. Am 7. Januar 2013 erhielt ich einen ominösen Anruf eines Mitarbeiters des zuletzt genannten Nachrichtendienstes, der erklärte, dass der BND keine Stellung zu den Fragen nehmen könne. Auf meine Frage, ob er mir das schriftlich geben könne, verneinte er und wollte auch seinen Namen nicht nennen.[1102]

## 8.2. Hauptteil – »Tacheles«

Nachfolgend führe ich meine Fragen auf. Nach jeder sind die Antworten der jeweiligen Bundesministerien[1103] bzw. Dienststellen aufgeführt. Nicht an jedes Ministerium/Dienststelle wurden alle Fragen gestellt oder von diesen beantwortet. Die angegebenen Links habe ich unkommentiert übernommen.

1. Wie stehen Sie zu den Worten des Euro-Gruppen-Chefs Jean-Claude Juncker: »Wir beschließen etwas, stellen das dann in den Raum und warten einige Zeit ab, was passiert. Wenn es kein großes Geschrei gibt und keine Aufstände, weil die meisten nicht begreifen, was da beschlossen wurde, machen wir weiter – Schritt für Schritt, bis es kein Zurück mehr gibt« (siehe »Eine neue Geheimpolitik in Sachen Europa« in: Handelsblatt v. 04.09.12)?

**Antwort Bundespresseamt**

Die Bundeskanzlerin hat sich wiederholt und oft zu europapolitischen Themen geäußert. In diesen Reden wird ihre Haltung deutlich. Erst am Mittwoch hielt die Kanzlerin eine europapolitische Grundsatzrede vor dem Europäischen Parlament. Hier die Rede im Wortlaut:

---

[1100] Fragen des Autors mit E-Mail v. 19.12.12

[1101] Fragen des Autors mit E-Mail v. 19.12.12

[1102] Telefonprotokoll des Autors v. 07.01.13/Archiv Grandt

[1103] Das Bundespresseamt (Dr. Elke Ramlow, Chefin vom Dienst im Presse- und Informationsamt der Bundesregierung) mit E-Mail an den Autor v. 12.11.12 (Archiv Grandt). Das Bundesministerium der Finanzen (Dr. Johannes Blankenheim (Pressesprecher) mit E-Mail an den Autor v. 23.11.12 (Archiv Grandt).Das Bundesministerium des Inneren (Jens Teschke, Pressesprecher) mit E-Mail an den Autor v. 19.12.12 (Archiv Grandt)

http://www.bundesregierung.de/Content/DE/Rede/2012/11/2012-11-07-merkel-eu.html;jsessionid=783E432EA38C327C50F4C571F0A20034.s1t2

Auch aus der letzten Regierungserklärung vor dem Europäischen Rat am 18./19. Oktober können Sie die Haltung der Bundeskanzlerin erkennen:

http://www.bundesregierung.de/Content/DE/Regierungserklaerung/2012/2012-10-18-merkel.html

Seit Beginn der Eurokrise debattieren viele Politiker und Fachleute über Lösungswege aus der Krise. Die Lösungsansätze sind teilweise verschieden, auch die Meinungen über Lösungswege gehen auseinander. Bitte haben Sie Verständnis, dass wir einzelne Meinungen nicht kommentieren. Die Haltung der Bundesregierung ist klar: Sie unternimmt alles zur Rettung des Euro. Der von der Kanzlerin oft gesagte Satz »Scheitert der Euro, scheitert Europa« steht dafür.

**Antwort Bundesministerium der Finanzen**

Wir kommentieren Äußerungen von anderen Ministern oder Staats- und Regierungschefs nicht. Aber eines ist sicher: Wir bemühen uns zu jedem Zeitpunkt und an jeder Wegkreuzung des Entscheidungsprozesses, die Bürger so umfassend wie eben möglich zu informieren und mitzunehmen. Dabei helfen sicherlich auch die gestärkten Informationsrechte des Bundestags.

2. Heinrich Weiss, ehemaliger Präsident des Bundesverbandes der Deutschen Industrie (BDI), sagte: »Bereits vor Abschluss des Maastricht-Vertrages habe ich auf die Gefahren einer verfrühten Gemeinschaftswährung hingewiesen. Als ich 1991 als BDI-Präsident mit meinem französischen Kollegen (...) das Thema besprach, wies dieser mich in aller Offenheit darauf hin, dass Deutschland hier den Preis für die französische Zustimmung zur Wiedervereinigung zu bezahlen habe: ‚Wir möchten die Deutschen langfristig an der Finanzierung der riesigen

ungedeckten Pensionslasten im französischen Staatshaushalt beteiligen.' Also verspätete Reparationszahlungen?« Selbst der damalige Innenminister unter der Regierung Kohl, Wolfgang Schäuble, gab zu: »Die Preisgabe der D-Mark war eine der Konzessionen, die dazu beitrugen, den Weg zur deutschen Vereinigung zu ebnen«. Was sagen Sie dazu?

**Antwort Bundespresseamt**

Siehe Antwort auf Frage 1

**Antwort Bundesministerium der Finanzen**

Uns liegen keine Erkenntnisse vor, die diese These stützen. Die Schaffung des Euro war eine konsequente Weiterentwicklung einer immer enger zusammenrückenden Europäischen Union.

3. »Auf Deutschland kommen gigantische Haftungsrisiken zu, die den über Jahrzehnte hinweg erarbeiteten Wohlstand gefährden. Sollte Deutschland als Zahler für die Sünder in Europa herangezogen werden, wird unter dieser Last die Wirtschaft schrumpfen. Auch die heutigen Sozialsysteme werden nicht mehr finanzierbar sein.« Wie schätzen Sie die Worte von Heinrich Weiss ein?

**Antwort Bundespresseamt**

Siehe Antwort auf Frage 1

**Antwort Bundesministerium der Finanzen**

Die Staaten der Eurozone arbeiten intensiv an der Bekämpfung der durch hohe Staatsverschuldung, mangelnde Wettbewerbsfähigkeit und zu viel Liquidität verursachten Krise und bewegen sich allesamt miteinander in Richtung einer echten Stabilitätsunion.

4. Bundespräsident Joachim Gauck räumte ein, dass es in der Europäischen Union einmal eine »Wohlstandsdelle« geben könne. Was sagen Sie dazu? Und: Gibt es die nicht schon längst?

**Antwort Bundespresseamt**

Siehe Antwort auf Frage 1

**Antwort Bundesministerium der Finanzen**

Wir nehmen jede Äußerungen des Bundespräsidenten mit Respekt zur Kenntnis.

5. Welche Steuererhöhungspläne liegen Ihnen für die Zeit nach der Bundestagswahl 2013 bereits vor? Wie sehen diese genau aus?

**Antwort Bundespresseamt**

Fragen, bei deren Antworten wir spekulieren müssen, sind hypothetischer Natur. Bitte sehen Sie es uns nach, dass wir uns an solchen Spekulationen nicht beteiligen.

**Antwort Bundesministerium der Finanzen**

Es gibt keine Steuererhöhungspläne für die Zeit nach der Bundestagswahl.

6. »Focus Money« veröffentlichte im August 2012 ein Interview mit einem »prominenten Mitglied der Regierungspartei« (vom Chefredakteur wurde die Richtigkeit des Interviews an Eides Statt versichert), in dem es u. a. heißt: »Ich bin mir sicher: Die europäische Währungsunion wird in ihrer heutigen Form nicht fortbestehen. Dazu sind die Interessen und Stärken der einzelnen Mitgliedsländer zu unterschiedlich (...) Wie auch immer das im Detail ablaufen wird, eines scheint sicher: Innerhalb der nächsten 18 Monate wird die Währungsunion auseinanderbrechen.« Was sagen Sie zu dieser Einschätzung eines »prominenten Mitglieds der Regierungspartei«?

**Antwort Bundespresseamt**

Siehe Antwort auf Frage 1

**Antwort Bundesministerium der Finanzen**

Die Bundesregierung kommentiert keine anonymen Aussagen (...)

7. Als wie realistisch sehen Sie einen »Euro-Crash« an, vor dem seit Monaten namhafte Experten warnen?

**Antwort Bundespresseamt**

Siehe Antwort auf Frage 5

**Antwort Bundesministerium der Finanzen**

Ein »Euro-Crash« ist kein realistisches Szenario. Die Bundesregierung und die Staaten der Eurozone arbeiten erfolgreich an einer Lösung der Staatsschuldenkrise. Hier wurde bereits vieles auf dem Weg zu einer Stabilitätsunion erreicht.

8. Deutschland haftet in der Euro-Zone mit dem größten Betrag. Was, wenn Deutschland selbst einmal eine derartige Hilfe benötigen würde? Es gibt keinen Rettungsschirm für Deutschland ...

**Antwort Bundespresseamt**

Siehe Antwort auf Frage 5

**Antwort Bundesministerium der Finanzen**

Das sind Fragen, die sich nicht stellen.

9. Führt die »neue« Politik der EZB (ungedeckte Staatsanleihen in unbegrenzter Höhe von (Krisen-)Ländern zu kaufen und die Euro-Presseanzuwerfen) längerfristig nicht zu einer (Hyper-)Inflation?

**Antwort Bundespresseamt**

Die EZB hat ein Mandat für die Geldpolitik. Geldpolitik heißt, unter vorrangiger Gewährleistung der Preiswertstabilität die Geldversorgung des Euroraums, der Wirtschaft im Euroraum über die Banken sicherzustellen. Das ist der geldpolitische Auftrag, den die EZB in eigener Unabhängigkeit zu erfüllen hat, den sie übrigens seit zehn Jahren hervorragend erfüllt. Der Euro ist stabiler, die Preissteigerungen sind niedriger, als sie zu Zeiten der D-Mark gewesen sind. Deswegen hat niemand einen Grund, daran zu zweifeln, dass die EZB das auch in der Zukunft meistern wird. Sie hat ausdrücklich kein Mandat zur Staatsfinanzierung. Und deswegen: Die EZB wird keine Entscheidungen treffen, die mittelbar zur Staatsfinanzierung führen. Damit würde sie ihr Mandat verletzen.

http://www.bundesregierung.de/Content/DE/Interview/2012/09/2012-09-14-schaeuble-dlf.html?nn=454930

**Antwort Bundesministerium der Finanzen**

Die Unabhängigkeit der Notenbanken ist in den europäischen Verträgen festgeschrieben. Wir haben keine Zweifel, dass die Europäische Zentralbank ihrem Mandat gerecht wird.

10. Wäre es für Deutschland im Endeffekt nicht billiger die »Euro-Zone« zu verlassen, als auf einen »Euro-Crash« mit all seinen Konsequenzen zu warten?

**Antwort Bundespresseamt**

Kein Land und keine Volkswirtschaft profitiert so viel von der gemeinsamen Währung wie die Bundesrepublik Deutschland. Wir haben in Deutschland die geringste Jugendarbeitslosigkeit in ganz Europa. Unser wirtschaftlicher Erfolg hat entscheidend mit unserer Exportstärke zu tun. Darauf sind wir existenziell angewiesen. Wir könnten unseren Lebensstandard und unsere soziale Sicherung auch nicht annähernd erhalten, wenn wir auf den Exportmärkten nicht so erfolgreich wären. Dazu ist die wirtschaftliche Integration Europas eine entscheidende Voraussetzung. Wir alle in Europa sind für uns allein genommen viel zu klein, um in der globalisierten Welt unsere Interessen wirksam wahrnehmen zu können. Wir brauchen ein gemeinsames, handlungsfähiges, starkes Europa.

http://www.bundesfinanzministerium.de/Content/DE/Interviews/2011/2011-11-14-suedkurier.html

Unabhängig vom ökonomischen Nutzen ist die einheitliche Währung politisch unverzichtbar. Sie ist das bislang weitreichendste Ergebnis und Bekenntnis der europäischen Integration und versetzt Deutschland als Teil des größten Binnenmarktes der Welt in die Lage, die Globalisierung mitzugestalten. Als einflussreicher Akteur in Europa hat die Bundesrepublik Deutschland die Möglichkeit, ihr Gesellschaftsmodell zu bewahren. Alleine wäre sie chancenlos.

http://www.bundesfinanzministerium.de/Content/DE/Monatsberichte/Standardartikel_Migration/2011/04/analysen-und-berichte/b02-gesamtstrategie-waehrungsunion/gesamtstrategie-waehrungsunion.html

**Antwort Bundesministerium der Finanzen**

Diese Frage stellt sich nicht. Auf die volkswirtschaftlichen Implikationen dieser Frage ist in der Vergangenheit regelmäßig und umfassend hingewiesen worden.

11. Wie realistisch ist ein Währungsschnitt mit der Rückkehr zu einer neuen nationalen Währung? Gibt es hierfür Pläne? Würde dann von Euro zu (evtl.) Neuer Mark 1:10 umgerechnet werden?

**Antwort Bundespresseamt**

Siehe Antwort auf Frage 5

**Antwort Bundesministerium der Finanzen**

Derartige Spekulationen entbehren jeder Grundlage.

12. Der Chef des Ifo-Instituts – Leibniz-Institut für Wirtschaftsforschung an der Universität München e. V., Hans-Werner Sinn, erklärte: »Die Steuerzahler, Rentner und Sparer der bislang noch soliden Länder Europas dürfen für die Absicherung dieser Schulden (der Euro-Krisenländer etc./GG) nicht in Haftung genommen werden.« Laut Sinn seien durch die Beschlüsse nicht der Euro, sondern ausländische Banken gerettet worden. Was sagen Sie dazu?

**Antwort Bundespresseamt**

Siehe Antwort auf Frage 1

**Antwort Bundesministerium der Finanzen**

Wir machen uns diese Interpretation nicht zu Eigen.

13. Jeder großen Bank und jedem große Unternehmen liegen zwischenzeitlich Pläne für einen »Euro-Crash« oder »Euro-Ausstiegsszenarien« vor. Wie sehen diese in Ihrem Hause aus? Anmerkung: Es wäre unglaubwürdig zu behaupten, solche würde es nicht geben, wenn sich schon Dienstleister, Banken und Unternehmen solche erarbeiten ließen.

**Antwort Bundespresseamt**

Siehe Antwort auf Frage 5

**Antwort Bundesministerium der Finanzen**

Selbstverständlich prüft ein Ministerium immer zu den unterschiedlichsten Fallkonstellationen – egal wie unwahrscheinlich sie sein mögen – alle denkbaren Handlungsoptionen, darauf hat der Minister bereits verschiedentlich hingewiesen.

14. 2009 legte der Bundesnachrichtendienst (BND) der Regierung eine vertrauliche Studie zu den politischen Folgewirkungen der weltweiten Krise vor. Teile davon wurden an die Presse lanciert. Können Sie mir bzw. der Öffentlichkeit diese Studie vollumfänglich zur Verfügung stellen? Wenn nein, warum nicht?

**Antwort Bundespresseamt**

Wir sprechen nur für das Kanzleramt und die Bundeskanzlerin. Wir bitten um Verständnis, wenn wir Sie an die Pressestelle des BND verweisen.

**Antwort Bundesministerium der Finanzen**

Dem Bundesministerium der Finanzen obliegt keine Rechts- oder Fachaufsicht über den Bundesnachrichtendienst.

15. Die BND-Studie sagt eine massive Verschiebung im globalen Machtgefüge voraus. Allerdings gelangten die Krisentendenzen innerhalb Deutschlands nicht an die Öffentlichkeit. Warum nicht? Und wie sehen diese aus?

**Antwort Bundespresseamt**

Wir sprechen nur für das Kanzleramt und die Bundeskanzlerin. Wir bitten um Verständnis, wenn wir Sie an die Pressestelle des BND verweisen.

16. Die wirtschaftlichen Zustände in der EU haben nicht nur zu einem sozialen Zerfall (beispielsweise in den EU-Krisenländern) geführt, sondern bergen zudem die Gefahr von politischem Radikalismus (siehe beispielsweise die Zunahme der neonazistischen Partei »Chrysi Avgi (Goldene Morgendämmerung)« in Griechenland). Sehen Sie das auch so?

**Antwort Bundespresseamt**

Nein.

17. Die Genfer Sonderorganisation der Vereinten Nationen, die International Labour Organisation (ILO), warnte im Sommer 2012 in einer Studie vor wachsender Arbeitslosigkeit in der Krise, die »enorme Risiken für soziale Unruhen bergen und das Vertrauen der Bürger in ihre Regierungen, das Finanzsystem und die europäischen Institutionen untergraben«. Auch eine Studie, die Ökonomen der Schweizer Großbank UBS erstellt haben, weist darauf hin, dass der Zusammenbruch von Währungsunionen in der Vergangenheit meist in Bürgerkriegen endete. »Natürlich erwartet die Bundesregierung hier schwere soziale Unruhen«, sagte einst auch Rainer Wendt, Bundesvorsitzender der Deutschen Polizeigewerkschaft. »Man weiß, was sich da zusammenbraut, aber man verdrängt das in der Öffentlichkeit lieber.« Auch der US-Geheimdienst CIA (Central Intelligence Agency) kommt in einer Studie zum Schluss: »Millionen werden im Zuge der Krise arbeitslos und verarmen. Das birgt das Risiko schwerer sozialer Unruhen und sogar eines Bürgerkriegs.« Was sagen Sie dazu und wie sind Sie darauf vorbereitet?

**Antwort Bundespresseamt**

Siehe Antwort auf Frage 1

**Antwort Streitkräfteamt**

In Ihrer ersten Frage geht es Ihnen um die Rolle der Bundeswehr bei einem Ausnahmezustand im Landesinneren. Hierbei muss man den Art. 87a Abs. 4 GG in Verbindung mit Art. 91 Abs. 2 GG sehen. Sicherlich würde hierbei die Bundeswehr dann die Polizeikräfte unterstützen. Wie in diesen Fällen vorzugehen wäre, hängt maßgeblich von dem Schwerpunkt der Problematik ab. Pauschalpläne liegen hierfür sicherlich nicht parat.

18. RSUKr-Einheiten (Regionale Sicherungs- und Unterstützungskräfte) dürfen lt. den »Verteidigungspolitischen Richtlinien«, wie die Bundeswehr auch, im Rahmen der Amtshilfe zur »Bekämpfung organisierter und militärischer bewaffneter Aufständischer« oder »widerstrebender« Bevölkerungsteile (bei innerem Notstand) eingesetzt werden. Das ist nichts anderes als eine »militärische Aufstandsbekämpfung« zur Unterstützung der Polizei. »Nach einer Generalklausel der Europäischen Union könnte der Amtshilfe-Einsatz auch beim politischen Generalstreik gegen Versorgungseinrichtungen, gewaltsamen Massenprotesten, sozialen Unruhen sowie Aktionen des zivilen Ungehorsams durch Streiks und/oder Straßenblockaden im Transport- und Energie- oder Gesundheitswesen möglich sein« (Taz) Was sagen Sie dazu?

**Antwort Bundespresseamt**

Die öffentliche Sicherheit und Ordnung wird in Deutschland von den Polizei- und Ordnungsbehörden gewährleistet. Weder die Bundeswehr noch Reservisten bzw. Regionale Sicherheits- und Unterstützungskräfte sind hierfür zuständig. Das Grundgesetz begrenzt einen Streitkräfteeinsatz im Inneren in bewusster Entscheidung auf äußerste Ausnahmefälle. Diese Ausnahmefälle sind insbesondere schwere Unglücke oder

Naturkatastrophen, Artikel 35 Grundgesetz (GG). Nur zur Abwehr einer drohenden Gefahr für den Bestand oder die freiheitliche demokratische Grundordnung des Bundes oder eines Landes und nur wenn die Polizeikräfte sowie der Bundesgrenzschutz nicht ausreichen, erlaubt das Grundgesetz (Art. 87 a IV), Streitkräfte zur Unterstützung der Polizei und des Bundesgrenzschutzes beim Schutze von zivilen Objekten und bei der Bekämpfung organisierter und militärisch bewaffneter Aufständischer einzusetzen.

19. Gibt es Pläne zur »Aufstandsbekämpfung« bei sozialen Unruhen in Deutschland? Wie sehen diese genau aus?

**Antwort Bundespresseamt**

Im Falle (größerer) Demonstrationen sind wiederum Polizei und Ordnungsbehörden für die öffentliche Sicherheit verantwortlich, die Bundeswehr darf nicht eingesetzt werden. Das Bundesverfassungsgericht wies in seinem am 17. August 2012 veröffentlichten Beschluss nochmals darauf hin, dass »nicht jede Gefahrensituation, die ein Bundesland nicht mit seiner Polizei beherrschen könne«, den Einsatz der Streitkräfte erlaube. Insbesondere ist ein Einsatz nicht wegen Gefahren erlaubt, »die aus oder von einer demonstrierenden Menschenmenge drohen«.

20. Auch die European Gendarmerie Force (EUROGENDFOR) kann neben dem Schutz von Personen und Eigentum zur Aufrechterhaltung der Ordnung »im Falle von Störungen der öffentlichen Ordnung« eingesetzt werden. Damit ist doch eine »Aufstandsbekämpfung« gemeint oder nicht?

**Antwort Bundespresseamt**

Bitte wenden Sie sich an EUROGENDFOR.

**Antwort Streitkräfteamt**

Bei EUROGENDFOR handelt es sich lediglich um eine Europäische Gendarmerietruppe, die zur Stabilisierung eines Landes eingesetzt werden kann. Aufgrund der militärpolizeilichen Ausrichtung ist Deutschland dieser Truppe nicht beigetreten, da bei uns Polizei und Bundeswehr getrennt sind und es bleiben sollen. Fragen, die die EUROGENDFOR betreffen, stellen Sie bitte direkt unter www.eurogendfor.org. Ein Einsatz in Deutschland erscheint aus jetziger Sicht unwahrscheinlich.

21. Welchen Sinn und Zweck hat die EUROGENDFOR nach Ihrer Ansicht noch? Kann sie auch in Deutschland eingesetzt werden? Wurde sie schon einmal eingesetzt? Wenn ja, wann, wo und weshalb?

**Antwort Bundespresseamt**

Bitte wenden Sie sich an EUROGENDFOR.

22. Der Schweizer Armee-Chef André Blattmann warnte den Schweizer Nationalrat schon vor Jahren: »Auch in Europa können Situationen entstehen, die wir uns heute gar nicht vorstellen können.« Die eigene Armee müsse sich auf Kampfeinsätze vorbereiten, da nach einem Euro-Crash gewaltige Flüchtlingsströme innerhalb Europas zu befürchten seien. Und weiter: »Auch in Europa können Situationen entstehen, die wir uns heute gar nicht vorstellen können.« Was sagen Sie dazu? Und wie sind die Polizei- und Sicherheitsorgane sowie die Bundeswehr für einen solchen Fall vorbereitet?

**Antwort Bundespresseamt**

Siehe Antwort auf Frage 1

**Antwort Streitkräfteamt**

Schweizer Armee-Chefs, Visionäre, bedeutende Leute haben alle Ideen. Bis jetzt ist nichts von einer durch Eurokrise verursachten Flüchtlingswelle zu spüren und wo wollen denn die Europäer hin. In die Länder, die unbedingt zu uns flüchten wollen? Jedes Jahr gibt es Weltuntergangsprophezeiungen. Wenn alle Länder sich auf dieses Szenario in jedem Jahr vorbereiten würden, gäbe es ein riesiges Finanzloch. Die ist aber tatsächlich eine Frage, die Ihnen das Bundeskanzleramt beantworten kann.

## 8.3. Abspann – »Resümee«

In diesem Kapitel möchte ich ausgewählte Antworten der Ministerien und Dienststellen kurz erläutern.

- *Eurorettung:* Wie nicht anders zu erwarten wiederholt die Bundesregierung gebetsmühlenartig, wie wichtig die Rettung des Euro sei: Die Kanzlerin »unternimmt alles zur Rettung des Euro (...) Der von der Kanzlerin oft gesagte Satz ‚Scheitert der Euro, scheitert Europa' steht dafür (...) Wir brauchen ein gemeinsames, handlungsfähiges, starkes Europa (...) Unabhängig vom ökonomischen Nutzen ist die einheitliche Währung politisch unverzichtbar.«
- *EU und politischer Radikalismus:* Unstrittig scheint, dass die wirtschaftlichen Zustände in der EU nicht nur zu einem sozialen Zerfall (beispielsweise in den EU-Krisenländern) geführt haben, sondern auch die Gefahr von politischem Radikalismus bergen (beispielsweise neonazistische Auswüchse in Griechenland), und doch sieht die Kanzlerin das nicht so. Das lässt aufhorchen.
- *Steuererhöhungen:* Die Antwort des Bundesfinanzministeriums hinsichtlich Steuererhöhungen nach den Bundestagswahlen 2013, über die schon längst parteiübergreifend diskutiert wird, überrascht dann doch: »Es gibt keine Steuererhöhungspläne für die Zeit nach

der Bundestagswahl.« So darf man also gespannt sein. Vor allem aber den Finanzminister beim Wort nehmen.

- *Euro-Crash und Währungsschnitt:* Auch dass ein Euro-Crash »kein realistisches Szenario« sei und es für Deutschland keinen Rettungsschirm gebe, als Fragen abzutun, »die sich nicht stellen«, ist gelinde gesagt an der Realität vorbei geantwortet. Ebenso, dass ein Währungsschnitt mit der Rückkehr zu einer neuen nationalen Währung »Spekulation« sei, die jeder Grundlage »entbehre«. Interessant wiederum erscheint, dass das Bundesfinanzministerium auf die Frage nach Plänen für den Eintritt eine Euro-Crashs oder Euro-Ausstiegsszenarien antwortet: »Selbstverständlich prüft ein Ministerium immer zu den unterschiedlichsten Fallkonstellationen – egal wie unwahrscheinlich sie sein mögen – alle denkbaren Handlungsoptionen, darauf hat der Minister bereits verschiedentlich hingewiesen.«
- *Bundeswehreinsatz und Aufstandsbekämpfung:* Das Streitkräfteamt gibt unumwunden zu, dass die Bundeswehr bei einem Ausnahmezustand im Landesinnern auch die Polizeikräfte unterstützen würde.[1104] Wie dann vorzugehen wäre, hänge »maßgeblich von dem Schwerpunkt der Problematik« ab. »Pauschalpläne« hierfür würden sicherlich nicht parat liegen. Eine dieser »Problematiken« könnten Bürgeraufstände sein, konkret die »Bekämpfung organisierter und militärisch bewaffneter Aufständischer«, wie das Bundeskanzleramt nahe legt. Damit ist alles gesagt: Bei Gefahren, »die aus oder von einer demonstrierenden Menschenmenge drohen« darf die Bundeswehr nicht eingesetzt werden, wohl aber zur Aufstandsbekämpfung«.

---

[1104] Auch das Bundeskanzleramt bestätigt dies hinsichtlich der »Abwehr einer drohenden Gefahr für den Bestand oder die freiheitliche demokratische Grundordnung des Bundes oder eines Landes« oder wenn die »Polizeikräfte sowie der Bundesgrenzschutz nicht ausreichen«.

# Nachwort[xlvii]

*»Nein, ich bin kein Optimist in dem Sinn, dass ich glaube, es wird alles gut gehen; ich bin aber auch kein Pessimist in dem Sinn, dass ich glaube, es wird alles schlecht ausgehen. Ich empfinde Hoffnung. Denn ohne Hoffnung wird es keinen Fortschritt geben. Hoffnung ist so wichtig wie das Leben selbst«.*
Vaclav Havel (Ex-Präsident der Tschechischen Republik)[xlviii]

*»Ich würde mir nicht anmaßen, die Leute zu belehren, wenn andere sie nicht irreführten.«*
Jean-Jacques Rousseau (französischer Schriftsteller und Philosoph)[xlix]

Die Zukunft Europas ist düster. So jedenfalls lauten die Prognosen bis ins Jahr 2052, die Jorgen Randers, Professor an der BI Norwegian Business School, zusammen mit 30 führenden Wissenschaftlern 2012 in einem Bericht an den Club of Rome erstellte.[1105] »Die Überraschungsverlierer werden die derzeitigen globalen Wirtschaftseliten sein, insbesondere die Vereinigten Staaten (...) China wird der Gewinner sein. Die BRISE-Länder[1106] werden Fortschritte verzeichnen. Der Rest der Welt wird arm bleiben. Alle, insbesondere die Armen, werden in einer Welt leben, die zunehmend von Chaos und Klimaschäden geprägt ist.«[1107] Einer der an

---

[1105] Vgl. Jorgen Randers: »2052 – Der neue Bericht an den Club of Rome – Eine globale Prognose für die nächsten 40 Jahre«, München 2012

[1106] Brasilien, Russland, Indien, Südafrika und zehn weitere große Schwellenländer (Indonesien, Mexiko, Vietnam, Türkei, Iran, Thailand, Ukraine, Argentinien, Venezuela, Saudi-Arabien). Das »E« steht für »emerging« (aufstrebend). Vgl. dazu: Jorgen Randers: »2052 – Der neue Bericht an den Club of Rome – Eine globale Prognose für die nächsten 40 Jahre«, München 2012, S. 311

[1107] Vgl. Jorgen Randers: »2052 – Der neue Bericht an den Club of Rome – Ein globale Prognose für die nächsten 40 Jahre«, München 2012, S. 408

diesem Bericht mitarbeitenden Wissenschaftler, Carlos Joly, Vorsitzender des Climate Change Scientific Avisory Commitee of Natixis Asset Management, kommt zu dem Schluss, dass es in »reifen Märkten« immer »mehr Arme und Ungerechtigkeit« geben wird. Die »Reichen im Westen« werden zurückfallen. »Im Ergebnis werden wir im Jahr 2052 weniger Armut in den Entwicklungsländern und mehr Armut und Ungerechtigkeit in der entwickelten Welt haben.« Zudem scheint der unkontrollierte Kapitalismus ausgedient zu haben. Joly: »Freiwillige Selbstregulierung der Märkte ist ein gescheitertes Dogma der 1990er- und 2000er-Jahre.«[1108]

Doch noch gibt sie, die drei »Todsünden« des modernen Kapitalismus, die uns wohl noch einige Zeit begleiten werden: zu viel Reichtum, zu viele Finanzgeschäfte und zu hohe und kurzfristige Profitziele.[1109] Dieses Trio der »apokalyptischen Finanzreiter« hat die Welt, hat Staaten und Völker zuletzt bei der globalen Krise 2007/2008 an einen fast unüberwindbaren Abgrund verfrachtet. Und noch immer besteht die Gefahr, vom Irrsinn der globalen Finanzmärkte hinabgestoßen zu werden. Hinab ins Dunkel der Horror-Szenarien, ins Chaos, in die Katastrophe, die ich in diesem Buch beschrieben habe. Dagegen müssen wir uns wehren. Wir alle. Dabei genügt es nicht, bloß Gewinner und Verlierer, Täter und Opfer zu analysieren. Die »Entgrenzung, Entfesselung und Verselbständigung des Finanzkapitals und seiner Märkte«[1110] muss von der Politik wieder in den Griff bekommen und in die Pflicht genommen werden. Die exzessive Spekulation, die Anfang der 1980er Jahre aus der Liberalisierung der Finanzmärkte durch die britische Premierministerin Margaret Thatcher und den US-Präsidenten Ronald Reagan eingeführt wurde, muss weiter, besser und stärker reguliert werden. Der einstige Segen der freien Märkte ist zum Jahrhundertfluch verkommen. Die gegenwärtigen Bemühungen reichen bei weitem nicht aus, die von der Realwirtschaft entkoppelten Finanzmärkte einzudämmen, die keine realen Werte schaffen, sondern der Wirtschaft lediglich Gewinne abpressen und »die Arbeitenden, deren Löhne sinken, in die Verschuldung« treiben, wie

---

[1108] Vgl. Jorgen Randers: »2052 – Der neue Bericht an den Club of Rome – Ein globale Prognose für die nächsten 40 Jahre« (Ausblick 2-1: Die dunklen Jahrzehnte: Privileg und Polarisierung von Carlos Joly), München 2012, S. 36 ff.

[1109] Vgl. dazu: Hermannus Pfeiffer: »Der profitable Irrsinn – Was auf den Finanzmärkten geschieht und wer dabei gewinnt«, Berlin 2012, S. 14

[1110] Vgl. Hermannus Pfeiffer: »Der profitable Irrsinn – Was auf den Finanzmärkten geschieht und wer dabei gewinnt«, Berlin 2012, S. 15

sich der Ökonom und Vordenker der Occupy-Wall-Street-Bewegung, Michael Hudson von der University of Missouri in Kansas City, ausdrückte.[1111]

Die Eidgenössische Technische Hochschule in Zürich filterte in der »ersten globalen Netzwerkanalyse« aus 30 Millionen Unternehmen 43.060 transnationale Konzerne heraus. Sie kommt zu dem Ergebnis, dass nur 147 Firmen den Großteil der übrigen Weltwirtschaft beherrschen. Was sich wie eine Verschwörungstheorie anhört, ist bittere Realität: Unter den Top 50 dieser gigantischen Konzerne finden sich fast ausschließlich Banken und einige wenige Versicherer und Fonds. Die Namen dieser weltwirtschaftsbeherrschenden Player lesen sich wie ein Who is Who:[1112] Finanzmulti Barclays, die Schweizer Großbanken UBS und Crédit Suisse, die Deutsche Bank, der Versicherungstycoon Allianz ...

Der Baseler Ausschuss für Bankenaufsicht definierte weltweit 29 Banken als »global systemrelevante Finanzdienstleister« (in alphabetischer Reihenfolge):[1113]

- Bank of America
- Bank of China
- Bank of New York Mellon
- Banque Populaire CdE
- Barclays
- BNP Paribas
- Citigroup
- Commerzbank
- Crédit Suisse
- Deutsche Bank
- Dexia
- Goldman Sachs
- Groupe Crédit Agricole
- HSBC

---

[1111] Vgl. »Alles eine Frage der Verteilung« in: *Handelsblatt v. 29.10.12*

[1112] Nicht nach Reihenfolge

[1113] Vgl. Hermannus Pfeiffer: »Der profitable Irrsinn – Was auf den Finanzmärkten geschieht und wer dabei gewinnt«, Berlin 2012, S. 21, 22

- ING Bank
- JP Morgan Chase
- Lloyds Banking Group
- Mitsubishi UFJ FG
- Mizuho FG
- Morgan Stanley
- Nordea
- Royal Bank of Scotland
- Santander
- Sociéte Générale
- State Street
- Sumitomo Mitsui FG
- UBS
- Unicredit Group
- Wells Fargo

Der Soziologe und Wirtschaftswissenschaftler Hermannus Pfeiffer, Spezialgebiet: Banken, Versicherungen und Finanzmärkte, schreibt dazu: »Der G 20-Gipfel der Regierungschefs der wichtigsten Industrie- und Schwellenländer segnete diese Liste im November 2011 in Cannes ab. Es ist jetzt offiziell: 29 Finanzinstitute beherrschen die Welt (...) Nach Angaben des Fachmagazins *The Banker* konnten die 25 größten Banken der Welt ihren Anteil an der Bilanzsumme der 1000 größten Banken im Zeitraum zwischen 1997 und 2008 von 28 auf 45 Prozent erhöhen. Diese starke Machtballung ist ein politisches Problem, und sie gefährdet die Stabilität des Systems.«[1114] Damit trifft Pfeiffer sprichwörtlich den Nagel auf den Kopf: Welcher Politiker wird es wagen, sich mit diesem unglaublichen Machtkartell anzulegen? Das Gegenteil ist der Fall: »Der Schlüssel zur Lösung des Euro-Dilemmas liegt bei den Banken, die mit der Politik eine unheilige Allianz eingegangen sind«, schreiben Kai A. Konrad, Direktor am Max-Planck-Institut für Steuerrecht und Öffentliche Finanzen, und Holger

---

[1114] Vgl. Hermannus Pfeiffer: »Der profitable Irrsinn – Was auf den Finanzmärkten geschieht und wer dabei gewinnt«, Berlin 2012, S. 22

Tschäpitz, leitender Wirtschafts- und Finanzredakteur bei der *Welt* und der *Welt am Sonntag*: »eine Allianz, die es zu beenden gilt«.[1115]

Hinzukommt, dass es nach wie vor ein eklatantes Missverhältnis zwischen der weltweiten Realwirtschaft und der Finanzwirtschaft gibt: Betrug das Verhältnis 1980 noch 2 : 1, so ist das Volumen der Finanzwirtschaft heute rund dreieinhalbmal höher als die wirklichen, handfesten globalen Werte zusammengefasst, beträgt also 3,5 : 1.

In den aktuellen Krisenzeiten wird vor allem von sozialistischer Seite aus der Ruf nach einer »politischen Emanzipation« laut. Von einer solche hatte schon der Nationalökonom, Philosoph und Theoretiker des Sozialismus und Kommunismus und Vertreter des dialektischen und historischen Materialismus[1116], Karl Marx (1818 - 1883) geträumt:[1117] einer »Auflösung der alten Gesellschaft, auf welcher das dem Volk entfremdete Staatswesen, die Herrschermacht, ruht. Die politische Revolution ist die Revolution der bürgerlichen Gesellschaft (...) (Sie) hob damit den politischen Charakter der bürgerlichen Gesellschaft auf.«[1118]

Robert Kurz (1943 - 2012), marxistischer Philosoph, gesellschaftskritischer Schriftsteller und Journalist, forderte eine »Überwindung der (arm machenden) Marktwirtschaft«, einen Ausstieg aus dem Kreislauf von Arbeit, Einkommen und Konsum als Selbstzweck, um die Gesellschaft zu retten. »Der Kapitalismus, das heißt das System von ‚Arbeitsmärkten' und allgemeiner Geldwirtschaft, hat bereits in die Katastrophe geführt. Die ‚unsichtbare Hand' schlägt blind um sich und zerstört alle zivilisatorischen Mindeststandards (...)« Und er wollte einen »Aufstand, (eine) Rebellion gegen die kapitalistische Krisenverwaltung jeglicher Couleur mit ihrer trostlosen Perspektive von demokratischer Zwangsarbeit und Billiglohn-Sklaverei«.[1119]

---

[1115] Vgl. Kai A. Konrad & Holger Zschäpitz: »Schulden ohne Sühne? Was Europas Krise uns Bürger kostet«, München 2012, S. 11, 12

[1116] Wonach die Welt etwas ständig in Entwicklung Begriffenes ist. Vgl. dazu: Vera Linß: »Die wichtigsten Wirtschaftsdenker«, Wiesbaden 2012, S. 125

[1117] Marx' Theorien wurden nach seinem Tod unter dem Begriff »Marxismus« zusammengefasst.

[1118] Vgl. Robert Kurz (Hrsg.): »Marx lesen! Die wichtigsten Texte von Karl Marx für das 21. Jahrhundert«, Frankfurt am Main 2010, S. 203, 204

[1119] Vgl. Robert Kurz: »Schwarzbuch Kapitalismus – Ein Abgesang auf die Marktwirtschaft«, München 2002, S. 909, 914

Die Geschichte der bisherigen Gesellschaften also nur eine Geschichte von »Klassenkämpfen«? Tatsache ist, dass sich die Ökonomen lange Zeit nicht für die unterschiedlichen »Klassen« interessiert haben, die einzelnen Gesellschaftsschichten von Armen und Reichen, Arbeitenden und Vermögenden. Doch langsam besinnen sich einige von ihnen darauf zurück. Haben nicht gerade die ausufernden Wirtschafts- und Finanzkrisen gezeigt, dass der Sieg des Kapitalismus und die Freihandelsdoktrin von Adam Smith letztlich doch nur eine Illusion war? Bewahrheitet sich vielleicht doch die Prophezeiung des österreichischen Nationalökonom Joseph Schumpeter (1883 - 1950), dass der Kapitalismus an seinem eigenen Erfolg zugrunde geht?[1120] Diese und weitere Fragen bleiben: Brauchen wir tatsächlich eine politische, bürgerliche Revolution, einen Hammer, der das Alte zertrümmert, wie sich der deutsche Philologe und Philosoph Friedrich Nietzsche (1844 - 1900) einmal ausdrückte[1121] (gewiss im moralischem Sinne, um die bürgerlich-christliche Welt zu zertrümmern)? Müssen die Klassengegensätze hinweggefegt werden? Ist die Abkehr von der Marktwirtschaft die Bedingung für eine freie Entwicklung? Muss, um eine freie Gesellschaft zu schaffen, das Privateigentum an den Produktionsmitteln, des Marktes und des Geldes beseitigt, die sozialen Unterschiede aufgehoben und das Sozialprodukt für alle erwirtschaftet werden? Jene, die dies fordern, sollten nicht vergessen, dass diese Idee letztlich im Kommunismus scheiterte. Mit verheerenden Folgen.

Auch wenn der französische Schriftsteller und Philosoph der Aufklärung, Jean-Jacques Rousseau (1712 - 1778), gerade das Privateigentum[1122] als den eigentlichen »Sündenfall der Menschheit« ansah, mit dem das »natürliche, urkommunistische Paradies zu Ende ging und Unfreiheit, Ungleichheit, Neid und Missgunst begannen«.[1123] Diese Theorie lebte fort im utopischen und revolutionären Sozialismus von Karl Marx. Vielleicht aber braucht es

---

[1120] Vgl. »Joseph Schumpeter – Kreativer Zerstörer« in: *Handelsblatt v. 12.-14.10.12*

[1121] Vgl. Poller, Horst: »Die Philosophen und ihre Kerngedanken – Ein geschichtlicher Überblick«, München 2011, S. 327

[1122] Thomas Jefferson (1743-1826), der dritte Präsident der Vereinigten Staaten und hauptsächliche Verfasser der amerikanischen Unabhängigkeitserklärung , sah als eines der Menschenrechte auch das Eigentum. Der deutsche Philosoph Georg Wilhelm Friedrich Hegel (1771 - 1831) erklärte das Eigentum sogar zur »Wirklichkeit der Freiheit«. Vgl. dazu: Poller, Horst: »Die Philosophen und ihre Kerngedanken – Ein geschichtlicher Überblick«, München 2011, S. 260, 284

[1123] Vgl. Poller, Horst: »Die Philosophen und ihre Kerngedanken – Ein geschichtlicher Überblick«, München 2011, S. 244

mehr als diese Idee, der »welthistorischen Mission der Arbeiterklasse«, um durch die Umwälzung der Produktionsverhältnisse »Arbeiter aus Not und Unterdrückung zu befreien« (Marx)[1124] und durch die Abschaffung des Privateigentums die Klassenkämpfe zu beenden.

Der Wirtschaftswissenschaftler Ludwig von Mises (1881 - 1973) erinnerte daran, dass es nicht immer so sei, dass die einen arm sind, weil die anderen reich sind, denn die Menschen selbst hätten den Wohlstand durch Geschicklichkeit, Arbeitsteilung und den Einsatz von Kapital, das durch Sparen gebildet wurde, geschaffen.[1125] Und wahr ist auch, dass eine sozialistische Wohlfahrtspolitik noch nie einen dauerhaften Aufschwung gebracht hat im Gegensatz zu einer liberalen und freiheitlichen Wirtschaftsordnung.[1126]

Um einen möglichen Weg aus der gegenwärtigen Misere zu finden, müssen wir noch einmal in die Geschichte der Philosophen, Ökonomen und Aufklärer eintauchen. Denn die Welt der Ökonomie ist untrennbar mit der historischen Welt verknüpft, wie schon Alfred Marshall (1842 - 1924), der herausragendste Wirtschaftswissenschaftler seiner Zeit, feststellte. Mit einem gewaltigen Paukenschlag hat der ausufernde »Turbokapitalismus« die ökonomische Lehre eines Thomas von Aquin (1225 - 1274) weggewischt: Dieser Theologe und Philosoph sah die Gerechtigkeit als Basis des Wohlergehens der Gesellschaft, als Fundament des menschlichen Zusammenlebens, das Frieden erst ermöglichte. Sein Grundprinzip allen Tuns, auch beim Handel, war ethischer Natur, war gerecht und fair.[1127] Angesichts der durch den unkontrollierbaren Kapitalismus entfachten Krisen sollten wir uns darauf zurückbesinnen. Auf die Richtigkeit menschlichen Handels, vor allem in der Ökonomie und Politik. Der Nutzen oder der Gewinn des Einzelnen (oder einer Elite) muss wieder hinter dem Allgemeinwohl stehen.

Eine angenommene harmonische und natürliche Selbstregulierung der Ökonomie ist falsch: Eine Wirtschaft ohne staatliche (ordnende) Eingriffe

---

[1124] Vgl. Vera Linß: »Die wichtigsten Wirtschaftsdenker«, Wiesbaden 2012, S. 122 ff.

[1125] Vgl. Poller, Horst: »Die Philosophen und ihre Kerngedanken – Ein geschichtlicher Überblick«, München 2011, S. 406

[1126] Vgl. Poller, Horst: »Die Philosophen und ihre Kerngedanken – Ein geschichtlicher Überblick«, München 2011, S. 534

[1127] Vgl. Vera Linß: »Die wichtigsten Wirtschaftsdenker«, Wiesbaden 2012, S. 16

ist alles andere als eine natürliche oder gar gottgewollte Ordnung, wie einst der Begründer der physiokratischen Schule der Ökonomie[1128], François Quesnay (1694 - 1774), verkündete. Angesichts des Massenelends durch ausufernde Märkte ist diese Idee gescheitert.

Obwohl der schottische Moralphilosoph und Begründer der klassischen Nationalökonomie, Adam Smith (1723 - 1790), bei »höchstmöglicher Freiheit Wohlstand und Zufriedenheit für alle« anstrebte, stellte sich seine Ansicht von einer fehlertoleranten und selbst regulierenden Gesellschaft, in der Eigennutz zu Gemeinnutz führt und Anbieter und Nachfrager sich »marktgerecht« verhalten, als falsch heraus. Die von ihm postulierte »unsichtbare Hand«, durch die die persönlichen Interessen und Leidenschaften der Menschen in eine (gleiche) Richtung gelenkt würden, führte sie eben nicht in die Richtung, die den Interessen der Gesellschaft als Ganzes entgegenkommt, sondern in jene, in der eine kleine (Bank- und Wirtschafts-)Elite nur eines macht: beinahe grenzenlosen Gewinn. Dabei hatte Smith es nicht unterlassen, vor der Gier der Kapitalisten zu warnen, obwohl er selbst als Ökonom des vorindustriellen Kapitalismus die Bedrohung der Märkte durch Großunternehmen nicht mehr erlebt hatte. Der britische Wirtschaftswissenschaftler David Ricardo (1772 - 1823) erkannte später, dass die einzelnen Klassen der Gesellschaft unterschiedlich vom ökonomischen Fortschritt profitieren.

Der Ökonom, Philosoph und liberale Denker John Stuart Mill (1806 - 1873) suchte nach einer »gerechteren« Marktwirtschaft, die mit einer gerechten Verteilung der Früchte und der größtmöglichen persönlichen Freiheit einhergehen sollte. Ein Leben in Wohlstand für alle als eine Vorstufe des Sozialismus, in der die Menschen auch Fragen nach Recht und Freiheit behandelten und nicht mehr nur die nach wirtschaftlichem Wachstum. Die Journalistin Vera Linß schreibt dazu: »Auch Mills Annahme, der Kapitalismus sei nur eine ‚Handbreit' von einem gefestigten Zustand entfernt, hat sich längst als überholt erwiesen. Allerdings machen seine Einsichten darauf aufmerksam, dass es einen Handlungsspielraum gibt und dass der Kapitalismus auch die Möglichkeit zu Reformen hat.« Und weiter: »Der Wohlfahrtskapitalismus Skandinaviens ist zum Beispiel ein Ausdruck

---

[1128] »Physiokratie« bezeichnet die »Herrschaft der Natur«.

von Mills Vision einer Gesellschaft, die versucht, die Wirkung ihrer ‚natürlichen' Mechanismen zu korrigieren. Angesichts der für die nächsten Generationen bestehenden Herausforderung, soziale Verantwortung mit den wirtschaftlichen Rahmenbedingungen des Kapitalismus zu verbinden, sollte Mills Vision nicht als bloße Träumerei abgetan werden.«[1129]

Vielleicht ist tatsächlich das die Lösung: ein regulierter, ein »gerechter« Kapitalismus, der die persönliche Freiheit des Einzelnen jedoch nicht einschränkt, gepaart mit sozialer Verantwortung, deren Basis das Wohlergehen der gesamten Gesellschaft und nicht das einiger weniger Eliten ist. Weg vom Eigennutz, hin zum Gemeinnutz, ohne in die Falle eines Sozialismus zu tappen, in dem Privateigentum, Markt und Geld beseitigt werden sollen. Weg vom reinen ökonomischen Wettbewerb, hin zu einem verantwortungsvollen Kapitalismus gepaart mit sozialer Ethik. Weg vom Kasino-Kapitalismus, hin zu einer Art Wohlfahrtsökonomie, zu einem menschlichen Kapitalismus, um vor allem durch gerechte Verteilungspolitik die Situation der sozial Schwachen zu verbessern, ähnlich den Ideen des britischen Neoklassikers Arthur Cecil Pigou (1877 - 1959). Ob allerdings dessen Vorschlag einer Umverteilung der Einkommen durch Besteuerung, Lohnregelungen oder Monopolkontrollen die gesellschaftliche Wohlfahrt erhöht, sei dahin gestellt. Dennoch scheint ein Schlüssel zum verantwortungsbewussten Kapitalismus die Verteilungsgerechtigkeit zu sein, von der schon der österreichische Ökonom Friedrich August von Hayek (1899 - 1992) sprach.[1130] Allerdings sagte der Nobelpreisträger Robert Lucas einmal, dass sich die Ökonomen nicht von der gefährlichen Versuchung verführen lassen sollten, sich mit Verteilungsfragen zu beschäftigen, denn wer den Wohlstand mehren wolle, der solle nicht umverteilen, sondern für Wachstum sorgen.[1131] Dennoch: Die makroökonomischen Forschungsergebnisse zu Verteilungsfragen von Michael Kumhof, Vizeabteilungsleiter beim Internationalen Währungsfonds (IWF), und seinen Kollegen haben gezeigt, dass beispielsweise die

[1129] Vgl. Vera Linß: »Die wichtigsten Wirtschaftsdenker«, Wiesbaden 2012, S. 43
[1130] Vgl. Poller, Horst: »Die Philosophen und ihre Kerngedanken – Ein geschichtlicher Überblick«, München 2011, S. 458
[1131] Vgl. »Alles eine Frage der Verteilung« in: *Handelsblatt v. 29.10.12*

Einkommensungleichheit in den USA einer der Hauptgründe für den Zusammenbruch von 2007 war.[1132]

An dieser Stelle möchte ich noch einmal an die anfangs dieses Buches angestellten Betrachtungen über die Ordnungspolitik des Neoliberalismus erinnern: Diese soll nicht nur einen freien Wettbewerb erhalten und sichern und der völligen Selbstregulierung der Märkte entgegenwirken, sondern auch staatliche und private wirtschaftliche Machtkonzentration verhindern – mit der Haftung jedes Marktteilnehmers für seine Handlungen. Dies kann, zusammen mit den oben angesprochenen Aspekten, ein Weg aus dem Dilemma sein. Im Mittelpunkt muss nicht nur eine verantwortungsbewusste Ordnungspolitik stehen, sondern auch soziale Gerechtigkeit und Verteilungsgerechtigkeit. Die Sozialphilosophie eines Ludwig Erhard (1897 - 1977)[1133], für den das Ziel einer Wirtschaftsordnung jenseits des Ökonomischen lag, weil dieses der gesellschaftlichen Harmonie und einer Gerechtigkeit diente, die sich nur an sittlichen Werten orientieren kann, hat gezeigt, wie es geht. Denn eine Wirtschaftsordnung, die »Wohlstand für alle« bringt, löst auch die sozialen Probleme.[1134]

Dazu müssen wir erneut den weisen Griechen Platon heranziehen, dem es damals schon um soziale Gerechtigkeit ging. Nach ihm hat es in einer Gemeinschaft weder Reichtum noch Armut zu geben: »Reichtum kann Üppigkeit, Trägheit und Unzufriedenheit erzeugen; Armut außer dem Letzteren noch niedrige Denkart und schlechtes Arbeiten.« Denn es »darf sich weder bei einigen Bürgern drückende Armut noch dagegen auch Reichtum finden«. Niemand sollte mehr als das Vierfache des anderen besitzen. »Die Vermögensverhältnisse dürfen nicht den Keim zu gegenseitigen Händeln in sich tragen (...) Vermögen sind, wenn allzu ungleich, umzuverteilen, damit das Machtstreben keine wirtschaftliche Grundlage erhalte.«[1135] Platon lehrte die Menschen aber noch etwas anderes, ganz Entscheidendes, das gerade heute wieder aktueller denn je ist: Besondere Gewinne aus Markttransaktionen könnten zwar zugelassen

---

1132 Vgl. »Alles eine Frage der Verteilung« in: *Handelsblatt v. 29.10.12*

1133 Zweiter Bundeskanzler der Bundesrepublik und Initiator des deutschen »Wirtschaftswunders«

1134 Vgl. Poller, Horst: »Die Philosophen und ihre Kerngedanken – Ein geschichtlicher Überblick«, München 2011, S. 477

1135 Zitiert nach: Joachim Starbatty: »Klassiker des ökonomischen Denkens, Teil I, Bertram Schefold: Platon und Aristoteles«, Hamburg 2012, S. 28, 30 ff.

werden, aber die daraus folgende Veränderung der Vermögensverhältnisse sollte durch »Aufseher« kontrolliert werden, um aufzuzeigen, dass nicht alles erlaubt ist. Vielleicht haben wir endlich das begriffen, was uns der Wirtschafts-Nobelpreisträger Daniel Kahneman mit seiner »neuen Erwartungstheorie« klar machen will: Der Mensch leidet unter Verlusten stärker, als er Gewinne liebt.[1136]

Lösen wir uns wieder aus der Welt der Ökonomen und Philosophen und blicken wir nach vorn. Karl Wagner, Mitarbeiter des Club of Rome, spricht von einem zukünftigen Paradigmenwechsel (»Ein neues Glaubenssystem ersetzt das alte«). Das macht Mut für die Zukunft. Nachfolgend einige seiner Kernaussagen:[1137]

- »Die Kultur des Konsumismus wird durch neue kulturelle Elemente abgelöst, die auf längere Sicht genuine Befriedigung, höheres Wohlergehen und echtes Glück gewährleisten.
- Die überkommene Interpretation von Darwins Theorie, nämlich dass das Leben sich durch Wettbewerb und das Überleben des Stärksten entwickelt, wird durch die Einsicht ersetzt, dass hochentwickelte Lebensformen durch Kooperation und nicht durch Beherrschung der einen durch die anderen entstanden sind.
- Kulturen kommen einander näher, und der gegenwärtige ‚Kampf der Kulturen' ist nicht der Endpunkt, sondern erweist sich nur als ein Kapitel in der Entwicklungsgeschichte der globalen Gesellschaft auf eine höhere Ebene.«

Zum Schluss möchte ich noch einmal den griechischen Philosophen Sokrates zu Wort kommen lassen, der meinte, dass jeder selbst die Last und die Lust der Wahrheitsfindung auf sich nehmen müsse; keine Religion, kein Staat und keine Gemeinschaft könne ihm letztlich das Denken und die moralische Entscheidung abnehmen.[1138] Immanuel Kant (1724 - 1804), der bedeutendste Vertreter der abendländischen Philosophie und der

---

[1136] Vgl. »Daniel Kahneman – Die ‚Kompetenzillusion'« in: *Handelsblatt v. 12.-14.10.12*

[1137] Vgl. Jorgen Randers: »2052 – Der neue Bericht an den Club of Rome – Ein globale Prognose für die nächsten 40 Jahre« (Ausblick 2-4: Krieg um Gerechtigkeit zwischen den Generationen« von Karl Wagner) München 2012, S. 59 ff.

[1138] Vgl. Poller, Horst: »Die Philosophen und ihre Kerngedanken – Ein geschichtlicher Überblick«, München 2011, S. 67

Aufklärung, fasste es so zusammen: »Habe Mut, dich deines eigenen Verstandes zu bedienen!«[1139]

Tun wir also genau das! Helfen wir alle zusammen, jeder im Rahmen seiner Möglichkeiten, dass die (Euro-)Krise nicht in der Katastrophe endet, wie sie in diesem Buch beschrieben wird, sondern als Chance zu einem längst fälligen ökonomischen Paradigmenwechsel verstanden wird: als Chance zu einer neuen Wirtschaftsordnung weg vom reinen Wettbewerb, hin zu einem verantwortungsvollen und sozialethischen Kapitalismus, in dessen Mittelpunkt Verteilungsgerechtigkeit steht, soziale Gleichheit, gesellschaftliche Harmonie, der sich wieder an sittlichen Werten orientiert und der individuelle Freiheit und Wohlstand sowie die Sicherung des ökonomischen und politischen Friedens garantiert.

---

[1139] Vgl. Poller, Horst: »Die Philosophen und ihre Kerngedanken – Ein geschichtlicher Überblick«, München 2011, S. 257

# QUELLENVERZEICHNIS

[i] »In 18 Monaten ist der Euro kaputt« in: *Focus Money 32/2012, S. 26 ff.*/»Eine Währung, zwei Szenarien« in: *Handelsblatt v. 06.-08.07.12*/Kurt-J. Heering/Jo Müller: »Apokalypse – Die Endprophezeiungen der Maya«, Wien 2009. S. 77/Joachim Starbatty: »Klassiker des ökonomischen Denkens«, Teil II, Harald Scherf: John Maynard Keynes, Hamburg 2012, S. 284/»Spaniens Premier will Fiskalunion bis 2018« in: *Wallstreet Journal v. 02.09.12* (http://www.wallstreetjournal.de/article/SB10000872396390443759504577627244144349900.html?mod=wsjde_eml_news_t)/Zugriff: 04.09.12/»‚Eine marktgerechte Demokratie gibt es nicht'« in: Cicero 6/2012, S. 67/Birger P. Priddat: »Ökonomie der Gabe im Kontext einer Ökonomie des Glaubens. Auf der Spur Ricoeurs«, S. 1, 2/»Eine Anhäufung von Nullen« in: *Der Spiegel 26/2012, S. 130*/»Diskussion über Europas Zukunft – Pathos reicht nicht« in: *SpiegelOnline v. 22.09.12* (http://www.spiegel.de/politik/deutschland/europas-zukunft-kritik-an-merkels-krisenkurs-a-857401.html)/Zugriff: 24.09.12/./»Wie wär's mal mit der Wahrheit?« in: *Focus Money Online 25/2012* (http://www.focus.de/finanzen/money-magazin/archiv/jahrgang_2012/ausgabe_25/)/Zugriff: 21.06.12/»‚Geostrategische Debatte' anlässlich der Weltwirtschaftskrise« in: *Neue Rheinische Zeitung v. 24.06.09* (http://www.nrhz.de/flyer/beitrag.php?id=13926)/Zugriff: 23.10.12/»SF übt den Euro-Crash« in: *m.sonntagonline.ch* (http://m.sonntagonline.ch/ipad/articleView.htm?article=bGluZTFfTkFUX2xpbmUxLTE0XzEwXzIwMTJfU29ubnRhZ19SZWRha3Rpb25fdjFfMTA0NTQyMA%3D%3D)/Zugriff: 25.10.12/»Carl Friedrich von Weizsäcker heute. Ein Realist« in: *readers-edition.de v. 26.01.10* (http://www.readers-edition.de/2010/01/26/carl-friedrich-von-weizsaecker-heute-ein-realist/)/Zugriff: 25.10.12/Jules Michelet: »Geschichte der Französischen Revolution 1«, Frankfurt am Main 2009, S. 16, 21, 40, 41, 63, 64/ John Casti: »Der plötzliche Kollaps von allem – Wie extreme Ereignisse unsere Zukunft zerstören können«, München 2012, S. 364/ Jean-Charles de Fontbrune: »Nostradamus – Historiker und Prophet«, Wien 1991, S. 280 ff./ »Danke, Europa!« in: *Bild v. 13.10.12*/«Die Heilige Dreifaltigkeit der EU» in: *Handelsblatt v. 15.10.12*/»Europa: ‚Zu spät!'« in: *Der Spiegel 42/2012, S. 87*/»Eine 'Botschaft der Ermutigung' für Europa« in: *Handelsblatt v. 20.11.12*/Jorgen Randers: »2052 - Der neue Bericht an den Club of Rome – Eine globale Prognose für die nächsten 40 Jahre«, München 2012, S. 24/»Wir Apokalyptiker« in: *Philosophie Magazin 6/2012, S. 86, 89*

[ii] Zitiert nach Victor Hugo: »Les Misérables – Die Elenden«, Berlin 2012, S. 5

[iii] Zitiert nach Karl Ove Knausgård: »Sterben«, München 2011, S. 17

[iv] Zitiert nach: Jules Michelet: »Geschichte der Französischen Revolution 1«, Frankfurt am Main 2009, S. 26

[v] Zitiert nach Matthias Weik & Marc Friedrich: »Der größte Raubzug der Geschichte«, Marburg 2012, S. 183

[vi] Zitiert nach: Matthias Weik & Marc Friedrich: »Der größte Raubzug der Geschichte«, Marburg 2012, S. 129

[vii] Zitiert nach: Matthias Weik & Marc Friedrich: »Der größte Raubzug der Geschichte«, Marburg 2012, S. 23

[viii] Joachim Starbatty: »Klassiker des ökonomischen Denkens«, Teil II, Harald Scherf: John Maynard Keynes, Hamburg 2012, S. 281/Joseph Stiglitz: »Die Schatten der Globalisierung«, München 2004, S. 85/Poller, Horst: »Die Philosophen und ihre Kerngedanken – Ein geschichtlicher Überblick«, München 2011, S. 470/Gabor Steingart: »Weltkrieg um Wohlstand – Wie Macht und Reichtum neu verteilt werden«, München 2007, S. 85/Hans-Peter Martin & Harald Schumann: »Die Globalisierungsfalle – Der Angriff auf Demokratie und Wohlstand«, Hamburg 1997, S. 72 ff./»Jean-Claude Trichet: ‚Der Euro ist bemerkenswert widerstandsfähig'« in: *Handelsblatt v. 06.-08.07.12*/»Der Dollar-Orkan« von Cordula Meyer in: *Spiegel-Geschichte: »Geld! Von den Fuggern zur Finanzkrise: Eine Chronik des Kapitals«, S. 130-137*/Dr. Mikiko Tanaka: »XXII. Deutscher Kongress für Philosophie, 11.-15. September 2011, München, Sektion Wirtschaftsphilosophie und -ethik: Kategorischer Imperativ für Unternehmer? Kritik an Bowies Wirtschaftsethik«, S. 1/Wolf Dieter Enkelmann: »Selbstbehauptung, Nutzwerte und Gewinnaussichten. Ursprünge und Motive philosophischer Ökonomik – Eine Einführung«, S. 5/»Walter Eucken – Im Zweifel für den Wettbewerb« in: *Handelsblatt v. 19.-21.10.12*/Annika Schlitte: »XXII. Deutscher Kongress für Philosophie (‚Welt der Gründe'), Sektion Wirtschaftsphilosophie/-ethik, Sektionsleitung: PD Dr. Tatjana Schönwalder-Kuntze: Die Symbolik des Geldes – Das philosophische Erkenntnisinteresse von Georg Simmels *Philosophie des Geldes*«, S. 1, 2/»Eine Krise, die in kein Modell passt«

in: *Handelsblatt v. 13.-15.07.12*/Vera Linß: »Die wichtigsten Wirtschaftsdenker«, Wiesbaden 2012, S. 12, 13, 23 ff./»Was nun, Herr Smith?« in: *Handelsblatt v. 13.-15.07.12*/ »Laissez-faire« in: *Bundeszentrale für politische Bildung, Deutschlandarchiv* (http://www.bpb.de/wissen/GU87CZ)/Zugriff: 28.09.12/Hermannus Pfeiffer: »Der profitable Irrsinn – Was auf den Finanzmärkten geschieht und wer dabei gewinnt«, Berlin 2012, S. 34/»Laissez-faire« in: *Wirtschaftslexikon24.com* (http://www.wirtschaftslexikon24.com/d/laissez-faire/laissez-faire.htm)/Zugriff: 26.09.12/»Laissez-faire-Liberalismus, Ordoliberalismus, Neoliberalismus« in: *Duden Wirtschaft von A bis Z, Mannheim 2009*/»Vater der Empörten« in: *Financial Times Deutschland v. 26.10.12*/»Es gibt Hoffnung« in: *Handelsblatt v. 02.-04.11.12*/»Welche Zukunft blüht dem Kapitalismus?« in: *Philosophie Magazin 6/2012, S. 14,16, 17*/»Sokrates in Harvard« in: *Der Spiegel 46/2012, S. 164*/»Der Neoliberalismus wird siebzig« in: *faz.net v. 30.08.08*/ http://www.faz.net/aktuell/wirtschaft/wirtschaftswissen/aus-der-krise-geboren-der-neoliberalismus-wird-siebzig-1683870.html)/Zugriff: 28.09.12/Jorgen Randers: »2052 – Der neue Bericht an den Club of Rome – Eine globale Prognose für die nächsten 40 Jahre«, München 2012, S. 35, 36/Horst Poller: »Die Philosophen und ihre Kerngedanken – Ein geschichtlicher Überblick«, München 2011, S. 8, 17, 19, 20, 30, 31/Matthias Weik & Marc Friedrich: »Der größte Raubzug der Geschichte«, Marburg 2012, S. 38, 39, 130, 161/»Was auf den Finanzmärkten läuft, ist Betrug« in: *Stern v. 30.09.11*/»Als wäre nichts gewesen« in: *Handelsblatt v. 11.10.12*/ David Marsh: »Der Euro – Die geheime Geschichte der neuen Weltwährung«, Hamburg 2009, S. 298, 299/Caspar Dohmen: »Let's make Money – Was macht die Bank mit unserem Geld?«, Freiburg 2008, S. 23, 29/Matt Taibbi: »Kleptopia – Wie uns Finanzindustrie, Politik und Banken für dumm verkaufen«, München 2012, S. 110 ff., 115 ff./Hans-Werner Sinn: »Kasino-Kapitalismus – Wie es zur Finanzkrise kam und was jetzt zu tun ist«, Berlin 2010, S. 15/Robert Skidelsky: »Die Rückkehr des Meisters – Keynes für das 21. Jahrhundert«, München 2010, S. 18, 245, 246/»US-Banken zahlen Milliarden-Entschädigung« in: *tagesschau.de v. 07.01.13* (http://www.tagesschau.de/wirtschaft/us-banken-hauspfaendungen100.html)/Zugriff: 03.04.13

[ix] »Alleingang unerwünscht« in: *Handelsblatt v. 30.08.-02.09.12*/»Wir brauchen einen Wahlkampf um den Euro« in: *Handelsblatt v. 03.07.12*/»Das sanfte Monster« in: *Wirtschaftswoche 27/2012, S.3*/»Eine neue Geheimpolitik in Sachen Europa« in: *Handelsblatt v. 04.09.12*/»So nah – so fremd« in: *Cicero 6/2012, S. 38*/»Das Spiel des Lebens« in: *Handelsblatt v. 21.-23.09.12*//»Eine Währung, zwei Szenarien« in: *Handelsblatt v. 06.-08.07.12*/»Jean-Claude Trichet: ‚Der Euro ist bemerkenswert widerstandsfähig'« in: *Handelsblatt v. 06.-08.07.12*/»Steinbrück fordert Merkel zu mehr Ehrlichkeit in Eurokrise auf« in: *Welt.de v. 30.09.12* (http://www.welt.de/newsticker/dpa_nt/infoline_nt/schlaglichter_nt/article109545884/Steinbrueck-fordert-Merkel-zu-mehr-Ehrlichkeit-in-Euro-Krise-auf.html)/Zugriff: 30.09.12/»Alt-Kanzler Schmidt attackiert Merkel« in: *Handelsblatt.com v. 27.09.12* (http://www.handelsblatt.com/politik/deutschland/euro-krise-alt-kanzler-schmidt-attackiert-merkel/7190258.html)/Zugriff: 28.09.12/»Heinrich Weiss: Ein Austritt muss möglich sein« in: *Handelsblatt v. 05.07.12*/Jules Michelet: »Geschichte der Französischen Revolution 1«, Frankfurt am Main 2009, S. 20, 34, 35, 58/Horst Poller: »Die Philosophen und ihre Kerngedanken – Ein geschichtlicher Überblick«, München 2011, S. 23, 26, 27/Matthias Weik & Marc Friedrich: »Der größte Raubzug der Geschichte«, Marburg 2012, S. 271, 272/»Die Lüge von der stabilen Währung – Wie Politiker den Euro als D-Mark-Ersatz lobten« in: *SpiegelOnline v. 14.05.10*/»Ines Imdahl: Geld oder Leben? Wie es um die Moral in Deutschland bestellt ist und warum ein Nobelpreis für Menschen vielleicht gar nicht verkehrt ist« in: *Handelsblatt v. 22.10.12*/Benjamin Franklin: »Der Weg zum Reichtum – Geschichte meines Lebens«, Zürich 2006, S. 7, 129 ff./»Eurokrise: Finanzministerium rechnet mit Ex-Chef Steinbrück ab« in: *wirtschaftswoche.de v. 02.03.13* (http://wiwo.de/politik/deutschland/eurokrise-finanzministerium-rechnet-mit-ex-chef-steinbrueck-ab/7861464.html)/Zugriff: 04.03.13

[x] Zusatzthema zu Modul 6 Währungsunion: Der Fiskalvertrag« in: *Europaparlament Brüssel* (http://www.europarl.europa.eu/brussels/website/media/modul_06/Zusatzthemen/Pdf/Wirtschaftsunion.pdf)/Zugriff: 05.12.12/»Deutschland deklassiert die Euro-Zone« in: *Financial Times Deutschland v. 03.12.12*/»Kontrolle mit scharfen Zähnen/Kommentar des Vorsitzenden der liberalen ALDE-Fraktion im Europäischen Parlament« in: *Handelsblatt v. 17.10.12*/»Wann kommt die Bankenaufsicht?« in: *Handelsblatt v. 05.12.12*/»Gaucks schwierigste Stunde« in: *Financial Times Deutschland v. 22.06.12*/»Der Zweck heiligt nicht alle Mittel« in: *Handelsblatt v. 28.06.12*/»Verfassungsrecht: Was die Kritiker an ESM und Fiskalpakt bemängeln« in: *Handelsblatt v. 28.06.12*/»ESM: Ja, aber...« in: *Financial Times Deutschland v. 13.09.12*/»Richter retten Merkel« in *Handelsblatt v. 13.09.12*/»Sieg für den Euro« in: *Financial Times Deutschland v. 13.09.12*/»Europas neues Ruhekissen« in: *Financial Times Deutschland v. 09.10.12*/»ESM startet mit Bestnote« in: *Financial Times Deutschland v. 09.10.12*/»Club der Unwissenden« in: *Focus Money 42/2012, S. 32 ff.*/»Blanko-Scheck für Schulden-Staaten« in: *Bild v. 07.09.12*/»Die EZB setzt die Politik unter Druck« in: *Handelsblatt v. 07.-09.09.12*/»Hohe Risiken, aber wenig Kontrolle« in: *Financial Times Deutschland v. 12.09.12*/»EZB: Regeln für den Ausstieg« in: *Der Spiegel 37/2012, S. 18*/»Schuldenkrise: Auf schiefer Bahn« in: *Der Spiegel 40/2012, S. 80 ff.*/»Juristische Bedenken gegen Euro-Bankenaufsicht wachsen« in: *Handelsblatt v. 19.-21.10.12*/»In

Trippelschritten Richtung Bankenaufsicht« in: *Financial Times Deutschland v. 22.10.12*/»Europa: Ab jetzt: ‚Madame Yes'« in: *Focus Money 29/2012, S. 10 ff.*/»Deutsche Spareinlagen: Objekt der Begierde« in: *Handelsblatt v. 27.06.12*/» Die wichtigsten Streitpunkte beim EU-Gipfel« in: *Handelsblatt v. 27.06.12*/»Bankenaufsicht in der Warteschleife« in: *Financial Times Deutschland v. 15.11.12*/»Hoffnung für Spanien« in: *Handelsblatt v. 11.09.12*/»Ist die Bankenaufsicht durch die EZB rechtmäßig?« in: *Handelsblatt v. 15.11.12*/»Bankenunion soll auch für Altlasten geradestehen« in: *Financial Times Deutschland v. 21.11.12*/»Ahnungslose Abgeordnete: Rettungsschirm? ‚Irgendwie teuer?'« in: *Panorama Nr. 745 v. 29.09.11* (http://daserste.ndr.de/panorama/archiv/2011/panorama3575.pdf)/Zugriff: 23.11.12 /»EZB steht für Anleihekäufe bereit« in: *Handelsblatt v. 09.-11.11.12*/»Was sind Euro-Bonds?« in: *welt.de v. 24.11.11* (http://www.welt.de/print/welt_kompakt/print_politik/article13732400/Was-sind-Euro-Bonds.html)/Zugriff: 26.11.12/»Luxemburger Richter stützen ESM« in: *Financial Times Deutschland v. 28.11.12*/»Moody's stuft europäische Rettungsfonds herab« in: *Handelsblatt v. 03.12.12*/Hans-Werner Sinn: »Die Target-Falle – Gefahren für unser Geld und unsere Kinder«, München 2012, S. 346, 347/»Bis zu 150 Banken unter EZB-Aufsicht in: *Handelsblatt v. 12.12.12*/»Finanzmärkte: Auf Konfrontationskurs« in: *Der Spiegel 50/2012, S. 94 ff.*/»Euro: Große Schritte zurück« in: *Der Spiegel 51/2012, S. 87 ff.*/»Eine Superaufsicht entsteht« in: *Handelsblatt v. 14.-16.12.12*/»Draghi stellt sich hinter die neue Bankenaufsicht« in: *Handelsblatt v. 18.12.12* »Europäischer Fiskalpakt in Kraft getreten« in: *handelsblatt.com v. 01.01.13*/(http://www.handelsblatt.com/politik/international/zum-neujahrstag-europaeischer-fiskalpakt-in-kraft-getreten/7575416.html)/Zugriff: 04.02.13/»Europäische Bankenaufsicht kommt 2014« in: *tagesschau.de v. 19.03.13* (http://www.tagesschau.de/wirtschaft/eu-bankenaufsicht112.html)/Zugriff: 03.04.13/»Großbanken sollen ihr Testament machen« in: *tagesschau.de v. 06.02.13* (http://www.tagesschau.de/wirtschaft/bankenregulierung102.html)/Zugriff: 03.04.13/»Ultraschneller Aktienhandel soll nun geregelt ablaufen« in: *tagesschau.de v. 28.02.13* (http://www.tageschau.de/wirtschaft/hochfrequenzhandel108.html)/Zugriff: 03.04.13/»Deutschland müsste mit Eurobonds in 10 Jahren 200 Mrd. mehr an Zinsen zahlen und würde 62 % der Mehrkosten stemmen« in: *focus Money v. 12.04.13* (http://www.focus.de/finanzen/diverses/eu-deutschland-muesste-mit-eurobonds-in-10-jahren-200-mrd-mehr-an-zinsen-zahlen-und-wuerde-62-der-mehrkosten-stemmen_aid_959314.html)/Zugriff: 22.04.13

[xi] »Der Euro-Chaostheoretiker« in: *Financial Times Deutschland v. 06.12.12*/»Interview mit Wolfgang Schäuble: ‚Unsere Probleme werden kleiner'« in: *Focus 38/2012, S. 30*/»Der Ruinenbaumeister« in: *Wirtschaftswoche 38/12*/»17 waren zu viele« in: *Der Spiegel 37/12, S. 106, 107*/»Kroatien fällt auf Ramsch-Status« in: *Handelsblatt v. 17.12.12*/»ESM soll Zyperns Banken stützen« in: *Handelsblatt v. 21.-26.12.12*/»Die Euro-Krise hilft Merkel« in: *RP-Online v. 18.09.12* (http://nachrichten.rp-online.de/leitartikel/die-euro-krise-hilft-merkel-1.2997992)/Zugriff: 18.09.12/»Griechenland bekommt mehr Zeit« in: *RP-Online v. 18.09.12* (http://nachrichten.rp-online.de/wirtschaft/griechenland-bekommt-mehr-zeit-1.2997950)/Zugriff: 20.09.12/»Wann fängt die EU endlich an zu sparen?« in: *Bild v. 17.12.12*/»Deutsche sehen Europa skeptisch« in: *Financial Times Deutschland v. 18.09.12*/»Das Versteckspiel einer Kanzlerin« in: *Handelsblatt v. 18.09.12*/»Kurze Krisenpause in der Euro-Zone« in: *Financial Times Deutschland v. 17.09.12*/»Die Selbstzufriedene« in: *Handelsblatt v. 05.12.12*/»Ein Pakt für Europas Jugend« in: *Financial Times Deutschland v. 05.12.12*/»Langzeitarbeitslosigkeit: Deutschland holt auf« in: *Financial Times Deutschland v. 05.12.12*/»Jeder vierte Europäer von Armut und sozialer Ausgrenzung bedroht« in: *isw v. 10.02.12* (http://www.isw-muenchen.de/download/armut-eu-fs-20120210.html)/Zugriff: 03.12.12/»Euro-Krise spaltet Ökonomen« in: *Handelsblatt v. 06.-08.07.*12/»Großkonzerne fliehen aus Südeuropa« in: *wallstreetjournal.de v. 05.12.12* (http://www.wallstreetjournal.de/article/SB10001424127887324640104578160472953519176.html)/Zugriff: 06.12.12/»Auf Crashkurs« in: *Financial Times Deutschland v. 17.09.12*/vgl. »Euro-Krise belastet deutsche Exporteure« in: *RP-online v. 03.09.12* (http://www.rp-online.de/wirtschaft/unternehmen/euro-krise-belastet-deutsche-exporteure-1.2979196)/Zugriff: 04.09.12/»Wirtschaftsweise halbieren Wachstumsprognose für 2013« in: *wallstreetjournal.de v. 25.03.13* (http://www.wallstreetjournal.de/article/SB10001424127887324789504578382421275123146.html)/Zugriff: 27.03.13/»Inflation schnellt nach oben« in: *Handelsblatt v. 30.08.12*/»Von der Leyen warnt vor höherem Armutsrisiko« in: *Wallstreetjournal.de v. 02.09.12* (http://www.wallstreetjournal.de/article/SB10000872396390443759504577626901724840974.html)/Zugriff: 04.09.12/»Eurokrise: Ratingagentur S&P sieht nachlassenden Reformeifer« in: *boerse-go.de v. 05.12.12* (http://www.boerse-go.de/nachricht/Eurokrise-Ratingagentur-SP-sieht-nachlassenden-Reformeifer,a2982093,b79.html)/Zugriff: 08.12.12/»Griechischer Minister beschimpft Rentner als ‚Schufte'« in: *Stern.de v. 04.09.12* (http://www.stern.de/panorama/grossefreiheit/eurokrise-griechischer-minister-beschimpft-rentner-als-schufte-1889234.html)/Zugriff: 05.09.12/»Arbeitslosigkeit in Griechenland auf Rekordniveau gestiegen« in: *Zeit Online v. 06.09.12* (http://www.zeit.de/wirtschaft/2012-09/griechenland-arbeitslosigkeit-rekordniveau)/Zugriff: 10.09.12/»Griechischer Minister hetzt gegen Migranten« in: *Financial Times Deutschland v. 07.08.12*/»Euro-Krise: 23 Prozent der Griechen sind arm« in: *tagesspiegel.de v. 11.02.13*

(http://www.tagesspiegel.de/politik/euro-krise-23-prozent-der-griechen-sind-arm/7762414.html)/Zugriff: 11.02.13/vgl. »Britische Rezession verschärft sich« in: *Financial Times Deutschland v. 26.07.12*/»Großbritanniens Konjunktur schwächelt« in: *Financial Times Deutschland v. 03.08.12*/vgl. »Riskante Rettung in Frankreich« in: *Handelsblatt v. 04.09.12*/vgl. »Ade, Champagnerlaune« in: *Financial Times Deutschland v. 26.09.12*/»Hollandes unhaltbare Sparversprechen« in: *Financial Times Deutschland v. 10.10.12*/vgl. »Finnland rutscht in die Rezession« in: *SpiegelOnline v. 05.12.12* (http://www.spiegel.de/wirtschaft/soziales/finnland-rutscht-in-die-rezession-a-871101.html)/Zugriff: 06.12.12/»Finnland wankt« in: *Financial Times Deutschland v. 14.08.12*/vgl. Europas neues Sorgenkind heißt Frankreich« in: *Financial Times Deutschland v. 07.11.12*/»Euro-Retter sorgen sich um Frankreich« in: *spiegelonline.de v. 22.02.13* (http://www.spiegel.de/wirtschaft/soziales/frankreich-wird-zum-sorgenkind-in-der-euro-krise-a-885082.html)/Zugriff: 23.02.13/»Wird Frankreich das neue Griechenland?« in: *Bild v. 31.10.12*/»Brüssel sorgt sich um Frankreich« in: *Handelsblatt v. 08.11.12*/»Frankreich verliert Spitzenrating bei Moody's« in: *stern.de v. 20.11.12* (http://www.stern.de/wirtschaft/news/euro-krise-frankreich-verliert-spitzenrating-bei-moodys-1928991.html)/Zugriff: 21.11.12/vgl. »Rutschgefahr« in: *Financial Times Deutschland v. 26.09.12*/vgl. »Briten müssen jetzt noch kräftiger sparen« in: *Handelsblatt v. 09.10.12*/vgl. »Iren hoffen auf Erlass ihrer Schulden« in: *Financial Times Deutschland v. 03.07.12*/»Musterknabe auf Abwegen« in: *Handelsblatt v. 17.09.12*/vgl. »Eurokrise: Irland schnallt den Gürtel noch enger« in: *finanzen100.de v. 05.12.12* (http://www.finanzen100.de/finanznachrichten/wirtschaft/irland-schnallt-den-guertel-noch-enger_H1191890184_39397/)/Zugriff: 06.12.12/»Irlands Wirtschaft stagniert« in: *Financial Times Deutschland v. 21.-23.09.12/* »Unter Wasser« in: *Financial Times Deutschland v. 04.09.12*/vgl. »Düstere Aussichten für Italien« in: *Handelsblatt v. 06.11.12*/»Italienisches Wahl-Chaos lässt die Eurokrise wieder auflodern« in: *welt.de v. 26.02.13* (http://www.welt.de/newsticker/news3/article113932867/Italienisches-Wahl-Chaos-laesst-die-Eurokrise-wieder-auflodern.html)/Zugriff: 27.02.13/»Pizza, Pasta, aber kaum Produktivität« in: *Financial Times Deutschland v. 27.09.12*/»Italien braucht mehr frisches Geld« in: *Handelsblatt v. 10.10.12*/»Italiens Schuldenberg ist noch größer als gedacht« in: *Handelsblatt v. 05.07.12*/»Italien rutscht tiefer in Rezession« in: *Handelsblatt v. 11.09.12*/vgl. «Österreichs Banken fehlt Geld« in: *Financial Times Deutschland v. 23.07.12*/vgl. »Auch Polen hält EU-Vorgaben nicht ein« in: *Handelsblatt v. 06.09.12*/vgl. »Portugal verfehlt Sparziele« in: *Handelsblatt v. 27.08.12*/»Protestwelle gegen Sparkurs in Portugal« in: *Financial Times Deutschland v. 15.10.12*/»Neue Sanierungsmaßnahmen bei Schuldensünder Portugal« in: *abendblatt.de v. 07.09.12* (http://www.abendblatt.de/politik/ausland/article2394295/Neue-Sanierungsmassnahmen-bei-Schuldensuender-Portugal.html)/Zugriff: 10.9.12/»Euro-Krise: Portugals Finanzminister warnt vor ‚Diktatur der Schulden'« in: *ftd.de v. 15.10.12* (http://www.ftd.de/politik/europa/:euro-krise-portugals-finanzminister-warnt-vor-diktatur-der-schulden/70104711.html)/Zugriff: 18.10.12/»Portugal mit dem Rücken zur Wand« in: *kleinezeitung.at v. 07.04.13* (http://www.kleinezeitung.at/nachrichten/politik/eu/3285164/portugal-dem-ruecken-zur-wand.story)/Zugriff: 08.04.13/»Neue Front in Eurokrise: Portugal ist im 'Schockzustand'« in: *diepresse.com v. 07.04.13* (http://diepresse.com/home/wirtschaft/eurokrise/1385769/Neue-Front-in-Eurokrise_Portugal-ist-im-Schockzustand?_vl_backlink=/home/index.do)/Zugriff: 08.04.13/»Eurokrise: Kraftlose Reformen« in: *Zeit Online v. 02.10.12* (http://www.zeit.de/2012/40/Euro-Krise-Portugal-Reformen)/Zugriff: 02.10.12/vgl. »Rumänien muss länger auf Hilfsgelder warten« in: *Financial Times Deutschland v. 17.07.12*/»Schweden kühlt deutlich ab« in: *Financial Times Deutschland v. 17.09.12*/»Zu Weihnachten droht Serbien die Pleite« in: *Financial Times Deutschland v. 12.09.12*/»Serbien steht am Rande der Staatspleite« in: *Handelsblatt v. 12.09.12*/»Slowenien befürchtet Staatspleite« in: *Financial Times Deutschland v. 03.09.12*/»Slowenien ist Kandidat Nummer 6 für den Rettungsschirm« in: *Handelsblatt.com v. 03.07.12* (http://www.handelsblatt.com/politik/international/bank-in-not-slowenien-ist-kandidat-nummer-6-fuer-den-rettungsschirm/6828478.html)/Zugriff: 12.07.12/»Spanien ist schlimmer dran als Mali« in: *Financial Times Deutschland v. 10.09.12/.*/»Bald ein Drittel der Spanier arbeitslos« in: *Financial Times Deutschland v. 31.07.12*/»Spaniens Schulden um Rekordbetrag gestiegen« in: *manager-magazin.de v. 17.02.13* (http://www.manager-magazin.de/unternehmen/artikel/0,2828,883910,00.html)/Zugriff: 19.02.13/»Spanien riskiert lange Rezession« in: *Financial Times Deutschland v. 12.07.12*/»Tschechien spart sich in die Rezession« in: *Handelsblatt v. 15.08.12*/»Tschechiens Glanz verblasst« in: *Handelsblatt v. 12.09.12*/»Ungarn hofft auf Milliardenhilfen von EU und IWF« in: *Tagesschau.de v. 17.07.12* (http://www.tagesschau.de/wirtschaft/ungarn382.html)/Zugriff: 17.07.12/»IWF soll Ungarn helfen« in: *Handelsblatt v. 18.07.12*/»S&P senkt Kreditwürdigkeit von Zypern um drei Noten« in: *faz.net v. 17.10.12* (http://www.faz.net/aktuell/wirtschaft/wirtschaftspolitik/euro-krise-s-p-senkt-kreditwuerdigkeit-von-zypern-um-drei-noten-11929610.html)/Zugriff: 18.10.12/»Zypern beantragt ESM-Hilfe« in: *Focus.de v. 17.09.12* (http://www.focus.de/finanzen/news/eurokrise-zypern-beantragt-esm-hilfe_aid_820980.html)/Zugriff: 18.09.12/»Zypern quetscht sich unter Rettungsschirm« in: *Financial Times Deutschland v. 26.06.12*/»Hasta la vista im Ausland« in: *Wirtschaftswoche Nr. 31, 30.07.12, S. 41 ff.*/»Bald ein Drittel der Spanier arbeitslos« in: *Financial Times Deutschland v. 31.07.12/* »Spanien riskiert lange Rezession« in: *Financial Times Deutschland v. 12.07.12*/»In Spanien verstärkt sich die Kapitalflucht« in: *Handelsblatt v. 01.08.12*/»Deutschland muss

Spanien unterstützen!« in: *Bild v. 18.08.12*/»Schäuble wirbt für Spanien« in: *Handelsblatt v. 18.07.12*/Vgl. »Die Enteignung zyprischer Sparer ist fatal« in: *stern.de v. 17.03.13* (http://www.stern.de/politik/deutschland/eurokrise-die-enteignung-zyprischer-sparer-ist-fatal-1985058.html)/Zugriff: 18.03.13/»Neuer Gefahrenherd Zypern« in: *tagesschau.de v. 20.12.12* (http://www.tagesschau.de/wirtschaft/zypern264.html)/Zugriff: 27.03.13/»Euro-Krise: Zu lange wurde zu viel vertuscht« in: *Handelsblatt v. 18.07.12*/»Abstiegsangst« in: *Wirtschaftswoche Nr. 32/06.08.12, S. 8,9*/»Immer mehr Arbeitslose in der Euro-Zone« in: *Financial Times Deutschland v. 01.08.12*/ »Europas Jugend auf Jobsuche« in: *Schwarzwälder Bote v. 11.08.12*/»Hilfe für Europas Jugend« in: *Der Spiegel 35/2012, S. 64*/»Euro-Krise treibt Jugendarbeitslosigkeit hoch« in: *Welt online v. 04.09.12* (http://www.welt.de/wirtschaft/article108988486/Euro-Krise-treibt-Jugendarbeitslosigkeit-hoch.html)/Zugriff: 05.09.12/»Immer mehr Armut in Europa zwingt Konsumgüterhersteller zum Umdenken« in: *International Business Times v. 29.08.12* (http://de.ibtimes.com/articles/25985/20120829/immer-mehr-armut-in-europa-zwingt-konsumg-terhersteller-zum-umdenken.htm)/Zugriff: 18.09.12/»Italienischer Arbeiter zündet sich selbst an« in: *Financial Times Deutschland v. 13.08.12*/»Der letzte Vorhang« in: *Der Spiegel 33/2012, S. 78,79*/»Der traurige Tribut an die Krise« in: *Handelsblatt v. 11.09.12*/»Lobbyismus: Auf den Spuren der Einflüsterer« in: *Handelsblatt v. 19.09.12*/»Gerhard Schröder: Europa braucht mehr Integration« in: *Handelsblatt v. 22.-24.06.12*/»Schäuble überrumpelt CDU« in: *Financial Times Deutschland v. 26.06.12*/»Volksabstimmung – im Prinzip ja« in: *Handelsblatt v. 26.06.12*/»Deutsche wollen über Europa abstimmen« in: *Financial Times Deutschland v. 06.07.12*/»Berlin fordert neuen EU-Vertrag« in: *Der Spiegel 35/2012, S. 17*/»Geheimplan – so will Merkel Europa umbauen« in: *Bild v. 27.08.12*/»Deutscher Fatalismus« in: *Wirtschaftswoche 31/2012, S. 39 ff.*/»Zu klein, zu kompliziert« in: *Wirtschaftswoche 29/12, S. 18 ff.*/»Wir sind alle Keynesianer« in: *Handelsblatt v. 21.-23.09.12*//»Diskussion über Europas Zukunft – Pathos reicht nicht« in: *SpiegelOnline v. 22.09.12* (http://www.spiegel.de/politik/deutschland/europas-zukunft-kritik-an-merkels-krisenkurs-a-857401.html)/Zugriff: 24.09.12/»Finanzkrise: Zahl der Selbstmorde in Italien deutlich gestiegen« in: *deutsche-wirtschafts-nachrichten.de v. 22.08.12* (http://deutsche-wirtschafts-nachrichten.de/2012/08/22/finanzkrise-zahl-der-selbstmorde-in-italien-deutlich-gestiegen/)/Zugriff: 06.12.12/»Nach spektakulärem Selbstmord: Spanien will säumigen Schuldnern helfen« in: *deutsche-wirtschafts-nachrichten.de v. 11.11.12* (http://deutsche-wirtschafts-nachrichten.de/2012/11/11/nach-spekakulaerem-selbstmord-spanien-will-saeumigen-schuldnern-helfen/)/Zugriff: 06.12.12/»Krise in Griechenland: Dramatischer Anstieg der Selbstmorde« in: *deutsche-wirtschafts-nachrichten.de v.23.11.12* (http://deutsche-wirtschafts-nachrichten.de/2012/11/23/krise-in-griechenland-dramatischer-anstieg-der-selbstmorde/)/Zugriff: 06.12.12/»Moody's stuft Großbritannien herab« in: *tagesschau.de v. 23.02.13* (http://www.tagesschau.de/wirtschaft/moodys-grossbritannien100.html)/Zugriff: 03.04.13/»Eine Währung, zwei Szenarien« in: *Handelsblatt v. 06.-08.07.*12/»Sparen ruiniert uns alle« in: *Zeit Online v. 30.09.12* (http://www.zeit.de/2012/39/Sparen-Europa-Zwang)/Zugriff: 30.09.12/»Euro-Krise treibt Arbeitslosigkeit auf neuen Rekord« in: *faz.net v. 01.10.12* (http://www.faz.net/aktuell/wirtschaft/beschaeftigung-euro-krise-treibt-arbeitslosigkeit-auf-neuen-rekord-11910207.html?selectedTab=comments)/Zugriff: 01.10.12/»Ihr seid das Volk« in: *Financial Times Deutschland v. 13.08.12*/»Experten schreiben Krisenländer ab« in: *Financial Times Deutschland v. 05.12.12*/»‚Sie kaufen die Regeln'« in: *Der Spiegel 40/2012*/»‚Erst belächelt, dann gescholten'« in: *Der Spiegel 40/2012*/»Westerwelle: Europäische Integration trotz Eurokrise fortsetzen« in: *Die Welt.de v. 03.10.12* (http://www.welt.de/newsticker/news2/article109602966/Westerwelle-Europaeische-Integration-trotz-Eurokrise-fortsetzen.html)/Zugriff: 03.10.12/»Der EU geht das Geld aus« in: *Financial Times Deutschland v. 04.10.12*/»In den Kassen der Europäischen Union fehlen Milliarden« in: *Handelsblatt v. 04.10.12*/»Währungsunion: Wie eine zweite Wiedervereinigung« in: *Handelsblatt v. 23.07.12*/»Europa droht ein verlorenes Jahrzehnt« in: *Handelsblatt v. 30.08.-02.09.12*/»Die Mehrheit der Jugendlichen gibt dem Euro keine Chance« in: *Handelsblatt v. 13.-15.07.12*/»Heinrich Weiss: Ein Austritt muss möglich sein« in: *Handelsblatt v. 05.07.12*/»Auf zum letzten Gefecht« in: *Wirtschaftswoche 28/2012*/»100 Antworten zum Euro« in: *Stern 49/2011, S. 134 ff.*/»Krach zwischen Berlin und Brüssel um EU-Budget« in: *eu-info.de v. 25.07.12* (http://www.eu-info.de/dpa-europaticker/215354.html)/Zugriff: 15.10.12/»Barroso appelliert an EU-Staaten: ‚Nicht am Wachstumspaket sparen'« in: *dradio.de v. 25.07.12* (www.dradio.de/nachrichten/201207251500/3)/ Zugriff: 15.10.12/»Barosso will mehr Geld für EU-Haushalt« in: *Financial Times Deutschland v. 26.07.12*/»EU-Budget soll nur moderat steigen« in: *welt.de v. 25.07.12* (http://www.welt.de/print/die_welt/politik/article108375411/EU-Budget-soll-nur-moderat-steigen.html)/Zugriff: 15.10.12/»Barroso sieht durch Haushaltsstreit Wachstum gefährdet« in: *wirtschaftsblatt.at v. 25.07.12* (http://www.wirtschaftsblatt.at/home/international/wirtschaftspolitik/barroso-sieht-durch-haushaltsstreit-wachstum-gefaehrdet-526820/index.do?_vl_pos=r.1.NT)/Zugriff: 15.10.12/»Streit um EU-Budget: Barroso schickt Protestbrief« in: *orf.at v. 25.07.12* (http.//orf.at/stories/2132686/)/Zugriff: 15.10.12/»EU-Abgeordnete brechen Haushaltsgespräche ab« in: *Handelsblatt v. 14.11.12*/»Kein Kompromiss in Sicht« in: *Handelsblatt v. 12.11.12*/ »Richtungsstreit um Europa« in: *Handelsblatt v. 06.11.12*/»Hauptstadt der Einflüsterer« in: *Financial Times Deutschland v. 05.09.12*/»Europa steckt tief im Schuldensumpf« in: *Handelsblatt v. 23.10.12*/»Franzosen lehnen Super-Schulden-Kommissar ab« in: *Bild v. 18.10.12*/»Die deutsche Europa-Reform« in: *Handelsblatt v.*

*17.10.12*/»Schäuble legt EU-Masterplan vor« in: *Handelsblatt v. 17.10.12*/»Schäuble sucht die Euro-Offensive« in: *Financial Times Deutschland v. 17.10.12*/»Merkel wagt den großen Wurf« in: *Handelsblatt v. 18.10.12*/»Solidität gegen Solidarität« in: *Wirtschaftswoche 43/2012, S. 20 ff.*/»Sind wir besser geschützt dank der EU?« in: *Financial Times Deutschland v. 30.10.12*/»Auf dem Spiel stehen 1000 Mrd. Euro und viel Prestige« in: *Financial Times Deutschland v. 20.11.12*/»Wieder kein Aufschwung« in: *Financial Times Deutschland v. 08.11.12*/»Deutsche glauben nicht an ein Ende der Eurokrise« in: *stern.de v. 23.10.12* (http://www.stern.de/wirtschaft/news/stern-umfrage-deutsche-glauben-nicht-an-ein-ende-der-eurokrise-1914450.html)/Zugriff: 24.10.12/»Unilever stellt sich auf eine neue Armut in Europa ein« in: *Financial Times Deutschland v. 27.08.12*/»Regierungserklärung zu Euro-Krise« in: *Deutsche Welle v. 18.10.12* (http://www.dw.de/regierungserkl%C3%A4rung-zu-euro-krise/a-16313162)/Zugriff: 19.10.12/»Mit aller Macht« in: *Focus 36/2012, S. 26 ff.*/»Er machte sich Illusionen« in: *Focus 36/2012, S. 37*/»Schäuble nimmt Altkanzler Kohl in Schutz« in: *zeit.de v. 09.09.12* (http://www.zeit.de/politik/deutschland/2012-09/schaeuble-kohl-esm)/Zugriff: 10.09.12/»Wieder kein Aufschwung« in: *Financial Times Deutschland v. 08.11.12*/»Die Weltwirtschaft lahmt« in: *Handelsblatt v. 28.11.12*/»EU-Länder nähern sich Etat für 2013« in: *Financial Times Deutschland v. 30.11.12*/»Soziale Ausgrenzung: Kommission fordert Hilfsfonds gegen Armut« in: *european-circle.de v. 25.10.12* (http://www.european-circle.de/report/report/datum/2012/10/25/kommission-fordert-hilfsfonds-gegen-armut.html)/Zugriff: 03.12.12/»Jugendarbeitslosenquote (15-24 Jahre) im internationalen Vergleich (Stand Ende Oktober 2012)« in: *Bundesarbeitsministerium für Arbeit, Soziales und Konsumentenschutz (Österreich)* (http://www.dnet.at/elis/Tabellen/arbeitsmarkt/aminter_ALQJugendinter_Monat.pdf)/Zugriff: 03.12.12/»Jugendarbeitslosenquote (15-24 Jahre) im internationalen Vergleich (Stand Ende Dezember 2012)« in: *Bundesarbeitsministerium für Arbeit, Soziales und Konsumentenschutz (Österreich)* (http://www.dnet.at/elis/Tabellen/arbeitsmarkt/aminter_ALQJugendinter_Monat.pdf)/Zugriff: 04.02.13/ »Deutsche Notenbanker warnen vor Euro-Optimismus« in: *spiegel.de v. 30.12.12*/(http://www.spiegel.de/wirtschaft/soziales/euro-krise-asmussen-und-weidmann-warnen-vor-ende-des-reformeifers-a-875157.html)/Zugriff: 07.01.13/»Dezember 2012: Arbeitslosenquote des Euroraums bei 11,7 %« in: *eurostat 19/2013 v. 01.02.2013* (http://epp.eurostat.ec.europa.eu/cache/ITY_PUBLIC/3-01022013-BP/DE/3-01022013-BP-DE.PDF)/ZUgriff: 04.02.13/»Grund zur Hoffnung, Schlimmste in Euro-Krise vorbei - Schäuble« in: *welt.de v. 07.01.13* (http://www.welt.de/newsticker/bloomberg/article112415860/Grund-zur-Hoffnung-Schlimmste-in-Euro-Krise-vorbei-Schaeuble.html)/Zugriff: 07.01.13/»José Manuel Barroso: Die Eurokrise sei vorbei« in: *shortnews.de v. 06.01.13* (http://www.shortnews.de/id/1002998/jose-manuel-barroso-die-eurokrise-sei-vorbei)/Zugriff: 07.01.13//»2013 - das wird teuer« in: *sueddeutsche.de v. 02.01.13* (http://www.sueddeutsche.de/geld/euro-krise-das-wird-teurer-1.1562697)/Zugriff: 07.01.13/»Papst mischt sich in Euro-Krise ein« in: *handelsblatt.com. v. 07.01.13* (http://www.handelsblatt.com/politik/international/mehr-solidaritaet-papst-mischt-sich-in-die-euro-krise-ein/7597502.html)/Zugriff: 07.01.13/»Europas vergessene Krise« in: *Handelsblatt v. 09.01.13*/»Luxus trotz Krise: EU-Diplomaten leben wie die Fürsten« in: deutsche-wirtschafts-nachrichten.de v. 22.01.13 (http://deutsche-wirtschafts-nachrichten.de/2013/01/22/luxus-trotz-krise-eu-diplomaten-leben-wie-die-fuersten/)/Zugriff: 23.01.13/»Schnellschätzung für das vierte Quartal 2012« in: *eurostatpressemitteilung v. 14. Februar 2013* (http://epp.eurostat.ec.europa.eu/cache/ITY_PUBLIC/2-14022013-AP/DE/2-14022013-AP-DE.PDF)/Zugriff: 01.04.13/»Studie: Euro-Krise kostet Menschenleben« in: *spiegelonline v. 27.03.13* (http://www.spiegel.de/wirtschaft/soziales/lancet-euro-krise-hat-fatale-wirkung-auf-gesundheit-der-europaeer-a-891149.html)/Zugriff: 27.03.13/»Gefährliche Sparpolitik: Manchmal ist die Euro-Krise tödlich« in: *n24.de v. 27.03.13* (http://www.n24.de/news/newsitem_8699861.html)/Zugriff: 01.04.13/»Ärzte warnen: Euro-Krise kostet Menschenleben« in: *bild.de v. 27.03.13* (http://www.bild.de/politik/ausland/euro-krise/euro-krise-fordert-menschenleben-29681494.bild.html)/Zugriff: 27.03.13/»Krank durch die Euro-Krise: Suizid-Rate steigt: Wirtschaftsflaute fordert Todesopfer« in: *focus.de v. 27.03.13* (http://www.focus.de/finanzen/news/staatsverschuldung/krank-durch-die-euro-krise-suizid-rate-steigt-wirtschaftsflaute-fordert-todesopfer_aid_949598.html)/Zugriff: 29.03.13/»Staatsschulden: Wachstum fatal« in: *Wirtschaftswoche Nr. 38/2012, S. 8*//»Wohlstand in Europa: Armut in Deutschland ist größer als in Slowenien« in: *focus.de v. 27.03.13* (http://www.focus.de/finanzen/news/wohlstand-in-europa-armut-in-deutschland-ist-groesser-als-in-slowenien_aid_949511.html)/Zugriff: 02.04.13/»Rotes Kreuz: Größte Armut in Europa seit Ende des 2. Weltkrieges« in: *pravdatv.com v. 12.03.13* (http://pravdatvcom.wordpress.com/2013/03/12/rotes-kreuz-groste-armut-in-europa-seit-ende-des-2-weltkrieges/)/Zugriff: 02.04.13//»Humanitäre Hilfe: Die Armut in Europa wächst« in: *dw.de v. 12.03.13* (http://www.dw.de/die-armut-in-europa-w%C3%A4chst/a-16666599)/Zugriff: 02.04.13/»Arbeitslosigkeit im Euro-Raum auf Rekordhoch« in: *manager-magazin.de v. 02.04.13* (http://www.manager-magazin.de/politik/artikel/0,2828,892025,00.html)/Zugriff: 02.04.13/»Europa sucht Arbeit« in: *Handelsblatt v. 03.04.13*/»960 Milliarden Euro für sieben Jahre Europa« in: *tagesschau.de v. 08.02.13* (http://www.tagesschau.de/wirtschaft/eu-gipfel-haushalt116.html)/Zugriff: 03.04.13/»EU-Haushalt: Europaparlament lehnt Finanzrahmen ab« in: *faz.net v. 13.03.13* (http://www.faz.net/aktuell/politik/europaeische-union/eu-haushalt-europaparlament-lehnt-finanzrahmen-ab-

12113125.html)/Zugriff: 04.04.13/»Euro-Krise spitzt sich zu: Schon bald können diese weitere Staaten wanken« in: *shortnews.de v. 07.04.13* (http://www.shortnews.de/id/1019466/euro-krise-spitzt-sich-zu-schon-bald-koennen-diese-weitere-staaten-wanken)/Zugriff: 08.04.13/»Das sind die nächsten Opfer der Euro-Krise« in: *t-online.de v. 07.04.13* (http://www.t-online.de/wirtschaft/schuldenkrise/id_62867546/euro-krise-frankreich-gehoert-zu-den-naechsten-opfern.html)/Zugriff: 08.04.13

[xii] Deutscher Paritätischer Wohlfahrtsverband Gesamtverband e. V.: »Positive Trends gestoppt, negative Trends beschleunigt. Bericht zur regionalen Armutsentwicklung in Deutschland 2012«/Archiv Grandt/ »Staatsschulden: Wachstum fatal« in: *Wirtschaftswoche Nr. 38/2012, S. 8*/»Das 3,3 Billionen-Risiko« in: *Handelsblatt v. 09.07.12*/»Wer rettet eigentlich Deutschland, Herr Schäuble?« in: *Bild v. 26.06.12*/»Saure-Gurken-Zeit« in: *Financial Times Deutschland v. 28.08.12*/ »Euro-Krise belastet deutsche Exporteure« in: *RP-online v. 03.09.12* (http://www.rp-online.de/wirtschaft/unternehmen/euro-krise-belastet-deutsche-exporteure-1.2979196)/Zugriff: 04.09.12/»Beirat des Wirtschaftsministeriums kritisiert Rentenpläne« in: *Handelsblatt v. 19.12.12*/»Reicher Süden – armer Norden« in: *tagesschau.de v. v. 20.12.12* (http://www.tagesschau.de/inland/armutsbericht118.html)/Zugriff: 23.12.12/»Deutschland gleicht Haushalt schon 2012 aus« in: *Handelsblatt.com v. 02.02.12* (http://www.handelsblatt.com/politik/deutschland/trotz-eurokrise-deutschland-gleicht-haushalt-schon-2012-aus/7467950.html)/Zugriff: 06.12.12/»Zahl der Arbeitslosen steigt« in: *Handelsblatt v. 19.12.12*/»Deutscher Arbeitsmarkt stagniert« in: *Financial Times Deutschland v. 31.08.12*/»Die Wachstumsbremse« in: *Handelsblatt v. 04.12.12*/»Das Geschäftsklima wird rau« in: *Handelsblatt v. 28.08.12*/»Stillstand Ost« in: *Handelsblatt v. 03.09.12*/»Inflation schnellt nach oben« in: *Handelsblatt v. 30.08.12*/»PKW-Markt: Euro-Krise hält 2013 an« in: *Focus Online v. 04.12.12* (http://www.focus.de/auto/news/pkw-markt-euro-krise-haelt-2013-an_aid_874402.html)/Zugriff: 05.12.12/»Autohersteller fliehen aus Europa« in: *Financial Times Deutschland v. 27.11.12*/»Soziale Konflikte können deutlich an Härte zunehmen« in: *Bild v. 17.1.2.12*/»Bochumer Opel-Werk macht dicht!« in: *Bild v. 11.11.12*/»Die deutsche Wirtschaft schrumpft« in: *Handelsblatt v. 10.12.12*/»Mittelschicht schrumpft deutlich« in: *Handelsblatt v. 14.-16.12.12*/»Stimmt es, dass die deutsche Mittelschicht stabil ist?« in: *Handelsblatt v. 28.08.12*/»Von der Leyen warnt vor höherem Armutsrisiko« in: *Wallstreetjournal.de v. 02.09.12* (http://www.wallstreetjournal.de/article/SB10000872396390443759504577626901724840974.html)/Zugriff: 04.09.12/»US-Konjunktur rettet deutsche Exportwirtschaft« in: *SpiegelOnline v. 04.12.12* (http://www.spiegel.de/wirtschaft/soziales/euro-krise-deutsche-exporte-in-die-usa-legen-kraeftig-zu-a-870829.html)/Zugriff: 05.12.12/»Angst vor Altersarmut« in: *Bild v. 03.09.12*/»Angst vor Altersarmut« in: *Bild v. 03.09.12*/»Interview mit Arbeitsministerin von der Leyen: Die Rente ist sicher, wenn...« in: *Bild v. 05.09.12*/»Von der Leyen warnt vor höherem Armutsrisiko« in: *Wallstreetjournal.de v. 02.09.12* (http://www.wallstreetjournal.de/article/SB10000872396390443759504577626901724840974.html)/Zugriff: 04.09.12/»Droht der Mittelschicht Altersarmut»? in: *Financial Times Deutschland v. 03.09.12*/»Interview mit Arbeitsministerin von der Leyen: Die Rente ist sicher, wenn...« in: *Bild v. 05.09.12*/»Mehr Minijobber im Rentenalter« in: *Financial Times Deutschland v. 29.08.12*/»Weltwirtschaft unter Druck« in: *Handelsblatt v. 22.-24.06.12*/»Sparen ruiniert uns alle« in: *ZeitOnline v. 30.09.12* (http://www.zeit.de/2012/39/Sparen-Europa-Zwang)/Zugriff: 30.09.12/Matthias Weik & Marc Friedrich: »Der größte Raubzug der Geschichte«, Marburg 2012, S. 209/»Fast jede 3. Firma will Jobs abbauen« in: *Bild v. 20.11.12*/»Moody's: Rating-Agentur verpasst Deutschland negativen Ausblick« in: *SpiegelOnline v. 23.07.12* (http://www.spiegel.de/wirtschaft/unternehmen/rating-agentur-moody-s-senkt-ausblick-fuer-deutschland-auf-negativ-a-846002-druck.html)/Zugriff: 24.11.12/»Armuts- und Reichtumsbericht: Allzu simple Botschaft« in: *Financial Times Deutschland v. 19.09.12*/»So ungleich ist der Reichtum in Deutschland verteilt« in: *Bild v. 19.09.12*/»Einkommen klaffen weit auseinander« in: *Financial Times Deutschland v. 19.09.12*/»Koalitions-Krach wegen Reichensteuer« in: *Bild v. 21.09.12*/»Stresstest für die Firma« in: *Handelsblatt v. 06.09.12*/»Rösler kritisiert Armutsbericht« in: *Handelsblatt v. 20.09.12*/»Streitfall Altersarmut« in: *Financial Times Deutschland v. 04.09.12*/»Wirtschaft im Sog der Euro-Krise« in: *11.10.12*/»Bundeshaushalt: Was Schäuble nicht sagt« in: *Handelsblatt v. 12.09.12*/»Rösler widerspricht Rezessionsgefahr« in: *Financial Times Deutschland v. 11.09.12*/»600 Milliarden Euro für den Staat« in: *Bild v. 23.10.12*/»100 Milliarden mehr in 2017« in: *Handelsblatt v. 22.10.12*/»18,8 Milliarden neue Schulden!« in: *Bild v. 12.09.12*/»Der Zahlbürger« in: *Handelsblatt v. 21.-23.09.12*/»Griechenland im Kleinen« in: *Handelsblatt v. 02.-04.11.12*/»IWF senkt Deutschland-Prognose« in: *Handelsblatt v. 05.-07.10.12*/»Wohnen wir immer teurer!« in: *Bild v. 07.08.12*/»Exporteuren geht die Nachfrage aus« in: *Handelsblatt v. 04.09.12*/»Industrie fürchtet den Schiffbruch« in: *Financial Times Deutschland v. 24.09.12*/»Deutsche Industrie muss in die Zwangspause« in: *Financial Times Deutschland v. 08.08.12*/»Krise in Südeuropa erfasst deutsche Autozulieferer« in: *Financial Times Deutschland v. 04.09.12*/»Deutsche Reeder im Existenzkampf« in: *Financial Times Deutschland v. 04.09.12*/»Euro-Krise trifft ein Viertel der Belegschaften« in: *SpiegelOnline v. 15.09.12* (http://www.spiegel.de/karriere/berufsleben/euro-krise-trifft-ein-viertel-der-belegschaften-a-855840.html)/Zugriff: 16.09.12)/»Reiche trotz Euro-Krise immer reicher« in: *manager-magazin.de v. 18.09.12*

(http://www.manager-magazin.de/politik/deutschland/0,2828,856403,00.html)/Zugriff: 18.09.12)/»Regierung erwartet weniger Wachstum« in: *Bild v. 17.10.12*/»Wirtschaftswachstum: Institute halbieren Prognose für 2013« in: *Bild v. 12.10.12*/»Die deutsche Wirtschaft ist pessimistisch« in: *Handelsblatt v. 20.11.12*/»Armutsrisiko in Großstädten wächst« in: *Financial Times Deutschland v. 15.11.12*/»Finanzpolitik: Jagd auf Reiche« in: *Der Spiegel 39/2012, S. 92 ff.*/»Panik als Kalkül« in: *Stern 37/2012, S. 32*/»Retter in der Not« in: *Wirtschaftswoche 31/2012, S. 18 ff.*/»Rating: Bestnote in Gefahr« in: *Focus Money 32/2012, S. 5*/»Bund nimmt 17,1 Milliarden neue Schulden auf« in: *swr.de v. 23.11.12* (http://www.swr.de/nachrichten/-/id=396/nid=396/did=10627200/b2tbzc/)/Zugriff: 24.11.12/»Schuldenfiasko: Heil durch die Krise« in: *Focus Money 49/2012, S. 44*/»Regierungsbericht: Renten steigen bis 2016 um bis zu 230 Euro« in: *Bild v. 27.11.12*/»Aufrüttelnde Statistik: Armut trifft 16 Millionen Menschen in Deutschland« in: *focus.de v. 23.10.12* (http://www.focus.de/politik/deutschland/aufruettelnde-statistik-armut-trifft-16-millionen-menschen-in-deutschland_aid_844141.html)/Zugriff: 03.12.12/Schlechte Noten für Deutschland« in: *Handelsblatt v. 22.01.13*/»Deutsche Wirtschaft bricht ein« in: *sueddeutsche.de v. 14.02.13* (http://www.sueddeutsche.de/wirtschaft/konjunktur-deutsche-wirtschaft-bricht-ein-1.1599809)/Zugriff: 15.02.13/»Wirtschaftsweise halbieren Wachstumsprognose für 2013« in: *wallstreetjournal.de v. 25.03.13* (http://www.wallstreetjournal.de/article/SB10001424127887324789504578382421275123146.html)/Zugriff: 27.03.13/»ThyssenKrupp streicht die nächsten 2000 Jobs« in: *tagesschau.de v. 08.02.13* (http://www.tagesschau.de/wirtschaft/thyssenkrupp192.html)/Zugriff: 03.04.13/»Lufthansa schließt Standorte und bestellt Jets« in: *tagesschau.de v. 20.02.13* (http://www.tageschau.de/wirtschaft/lufthansa656.html)/Zugriff: 03.04.13/»Euro-Krise drückt deutsche Exporte ins Minus« in: *reuters.com v. 09.04.13* (http://de.reuters.com/article/topNews/idDEBEE93802720130409)/Zugriff: 09.04.13/»Mittelstand: 'Die Euro-Krise schlägt stärker durch'« in: *manager-magazin.de v. 18.04.13* (http://www.manager-magazin.de/politik/deutschland/0,2828,895100,00.html)/Zugriff: 18.04.13

[xiii] »Vertrag von Lissabon zur Änderung des Vertrags über die Europäische Union und des Vertrags zur Gründung der Europäischen Gemeinschaft, unterzeichnet in Lissabon am 13. Dezember 2007, Änderungen des Vertrags über die europäische Union und des Vertrags zur Europäischen Gemeinschaft« in: *Amtsblatt der Europäischen Union C 306, 17.12. 2007, S. 1 ff.*/»Der stille Transfer aus dem Süden« in: *Zeit Online v. 27.09.12* (http://www.zeit.de/wirtschaft/2012-09/migration-eurokrise-bruecker)/Zugriff: 28.09.12/»Alt-Kanzler Schmidt attackiert Merkel« in: *Handelsblatt.com v. 27.09.12* (http://www.handelsblatt.com/politik/deutschland/euro-krise-alt-kanzler-schmidt-attackiert-merkel/7190258.html)/Zugriff: 28.09.12//»Sparen ruiniert uns alle« in: *Zeit Online v. 30.09.12* (http://www.zeit.de/2012/39/Sparen-Europa-Zwang)/Zugriff: 30.09.12/»Im gelobten Land« in: *Financial Times Deutschland v. 01.10.12*/»100 Antworten zum Euro« in: *Stern 49/2011, S. 147*/»In 18 Monaten ist der Euro kaputt« in: *Focus Money 32/2012, S. 26 ff.*/»Eurokrise treibt Zuwanderer nach Deutschland« in: *deutsche-handwerks-zeitung.de v. 15.11.12* (http://www.deutsche-handwerks-zeitung.de/index.cfm?cid=3091&documents.id=190535&NL-2025-05-15)/Zugriff: 21.11.12/»Eurokrise: Staatsgeheimnis Bankenrettung« in: *tagesspiegel.de v. 24.02.13* (http://www.tagesspiegel.de/wirtschaft/eurokrise-staatsgeheimnis-bankenrettung/7826402.html)/Zugriff: 24.02.13/»Bundesbank unterdrückt Bericht: Südeuropäer sind reicher als die Deutschen« in: *deutsche-wirtschafts-nachrichten v. 08.03.13* (http://deutsche-wirtschafts-nachrichten.de/2013/03/08/bundesbank-unterdrueckt-bericht-suedeuropaeer-sind-reicher-als-die-deutschen/)/Zugriff: 11.04.13/»Streit um Höhe der Vermögen - Achtung Deutschland: So reich sind die Südeuropäer wirklich« in: F*ocusmoneyOnline v. 15.04.13* (http://www.focus.de/finanzen/news/staatsverschuldung/krisenstaaten-offenbar-reicher-als-gedacht-achtung-deutschland-so-reich-sind-die-suedeuropaeer-wirklich_aid_960873.html)/Zugriff: 15.04.13

[xiv] Zitiert nach Matthias Weik & Marc Friedrich: »Der größte Raubzug der Geschichte«, Marburg 2012, S. 253

[xv] Zitiert nach Matthias Weik & Marc Friedrich: »Der größte Raubzug der Geschichte«, Marburg 2012, S. 161

[xvi] »Auch für Fitch sind Zyperns Anleihen nur noch Ramsch« in: *tagesschau.de v. 25.06.12* (http://www.tagesschau.de/wirtschaft/zypern210.html)/Zugriff: 27.03.13/»Zypern bittet um Hilfe aus EU-Rettungsschirm« in: *tagesschau.de v. 25.06.12* (http://www.tagesschau.de/wirtschaft/zypern214.html)/Zugriff: 27.03.13/»Zwischen Krisenangst und Hoffnung« in: *tagesschau.de v. 26.06.12* (http://www.tagesschau.de/wirtschaft/zypern218.html)/Zugriff: 27.03.13/»Zypern rettet Bank und erwartet die Euro-Retter« in: *tagesschau.de v. 02.07.12* (http://www.tagesschau.de/wirtschaft/zypern238.html)/Zugriff: 27.03.13/»Zyprer und Griechen wollen Troika überzeugen« in: *tagesschau.de v. 02.07.12* (http://www.tagesschau.de/wirtschaft/troika118.html)/Zugriff: 27.03.13/»Pleite-Kandidat will Europas Krise lösen« in: *tagesschau.de v. 02.07.12* (http://www.tagesschau.de/ausland/zypern224.html)/Zugriff: 27.03.13/»Russendispo - nicht ganz selbstlos« in: *tagesschau.de v. 17.07.12* (http://www.tagesschau.de/wirtschaft/zypern242.html)/Zugriff: 27.03.13/»Russische Schwarzgeldkonten: BND

warnt vor Rettungspaket für Zypern« in: *spiegelonline v. 03.11.12* (http://www.spiegel.de/wirtschaft/soziales/russisches-schwarzgeld-bnd-warnt-vor-rettungspaket-fuer-zypern-a-865151.html)/Zugriff: 27.03.13/»Neuer Gefahrenherd Zypern« in: *tagesschau.de v. 20.12.12* (http://www.tagesschau.de/wirtschaft/zypern264.html)/Zugriff: 27.03.13/»Moody's stuft Zypern um drei Stufen herab« in: *tagesschau.de v. 11.01.13* (http://www.tagesschau.de/wirtschaft/moodys-zypern100.html)/Zugriff: 27.03.13/»Merkel mahnt Reformen in Zypern an« in: *tagesschau.de v. 11.01.13* (http://www.tagesschau.de/ausland/zypern282.html)/Zugriff: 27.03.13/»Zypern nimmt den Sparern 5,8 Milliarden Euro« in: *welt.de v. 16.03.13* (http://www.welt.de/wirtschaft/article114502095/Zypern-nimmt-den-Sparern-5-8-Milliarden-Euro.html)/Zugriff: 18.03.13/»Die Enteignung zyprischer Sparer ist fatal« in: *stern.de v. 17.03.13* (http://www.stern.de/politik/deutschland/eurokrise-die-enteignung-zyprischer-sparer-ist-fatal-1985058.html)/Zugriff: 18.03.13/»Schäuble kündigt harte Zeiten für Zypern an« in: *spiegelonline v. 24.03.13* (http://www.spiegel.de/politik/ausland/euro-krise-schaeuble-kuendigt-haerte-gegen-zypern-an-a-890623.html)Zugriff: 25.03.13/»Zypern wendet Staatspleite im letzten Moment ab« in: *welt.de v. 25.03.13* (http://www.welt.de/wirtschaft/article114734019/Zypern-wendet-Staatspleite-im-letzten-Moment-ab.html)/Zugriff: 25.03.13/»'Unmengen' von Geld abgeflossen - Zypern prüft Überweisungen« in: *ntv.de v. 26.03.13* (http://www.n-tv.de/wirtschaft/Zypern-prueft-Ueberweisungen-article10362426.html)/Zugriff: 27.03.13 »Report aus einem verlorenen Land« in: *Bild v. 27.03.13*/»Zyperns Bargeld lagerte bei Bundesbank« in: *focusonline v. 28.03.13* (http://www.focus.de/tagesthema/euro-krise-zyperns-bargeld-lagerte-bei-bundesbank_aid_950630.html)/Zugriff: 29.03.13/»Zyperns Banken normalisieren den Schalterbetrieb weiter« in: *handelsblatt.com v. 30.03.13* (http://www.handelsblatt.com/politik/international/wiedereroeffnung-zyperns-banken-normalisieren-den-schalterbetrieb-weiter-/8002182.html)/Zugriff: 01.04.13/»Geld reicher Bankkunden 'verpufft': Zypern langt richtig hin« in: *ntv.de v. 30.03.13* ( http://www.boersenpoint.de/boersenportal/maerkte-nachrichten/unternehmensmeldungen/nachricht/geld-reicher-bankkunden-verpufft-zypern-langt-richtig-hin-450590/)/Zugriff: 01.04.13/»Nach dem Zypern-Poker: Droht heut Banken-Sturm?« in: *Bild v. 26.03.13*/ Wut-Demo in Zypern: Nichts geht mehr! Hunderttausende zittern jetzt um ihr Gehalt« in: *bild.de v. 26.03.13* (http://www.bild.de/politik/ausland/zypern-krise/zypern-chaos-29665396.bild.html)/Zugriff: 27.03.13/»Zyperns Banken sollen Politikern Millionen erlassen haben« in: *zeit.de v. 30.03.13* (http://www.zeit.de/wirtschaft/2013-03/zypern-banken-politiker-kredite-erlass)/Zugriff: 01.04.13/»Zypern-Präsident bekam von Bank 5,8 Millionen Dollar geschenkt« in: *deutsche-wirtschaftsnachrichten.de v. 31.03.13* (http://deutsche-wirtschafts-nachrichten.de/2013/03/31/zypern-praesident-bekamt-von-bank-58-millionen-dollar-geschenkt/)/Zugriff: 01.04.13/»Neue Auswege aus der Bankenkrise: Zypern will Kasino eröffnen« in: *n-tv.de v. 31.03.13* (http://www.n-tv.de/wirtschaft/Zypern-will-Kasino-eroeffnen-article10389286.html)/Zugriff: 01.04.13/»Bankenkrise in Zypern: Kapitalflüchtlinge bringen Präsident Anastasiades in Erklärungsnöte« in: *spiegelonline v. 01.04.13* (http://www.spiegel.de/wirtschaft/krieg-der-listen-in-zypern-praesident-anastasiades-unter-druck-a-891893.html)/Zugriff: 02.04.13//»Zyprische Firmen sollen 700 Millionen Euro abgezogen haben« in: *handelsblatt.com v. 01.04.13* (http://www.handelsblatt.com/politik/international/insider-warnungen-zyprische-firmen-sollen-700-millionen-euro-abgezogen-haben/8006524.html)/Zugriff: 02.04.13/»Der frühere Chef der Eurogruppe Jean-Claude Juncker über Euro-Krise und Europas Einigung« in: *generalanzeiger-bonn.de v. 27.03.13* (http://www.general-anzeiger-bonn.de/news/politik/Der-fruehere-Chef-der-Eurogruppe-ueber-Euro-Krise-und-Europas-Einigung-article1014812.html)/Zugriff: 27.03.13/»Schwere Vorwürfe gegen Zyperns Präsident Anastasiades: Rettete seine Familie ihr Geld ins Ausland?« in: *bild.de v. 01.04.13* (http://www.bild.de/politik/ausland/zypern-krise/vorwuerfe-gegen-anastasiades-familie-soll-geld-ins-ausland-gerettet-haben-29726732.bild.html)/Zugriff: 02.04.13/»Zypern: Finanzminister tritt ab« in: *Handelsblatt v. 03.04.13*/»Zypern dementiert weitere Zwangsabgabe« in: *stern.de v. 06.04.13* (http://www.stern.de/politik/ausland/eurokrise-zypern-dementiert-weitere-zwangsabgabe-1993672.html)/Zugriff: 07.04.13/»Gruppe droht Zyperns Präsident Anastasiades mit dem Tod« in: *focus.de v. 05.04.13* (http://www.focus.de/finanzen/news/staatsverschuldung/wir-fangen-bei-euren-enkeln-an-gruppe-droht-zyperns-praesident-mit-dem-tod_aid_954219.html)/Zugriff: 05.04.13/»Zypern: Beweise im Banken-Skandal vernichtet?« in: *t.-online.de v. 04.04.13* (http://www.t-online.de/wirtschaft/schuldenkrise/id_62827070/zypern-beweise-im-banken-skandal-vernichtet-.html)/Zugriff: 08.04.13/»Zypern lockt Reicht mit Staatsbürgerschaft« in: *abendzeitung-muenchen.de v. 15.04.13* (http://www.abendzeitung-muenchen.de/inhalt.euro-krise-zypern-lockt-reiche-mit-staatsbuergerschaft.38b9803c-750f-48f1-9d19-c213cd62e901.html)/Zugriff: 16.04.13/»Zypern muss Gold im Wert von 400 Mio. Euro verkaufen« in: *diepresse.com v. 10.04.13* (http://diepresse.com/home/wirtschaft/eurokrise/1387397/Zypern-muss-Gold-im-Wert-von-400-Mio-Euro-verkaufen)/Zugriff: 11.04.13/»EU-Parlament rechnet mit Zypern-Hilfe ab« in: *diepresse.com v. 17.04.13* (http://diepresse.com/home/wirtschaft/eurokrise/1390368/EUParlament-rechnet-mit-ZypernHilfe-ab)/Zugriff. 18.04.13/»Euro-Krise: Zypern brummt auch Hilfsorganisationen Abgaben auf« in: *welt.de v. 22.04.13* (http://www.welt.de/wirtschaft/article115506202/Zypern-brummt-auch-Hilfsorganisationen-Abgabe-auf.html)/Zugriff: 23.04.13

[xvii] »Warnung an die Banken - 'Zypern war ein Testballon'« in: *t-online.de v. 25.03.13* (http://www.t-online.de/wirtschaft/boerse/aktien/id_62722436/euro-krise-zypern-war-ein-testballon-.html)/Zugriff: 26.03.13/»Zypern-Rettung kein Warnschuss? Dijsselbloem rudert zurück« in: *n-tv.de v. 25.03.13* (http://www.n-tv.de/wirtschaft/Dijsselbloem-rudert-zurueck-article10359831.html)/Zugriff: 29.03.13/»Bundesregierung sieht in Zypern-Lösung keine Blaupause« in: *reuters.com v. 27.03.13* (http://de.reuters.com/article/domesticNews/idDEBEE92Q03I20130327)/Zugriff: 27.03.13/»Euro-Gruppen-Chef droht Krisenländern mit Zypern-Methode« in: *spiegelonline v. 25.03.13* (http://www.spiegel.de/wirtschaft/soziales/euro-gruppen-chef-sieht-zypern-als-wendepunkt-der-euro-rettung-a-890863.html)/Zugriff: 02.04.13/»Die Zypern-Krise: Geld futsch - kann das auch bei uns passieren?« in: *Bild v. 27.03.13*/»Tabubruch in Zypern alarmiert Ökonomen« in: *handelsblatt.com v. 18.03.13* (http://www.handelsblatt.com/politik/international/bank-run-befuerchtet-tabubruch-in-zypern-alarmiert-oekonomen/7943198.html)/Zugriff: 02.04.13/»EZB bestätigt: Die Bank-Guthaben in Europa sind nicht sicher« in: *deutsche-wirtschafts-nachrichten v. 30.03.13* (http://deutsche-wirtschafts-nachrichten.de/2013/03/30/ezb-bestaetigt-die-bank-guthaben-in-europa-sind-nicht-sicher/)/Zugriff: 30.03.13/»Der beste Schutz gegen Enteignungen« in: *abendblatt.de v. 25.03.13* (http://abendblatt.de/ratgeber/extra-journal/article114733822/Der-beste-Schutz-gegen-Enteignungen.html)/Zugriff: 01.04.13/»Comeback der Euro-Krise: Die Angst der Sparer ist zurück: Diese 33 Tipps retten Ihr Geld« in: *focus-money v. 03.04.13* (http://www.focus.de/finanzen/boerse/finanzkrise/tid-30390/comeback-der-euro-krise-bei-den-sparern-ist-die-angst-zurueck-diese-33-tipps-retten-ihr-geld_aid_952131.html)/Zugriff: 05.04.13/»EU-Gesetz: Zugriff auf Bank-Einlagen wird konkret« in: *deutsche-wirtschafts-nachrichten.de v. 11.04.13* (http://deutsche-wirtschafts-nachrichten.de/2013/04/11/eu-gesetz-zugriff-auf-bank-einlagen-wird-konkret/)/Zugriff: 11.04.13/»EU bereitet Richtlinien für Blitz-Zugriff auf Banken-Konten vor« in: *deutsche-wirtschafts-nachrichten v. 09.04.13* (http://deutsche-wirtschafts-nachrichten.de/2013/04/09/eu-bereitet-richtlinie-zu-blitz-zugriff-auf-bank-konten-vor/)Zugriff: 11.04.13/»Bundesbank: Auch Bank-Einlagen unter 100.000 Euro sind nicht ganz sicher« in: *deutsche-wirtschafts-nachrichten v. 07.04.13* (http://deutsche-wirtschafts-nachrichten.de/2013/04/07/bundesbank-auch-bank-einlagen-unter-100-000-euro-sind-nicht-ganz-sicher/)/Zugriff: 11.04.13/»Europa: Ran an die Bank« in: *zeit.de v. 11.04.13* (http://www.zeit.de/2013/15/europa-zypern-banken-euro-krise)/Zugriff: 11.04.13/»EU-Parlament rechnet mit Zypern-Hilfe ab« in: *diepresse.com v. 17.04.13* (http://diepresse.com/home/wirtschaft/eurokrise/1390368/EUParlament-rechnet-mit-ZypernHilfe-ab)/Zugriff. 18.04.13

[xviii] »Spanien ist schlimmer dran als Mali« in: *Financial Times Deutschland v. 10.09.12*/ »Hasta la vista im Ausland« in: *Wirtschaftswoche Nr. 31, 30.07.12, S. 41 ff.*/»Bald ein Drittel der Spanier arbeitslos« in: *Financial Times Deutschland v. 31.07.12*/ »Spanien riskiert lange Rezession« in: *Financial Times Deutschland v. 12.07.12*/»In Spanien verstärkt sich die Kapitalflucht« in: *Handelsblatt v. 01.08.12*/»Deutschland muss Spanien unterstützen!« in: *Bild v. 18.08.12*/»Schäuble wirbt für Spanien« in: *Handelsblatt v. 18.07.12*//»100 Milliarden in drei Stunden« in: *Financial Times Deutschland v. 19.07.12*/»Schäuble: Märkte gefährden Spanien« in: *Handelsblatt v. 20.-22.07.12*/»Wird Spanien das neue Griechenland»? in: *Bild v. 21.07.12*/ »Milliardenhilfen – auch für Bürger?« in: *Handelsblatt v. 20.-22.07.12*/»Adios Milliardos!« in: *Bild v. 20.07.12*/»Spanier protestieren mit Nazi-Symbolen« in: *Zeit Online v. 07.09.12* (http://www.zeit.de/wirtschaft/2012-09/merkel-spanien-euro-krise)/Zugriff: 10.09.12/»Spanien bekämpft Euro-Krise mit deutschen Rezepten« in: *Wirtschaftswoche v. 06.09.12* (http://www.wiwo.de/politik/europa/ausbildung-spanien-bekaempft-euro-krise-mit-deutschen-rezepten/7101384.html)/Zugriff: 10.09.12/»Die Not der Spanier« in: *Handelsblatt.com v. 04.09.12* (http://www.handelsblatt.com/politik/international/euro-krise-die-not-der-spanier/7091098.html)/»Spanischer Wirtschaftsminister Luis de Guindos: ‚Spanien ist Europas Wellenbrecher'« in: *Handelsblatt v. 04.09.12*/»Krise in Spanien: Löhne schrumpfen massiv« in: *Hannich vertraulich v. 17.09.12*, Archiv Grandt/»Spanischen Arbeitern droht Haft nach Protest« in: *Financial Times Deutschland v. 09.08.12*/»Millionen Katalanen wollen nicht mehr für Spanien zahlen« in: *Zeit Online v. 12.09.12* (http://www.zeit.de/politik/ausland/2012-09/barcelona-katalonien-demonstration-spanien)/Zugriff: 16.09.12/»Spaniens Bürger wollen mehr Krisenmitsprache« in: *Wallstreetjournal.de v. 17.09.12* (http://www.wallstreetjournal.de/article/SB10000872396390444450004578001011361518592.html?mod=WSJDE_latestheadlines)/Zugriff: 18.09.12/»Brachiale Maßnahmen« in: *Wirtschaftswoche 39/2012, S. 38 ff.*/»Spekulation über Kapitalbedarf von Spaniens Banken« in: *Handelsblatt.com v. 20.09.12* (http://www.handelsblatt.com/unternehmen/banken/euro-krise-spekulationen-ueber-kapitalbedarf-von-spaniens-banken/7160576.html)/Zugriff: 21.09.12/»Spanien meldet Rückgang der Arbeitslosigkeit« in: *zeit.de v. 03.01.12* (http://www.zeit.de/wirtschaft/2013-01/spanien-regierung-arbeitslosigkeit-rueckgang)/Zugriff: 04.02.13/»Spanien hält Anleger in Atem« in: *Financial Times Deutschland v. 24.09.12*/»Verarmte Spanier blasen zum Marsch aufs Parlament« in: *Welt.de v. 25.09.12* (http://www.welt.de/wirtschaft/article109455120/Verarmte-Spanier-blasen-zum-Marsch-aufs-Parlament.html)/Zugriff: 26.09.12/»Verletzte bei Proteste in Madrid« in: *Frankfurter Rundschau Online v.*

*26.09.12* (http://www.fr-online.de/schuldenkrise/demonstration-gegen-sparkurs-verletzte-bei-protesten-in-madrid,1471908,18928652,view,asFirstTeaser.html)/Zugriff: 27.09.12/»Spanien verabschiedet Sparbudget« in: *Handelsblatt v. 28.-30.09.12*/»Spanien plant Rekord-Sparprogramm« in: *Financial Times Deutschland v. 28.-30.09.12*/»Spanien beschließt Rekordeinsparungen« in: *RPOnline v. 27.09.12* (http://www.rp-online.de/politik/eu/spanien-beschliesst-rekordeinsparungen-1.3011543)/Zugriff: 28.09.12/»Reformen – nein danke!« in: *Wirtschaftswoche 40/12, S. 30*/»Spaniens Banken brauchen Milliarden« in: *Handelsblatt v. 01.10.12*/»Genug gespart« in: *Financial Times Deutschland v. 01.10.12*//»In 18 Monaten ist der Euro kaputt« in: *Focus Money 32/2012, S. 26 ff.*/»Neuer Akt im spanischen Schuldendrama« in: *Financial Times Deutschland v. 01.10.12*/»Barcelona gegen Madrid« in: *Focus Money 41/2012*/»Nächte des Zorns« in: *Financial Times Deutschland v. 02.10.12*/»Spanien: ‚Ich meine: Es reicht!'« in: *Handelsblatt v. 05.-07.10.12*/»Schuldenkrise in Spanien: Menschen in schwerer Bedrängnis« in: *Das Erste - Plusminus v. 10.10.12* (http://www.daserste.de/information/wirtschaft-boerse/plusminus/sendung/br/2012/10102012-schuldenkrise-spanien-100.html)/Zugriff: 11.10.12/»Europa: Die Stunde der Egoisten« in: *Der Spiegel 41/2012, S. 98 ff.*/»Euro-Krise: Rating-Agentur straft Spanien ab« in: *SpiegelOnline v. 10.10.11* (http://www.spiegel.de/wirtschaft/soziales/euro-krise-rating-agentur-s-p-stuft-spanien-herab-a-860629.html)/Zugriff: 11.10.12/»Der heimliche Rettungsschirm« in: *Handelsblatt v. 17.10.12*/»Spanien: Rotes Kreuz startet Hilfskampagne für eigene Bevölkerung« in: *Deutsche Wirtschaftsnachrichten.de v. 10.10.12* (http://deutsche-wirtschafts-nachrichten.de/2012/10/10/spanien-rotes-kreuz-startet-hilfskampagne-fuer-eigene-bevoelkerung/)/Zugriff: 10.10.12/»Galicische Gelassenheit« in: *Financial Times Deutschland v. 12.10.12*/»Spanien rutscht Richtung Rettung« in: *Financial Times Deutschland v. 12.-14.10.12*/»Moody's verschont Madrid« in: *Handelsblatt v. 18.10.12*/»Der Druck auf Spanien steigt« in: *Handelsblatt v. 12.-14.10.12*/»Katalonien will rasche Unabhängigkeit« in: *Financial Times Deutschland v. 20.11.12*/»Widerstand in Weiß« in: *Financial Times Deutschland v. 19.11.12*/»Krise stärkt Nationalisten in Spanien« in: *Handelsblatt v. 23.10.12*/»Rettung in Spanien wird billiger« in: *Handelsblatt v. 20.11.12*/»Spanien setzt Grenzen für Zwangsräumungen« in: *Financial Times Deutschland v. 16.11.12*/»Spanien: Gefährlicher Wendepunkt« in: *Handelsblatt v. 15.11.12*/»Gnadenakt auf Spanisch« in: *Financial Times Deutschland v. 14.11.12*/»Spanien: Arbeitslosigkeit steigt auf Rekord« in: *Handelsblatt v. 29.10.12*/»Spanien: Desaströser Alleingang« in: *Der Spiegel 46/2012, S. 94*/»Jeder vierte Spanier ist arbeitslos« in: *SpiegelOnline v. 26.10.12* (http://www.spiegel.de/wirtschaft/soziales/spanien-arbeitslosenquote-steigt-auf-mehr-als-25-prozent-a-863572-druck.html)/Zugriff: 22.11.12/»Spanien bleibt Spaltung erspart« in: *Financial Times Deutschland v. 27.11.12*/»Madrid reichen 40 Mrd. Euro« in: *Financial Times Deutschland v. 27.11.12*/»Brüssel gibt erste Tranche für Spaniens Banken frei« in: *Handelsblatt v. 29.11.12*/»Rotes Kreuz: Größte Armut in Europa seit Ende des 2. Weltkrieges« in: *pravdatv.com v. 12.03.13* (http://pravdatvcom.wordpress.com/2013/03/12/rotes-kreuz-groste-armut-in-europa-seit-ende-des-2-weltkrieges/)/Zugriff: 02.04.13/»Spanien rutscht immer tiefer in die Rezession« in: *rp-online.de v. 30.01.13* (http://www.rp-online.de/politik/eu/spanien-rutscht-immer-tiefer-in-die-rezession-1.3156161)/Zugriff: 02.02.13/»Angela Merkel verteidigt Spaniens Premier« in: *rp-online.de v. 04.02.13* (http://www.rp-online.de/politik/eu/angela-merkel-verteidigt-spaniens-premier-1.3169246)/Zugriff: 05.02.13/»Spaniens Schulden um Rekordbetrag gestiegen« in: *manager-magazin.de v. 17.02.13* (http://www.manager-magazin.de/unternehmen/artikel/0,2828,883910,00.html)/Zugriff: 19.02.13/»Spaniens Notenbank erwartet Rekord-Arbeitslosigkeit« in: *welt.de v. 26.03.13* (http://www.welt.de/wirtschaft/article114787695/Spaniens-Notenbank-erwartet-Rekord-Arbeitslosigkeit.html)/Zugriff: 27.03.13/»Euro-Zone: Arbeitslosigkeit im Euro-Raum auf Rekordhoch« in: *manager-magazin.de v. 02.04.13* (http://www.manager-magazin.de/politik/artikel/0,2828,892025,00.html)/Zugriff: 02.04.13/»Spanien rutscht tiefer in die Rezession« in: *tagesschau.de v. 30.01.13* (http://www.tagesschau.de/wirtschaft/spanien674.html)/Zugriff: 03.04.13/»Zehntausende Spanier demonstrieren gegen Sparpolitik« in: *tagesschau.de v. 24.02.13* (http://www.tagesschau.de/wirtschaft/spanien-protest102.html)/Zugriff: 03.04.13/»Tausende Spanier sagen 'Basta!'« in: tagesschau.de v. 10.03.13 (http://www.tagesschau.de/wirtschaft/spanien684.html)/Zugriff: 03.04.13/»In Spanien wächst nur der Schuldenberg« in: *tagesschau.de v. 15.03.13* (http://www.tagesschau.de/wirtshaft/spanien-schulden100.html)/Zugriff: 03.04.13

[xix] »Griechische Banken tief in roten Zahlen« in: *handelsblatt.com v. 21.12.12* (http://www.handelsblatt.com/unternehmen/banken/euro-krise-griechische-banken-tief-in-roten-zahlen/7556358.html)/Zugriff: 22.12.12/»Griechenland führt Steuern auf Aktiengeschäfte ein« in: *zeit.de v. 14.12.12* (http://www.zeit.de/wirtschaft/2012-12/griechenland-steuerreform)/Zugriff: 22.12.12/»Ratingagentur stuft Griechenland hoch« in: *bz-berlin.de v. 18.12.12* (http://www.bz-berlin.de/aktuell/welt/ratingagentur-stuft-griechenland-hoch-article1603944.html)/Zugriff: 22.12.12/»Millionengewinn mit der Euro-Krise« in: *fr-online.de v. 19.12.12* (http://www.fr-online.de/schuldenkrise/hedgefonds--millionengewinn-mit-der-euro-krise,1471908,21150722.html)/Zugriff: 22.12.12/»Griechischer Minister beschimpft Rentner als ‚Schufte'« in: *Stern.de v. 04.09.12* (http://www.stern.de/panorama/grossefreiheit/eurokrise-griechischer-minister-beschimpft-

rentner-als-schufte-1889234.html)/Zugriff: 05.09.12/»Athen dreht wieder Ehrenrunde« in: *derstandard.at v. 31.07.12* (http://derstandard.at/1343743498059/Athen-dreht-wieder-Ehrenrunde-Griechenland-Krise-Euro-Troika)/Zugriff: 10.12.12/»Troika bescheinigt Griechenland Fortschritte« in: *SpiegelOnline v. 12.11.12* (http://www.spiegel.de/wirtschaft/soziales/troika-legt-bericht-zu-griechenland-vor-a-866682.html)/Zugriff: 11.12.12/»Athen verkauft das Tafelsilber« in: *Handelsblatt v. 17.12.12*/»Radikal-Linker Tsipras greift nach der Macht« in: *Handelsblatt v. 04.12.12*/»Griechenland buhlt um Gunst der Investoren« in: *Financial Times Deutschland v. 03.12.12*/»Athen hofft auf Spekulanten« in: *Handelsblatt v. 03.12.12*)/»Griffen griechische Generäle nach der Macht?« in: *handelsblatt.com v. 30.09.12* (http://www.handelsblatt.com/politik/international/putschplaene-griffen-griechische-generaele-nach-der-macht/7199508.html)/Zugriff: 11.12.12/»Die Überzeugungstour des Antonis Samaras« in: *Handelsblatt v. 11.09.12*/»Rette sich, wer kann – meine Familie zuerst« in: *SpiegelOnline v. 11.09.12* (http://www.spiegel.de/politik/ausland/euro-krise-griechen-aergern-sich-ueber-politische-vetternwirtschaft-a-854965.html)/Zugriff: 12.09.12/»Das 2300-Euro-Baby« in: *Der Spiegel 35/2012, S. 57*/»Kaffee-Attacke auf deutschen Konsul bleibt ungeahndet« in: *SpiegelOnline v. 29.11.12* (http://www.spiegel.de/politik/ausland/freispruch-nach-kaffee-angriff-auf-deutschen-konsul-in-griechenland-a-869981.html)/Zugriff: 10.12.12/»Papandreous Mutter im Visier« in: *Financial Times Deutschland v. 04.12.12*/»Der letzte Vorhang« in: *Der Spiegel 33/2012, S. 78,79*/»Endstation Auffanglager« in: *Financial Times Deutschland v. 06.08.12*/»Griechischer Minister hetzt gegen Migranten« in: *Financial Times Deutschland v. 07.08.12*/»Griechenland: Steuerbetrug blüht« in: *Handelsblatt v. 22.08.12*/»Griechisches Reformprogramm: Das Lob der Troika ist kein Freibrief für Griechenland« in: *Handelsblatt v. 07.08.12*»Griechenland will 40.000 Beamte entlassen« in: *Spiegel Online v. 09.08.12* (http://www.spiegel.de/wirtschaft/soziales/radikaler-schnitt-griechenland-entlaesst-40-000-beamte-a-849185-druck.html)/Zugriff: 07.09.12/»Reeder zahlen keine Steuern« in: *taz.de v. 11.07.12* (http://www.taz.de/!97114/)/Zugriff: 07.09.12/»Euro-Krise lässt die Korruption blühen« in: *Mitteldeutsche Zeitung v. 05.12.12* (http://www.mz-web.de/servlet/ContentServer?pagename=ksta/page&atype=ksArtikel&aid=1354687527259)/Zugriff: 11.12.12/»Solidarität in der Krise für die Zeit nach der Krise« in: *Neues Deutschland - Magazin, September 2012, S. 8, 9*/»Erboste Griechen griffen Steuerfahnder an« in: *Focus Money Online v. 19.08.12* (http://www.focus.de/finanzen/news/staatsverschuldung/polizei-musste-verstaerkung-rufen-erboste-griechen-griffen-steuerfahnder-an_aid_802280.html)/Zugriff: 07.09.12/»Antonis Samaras: Ich verspreche, dass wir unsere Schulden zurückzahlen« in: *Bild v. 23.08.12*/»Samaras schlägt Misstrauen entgegen« in: *Handelsblatt v. 24.-26.08.12*/»Die Party auf Pump ist vorbei« in: *Focus 10/2010, S. 20-27*/»Was will Griechenlands neuer starker Mann?« in: *Bild v. 19.06.12*/»Die Zweifel an Athen wachsen« in: *Handelsblatt v. 23.07.12*/»Letzte Frist für Griechenland läuft« in: *Financial Times Deutschland v. 23.07.12*/»Athen stemmt sich gegen Euro-Rauswurf« in: *Financial Times Deutschland v. 26.07.12*/»Samaras drückt aufs Tempo« in: *Handelsblatt v. 18.06.12*/»Gezerre in Griechenland geht weiter« in: *Financial Times Deutschland v. 03.08.12*/»Griechenland hat sein Sparpaket« in: *Financial Times Deutschland v. 02.08.12*/»Troika soll längere Arbeitszeit für Griechen fordern« in: *Sueddeutsche.de v. 04.09.12* (http://www.sueddeutsche.de/wirtschaft/euro-krise-troika-soll-laengere-arbeitszeit-fuer-griechen-fordern-1.1458926)/Zugriff: 05.09.12/»Arbeitslosigkeit in Griechenland auf Rekordniveau gestiegen« in: *Zeit Online v. 06.09.12* (http://www.zeit.de/wirtschaft/2012-09/griechenland-arbeitslosigkeit-rekordniveau)/Zugriff: 10.09.12/»Schlägertrupps gegen Einwanderer« in: *Frankfurter Rundschau v. 08.09.12* (http://www.zeit.de/wirtschaft/2012-09/griechenland-arbeitslosigkeit-rekordniveau)/Zugriff: 10.09.12/»Anwälte drücken sich vor dem Finanzamt« in: *Frankfurter Rundschau v. 10.09.12* (http://www.fr-online.de/schuldenkrise/in-griechenland-anwaelte-druecken-sich-vor-dem-finanzamt,1471908,17213860.html)/Zugriff: 10.09.12/»Athen schaltet Sterbeklinik Strom ab« in: *Kopp Exklusiv 30/12, S. 8*/»Rechtsextreme in Griechenland legen zu« in: *Financial Times Deutschland v. 07-09.09.12*/»Die Überzeugungstour des Antonis Samaras« in: *Handelsblatt v. 11.09.12*/»Das Geld der Anderen« in: *Financial Times Deutschland v. 11.09.12*/»Griechen setzen EU-Hilfe aufs Spiel« in: *Financial Times Deutschland v. 11.09.12*/»Griechenland sucht Pächter für 40 unbewohnte Inseln« in: *Handelsblatt v. 14.-16.09.12*/»Europa – Das blutende Herz« in: *Der Spiegel 37/2012, S. 25*/»Athen bleibt länger am Tropf« in: *Handelsblatt v. 17.09.12*/»Viele Kalkulationen ohne Griechenland« in: *Focus 36/2012*/»Griechen können Erwartungen nicht erfüllen« in: *Handelsblatt v. 19.09.12*/»Euro-Krise: Griechenland vor neuem Schuldenschnitt« in: *ftd.de v. 20.09.12* (http://www.ftd.de/politik/europa/:euro-krise-griechenland-vor-neuem-schuldenschnitt/70093576.html)/Zugriff: 21.09.12/»Griechenland vor neuem Schuldenschnitt« in: *stern.de v. 21.09.12* (http://www.stern.de/wirtschaft/news/eurokrise-griechenland-vor-neuem-schuldenschnitt-1898229.html)/Zugriff: 24.09.12/»Erzwungener Stillstand in Athen« in: *Financial Times Deutschland v. 24.09.12*/»Faschisten im Visier von Hellas' Justiz« in: *Financial Times Deutschland v 20.09.12*/»Nur ein zweiter Schuldenschnitt hilft« in: *Handelsblatt v. 21.-23.09.12*/»Athens Elite unter Korruptionsverdacht« in: *Handelsblatt v. 25.09.12*/»Krawalle überschatten Generalstreik« in: *20MinutenOnline v. 26.09.12* (http://www.20min.ch/ausland/news/story/15616491)/Zugriff: 26.09.12/»Griechen streiken gegen Einschnitte« in: *Frankfurter Rundschau Online v. 27.09.12* (http://www.fr-online.de/schuldenkrise/eurokrise-griechen-streiken-gegen-einschnitte,1471908,19079940.html)/Zugriff: 27.09.12/»Griechischer Top-Politiker lässt Amt ruhen« in: *Handelsblatt v. 26.09.12*/»Ein Land in Flammen« in: *Bild v. 27.09.12*/»Griechen protestieren gegen Sparkurs« in: *Handelsblatt v. 27.09.12*/»Sparpause für Griechen kostet 15 Mrd. Euro« in: *Financial Times Deutschland v. 26.09.12*/»Dauerpatient Griechenland« in: *SpiegelOnline v. 26.09.12* (http://www.spiegel.de/wirtschaft/soziales/euro-krise-die-aktuelle-lage-in-griechenland-a-858006.html)/Zugriff: 27.09.12/»Griechenland schafft die Wende nicht« in: *faz.net v. 25.09.12* (http://www.faz.net/aktuell/wirtschaft/europas-schuldenkrise/griechenland/eurokrise-griechenland-schafft-die-wende-nicht-11902793.html)/Zugriff: 27.09.12/»Merkels Bankhaus« in: *Financial Times Deutschland v. 28.09.12*//»Steinbrück fordert Merkel zu mehr Ehrlichkeit in Eurokrise auf« in: *Welt.de v. 30.09.12* (http://www.welt.de/newsticker/dpa_nt/infoline_nt/schlaglichter_nt/article109545884/Steinbrueck-fordert-Merkel-zu-mehr-Ehrlichkeit-in-Euro-Krise-auf.html)/Zugriff: 30.09.12/»Wollte Griechenlands Militär putschen?« in: *tagesspiegel.de v. 01.10.12* (http://www.tagesspiegel.de/politik/eurokrise-wollte-griechenlands-militaer-putschen/7200170.html)/Zugriff: 01.10.12/»Erboste Griechen griffen Steuerfahnder an« in: *Focus Money v. 19.08.12* (http://www.focus.de/finanzen/news/staatsverschuldung/polizei-musste-verstaerkung-rufen-erboste-griechen-griffen-steuerfahnder-an_aid_802280.html)/Zugriff: 07.09.12/»Europa ist für Asien kein Vorbild mehr« in: *Handelsblatt v. 07.10.12*/»Griechenland: Weiter wie bisher« in: *Der Spiegel 40/2012, S. 98 ff.*/»Griechenland: Rentner ran« in: *Wirtschaftswoche 40/2012, S. 9*/»Euro: Wie wär's mal mit der Wahrheit« in: *Focus Money 25/2012 v. 13.06.12* (http://www.focus.de/finanzen/boerse/euro-wie-waers-mal-mit-der-wahrheit_aid_766365.html)/Zugriff: 21.06.12/»Griechenlands Wirtschaft schrumpft« in: *Financial Times Deutschland v. 02.10.12*/»Werftarbeiter stürmen Ministerium in Athen« in: *Financial Times Deutschland v. 05.10.12*/»Antonis Samaras: ‚Wenn wir scheitern, wartet das Chaos'« in: *Handelsblatt v. 05.-07.10.12*/»Griechenland: ‚Wir bringen brutale Opfer'« in: *Handelsblatt v. 05.-07.10.12*/»Griechenland hofft und bangt« in: *Handelsblatt v. 09.10.12*/»Berliner Wendemanöver« in: *Financial Times Deutschland v. 09.10.12*/»Ausflug in die Kampfzone« in: *Financial Times Deutschland v. 09.10.12*/»Hexenkessel Hellas« in: *Financial Times Deutschland v. 10.10.12*/»Griechen wüten gegen Kanzlerin Merkel: ‚Raus aus unserem Land'« in: *Bild v. 10.10.12*/»Griechen gerettet – Rechnung offen« in: *Financial Times Deutschland v. 10.10.12*/»Die verdrängte Wahrheit« in: *Financial Times Deutschland v. 10.10.12*/»Wer garantiert für die Sicherheit der Kanzlerin?« in: *Bild v. 08.10.12*/»Zwei Freunde ganz unter sich« in: *Financial Times Deutschland v. 10.10.12*/»Griechenland leidet – die Weltwirtschaft auch« in: *Handelsblatt v. 10.10.12*/»Ein Zeichen der Solidarität« in: *Handelsblatt v. 10.10.12*/»Griechenland: Warum die Wirtschaft nicht wettbewerbsfähig wird« in: *Das Erste - Plusminus v. 10.10.12* (http://www.daserste.de/information/wirtschaft-boerse/plusminus/sendung/br/2012/10102012-griechenland-100.html)/Zugriff: 11.10.12/»Griechenlands größte Firma flieht in die Schweiz« in: *SpiegelOnline v. 11.10.12* (http://www.spiegel.de/wirtschaft/unternehmen/griechenland-abfueller-von-coca-cola-flieht-in-die-schweiz-a-860822.html)/Zugriff: 12.10.12/»Was für ein bewegender Moment« in: *Frauenpolitischer Ratschlag* (http://frauenpolitischerratschlag.de/index.php?option=com_content&task=view&id=282&Itemid=1)/Zugriff: 11.10.12/»Bericht über die Spendenverteilung in Aspropirgos« in: *Frauenpolitischer Ratschlag* (http://frauenpolitischerratschlag.de/index.php?option=com_content&task=view&id=283&Itemid=1)/Zugriff: 11.10.12/»Polizei greift erneut griechische Stahlarbeiter an« in: *Rote Fahne News* (http://www.rf-news.de/2012/kw30/polizei-greift-erneut-griechische-stahlarbeiter-an-heute-bundesweit-proteste-und-solidaritaetsaktionen)/Zugriff: 11.10.12/»Auf dem Weg nach Griechenland« in: *Frauenpolitischer Ratschlag v. 11.10.12* (http://frauenpolitischerratschlag.de/index.php?option=com_content&task=view&id=279&Itemid=84)/Zugriff: 11.10.12/»Der heimliche Rettungsschirm« in: *Handelsblatt v. 17.10.12*/»Eine kleine Geschichte des Selbstbetrugs« in: *Der Spiegel 47/2012, S. 98*/»Ich befürchte ein langsames Zusammenbrechen des Staates« in: *stern.de v. 17.11.12* (http://www.stern.de/politik/deutschland/eurokrise-und-folgen-ich-befuerchte-ein-langsames-zusammenbrechen-des-staates-1927441.html)/Zugriff: 21.11.12/»Kürzungen zerstören griechisches Gesundheitssystem« in: wsws.org v. 27.10.12 (http://www.wsws.org/de/2012/okt2012/gesu-o27.shtml)/Zugriff: 15.11.12/»Rechtsextreme Partei mischt Griechenland auf« in: *wallstreetjournal.de v. 17.10.12* (http://www.wallstreetjournal.de/article/SB10000872396390443675404578060563924216202.html)/Zugriff: 19.10.12/»Anstieg der Prostitution in Athen um 1500 Prozent« in: *griechenland-blog.gr v. 20.03.12* (http://www.griechenland-blog.gr/2012/anstieg-der-prostitution-in-athen-um-ueber-1500-prozent/7174/)/Zugriff: 07.11.12/»Unterernährte Kinder: Griechenland verteilt Lebensmittel an Schüler« in: *Focus Money v. 31.01.12* (http://www.focus.de/finanzen/news/staatsverschuldung/unterernaehrte-kinder-griechenland-verteilt-lebensmittel-an-schueler_aid_708783.html)/Zugriff: 24.10.12/»Schule in Griechenland – Kältefrei« in: *radio-kreta.de v. 07.11.12* (http://radio-kreta.de/schule-in-griechenland-kaltefrei/)/Zugriff: 07.11.12/»Milizionäre bilden Bürger in Griechenland aus« in: *griechenland-blog.gr v. 17.03.12* (http://www.griechenland-blog.gr/2012/milizionaere-bilden-buerger-in-griechenland-aus/7154/)/Zugriff: 07.11.12/»Deutschland-Hasser werden zu Helden« in: *Financial Times Deutschland v. 19.11.12*/»Regierung Grimm: Wie viele Märchen über die Griechen werden uns noch aufgetischt?« in: *Bild v. 25.10.12*/»Durch und durch verdorben« in: *Der Spiegel*

*42/2012, S. 100 ff.*/»Griechenland: Rosenkränze von Chanel« in: *Der Spiegel 46/2012, S. 106 ff.*/»Griechenland: Falsche Rechnungen« in: *Handelsblatt v. 09.-11.11.12*/»Griechenland: Die gute Fee aus Deutschland« in: *Handelsblatt v. 18.10.12*/»Reichenliste spaltet Griechenland« in: *Financial Times Deutschland v. 02.11.12*/»Erneut Reichen-Liste in Griechenland publiziert« in: *Financial Times Deutschland v. 30.10.12*/»Wirbel um griechische Steuer-CD« in: *Handelsblatt v. 29.10.12*/»Zensur in der Wiege der Demokraten« in: *Financial Times Deutschland v. 31.10.12*/»Pharmakonzerne kommen Griechenland entgegen« in: *Handelsblatt v. 06.11.12*/»Pharmabranche schluckt Griechen-Pille« in: *Financial Times Deutschland v. 06.11.12*/»Griechenlands doppelte Finanzlücke« in: *Financial Times Deutschland v. 16.10.12*/»Euro-Zone vertagt Griechen-Problem« in: *Handelsblatt v. 15.11.12*/»Griechisches Sparpaket unter Dach und Fach« in: *rp-online.de v. 21.10.12* (http://www.rp-online.de/politik/eu/griechisches-sparpaket-unter-dach-und-fach-1.3038260)/Zugriff: 23.10.12/»Wie Griechenland seine Steuerhinterzieher sucht« in: *faz.net v. 29.10.12* (http://www.faz.net/aktuell/wirtschaft/wirtschaftspolitik/euro-krise-wie-griechenland-seine-steuerhinterzieher-sucht-11942675.html)/Zugriff: 01.11.12/»Drei Jahre Eurokrise – und kein Ende in Sicht« in: *Focus Money v. 19.10.12* (http://www.focus.de/finanzen/news/staatsverschuldung/trauriger-geburtstag-drei-jahre-eurokrise-und-kein-ende-in-sicht_aid_842343.html)/Zugriff: 23.10.12/»Sparmaßnahmen in Griechenland treffen wieder die Schwächsten« in: *griechenland-blog.gr v. 07.11.12* (http://www.griechenland-blog.gr/2012/sparmassnahmen-in-griechenland-treffen-wieder-die-schwaechsten/10195/)/Zugriff: 07.11.12/»Syria-Ziele machen Griechen Angst« in: *wallstreetjournal.de v. 18.10.12* (http://www.wallstreetjournal.de/article/SB10000872396390444734804578064071585731706.html)/Zugriff: 19.10.12/»Troika verlangt von Athen Namenslisten Entlassener« in: *stern.de v. 10.11.12* (http://www.stern.de/politik/ausland/eurokrise-in-griechenland-troika-verlangt-von-athen-namenslisten-entlassener-1924237.html)/Zugriff: 14.11.12/»Athen stellt Sparpaket zur Abstimmung« in: *Financial Times Deutschland v. 06.11.12*/»Die nächste Zitterpartie für Samaras« in: *Handelsblatt v. 05.11.12*/»Berliner Abfuhr für Griechen« in: *Financial Times Deutschland v. 25.10.12*/»Regierungschef Samaras warnt die Griechen vor dem Chaos« in: *Handelsblatt v. 31.10.12*/»Union schließt neue Griechenland-Hilfen nicht mehr aus« in: *Handelsblatt v. 30.10.12*/»Steuerzahler sollen für Athen blechen« in: *Financial Times Deutschland v. 29.10.12*/»Bundestag uneins über Griechenhilfe« in: *Handelsblatt v. 26.-28.10.12*/»Vergleichbar mit den 30er-Jahren« in: *Financial Times Deutschland v. 22.10.12*/»Das Gespenst vom Volksaufstand« in: *Financial Times Deutschland v. 09.11.12*/»Ein Land macht dicht« in: *Financial Times Deutschland v. 09.11.12*/*»Krawalle in Athen«* in: *Bild v. 08.11.12*/»Deutschland will Griechen 44 Milliarden Euro überweisen« in: *Bild v. 14.11.12*/»Euro-Staaten zwingen EZB zu Griechen-Hilfe« in: *Financial Times Deutschland v. 12.11.12*/»Troika sieht Fortschritte in Athen« in: *Handelsblatt v. 13.11.12*/»Lagardes Lehrstunde« in: *Financial Times Deutschland v. 14.11.12*/»Die Politik der teuren Schritte« in: *Handelsblatt v. 19.11.12*/»Merkel: Mit kleinen Schritten weiter in die Krise« in: *Handelsblatt v. 19.11.12*/»Griechen besetzen Rathäuser aus Protest« in: *Financial Times Deutschland v. 20.11.12*/»Schäuble und Lagarde streiten über Hilfen« in: *Handelsblatt v. 22.11.12*/»Hellas hofft auf die Gnade der Götter« in: *Financial Times Deutschland v. 22.11.12*/»Die unendliche Geschichte: Auf der Suche nach immer neuen Milliarden für die Griechen« in: *Bild v. 28.11.12*/»Menü der ungenießbaren Zahlen« in: *Financial Times Deutschland v. 22.11.12*/»Warum eigentlich ... geht dem Krisenstaat Griechenland nie das Geld aus?« in: *Wirtschaftswoche 47/2012, S. 46*/»Denn sie wissen nicht, was sie tun...« in: *Financial Times Deutschland v. 30.11.12*/»Korruption: Ermittlungen gegen 30 griechische Politiker« in: *deutsch-türkische-nachrichten.de v. 29.09.12*/»Korruptionsverdacht treibt Politiker in den Selbstmord« in: *stern.de v. 05.10.12* (http://www.stern.de/politik/ausland/griechenlands-liste-der-schmutzigen-36-korruptionsverdacht-treibt-politiker-in-den-selbstmord-1905441.html)/Zugriff: 03.12.12/»Griechische Ärzte schlagen Alarm wegen Brennholz-Smog« in: *spiegel.de v. 02.01.13* (http://www.spiegel.de/wirtschaft/soziales/euro-krise-griechische-aerzte-schlagen-alarm-wegen-luftverschmutzung-a-875429.html)/Zugriff: 05.02.13/»Griechisches Parlament genehmigt Steuererhöhungen« in: *zeit.de v. 12.01.13* (http://www.zeit.de/wirtschaft/2013-01/griechenland-parlament-steuererhoehung)/Zugriff: 05.02.13/»23 Prozent der Griechen sind arm« in: *tagesspiegel.de v. 11.02.13* (http://www.tagesspiegel.de/politik/euro-krise-23-prozent-der-griechen-sind-arm/7762414.html)/Zugriff: 11.02.13/»Im Auftrag von Merkel: Rehhagel reist nach Griechenland« in: *hamburgerabendblatt.de v. 25.03.13* (http://www.abendblatt.de/politik/article114764009/Im-Auftrag-von-Merkel-Rehhagel-reist-nach-Griechenland.html)/Zugriff: 26.03.13/»Die 'verbotene' Nachricht« in: *heise.de v. 11.02.13* (http://www.heise.de/tp/artikel/38/38543/1.html)/Zugriff: 31.03.13/»Euro-Zone: Arbeitslosigkeit im Euro-Raum auf Rekordhoch« in: *manager-magazin.de v. 02.04.13* (http://www.manager-magazin.de/politik/artikel/0,2828,892025,00.html)/Zugriff: 02.04.13/»Manchmal ist die Euro-Krise tödlich« in: *n24.de v. 27.03.13* (http://www.n24.de/news/newsitem_8699861.html)/Zugriff: 01.04.13/»Griechisches Parlament beschließt Steuererhöhungen« in: *tagesschau.de v. 12.01.13* (http://www.tagesschau.de/wirtschaft/griechenland2716.html)/Zugriff: 03.04.13

[xx] »There will not be a Staatsbankrott« in: *Financial Times Deutschland v. 15.10.12/*»Europa – Das blutende Herz« in: *Der Spiegel 37/2012, S. 22-25/*»Sonderwirtschaftszone für Griechenland« in: *Frankfurter Rundschau Online v. 03.09.12* (http://www.fr-online.de/wirtschaft/eurokrise-sonderwirtschaftszone-fuer-griechenland,1472780,17031470.html)/Zugriff: 04.09.12/»US-Firmen planen griechischen Euro-Austritt« in: *ZeitOnline v. 03.09.12* (http://www.zeit.de/wirtschaft/2012-09/US-Unternehmen-Griechenland-Austritt)/Zugriff: 04.09.12/»Banken bauen Grexit vor« in: *Handelsblatt v. 27.08.12/*»Umfrage zur Euro-Krise: Manager schreiben Griechenland ab« in: *Süddeutsche.de v. 03.09.12* (http://www.sueddeutsche.de/wirtschaft/umfrage-zur-euro-krise-manager-schreiben-griechenland-ab-1.1457251)/Zugriff: 03.09.12/»Der schwierige Spagat zwischen Drachme und Euro« in: *Handelsblatt v. 30.07.12/*»Angela Merkel: Griechenland soll im Euro-Raum bleiben« in: *Focus.de v. 17.09.12* (http://www.focus.de/politik/deutschland/trotz-anhaltender-euro-krise-angela-merkel-griechenland-soll-im-euro-raum-bleiben_aid_821064.html)/Zugriff: 18.09.12/»Merkel versucht ein Machtwort« in: *Financial Times Deutschland v. 27.08.12/*»Verkraftet der Euro Griechenlands Austritt?« in: *Financial Times Deutschland v. 17.08.12/*»Irrationales Verhältnis« in: *Wirtschaftswoche 38/2012, S. 36/*»Griechenland bekommt mehr Zeit« in: *RP-Online v. 18.09.12 (*http://nachrichten.rp-online.de/wirtschaft/griechenland-bekommt-mehr-zeit-1.2997950)/Zugriff: 20.09.12/»‚Die Jugend wird auf dem Altar des Euros geopfert'« in: *Focus Money v. 26.09.12* (http://www.focus.de/finanzen/news/staatsverschuldung/ifo-chef-sinn-zur-euro-krise-die-jugend-wird-auf-dem-altar-des-euros-geopfert_aid_827423.html)/Zugriff: 27.09.12/»Richard Sulik über die perverse Eurorettung« in: *tagesanzeiger.ch v. 27.09.11* (http://de.ibtimes.com/articles/24689/20110927/richard-sulik-ber-die-perverse-eurorettung.htm)/Zugriff: 02.10.12/»Minister warnt vor Flüchtlingswelle aus Griechenland« in: *Bild v. 21.09.12/*»EU wappnet sich gegen Euro-Crash« in: *sueddeutsche.de v. 18.08.12* (http://www.sueddeutsche.de/wirtschaft/2.220/schuldenkrise-in-europa-eu-wappnet-sich-gegen-euro-crash-1.1444201)/Zugriff: 02.10.12/»Griechenland: Ein Austritt ist vom Tisch« in: *Handelsblatt v. 30.08.12/*»Antonis Samaras: ‚Wenn wir scheitern, wartet das Chaos'« in: *Handelsblatt v. 05.-07.10.12/*»‚Die Inflation wird kommen'« in: *Financial Times Deutschland v. 26.09.12/*»Griechenland und die Euro-Zone: Austritt: Eine teure Option« in: *Handelsblatt v. 21.08.12/*»Sinn hält Austritt der Griechen für unvermeidbar« in: *Die Welt v. 06.10.12 (*http://www.welt.de/wirtschaft/article109665255/Sinn-haelt-Austritt-der-Griechen-fuer-unvermeidbar.html)/Zugriff: 07.101.12/»Streit um den ‚Grexit'« in: *Financial Times Deutschland v. 24.07.12/*»Die Euro-Krise frisst sich weiter durch Europa« in: *Focus Money v. 20.09.12* (http://www.focus.de/finanzen/news/staatsverschuldung/tid-27417/beunruhigende-zahlen-die-euro-krise-frisst-sich-weiter-durch-europa_aid_823847.html)/Zugriff: 21.09.12/»Ökonomen warnen vor Eskalation« in: *handelsblatt.com v. 20.10.12* (http://www.handelsblatt.com/politik/konjunktur/nachrichten/euro-krise-oekonomen-warnen-vor-eskalation-/7278544.html)/Zugriff: 23.10.12/»In einer Sackgasse« in: *Der Spiegel 47/2012, S. 97/*»Was kostet das Aus der Griechen?« in: *abendzeitung-muenchen.de v. 17.10.12* (http://www.abendzeitung-muenchen.de/inhalt.euro-krise-was-kostet-ein-aus-der-griechen.4b41d57c-a0f5-46dd-8539-c8bb9d87d9de.html)/Zugriff: 18.10.12/»Positiver Troika-Bericht: Geldgeber lassen Griechen warten« in: *SpiegelOnline v. 12.11.12* (http://www.spiegel.de/wirtschaft/soziales/schuldenkrise-euro-gruppe-laesst-griechenland-zappeln-a-866773-druck.html)/Zugriff: 23.11.12/»Heilung durch Flucht« in: *Wirtschaftswoche 47/2012, S. 3*

[xxi] »Der Ruinenbaumeister« in: *Wirtschaftswoche Nr. 38/12/*»Mehr Europa hilft nichts« in: *Financial Times Deutschland v. 01.08.12/*»Wir brauchen gemeinsame Alpträume« in: *Handelsblatt v. 13.-15.07.12/*»Brüssel macht Ernst mit Europa« in: *Financial Times Deutschland v. 27.06.12/*»Krisengipfel Nummer 25« in: *Handelsblatt v. 28.06.12/*»Berlin fordert neuen EU-Vertrag« in: *Der Spiegel 35/2012, S. 17/*»Euro-Referendum? Ein Aberwitz« in: *Financial Times Deutschland v. 22.08.12/*»Das Spiel mit dem Feuer« in: *Handelsblatt v. 12.06.12/*»Ab jetzt: ‚Madame Yes'« in: *Focus Money 29/2012, S. 10 ff./*»‚Der Zweck heiligt nicht die Mittel'« in: *Handelsblatt v. 28.06.12//*»So nah – so fremd« in: *Cicero 6/2012, S. 38/*»Die Euro-Krise frisst sich weiter durch Europa« in: *Focus Money v. 20.09.12* (http://www.focus.de/finanzen/news/staatsverschuldung/tid-27417/beunruhigende-zahlen-die-euro-krise-frisst-sich-weiter-durch-europa_aid_823847.html)/Zugriff: 21.09.12/»Auf dem Weg zu einem neuen Europa« in: *Wirtschaftswoche 27/2012, S. 20 ff./*»Jean-Claude Trichet: ‚Der Euro ist bemerkenswert widerstandsfähig'« in: Handelsblatt v. 06.-08.07.12//»‚Die Jugend wird auf dem Altar des Euros geopfert'« in: *Focus Money v. 26.09.12* (http://www.focus.de/finanzen/news/staatsverschuldung/ifo-chef-sinn-zur-euro-krise-die-jugend-wird-auf-dem-altar-des-euros-geopfert_aid_827423.html)/Zugriff: 27.09.12/»Die Euro-Rettung war nur ein Sommermärchen« in: *Handelsblatt v. 26.09.12/*»Aufstand gegen die Euro-Sparpolitik« in: *Financial Times Deutschland v. 27.09.12/*»Das 3,3 Billionen-Risiko« in: *Handelsblatt v. 09.07.12*

[xxii] Zitiert nach Matthias Weik & Marc Friedrich: »Der größte Raubzug der Geschichte«, Marburg 2012, S. 215

[xxiii] Zitiert nach »Jean-Claude Trichet: ‚Der Euro ist bemerkenswert widerstandsfähig'« in: *Handelsblatt v. 06.-08.07.12*

---

[xxiv] Zitiert nach »Leben ist, was danach passiert« in: *Der Spiegel 35/2012, S. 135*

[xxv] »Sinn lässt die Kritik am Ökonomenaufruf abperlen« in: *Handelsblatt v. 20.-22.07.12*/»George Soros: ‚Der Euro gefährdet die EU'« in: *Handelsblatt v. 11.09.12*/»Europäische Wirtschaftsexperten legen Masterplan vor« in: *Financial Times Deutschland v. 25.07.12*/»17 Top-Wirtschaftsexperten warnen: ‚Europa steuert schlafwandelnd auf eine Katastrophe zu'« in: *Bild v. 26.07.12*/»Deutscher Aufruf empört Starökonomen« in: *Financial Times Deutschland v. 10.07.12*/»Regierung stürzt in Sinn-Krise« in: *Financial Times Deutschland v. 06.07.12*/»Großbritannien: Hotel der Vergessenen« in: *Der Spiegel 49/2012, S. 102*/»Gut ausgebildete Türken verlassen Deutschland« in: *Handelsblatt v. 17.12.12*/»Euro-Krise verstärkt Wettbewerbsgefälle« in: *Hamburger Abendblatt v. 05.09.12* (http://www.abendblatt.de/wirtschaft/article2391584/Euro-Krise-verstaerkt-Wettbewerbsgefaelle.html)/Zugriff: 12.12.12/»Schlimmste Stammtischökonomie« in: *Financial Times Deutschland v. 06.07.12*/»Sinns Unsinn« in: *Financial Times Deutschland v. 11.07.12*/»Euro-Krise spaltet Ökonomen« in: Handelsblatt v. 06.-*08.07.12*/»George Soros warnt Regierungen vor Zerstörung des Finanzsystems durch Euro-Crash« in: *International Business Times v. 12.10.11* (http://de.ibtimes.com/articles/24781/20111012/george-soros-warnt-die-euro-regierungen-vor-zerst-rung-des-finanzsystems-durch-euro-crash.htm)/Zugriff: 13.09.12/ vgl. »Max Otte und Dirk Müller: ‚Erst die Schmerzen, dann das Geld'« in: *Handelsblatt v. 09.08.12*/»Eurokrise: Deutschland soll austreten oder helfen« in: *RP Online v. 09.09.12* (http://www.rp-online.de/wirtschaft/finanzen/eurokrise-deutschland-soll-austreten-oder-helfen-1.2986629)/Zugriff: 10.09.12/»Top-Ökonomen: Der Währungscrash ist unvermeidlich« in: FTD.de v. 22.08.12 (http://www.ftd.de/politik/konjunktur/:top-oekonomen-der-waehrungscrash-ist-unvermeidlich/70079761.html)/Zugriff: 13.09.12/»APEC-Staaten besorgt über Folgen der Eurokrise« in: *n24.de v. 09.09.12* (http://www.n24.de/news/newsitem_8202253.html)/Zugriff: 10.09.12/»IWF hält Euro-Krise längst nicht für ausgestanden« in: *Focus.de v. 11.09.12* (http://www.focus.de/finanzen/news/staatsverschuldung/es-ist-noch-ein-weiter-weg-waehrungsfond-warnt-vor-langer-euro-krise_aid_817021.html)/Zugriff: 12.09.12/»Finnland hängt 'nicht um jeden Preis' am Euro« in: *faz.net v. 06.07.12* (http://www.faz.net/aktuell/wirtschaft/schuldenkrise-finnland-haengt-nicht-um-jeden-preis-am-euro-11812533.html)/Zugriff: 03.09.12/»Finnland wankt« in: *Financial Times Deutschland v. 14.08.12*/»Türkei wendet sich von Europa ab« in: *Wallstreetjournal.de v. 30.08.12* (http://www.wallstreetjournal.de/article/SB10000872396390443864204577620242272713040.html)/Zugriff: 30.08.12/»Weltbank-Chef Jim Yong Kim warnt vor globaler Rezession« in: *Focus.de v. 19.07.12* (http://www.focus.de/finanzen/news/euro-schuldenkrise-bedroht-die-welt-weltbank-chef-jim-yong-kim-warnt-vor-globaler-rezession_aid_784101.html)/Zugriff: 17.09.12/»Der Euro zerstört alles« in: *mmnews.de v. 26.09. 12* (http://www.mmnews.de/index.php/wirtschaft/10922-der-euro-zerstoert-alles)/Zugriff: 29.11.12/»Lee Jong-Wha: Asien muss sich schützen« in: *Handelsblatt v. 25.07.12*/»Moody's zieht Top-Bonität der EU in Zweifel« in: *stern.de v. 04.09.12* (http://www.stern.de/wirtschaft/news/eurokrise-moodys-zieht-top-bonitaet-der-eu-in-zweifel-1888967.html)/Zugriff: 05.09.12/»Bilfinger-Berger-Chef Roland Koch warnt vor Ende des Euro« in: *Süddeutsche.de v. 16.08.12* (http://www.sueddeutsche.de/politik/bilfinger-berger-chef-roland-koch-warnt-vor-ende-des-euro-1.1443206)/Zugriff: 17.09.12/»Rating-Agentur Moody's droht mit Herabstufung der EU« in: *Zeit Online v. 04.09.12* (http://www.zeit.de/wirtschaft/2012-09/ratingagentur-moodys-eu)/Zugriff: 04.09.12/»Euro-Krise verstärkt Wettbewerbsgefälle« in: *Focus Money v. 05.09.12* (http://www.focus.de/finanzen/news/eu-euro-krise-verstaerkt-wettbewerbsgefaelle_aid_813690.html)/Zugriff: 06.09.12/»Euro-Krise bereitet China große Sorgen« in: *Handelsblatt v. 30.08.-02.09.12*/»Euro-Zone steuert auf Rezession zu« in: *Financial Times Deutschland v. 25.07.12*/»Kurze Krisenpause in der Euro-Zone« in: *Financial Times Deutschland v. 17.09.12*/»Krise? Welche Krise?« in: *Financial Times Deutschland v. 17.09.12*/»Regierungsbilanz Merkel: Euro-Krise im Griff« in: *NWZOnline v. 18.09.12* (http://www.nwzonline.de/politik/merkel-euro-krise-im-griff_a_1,0,987915863.html)/Zugriff: 18.09.12/»Der Ruinenbaumeister« in: *Wirtschaftswoche Nr. 38/12, S. 24*/»INET-Rat zur Eurokrise zeigt sich schockiert über finanziellen ‚Verrat' in Europa« in: *derStandard.at v. 29.09.12* (http://derstandard.at/1348284476261/INET-Rat-zur-Eurokrise-zeigt-sich-schockiert-ueber-finanziellen-Verrat-in-Europa)/Zugriff: 30.09.12//»‚Erst belächelt, dann gescholten'« in: *Der Spiegel 40/2012*/»Europa ist für Asien kein Vorbild mehr« in: *Handelsblatt v. 01.10.12*/»Ökonomen bangen um Währungsunion« in: *wirtschaft.t-online.de v. 25.06.12* (http://wirtschaft.t-online.de/oekonomen-befuerchten-den-euro-crash/id_57472078/index)/Zugriff: 31.08.12/»Heinrich Weiss: Ein Austritt muss möglich sein« in: *Handelsblatt v. 05.07.12*/»Das 3,3 Billionen-Risiko« in: *Handelsblatt v. 09.07.12*/»Top-Ökonomen: Der Währungscrash ist unvermeidlich« in: *ftd.de v. 22.08.12* (http://www.ftd.de/politik/konjunktur/:top-oekonomen-der-waehrungscrash-ist-unvermeidlich/70079761.html)/Zugriff: 13.09.12/»Notfalls auch als Haftungsgemeinschaft« in: *Financial Times Deutschland v. 09.07.12*/»Zu wenig zu spät« in: *Der Spiegel 26/2012, S. 18 ff.*/ »Blick in den Abgrund« in: *Der Spiegel 26/2012, S. 22 ff.*/»Alle sprechen über Griechenland, aber kaum einer über Finnland« in: *Handelsblatt v. 10.10.12*/»Krisenherd Europa« in: *Handelsblatt v. 10.10.12*/»Wachsende Ungeduld mit Europa« in: *Handelsblatt v. 08.10.12*/»Schuldenkrise: ‚Deutschland muss mit dem Euro-Austritt drohen'« in: *SpiegelOnline v. 11.09.12* (http://www.spiegel.de/wirtschaft/soziales/euro-

krise-oekonom-schlaegt-parallelwaehrungen-vor-a-855184.html)/Zugriff: 12.09.12/»Fahrplan eines Euroaustritts – technische Vorbereitung und Durchführung aus Sicht eines Austrittslandes« in: *ifo Schnelldienst 6/2012, S. 22*/»Schuldenkrise: ‚Wir brauchen ein Pfand'« in: *Der Spiegel 30/2012, S. 72*/»Frankreich verliert Spitzenrating bei Moody's« in: *stern.de v. 20.11.12* (http://www.stern.de/wirtschaft/news/euro-krise-frankreich-verliert-spitzenrating-bei-moodys-1928991.html)/Zugriff: 21.11.12/»Schuldenfiasko: Heil durch die Krise« in: *Focus Money 49/2012, S. 32*/»Chinas Finanzminister zweifelt an Lösung der Euro-Krise« in. *handelsblatt.com v. 24.03.13* (http://www.handelsblatt.com/politik/international/lou-jiwei-chinas-finanzminister-zweifelt-an-loesung-der-euro-krise/7979062.html)/Zugriff: 25.03.13/»Moody's warnt Europa vor Selbstüberschätzung« in: *handelsblatt.com v. 27.03.13* (http://www.handelsblatt.com/finanzen/boerse-maerkte/anleihen/zypern-rettung-moodys-warnt-europa-vor-selbstueberschaetzung/7992772.html)/Zugriff: 27.03.13/»Eurokrise: Mahnungen vor verfrühter Entwarnung« in: *reuter.com v. 10.02.13* (http://de.reuters.com/article/topNews/idDEBEE91900720130210)/Zugriff: 11.02.13/»Schwache Wirtschaft: Euro-Retter sorgen sich um Frankreich« in: *spiegelonline v. 22.02.13* (http://www.spiegel.de/wirtschaft/soziales/frankreich-wird-zum-sorgenkind-in-der-euro-krise-a-885082.html)/Zugriff: 23.02.13/»Eurokrise: Zerbricht die Eurozone?« in: *wallstreet-online.de v. 29.03.13* (http://www.wallstreet-online.de/nachricht/5313997-eurokrise-zerbricht-eurozone)/Zugriff: 31.03.13

[xxvi] »Der Ruinenbaumeister« in: *Wirtschaftswoche Nr. 38/12*/»So nah – so fremd« in: *Cicero 6/2012*/Hinrichs, Ernst/Krebs, Roland/van Runset, Ute (Hrsg.): »Pardon, mon cher Voltaire ... Drei Essays zu Voltaire in Deutschland« (Kleine Schriften zur Aufklärung, Band 5), Wolfenbüttel 1996, S. 57/»Deutschland sollte seinen Stolz abschütteln« in: *Die welt.de v. 03.10.12* (http://www.welt.de/debatte/kommentare/article109610330/Deutschland-sollte-seinen-Stolz-abschuetteln.html)/Zugriff: 03.10.12/»Brüssel macht Ernst mit Europa« in: *Financial Times Deutschland v. 27.06.12*/»Die Euro-Rettung war nur ein Sommermärchen« in: *Handelsblatt v. 26.09.12*/»Ab jetzt: ‚Madame Yes'« in: *Focus Money 29/2012*/»Auf dem Weg zu einem neuen Europa« in: *Wirtschaftswoche 27/2012*/»Mehr Europa hilft nichts« in: *Financial Times Deutschland v. 01.08.12*/ »Gerhard Schröder: Europa braucht mehr Integration« in: *Handelsblatt v. 22.-24.06.12*/»Jean-Claude Trichet: ‚Der Euro ist bemerkenswert widerstandsfähig'« in: *Handelsblatt v. 06.-08.07.12/*»Die Euro-Krise frisst sich weiter durch Europa« in: *Focus Money v. 20.09.12* (http://www.focus.de/finanzen/news/staatsverschuldung/tid-27417/beunruhigende-zahlen-die-euro-krise-frisst-sich-weiter-durch-europa_aid_823847.html)/Zugriff: 21.09.12/»‚Der Zweck heiligt nicht die Mittel'« in: *Handelsblatt v. 28.06.12*/»Aufstand gegen die Euro-Sparpolitik« in: *Financial Times Deutschland v. 27.09.12*/»‚Die Jugend wird auf dem Altar des Euros geopfert'« in: *Focus Money v. 26.09.12* (http://www.focus.de/finanzen/news/staatsverschuldung/ifo-chef-sinn-zur-euro-krise-die-jugend-wird-auf-dem-altar-des-euros-geopfert_aid_827423.html)/Zugriff: 27.09.12/»Sparen ruiniert uns alle« in: *Zeit Online v. 30.09.12* (http://www.zeit.de/2012/39/Sparen-Europa-Zwang)/Zugriff: 30.09.12/»Großbritannien: Hotel der Vergessenen« in: *Der Spiegel 49/2012, S. 102 ff.*/»‚Es wird eine Katastrophendynamik inszeniert'« in: *Schwarzwälder Bote v. 11.08.12*/»Das 3,3 Billionen-Risiko« in: *Handelsblatt v. 09.07.12*/ »Top-Ökonomen: Der Währungscrash ist unvermeidlich« in: *ftd.de v. 22.08.12* (http://www.ftd.de/politik/konjunktur/:top-oekonomen-der-waehrungscrash-ist-unvermeidlich/70079761.html)/Zugriff: 13.09.12/»Euro-Krise: Entweder – oder?« in: *Zeit.de v. 31.08.12* (http://www.zeit.de/2012/35/Euro-Krise-Vereinigte-Staaten-von-Europa)/Zugriff: 03.09.12/»Euro: Die atmende Währung« in: *Handelsblatt v. 20.08.12*/»Heinrich Weiss: Ein Austritt muss möglich sein« in: *Handelsblatt v. 05.07.12*/»Die vereinheitlichten Staaten« in: *Focus Money 37/2012, S. 75*/ »Europa: Die Stunde der Egoisten« in: *Der Spiegel 41/2012, S. 98 ff.*/»Hans-Werner Sinn: Ein Bündnis der Ungleichen« in: *Handelsblatt v. 08.10.12*/ Matthias Weik & Marc Friedrich: »Der größte Raubzug der Geschichte«, Marburg 2012, S. 253, 258/»Sind wir besser geschützt dank der EU?« in: *Financial Times Deutschland v. 30.10.12*/»Großbritannien wendet sich von Europa ab« in: *Financial Times Deutschland v. 17.10.12*/»Europas Separatisten begehren auf« in: *Financial Times Deutschland v. 16.10.12*/»Britischer Außenminister sieht EU-Reformbedarf« in: *handelsblatt.com v. 23.10.12* (http://www.handelsblatt.com/politik/international/euro-krise-britischer-aussenminister-sieht-eu-reformbedarf/7287068.html)/Zugriff: 24.10.12/»In London wird es ungemütlich« in: *Financial Times Deutschland v. 22.10.12*/»London nimmt Abschied auf Raten« in: *Handelsblatt v. 20.11.12*/»Großbritannien gegen den Rest Europas« in: Handelsblatt v. 20.11.12/»‚Dann sollen sie doch gehen'« in: *Der Spiegel 42/2012, S. 22 ff.*/»Cameron droht Europa mit Blockade« in: *spiegel.de v. 06.01.13* (http://www.spiegel.de/politik/ausland/britischer-premierminister-cameron-droht-der-eu-mit-blockade-a-876014.html)/Zugriff: 07.01.13/»Sagen die Engländer Bye-bye zu Europa«? in: *Bild v. 24.01.13*/ »Interview mit EU-Parlamentspräsident Schulz: 'England geht einen völligen Irrweg!'« in: *Bild v. 24.01.13/*»Der frühere Chef der Eurogruppe Jean-Claude Juncker über Euro-Krise und Europas Einigung« in: *generalanzeiger-bonn.de v. 27.03.13* (http://www.general-anzeiger-bonn.de/news/politik/Der-fruehere-Chef-der-Eurogruppe-ueber-Euro-Krise-und-Europas-Einigung-article1014812.html)/Zugriff: 27.03.13

Vgl. »Deutschland und die Euro-Krise: Wut auf die Retter« in: *spiegelonline.de v. 25.03.13* (http://forum.spiegel.de/f22/deutschland-und-die-euro-krise-wut-auf-die-retter-86300.html)/Zugriff: 26.02.13/»Euro-Krise: Deutschen-Hass im Ausland macht Bürger fassungslos« in: *focus.de v. 29.03.13* (http://www.focus.de/politik/deutschland/angela-merkel-mit-hitler-baertchen-und-nazi-vergleiche-deutschen-hass-im-ausland-macht-buerger-fassungslos_aid_950743.html)/Zugriff: 29.03.13/»Schäuble vermutet 'Neid' bei Kritikern Deutschlands« in: *welt.de v. 26.03.13* (http://www.welt.de/wirtschaft/article114765568/Schaeuble-vermutet-Neid-bei-Kritikern-Deutschlands.html)/Zugriff: 27.03.13/»Wut, Resignation und eine Republik Lasithistan« in: *tagesschau.de v. 20.02.13* (http://www.tagesschau.de/wirtschaft/streik-in-griechenland100.html)/Zugriff: 03.04.13/»Camerons Schulden- und Konjunkturproblem« in: *tagesschau.de v. 25.01.13* (http://www.tagesschau.de/wirtschaft/britischewirtschaft100.html)/Zugriff: 03.04.13/»Cameron legt nach« in: *tagesschau.de v. 23.01.13* (http://www.taggesschau.de/wirtschaft/cameron-rede108.html)/»Moody's stuft Großbritannien herab« in: *tagesschau.de v. 23.02.13* (http://www.tagesschau.de/wirtschaft/moodys-grossbritannien100.html)/Zugriff: 03.04.13

[xxvii] »Shell schürt die Angst um den Euro« in: *Financial Times Deutschland v. 07.08.12*/»Shell sorgt mit angeblicher Kapitalflucht für Irritationen« in: *Handelsblatt v. 07.08.12*/»Konzerne ziehen Geld aus dem Euroraum ab« in: *Faz.net v. 06.08.12* (http://www.faz.net/aktuell/wirtschaft/schuldenkrise-konzerne-ziehen-geld-aus-dem-euroraum-ab-11846007.html)/Zugriff: 03.09.12//»Lord Rothschild in $ 200 Million Be Against Euro: Report« in: *CNBC.com v. 20.08.12* (http://www.cnbc.com/id/48721839/print/1/displaymode/1098/)/Zugriff: 04.09.12/»Finanzmärkte spekulieren mit Euro-Crash« in: *Deutsche Handwerkszeitung v. 28.08.12* (http://www.deutsche-handwerks-zeitung.de/finanzmaerkte-spekulieren-mit-euro-crash/150/3091/177347/)/Zugriff: 31.08.12/»Deutsche Wirtschaft bereitet sich auf Euro-Crash vor« in: *Welt.de v. 09.06.12* (http://www.welt.de/wirtschaft/article106484085/Deutsche-Wirtschaft-bereitet-sich-auf-Euro-Crash-vor.html)/Zugriff: 31.08.12/»Die heimlichen Pläne für den Euro-Crash« in: *faz.net v. 25.08.12* (http://www.faz.net/aktuell/wirtschaft/europas-schuldenkrise/banken-und-konzerne-die-heimlichen-plaene-fuer-den-euro-crash-11867936.html)/Zugriff: 03.09.12/»Offiziell: Bank of England bereitet mit Regierung Notfallplan für Euro-Crash vor« in: *deutsche-wirtschafts-nachrichten.de v.* (http://deutsche-wirtschafts-nachrichten.de/2012/05/16/offiziell-bank-of-england-bereitet-mit-regierung-notfallplan-fuer-euro-crash-vor/)/Zugriff: 31.08.12/»Notfallpläne für den Euro-Crash« in: *n-tv.de v.26.08.12* (http://www.n-tv.de/politik/Notfallplaene-fuer-den-Euro-Crash-article7061326.html)/Zugriff: 03.09.12/»Münchner Rück bereitet sich auf Euro-Crash vor« in: *format.at v. 09.09.12* (http://www.format.at/articles/1236/935/341579/muenchner-rueck-euro-crash)/Zugriff: 10.09.12/»Umfrage zu Euro-Krise: Manager schreiben Griechenland ab« in: *sueddeutsche.de v. 03.09.12* (http://www.sueddeutsche.de/wirtschaft/umfrage-zur-euro-krise-manager-schreiben-griechenland-ab-1.1457251)/Zugriff: 02.10.12/»US-Banken bereiten sich auf Euro-Zerfall vor« in: *Financial Times Deutschland v. 07.08.12*/»Euro-Krise: Gleichgewicht des Schreckens« in: *Der Spiegel 33/2012, S. 84 ff.*/»100 Antworten zum Euro« in: *Stern 49/2011, S. 134 ff.*/»Blick in den Abgrund« in: *Der Spiegel 26/2012, S. 22 ff.*/»Euro: Wie wär's mal mit der Wahrheit« in: *Focus Money 25/2012 v. 13.06.12* (http://www.focus.de/finanzen/boerse/euro-wie-waers-mal-mit-der-wahrheit_aid_766365.html)/Zugriff: 21.06.12/»IWF warnt vor Zerfall des globalen Finanzsystems« in: *wallstreetjournal.de v. 10.10.12* (http://www.wallstreetjournal.de/article/SB10000872396390443982904578046912167912882.html?mod=WSJDE_latestheadlines)/Zugriff: 10.10.12/»Anleger verlassen die Euro-Zone« in: *Handelsblatt v. 09.10.12*/»Monopolis« in: *Financial Times Deutschland v. 04.09.12*

[xxviii] Benjamin Born/Teresa Buchen/Kai Carstensen/Christian Grimme/Michael Kleemann/Klaus Wohlrabe/Timo Wollmershäuser: »Austritt Griechenlands aus der Europäischen Währungsunion: historische Erfahrungen, makroökonomische Konsequenzen und organisatorische Umsetzung«, Ifo – Leibniz-Institut für Wirtschaftsforschung an der Universität München e. V., München, April 2012, S. 61, 62 (Quelle: Reinhart (2010)/Pawel Zabczyk: »Hausarbeit zum Thema: Währungskrise und Globalisierung im Rahmen des Hauptseminars im WS 1999/2000, Globalisierung – Mechanismen und Ergebnisse« in: *Studentische Beiträge Nr. 6 (Matr.-Nr.: 701566, Potsdam, 11.01.2000) der Universität Potsdam, Lehrstuhl für Wirtschaftstheorie, Makroökonomische Theorie und Politik, S. 3, 4* (http://www.uni-potsdam.de/u/makrooekonomie/docs/studoc/stud6.pdf)/»Ein Staatsbankrott ist halb so schlimm« in: *Frankfurter Allgemeine Sonntagszeitung v. 14.03.10, S. 35*/»Duden – Wie Wirtschaft funktioniert«, Mannheim 2013, S. 262 ff., 290 ff./Michael Grandt: »Der Staatsbankrott kommt – Hintergründe, die man kennen muss«, Rottenburg 2010, S.106 ff., 127/Hans-Jürgen Wagener: »Die 101 wichtigsten Fragen – Geld und Finanzmärkte«, München 2012, S. 156 ff./Wolf Friede: »Seminararbeit: Währungskrisen«, *Universität Mannheim (Fakultät für VWL), Mannheim 2004, S. 2 ff.*/»Bankenkrise« in: *wirtschaftslexikon.gabler.de* (http://wirtschaftslexikon.gabler.de/Archiv/5805/bankenkrise-v10.html)/Zugriff: 14.12.12/»Finanzkrisen« in

---

*wirtschaftslexikon.gabler.de* (http://wirtschaftslexikon.gabler.de/Archiv/9274/finanzkrisen-v6.html)/Zugriff: 14.12.12/Hohlstein, Michael/Pflugmann, Barbara/Sperber, Herbert/Sprink, Joachim: »Lexikon der Volkswirtschaft«, München 2003, S. 150, 633, 675/»Staatsbankrott« in: *Gabler Wirtschaftslexikon* (http://wirtschaftslexikon.gabler.de/Definition/staatsbankrott.html)/Zugriff: 25.10.12/Carmen M. Reinhardt & Kenneth S. Rogoff: »Dieses Mal ist alles anders – Acht Jahrhunderte Finanzkrisen«, München 2012, S. 134, 307-309/Simone Heinemann: »Ruhr-Universität Bochum, Sektion Wirtschaftsphilosophie/-ethik: Systematische Risiken auf Finanzmärkten und das Problem der Verantwortung«, S. 3, 4

[xxix] Zitiert nach: »Zu wenig zu spät« in: *Der Spiegel 26/2012, S. 20*

[xxx] Zitiert nach: Jorgen Randers: »2052 – Der neue Bericht an den Club of Rome – Ein globale Prognose für die nächsten 40 Jahre«, München 2012, S. 36, 41

[xxxi] Zitiert nach: »Eine Anhäufung von Nullen« in: *Der Spiegel 26/2012, S. 130*

[xxxii] »Das 3,3 Billionen-Risiko« in: *Handelsblatt v. 09.07.12*/»Euro: Wie wär's mal mit der Wahrheit« in: *Focus Money 25/2012* (http://www.focus.de/finanzen/boerse/euro-wie-waers-mal-mit-der-wahrheit_aid_766365.html)/Zugriff: 21.06.12/»Der Euro-Crash ist abgesagt – wohin mit dem Geld« in: *Welt.de v. 15.09.12* (http://www.welt.de/finanzen/article109242735/Adam Fergusson: »Das Ende des Geldes – Hyperinflation und ihre Folgen für die Menschen am Beispiel der Weimarer Republik«, München 2012 S. 9/Der-Euro-Crash-ist-abgesagt-wohin-mit-dem-Geld.html)/Zugriff: 16.09.12/»,Gefahr einer Geldentwertung'« in: *Focus Money 25/2012* (http://www.focus.de/finanzen/boerse/euro-wie-waers-mal-mit-der-wahrheit_aid_766365.html)/Zugriff: 02.10.12/»Richard Sulik über die perverse Eurorettung« in: *tagesanzeiger.ch v. 27.09.11* (http://de.ibtimes.com/articles/24689/20110927/richard-sulik-ber-die-perverse-eurorettung.htm)/Zugriff: 02.10.12/»Top-Ökonomen: Der Währungscrash ist unvermeidlich« in: *ftd.de v. 22.08.12* (http://www.ftd.de/politik/konjunktur/:top-oekonomen-der-waehrungscrash-ist-unvermeidlich/70079761.html)/Zugriff: 13.09.12/»Die Angst vor der Inflation« in: *faz.net v. 23.09.12* (http://www.faz.net/aktuell/wirtschaft/europas-schuldenkrise/schuldenkrise-die-angst-vor-der-inflation-11899733.html)/Zugriff: 24.09.12/»Warum ein Schuldenschnitt die bessere Lösung ist« in: *faz.net v. 13.09.12* (http://www.faz.net/aktuell/wirtschaft/eurokrise-warum-ein-schuldenschnitt-die-bessere-loesung-ist-11889009.html)/Zugriff: 17.09.12/»Regierungsberater Fuest sagt lang anhaltende Krise in Südeuropa voraus« in: *Handelsblatt v. 26.09.12*/»Das Inflationsgespenst geht um in Europa« in: *Financial Times Deutschland v. 04.10.12*/»Profis fürchten höhere Inflation« in: *Financial Times Deutschland v. 02.10.12*/»Europa droht ein verlorenes Jahrzehnt« in: *Handelsblatt v. 30.08.-02.09.12*/»Euro: Die atmende Währung« in: *Handelsblatt v. 20.08.12*/»Das Endspiel hat begonnen« *in: Wirtschaftswoche 37/2012, S. 86 ff.*/»Die Eurokrise und die Lehren aus Weimar« in: *World Socialist Web Site v. 03.10.12* (http://www.wsws.org/de/2012/okt2012/pers-o03.shtml)/Zugriff: 04.10.12/»Gefahr einer Geldentwertung« in: *Focus Money v. 13.06.12* (http://www.focus.de/finanzen/boerse/interview-gefahr-einer-geldentwertung_aid_766366.html)/Zugriff: 02.10.12/Michael Hohlstein/Barbara Pflugmann/Herbert Sperber/Joachim Sprink: »Lexikon der Volkswirtschaft«, München 2003, S. 150, 343, 344, 353,354/»Duden - Wie Wirtschaft funktioniert«, Mannheim 2013, S. 116/»Geldschwemme: Weidmanns Warnungen« in: *Focus Money 42/2012, S. 34 ff.*/»Warum die Euro-Krise so gefährlich ist« in *Wirtschaftswoche v. 01.10.12* (http://www.wiwo.de/politik/europa/eurospezial/waehrungsunion-warum-die-euro-krise-so-gefaehrlich-ist/7202478.html)/Zugriff: 07.10.12/Michael Grandt/Gerhard Spannbauer/Udo Ulfkotte: »Europa vor dem Crash – Was Sie jetzt wissen müssen, um sich und Ihre Familie zu schützen«, S. 105-107/»Altkanzler zu Euro-Krise: Schmidt empfiehlt ein bisschen Vertragsbruch« in: *SpiegelOnline v. 08.11.12* (http://www.spiegel.de/wirtschaft/soziales/euro-altkanzler-helmut-schmidt-verteidigt-regelverstoesse-a-866156.html)/Zugriff: 10.11.12/»Warum eigentlich ... sind die Target-Salden so gefährlich und werden sie weiter steigen?« in: *Wirtschaftswoche 42/2012, S. 40*/»Ein guter Tag für Europa« in: *Wirtschaftswoche 42/2012, S. 42*/»Fieberthermometer der Krise« in: *Wirtschaftswoche 43/2012, S. 44*/ Hans-Werner Sinn: »Die Target-Falle – Gefahren für unser Geld und unsere Kinder«, München 2012, S. 189/»Die Banken kommen davon, der Bürger zahlt« in: *welt.de v. 10.11.12* (http://www.welt.de/debatte/kommentare/article110890158/Die-Banken-kommen-davon-der-Buerger-zahlt.html)/Zugriff: 14.11.12/»Schäuble für deutsches Steuer-FBI« in: *handelsblatt.com v. 10.04.13* (http://www.handelsblatt.com/politik/deutschland/steuerhinterziehung-schaeuble-fuer-deutsches-steuer-fbi/8048496.html)/Zugriff: 11.04.13/»290 Billionen Euro Risiko: Sparer müssen Euro-Banken retten« in: *deutsche-wirtschafts-nachrichten v. 09.04.13* (http://deutsche-wirtschafts-nachrichten.de/2013/04/09/290-billionen-euro-risiko-sparer-muessen-euro-banken-retten/)/Zugriff: 11.04.13

[xxxiii] »Vorsicht, Inflation! Die schleichende Enteignung der Deutschen« in: *Der Spiegel 41/2012, S. 73 ff.*/ »Inflation – Gespenst oder Gefahr?« in: *Wirtschaftswoche 41/2012, S. 32 ff.*/»Inflation: Politische Strategie« in:

---

*Focus Money 42/2012, S. 36*/»Steigen die Preise – oder steigen sie nicht?« in: *Wirtschaftswoche 41/2012, S. 37*/»Soziale Konflikte können deutlich an Härte zunehmen« in: *Bild v. 17.12.12*/»Die Hyperinflation von 1923« in: *planet-wissen.de v. 01.06.09* (http://www.planet-wissen.de/politik_geschichte/deutsche_politik/weimarer_republik/hyperinflation.jsp)/Zugriff: 09.10.12/»Die Angst ums Geld« in: *Welt am Sonntag v. 15.07.12*/»Euro-Krise: Enteignung der Sparer« in: *faz.net. v. 30.10.12* (http://www.faz.net/aktuell/wirtschaft/europas-schuldenkrise/euro-krise-enteignung-der-sparer-11944384.html)/Zugriff: 01.11.12/ Leserbriefe in: *Der Spiegel 42/2012, S. 6*/Michael Grandt: »Der Staatsbankrott kommt – Hintergründe, die man kennen muss«, Rottenburg 2010, S. 113 ff./Philip Cagan: »The Monetary Dynamics of Hyperinflation« in: Milton Friedman: »Studies in the Quantity Theory of Money«, Chicago 1956, Tabelle 1/Richard Gaettens: »Inflation in Deutschland – Historie der Vermögensvernichtung 1914-1948«, Bochum 2012, S. 23, 24, 101, 102, 158/»Warnung vor Inflation« in: *Handelsblatt v. 23.10.12*/»Nationales Trauma« von Alexander Jung in: *Spiegel-Geschichte: »Geld! Von den Fuggern zur Finanzkrise: Eine Chronik des Kapitals«, S. 106-115*/Robert Kurz: »Schwarzbuch Kapitalismus – Ein Abgesang auf die Marktwirtschaft«, München 2002, S. 761/»Rösler warnt vor Inflation wegen Euro-Krise« in: *zeit.de v. 17.01.13* (http://www.zeit.de/politik/deutschland/2013-01/roesler-jahreswirtschaftsbericht)/Zugriff: 18.01.13

[xxxiv] »Pressemitteilung des Bundesverfassungsgerichts - Pressestelle - Nr. 63/2012 v. 17. August 2012, Beschluss vom 3. Juli 2012: Plenarentscheidung des Bundesverfassungsgerichts zum Einsatz der Streitkräfte im Inneren (‚Luftsicherungsgesetz')« in: *bverfg.de v. 17.08.12* (http://www.bverfg.de/pressemitteiungen/bvg12-063)/Zugriff: 12.10.12/»Siebzehntes Gesetz zur Ergänzung des Grundgesetzes vom 24. Juni 1968, verkündet am 27. Juni 1968 (‚Notstandsgesetze')« (http://www.hdg.de/lemo/html/dokumente/KontinuitaetUndWandel_gesetzNotstandsgesetze/index.html)/Zugriff: 30.11.12/*Grundgesetz, Artikel 10* (http://www.gesetze-im-internet.de/gg/art_10.html)/»Nationales Trauma« von Alexander Jung in: *Spiegel-Geschichte: »Geld! Von den Fuggern zur Finanzkrise: Eine Chronik des Kapitals«, S. 106-115*/»Frankreich beschließt befristete Reichensteuer« in: *SpiegelOnline v. 20.10.12* (http://www.spiegel.de/wirtschaft/soziales/frankreich-beschliesst-reichensteuer-a-862477.html)/Zugriff: 21.12.12/Bruno Bandulet: »Das geheime Wissen der Goldanleger«, Rottenburg 2007, S. 136 ff./Ahamed, Liaquat: »Die Herren des Geldes – Wie vier Bankiers die Weltwirtschaftskrise auslösten und die Welt in den Bankrott trieben«, München 2010, S. 9 ff./John Kenneth Galbraith: »Der Große Crash 1929 – Ursachen, Verlauf, Folgen«, München 2008, S. 136 ff., 143 ff., 150 ff., 172 ff./Hans-Peter Martin & Harald Schumann: »Die Globalisierungsfalle – Der Angriff auf Demokratie und Wohlstand«, Hamburg 1997, S. 13, 22, 28, 29, 42/»Euro-Krise: Ungeschriebenes Notstandsgesetz« in: *Handelsblatt v. 10.-12.08.12*/»National Defense Authorization Act: USA wird Polizeistaat« in: *ibtimes.com v. 02.12.11* (http://de.ibtimes.com/articles/25021/20111202/national-defense-authorization-act-usa-wird-zum-polizeistaat.htm)/Zugriff: 20.12.12///»USA: Internierungslager werden vorbereitet« in: *linkezeitung.de v.19.12.11* (http://www.linkezeitung.de/cms/index.php?option=com_content&task=view&id=12454&Itemid=249)/Zugriff: 20.12.12/Adam Fergusson: »Das Ende des Geldes – Hyperinflation und ihre Folgen für die Menschen am Beispiel der Weimarer Republik«, München 2012 S. 17, 19, 32, 50, 54 ff., 79, 101 ff., 117, 118, 122, 137, 152, 153, 160, 166, 169, 178, 180, 210, 215 ff., 223, 232, 256, 267 ff., 293, 313, 325, 337, 338, 357, 366, 367/»Eine Anhäufung von Nullen« in: *Der Spiegel 26/2012, S. 128 ff.*/»Deutschland ist das Bordell Europas« in: *Bild v. 18.12.12*/»Der Euro zerstört alles« in: *mmnews.de v. 26.09.12* (http://www.mmnews.de/index.php/wirtschaft/10922-der-euro-zerstoert-alles)/Zugriff: 29.11.12/»Allianz senkt Zins für Lebensversicherung« in: *Handelsblatt v. 06.12.12*///»Euro-Krise kommt bei Lebensversicherungen an« in: *reuters.com v. 05.12.12* (http://de.reuters.com/article/topNews/idDEBEE8B404320121205)/Zugriff: 06.12.12/»Nicht Krieg, nicht Frieden« in: *Handelsblatt v. 11.12.12*/»Welche Zukunft blüht dem Kapitalismus?« in: *Philosophie Magazin 6/2012, S. 18*/David Gerginov: »Die Geschichte des Goldverbotes« in: *gevestor.de v. 13.09.12* (http://www.gevestor.de/details/die-geschichte-des-goldverbotes-570226.html)/Zugriff: 29.11.12/»Bankenpanne: Kein Geld, kein Einkauf, kein Benzin« in: *Handelsblatt v. 26.06.12*/»Internierungslager« in: *uni-protokolle.de* (http://www.uni-protokolle.de/Lexikon/Internierungslager.html)/Zugriff: 20.12.12/»American Concentration Camps« in: *apfn.org* (http://www.apfn.org/apfn/camps.htm)/Zugriff: 20.12.12/»Konjunktureinbruch: Griechen sparen sich Autos und Schuhe« in: *Financial Times Deutschland v. 28.12.11* (http://www.ftd.de/politik/europa/:konjunktureinbruch-griechen-sparen-sich-autos-und-schuhe/60147454.html)/Zugriff: 12.10.12/»Wie lebt es sich von 637 Euro Rente, Frau Apel?« in: *Der Spiegel 37/2012, S. 50*/»Schuldenfiasko: Heil durch die Krise« in: *Focus Money 49/2012, S. 37*/»Heute wie gestern« in: *tagesspiegel.de v. 02.10.08* (http://www.tagesspiegel.de/zeitung/heute-wie-gestern/1337374.html)/Zugriff: 18.12.12/»Wie der Staat die Anleger ausquetscht« in: *Handelsblatt.com v. 18.07.12*/(http://www.handelsblatt.com/finanzen/boerse-maerkte/anlagestrategie/finanzielle-repression-wie-der-staat-die-anleger-ausquetscht/6891770.html)/Zugriff: 19.12.12/»Schriftsteller Tellkamp fürchtet ‚Bürgerkrieg' als Folge der Euro-Krise« in: *Berliner Umschau v. 12.10.12* (http://www.berlinerumschau.com/news.php?id=63347&title=Schriftsteller+Tellkamp+f%FCrchtet+%22B%FCr

gerkrieg%22+als+Folge+der+Euro-Krise&storyid=1348129969584)/Zugriff: 20.09.12/»Der Euro zerstört alles« in: *mmnews.de v. 26.09. 12* (http://www.mmnews.de/index.php/wirtschaft/10922-der-euro-zerstoert-alles)/Zugriff: 29.11.12/»Solidarität in der Krise für die Zeit nach der Krise« in: *Neues Deutschland - Magazin, September 2012, S. 8*/»Das nennt die Polizei positiv« in: *Bild v. 27.08.12*/»Karlsruhe erlaubt bewaffneten Einsatz der Bundeswehr im Innern« in: *Zeit Online v. 17.08.12* (http://www.zeit.de/politik/deutschland/2012-08/bundesverfassungsgericht-militaer-inland)/Zugriff: 12.10.12/»Soldaten fürs aufsässige Volk« in: *taz.de v. 10.08.12* (http://www.taz.de/!99382/)/Zugriff: 12.10.12/»Karlsruhe facht Streit um innere Sicherheit an« in: *Financial Times Deutschland v. 20.08.12*/»Soziale Unruhen in der Euro-Zone befürchtet« in: *Financial Times Deutschland v. 12.07.12*/»Wenn ein Gewehr für Freiheit steht« in: *Financial Times Deutschland v. 08.08.12*/»Die Gordon Gekkos aus der Provinz« in: *Financial Times Deutschland v. 28.08.12*/»Auf dem Weg in den Sumpf« in: *Financial Times Deutschland v. 06.08.12*/»Irrationales Verhältnis« in: *Wirtschaftswoche 38/2012, S. 36*/»Euro-Krise: Die Reichen im Süden zur Kasse bitten« in: *Handelsblatt v. 12.07.12*/»Atmosphäre der Hexenjagd« in: *Focus 38/2012, S. 32*/»Sigmar Gabriel und das Alte Testament« in: *Focus Money 38/2012, S. 3*/»Schäuble lehnt Reichenabgabe für Deutschland ab« in: *Handelsblatt v. 12.07.12*/»Gabriel hängt sich an Bündnis zur Besteuerung der Reichen« in: *Financial Times Deutschland v. 06.08.12*/»Streit über Reichensteuer« in: *Handelsblatt v. 06.08.12*/»Reichensteuer: Eine Kampagne mit Realitätsverlust« in: *Handelsblatt v. 06.08.12*/»Der gierige Staat – Steuerzahler im Zugriff des Fiskus« in: *Der Steuerzahler Baden Württemberg 09/2012, S.3* /»Euro-Krise: Düstere Aussichten für die Steuerzahler« in: *Der Steuerzahler 09/2012, S, 204 ff.*/»Krise erlaubt Vermögensabgabe« in: *Financial Times Deutschland v. 22.08.12*/»Schulden: Der Staat wird uns enteignen« in: *Handelsblatt v. 30.07.12*/»Steuer- und Abgabenlast: Der teure Herr Steinbrück« in: *Handelsblatt v. 15.10.12*/»Voll durchleuchtet« in: *Financial Times Deutschland v. 03.08.12*/»Kommunen kassieren immer mehr ab« in: *Wirtschaftswoche 29/2012, S. 13*/»Not kennt viele Steuern« in: *Financial Times Deutschland v. 18.07.12*/»Fiskus durchleuchtet Rentner« in: *Financial Times Deutschland v. 16.10.12*/»Slowenien schließt aus Geldnot Botschaften« in: *Financial Times Deutschland v. 16.10.12*/»Zwangsanleihen & Vermögenssteuer: Angriff auf unsere Ersparnisse« in: *Welt am Sonntag v. 15.07.12*/»Wie der Staat abkassieren kann« in: *Welt am Sonntag v. 15.07.12*/»100 Antworten zum Euro« in: *Stern 49/2011, S. 134 ff.* /»Wie wär's mal mit der Wahrheit« in: *Focus Money Online 25/2012* (http://www.focus.de/finanzen/money-magazin/archiv/jahrgang_2012/ausgabe_25/)/Zugriff: 21.06.12/»Zahl der Hartz-IV-Empfänger sinkt deutlich« in: *spiegel.de v. 07.11.12* (http://www.spiegel.de/wirtschaft/soziales/zahl-der-hartz-iv-empfaenger-von-2006-bis-2011-deutlich-gesunken-a-865853-druck.html)/Zugriff: 03.12.12/Offizielle Homepage der EUROGENDFOR: http://www.eurogendfor.org/Hohlstein, Michael/Pflugmann, Barbara/Sperber, Herbert/Sprink, Joachim: »Lexikon der Volkswirtschaft«, München 2003, S. 779/Michael Grandt: »Alptraum Hyperinflation – Ursachen, Auswirkungen und wie Sie sich schützen können« (Skript)/»Der heimliche Rettungsschirm« in: *Handelsblatt v. 17.10.12*/»Hunger made in USA« in: *Welt online* v. 10.06.12 (http://www.welt.de/print/wams/wirtschaft/article106485755/Hunger-made-in-USA.html)/Zugriff: 15.10.12/»Fast jeder siebte Amerikaner erhält vom Staat ‚food stamps'« in: *Neue Zürcher Zeitung* v. 17.11.10 (http://www.nzz.ch/nachrichten/wirtschaft/aktuell/fast-jeder-siebte-amerikaner-erhaelt-vom-staat-food-stamps-1.8413390)/Zugriff: 15.10.12/»Banken drohen neue Verluste« in: *Handelsblatt v. 03.08.12*/»Auslandsbanken: Achtung, Risiko!« in: *Wirtschaftswoche 28/2012, S. 21*/»Mit dem Schlimmsten rechnen« in: *Wirtschaftswoche 28/2012, S. 22*/»Steuern: Künftig 33 statt 19 Prozent« in: *Focus Money 37/2012, S. 40*/»Transaktionssteuer: Fiskus verärgert Finanzanleger« in: *Focus Money 37/2012, S. 43*/»Berlin schnürt Paket gegen Stromnotstand« in: *Financial Times Deutschland v. 19.09.12*/»Eine Viertelstunde: Stromversorgung in Deutschland kaum unterbrochen« in: *newstoptarif.de v. 03.09.12* (http://news.toptarif.de/eine-viertelstunde-stromversorgung-in-deutschland-kaum-unterbrochen/)/Zugriff: 19.10.12/»Generator gesucht« in: *Der Spiegel 33/2012*/»Erste Hilfe bei Blackouts« in: *Financial Times Deutschland v. 06.09.12*/»Zahl der Stromausfälle doppelt so hoch wie bekannt« in: *Bild v. 27.09.12*/»Stromausfall: Vorsorge und Selbsthilfe« in: *Bundesamt für Bevölkerungsschutz und Katastrophenhilfe* (http://www.bbk.bund.de/SharedDocs/Downloads/BBK/DE/Publikationen/Broschueren_Flyer/Flyer_Stromausfall.pdf?__blob=publicationFile)/Zugriff: 19.10.12/»Deutsche Haushalte 2011 länger ohne Strom« in: *Handelsblatt v. 03.09.12* (http://www.handelsblatt.com/unternehmen/industrie/netzbetreiber-deutsche-haushalte-2011-laenger-ohne-strom/7088408.html/»Sparen wie die Griechen« in: *fr-online.de v. 16.06.11* (http://www.fr-online.de/schuldenkrise/euro-krise---szenario-sparen-wie-die-griechen,1471908,8564578.html)/Zugriff: 27.09.12/»Schäuble für deutsches Steuer-FBI« in: *handelsblatt.com v. 10.04.13* (http://www.handelsblatt.com/politik/deutschland/steuerhinterziehung-schaeuble-fuer-deutsches-steuer-fbi/8048496.html)/Zugriff: 11.04.13/»Ausschreitungen: G-20-Gegner stürmen Londoner Bankfiliale« in: *tagesspiegel.de v. 01.04.09* (http://www.tagesspiegel.de/politik/international/ausschreitungen-g-20-gegner-stuermen-londoner-bankfiliale/1487128.html)/Zugriff: 19.10.12/»Kapitalverkehrskontrollen: Der Giftschrank der Euro-Retter« in: *manager-magazin.de v. 26.06.12* (http://www.manager-magazin.de/politik/weltwirtschaft/0,2828,840438,00.html)/Zugriff: 18.10.12/»Blick in den Abgrund« in: *Der Spiegel 26/2012, S. 22 ff.*/»Währungsunion: Wie eine zweite Wiedervereinigung« in: *Handelsblatt v.*

*23.07.12*/»Wie sicher ist Ihr Geld beim Euro-Crash?« in: *WeltOnline v. 03.06.12* (http://www.welt.de/finanzen/article106408565/Wie-sicher-ist-Ihr-Geld-beim-Euro-Crash.html)/Zugriff: 31.08.12/»Bundesbank wäre für Euro-Crash gut gerüstet« in: *Berliner Morgenpost (mobil) v. 18.09.12* (http://mobil.morgenpost.de/wirtschaft/article109292889/Bundesbank-waere-fuer-Euro-Crash-gut-geruestet.html?emvcc=-1)/Zugriff: 24.09.12/»Krisenvorbereitung: Übungs-Stadt errichtet: Bundeswehr probt für den Bürgerkrieg« in: deutsche-wirtschafts-nachrichten.de v. 21.04.13 (http://deutsche-wirtschafts-nachrichten.de/2013/04/21/uebungs-stadt-errichtet-bundeswehr-probt-fuer-den-buergerkrieg/)/Zugriff: 21.04.13/»Staatsbankrott: Das Beispiel Argentinien« in: *faz.net. v. 24.03.10* (http://www.faz.net/aktuell/wirtschaft/staatsbankrott-das-beispiel-argentinien-1955217.html)/Zugriff: 02.10.12//»Die Angst ums Geld« in: *Welt am Sonntag v. 15.07.12*/»Am Ende zahlen die Bürger – Staatsinsolvenzen« in: *Das Parlament, Nr. 10/2012, 05.03.12* (http://www.das-parlament.de/2012/10/Thema/38054371.html)/Zugriff: 24.10.12/»Recycling auf Argentinisch: Die ‚Cartoneros' in: *Arte Journal v. 29.01.10* (http://www.arte.tv/de/argentinien-recycling-auf-argentinisch-die-cartoneros/3046882,CmC=3046940.html)/Zugriff: 24.10.12/»Argentinien Krise« in: *Wirtschaftsfacts.de* (http://wirtschaftsfacts.de/finanzkrisen-in-der-geschichte/argentinien-krise/)/Zugriff: 24.10.12/»Strukturelle Gewalt in den Nord-Süd-Beziehungen, Band 3: Argentinien: Tangotanz auf dem Vulkan – Interne und externe Ursachen der Schuldenkrise«, Südwind-Edition (http://www.suedwind-institut.de/fileadmin/fuerSuedwind/Publikationen/1992-2005_Inhalt/2004-5_Inhalt_Argentinien_Tanz_auf_dem_Vulkan.pdf)/Zugriff: 24.10.12/»Argentinien fällt in die Dritte Welt zurück« in: *Der Überblick - Zeitschrift für ökumenische Begegnung und internationale Zusammenarbeit 1/2003, S. 114* (http://www.der-ueberblick.de/ueberblick.archiv/one.ueberblick.article/ueberblickc1ab.html?entry=page.200301.114)/Zugriff: 24.10.12/»Full Spectrum Operations in the Homeland: A 'Vision' of the Future« von Army Colonel Kevin Benson von der Army's University of Foreign Military and Cultural Studies und Jennifer Weber, Bürgerkriegsexpertin der University of Kansas in: *smallwarsjournal.com v. 25.07.12* (http://smallwarsjournal.com/jrnl/art/full-spectrum-operations-in-the-homeland-a-%E2%80%9Cvision%E2%80%9D-of-the-future)/Zugriff: 23.12.12/»UNO-Behörde warnt vor sozialen Unruhen in der EU« in: *diepresse.com v. 08.04.13* (http://diepresse.com/home/wirtschaft/eurokrise/1385566/UNOBehoerde-warnt-vor-sozialen-Unruhen-in-der-EU)/Zugriff: 08.04.13/»UN warnt: Europa könnten soziale Unruhen drohen« in: *augsburger-allgemeine.de v. 07.04.13* (http://www.augsburger-allgemeine.de/politik/UN-warnt-Europa-koennten-soziale-Unruhen-drohen-id24735896.html)/Zugriff: 09.04.13/»Unterernährte Kinder: Griechenland verteilt Lebensmittel an Schüler« in: *Focus Money v. 31.01.12* (http://www.focus.de/finanzen/news/staatsverschuldung/unterernaehrte-kinder-griechenland-verteilt-lebensmittel-an-schueler_aid_708783.html)/Zugriff: 24.10.12/»Staatsinsolvenzen: Am Ende zahlen die Bürger« in: *Das Parlament 20/2012* (http://www.das-parlament.de/2012/10/Thema/38054371.html)/Zugriff: 24.10.12/»Viktor Orban: ‚Ich laufe nicht vor Konflikten davon'« in: *Handelsblatt v. 11.10.12*/»Vier Tage im September« in: *Financial Times Deutschland v. 14.09.12*/»EU bereitet Richtlinien für Blitz-Zugriff auf Banken-Konten vor« in: *deutsche-wirtschafts-nachrichten v. 09.04.13* (http://deutsche-wirtschafts-nachrichten.de/2013/04/09/eu-bereitet-richtlinie-zu-blitz-zugriff-auf-bank-konten-vor/)Zugriff: 11.04.13/Michael Grandt: »Der Staatsbankrott kommt – Hintergründe, die man kennen muss«, Rottenburg 2010, S. 86, 87, 96, 97, 129 ff., 191, 272 ff., 280 ff./Richard Gaettens: »Inflation in Deutschland – Historie der Vermögensvernichtung 1914-1948«, Bochum 2012, S. 16, 23 ff., 45, 66, 79 ff., 89 ff., 106 ff., 116, 117, 138, 156/»Hungermärsche in Ungarn: reales Elend und realitätsferne Politik« in: *Pester Lloyi - Tageszeitung für Ungarn und Osteuropa v. 07.02.12* (http://www.pesterlloyd.net/2012_06/06hungermarsch/06hungermarsch.html)/Zugriff: 05.11.12/Guido Grandt: »11.3. Der Amoklauf von Winnenden – Hintergründe, Widersprüche und Vertuschungen«, Berlin 2010, S. 217 ff./Michael Grandt: »Vorsicht Lebensversicherung! Was Sie tun müssen, um Ihr Geld zu schützen«, Rottenburg 2012, S. 140 ff./John Casti: »Der plötzliche Kollaps von allem – Wie extreme Ereignisse unsere Zukunft zerstören können«, München 2012, S. 48, 49, 314 ff., 322 ff., 330, 332/Matthias Weik & Marc Friedrich: »Der größte Raubzug der Geschichte – Warum die Fleißigen immer ärmer und die Reichen immer reichen werden«, Marburg 2012, S. 17/»Warum sich der Euro-Austritt nicht rechnet« in: *20MinutenOnline v. 13.09.11* (http://www.20min.ch/finance/dossier/eurokrise/story/19987772)/Zugriff: 31.10.12/»Nerven-Schlacht um Castor-Transport« in: *Bild v. 09.11.120*/»Gewalt-Eskalation bei Protesten gegen Castor-Transport: Im Wendland ist Bürgerkrieg« in: *Bild v. 08.11.10*/»Kurz notiert« in: *Preußische Allgemeine Zeitung v. 22.10.12*/»Altkanzler zu Euro-Krise: Schmidt empfiehlt ein bisschen Vertragsbruch« in: *SpiegelOnline v. 08.11.12* (http://www.spiegel.de/wirtschaft/soziales/euro-altkanzler-helmut-schmidt-verteidigt-regelverstoesse-a-866156.html)/Zugriff: 10.11.12/»Susanne Schmidt: ‚Der Fiskalpakt reicht nicht'« in: *Handelsblatt v. 24.-26.08.12*/»Helmut Schmidt: Wir stehen vielleicht vor einer Revolution« in: *wirtschaft.t-online.de v. 09.11.12* (http://wirtschaft.t-online.de/helmut-schmidt-europa-wurschtelt-sich-durch-euro-krise-/id_60843082/index)/Zugriff: 10.11.12/»Global employment crisis will stir social unrest, warns UN agency« in:

*telegraph.co.uk v. 30.09.10* (http://www.telegraph.co.uk/finance/economics/8036438/Global-employment-crisis-will-stir-social-unrest-warns-UN-agency.html)/Zugriff: 09.11.12/»,Stuttgart 21': Gegner erwarten 100.000 Demonstranten« in: *Die Presse.com. v. 01.10.10* (http://diepresse.com/home/panorama/welt/598788/Stuttgart-21Gegner-erwarten-100000-zu-Demo)/Zugriff: 09.11.10/»Polizei räumt ,Stuttgart 21'-Areal: Auch Kinder verletzt« in: *Die Presse.com v. 30.09.10* (http://diepresse.com/home/panorama/welt/598593/Polizei-raeumt-Stuttgart-21Areal_Auch-Kinder-verletzt)/Zugriff: 09.11.12/»Euro-Krise: 'Lämmer verwandeln sich dann in reißende Wölfe'« in: *welt.de v. 10.04.13* (http://www.welt.de/politik/article115185760/Laemmer-verwandeln-sich-dann-in-reissende-Woelfe.html)/Zugriff: 11.04.13/»Stuttgart 21 – Polizei setzt Schlagstöcke, Reizgas und Wasserwerfer gegen Kinder und Jugendliche ein!« in: *giessener-zeitung.de v. 30.09.10* (http://www.giessener-zeitung.de/giessen/beitrag/38842/stuttgart-21-polizei-setzt-schlagstoecke-reizgas-und-wasserwerfer-gegen-kinder-und-jugendliche-ein/)/Zugriff: 09.11.12/»Bürgerkrieg im Schlossgarten« in: *SpiegelOnline v. 30.09.10* (http://www.spiegel.de/politik/deutschland/stuttgart-21-raeumung-buergerkrieg-im-schlossgarten-a-720581.html)/Zugriff: 09.11.12/»Die 42. internationale Gefechtsübung Colibri beginnt bei der Luftlandebrigade 26 Saarland« in: *deutschesheer.de v. 17.04.09* (http://www.deutschesheer.de/portal/a/dso/!ut/p/c4/JYzBCsIwEET_aJNaiuitIhUvCl60XmRNQ7M1Tcp2qxc_3gTnwTAww6i7SgR8U49CMaBXN9Ua2j4_4KzlRzdHwJcs1ns7Q0DjmIwTG2BAxyutN4ATk89JXfNZZ8HEYCV72gkl7xklMkyRxedmYU4NUKdaXex3ukr8VXzXl_pQNkVVHk_NWU3jWP8A6ZVK6Q!!/)/Zugriff: 09.11.12/»Übung ,Colibri': 600 Fallschirmjäger aus drei Nationen springen ins Gefecht« in: *deutschesheer.de v. 16.09.11* (http://www.deutschesheer.de/portal/a/dso/!ut/p/c4/NYzBCsIwEET_aJMIxeLN0ougl15svcg2XZpompTtVi9-vKngDAwMbxh1U9kRX35E8SliUK3qrD_0b3BEfB-WBPiUlUKgBSJax946oQgPdLzTxsBCs9DU06-p63Y4ENgUSbbMW_E5R0ZJDHNiCRtZmTMBP6hOm7rShf7LfMpzU17aYl_Up6pR8zQdv-kvshs!/)/Zugriff: 09.11.12/»DSO, Luftlandebrigade 26« (http://www.deutschesheer.de/portal/a/dso/!ut/p/c4/04_SB8K8xLLM9MSSzPy8xBz9CP3I5EyrpHK9jNTUoviU4ny9lMzUvOKS4pLUnJzUPL2kosx0IzP9gmxHRQB0Kn3f/)/Zugriff: 13.11.12/»Gliederung der Luftlandebrigade 26« (http://www.deutschesheer.de/portal/a/dso/!ut/p/c4/04_SB8K8xLLM9MSSzPy8xBz9CP3I5EyrpHK9jNTUoviU4ny9lMzUvOKS4pLUnJzUPL2kosx0IzO99JzM1JTUotK8dP2CbEdFAET4dYc!/)/Zugriff: 13.11.12/»Geschichte der Luftlandebrigade 26« (http://www.deutschesheer.de/portal/a/dso/!ut/p/c4/04_SB8K8xLLM9MSSzPy8xBz9CP3I5EyrpHK9jNTUoviU4ny9lMzUvOKS4pLUnJzUPL2kosx0IzO99NTi5IzM5IySVP2CbEdFABIAA4o!/)/Zugriff: 13.11.12/»The Civil War of 2016« in: *Washington Times v. 07.08.12* (http://www.washingtontimes.com/news/2012/aug/7/the-civil-war-of-2016/)/Zugriff: 09.11.12/»KSK - einsatzbereit, jederzeit, weltweit« in: *deutschesheer.de* (http://www.deutschesheer.de/portal/a/dso/!ut/p/c4/04_SB8K8xLLM9MSSzPy8xBz9CP3I5EyrpHK9jNTUoviU4ny9lMzUvOKS4pLUnJzUPL3s4mz9gmxHRQDRpUfS/)/Zugriff: 13.11.12/»Auftrag des KSK« in: *deutsches heer.de* (http://www.deutschesheer.de/portal/a/dso/!ut/p/c4/04_SB8K8xLLM9MSSzPy8xBz9CP3I5EyrpHK9jNTUoviU4ny9lMzUvOKS4pLUnJzUPL3s4my9xNK0kqLEdP2CbEdFAEh042c!/)/Zugriff: 13.11.12/»Warnungen vor sozialen Unruhen: ,Eine Gefahr für die Demokratie'« in: *faz.net v. 24.04.09* (http://www.faz.net/aktuell/politik/inland/warnungen-vor-sozialen-unruhen-eine-gefahr-fuer-die-demokratie-1785826.html)/Zugriff: 14.11.12/»Soziale Unruhen: Merkel warnt vor Panikmache« in: *FocusOnline v. 24.04.09* (http://www.focus.de/politik/deutschland/soziale-unruhen-merkel-warnt-vor-panikmache_aid_393010.html)/Zugriff: 09.11.12/»Wirtschaftskrise in Deutschland: Jetzt mal ehrlich« in: *Zeit Online v. 26.04.09* (http://www.zeit.de/2009/06/Ratlosigkeit)/Zugriff: 09.11.12/»Wozu noch Journalismus? (4) Das ist nicht Ihr Kanzleramt!« in: *sueddeutsche.de v. 22.07.10* (http://www.sueddeutsche.de/medien/serie-wozu-noch-journalismus-das-ist-nicht-ihr-kanzleramt-1.63398)/Zugriff: 14.11.12/Jorgen Randers: »2052 – Der neue Bericht an den Club of Rome – Eine globale Prognose für die nächsten 40 Jahre«, München 2012, S. 35/ »Der schwarze Freitag: Antimilitaristischer Aktionstag gegen DHL und Commerzbank" in: *frankfurter-info.org (NO NATO '09 Aktionskomitee Rhein-Main)/Überparteilicher Informationsdienst für linke Kommunalpolitik in Frankfurt am Main v. 06.03.09* (http://www.frankfurter-info.org/Nachrichten/der-schwarze-freitag-antimilitaristischer)/Zugriff: 09.11.12/»Ex-Minister blutig geprügelt« in: *blick.ch v. 15.12.10* (http://www.blick.ch/news/ausland/ex-minister-blutig-gepruegelt-id65375.html)/Zugriff: 09.11.12/Hans-Werner Sinn: »Die Target-Falle – Gefahren für unser Geld und unsere Kinder«, München 2012, S. 106, 159/Hans-Werner Sinn: »Kasino-Kapitalismus – Wie es zur Finanzkrise kam, und was jetzt zu tun ist«, Berlin 2010, S. 16/ Kai A. Konrad & Holger Zschäpitz: »Schulden ohne Sühne? Was Europas Krise uns Bürger kostet«, München 2012, S. 18, 241/Oliver Janich: »Das Kapitalismus-Komplott – Die geheimen Zirkel der Macht und ihre Methoden«, München 2010, S. 77/»Teufelskreis aus Rezession und Sparkurs« in: *Handelsblatt v. 17.10.12* (http://www.handelsblatt.com/politik/international/euro-krise-teufelskreislauf-aus-rezession-und-sparkurs/7264676-2.html)/Zugriff: 23.12.12/»Gewaltsame Proteste in London: Prinz Charles angegriffen« in: *n-tv.de v. 09.12.10* (http://www.n-tv.de/politik/Prinz-Charles-angegriffen-article2116546.html)/Zugriff:

09.11.12/Michael Grandt/Gerhard Spannbauer/Udo Ulfkotte: »Europa vor dem Crash – Was Sie jetzt wissen müssen, um sich und Ihre Familie zu schützen«, Rottenburg 2011, S. 127, 128, 142 ff., 152 ff., 158 ff./»Calling for a run on a bank to be made illegal, say ministers« in: *dutchnews.nl v. 23.12.10* (http://www.dutchnews.nl/news/archives/2010/12/calling_for_a_run_on_a_bank_to.php)/Zugriff: 08.11.12/»Preparing for Civil Unrest in America« in: *globalresearch.ca v. 18.03.09* (http://www.globalresearch.ca/preparing-for-civil-unrest-in-america/12793)/Zugriff: 09.11.12)/Udo Ulfkotte: »Vorsicht Bürgerkrieg! Was lange gärt, wird endlich Wut«, Rottenburg 2009, S. 90 ff./»Es ist nicht genug da! Wie der Staat Sie im Notfall versorgen will« von Michael Grandt in: *Sichere Zukunft 11/2012*/»Wut und Gewalt in ganz Europa« in: *Bild v. 15.11.12*/»Studie: Euro-Krise kostet Menschenleben« in: *spiegelonline v. 27.03.13* (http://www.spiegel.de/wirtschaft/soziales/lancet-euro-krise-hat-fatale-wirkung-auf-gesundheit-der-europaeer-a-891149.html)/Zugriff: 27.03.13/»Gefährliche Sparpolitik: Manchmal ist die Euro-Krise tödlich« in: *n24.de v. 27.03.13* (http://www.n24.de/news/newsitem_8699861.html)/Zugriff: 01.04.13/»Ärzte warnen: Euro-Krise kostet Menschenleben« in: *bild.de v. 27.03.13* (http://www.bild.de/politik/ausland/euro-krise/euro-krise-fordert-menschenleben-29681494.bild.html)/Zugriff: 27.03.13/»Krank durch die Euro-Krise: Suizid-Rate steigt: Wirtschaftsflaute fordert Todesopfer« in: *focus.de v. 27.03.13* (http://www.focus.de/finanzen/news/staatsverschuldung/krank-durch-die-euro-krise-suizid-rate-steigt-wirtschaftsflaute-fordert-todesopfer_aid_949598.html)/Zugriff: 29.03.13/»Europas Bürger protestieren gegen Sparkurs« in: *stuttgarter-zeitung.de v. 14.11.10* (http://www.stuttgarter-zeitung.de/inhalt.eurokrise-europas-buerger-protestieren-gegen-sparkurs.29a8ff6a-4e54-4085-b24e-4088e9a9668a.html)/Zugriff: 21.11.12/»Comeback der Euro-Krise: Die Angst der Sparer ist zurück: Diese 33 Tipps retten Ihr Geld« in: *focus-money v. 03.04.13* (http://www.focus.de/finanzen/boerse/finanzkrise/tid-30390/comeback-der-euro-krise-bei-den-sparern-ist-die-angst-zurueck-diese-33-tipps-retten-ihr-geld_aid_952131.html)/Zugriff: 05.04.13/»Kriminalität: Junge Schläger« in: *Der Spiegel 43/2012, S. 16*/»Reichensteuer 'kostete' Frankreich bis zu 70 Mrd. Euro« in: *diepresse.com v. 09.04.13* (http://diepresse.com/home/wirtschaft/international/1386850/Reichensteuer-kostete-Frankreich-bis-zu-70-Mrd-Euro)/Zugriff: 10.04.13/Joseph Stiglitz: »Die Schatten der Globalisierung«, München 2004, S. 211/»Bundesministerium der Verteidigung - Der Bundesminister: Verteidigungspolitische Richtlinien - Nationale Interessen wahren - Internationale Verantwortung übernehmen - Sicherheit gemeinsam gestalten", Berlin 27. Mai 2011, Archiv Grandt/»Deutscher Bundestag, 17. Wahlperiode, Drucksache 17/10445 v. 08.08.12 - Kleine Anfrage der Abgeordneten Inge Höger, Wolfgang Gehrke, Heike Hänsel, Harald Koch und der Fraktion DIE LINKE: Geplanter Bau einer Kampfstadt im Gefechtsübungszentrum in der Colbitz-Letzlinge Heide«, Archiv Grandt/»Wie sicher sind unsere Sparguthaben?« in: *bild.de v. 31.03.13* (http://www.bild.de/geld/wirtschaft/zypern-krise/nach-dem-zypern-banken-schock-kann-das-auch-bei-uns-passieren-29722390.bild.html)/Zugriff: 02.04.13/»Schäuble: Spareinlagen sind sicher, wenn es keine Staatspleite in Europa gibt« in: *deutsche-wirtschafts-nachrichten.de v. 25.03.13* (http://deutsche-wirtschafts-nachrichten.de/2013/03/25/schaeuble-spareinlagen-sind-sicher-wenn-es-keine-staatspleite-in-europa-gibt/)/Zugriff: 26.03.13/»Deutscher Bundestag, 17. Wahlperiode, Drucksache 17/10589 v. 03.09.12 - Antwort der Bundesregierung auf die Kleine Anfrage der Abgeordneten Inge Höger, Wolfgang Gehrke, Heike Hänsel, Harald Koch und der Fraktion DIE LINKE - Drucksache 17/10445«, Archiv Grandt/»‚This is as bad as a world war': Bank of England boss's grim view of financial crisis which has left a debt ‚that will be paid by our grandchildren'« in: *daily mail v. 03.12.12* (http://www.dailymail.co.uk/news/article-2242421/Andrew-Haldane-Bank-bosss-view-financial-crisis-left-debt-paid-grandchildren.html)/Zugriff: 05.12.12/»Charta der Grundrechte der Europäischen Union (2010/C 83/02)« in: *Amtsblatt der Europäischen Union v. 30.03.2010 (C 83/389-392),* Archiv Grandt/»Erläuterungen zur Charta der Grundrechte (2007/C 303/02)« in: *Amtsblatt der Europäischen Union v. 14.12.2007 (C 303/17 - C303/18),* Archiv Grandt/»EU-Leitlinien zur Todesstrafe: überarbeitete und aktualisierte Fassung« (http://www.consilium.europa.eu/uedocs/cmsUpload/10015.de08.pdf)/Zugriff: 17.10.12/»Europäische Konvention zum Schutz der Menschenrechte und Grundfreiheiten« o. J. in: *Council of Europe Publishing,* Archiv Grandt/»Treaty between the Kingdom of Spain, the French Republic, the Italian Republic, the Kingdom of The Netherlands and the Portuguese Republic establishing the European Gendarmerie Force (EUROGENDFOR), Velsen, 18. October 2007, S. 1-18«, Archiv Grandt/»UBS Investment Research: Global Economic Perspectives – Euro break-up – the consequences«, 6. September 2011, S. 1, 10, 15, Archiv Grandt/»The United States Army Operating Concept 2016-2018 (TRADOC Pam 525-3-1)«, Foreword from the Commanding General U.S. Army Training and Doctrine Command, Martin E. Dempsey, S. iii, iv, Archiv Grandt

[xxxv] »Deutsche Wirtschaft: Vorbereitung auf Euro-Crash« in: *mmnews.de v. 10.06.12* (http://www.mmnews.de/index.php/wirtschaft/10196-deutsche-wirtschaft-vorbereitung-auf-euro-crash)/Zugriff: 31.08.12/»Nationales Trauma« von Alexander Jung in: *Spiegel-Geschichte: »Geld! Von den Fuggern zur Finanzkrise: Eine Chronik des Kapitals«, S. 106-115*/»Die Phasen einer Währungsreform« in: *Unter 4 Augen von Dr. Michael Grandt, Nr. 36, 11.09.2012*/Michael Grandt: »Achtung Währungsreform!« (Skript), Archiv Grandt/Born, Benjamin/Buchen,Teresa/Carstensen, Kai/Grimme, Christian/Kleemann, Michael/Wohlrabe,

Klaus/Wollmershäuser, Timo: »Austritt Griechenlands aus der Europäischen Währungsunion: historische Erfahrungen, makroökonomische Konsequenzen und organisatorische Umsetzung«, Ifo – Leibniz-Institut für Wirtschaftsforschung an der Universität München e. V., München, April 2012/»Fahrplan eines Euroaustritts – technische Vorbereitung und Durchführung aus Sicht eines Austrittslandes« in: *ifo Schnelldienst 6/2012, S. 22*/Michael Grandt: »Der Staatsbankrott kommt – Hintergründe, die man kennen muss«, Rottenburg 2010, S. 152, 283 ff./Michael Grandt/Gerhard Spannbauer/Udo Ulfkotte: »Europa vor dem Crash – Was Sie jetzt wissen müssen, um sich und Ihre Familie zu schützen«, Rottenburg 2011, S. 105-107/Michael Grandt: »Vorsicht Lebensversicherung! Was Sie tun müssen, um Ihr Geld zu schützen«, Rottenburg 2012, S. 140 ff./»Deutscher Steuerwahn: Geld retten« in: *Focus Money 44/2012, S. 58 ff.*/»Steuer-Razzia in ganz Deutschland« in: *Bild v. 13.11.12*/»Bundesweite Razzia bei Kunden der UBS« in: *Handelsblatt v. 13.11.12*/»Razzia erwischt UBS-Kunden« in: *Financial Times Deutschland v. 13.11.12*/»Geldwäsche in Deutschland bricht Rekorde« in: *Financial Times Deutschland v. 30.10.12*/»Der Umverteilungsstaat ist am Ende, und das ist gut« in: *Handelsblatt v. 15.07.12*/»Verrat soll sich künftig auszahlen« in: *Handelsblatt v. 26.-28.10.12*/»Kanzlerin greift in den Streit um Reichtum ein« in: *Handelsblatt v. 21.-23.11.12*/»Finanzpolitik: Jagd auf Reiche« in: *Der Spiegel 39/2012, S. 92*/David Marsh: »Der Euro – Die geheime Geschichte der neuen Weltwährung«, Hamburg 2009, S. 293/»Solidität gegen Solidarität« in: *Wirtschaftswoche 43/2012, S. 23*/»Prämie für Denunzianten?« in: *Handelsblatt v. 30.10.12*/»Unternehmen fürchten die Vermögensteuer« in: *Handelsblatt v. 27.11.12*/»Blick in den Abgrund« in: *Der Spiegel 26/2012, S. 25*/»Fahrplan eines Euroaustritts – technische Vorbereitung und Durchführung aus Sicht eines Austrittslandes« in: *ifo Schnelldienst 6/2012, S. 1 ff.*/Gabor Steingart: »Weltkrieg um Wohlstand – Wie Macht und Reichtum neu verteilt werden«, München 2007, S. 309 ff./Werner Meyer: »Währungsreform – Das neue Geld ist da«, Augsburg 2005, S. 9, 12/»EZB überarbeitet Euro-Noten« in: *Handelsblatt v. 12.11.12*/David Marsh: »Der Euro – Die geheime Geschichte der neuen Weltwährung«, Hamburg 2009, S. 292/»SPD startet Kampf gegen Steuersünder« in: *Handelsblatt v. 15.01.13*

[xxxvi] Benjamin Born/Teresa Buchen/Kai Carstensen/Christian Grimme/Michael Kleemann/Klaus Wohlrabe/Timo Wollmershäuser: »Austritt Griechenlands aus der Europäischen Währungsunion: historische Erfahrungen, makroökonomische Konsequenzen und organisatorische Umsetzung«, Ifo – Leibniz-Institut für Wirtschaftsforschung an der Universität München e. V., München, April 2012, S. 6 (Quelle: Bordo und Jonung (1999))/»Schengenraum« in: *crp-infotec.de* (http://www.crp-infotec.de/02euro/basisdaten/schengen.html)/Zugriff: 21.12.12/»Lateinische Münzunion« in: *universal-lexikon.deacademic.com* (http://universal_lexikon.deacademic.com/264984/Lateinische_M%C3%BCnzunion)/Zugriff: 04.02.13/»UK prepares emergency measures for euro collapse to prevent an influx of people and money« in: *dailymail.uk v. 28.11.11* (http://www.dailymail.co.uk/news/article-2079184/UK-prepares-emergency-measures-euro-collapse.html#ixzz295kzbxpU)/Zugriff: 12.10.12/»Armee rüstet sich für Unruhen in Europa« in: *SonntagOnline v. 06.10.12* (http://www.sonntagonline.ch/ressort/aktuell/2550/)/Zugriff: 10.10.12/»Die Schweizer Armee probt den Ernstfall« in: *20minutenOnline v. 07.10.12* (http://www.20min.ch/schweiz/news/story/15754025)/Zugriff: 10.10.12/»Schweiz droht bei Euro-Crash jahrelange Rezession« in: *Deutsche Mittelstands Nachrichten v. 16.07.12* (http://www.deutsche-mittelstands-nachrichten.de/2012/07/45827/)/Zugriff: 31.08.12/»Eurokrise: Eidgenossen kämpfen um ihre Währung« in: *finanzen.net v. 19.12.12* (http://www.finanzen.net/nachricht/anleihen/Eurokrise-Eidgenossen-kaempfen-um-ihre-Waehrung-2190329)/Zugriff: 22.12.12/»100 Antworten zum Euro« in: *Stern 49/2011, S. 134 ff.*/»Wie wär's mal mit der Wahrheit?« in: *Focus-Money Online 25/2012* (http://www.focus.de/finanzen/money-magazin/archiv/jahrgang_2012/ausgabe_25/)/Zugriff: 21.06.12/»Kapitalverkehrskontrollen: Der Giftschrank der Euro-Retter« in: *manager-magazin.de v. 26.06.12* (http://www.manager-magazin.de/politik/weltwirtschaft/0,2828,840438,00.html)/Zugriff: 18.10.12/»Deutscher Euro-Austritt? Denkbar!« in: *Financial Times Deutschland v. 12.09.12*/»Europa steuert schlafwandelnd auf eine Katastrophe zu« in: *Bild v. 26.07.12*//»Bundesbank wäre für Euro-Crash gut gerüstet« in: *Berliner Morgenpost (mobil) v. 18.09.12* (http://mobil.morgenpost.de/wirtschaft/article109292889/Bundesbank-waere-fuer-Euro-Crash-gut-geruestet.html?emvcc=-1)/Zugriff: 24.09.12/»Münchner Rück bereitet sich auf Euro-Crash vor« in: *format.at v. 09.09.12* (http://www.format.at/articles/1236/935/341579/muenchner-rueck-euro-crash)/Zugriff: 10.09.12/»Griechenland und die Euro-Zone: Austritt: Eine teure Option« in: *Handelsblatt v. 21.08.12*/»Top-Ökonomen: Der Währungscrash ist unvermeidlich« in: *ftd.de v. 22.08.12* (http://www.ftd.de/politik/konjunktur/:top-oekonomen-der-waehrungscrash-ist-unvermeidlich/70079761.html)/Zugriff: 13.09.12/»Blick in den Abgrund« in: *Der Spiegel 26/2012, S. 22 ff.*/»Metamorphose der Geopolitik« in: *IP (Internationale Politik, Zeitschrift der Deutschen Gesellschaft für Auswärtige Politik e.V.) 6/2009* (https://zeitschrift-ip.dgap.org/de/article/metamorphose-der-geopolitik)/Zugriff: 23.10.12/»Polnischer Finanzminister warnt eindringlich vor Auseinanderbrechen der Eurozone« in: *finanznachrichten.de v. 14.09.11* (http://www.finanznachrichten.de/nachrichten-2011-09/21349536-polnischer-finanzminister-warnt-eindringlich-vor-auseinanderbrechen-der-eurozone-009.htm)/Zugriff: 23.10.12/»Euro oder

Krieg in zehn Jahren« in: *Wienerzeitung.at v. 22.09.11* (http://www.wienerzeitung.at/nachrichten/wirtschaft/international/396814_Euro-oder-Krieg-in-zehn-Jahren.html)/Zugriff: 23.10.12/»Polnischer Finanzminister unter Beschuss« in: *oe24.at v. 15.09.11* (http://www.oe24.at/welt/Nach-EU-Rede-Polnischer-Finanzminister-unter-Beschuss/40433689)/Zugriff: 23.10.12/»Denkbar wäre ein Pikett-WK« in: *tagesanzeiger.ch v. 10.03.12* (http://www.tagesanzeiger.newsnet.ch/schweiz/standard/Denkbar-waere-ein-PikettWK/story/12132572/print.html?comments=1)/Zugriff: 23.10.12/»Armeechef Blattmanns kuriose Karte« in: *tagesanzeiger.ch v. 15.03.10* (http://www.tagesanzeiger.ch/schweiz/standard/Armeechef-Blattmanns-kuriose-Karte/story/14410180)/Zugriff: 23.10.12/»Staatsbankrott: Das Beispiel Argentinien« in: *faz.net. v. 24.03.10* (http://www.faz.net/aktuell/wirtschaft/staatsbankrott-das-beispiel-argentinien-1955217.html)/Zugriff: 02.10.12/»Euro-Crash kostet weltweit 17 Billionen Euro« in: *20 Minuten Online v. 17.10.12* (http://www.20min.ch/finance/news/story/30589888)/Zugriff: 18.10.12/»Die armen Schweizer – Kommentar von Ulrike Herrmann« in: *taz.de v. 18.11.12* (http://www.taz.de/!105667/)/Zugriff: 21.11.12/Gabor Steingart: »Weltkrieg um Wohlstand – Wie Macht und Reichtum neu verteilt werden«, München 2007, S. 303, 304/»Krieg durch Eurokrise in Europa?« in: *shortnews.de v. 08.01.13* (http://www.shortnews.de/id/1003416/krieg-durch-eurokrise-in-europa)/Zugriff: 05.02.13/»Der frühere Chef der Eurogruppe Jean-Claude Juncker über Euro-Krise und Europas Einigung« in: *generalanzeiger-bonn.de v. 27.03.13* (http://www.general-anzeiger-bonn.de/news/politik/Der-fruehere-Chef-der-Eurogruppe-ueber-Euro-Krise-und-Europas-Einigung-article1014812.html)/Zugriff: 27.03.13/John Casti: »Der plötzliche Kollaps von alle - Wie extreme Ereignisse unsere Zukunft zerstören können«, München 2012, S.170ff.

[xxxvii] Zitiert nach: »Euro oder Krieg in zehn Jahren« in: *Wienerzeitung.at v. 22.09.11* (http://www.wienerzeitung.at/nachrichten/wirtschaft/international/396814_Euro-oder-Krieg-in-zehn-Jahren.html)/Zugriff: 23.10.12/»Polnischer Finanzminister warnt eindringlich vor Auseinanderbrechen der Eurozone« in: *finanznachrichten.de v. 14.09.11* (http://www.finanznachrichten.de/nachrichten-2011-09/21349536-polnischer-finanzminister-warnt-eindringlich-vor-auseinanderbrechen-der-eurozone-009.htm)/Zugriff: 23.10.12

[xxxviii] Zitiert nach: Liaquat Ahamed: »Die Herren des Geldes – Wie vier Bankiers die Weltwirtschaftskrise auslösten und die Welt in den Bankrott trieben«, München 2010, S. 85

[xxxix] Auszüge aus dem Augenzeugenbericht »Argentinien – Augenzeugenbericht von Marc Friedrich« aus: Matthias Weik & Marc Friedrich: »Der größte Raubzug der Geschichte – Warum die Fleißigen immer ärmer und die Reichen immer reicher werden», Marburg 2012, S. 219 ff.

[xl] Augenzeugenbericht von Irina S., Archiv Grandt

[xli] Auszüge aus dem Tagebuch des Konrektors und Kantors August Heinrich von der Ohe aus den Jahren 1922/1923 (http://www.kollektives-gedaechtnis.de/texte/weimar/ohe/inflation1923.htm)/Zugriff: 08.11.12

[xlii] John Casti: »Der plötzliche Kollaps von allem – Wie extreme Ereignisse unsere Zukunft zerstören können«, München 2012, S. 335/Dirk Meyer: »Fahrplan eines Euroaustritts – technische Vorbereitung und Durchführung aus Sicht eines Austrittslandes« in: *ifo Schnelldienst 6/2012, S. 27*, Archiv Grandt/»Schuldenkrise: Deutschland muss mit dem Euro-Austritt drohen« in: *SpiegelOnline v. 11.09.12* (http://www.spiegel.de/wirtschaft/soziales/euro-krise-oekonom-schlaegt-parallelwaehrungen-vor-a-855184.html)/Zugriff: 12.09.12/»Top-Ökonomen Roubini und Ferguson zur Schuldenkrise: Bei Euro-Kollaps droht neues 1933« in: *ftd v. 12.06.12* (http://www.ftd.de/politik/europa/:top-oekonomen-roubini-und-ferguson-zur-schuldenkrise-bei-euro-kollaps-droht-neues-1933/70049387.html)/Zugriff: 13.09.12/»Finanzministerium warnt vor Euro-Crash« in: *wirtschaft.t-online.de v. 24.06.12* (http://wirtschaft.t-online.de/finanzministerium-warnt-vor-euro-crash/id_57449386/index)/Zugriff: 31.08.12/»Euro-Krise: Der deutsche Exit ist eine Option« in: *ftd.de v. 02.10.12* (http://www.ftd.de/politik/konjunktur/:euro-krise-der-deutsche-exit-ist-eine-option/70098826.html)/Zugriff: 04.10.12/»Gefahr einer Geldentwertung« in: *Focus Money Online 25/2012* (http://www.focus.de/finanzen/boerse/interview-gefahr-einer-geldentwertung_aid_766366.html)/Zugriff: 02.10.12/»Notfalls auch als Haftungsgemeinschaft« in: *Financial Times Deutschland v. 09.07.12*/»Mehr Europa hilft nichts« in: *Financial Times Deutschland v. 01.08.12*/»Die Euro-Zone kann nicht da stehen bleiben, wo sie ist« in: *Financial Times Deutschland v. 04.10.12*/»Das 3,3 Billionen-Risiko« in: *Handelsblatt v. 09.07.12*//»Euro-Crash könnte Deutschland 3,5 Billionen kosten« in: *boerse-go.de v. 31.08.12* (http://www.boerse-go.de/nachricht/Euro-Crash-koennte-Deutschland-bis-zu-35-Billionen-kosten,a2911389.html)/Zugriff: 31.08.12/»Deutschland muss nur Nein sagen« in: *Handelsblatt v. 13.12.12*/»Die

Eurokrise und die Lehren aus Weimar« in: *World Socialist Web Site v. 03.10.12* (http://www.wsws.org/de/2012/okt2012/pers-o03.shtml)/Zugriff: 04.10.12/»George Soros warnt Regierungen vor Zerstörung des Finanzsystems durch Euro-Crash« in: *ibtimes.com. v.12.10.11* (http://de.ibtimes.com/articles/24781/20111012/george-soros-warnt-die-euro-regierungen-vor-zerst-rung-des-finanzsystems-durch-euro-crash.htm)/Zugriff: 15.11.12/»Die Ruinenbaumeister« in: *Wirtschaftswoche 38/2012, S. 29*/»Top-Ökonomen fordern Bekenntnis zum Euro« in: *Handelsblatt v. 25.07.12*/»Europäische Wirtschaftsexperten legen Masterplan vor« in: *Financial Times Deutschland v. 25.07.12*/»Gefragt ist eiserner Reformwille/Kommentar von Bundewirtschaftsminister Philipp Rösler« in: *Handelsblatt v. 04.09.12*/»Wolfgang Schäuble: ,Verursacher von Krisen müssen Kosten tragen'« in: *Handelsblatt v. 06.09.12*/»Asmussen fordert eine ,echte Finanzmarktunion'« in: *Handelsblatt v. 20.12.12*/»Ein Parlament für den Euro« in: *Handelsblatt v. 06.09.12*/»Finanzstabilität sichern/Kommentar von EU-Präsident José Manuel Barroso« in: *Handelsblatt v. 05.09.12*/»Weitet die Euro-Zone aus!« in: *Financial Times Deutschland v. 10.08.12*/»Runter mit den Schulden!/Kommentar der finnischen Finanzministerin Jutta Urpilainen« in: *Handelsblatt v. 20.08.12*/»Schuldenabbau beginnt zu Hause/Kommentar von Thomas Mayer« in: *Handelsblatt v. 21.08.12*/ »Der Euro zerstört alles« in: *mmnews.de v. 26.09. 12* (http://www.mmnews.de/index.php/wirtschaft/10922-der-euro-zerstoert-alles)/Zugriff: 29.11.12/»Richard Gnodde: ,Wollen wir den Euro oder nicht?'« in: *Handelsblatt v. 27.06.12*/»Max Otte und Dirk Müller: ,Erst die Schmerzen, dann das Geld'« in: *Handelsblatt v. 09.08.12*/»EU-Parlament für Schuldenfonds« in: *Handelsblatt v. 02.10.12*/»Euro-Staaten sollen sich binden« in: *Handelsblatt v. 04.10.12*/»EU will gute Haushaltsführung belohnen« in: *Financial Times Deutschland v. 04.10.12*/»Die offene Währungsunion« in: *Wirtschaftswoche 29/2012, S. 39*/»Zu wenig zu spät« in: *Der Spiegel 26/2012, S. 21*/»Es ist Zeit umzukehren/Kommentar des tschechischen Präsidenten Václav Klaus« in: *Handelsblatt v. 27.-29.07.12*/»Susanne Schmidt: ,Der Fiskalpakt reicht nicht'« in: *Handelsblatt v. 24.-26.08.12*/»Barroso will Euro-Zone reformieren« in: *Handelsblatt v. 29.11.12*/»So wird der Euro gerettet« in: *Stern 37/2012, S. 37*

[xliii] Zitiert nach: »Top-Ökonomen: Der Währungscrash ist unvermeidlich« in: *ftd.de v. 22.08.12* (http://www.ftd.de/politik/konjunktur/:top-oekonomen-der-waehrungscrash-ist-unvermeidlich/70079761.html)/Zugriff: 13.09.12

[xliv] Frei zitiert nach: Horst Poller: »Die Philosophen und ihre Kerngedanken – Ein geschichtlicher Überblick«, München 2011, S. 398

[xlv] E-Mail des Autors v. 03.11.12 an das Bundespräsidialamt (Bundespräsident Joachim Gauck)/E-Mail des Autors v. 03.11.12 an das Presse- und Informationsamt der Bundesregierung (Bundeskanzlerin Angela Merkel)/E-Mail des Autors v. 03.11.12 an das Bundesministerium der Finanzen (Bundesfinanzminister Wolfgang Schäuble)/E-Mail des Autors v. 03.11.12 an das Bundesministerium des Innern (Bundesinnenminister Hans-Peter Friedrich)/E-Mail des Autors v. 03.11.12 an das Bundesministerium der Verteidigung (Bundesverteidigungsminister Thomas de Maizière)/E-Mail des Autors v. 03.11.12 an das Auswärtiges Amt (Bundesaußenminister Guido Westerwelle)/E-Mail des Autors v. 19.12.12 an das Bundesministerium für Wirtschaft und Technologie (Bundeswirtschaftsminister Philipp Rösler)/E-Mail des Autors v. 19.12.12 an den Bundesnachrichtendienst/E-Mail des Autors v. 19.12.12 an die EUROGENDFOR, alle: Archiv Grandt/Antwort per E-Mail des Bundespresseamts (Dr. Elke Ramlow, Chefin vom Dienst Presse- und Informationsamt der Bundesregierung) an den Autor v. 12.11.12/Antwort per E-Mail des Bundesministeriums der Finanzen (Dr. Johannes Blankenheim, Pressesprecher) an den Autor v. 23.11.12/Antwort per E-Mail des Bundesministerium des Innern (Jens Teschke, Pressesprecher) an den Autor v. 19.12.12, alle: Archiv Grandt

[xlvi] Zitiert nach: Udo Ulfkotte: »Raus aus dem Euro - Rein in den Knast«, Rottenburg 2013, S. 4

[xlvii] Jorgen Randers: »2052 – Der neue Bericht an den Club of Rome – Ein globale Prognose für die nächsten 40 Jahre«, München 2012, S. 13, 36 ff., 311, 408/Horst Poller: »Die Philosophen und ihre Kerngedanken – Ein geschichtlicher Überblick«, München 2011, S. 67, 229, 230, 244, 260, 284, 327, 406, 458, 477, 534/Tomás Sedláček: »Die Ökonomie von Gut und Böse«, München 2012, S. 45/Vera Linß: »Die wichtigsten Wirtschaftsdenker«, Wiesbaden 2012, S. 16, 36, 42 ff., 52 ff., 59 ff. 122 ff./Joachim Starbatty: »Klassiker des ökonomischen Denkens, Teil I, Bertram Schefold: Platon und Aristoteles«, Hamburg 2012, S. 23 ff., 30 ff./»Joseph Schumpeter – Kreativer Zerstörer« in: *Handelsblatt v. 12.-14.10.12*/»Daniel Kahneman – Die ,Kompetenzillusion'« in: *Handelsblatt v. 12.-14.10.12*/»Alles eine Frage der Verteilung« in: *Handelsblatt v. 29.10.12*/Hermannus Pfeiffer: »Der profitable Irrsinn – Was auf den Finanzmärkten geschieht und wer dabei gewinnt«, Berlin 2012, S. 14 ff., 21, 22, 50/Kai A. Konrad & Holger Zschäpitz: »Schulden ohne Sühne? Was Europas Krise uns Bürger kostet«, München 2012, S. 11, 12/Robert Kurz: »Schwarzbuch Kapitalismus – Ein

Abgesang auf die Marktwirtschaft«, München 2002, S. 909, 914/Robert Kurz (Hrsg.): »Marx lesen! Die wichtigsten Texte von Karl Marx für das 21. Jahrhundert«, Frankfurt am Main 2010, S. 203, 204

[xlviii] Zitiert nach: Jorgen Randers: »2052 – Der neue Bericht an den Club of Rome – Ein globale Prognose für die nächsten 40 Jahre«, München 2012, S. 13

[xlix] Zitiert nach: Horst Poller: »Die Philosophen und ihre Kerngedanken – Ein geschichtlicher Überblick«, München 2011, S. 498

# Literaturverzeichnis

Ahamed, Liaquat: »Die Herren des Geldes – Wie vier Bankiers die Weltwirtschaftskrise auslösten und die Welt in den Bankrott trieben«, München 2010

Bagus, Philipp: »Die Tragödie des Euro – Ein System zerstört sich selbst«, München 2011

Bandulet, Bruno: »Das geheime Wissen der Goldanleger«, Rottenburg 2007

Casti, John: »Der plötzliche Kollaps von allem – Wie extreme Ereignisse unsere Zukunft zerstören können«, München 2012

De Crescenzo, Luciano: »Geschichte der griechischen Philosophie – Die Vorsokratiker«, Zürich 1990

De Fontbrune, Jean-Charles: »Nostradamus – Historiker und Prophet«, Wien 1991

Dohmen, Caspar: »Let's make Money – Was macht die Bank mit unserem Geld?«, Freiburg 2008

»Duden – Wie Wirtschaft funktioniert«, Mannheim 2013

Eibl, Christoph: »Gold – Der Goldhandel im neuen Jahrtausend«, München 2005

Ferguson, Niall: »Der Aufstieg des Geldes – Die Währung der Geschichte«, Berlin 2011

Fergusson, Adam: »Das Ende des Geldes – Hyperinflation und ihre Folgen für die Menschen am Beispiel der Weimarer Republik«, München 2012

Franklin, Benjamin: »Der Weg zum Reichtum – Geschichte meines Lebens«, Zürich 2006

Friedrich, Marc & Weik, Matthias: »Der größte Raubzug der Geschichte«, Marburg 2012

Gaettens, Richard: »Inflation in Deutschland – Historie der Vermögensvernichtung 1914-1948«, Bochum 2012

Galbraith, John Kenneth: »Der Große Crash 1929 – Ursachen, Verlauf, Folgen«, München 2008

Grandt, Guido: »11.3. Der Amoklauf von Winnenden – Hintergründe, Widersprüche und Vertuschungen«, Berlin 2010

Grandt, Michael: »Der Staatsbankrott kommt – Hintergründe, die man kennen muss«, Rottenburg 2010

Grandt, Michael: »Vorsicht Lebensversicherung! Was Sie tun müssen, um Ihr Geld zu schützen«, Rottenburg 2012

Grandt, Michael/Spannbauer, Gerhard/Ulfkotte, Udo: »Europa vor dem Crash – Was Sie jetzt wissen müssen, um sich und Ihre Familie zu schützen«, Rottenburg 2011

Heering, Kurt-J. & Müller, Jo: »Apokalypse – Die Endprophezeiungen der Maya«, Wien 2009

Hertz, Noreena: »Armutszeugnis – Warum Schulden die Welt gefährden«, Berlin 2005

Hinrichs, Ernst/Krebs, Roland/van Runset, Ute (Hrsg.): »Pardon, mon cher Voltaire ... Drei Essays zu Voltaire in Deutschland« ( Kleine Schriften zur Aufklärung. Band 5), Wolfenbüttel 1996

Hohlstein, Michael/Pflugmann, Barbara/Sperber, Herbert/Sprink, Joachim: »Lexikon der Volkswirtschaft«, München 2003

Hugo, Victor: »Les Misérables – Die Elenden«, Berlin 2012

Janich, Oliver: »Das Kapitalismus-Komplott – Die geheimen Zirkel der Macht und ihre Methoden«, München 2010

Johnson, Rich: »Survival Manual – 333 Überlebenstechniken«, Stuttgart 2012, Kapitel 220
Knausgård, Karl Ove: »Sterben«, München 2011

Konrad, Kai A. & Zschäpitz, Holger: »Schulden ohne Sühne? Was Europas Krise uns Bürger kostet«, München 2012

Krysmanski, Hans-Jürgen: »0,1 % – Das Imperium der Millionäre«, Frankfurt am Main 2012
Kurz, Robert (Hrsg.): »Marx lesen! Die wichtigsten Texte von Karl Marx für das 21. Jahrhundert«, Frankfurt am Main 2010

Kurz, Robert: »Schwarzbuch Kapitalismus – Ein Abgesang auf die Marktwirtschaft«, München 2002

Linß, Vera: »Die wichtigsten Wirtschaftsdenker«, Wiesbaden 2012

Lipps, Ferdinand: »Die Gold-Verschwörung – Ein Blick hinter die Kulissen der Macht von einem Privatbankier aus der Schweiz«, Rottenburg 2007

Marsh, David: »Der Euro – Die geheime Geschichte der neuen Weltwährung«, Hamburg 2009

Martin, Hans-Peter & Schumann, Harald: »Die Globalisierungsfalle – Der Angriff auf Demokratie und Wohlstand«, Hamburg 1997

Meyer, Werner: »Währungsreform – Das neue Geld ist da«, Augsburg 2005

Michelet, Jules: »Geschichte der Französischen Revolution 1«, Frankfurt am Main 2009

Müller, Jürgen: »Generation Gold – Wie Ihr Vermögen und Ihre Altersvorsorge einen Staatsbankrott und eine Weltwirtschaftskrise unbeschadet überstehen«, Rottenburg 2007

Pfeiffer, Hermannus: »Der profitable Irrsinn – Was auf den Finanzmärkten geschieht und wer dabei gewinnt«, Berlin 2012

Poller, Horst: »Die Philosophen und ihre Kerngedanken – Ein geschichtlicher Überblick«, München 2011

Randers, Jorgen: »2052 – Der neue Bericht an den Club of Rome – Ein globale Prognose für die nächsten 40 Jahre«, München 2012

Reinhardt, Carmen M. & Rogoff, Kenneth S.: »Dieses Mal ist alles anders – Acht Jahrhunderte Finanzkrisen«, München 2012

Rousseau, Jean-Jacques: »Der Gesellschaftsvertrag oder Grundsätze des politischen Rechts«, Köln 2012

Sander, Beate: »Gold, Silber, Platin – Die sichere Zukunft für Privatanleger«, München 2009
Sedláček, Tomás: »Die Ökonomie von Gut und Böse«, München 2012

Sinn, Hans-Werner: »Kasino-Kapitalismus – Wie es zur Finanzkrise kam, und was jetzt zu tun ist«, Berlin 2010

Sinn, Hans-Werner: »Die Target-Falle – Gefahren für unser Geld und unsere Kinder«, München 2012

Skidelsky, Robert: »Die Rückkehr des Meisters – Keynes für das 21. Jahrhundert«, München 2010

Smith, Adam: »Der Wohlstand der Nationen«, Frankfurt am Main 2009

Starbatty, Joachim: »Klassiker des ökonomischen Denkens, Hamburg 2012, Teil I, Bertram Schefold: Platon und Aristoteles«, Teil II, Harald Scherf: John Maynard Keynes«

Steingart, Gabor: »Weltkrieg um Wohlstand – Wie Macht und Reichtum neu verteilt werden«, München 2007

Stiglitz, Joseph: »Die Schatten der Globalisierung«, München 2004

Taibbi, Matt: »Kleptopia – Wie uns Finanzindustrie, Politik und Banken für dumm verkaufen«, München 2012

Ulfkotte, Udo: »Vorsicht Bürgerkrieg! – Was lange gärt, wird endlich Wut«, Rottenburg 2009

Ulfkotte, Udo: »Raus aus dem Euro - Rein in den Knast«, Rottenburg 2013

Wagener, Hans-Jürgen: »Die 101 wichtigsten Fragen – Geld und Finanzmärkte«, München 2012

# Verzeichnis der Studien, Pressemitteilungen, Amtsblätter, Drucksachen, Vorträge, Vorlesungen, Magisterarbeiten etc.

»Zusatzthema zu Modul 6 Währungsunion: Der Fiskalvertrag« in: *Europaparlament Brüssel* (http://www.europarl.europa.eu/brussels/website/media/modul_06/Zusatzthemen/Pdf/Wirtschaftsunion.pdf)

»Siebzehntes Gesetz zur Ergänzung des Grundgesetzes vom 24. Juni 1968, verkündet am 27. Juni 1968 (‚Notstandsgesetze')«

Grundgesetz, Artikel 10 (http://www.gesetze-im-internet.de/gg/art_10.html)

Grundgesetz, Artikel 11 (http://www.gesetze-im-internet.de/gg/art_11.html)

Grundgesetz, Artikel 20 (http://www.gesetze-im-internet.de/gg/art_20.html)

»Vertrag von Lissabon zur Änderung des Vertrags über die Europäische Union und des Vertrags zur Gründung der Europäischen Gemeinschaft, unterzeichnet in Lissabon am 13. Dezember 2007, Änderungen des Vertrags über die europäische Union und des Vertrags zur Europäischen Gemeinschaft« in: *Amtsblatt der Europäischen Union C 306, 17.12.2007*

Benjamin Born/Teresa Buchen/Kai Carstensen/Christian Grimme/Michael Kleemann/Klaus Wohlrabe/Timo Wollmershäuser: »Austritt Griechenlands aus der Europäischen Währungsunion: historische Erfahrungen, makroökonomische Konsequenzen und organisatorische Umsetzung«, Ifo – Leibniz-Institut für Wirtschaftsforschung an der Universität München e. V., München, April 2012, S. 6 (Quelle: Reinhardt (2010)

Zabczyk, Pawel: »Hausarbeit zum Thema: Währungskrise und Globalisierung im Rahmen des Hauptseminars im WS 1999/2000, Globalisierung – Mechanismen und Ergebnisse« in: *Studentische Beiträge Nr. 6 (Matr.-Nr.: 701566, Potsdam, 11.01.2000) der Universität Potsdam, Lehrstuhl für Wirtschaftstheorie, Makroökonomische Theorie und Politik, S. 3, 4*

Wolf Friede: »Seminararbeit: Währungskrisen«, Universität Mannheim (Fakultät für VWL), Mannheim 2004, S. 2 ff.

Birger P. Priddat: »Ökonomie der Gabe im Kontext einer Ökonomie des Glaubens. Auf der Spur Ricoeurs«, S. 1, 2

Dr. Mikiko Tanaka: »XXII. Deutscher Kongress für Philosophie, 11.-15. September 2011, München, Sektion Wirtschaftsphilosophie und -ethik: Kategorischer Imperativ für Unternehmer? Kritik an Bowies Wirtschaftsethik«

Annika Schlitte: »XXII. Deutscher Kongress für Philosophie (‚Welt der Gründe'), Sektion Wirtschaftsphilosophie/-ethik, Sektionsleitung: PD Dr. Tatjana Schönwalder-Kuntze: Die

Symbolik des Geldes – Das philosophische Erkenntnisinteresse von Georg Simmels *Philosophie des Geldes*«

Simone Heinemann: »Ruhr-Universität Bochum, Sektion Wirtschaftsphilosophie/-ethik: Systematische Risiken auf Finanzmärkten und das Problem der Verantwortung«, S. 3

Deutscher Paritätischer Wohlfahrtsverband Gesamtverband e. V.: »Positive Trends gestoppt, negative Trends beschleunigt. Bericht zur regionalen Armutsentwicklung in Deutschland 2012«

»Pressemitteilung des Bundesverfassungsgericht - Pressestelle - Nr. 63/2012 v. 17. August 2012, Beschluss vom 3. Juli 2012: Plenarentscheidung des Bundesverfassungsgerichts zum Einsatz der Streitkräfte im Inneren (‚Luftsicherungsgesetz')« in: *bverfg.de v. 17.08.12*

»Stromausfall: Vorsorge und Selbsthilfe« in: Bundesamt für Bevölkerungsschutz und Katastrophenhilfe

»Bundesministerium der Verteidigung - Der Bundesminister: Verteidigungspolitische Richtlinien - Nationale Interessen wahren - Internationale Verantwortung übernehmen - Sicherheit gemeinsam gestalten«, Berlin 27. Mai 2011

»Deutscher Bundestag, 17. Wahlperiode, Drucksache 17/10445 v. 08.08.12 - Kleine Anfrage der Abgeordneten Inge Höger, Wolfgang Gehrke, Heike Hänsel, Harald Koch und der Fraktion DIE LINKE: Geplanter Bau einer Kampfstadt im Gefechtsübungszentrum in der Colbitz-Letzlinge Heide«

»Deutscher Bundestag, 17. Wahlperiode, Drucksache 17/10589 v. 03.09.12 - Antwort der Bundesregierung auf die Kleine Anfrage der Abgeordneten Inge Höger, Wolfgang Gehrke, Heike Hänsel, Harald Koch und der Fraktion DIE LINKE - Drucksache 17/10445«

»Charta der Grundrechte der Europäischen Union (2010/C 83/02)« in: *Amtsblatt der Europäischen Union v. 30.03.2010 (C 83/389-392)*

»Erläuterungen zur Charta der Grundrechte (2007/C 303/02)« in: *Amtsblatt der Europäischen Union v. 14.12.2007 (C 303/17 - C303/18)*

»EU-Leitlinien zur Todesstrafe: überarbeitete und aktualisierte Fassung«

»Europäische Konvention zum Schutz der Menschenrechte und Grundfreiheiten« o. J. in: *Council of Europe Publishing*

»Treaty between the Kingdom of Spain, the French Republic, the Italian Republic, the Kingdom of The Netherlands and the Portuguese Republic establishing the European Gendarmerie Force (EUROGENDFOR), Velsen, 18. October 2007

»UBS Investment Research: Global Economic Perspectives – Euro break-up – the consequences«, 6. September 2011

---

»The United States Army Operating Concept 2016-2018 (TRADOC Pam 525-3-1)«, (Foreword from the Commanding General U.S. Army Training and Doctrine Command, Martin E. Dempsey)

## Begleiten Sie Familie Krüger auf ihrem Leidensweg NACH dem Euro-Crash!

Die Tage sind gezählt...
Die EU existiert nicht mehr.
Deutschland ist am Ende.

Die Ära NACH dem Euro-Crash bricht an...
...und bringt unsägliches LEID...

Das erfährt Familie Krüger am eigenen Leib.
Der einstige Wohlfahrtsstaat Deutschland verarmt und verelendet.
Die Bundesregierung greift rücksichtslos gegen die eigenen Bürger durch.
Der Weg zur Währungsreform wird zum Höllentrip!

**EUROBELLION 2018**

Inflation...
Vermögensenteignung...
Massenarbeitslosigkeit...
Verelendung...
Armut...
Hungersnot...
Soziale Unruhen...
Bürgerkrieg...
Internierungslager...
Und das ist erst der ANFANG!

**Die düstere Zukunft hat bereits begonnen! Schon Morgen kann es SIE treffen!**

EXKLUSIV: Der LEIDENSWEG der Familie Krüger NACH dem Euro-Crash!

**EUROBELLION 2018**

## Folge 1 im Herbst 2013! Schon JETZT vorbestellen!!!

**eBook (ca. 40 Seiten) (ISBN: 978-3-944651-15-6) EUR 2,99** inkl. MwSt

# DVDS, BÜCHER, E-BOOKS UND E-DOSSIERS

## DVD-Auswahl

Hinter dem Dorf die Hölle -

Die vergessenen Konzentrationslager auf der Schwäbischen Alb

11.3 Der Amoklauf von Winnenden -

Hintergründe, Widersprüche und Vertuschungen

Wisse! Wage! Schweige! -

Freimaurerei enthüllt

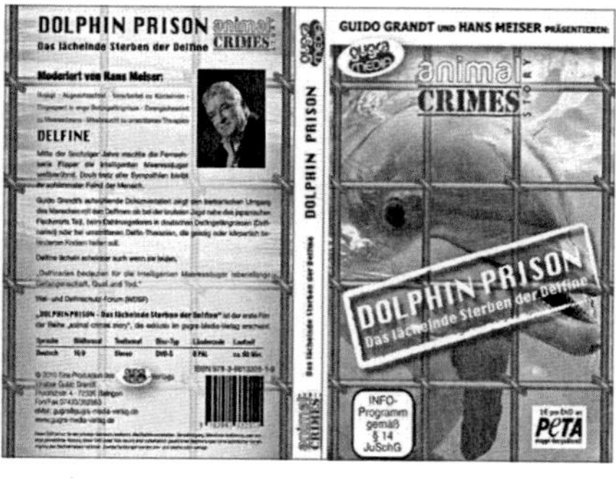


Dolphin-Prison -

Das lächelnde Sterben der Delfine

**www.gugra-media-verlag.de**

Bestellung:

**gugra-Media-Verlag**

**Friedrichstr. 4**

**72336 Balingen**

**Tel./Fax: 07433/382883**

**E-Mail: gugra@gugra-media-verlag.de**